日本の実業家
―近代日本を創った経済人伝記目録

社団法人 日本工業倶楽部編

日外アソシエーツ

Biographical Catalogue
of
Business Leaders Active in Japan

1870~1990

Edited by
The Industry Club of Japan
Japan Business History Institute

Nichigai Associates, Inc.
Printed in Japan
2003

●装丁● 赤田 麻衣子

日本工業倶楽部会館の屋上にあるハンマーと糸捲をもつ坑夫と織姫のコンクリートの立像（彫刻家・小倉右一郎作）。この像は，日本産業の発展を象徴するものとして大正9(1920)年11月に制作された。

わが国初の財界有力者による欧米訪問実業団は，大正10(1921)年10月15日に海路アメリカへ向けて出発。同実業団は，シカゴ，ニューヨーク，ワシントン，ボストンなどを訪問し，その後イギリス，フランス，ドイツ等を歴訪，翌11年5月7日に帰国した。写真は，ハーディング大統領に会見の際にホワイトハウス前で撮影（大正10年11月21日）。

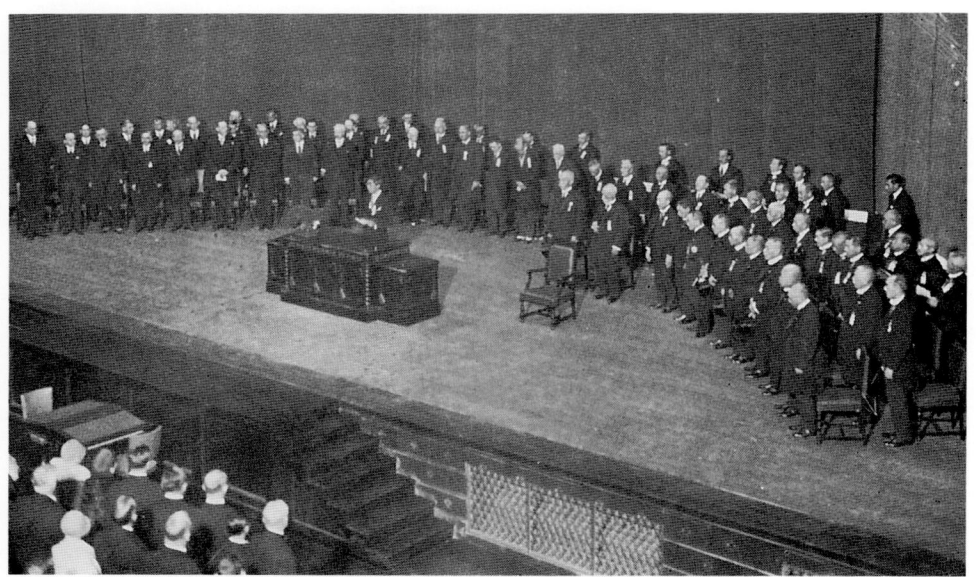

昭和4(1929)年10月29日〜11月7日にかけて開催された万国工業会議は，参加国42カ国から670名（日本側4500名）が参加という空前の国際会議であった。写真は10月29日，日比谷公会堂の開会式。

写真の左から八代則彦，南条金雄，阪井徳太郎，米山梅吉，門野重九郎，滝川儀作，藤原銀次郎，日直次郎，松本健次郎，原邦造，星野行則，井坂孝，団琢磨（団長），稲畑勝太郎，大橋新太郎，鋳谷正輔，串田万蔵，石井徹，馬越幸次郎，中島久万吉，持田巽，深尾隆太郎の各団員。

昭和42(1967)年9月18日，第769回日本工業倶楽部専務理事会。左から，中島慶次，菅礼之助，石川一郎，石坂泰三，足立正，安川第五郎，向井忠晴，諸井貫一，小島新一の各氏。

日本工業倶楽部　歴代理事長　（敬称略）

初代理事長　団　琢磨
在任　大正6年3月10日～昭和7年3月5日

2代理事長　木村　久寿弥太
在任　昭和7年3月19日～昭和10年11月23日

3代理事長　大橋　新太郎
在任　昭和10年12月13日～昭和14年1月30日

4代理事長　磯村　豊太郎
在任　昭和14年1月30日～昭和14年10月26日

5代理事長　井坂　孝
在任　昭和15年1月18日〜昭和22年1月22日

6代理事長　宮島　清次郎
在任　昭和22年1月22日〜昭和38年9月6日

7代理事長　石坂　泰三
在任　昭和38年9月16日〜昭和50年3月6日

8代理事長　植村　甲午郎
在任　昭和50年3月17日〜昭和53年8月1日

9代理事長　土光 敏夫
在任 昭和53年10月2日〜昭和63年8月4日

10代理事長　大槻 文平
在任 昭和63年9月20日〜平成4年8月9日

11代理事長　平岩 外四
在任 平成4年9月28日〜

「日本の実業家」伝記目録の刊行にあたって

(社)日本工業倶楽部理事長
平岩 外四

　社団法人日本工業倶楽部は、今から86年前、第一次世界大戦のさなかに、工業家が団結し、わが国工業の発展を図ることを目的として創立された。当時創立に携わった先輩諸氏は、いずれも幕末開国から明治・大正にわたり、近代国家建設の熱意に燃えて、相次いでわが国産業の発展に尽瘁した人びとであった。

　日本工業倶楽部は、創立当初より華々しい事業活動を繰りひろげ、近代工業の発展に努めてきたが、その役割は時代の要請に則して変化を重ね、現在に至っている。しかしながら、日本工業倶楽部歴代の会員は八十数年の歴史を通じて、常に企業の経営にも、財界の運営にも深い経験と信念を持ち、そのときどきのわが国経済の発展を支えてきた人たちで構成されている。

　今回、新会館の建設を機に実業家資料室が設置され、併せて「日本の実業家─近代日本を創った経済人伝記目録」が刊行されることとなったが、日本の実業家の業績を客観的に評価しうる資料を収集し、また作成して、一般にも公開することは、これまでの歴史に照らし合わせ、日本工業倶楽部にとって極めてふさわしい事業であり、また有意義なことである。

　この度、この事業を推奨し、企画し、実現に向けて努力をされたのは経営史学会の由井常彦教授、鈴木治雄・渡辺文夫両日本工業倶楽部専務理事の3氏であって、その熱意と協力に対して深甚なる敬意と謝意を表すると同時に、本事業を全面的に委託した財団法人日本経営史研究所の河上、末吉の両氏、および朝倉孝吉氏をはじめとする編集委員の先生方に心から感謝申し上げる次第である。

　日本の実業家伝記目録には、明治以降わが国の近代化および経済発展を支えてきた約800名の実業家の経歴および伝記資料が掲載されている。本書が今後の経営史の研究および経営者の産業観、事業観等に何らかの示唆を与える基となり、わが国産業経済の将来に些かなりとも資すところがあれば、このうえもない喜びである。

刊行に寄せて

(社)日本工業倶楽部専務理事
昭和電工株式会社名誉会長
鈴木 治雄

　このたび、丸の内の日本工業倶楽部の新装オープンに際して資料室が設けられ、日本の実業家の伝記など実業家史料を収集し、実業家伝記目録が刊行されることになった。実業家のメモリアル・ルームと伝記集は、私の念願とするところであり、喜ばしい限りである。

　かつて明治維新の元勲井上馨は、日清戦争後の明治30年頃に、当時の財界リーダーの渋沢栄一翁にこういったといわれる。自分たち政治家の使命とした近代国家の形成は、明治維新から憲法制定、国会開設そして条約改正によって、その目標を達成した。これからは実業家の努力によって、欧米に比肩できる産業と経済が日本に建設されなければならないと。

　10年ほど前に現役を退いたとき、前に述べた井上馨の言葉が想い出され、明治・大正・昭和の実業家について興味が湧き、さし当たり渋沢栄一以下10人ほどの人を（多くは私自身が薫陶を受けた）について研究し、『実業家の文章』として上梓した。この仕事を通じて、これら先輩の方々の誰しもが情熱とエネルギーのすべてを傾け、それぞれの分野で産業の建設や日本経済の発展に貢献されたことに、大きな感銘を受けないではいられなかった。これら実業家の努力と労苦によってこそ、今日の日本の経済の礎が築かれたことは明らかであろう。

　聞くところによると、イギリスでは立派な実業家伝記集が上梓されているそうである。これに対し、日本では政治家と違って実業家の伝記は、少数の例外を除くと本格的なものは少ないし、実業家に関する文献を充分に収集して、情報を持っている機関もないとのことである。そこで私は、日本においても本格的な実業家のライブラリーを設け、実業家伝記集をつくることが、私たちの責任あるいは使命と考えるようになった。

　日本工業倶楽部のこのたびの改築に際し、こうした趣旨から「実業家記念館（メモリアル）」のようなものを設けられたらどうかと、平岩外四理事長および渡辺文夫専務理事におはかりしたところ、異議なく同意された。また、私が評議委員をつとめている財団法人日本経営史研究所では、以前から伝記を集めており、実業家伝記の研究にも着手したので、同研究所に協力をお願いすることとした。

かくして、日本工業倶楽部および関係機関の協賛をえて、幸い日本工業倶楽部内に伝記コレクションの情報をえるための資料室ができ、伝記目録もできあがった。実業家伝記も相当数集めることができたようである。私にとって、これほど嬉しいことはない。今後はぜひ、これらを活用してわが国として、今度はより本格的な実業家全集ないし実業家辞典を作成し、世に出してもらいたいと念じている。

編集に際して

(社)日本工業倶楽部専務理事
東京海上火災保険株式会社名誉顧問
渡辺 文夫

　今回の日本工業倶楽部における実業家資料室設置と伝記目録刊行の趣旨については、序文と解題に記されているとおりであるが、ここではその経緯について若干述べておきたい。

　わが国の実業家の伝記資料の集大成については、かねてより関係諸学会や関係方面から、日本工業倶楽部に対し、中心的役割を果たすよう要望が寄せられていた。このことをふまえ平成14(2002)年4月9日、日本工業倶楽部において平岩外四理事長、鈴木治雄・渡辺文夫両専務理事、新野耕一郎常任理事と学界代表の由井常彦教授、末吉哲郎日本経営史研究所理事が懇談を行った。その結果、新改築される日本工業倶楽部ビル内に実業家資料室を設置して伝記資料類を収集・公開すること、目録を編集・刊行すること、データベースを構築して情報センターとしての機能をもたせることなどを合意した。

　一方、日本工業倶楽部の会員に対しては、このことを周知するとともに、アンケート調査を実施し、伝記類の所在について回答をいただき、さらには伝記の寄贈をお願いした。

　本書の編纂やデータの収集については、財団法人日本経営史研究所に全面的に委託することにした。同研究所は、所内にプロジェクトチームを編成するとともに、編集委員に朝倉孝吉、由井常彦、伊牟田敏充、橘川武郎の諸先生方に就任していただき、目録やデータベースに収録する実業家の人選や調査を実施し、精力的にとりまとめを行っていただいた。

　このような経緯で本書が刊行され、実業家資料室が発足したわけであるが、明治以降のわが国の近代化を支えた実業家を、その伝記・評伝をもとに集大成するのは初の試みであって、その意義は大きく喜びに堪えない。関係された諸先生方や日本経営史研究所、出版社の日外アソシエーツ大高利夫社長に、心から感謝申し上げる次第である。

解　　題

　今回、日本工業倶楽部の実業家資料室の設置と併せて刊行されることとなった『日本の実業家―近代日本を創った経済人伝記目録』は、経済界・産業界ばかりでなく、関係学界としても待望の文献である。実業家資料室における伝記関係文献・資料のコレクションとともに、まことに有意義な一大事業というべきものである。こうした文化的・学術的貢献に取り組まれた日本工業倶楽部に対し、学界の一員として謝辞を申し上げるとともに、この目録編集の依頼を受けた一人として、その意義と趣旨を記すことにしたい。

　日本の実業界の伝記集・辞典について、かねてからその必要性を勧説された学界人として故脇村義太郎先生について述べておくべきであろう。脇村先生は東京大学名誉教授で、経営史学会の初代会長としてその任にあり、その後、日本学士院院長を長い間務められたが、戦前・戦後の生涯を通じて、産業界・実業界と非常に密接に関係され、日本の産業の発展に大きな貢献をされたことは、周知のとおりである。

　その脇村先生が、日本の実業家伝記に多大の関心をもたれたことは当然ともいえるが、昭和61(1986)年にイギリスにおいて、水準の高い『実業家伝記辞典』が出版されたという事実もあった。この Dictionary of Business Biography : a biographical dictionary of business leaders active in Britain(1860-1980)は、19世紀以来、今日のイギリス(ブリテン)のすぐれた物故実業家の伝記集(辞典)で、ロンドン大学のD．ジェルミイ教授編集とされ、エリザベス女王の夫君であるエジンバラ公が序文を寄稿するという、まことに堂々たる3巻本である。内容的にも、出身・経歴から実業活動および社会・文化貢献はもとより、遺産の額と寄付金まで記されているという、驚くほど周到なものである。

　このイギリス(ブリテン)版は評価が高く、さすが大英帝国の実業家伝記集であると国際的に多大の反響を呼び、別途に5巻本が刊行され、スコットランド版1巻も、その後、編集・上梓された。したがって、脇村先生が日本版を切望されたことは無理からぬところであった。先生は当時から、財界のリーダーの親しい方々にもご相談されたようであるが、生前には実現しなかった。これは残念なことであったが、しかし、このたび平岩外四理事長、鈴木治雄・渡辺文夫両専務理事のように、たまたま脇村先生と知己でおられた日本工業倶楽部のトップの方々のご決断で、伝記コレクションとともに伝記目録という形で、包括的な伝記に関する本書が上梓されることになった。これも深いご縁の然らしめるところと思わずにはいられない。

*

　さて、戦後の日本で包括的・体系的な実業界の伝記文献は本書が最初であるが、かつて日本で実業家辞典類がなかったわけではない。さかのぼると、明治時代の末に『実業家人名辞

典』(東京実業通信社、明治44年)が刊行され、その後、昭和になってからも、『財界物故傑物伝』上下2巻(実業之世界社、昭和11年)などがあり、これらは現在も非常に有用な実業家辞典ないし伝記集として、貴重な存在であり続けている。

　第二次大戦後にも、その質と有用性を別として何回か実業家列伝的な文献刊行が試みられ、刊行されたものもないわけではない。しかし、その後は日本経済の高度成長、産業のめざましい発展にかかわらず、実業家・経営者の本格的な伝記目録はほとんど刊行されずに今日に至った。その理由として、日本の近代産業と経営発展の歴史も1世紀を超えて、掲載に値する人物の数が多くなり、包括的な人物集や伝記目録の編集が容易でなくなったことを指摘できよう。日本経営史研究所は、この方面の基礎的なデータとして、二度にわたって『会社史総合目録』を編集・上梓したが(初版昭和61年、増補・改訂版平成8年)、これらも多大の労力を要したばかりでなく、政府(当時の通産省)はじめ関係方面の助成をえて、実現したものである。前述のイギリスの伝記辞典も、政府の理解と全面的支援を得て編集されている。

　また、こうした事業の意義自体は、もちろんすでに学界において充分に認識されていたところであった。たとえば、すでに『近代日本経済人伝記資料目録』(昭和55年)が過渡的な試みとして、東京大学経済学部産業経済施設において編集・出版されており、日本経営史研究所においても、伝記目録自体はしばしば作成(非公開)の作業を行ったことがある。さらに近年においては、平成13(2001)年に大阪で開設された大阪企業家ミュージアムにおいて、大阪府の出身者に限定されているとはいえ、体系的で有用な企業家伝記集を作成している。

　一方で、経済学会連合に対する助成をはじめ、学会の国際活動に対する深い理解を持たれて、ご協賛をいただいていた鈴木治雄昭和電工名誉会長が、数年前から過去の実業家の研究をはじめておられた。鈴木名誉会長は、化学工業論をはじめ文芸・絵画にまで、数多くの著書がある現代では稀な文化人でおられる。当然のことながら、十指にあまる実業家の研究をものにされ、『実業家の文章』(ごま書房、平成12年)を上梓された。日本の産業を建設した実業家の生涯、業績と精神を後世に残すべく実業家人物伝の集成を、ご自身の使命と考えられるようになったとのことである。

　このようにみてくると、今回の『日本の実業家』伝記目録の作成は、まさに機が熟していたともいえよう。このたびの日本工業倶楽部での実業家資料室の設置と本書の編集についてはもとより、関係学界をあげてお願いし、協賛するところであり、目録の編集作業には喜んでご協力申し上げることとなった。

*

　本書の編集の基本方針は、編集委員会(渡辺文夫委員長)において決定したものであったが、ここで委員会を代表して要点を簡単に記しておこう。

　まず収録の対象は、明治以降の過去における重要な実業家とした。このカテゴリーは、イギリスの実業家辞典にならって、Business Leaders Active in Japan(1870-1990)としている。したがって物故者の実業家が主たる対象となったが、大正9(1920)年以前の出生の人を掲

載の範囲に加えているため、現存者も含んでいる。人選は、もとより容易な作業ではなかったが、戦前の物故者については、『財界物故傑物伝』をはじめ、いちおう客観的な立場からの編集ないしは叙述されている実業家人物伝的文献を参考にした。戦後についても、既掲の諸目録や諸文献をひろく参考にし、さらに日本工業倶楽部の会員会社に対するアンケート調査をはじめ、必要があれば関係会社に直接ご相談するなどの手段を講じ、約800人を収録することになった。これら参考文献、データの一覧については、巻頭の凡例に掲載した。

　本書は、伝記目録なので伝記、自伝回顧録などをひろく収録、チェックしたが、まったくこれら伝記に関するデータが存在しない人物については、一部の欠落をまぬがれていない。なお、伝記関係の文献の収集に関しては、大正10(1921)年以後の出生者についても、データベースとして実業家資料室に設置、管理している。

　記載事項は、凡例に記されているように、出生年、出身、経歴、没年について伝記・自伝・回顧録のほか、追悼集などのデータを私家本を含めて、活字文献となっているものは、ひろくこれを収録することにした。もとより限られた時間内の作業であって、努力を尽くしたつもりであるが、完全無欠ということでないことはいうまでもない。

　本目録は、イギリスの『実業家辞典』とは異なって、いわばその前段階の「実業家伝記集」のための準備作業としての文献である。しかし、伝記を学びあるいは実業家を研究しようとする人びとにとって、日本工業倶楽部の実業家資料室とともに、包括的体系的な文献目録としては、他に類例のない有用な文献といえよう。学界を代表させていただき、重ねて日本工業倶楽部に感謝とお礼を申し上げたい。

平成15年6月

経営史学会顧問
明治大学名誉教授・文京学院大学教授
(財)日本経営史研究所会長

由井　常彦

凡　例

1. 本目録は、「序文」ならびに「解題」に述べられているような趣旨および方針にもとづいて作成されたもので、明治以降活躍した実業家800名の伝記・評伝を、出身と経歴の紹介をあわせて収録している。

2. 本書に収録した実業家のカテゴリーは、「解題」に記述されているように、イギリスの『実業家辞典』を参考とし、明治初年以降近年（1870～1990）までに活躍した実業家（Business leaders active in Japan）とした。

3. 対象は物故者を主とするものであるが、1920（大正9）年以前生まれの人物を対象としている。具体的な人物の選定は、編集委員会（委員名は巻末）がこれを行った。

4. 上記の概念から、たとえ有力企業の役員であっても、主たる活動や業績の場が、政治・行政・学問・教育・ジャーナリズムおよび技術・発明者であった人は原則として除外した。ただし、当然のことながら実業家としての業績顕著な人は収録の対象に含まれている。

5. 収録の「伝記・評伝」については、公刊されたものに限らず、情報の得られる限り、私家本・自費刊行を含めている。また伝記・自伝に限らず「追悼集」「思い出」など幅広く収録した。

6. 伝記・評伝の欄の記載事項は次のとおりである。配列は発行年月の順とした。
   書名、著編者名、発行所（者）、発行年月、頁数、判型

7. なお、本目録の作成に際し、1920年以後に出生の実業家・経営者を含め収集した伝記文献のデータはすべて保存して、他日の改訂・増補版などの作成に資することにしている。

8. 本目録作成については、「人物データベースWHO」（日外アソシエーツ作成）をベースとし、これを基礎に広い範囲にわたって人物・文献をチェックした。これらのなかで主な文献を掲げれば以下のとおりである。

   『実業家人名辞典』　古林亀治郎編　東京実業通信社　1911
   『現代実業家大観』　浜達夫編　御大礼記念出版刊行会　1914
   『財界物故傑物伝』　上・下巻　実業之世界社編刊　1936
   『財界人物選集』　中西利八編　財界人物選集刊行会　1939
   『人物文献索引　経済・社会編　明治以降』　国立国会図書館参考書誌部編刊　1963
   『日本財界人物列伝』　全2巻　青潮出版　1963～1964
   『国史大辞典』　全15巻　国史大辞典編集委員会　吉川弘文館　1979～97
   『近代日本経済人伝記資料目録』　東京大学経済学部付属日本産業経済研究施設編
   　東京大学出版会　1980
   『社史・経済団体史総合目録』　追録7号～49号　専門図書館協議会関東地区協議会
   　1980.11～2003.3

人名目次

【あ】

藍沢弥八 …………………………… 3
青井忠治 …………………………… 3
青木鎌太郎 ………………………… 3
青木均一 …………………………… 3
明石照男 …………………………… 4
赤司俊雄 …………………………… 4
浅尾新甫 …………………………… 4
朝倉毎人 …………………………… 4
浅田長平 …………………………… 5
浅田正文 …………………………… 5
浅野総一郎 ………………………… 5
浅野良三 …………………………… 6
朝吹英二 …………………………… 7
朝吹常吉 …………………………… 7
芦田泰三 …………………………… 7
芦原義重 …………………………… 8
麻生太賀吉 ………………………… 8
麻生太吉 …………………………… 8
安宅弥吉 …………………………… 9
足立正 ……………………………… 9
渥美健夫 …………………………… 9
穴水要七 …………………………… 9
阿部孝次郎 ………………………… 10
阿部泰蔵 …………………………… 10
阿部房次郎 ………………………… 10
雨宮敬次郎 ………………………… 11
鮎川義介 …………………………… 11
新井章治 …………………………… 12
新木栄吉 …………………………… 13
荒牧寅雄 …………………………… 13
有賀長文 …………………………… 13
有嶋健助 …………………………… 13
有吉義弥 …………………………… 14
安西浩 ……………………………… 14
安西正夫 …………………………… 14
安藤豊禄 …………………………… 15
安藤楢六 …………………………… 15
安藤百福 …………………………… 15

【い】

飯島幡司 …………………………… 16
飯田義一 …………………………… 16
飯田慶三 …………………………… 16
飯田新一 …………………………… 17
飯田新七（4代）…………………… 17
飯田清三 …………………………… 17
飯田庸太郎 ………………………… 17
飯沼剛一 …………………………… 18
飯野逸平 …………………………… 18
井植薫 ……………………………… 18
井植歳男 …………………………… 19
五十嵐健治 ………………………… 19
池浦喜三郎 ………………………… 20
池尾芳蔵 …………………………… 20
池貝喜四郎 ………………………… 20
池貝庄太郎（初代）………………… 20
池田亀三郎 ………………………… 21
池田謙三 …………………………… 21
池田謙蔵 …………………………… 21
池田成彬 …………………………… 22
池田芳蔵 …………………………… 23
井坂孝 ……………………………… 23
井坂直幹 …………………………… 23
砂野仁 ……………………………… 23
石井健一郎 ………………………… 24
石井太吉 …………………………… 24
石川一郎 …………………………… 24
石川七財 …………………………… 25
石毛郁治 …………………………… 25
石坂泰三 …………………………… 25
石田退三 …………………………… 26
石田礼助 …………………………… 27
石塚粂蔵 …………………………… 28
石橋幹一郎 ………………………… 28
石橋正二郎 ………………………… 28
石橋信夫 …………………………… 30
石原周夫 …………………………… 30
石原広一郎 ………………………… 30
石原俊 ……………………………… 31
石山賢吉 …………………………… 31
石原米太郎 ………………………… 32

いせき

井関邦三郎	32
磯田一郎	32
磯野小右衛門	33
磯野長蔵	34
磯村豊太郎	34
一井保造	34
市川忍	34
市来乙彦	35
一万田尚登	35
市村清	35
出光計助	36
出光佐三	36
伊藤英三	38
伊藤喜十郎	38
伊藤恭一	38
伊藤次郎左衛門（15代）	39
伊藤次郎左衛門（16代）	39
伊藤武雄	39
伊藤忠兵衛（初代）	39
伊藤忠兵衛（2代）	40
伊藤伝七	40
伊藤保次郎	40
伊奈長三郎	41
稲垣平太郎	41
稲畑勝太郎	41
稲畑太郎	42
稲山嘉寛	42
犬丸徹三	43
井上薫	43
井上角五郎	43
井上源之丞	44
井上五郎	44
井上準之助	44
井上貞治郎	45
井上篤太郎	46
伊庭貞剛	46
伊原隆	47
井深大	47
伊夫伎一雄	50
伊部恭之助	50
今里広記	51
今村善次郎	51
井村荒喜	51
色部義明	52
岩井勝次郎	52
岩切章太郎	52
岩佐凱実	53
岩崎小弥太	53
岩崎清七	54
岩崎久弥	54
岩崎弥太郎	54
岩崎弥之助	56
岩下清周	57
岩瀬英一郎	57
岩谷直治	57
岩谷松平	58

【う】

上野次郎男	58
上野理一	58
上原正吉	59
上松信一	59
植村甲午郎	59
植村澄三郎	60
宇佐美洵	60
内ヶ崎贇五郎	60
内田勇	61
内田信也	61
宇都宮三郎	61
宇野収	62
梅田善司	62

【え】

江崎利一	62
越後正一	63
江戸英雄	64
榎本隆一郎	64
円城寺次郎	65

【お】

種田虎雄	65
大内淳義	65
大神一	65
大川博	66
大川平三郎	66
大久保謙	67
大倉和親	67
大倉喜七郎	67
大倉喜八郎	67
大河内正敏	69
大沢善助	69
大島堅造	70

大島高任	70
太田亥十二	70
太田収	70
太田武雄	71
太田垣士郎	71
大田黒重五郎	71
大谷嘉兵衛	72
大谷竹次郎	72
大谷登	72
大谷米太郎	73
大塚万丈	73
大槻文平	74
大友恒夫	74
大野勇	74
大橋光吉	75
大橋佐平	75
大橋新太郎	75
大橋八郎	75
大林芳五郎	76
大林芳郎	76
大原総一郎	76
大原孫三郎	77
大平賢作	78
大村彦太郎（10代）	78
大屋敦	78
大屋晋三	79
大和田国男	79
岡崎嘉平太	79
小笠原菊次郎	80
小笠原光雄	80
岡田完二郎	80
岡野喜太郎	81
岡野清豪	81
岡野豪夫	82
岡橋林	82
岡橋治助	82
岡谷惣助（9代）	82
小川栄一	83
奥田正香	83
奥村綱雄	83
奥村政雄	84
小倉常吉	84
小倉正恒	84
小島新一	85
小平浪平	85
小田原大造	86
鬼塚喜八郎	86
小野金六	87
小野晋	87
小畑源之助	87
小原鉄五郎	87
尾本信平	88

【か】

貝島太助	88
臥雲辰致	89
各務鎌吉	89
各務鉱三	90
賀来龍三郎	90
梶井剛	91
樫尾忠雄	91
鹿島卯女	91
鹿島精一	92
鹿島万平	92
鹿島守之助	92
樫山純三	93
柏木雄介	93
春日弘	94
片岡直輝	94
片岡直温	94
片岡直方	95
片倉兼太郎（初代）	95
片山豊	95
加藤武男	96
加藤弁三郎	96
加藤正義	96
門野幾之進	97
門野重九郎	97
金井滋直	97
金森政雄	97
金森又一郎	98
蟹江一太郎	98
金子佐一郎	98
金子直吉	98
兼松房治郎	99
嘉納治郎右衛門（8代）	100
加納久朗	100
神野金之助（2代）	100
神谷正太郎	100
神谷伝兵衛	101
亀井正夫	101
辛島浅彦	102
河合小市	102
河井昇三郎	102
河合良成	102
河合良一	103
川勝伝	104
川上嘉市	104
河上弘一	104

川北禎一	104
河毛二郎	105
川崎正蔵	105
川崎八右衛門	105
川島甚兵衛（2代）	106
川田小一郎	106
河田重	106
川田順	107
川鍋秋蔵	107
川南豊作	108
川西清兵衛	108
川又克二	108
川村喜十郎	109
瓦林潔	109
神田鐳蔵	109

【き】

木川田一隆	109
菊池恭三	110
菊地庄次郎	111
菊地東陽	111
岸道三	111
喜多又蔵	112
北裏喜一郎	112
北沢敬二郎	112
北島織衛	113
城戸四郎	113
木下又三郎	113
木村久寿弥太	114
木村長七	114
金原明善	114

【く】

串田万蔵	115
楠木直道	115
工藤昭四郎	115
工藤友恵	116
国司浩助	116
久原房之助	116
久保田権四郎	117
久保田豊	117
熊谷太三郎	118
熊谷典文	118
熊田克郎	118
久村清太	118

倉田主税	119
栗林五朔	119
黒川光朝	119
黒田暲之助	120
黒田善太郎	120
桑田時一郎	120

【こ】

小池国三	121
小池厚之助	121
小泉信吉	121
郷誠之助	121
郷古潔	122
郷司浩平	122
河野文彦	123
鴻池藤一	123
古賀繁一	123
国分勘兵衛（10代）	123
小坂順造	124
小坂徳三郎	124
小菅丹治（初代）	124
小菅丹治（2代）	124
五代友厚	125
児玉一造	126
小寺源吾	126
五島慶太	127
伍堂卓雄	128
伍堂輝雄	128
五島昇	128
後藤安太郎	129
小西新兵衛	130
小林中	130
小林一三	131
小林孝三郎	133
小林宏治	133
小林節太郎	134
小林大祐	134
小林富次郎（初代）	135
小林富次郎（2代）	135
小林富次郎（3代）	135
小林与三次	136
駒井健一郎	136
小室三吉	136
小森善一	137
小山完吾	137
小山健三	137
小山五郎	137
昆田文治郎	138

近藤廉平 …………………………… 138

【さ】

斎藤英四郎 ………………………… 139
斉藤知一郎 ………………………… 139
斎藤恒三 …………………………… 139
佐伯勇 ……………………………… 140
佐伯卯四郎 ………………………… 140
佐伯喜一 …………………………… 140
佐伯宗義 …………………………… 140
坂田武雄 …………………………… 141
佐久間貞一 ………………………… 141
桜田武 ……………………………… 141
迫静二 ……………………………… 142
佐々木定道 ………………………… 142
佐々木周一 ………………………… 143
佐々木勇之助 ……………………… 143
笹山忠夫 …………………………… 143
佐治敬三 …………………………… 143
佐竹作太郎 ………………………… 144
薩摩治兵衛 ………………………… 145
佐藤喜一郎 ………………………… 145
佐藤欣治 …………………………… 145
佐藤国吉 …………………………… 146
佐藤貢 ……………………………… 146
寒川恒貞 …………………………… 146
三宮吾郎 …………………………… 147

【し】

塩野義三郎（2代）………………… 147
塩原又策 …………………………… 147
志方勢七 …………………………… 148
鹿内信隆 …………………………… 148
重宗芳水 …………………………… 148
篠島秀雄 …………………………… 149
斯波孝四郎 ………………………… 149
渋沢栄一 …………………………… 149
渋沢敬三 …………………………… 154
渋沢秀雄 …………………………… 155
島津源蔵（2代）…………………… 155
清水喜助（2代）…………………… 155
清水釘吉 …………………………… 156
清水雅 ……………………………… 156
荘清彦 ……………………………… 156
荘清次郎 …………………………… 156

庄司乙吉 …………………………… 157
東海林武雄 ………………………… 157
勝田龍夫 …………………………… 157
正田貞一郎 ………………………… 157
正田英三郎 ………………………… 158
荘田平五郎 ………………………… 158
正力松太郎 ………………………… 158
白井遠平（初代）…………………… 160
白井松次郎 ………………………… 160
白石直治 …………………………… 160
白石元治郎 ………………………… 161
進藤孝二 …………………………… 161
進藤貞和 …………………………… 161
真藤恒 ……………………………… 162

【す】

末延道成 …………………………… 163
菅礼之助 …………………………… 163
菅原通済 …………………………… 164
杉道助 ……………………………… 164
杉浦敏介 …………………………… 165
杉山岩三郎 ………………………… 165
杉山金太郎 ………………………… 165
鈴木岩治郎 ………………………… 165
鈴木梅四郎 ………………………… 166
鈴木永二 …………………………… 166
鈴木亨市 …………………………… 166
鈴木三郎助（2代）………………… 167
鈴木三郎助（3代）………………… 167
鈴木清一 …………………………… 167
鈴木精二 …………………………… 168
鈴木忠治 …………………………… 168
鈴木藤三郎 ………………………… 168
鈴木治雄 …………………………… 169
鈴木馬左也 ………………………… 169
鈴木万平 …………………………… 170
鈴木三千代 ………………………… 170
鈴木与平 …………………………… 170
住田正一 …………………………… 171
住友吉左衛門（15代）……………… 171

【せ】

瀬尾俊三 …………………………… 171
瀬川美能留 ………………………… 172
関桂三 ……………………………… 172

せん　　　　　　　　人名目次

膳桂之助 …………………………… 172

【そ】

相馬愛蔵 …………………………… 173
相馬半治 …………………………… 173
十河信二 …………………………… 173
素野福次郎 ………………………… 174
園田孝吉 …………………………… 174

【た】

高碕達之助 ………………………… 175
高島嘉右衛門 ……………………… 175
高島菊次郎 ………………………… 176
高杉晋一 …………………………… 176
高田慎蔵 …………………………… 176
高田直屹 …………………………… 176
高橋達男 …………………………… 177
高橋義雄 …………………………… 177
高橋竜太郎 ………………………… 177
高畑誠一 …………………………… 177
高峰譲吉 …………………………… 178
田口利八 …………………………… 178
田口連三 …………………………… 179
武井守正 …………………………… 179
武田長兵衛（5代） ………………… 179
武田長兵衛（6代） ………………… 180
武田豊 ……………………………… 180
竹鶴政孝 …………………………… 181
竹中藤右衛門 ……………………… 181
竹中錬一 …………………………… 182
竹内明太郎 ………………………… 182
竹見淳一 …………………………… 182
竹村吉右衛門 ……………………… 182
田実渉 ……………………………… 183
田嶋一雄 …………………………… 183
田代茂樹 …………………………… 183
田代重右衛門 ……………………… 184
田附政次郎 ………………………… 184
立石一真 …………………………… 184
田中市兵衛 ………………………… 185
田中栄八郎 ………………………… 185
田中源太郎 ………………………… 186
田中季雄 …………………………… 186
田中長兵衛（2代） ………………… 186
田中徳次郎 ………………………… 186
田中久重（初代） …………………… 187
田中久重（2代） …………………… 187
田中文雄 …………………………… 188
田中平八 …………………………… 188
田中正之輔 ………………………… 188
田中良雄 …………………………… 189
田部文一郎 ………………………… 189
田鍋健 ……………………………… 189
谷口豊三郎 ………………………… 190
谷口房蔵 …………………………… 190
玉川敏雄 …………………………… 190
玉置明善 …………………………… 190
田宮嘉右衛門 ……………………… 191
俵田明 ……………………………… 191
団琢磨 ……………………………… 191
檀野礼助 …………………………… 192

【ち】

千金良宗三郎 ……………………… 192

【つ】

司忠 ………………………………… 193
塚田公太 …………………………… 193
塚本幸一 …………………………… 193
塚本富士夫 ………………………… 194
津田信吾 …………………………… 194
津田久 ……………………………… 195
堤清六 ……………………………… 195
堤康次郎 …………………………… 195
椿本説三 …………………………… 196
坪井東 ……………………………… 197

【て】

手嶋恒二郎 ………………………… 197
寺井久信 …………………………… 197
寺尾威夫 …………………………… 197

【と】

土井正治	198
土居通夫	198
遠山元一	198
時国益夫	199
土光敏夫	199
利光達三	201
利光鶴松	201
戸田利兵衛（2代）	202
飛島文吉	202
富田鉄之助	202
富久力松	203
外山脩造	203
豊川良平	203
豊田英二	204
豊田喜一郎	204
豊田佐吉	205
豊田利三郎	206
鳥井信治郎	207

【な】

内藤豊次	207
内藤久寛	208
内藤祐次	208
中井春雄	208
中川末吉	208
中川以良	209
中島久万吉	209
中島慶次	209
中島知久平	210
長瀬富郎	210
中田錦吉	211
永田仁助	211
永田雅一	211
中司清	212
中野金次郎	212
永野重雄	213
中野武営	214
中橋徳五郎	214
中原延平	214
中部幾次郎	215
中部謙吉	215
中上川彦次郎	215
中村文夫	216

中安閑一	217
中山素平	217
名取和作	218
南郷三郎	218

【に】

新関八洲太郎	218
西川政一	219
西野嘉一郎	219
西野恵之助	219
西村勝三	219
西山弥太郎	220
二宮善基	220
丹羽正治	221

【ね】

根津嘉一郎（初代）	221
根津嘉一郎（2代）	222

【の】

野口遵	222
野田岩次郎	223
野淵三治	223
野間清治	224
野村治一良	224
野村徳七	224
野村与曽市	225
野村龍太郎	226

【は】

萩原吉太郎	226
羽倉信也	226
橋本保	227
長谷川周重	227
秦逸三	227
畠山一清	228
波多野鶴吉	228
服部金太郎	228

服部謙太郎	229	藤岡市助	244
花崎利義	229	藤川一秋	245
花村仁八郎	229	藤沢友吉（初代）	245
浜口梧陵	230	藤田謙一	245
早川千吉郎	230	藤田伝三郎	246
早川種三	230	藤波収	246
早川徳次	231	藤野忠次郎	247
早矢仕有的	231	藤山愛一郎	247
原吉平	232	藤山雷太	248
原邦造	232	藤原銀次郎	248
原三渓	233	船田一雄	249
原安三郎	233	古河市兵衛	250
原六郎	233	古河虎之助	250
原田二郎	234	古田俊之助	251

【ひ】

樋口佐兵衛	234		
日高輝	234		

【へ】

別宮貞俊	251

日比翁助	235
日比谷平左衛門	235
日向方斉	235
平井寛一郎	236
平岩外四	236
平生釟三郎	237
平賀敏	237
平田篤次郎	238
平塚常次郎	238
平沼専蔵	238
平野富二	239
広慶太郎	239
弘世現	239
広瀬宰平	240
弘世助三郎	241
弘世助太郎	241
広田寿一	241

【ほ】

法華津孝太	251
星一	252
堀田庄三	252
堀久作	253
堀啓次郎	253
堀新	253
堀文平	254
堀禄助	254
堀江薫雄	254
堀越善重郎	254
堀越禎三	255
本田宗一郎	255
本田弘敏	260

【ふ】

深井英五	241
福沢桃介	242
福田千里	242
福田久雄	243
福原有信	243
福原信三	243
藤井深造	244
藤井丙午	244

【ま】

前田一	261
前田久吉	261
槙哲	262
牧田甚一	262
牧田環	262
牧野元次郎	262
馬越恭平	263

増田次郎	263
益田孝	263
俣野健輔	265
松尾静磨	265
松方幸次郎	265
松崎半三郎	266
松沢卓二	266
松下幸之助	266
松田重次郎	274
松田恒次	274
松平一郎	275
松永安左ヱ門	275
松原与三松	277
松本健次郎	277
松本重太郎	278
松本留吉	278
松本昇	278
丸田芳郎	279
万代順四郎	279

【み】

三鬼隆	280
御木本幸吉	280
三島海雲	281
水上達三	281
水野健次郎	282
水野成夫	282
水野利八	283
御手洗毅	283
三井八郎右衛門（14代）	283
三井八郎右衛門（15代）	284
湊守篤	284
南喜一	284
南俊二	285
三野定	285
三野村利左衛門	285
御法川直三郎	286
三村起一	286
三村君平	287
宮岡公夫	287
宮崎輝	287
宮島清次郎	288
宮武徳次郎	289
三好武夫	289

【む】

向井忠晴	289
務台光雄	289
武藤糸治	290
武藤山治	290
村井吉兵衛	291
村井勉	292
村岡嘉六	292
村瀬直養	292
村田省蔵	293
村山祐太郎	293
村山龍平	293

【も】

茂木啓三郎	294
茂木惣兵衛	294
望月軍四郎	295
本山彦一	295
森薫	295
森恪	295
森広蔵	296
森暁	296
森泰吉郎	296
森矗昶	297
森下博	297
盛田昭夫	297
森永太一郎	300
森永貞一郎	300
森村勇	301
森村市左衛門（6代）	301
森村市左衛門（7代）	302
諸井貫一	302
諸井恒平	303

【や】

八木靖浩	303
八木与三郎	303
安居喜造	303
安井正義	304
安川敬一郎	304
安川第五郎	304

安川寛	305
安川雄之助	305
安田善次郎（初代）	305
安田一	307
柳田誠二郎	308
梁瀬次郎	308
梁瀬長太郎	308
矢野一郎	309
矢野恒太	309
八尋俊邦	309
山岡孫吉	310
山県勝見	311
山際正道	311
山口喜三郎	311
山崎種二	311
山崎貞一	312
山崎峯次郎	312
山下勇	313
山下亀三郎	313
山下静一	313
山下太郎	314
山下俊彦	314
山田晃	315
山田稔	315
山中宏	315
山葉寅楠	315
山辺丈夫	316
山本条太郎	316
山本達雄	317
山本為三郎	317
山本庸一	318

【ゆ】

湯浅佑一	318
結城豊太郎	318
湯川寛吉	318

【よ】

横河正三	319
横河民輔	319
横山宗一	320
横山通夫	320
吉川泰二郎	320
吉田忠雄	320
吉田秀雄	321

吉野孝一	322
吉野信次	322
吉村万治郎	322
四本潔	323
米沢滋	323
米山梅吉	323

【り】

李家孝	324

【わ】

若尾逸平	324
若尾璋八	324
若杉末雪	324
若林彊	325
和田完二	325
和田恒輔	325
和田豊治	326
渡辺義介	326
渡辺武	326
渡辺武次郎	327
渡辺忠雄	327
渡辺銕蔵	327
渡辺文夫	327
渡辺康	328
渡辺祐策	328

日本の実業家

【あ】

藍沢 弥八（あいざわ やはち）

明治13（1880）年3月22日～昭和44（1969）年1月29日

＊＊＊

藍沢証券社長，日本証券投資社長，東京証券取引所理事長　生 新潟県　幼名＝久平　学 日本法律学校（現・日本大学）〔明治38年〕卒
歴 金港堂などの出版社に勤めた後、証券業界に入り、明治41年港屋商店に勤め代表者となった。昭和8年藍沢商店（現・藍沢証券）、15年日本証券投資を設立し社長となった。21年貴族院議員に勅選。22年には取引所不動産管理業の平和不動産を創設、社長に就任。また貿易、海運業も手がけ、32～36年東京証券取引所理事長を務めた。

【伝記・評伝】
◇私の履歴書　経済人　3　日本経済新聞社編　日本経済新聞社　1980.7　477p　22cm

青井 忠治（あおい ちゅうじ）

明治37（1904）年3月30日～昭和50（1975）年8月18日

＊＊＊

丸井社長・会長（創業者）　生 富山県小杉町　学 富山県立工芸学校〔大正11年〕卒
歴 丸二商会を経て、昭和6年独立。10年商号を「丸井」と改め、中野本店を中心に東京全域に店舗を展開。月賦百貨店の草分けとして、35年に日本最初のクレジットカードを発行するなど時代を先取りした経営戦略で、今日の月賦業界1位の座を築く。　賞 紺綬褒章〔昭和33年〕，藍綬褒章〔昭和41年〕，勲三等瑞宝章〔昭和50年〕

【伝記・評伝】
◇誠実の誇り　田中正治著　ダイアモンド社　1965　173p　18cm
◇現代財界家系譜　第2巻　現代名士家系譜刊行会　1969
◇商魂の系譜―企業家精神に生きる61人　中村秀一郎　日本経済新聞社　1973

◇景気は自らつくるもの―「丸井」創業者、青井忠治の伝記　鳥羽欽一郎著　東洋経済新報社　1987.7　387p　19cm
◇巨富を築いた36人の男たち　鳥羽欽一郎著　実業之日本社　1989.11　206p　19cm

青木 鎌太郎（あおき かまたろう）

明治7（1874）年10月17日～昭和27（1952）年1月5日

＊＊＊

愛知時計電機社長，名古屋商工会議所会頭，日本経済聯盟会常務理事　生 愛知県　学 名古屋商卒
歴 イリス商会を経て、明治33年名古屋産時計の共同販売店を神戸に開く。日清事変で対中国の名古屋産時計の輸出に大打撃を受けると、上海に渡り滞貨を一掃するなど、業者の倒産を未然に防止し、名古屋時計製造業界を安定させた。これを契機に愛知時計に招かれ入社、大正14年愛知時計電機社長に就任。昭和11～15年、18～21年の2回、名古屋商工会議所会頭を務める。　賞 紺綬褒章〔昭和6年〕

【伝記・評伝】
◇百人観―青木鎌太郎氏を語る　野村浩司　名古屋毎日新聞社　1941
◇日本財界人物列伝　第2巻　青潮出版編　青潮出版　1964　1175p　図版13枚　27cm

青木 均一（あおき きんいち）

明治31（1898）年2月14日～昭和51（1976）年8月27日

＊＊＊

東京電力社長・会長　生 静岡県　学 東京商大高等商業科〔大正11年〕卒
歴 東京毛織、日本陶管取締役を経て、昭和2年品川白煉瓦に入社、9年専務取締役、13年社長となり、戦後間もなくライテックス煉瓦の技術を導入、技術向上に尽くした。33年辞任し、その後、東京電力社長、36年会長、41年顧問を歴任。そのほか、日経連顧問、経団連理事を務めた。この間、30年にはジュネーブのILO総会に使用者代表として出席。スポーツマンとしても知られ、日本社会人野球協会会長などを務めた。

【伝記・評伝】
◇日本政経人評伝　第1集　都新聞社　1950

◇私の処世　私の経営　青木均一著　実業之日本社　1960
◇財界回想録　下巻　日本工業倶楽部　1967
◇スポーツとともに　青木かな著　実業之日本社　1976　295p　19cm
◇私の履歴書　経済人　4　日本経済新聞社編　日本経済新聞社　1980.7　480p　22cm
◇私の財界昭和史（私の昭和史シリーズ）　三鬼陽之助著　東洋経済新報社　1987.2　272p　19cm

明石　照男（あかし　てるお）

明治14(1881)年3月31日～昭和31(1956)年9月29日

＊＊＊

帝国銀行会長，東京手形交換所理事長　生 岡山県　学 東京帝国大学法科大学政治科〔明治39年〕卒　歴 渋谷栄一の推奨で第一銀行に入行、大阪、京都、本店の各副支配人、本店支配人、取締役、常務を経て昭和7年副頭取、10年頭取となった。18年三井銀行との合併による帝国銀行会長に就任。20年辞任した。渋沢栄一の五女愛と結婚、渋沢倉庫社長、渋沢同族取締役などを兼任した。また東京手形交換所理事長、東京銀行集会所会長なども務めた。貴族院議員。戦後は経団連、日経連各顧問。

【伝記・評伝】
◇明治銀行史（現代金融経済全集　第33巻）　明石照男著　改造社　1935　283p　19cm
◇大正銀行史概観（銀行叢書　第32巻）　明石照男講述　東京銀行集会所　1937　117p　21cm
◇日本財界人物列伝　第2巻　青潮出版編　青潮出版　1964　1175p　図版13枚　27cm

赤司　俊雄（あかし　としお）

大正4(1915)年8月24日～平成4(1992)年12月26日

＊＊＊

三和銀行頭取・会長　生 福岡県久留米市　学 東京帝国大学法学部〔昭和16年〕卒　歴 昭和17年三和銀行に入行、新橋、福岡各支店長、人事部長などを歴任し、42年取締役。43年常務、47年専務、48年副頭取を経て51年頭取、57年会長。大阪銀行協会会長、経団連常任理事なども務めた。60年相談役に退く。　賞 藍綬褒章〔昭和55年〕，勲一等瑞宝章〔昭和62年〕

【伝記・評伝】
◇聞き書き　静かなタフネス10の人生　城山三郎著　文芸春秋　1986.6　234p　19cm
◇静かなタフネス10の人生（文春文庫）　城山三郎著　文芸春秋　1990.6　265p　15cm
◇赤司俊雄追想録　赤司俊雄追想録刊行委員会，三和総合研究所編　三和銀行　1993.12　535p　22cm

浅尾　新甫（あさお　しんすけ）

明治27(1894)年3月1日～昭和47(1972)年2月22日

＊＊＊

日本郵船社長・会長，日本船主協会会長　生 山梨県甲府市　学 東京帝国大学法科大学〔大正7年〕卒　歴 日本郵船に入り、イギリスのオックスフォード大学で学んだ後、インド支店、神戸支店に勤務。昭和16年企画部長、18年取締役、21年2月常務、同年12月社長を歴任。戦後の海運業再建のリーダーとなる。36年会長。日本船主協会会長、日本工業倶楽部理事、日経連、経団連各常任理事、経済同友会幹事などを務めた。

【伝記・評伝】
◇日本政経人評伝　第1集　都新聞社　1950
◇財界の顔　池田さぶろ　講談社　1952
◇財界人の横顔　古田保　岩崎書店　1954
◇財界の第一線1958年　人物展望社　1958
◇転形期の人々　潮流社編集部編　潮流社　1966　380p　20cm
◇財界回想録　下巻　日本工業倶楽部　1967
◇現代財界家系譜　第1巻　現代名士家系譜刊行会　1968

朝倉　毎人（あさくら　つねと）

明治15(1882)年5月21日～昭和46(1971)年8月10日

＊＊＊

日本自動車配給会社社長，衆議院議員　生 大分県　学 京都帝国大学法学部〔明治40年〕卒　歴 大正8年富士紡績取締役、12年満州紡績取締役、14年富士紡績常務取締役。昭和5年第二富士電力代表取締役。11年大分県第一区より衆議院

議員選出。12年日産自動車常務取締役、日産自動車販売代表取締役、日本自動車輸出組合理事長、日本軽自動車工業組合理事長、日本機械輸出振興会社取締役、日本自動車配給取締役社長、自動車統制会理事等を歴任。戦後公職追放となるが25年解除、明和紡績社長。35年辞任。作詩は13歳より小原姥南、綿貫香雲に師事。著書に「詩魂大南州」「南州先生詩境」などがある。
賞 竹田市名誉市民
【伝記・評伝】
◇朝倉毎人日記―大正15年～昭和8年（近代日本史料選書 9-1） 阿部武司ほか編 山川出版社 1983.3 444,〔1〕p 20cm
◇朝倉毎人日記―昭和9年～昭和11年（近代日本史料選書 9-2） 阿部武司ほか編 山川出版社 1985.7 428,6p 20cm
◇朝倉毎人日記―昭和12年～昭和15年6月（近代日本史料選書 9-3） 朝倉毎人著,阿部武司,大豆生田稔,小風秀雅編 山川出版社 1989.10 413,5p 19cm
◇朝倉毎人日記―昭和15年7月～昭和17年（近代日本史料選書 9-4） 朝倉毎人著,阿部武司,大豆生田稔,小風秀雅編 山川出版社 1989.10 423,5p 19cm
◇朝倉毎人日記―昭和18年～昭和20年（近代日本史料選書 9-5） 朝倉毎人著,阿部武司,大豆生田稔,小風秀雅編 山川出版社 1991.2 365,3p 19cm
◇朝倉毎人日記―昭和21年・自伝草稿・関係書簡（近代日本史料選書 9-6） 朝倉毎人著,阿部武司,大豆生田稔,小風秀雅編 山川出版社 1991.2 288p 19cm

浅田 長平（あさだ ちょうへい）

明治20(1887)年4月15日～昭和45(1970)年10月21日

＊＊＊

神戸製鋼所社長・会長　生 大阪府堺市　学 京都帝国大学理工科大学採鉱冶金科〔明治44年〕卒
歴 明治44年合名会社鈴木商店に入り、神戸製鋼所勤務、昭和4年取締役となり、常務、専務の後20年社長となった。21年公職追放で辞め25年解除と共に復帰、相談役となり27年社長に再任。33年会長、40年から相談役。技術向上に尽力、神戸製鋼を国際的な会社に育てた。インド鉄鋼石長期開発調査団団長として渡印するなど国際的にも活躍。神戸商事、日本鉄鋼協会各会長、経団連理事、神戸商工会議所会頭、神戸市教育委員なども歴任した。
【伝記・評伝】
◇鉄鋼巨人伝　浅田長平　神戸製鋼所編　鉄鋼新聞社　1982
◇人物・鉄鋼技術史　飯田賢一著　日刊工業新聞社　1987.1　286p　19cm

浅田 正文（あさだ まさぶみ）

嘉永7(1854)年7月20日～明治45(1912)年4月18日

＊＊＊

日本郵船専務　身 江戸（東京都）
歴 明治新政府の会計局に入った後、明治7年岩崎弥太郎と知り合い三菱商会に入る。18年共同運輸と三菱の合併によって設立された日本郵船にうつり会計支配人となり、22年理事・会計課長、函館支店長をつとめ、26年専務。29年川崎八右衛門等と協力して東武鉄道を創立、35年小川銕吉と共に明治製糖の創立に参画して取締役に就任。このほか帝国商業銀行、東京建物などの創立や経営にもかかわる。
【伝記・評伝】
◇財界物故傑物伝　上巻　実業之世界社　1936

浅野 総一郎（あさの そういちろう）

嘉永元(1848)年3月10日～昭和5(1930)年11月9日

＊＊＊

浅野財閥創設者,浅野セメント創業者　生 越中国氷見郡藪田村（富山県氷見市）　幼名＝泰治郎,前名＝浅野惣一郎
歴 医者の家に生まれる。2度養子に行き商人を目指すが、商売は失敗を重ね、明治5年24歳で上京。竹の皮屋、砂糖水売りなど転々としたあと、6年横浜で石炭商を始めた。廃物のコークスを官営の深川セメント工場に売り込み、莫大な利益を得る。14年渋沢栄一の援助で深川セメント工場の払い下げを受け、16年浅野工場を設立、以後政府の保護もあり、皇居造営、陸軍要塞などセメント事業を拡大。31年安田善次郎の後援で安田銀行から融資を得て浅野セメント合資会社（のちの日本セメント）を設立、大正元年株式会社とし、つい

で4年北海道セメント、12年浅野ストレート、日本カーリット、13年木津川セメントなどを設立。この間、大正2年から京浜鶴見地区150万坪を埋立てて造船、製鉄、海運、石炭、電力など多彩な事業を展開した。7年には浅野同族会社を設立、9年末で直接関係会社36、傍系会社50といわれる浅野財閥を形成した。戦後財閥は解体された。

【伝記・評伝】
◇人物評論―朝野の五大閥　鵜崎熊吉　東亜堂書房　1912
◇現代富豪論　山路弥吉（愛山）　中央書院　1914
◇浅野総一郎　浅野泰治郎　浅野文庫　1925
◇父の抱負　浅野総一郎（二代）　浅野文庫　1931
◇財界物故傑物伝　実業之世界社　1936
◇石炭鉱業連合会創立15年誌　奥中孝三　同会　1936
◇明治　大実業家列伝―市民社会建設の人々　林房雄著　創元社　1952　255p　19cm
◇日本実業家列伝　木村毅　実業之日本社　1953
◇財界巨人伝　河野重吉著　ダイヤモンド社　1954　156p　19cm
◇近代日本人物経済史　日本経済史研究会　東洋経済新報社　1955
◇思い出の財界人〔2版〕　下田将美　実業之日本社　1960
◇日本財界人物列伝　第1巻　青潮出版編　青潮出版　1963　1171p　図版　26cm
◇政商から財閥へ（グリーンベルト・シリーズ）　楫西光速著　筑摩書房　1964　234p　18cm
◇財界人思想全集　第8　財界人の人生観・成功観　小島直記編・解説　ダイヤモンド社　1969　454p　22cm
◇財界人100年の顔―日本経済を築いた人びと　ダイヤモンド社　1971
◇セメント王浅野総一郎（一業一人伝）　木村徹著　時事通信社　1972　263p　肖像　18cm
◇日本経済の建設者―あの時この人　中村隆英　日本経済新聞社　1973
◇政商の誕生―もうひとつの明治維新　小林正彬著　東洋経済新報社　1987.1　348,18p　19cm
◇小島直記伝記文学全集〈第14巻〉　男の生涯　古典からのめっせいじ　小島直記著　中央公論社　1987.10　500p　19cm
◇売りモノを創った男たち　藤田忠司著　リバティ書房　1988.10　309p　19cm
◇日本史の社会集団〈6〉　ブルジョワジーの群像　安藤良雄著　小学館　1990.3　509p　15cm
◇企業立国・日本の創業者たち―大転換期のリーダーシップ　加来耕三著　日本実業出版社　1992.5　262p　19cm
◇マイナス転じて福となす経営―名商人に学ぶ始末と才覚の研究　童門冬二著　PHP研究所　1993.2　213p　19cm
◇日本資本主義の群像（現代教養文庫―内橋克人クロニクル・ノンフィクション〈3〉）　内橋克人著　社会思想社　1993.2　209p　15cm
◇人われを事業の鬼と呼ぶ―浅野財閥を創った男　若山三郎著　青樹社　1993.7　269p　19cm
◇人物に学ぶ明治の企業事始め　森友幸照著　つくばね舎, 地歴社〔発売〕　1995.8　210p　21cm
◇稼ぐに追いつく貧乏なし―浅野総一郎と浅野財閥　斎藤憲著　東洋経済新報社　1998.11　270p　19cm
◇日本経済の礎を創った男たちの言葉―21世紀に活かす企業の理念・戦略・戦術　森友幸照著　すばる舎　1999.11　229p　19cm
◇日本創業者列伝―企業立国を築いた男たち（人物文庫）　加来耕三著　学陽書房　2000.8　362p　15cm
◇その男、はかりしれず―日本の近代をつくった男浅野総一郎伝　新田純子著　サンマーク出版, サンマーク〔発売〕　2000.11　295p　19cm
◇20世紀　日本の経済人（日経ビジネス人文庫）　日本経済新聞社編　日本経済新聞社　2000.11　449p　15cm

浅野　良三
あさの　りょうぞう

明治22（1889）年8月28日～昭和40（1965）年2月9日

＊＊＊

日本鋼管社長　囲東京　学ハーバード大学経済学部〔明治45年〕卒

歴浅野財閥・初代総一郎の次男。大正14年帰国。浅野財閥系の東洋汽船に入社し、15年専務、昭和8～12年社長を務める。また2年浅野セメント専務、5～11年同社副社長を兼務。その間、9年ジュネーブ国際労働総会に使用者代表として参加。15年日本鋼管副社長、17年から社長となった。21年に退任。

【伝記・評伝】
◇浅野総一郎　浅野泰治郎, 浅野良三著　愛信社　1923　615,99,15p　図版　肖像　17cm

◇浅野総一郎〔改訂版〕 浅野泰治郎, 浅野良三著 浅野文庫 1925 615,106,16p 図版 肖像 17cm
◇支那事変の処理と我国鉄鋼業の進む道 浅野良三著 世界経済情報社 1939 17p 23cm

朝吹 英二 (あさぶき えいじ)

嘉永2(1849)年2月18日～大正7(1918)年1月31日

＊＊＊

王子製紙会長　生 豊前国（大分県）　幼名＝万吉、号＝柴庵
歴 庄屋朝吹彦兵衛の養子となるが実家に復帰、慶応2年農兵となる。明治3年福沢諭吉の暗殺を企てたが失敗、慶応義塾の玄関番となる。5年同塾出版部主任となり、11年三菱商会に入社。13年貿易商会に転じ取締役。以後鐘紡専務、三井呉服店専務理事などを経て、42年王子製紙会長、三井銀行監査役に就任するなど、三井系諸社の要人として財界に重きをなした。44年引退。自邸に茶室柴庵を設けるなど、茶人としても知られ、茶道、香道、国文学の蔵書1700点を母校慶応義塾に寄贈した。

【伝記・評伝】
◇財界之人百人論 矢野滄浪 時事評論社 1915
◇朝吹英二君伝 大西理平編 朝吹英二氏伝記編纂会 1928.12
◇財界物故傑物伝 上巻 実業之世界社 1936
◇明治 大実業家列伝―市民社会建設の人々 林房雄著 創元社 1952 255p 19cm
◇続 財界回顧―故人今人（三笠文庫） 池田成彬著, 柳沢健編 三笠書房 1953 217p 16cm
◇日本財界人物列伝 第1巻 青潮出版編 青潮出版 1963 1171p 図版 26cm
◇財界人思想全集 第5 ダイヤモンド社 1970
◇美術話題史―近代の数寄者たち 松田延夫著 読売新聞社 1986.5 350p 21cm
◇小島直記伝記文学全集〈第3巻〉 日本さらりーまん外史 小島直記著 中央公論社 1986.12 414p 19cm
◇当世畸人伝 白崎秀雄著 新潮社 1987.1 431p 19cm
◇小島直記伝記文学全集〈第4巻〉 福沢山脈 小島直記著 中央公論社 1987.1 577p 19cm
◇無冠の男〈上〉（新潮文庫） 小島直記著 新潮社 1988.6 431p 15cm

◇朝吹英二君伝（経済人叢書） 大西理平著 図書出版社 1990.9 357p 19cm

朝吹 常吉 (あさぶき つねきち)

明治11(1878)年5月～昭和30(1955)年3月10日

＊＊＊

三越社長・会長, 帝国生命保険社長　生 東京・三田　学 慶応義塾大学理財科〔明治29年〕卒
歴 三井財閥の実業家英二の息子。イギリスに留学、明治34年日本銀行に入ったが、39年退社。三井物産、鐘紡などに勤めた後、大正2年三越呉服店常務取締役となり、14年帝国生命保険（朝日生命の前身）社長に就任。その間、東京芝浦電気、王子製紙、台湾製糖など三井系の重役を兼務した。昭和18年帝国生命社長を辞任、三越の社長、会長を一時務めた。磯子夫人とテニス普及にも尽力、大正11年には日本庭球協会を創立した。

【伝記・評伝】
◇財界之人百人論 矢野滄浪 時事評論社 1915
◇千代田組60年のあゆみ 岩山春雄 千代田組 1969
◇回想朝吹常吉 朝吹磯子編 朝吹磯子 1969 299p 図 22cm

芦田 泰三 (あしだ たいぞう)

明治36(1903)年7月10日～昭和54(1979)年10月18日

＊＊＊

住友生命保険社長・会長　生 兵庫県　学 東京商科大学（現・一橋大学）〔昭和2年〕卒
歴 昭和2年住友生命入社。京都、ソウル、福岡などの支店長、人事部長、営業部長を歴任し、22年財閥解体により名称変更された国民生命保険社長に就任。27年もとの社名に改称、41年には会長。賞 藍綬褒章〔昭和38年〕, 勲二等瑞宝章〔昭和48年〕

【伝記・評伝】
◇芦田泰三追想録 住友生命保険編 住友生命保険 1981.9 311p 図版10枚 22cm

芦原 義重
あしはら よししげ

明治34(1901)年3月4日～

***

関西電力社長・会長, 関西経済連合会会長　生香川県高松市　学京都帝国大学工学部電気工学科〔大正13年〕卒　工学博士
歴 大正13年小林一三に人柄を見込まれ阪急電鉄に入社。昭和17年関西配電(関西電力の前身)に移り、戦後の電力再編で関西電力常務、34年社長、45年会長、58年6月名誉会長。62年2月26日取締役会の緊急動議によって、懐刀である内藤千百里と共に取締役を解任され、"関電二・二六事件"として経済界を騒がせた。のち、相談役名誉会長となり、平成10年退任。この間昭和41～52年関西経済連合会会長、のち名誉会長。48年～平成9年日本万国博覧会協会名誉会長を務めた。昭和59年関西新空港会社設立委員長。　賞藍綬褒章〔昭和34年〕、勲一等旭日大綬章〔昭和53年〕

【伝記・評伝】
◇現代財界家系譜　第1巻　現代名士家系譜刊行会　1968
◇関西電力における革新技術開発の歩み　芦原義重　芦原義重　1971　56p　22cm
◇芦原義重—評伝(評伝シリーズ 8)　真島弘著　国際商業出版　1977.12　286p　20cm
◇憂楽50年　芦原義重—回顧と展望　由井常彦著　日本経営史研究所　1978　355p　22cm
◇芦原義重の行動哲学—関西財界の重鎮　真島弘著　PHP研究所　1984.10　214p　20cm
◇社長の決断(徳間文庫)　伊藤肇著　徳間書店　1987.11　350p　15cm
◇政治資金—吸収マシーンのからくり(現代教養文庫)　笹子勝哉著　社会思想社　1988.1　205p　15cm

麻生 太賀吉
あそう たかきち

明治44(1911)年9月29日～昭和55(1980)年12月2日

***

麻生セメント社長・会長, 衆議院議員(自由党)　生福岡県飯塚市　学福岡中〔昭和4年〕卒, 九州帝国大学法文学部聴講生
歴 九州の炭鉱王の家に生まれる。昭和8年父の経営する麻生商店に入り、9年社長。その後、麻生鉱業社長、麻生セメント社長、九州電力会長を歴任し吉田茂首相の三女和子と結婚。24年以来3期の衆議院議員時代には政界と財界のパイプ役を務めたが、吉田首相退陣とともに政界と縁を切った。40年には日本石炭協会会長に就任、また日本クレー射撃協会会長を務めたこともある。
賞 藍綬褒章〔昭和44年〕

【伝記・評伝】
◇日本政経人評伝　第1集　都新聞社　1950
◇現代財界家系譜　第1巻　現代名士家系譜刊行会　1968

麻生 太吉
あそう たきち

安政4(1857)年7月7日～昭和8(1933)年12月8日

***

麻生商店社長, 九州水力電気社長, 衆議院議員, 貴族院議員　生筑前国(福岡県)　幼名＝鶴次郎
歴 若くして立岩村戸長などに推され、明治5年父賀郎と共に石炭採堀に従事。13年炭坑事業を始め、17年鮎田炭坑を経営、麻生商店を創設、忠隈坑、木洞坑も増設し社長に就任。しかし恐慌と災害、資本不足で炭坑を売却、独自の販売機関を設けて苦境を乗り切り、石炭王と呼ばれ、石炭鉱業連盟会長に推された。また41年には嘉穂電燈会社、九州水力電気を創設し社長となり、九州財界に重きをなした。32年には衆議院議員に当選、44年と大正7年貴族院議員を務めた。

【伝記・評伝】
◇麻生太吉伝　大田黒重五郎監修　同刊行会　1934
◇麻生太吉翁伝　同刊行会　1935
◇財界物故傑物伝　上巻　実業之世界社　1936
◇日本財界人物列伝　第1巻　青潮出版編　青潮出版　1963　1171p　図版　26cm
◇近代政治関係者年譜総覧〈戦前篇　第1巻〉　ゆまに書房　1989.10　1313,31p　21cm
◇黄金伝説—「近代成金たちの夢の跡」探訪記　荒俣宏著, 高橋昇写真　集英社　1990.4　253p　21cm
◇黄金伝説(集英社文庫—荒俣宏コレクション)　荒俣宏著　集英社　1994.4　331p　15cm

安宅 弥吉（あたか やきち）

明治6（1873）年4月25日～昭和24（1949）年2月5日

＊＊＊

安宅産業社長（創業者），大阪商工会議所会頭，貴族院議員（勅選）　⊞石川県金沢市　学東京高商（現・一橋大学）〔明治28年〕卒

歴明治28年大阪の貿易商・日下部商会に入り、香港支店支配人となる。37年貿易商として独立し、安宅商会（安宅産業の前身）を設立。第1次大戦時の好況で発展、大正8年株式会社に改組し、昭和17年まで社長を務めた。大阪商工会議所会頭（昭10～15年）、勅選貴族院議員も務めた。

【伝記・評伝】
◇日本経済を育てた人々　高橋弥次郎　関西経済連合会　1955
◇日本財界人物列伝　第2巻　青潮出版編　青潮出版　1964　1175p　図版13枚　27cm
◇関西財界外史　関西経済連合会　1976
◇崩壊　日本経済新聞特別取材班　同社　1977
◇続　豪商物語　邦光史郎著　博文館新社　1991.2　294p　19cm
◇起業家列伝（徳間文庫）　邦光史郎著　徳間書店　1995.4　282p　15cm

足立 正（あだち ただし）

明治16（1883）年2月28日～昭和48（1973）年3月29日

＊＊＊

王子製紙社長，ラジオ東京社長，日本商工会議所会頭　⊞鳥取県境港市　学東京高商（現・一橋大学）〔明治38年〕卒

歴明治38年三井物産に入社、44年藤原銀次郎に誘われて王子製紙に転じ、大正9年取締役。以後、常務、専務、副社長を経て昭和17年社長、21年12月退任。22年公職追放。解除後の26年ラジオ東京（東京放送の前身）社長に迎えられ、日本民間放送連盟初代会長も務め、草創期の民間放送事業の確立に功績を残した。その後、31年日本生産性本部会長、32年日本商工会議所、東京商工会議所各会頭となり、同時に日経連顧問、経団連顧問なども歴任し、高度経済成長期の財界リーダーとして活躍した。

【伝記・評伝】
◇財界の顔　池田さぶろ　講談社　1952
◇現代財界家系譜　第1巻　現代名士家系譜刊行会　1968
◇足立先生を語る　東京放送　1975　205p　図肖像　22cm
◇私の履歴書　経済人　2　日本経済新聞社編　日本経済新聞社　1980.6　477p　22cm
◇日商会頭の戦後史（権力者の人物昭和史　8）　安原和雄著　ビジネス社　1986.12　270p　19cm
◇私の履歴書―昭和の経営者群像〈6〉　日本経済新聞社編　日本経済新聞社　1992.10　294p　19cm

渥美 健夫（あつみ たけお）

大正8（1919）年7月24日～平成5（1993）年10月14日

＊＊＊

鹿島建設社長・会長　⊞東京　学東京帝国大学法学部政治学科〔昭和18年〕卒

歴昭和18年商工省入省。戦後、経済安定本部、通産省各事務官などを経て、昭和26年岳父の鹿島守之助に招かれ常務として鹿島建設入社。同年専務、31年副社長を経て、41年社長、53年会長に。のち相談役名誉会長。海外建設協会会長、日本建設業団体連合会会長などを兼務。平成3年アジア・西太平洋建設業協会国際連盟（IFAWPCA）に渥美賞が創設された。　賞藍綬褒章〔昭和54年〕，ロサンゼルス市名誉市民〔昭和57年〕，ミネアポリス市名誉市民〔昭和61年〕，勲一等瑞宝章〔平成2年〕

【伝記・評伝】
◇血統商法―鹿島建設会長・石川六郎の眼力とあくなき挑戦　菊池久著　ぴいぷる社　1988.4　230p　19cm
◇追想　渥美健夫　渥美健夫追想録編纂委員会編　鹿島出版会　1994.10　x,254p　図版　22cm

穴水 要七（あなみず ようしち）

明治8（1875）年1月19日～昭和4（1929）年1月3日

＊＊＊

富士製紙専務，衆議院議員（立憲政友会）　⊞山梨県　旧姓（名）＝小野　幼名＝晢

歴 幼時から伯父穴水嘉三郎の店に奉公、養子となったが、相場が好きで東京に出た。明治41年小野金六を頼り富士製紙に転じ、大正4年取締役、7年専務となった。同年政友会の推薦で甲府から衆議院議員に当選、当選4回。また北海道電燈、小武川電力各社長、その他諸会社の重役を務めた。
【伝記・評伝】
◇財界物故傑物伝　実業之世界社　1936
◇思い出の財界人〔2版〕　下田将美　実業之日本社　1960
◇北海道開拓功労者関係資料集録　上巻　北海道　1971
◇甲州財閥―日本経済の動脈をにぎる男たち　小泉剛　新人物往来社　1975

阿部　孝次郎 (あべ　こうじろう)

明治30(1897)年1月3日～平成2(1990)年10月18日

＊＊＊

東洋紡績社長・会長　　生 滋賀県　　学 京都帝国大学工学部機械工学科〔大正10年〕卒
歴 阿部房次郎の長男。大正10年父が社長を務める東洋紡績に入社。昭和17年取締役、21年常務を経て、22年社長に就任。34年会長、41年相談役、のち名誉顧問となる。この間、日本紡績協会委員長、関西経済連合会会長、日本繊維機械学会会長などもつとめた。　　賞 藍綬褒章〔昭和34年〕、勲二等旭日重光章〔昭和42年〕、大阪文化賞〔昭和43年〕、勲一等瑞宝章〔昭和47年〕
【伝記・評伝】
◇財界の顔　池田さぶろ　講談社　1952
◇財界人の横顔　古田保　岩崎書店　1954
◇大阪産業をになう人々　大阪府工業協会　1956

阿部　泰蔵 (あべ　たいぞう)

嘉永2(1849)年4月27日～大正13(1924)年10月22日

＊＊＊

明治生命保険社長(創業者)，明治生命社長
生 三河国吉田(愛知県)　旧姓(名)＝豊田　学 慶応義塾卒
歴 藩儒太田魯作らに漢学を学び、津藩の斎藤拙堂の門に入り、かたわら蘭学を修めた。17歳で上京、蘭学、英学を研究、明治元年慶応義塾に入ったが、戊辰戦争で帰藩し従軍。その後義塾に戻った。卒後同校教授、次いで塾頭となった。3年大学南校で英語を教え、のち文部省少教授編輯権助、7年翻訳局に移り、9～10年渡米、12年辞任。14年荘田平五郎と明治生命保険会社を設立、社長。24年さらに明治火災保険会社設立、社長となった。また東京海上保険取締役、交詢社理事を兼務。40年東明火災保険会社を設立、取締役。ほかに東京商業会議所特別議員、日本郵船監査役、生命保険協会理事長を歴任した。　賞 勲五等〔大正4年〕
【伝記・評伝】
◇財界之人百人論　矢野滄浪　時事評論社　1915
◇財界物故傑物伝　実業之世界社　1936
◇阿部泰蔵伝　本邦生命保険創業者明治生命編　明治生命保険　1971　522p　肖像　22cm
◇若きパイオニアの挑戦　阿部泰蔵小伝　明治生命保険編　明治生命保険　1978　56p　21cm

阿部　房次郎 (あべ　ふさじろう)

慶応4(1868)年1月18日～昭和12(1937)年5月12日

＊＊＊

東洋紡績社長，貴族院議員(勅選)　　生 近江国彦根(滋賀県彦根市)　　学 慶応義塾〔明治25年〕卒
歴 金巾製織の阿部市太郎の養子。明治37年経営不振の金巾製織に専務として入り、再建に尽力。その後大阪紡績、三重紡績と合併して大正3年東洋紡績が発足、山辺丈夫社長の下で専務となった。南洋、中国、インドにも販路を広げ綿布を輸出。15年社長。また昭和レーヨン、裕豊紡各社長、上毛電力、王子製紙、湖東紡各取締役、大阪商工会議所顧問、大日本紡績連合会会長などを歴任した。昭和6年勅選貴族院議員。
【伝記・評伝】
◇阿部房次郎伝　熊川千代喜編著　熊川千代喜　1929　11,534p　図版(肖像共)25枚　23cm
◇阿部房次郎伝　熊川千代喜著　同編纂事務所　1940　554p　22cm
◇近代日本人物経済史　日本経済史研究会　東洋経済新報社　1955
◇日本経済を育てた人々　高橋弥次郎　関西経済連合会　1955
◇思い出の財界人〔2版〕　下田将美　実業之日本社　1960
◇日本財界人物列伝　第2巻　青潮出版編　青潮出版　1964　1175p　図版13枚　27cm

◇財界人思想全集　第6　ダイヤモンド社　1970
◇近代政治関係者年譜総覧〈戦前篇　第1巻〉　ゆまに書房　1989.10　1313,31p　21cm

雨宮　敬次郎（あめのみや　けいじろう）

弘化3（1846）年9月5日～明治44（1911）年1月20日

***

明治期の実業家　㊷甲斐国東山梨郡牛奥村（山梨県）　俗称＝雨敬

㊷名主の次男に生まれたが商才にたけ、郷里で生糸商などに従事した後、横浜で洋銀相場、蚕種貿易を行う。明治13年軍需用堅パン・ビスケット製造で巨利を博す。25年には水道疑獄に連座し入獄、財産差押処分を受けるが、出獄後、川上操六の推薦で甲武鉄道社長に。東京市街鉄道設立、京浜鉄道・北海道炭礦経営など、その商略は「投機界の魔王」とまでいわれたが、盛名は一代限りで終った。

【伝記・評伝】
◇国家事業経歴談　雨宮敬次郎　美濃判（写）
◇雨宮敬次郎記録　美濃判（写）
◇事業談話筆記　雨宮敬次郎　美濃判（写）
◇商海英傑伝　瀬川光行　大倉書店, 冨山房書店　1893
◇人物評論―朝野の五大閥　鵜崎熊吉　東亜堂書房　1912
◇現代富豪論　山路弥吉（愛山）　中央書院　1914
◇財界物故傑物伝　実業之世界社　1936
◇日本実業家列伝　木村毅　実業之日本社　1953
◇日本財界人物列伝　第1巻　青潮出版編　青潮出版　1963　1171p　図版　26cm
◇日本経済の建設者―あの時この人　中村隆英　日本経済新聞社　1973
◇甲州財閥―日本経済の動脈をにぎる男たち　小泉剛　新人物往来社　1975
◇幻の人車鉄道―豆相人車の跡を行く　伊佐九三四郎著　森林書房　1986.12　214p　19cm
◇過去六十年事蹟―伝記・雨宮敬次郎（伝記叢書41）　雨宮敬次郎述, 桜内幸雄編　大空社　1988.6　422,6p　22cm
◇黄金伝説―「近代成金たちの夢の跡」探訪記　荒俣宏著, 高橋昇写真　集英社　1990.4　253p　21cm
◇大人学・小人学（だいじんがく・しょうじんがく）―「大気力」で生きた男の器量と値打ち　邑井操著　大和出版　1990.6　245p　19cm
◇マイナス転じて福となす経営―名商人に学ぶ始末と才覚の研究　童門冬二著　PHP研究所　1993.2　213p　19cm
◇日本資本主義の群像（現代教養文庫―内橋克人クロニクル・ノンフィクション〈3〉）　内橋克人著　社会思想社　1993.2　209p　15cm
◇本物の魅力―自分を生かしきった男だけが「人生の醍醐味」を味わうことができる！　邑井操著　大和出版　1993.7　245p　19cm
◇黄金伝説（集英社文庫―荒俣宏コレクション）　荒俣宏著　集英社　1994.4　331p　15cm

鮎川　義介（あゆかわ　よしすけ）

明治13（1880）年11月6日～昭和42（1967）年2月13日

***

日産コンツェルン創始者, 日本中小企業政治連盟総裁, 参議院議員（第十七控室）　㊷山口県山口市　㊻東京帝国大学工科大学機械科〔明治36年〕卒

㊷芝浦製作所の職工となるが、のち渡米して鋳造見習工。30歳で帰国、明治43年戸畑鋳物を設立。大正10年東京に進出、昭和3年義弟・久原房之助の久原鉱業所社長となり、のち日本産業と改称。以後次々設立または吸収を繰り返して、日立製作所を含む日産コンツェルンを作りあげた。12年満州に進出して17年まで満州重工業開発総裁。18年勅選貴族院議員。戦後はA級戦犯として服役したが、釈放後、28年参議院議員となり、31年には日本中小企業政治連盟を結成して総裁。全国中小企業団体中央会会長、中小企業助成会会長、岸内閣経済最高顧問を歴任。34年二男の選挙違反事件の責任をとり親子で参議院議員を辞任した。のち東洋大学名誉総長となる。著書に「物の見方考え方」「私の考え方」などがある。

【伝記・評伝】
◇物の見方考え方　鮎川義介著　実業之日本社　1937
◇SEARCHING For TRUTH　Aikawa Yoshisuke著　実業之日本社　1938　84p
◇風雲児鮎川義介　山崎一芳　東海出版社　1938
◇鮎川義介　和田日出吉　春秋社　1938
◇鮎川義介縦横談　友田寿一朗編　創元社　1953　147p　19cm

◇私の考え方　鮎川義介述, 友田寿一郎編　ダイヤモンド社　1954
◇近代日本人物経済史　日本経済史研究会　東洋経済新報社　1956
◇財界の第一線1958年　人物展望社　1958
◇随筆五もくめし　鮎川義介　ダイヤモンド社　1962　175p　18cm
◇戦略経営者列伝（三一新書）　大江志乃夫著　三一書房　1963　252p　18cm
◇私の履歴書　第24集　日本経済新聞社編　日本経済新聞社　1966　358p　19cm
◇鮎川義介伝　赤い夕陽の昭和史　小島直記著　日本経営出版会　1967　294p　図版　19cm
◇鮎川義介先生追想録　鮎川義介先生追想録編纂刊行会　1968　546p　図版27枚　22cm
◇財界人思想全集　第2, 4　ダイヤモンド社　1969
◇財界人思想全集　第8　財界人の人生観・成功観　小島直記編・解説　ダイヤモンド社　1969　454p　22cm
◇財界人100年の顔―日本経済を築いた人びと　ダイヤモンド社　1971
◇風雲児鮎川義介　山崎一芳著　東海出版社　1973　251p　20cm
◇鮎川義介伝―夢をひらく男　小沢親光著　山口新聞社　1974　342p　図　肖像　19cm
◇関西財界外史　関西経済連合会　1976
◇私の履歴書〝経済人〟9　日本経済新聞社編　日本経済新聞社　1980.10　468p　22cm
◇実業界の巨頭（ビジュアル版・人間昭和史〈5〉）　大来佐武郎, 扇谷正造, 草柳大蔵監修　講談社　1986.6　255p　21cm
◇私の財界昭和史（私の昭和史シリーズ）　三鬼陽之助著　東洋経済新報社　1987.2　272p　19cm
◇決断力に己れを賭けよ（昭和の名語録）　邦光史郎ほか著　経済界　1987.11　262p　19cm
◇小島直記伝記文学全集〈第11巻〉　創業者列伝　小島直記著　中央公論社　1987.11　533p　19cm
◇私と満州国　武藤富男著　文芸春秋　1988.9　469p　19cm
◇指導力―俺についてこい（知的生きかた文庫）　会田雄次ほか著　三笠書房　1989.2　249p　15cm
◇人間的魅力の研究（新潮文庫）　伊藤肇著　新潮社　1989.5　284p　15cm

◇代表的日本人―自己実現に成功した43人　竹内均著　同文書院　1990.1　403p　19cm
◇続　豪商物語　邦光史郎著　博文館新社　1991.2　294p　19cm
◇スキな人キライな奴　小島直記著　新潮社　1991.4　244p　19cm
◇この経営者の急所を語る―三鬼陽之助の財界人備忘録　三鬼陽之助著　第一企画出版　1991.7　256p　19cm
◇会社のルーツおもしろ物語―あの企業の創業期はこうだった!（PHPビジネスライブラリー〈A-342〉）　邦光史郎　PHP研究所　1992.8　285p　18cm
◇混乱時代の経営者の活路　三鬼陽之助著　講談社　1993.10　261p　19cm
◇日本を造った男たち―財界創始者列伝　竹内均著　同文書院　1993.11　254p　19cm
◇剛腕の経営学（徳間文庫）　邦光史郎著　徳間書店　1993.11　310p　15cm
◇起業家列伝（徳間文庫）　邦光史郎著　徳間書店　1995.4　282p　15cm
◇哲学を始める年齢　小島直記著　実業之日本社　1995.12　215p　21cm
◇実業家の文章―日本経済の基盤を築いた、十二人の偉大な実業家。　鈴木治雄著　ごま書房　1998.7　262p　19cm
◇自動車が走った―技術と日本人（朝日選書）　中岡哲郎著　朝日新聞社　1999.1　219p　19cm
◇日本の企業家群像　佐々木聡編　丸善　2001.3　292p　19cm

新井　章治
あらい　しょうじ

明治14（1881）年12月8日～昭和27（1952）年9月1日

＊＊＊

東京電力社長・会社　囲 埼玉県熊谷市　学 早稲田大学政治経済学科〔明治38年〕卒

歴 秩父鉄道、日本鉄道清算事務所に勤め明治41年病気で退社。大正2年利根発電入社、9年取締役兼支配人、10年東京電燈と合併、東京電燈会社となって理事・前橋支店長。昭和2年本社営業部次長、8年取締役営業部長を歴任。9年横浜市への贈賄容疑で検挙され、13年無罪。11年東電常務、12年副社長、15年社長、会長を兼任。17年配電統制令により関東配電が設立され社長となり、18年日

本発送電総裁。公職追放で22年辞任。26年東光電気会長、27年東京電力会長となった。
【伝記・評伝】
◇新井章治　新井章治伝刊行会編　新井章治伝刊行会　1957　487p　図版　22cm
◇新井章治の生涯　永塚利一著　電気情報社　1962　428p　21cm
◇日本財界人物列伝　第2巻　青潮出版編　青潮出版　1964　1175p　図版13枚　27cm

新木　栄吉（あらき　えいきち）

明治24（1891）年4月24日～昭和34（1959）年2月1日

＊＊＊

日本銀行総裁，駐米大使　[生]石川県小松市　[学]東京帝国大学政治学科〔大正5年〕卒
[歴]日本銀行に入り外国為替局長、営業局長、理事、副総裁を経て、昭和20年10月第17代総裁となったが、公職追放で21年辞任。追放解除後の26年東京電力会長、27年駐米大使を務め、29年辞職。同年鳩山内閣の時、再び日本銀行総裁に就任した。中国国民政府顧問も務めた。また貯蓄増強中央委員会会長、経済外交研究会会長も歴任した。
【伝記・評伝】
◇日本銀行八十年史　日本銀行史料調査室編　日本銀行史料調査室　1962.10　458p　図版　29cm

荒牧　寅雄（あらまき　とらお）

明治35（1902）年11月22日～平成6（1994）年8月8日

＊＊＊

いすゞ自動車社長・会長　[身]福岡県田川郡糸田町　[学]横浜高工機械工学科〔大正15年〕卒
[歴]東京帝大助手、石川島造船所を経て、昭和19年ヂーゼル自動車工業（現・いすゞ自動車）技術部次長となり、21年取締役、27年常務、37年専務、41年副社長、45年社長、51年会長、55年相談役を歴任。この間、11年国内初のトラック用空冷式ディーゼルエンジンの開発・実用化に携わり、社長当時の46年には米国ゼネラル・モーターズ（GM）と業務・資金提携を決断、GMグループ入りを推進した。　[賞]藍綬褒章〔昭和41年〕，勲二等瑞宝章〔昭和48年〕

【伝記・評伝】
◇くるまと共に半世紀　荒牧寅雄著　いすゞ自動車　1979.6　271p　19cm
◇たび路はるかに―続・くるまと共に半世紀　荒牧寅雄著　いすゞ自動車　1981.4　2冊　19cm

有賀　長文（ありが　ながふみ）

慶応元（1865）年7月7日～昭和13（1938）年9月11日

＊＊＊

三井合名常務理事　[生]大阪　[学]東京帝国大学政治学科〔明治22年〕卒
[歴]明治22年法制局試補となり、貴族院書記官、農商務省工務局長を務め、31年辞任。欧米漫遊後の33年井上馨の秘書となり、35年井上の推薦で三井同族会理事に就任、42年三井合名理事、大正11年常務理事となった。ほかに王子製紙、日本製鋼所、三井信託、三井生命、北海道炭礦汽船などの重役を兼任、「三井の宮内大臣」といわれた。昭和10年常務理事を辞め相談役、11年相談役も辞任した。日本工業倶楽部専務理事、日経連常務理事も務めた。
【伝記・評伝】
◇日本財界人物列伝　第2巻　青潮出版編　青潮出版　1964　1175p　図版13枚　27cm

有嶋　健助（ありしま　けんすけ）

慶応4（1868）年8月～昭和22（1947）年

＊＊＊

明治製菓会長　[身]鹿児島県　[学]七高卒
[歴]大蔵省台湾総督府税関勤務ののち明治製糖に転じ、同社主事、取締役、専務、副社長を経て明治製菓会長に就任。明治商事、明治乳業各会長を兼ねる。
【伝記・評伝】
◇使命の感激　有嶋健助著　児玉榊　1931　193p　19cm
◇使命の感激〔増補版〕　有嶋健助著　明治製菓　故有嶋健助翁追悼記念出版委員会　1959.12　187p　図版23枚　20cm

有吉 義弥
ありよし よしや

明治34(1901)年11月4日〜昭和57(1982)年9月7日

＊＊＊

日本郵船社長, ネッスル日本会長　囲 神奈川県
学 東京帝国大学法学部法律学科〔大正14年〕卒
歴 貴族院議員有吉忠一の長男。日本郵船に入社。戦中の昭和17年船舶運営局に出向。戦後の占領時代には、商船管理委員会理事長をつとめた。28年日本郵船に復帰、常務、副社長を経て、40年社長、46年会長。のちネッスル日本会長。ほかに日本船主協会会長、日蘭協会会長などを歴任。日本のコンテナ輸送の幕を開いた海運界"中興の祖"。また53年3月には経済協力開発機構の民間経済諮問委員会委員長に日本人として初めて就任、英語でジョークを話せる日本人として知られた国際派。著書に「海運五十年」、江戸川柳研究書「花と柳」がある。

【伝記・評伝】
◇財界人の横顔　古田保　岩崎書店　1954
◇現代財界家系譜　第1巻　現代名士家系譜刊行会　1968
◇経営のこころ　第1集　日刊工業新聞社　1973
◇海運五十年　有吉義弥著　日本海事新聞社　1975　241p　19cm
◇回想録　日本海運とともに　有吉義弥　園田圭祐, 日本海事広報協会　1981.5　317p（図版共）20cm
◇有吉義弥講演集　有吉義弥講演集刊行会編　有吉義弥講演集刊行会　1983.8　158,64p　19cm

安西 浩
あんざい ひろし

明治34(1901)年10月6日〜平成2(1990)年4月12日

＊＊＊

東京瓦斯社長・会長, 日本瓦斯協会会長　囲 千葉県勝浦市　学 東北帝国大学法文学部〔昭和3年〕卒
歴 安西正夫の兄。昭和3年東京瓦斯入社。調度課長、資材部長から、21年取締役。常務、副社長を経て、42年社長、47年会長に就任。平成元年相談役。クリーン・エネルギー、液化天然ガス（LNG）の価値にいち早く気づき、海外からの本格的導入に成功、"ミスターLNG"と呼ばれた。日米ソ三国共同のシベリア・ヤクーチャ天然ガス開発計画のけん引車として国際的にも有名。日本瓦斯協会会長、東京都公安委員長、日ソ経済委員会委員長など多くの役職を兼任した。　賞 藍綬褒章〔昭和34年〕, 勲一等瑞宝章〔昭和46年〕, 英国CBE勲章〔昭和57年〕, 勲一等旭日大綬章〔昭和57年〕

【伝記・評伝】
◇財界の第一線1958年　人物展望社　1958
◇現代財界家系譜　第1巻　現代名士家系譜刊行会　1968
◇炎にかける男―人間・安西浩の素顔と魅力　大野誠治著　国際商業出版　1984.4　265p　22cm

安西 正夫
あんざい まさお

明治37(1904)年11月12日〜昭和47(1972)年4月24日

＊＊＊

昭和電工社長・会長　囲 千葉県勝浦市　学 東京帝国大学法科卒　商学博士
歴 安西浩の弟。鐘淵紡績を経て、昭和7年日本電工（昭和電工の前身）に移り、14年常務。戦後公職追放を受けるが28年カムバック、34年社長に就任、46年会長に退いた。日本化学工業協会会長、経団連・日経連各常任理事、日本米国南部会代表世話人、日本東ドイツ経済委員長などもつとめ、対外的にも代表的な財界人の一人として活躍した。

【伝記・評伝】
◇事業人の眼　安西正夫著　実業之日本社　1962
◇現代財界家系譜　第1巻　現代名士家系譜刊行会　1968
◇財界人思想全集　第9　ダイヤモンド社　1970
◇私の履歴書　第42集　日本経済新聞社　1971　332p　19cm
◇アルミニウム工業論　安西正夫著　ダイヤモンド社　1971.4　600p　22cm
◇財界―日本の人脈　読売新聞社　1972
◇ある経営者の生涯―昭和電工に殉じた安西正夫（サンケイドラマブックス）　三鬼陽之助著　サンケイ新聞社出版局　1973　216p　19cm
◇安西正夫追想録　安西正夫追想録編集委員会　ダイヤモンド社（製作）　1973　461p　肖像　27cm
◇私の履歴書　経済人　13　日本経済新聞社編　日本経済新聞社　1980.12　457p　22cm

安藤 豊禄（あんどう とよろく）

明治30(1897)年1月18日～平成2(1990)年2月26日

＊＊＊

小野田セメント社長　㊷大分県宇目町　㊻東京帝国大学工学部応用化学科〔大正10年〕卒

㊻大正10年小野田セメント（現・太平洋セメント）入社。川内工場長、平壌支社支配人などを経て、19年取締役、22年専務、23年社長に就任。41年取締役相談役、50年相談役。この間日本セメント協会会長を務めるなどセメント一筋に歩むが、財界活動も活発に行ない、経団連の常任理事を53年までの約30年間務めたほか、「むつ小川原開発」社長も引き受けた。37年経済使節団長として訪韓。著書に「対談・理外の理」「韓国わが心の故里」。

㊸藍綬褒章〔昭和35年〕、勲二等瑞宝章〔昭和44年〕、大韓民国修交勲章〔昭和47年〕、勲一等瑞宝章〔昭和54年〕

【伝記・評伝】
◇財界人の横顔　古田保　岩崎書店　1954
◇この経営者を見よ―日本財界の主流をゆく人々　会社研究所　ダイヤモンド社　1958
◇出世社長記　新入社員から社長までのコース（リビング・ライブラリー）　本郷貫一郎著　徳間書店　1963　237p　18cm
◇ヒアリング「安藤相談役回顧録」　100年史編纂グループ編　小野田セメント　1978　253p　26cm
◇理外の理　対談　安藤豊禄・楠本憲吉　安藤豊禄、楠本憲吉〔述〕　昭史社　1980　259p　19cm
◇韓国わが心の故里（財界人の昭和史）　安藤豊禄著　原書房　1984.7　338p　20cm

安藤 楢六（あんどう ならろく）

明治33(1900)年9月14日～昭和59(1984)年1月11日

＊＊＊

小田急電鉄社長・会長、小田急百貨店会長　㊷大分県　㊻東京帝国大学法学部〔大正14年〕卒

㊻大正14年、小田原急行鉄道（小田急電鉄の前身）入社、昭和23年から44年まで小田急電鉄社長を務め、同社及び関連企業の経営基盤を築いた小田急グループの中興の祖。とくに労使関係では「ストのない小田急」の伝統を確立した。

【伝記・評伝】
◇財界人の横顔　古田保　岩崎書店　1954
◇現代財界家系譜　第2巻　現代名士家系譜刊行会　1969
◇財界人思想全集　第9　ダイヤモンド社　1970
◇安藤楢六の追想　安藤楢六追悼録刊行委員会編　安藤楢六追悼録刊行委員会　1985.1　440p　図版16枚　22cm
◇私の履歴書―経済人　19　日本経済新聞社編　日本経済新聞社　1986.11　557p　21cm

安藤 百福（あんどう ももふく）

明治43(1910)年3月5日～

＊＊＊

日清食品社長・会長、日本即席食品工業協会会長、世界ラーメン協会会長　㊷台湾　㊻立命館大学専門部経済科〔昭和9年〕中退

㊻22歳で台北にメリヤス販売会社を興す。昭和8年大阪に進出。昭和11年東洋メリヤスを設立。戦後、日本に帰化。23年中交総社を設立し、食品販売に従事。33年日清食品に社名変更、同年"チキンラーメン"を開発、インスタント食品時代を開く。35年社長に就任。45年アメリカ日清を設立。46年カップめん"カップヌードル"を発売するなど次々に新製品を開発。56年6月会長となるが、58年より社長を兼ね、60年再び会長専任。年産国内14億食、国外16億食、年商1500余億円の大企業に育てた。日本即席食品工業協会理事長、会長などを歴任。58年日清スポーツ振興財団を設立。平成9年世界ラーメン協会初代会長に就任。また私財を投じ、創造的な加工食品の開発者を表彰する安藤百福記念賞を創設、11年池田市にインスタントラーメン発明記念館が開館。

㊸藍綬褒章〔昭和52年〕、勲二等瑞宝章〔昭和57年〕、グランクルス勲章〔昭和58年〕、科学技術庁長官賞科学技術功労者表彰〔平成4年〕「カップ入りスナックめんの開発」、経営者賞（第36回）〔平成5年〕、立命館大学名誉博士号〔平成8年〕、池田市名誉市民〔平成11年〕、勲二等旭日重光章〔平成14年〕

【伝記・評伝】
◇安藤百福語録　安藤百福著　日清食品　1987.3　188p　18cm
◇日清食品会長安藤百福の一日一得　石山順也著　ロングセラーズ　1988.10　222p　19cm

◇アイディアに生きる―6人の社長の創業物語（こども伝記まんが〈1〉）　久保田千太郎原作，今道英治漫画　小学館　1990.9　176p　21cm
◇苦境からの脱出―激変の時代を生きる　安藤百福著　フーディアム・コミュニケーション　1992.5　258p　19cm
◇成功への転機は突然やってくる!―ワープで成功した10人（ウィーグルブックス）　倉原忠夫著　ウィーグル，星雲社〔発売〕　1993.11　262p　19cm
◇この人からはじまる　鹿島茂著　新潮社　1995.9　260p　19cm
◇インスタントラーメン誕生物語―幸せの食品インスタントラーメンの生みの親・安藤百福（PHP愛と希望のノンフィクション）　中尾明作，宮崎耕平絵　PHP研究所　1998.7　155p　21cm
◇安藤百福語録―無から有を生む発想巨人　ソニー・マガジンズビジネスブック編集部編　ソニー・マガジンズ　1998.8　217p　19cm
◇無から有を生む発想巨人　安藤百福語録　ソニー・マガジンズビジネスブック編集部編著　ソニー・マガジンズ　1998.8　217p　19cm
◇この人からはじまる―カップラーメンからキャバレーまで（小学館文庫）　鹿島茂著　小学館　2000.12　348p　15cm
◇テクノ・ヒーローの伝言―世界を制したメイド・イン・ジャパン（ダイムブックス）　滝田誠一郎著　小学館　2001.8　285p　19cm
◇魔法のラーメン発明物語―私の履歴書　安藤百福著　日本経済新聞社　2002.3　193p　19cm

【い】

飯島　幡司（いいじま　まんじ）

明治21（1888）年5月12日～昭和62（1987）年1月11日

＊＊＊

朝日放送会長　生大阪市　筆名＝曼史　学東京高商（現・一橋大学）専攻部〔大正2年〕卒　経済学博士〔昭和11年〕　歴神戸高商教授、日本汽船常務、大阪鉄工所（現・日立造船）専務を経て、昭和7年朝日新聞入社。論説委員、出版局長、監査役、相談役を経て、27年朝日放送取締役社長、会長、38年相談役を歴任。著書に「金融経済講義」「キリスト教の社会観」などがある。　賞聖グレゴリオ勲章（ローマ法王庁）〔昭和25年〕，イタリア・グランデウフィチアレ勲章〔昭和36年〕，大阪文化賞〔昭和40年〕

【伝記・評伝】
◇大阪産業をになう人々　大阪府工業協会　1956

飯田　義一（いいだ　ぎいち）

嘉永3（1851）年12月22日～大正13（1924）年2月10日

＊＊＊

三井物産取締役，三井合名参事　生長門国（山口県）　歴山口県萩藩士族だが、明治維新で実業を志し、明治7年鉄道寮に入った。17年三井物産会社に転じ綿輸入に従事。大阪支店長を経て、34年理事、43年取締役となった。三井銀行、三井鉱山各取締役、三井合名会社参事も務めた。大正3年三井関係諸会社の職を辞め、その後芝浦製作所、王子製紙などの重役として活躍した。

【伝記・評伝】
◇人物評論―朝野の五大閥　鵜崎熊吉　東亜堂書房　1912
◇財界物故傑物伝　実業之世界社　1936

飯田　慶三（いいだ　けいぞう）

明治33（1900）年4月13日～平成5（1993）年11月18日

＊＊＊

高島屋社長・会長，日本百貨店協会会長　身京都府京都市　学慶応義塾大学法学部〔大正15年〕卒　歴高島屋の創業者一族で昭和27年に第4代社長に就任、35年までの在任中に横浜高島屋、ニューヨーク高島屋を出店した。その後は会長として国内外の多店舗化を推進、56年に退任した。また、27～29年日本百貨店協会の会長も務めた。同社のシンボルとなっているバラも発案した。　賞勲二等瑞宝章〔昭和46年〕

【伝記・評伝】
◇大阪産業をになう人々　大阪府工業協会　1956
◇百貨店太平記　小茂田邦治　繊維小売新聞社　1963

◇現代財界家系譜　第1巻　現代名士家系譜刊行会　1968

飯田　新一（いいだ　しんいち）
大正2（1913）年3月29日～昭和62（1987）年8月12日

＊＊＊

高島屋社長・会長，日本百貨店協会会長　生大阪府大阪市　学早稲田大学専門部商科〔昭和9年〕卒　歴昭和16年高島屋に入社。27年大阪支店長から取締役に就任。31年専務、35年10月社長。創業150年の老舗の6代目。62年5月代表取締役会長に就任。この間、43年横浜高島屋社長、49年から51年まで日本百貨店協会長を務め、59年、2度目の会長に選出された。また、61年4月～62年6月（財）女性職業財団理事を務めた。　賞メリット勲章コンメンダトーレ（イタリア）〔昭和39年〕、オルデリド・ナショナル・メリット国家功績章（フランス）〔昭和41年〕、レジオン・ド・ヌール勲章シュバリエ章（フランス）〔昭和45年〕、藍綬褒章〔昭和49年〕、英国大英勲章〔昭和58年〕、勲二等瑞宝章〔昭和59年〕

【伝記・評伝】
◇高島屋135年史　高島屋135年史編集委員会編　高島屋　1968.9　539p（図版共）　30cm

飯田　新七（しんしち）（4代）
安政6（1859）年10月～昭和19（1944）年2月3日

＊＊＊

高島屋社長　身京都　初名＝鉄三郎
歴2代飯田新七の次男。明治31年大阪心斎橋店を出店。42年個人経営を高島屋飯田合名会社に改組して社長となる。昭和5年高島屋に改称すると共に、大阪・難波駅ターミナル百貨店、東京・日本橋に大型百貨店を出店。全国トップクラスの百貨店に成長させ、商品券発行、本格的食堂開設、PR誌の創刊など革新的試みを実行した。

【伝記・評伝】
◇高島屋100年史　大江善三著　高島屋本店　1941
◇江戸のビジネス感覚　童門冬二著　朝日新聞社　1988.10　260p　19cm

◇全国の伝承　江戸時代　人づくり風土記―ふるさとの人と知恵〈26〉　京都　加藤秀俊，谷川健一，稲垣史生，石川松太郎，吉田豊編　農山漁村文化協会　1988.11　377p　26cm
◇江戸商人の経営哲学―豪商にみる成熟期の経営　茂木正雄著　にっかん書房，日刊工業新聞社〔発売〕　1994.4　251p　19cm
◇江戸のビジネス感覚　童門冬二著　朝日新聞社（朝日文芸文庫）　1996.10　277p　15cm

飯田　清三（いいだ　せいぞう）
明治27（1894）年8月22日～昭和51（1976）年9月24日

＊＊＊

野村証券社長　生鹿児島県　学東京帝国大学〔大正8年〕卒
歴住友銀行を経て、大正11年野村銀行に転じ、昭和16年野村証券社長となった。のち顧問。戦後は日本証券投資協会を設立し、専務理事、会長に就任。経済評論にも活躍。著書に「投資と投機」がある。

【伝記・評伝】
◇財界回想録　下巻　日本工業倶楽部　1967

飯田　庸太郎（いいだ　ようたろう）
大正9（1920）年2月25日～平成14（2002）年9月9日

＊＊＊

三菱重工業社長・会長，行政改革委員会委員長
生岡山県　身三重県松阪市（本籍）　学東京帝国大学第一工学部機械工学科〔昭和18年〕卒
歴松阪市の旧家・飯田家の36代当主。昭和18年三菱重工業入社。その後軍隊に入り海軍技術大尉を経て20年復社。48年神戸造船所原動機事業本部原動機第一技術部長、51年には第二技術部長も兼務。52年取締役原動機事業本部副事業本部長、56年常務原動機事業本部長、58年副社長を経て、60年社長に就任。プラザ合意以降の急激な円高で造船部門を中心に苦境に陥ったが、設備や人員の合理化に加え、客船や航空宇宙事業などに力を入れて乗り切った。平成元年会長、7年相談役。社長退任後は財界活動に力を注ぎ、2年経団連副会長、6年政府の行政改革委員会委員長に就任。歯に衣着せぬ物言いで"財界の一言居士"

の異名をとった。8年行政改革会議に参加。官民の役割分担を強く主張、規制緩和や郵政改革の流れを作った。他に研究産業フォーラム会長、日本適合性認定協会会長、日本船舶輸出組合理事、世界経営協議会会長、日本野球連盟会長、成蹊学園理事長、日経連副会長、日本航空宇宙工業会会長、日本造船工業会会長、日本防衛装備工業会会長、航空機工業審議会会長、中東協力センター理事長、アジア経済研究所会長など歴任した。
賞 経営者賞〔平成元年〕,勲一等瑞宝章〔平成4年〕
【伝記・評伝】
◇活力の構造〈戦略篇〉　柳田邦男著　講談社　1986.11　362p　19cm
◇ハイテク時代を勝ち抜く―技術系社長の読みと戦略　通商産業省技術審査委員会,工業技術院技術調査課編　日刊工業新聞社　1987.8　266p　19cm
◇逃げない経営者たち―日本のエクセレントリーダー30人　佐高信著　潮出版社　1990.11　249p　19cm
◇ビジネストップは語る〈2〉　逆風の中で、経営者たちが考えた不況脱出のシナリオとは　PHP研究所編　PHP研究所　1993.3　184p　19cm
◇技術ひとすじ―三菱重工と私(トップが語る21世紀)　飯田庸太郎著　東洋経済新報社　1993.5　221p　19cm

飯沼　剛一 (いいぬま　ごういち)

明治10(1877)年10月9日～昭和35(1960)年1月11日

＊＊＊

大正海上火災保険会長　生 兵庫県　学 東京商科大学(現・一橋大学)〔明治35年〕卒
歴 三井物産に入社。大正7年大正海上火災に転じ、取締役支配人、専務を経て、会長となった。戦時体制下、新日本火災など、保険業界の吸収統合に活躍。昭和15年東亜火災海上保険社長にも就任。ほかに日本サルベージ、満州火災保険などの取締役を務めた。19年大正海上会長を辞任。
【伝記・評伝】
◇日本財界人物列伝　第2巻　青潮出版編　青潮出版　1964　1175p　図版13枚　27cm

飯野　逸平 (いいの　いっぺい)

明治17(1884)年8月21日～昭和38(1963)年12月2日

＊＊＊

日本陶器社長,日本貿易会副会長,名古屋商工会議所副会頭　生 愛媛県吉田町　号＝一瓶　学 宇和島中学卒
歴 日本陶器、日東石膏各社長。森村組、日本碍子、東洋陶器各取締役。大日本陶器輸出組合理事長などを兼務。太平洋横断は30数回におよび、陶磁器業の発展と輸出振興に尽力。　賞 藍綬褒章〔昭和31年〕
【伝記・評伝】
◇財界の第一線1958年　人物展望社　1958
◇中部財界人の系譜　1　飯野逸平　小出種彦著　飯野逸平伝記編纂会　1960
◇太平洋の蟻　故飯野逸平翁を偲ぶ　貿易之日本社編　日本窯工貿易　1964　185p　図版　18cm

井植　薫 (いうえ　かおる)

明治44(1911)年2月9日～昭和63(1988)年8月13日

＊＊＊

三洋電機社長　生 兵庫県津名郡東浦町(淡路島)　学 浦尋常高等小学校〔大正14年〕卒
歴 大正14年松下電器製作所入社。豊崎工場長を経て松下電器産業常務製造部長となる。昭和24年退任し三洋電機に入る。25年取締役、常務、専務を経て、43年副社長、46年社長を歴任。経団連常任理事、日本冷凍空調工業会会長など兼任。60年欠陥商品の石油ファンヒーターによる一酸化炭素中毒が続発、4人の死者を出し、責任を取って社長を辞任した。　賞 藍綬褒章〔昭和44年〕,勲二等旭日重光章〔昭和56年〕
【伝記・評伝】
◇現代財界家系譜　第4巻　現代名士家系譜刊行会　1970
◇経営のこころ　第4集　日刊工業新聞社　1973
◇道ひとすじ　井植薫著　電波新聞社　1976　362p　19cm
◇家電王国を築いた十人(人物産業全書)　佐藤公偉　綜合出版センター　1980.12

◇男たちの決断〈飛翔編〉(物語　電子工業史)　板井丹後著　電波新聞社　1986.4　386p　21cm
◇売りモノを創った男たち　藤田忠司著　リバティ書房　1988.10　309p　19cm
◇世界を駆ける男　邦光史郎著　集英社　1988.10　438p　19cm

井植　歳男 (いうえ　としお)

明治35(1902)年12月28日～昭和44(1969)年7月16日

＊＊＊

三洋電機社長・会長(創業者)　囲兵庫県津名郡東浦田(淡路島)　学浦高小〔大正6年〕卒

歴姉婿松下幸之助の松下電器製作所創業に加わり、昭和10年松下電器産業専務。戦後、22年独立して三洋電機製作所を創設、25年三洋電機に改組し社長。28年格安の噴流式電気洗濯機が大当りし、家電総合メーカーの地歩を確立。43年会長。

【伝記・評伝】
◇大阪産業をになう人々　大阪府工業協会　1956
◇八千万人の人生経営　井植歳男著　実業の日本社　1962.5　246p　19cm
◇実力経営者伝　梶山季之　講談社　1963
◇私の履歴書　第19集　日本経済新聞社編　日本経済新聞社　1963　332p　19cm
◇雲をつかむ男　三洋電機社長・井植歳男伝　村上兵衛著　電波新聞社出版局　1964(改訂版：1969)
◇歴史をつくる人々　第24　井植歳男　ダイヤモンド社編　ダイヤモンド社　1966　173p　図版　18cm
◇わが心の自叙伝　1-4　神戸新聞学芸部編　のじぎく文庫　1967-1971　4冊　18cm
◇現代財界家系譜　第1巻　現代名士家系譜刊行会　1968
◇井植歳男の事業と人生　福田兼治著　日本実業出版社　1969　286p　19cm
◇雲をつかむ男——前三洋電機会長井植歳男伝〔改定増補版〕　村上兵衛著　電波新聞出版部　1969　332p　図版　18cm
◇私の履歴書　経済人　7　日本経済新聞社編　日本経済新聞社　1980.9　477p　22cm
◇実録・井植学校——関西経営者を育てた思想と哲学　林辰彦著　ダイヤモンドセールス編集企画　1985.10　223p　19cm
◇男たちの決断〈飛翔編〉(物語　電子工業史)　板井丹後著　電波新聞社　1986.4　386p　21cm
◇叱り叱られの記(エスカルゴ・ブックス)　後藤清一著　日本実業出版社　1987.9　274p　18cm
◇後藤清一が26人の先達から学んだ社長の「器」(アスカビジネス)　後藤清一著　明日香出版社　1987.10　230p　19cm
◇巨富を築いた36人の男たち　鳥羽欽一郎著　実業之日本社　1989.11　206p　19cm
◇続　豪商物語　邦光史郎著　博文館新社　1991.2　294p　19cm
◇頭角の現わし方——世に出た人間の研究(PHPビジネスライブラリー〈A-332〉)　藤田忠司著　PHP研究所　1992.3　222p　18cm
◇虹を創る男〈上・下〉(集英社文庫)　邦光史郎著　集英社　1992.6　454p,459p　15cm
◇会社のルーツおもしろ物語——あの企業の創業期はこうだった!(PHPビジネスライブラリー〈A-342〉)　邦光史郎著　PHP研究所　1992.8　285p　18cm
◇現状を打破し思考を現実化せよ!(ナポレオン・ヒルの成功哲学〈日本編　2〉)　田中孝顕著　騎虎書房　1992.9　283p　19cm
◇私の履歴書——昭和の経営者群像〈9〉　日本経済新聞社編　日本経済新聞社　1992.11　288p　19cm
◇輸出に賭けた熱い夢——占領下日本のエレクトロニクス貿易　赤沼貢著　東洋経済新報社　1993.2　210p　19cm
◇起業家列伝(徳間文庫)　邦光史郎著　徳間書店　1995.4　282p　15cm
◇ナポレオン・ヒルの成功哲学　日本編〈PART2〉(KIKO文庫)　田中孝顕著　騎虎書房　1997.3　270p　15cm
◇ベンチャースピリットの研究——ケーススタディー三洋電機　大富敬康著　NTT出版　2002.1　201p　19cm

五十嵐　健治 (いがらし　けんじ)

明治10(1877)年3月14日～昭和47(1972)年4月10日

＊＊＊

白洋舎社長(創業者)　囲新潟県中頸城郡新道村鴨島　旧姓(名)＝船崎　学高小〔明治23年〕卒

歴 14歳で長野に奉公に出、翌年上京。その後、さまざまな職業を転々としたのち、明治31年三井呉服店（三越の前身）へ入社。39年東京・日本橋に日本初のドライクリーニング会社白洋舎を設立。三越の支援を得て、大正3年には名古屋支店を設け、以後驚異的な発展をとげた。　賞 藍綬褒章〔昭和30年〕

【伝記・評伝】
◇商魂の系譜―企業家精神に生きる61人　中村秀一郎　日本経済新聞社　1973
◇恩寵の木洩れ日（同信新書）　五十嵐健治著，藤尾正人編　同信社　1983.9　265p　17cm
◇夕あり朝あり　三浦綾子著　新潮社　1987.9　304p　19cm
◇夕あり朝あり（新潮文庫）　三浦綾子著　新潮社　1990.11　481p　15cm
◇三浦綾子全集〈第13巻〉　三浦綾子著　主婦の友社　1992.12　592p　21cm
◇忘れてならぬもの　三浦綾子著　日本キリスト教団出版局　2002.2　149p　19cm

池浦　喜三郎（いけうら　きさぶろう）

大正5(1916)年4月21日～平成10(1998)年11月9日

＊＊＊

日本興業銀行頭取・会長　生 和歌山県　身 東京
学 東京帝国大学法学部〔昭和14年〕卒
歴 昭和14年日本興業銀行に入社。39年取締役、40年常務、48年副頭取、50年頭取、59年6月会長を歴任し、平成2年取締役相談役、3年相談役、10年4月顧問。終戦後、興銀再建の中心メンバーとして長期信用銀行制度の素案を作り、連合国軍総司令部（GHQ）や大蔵省とわたり合って産業金融の中核を築いた。また、日本パナマ交流協会の会長として第二パナマ運河の推進につとめ、61年6月パナマから東京駐在の名誉総領事に任命された。
賞 藍綬褒章〔昭和54年〕，グランド・オフィサー・ジ・オーダー・オブ・メリト・インダストリアル章（ポルトガル）〔昭和60年〕，勲一等瑞宝章〔昭和61年〕，アギラ・アステカ勲章（メキシコ）〔昭和62年〕

【伝記・評伝】
◇都市銀行研修会講義集　第28回　金融界の当面する諸問題　池浦喜三郎著　東京銀行協会　1973　342p　図　21cm

池尾　芳蔵（いけお　よしぞう）

明治11(1878)年3月27日～昭和34(1959)年9月19日

＊＊＊

日本電力社長，日本発送電総裁　生 滋賀県草津
学 東京帝国大学法科大学政治学科〔明治37年〕卒
歴 通信省、住友鋳鋼所を経て大阪商船に入社、経理課長などを歴任後、大正9年取締役となった。この間、8年に副社長山岡順太郎に従い、創立の日本電力会社専務取締役となり、15年副社長、昭和3年から社長として日電を5大電力の一つに育て上げた。15年退任。電気協会会長も務め、11年電力の国家管理に強く反対、一時法案未成立に追い込んだ。16年日本発送電総裁となり、国策による発送電統合と日発組織の強化に努めた。18年8月退任。戦後26年、新設の関西電力会長に推されたが相談役を務める。

【伝記・評伝】
◇池尾芳蔵氏を語る―五黄の寅の還暦の歳　家仲茂著　巣林書房　1939.9　384,2p　20cm

池貝　喜四郎（いけがい　きしろう）

明治10(1877)年5月15日～昭和8(1933)年3月28日

＊＊＊

池貝鉄工所副社長　生 千葉県
歴 小学校卒業後、兄庄太郎が創立した池貝工場（のちの池貝鉄工所）に機械工として入社。池貝式標準旋盤（明治38年）をはじめとして34の特許を獲得し、工業機械の生産技術分野で業績を残した。大正11年副社長。

【伝記・評伝】
◇池貝喜四郎追想録　池貝鉄工所編　機械製作資料社　1943.8　425p　肖像　図版　22cm
◇日本経済の建設者―あの時この人　中村隆英　日本経済新聞社　1973

池貝　庄太郎（初代）（いけがい　しょうたろう）

明治2(1869)年10月10日～昭和9(1934)年7月28日

＊＊＊

池貝鉄工所創業者　生 東京

歴 安房加知山藩士の子。明治15年横浜に出て、西村機械製造所の徒弟となり、19年田中製作所（のちの芝浦製作所）に転じ、旋盤の修理改造技術を習得。22年独立して池貝工場を設立、同年国産第1号の旋盤を完成。のち池貝式セミディーゼル機関、ガソリン石油機関、超高速度旋盤などの製作に成功、100件以上の発明特許をとった。39年工場を合資会社池貝鉄工所に改組、大正2年株式会社に改組（池貝鉄工の前身）。東京鉄工機械同業組合副会長を務め、わが国機械工業界に大きく貢献した。池貝同族合資会社代表社員。長男勝雄が2代目庄太郎を襲名した。

【伝記・評伝】
◇財界物故傑物伝　実業之世界社　1936
◇近代日本人物経済史　日本経済史研究会　東洋経済新報社　1955
◇日本財界人物列伝　第1巻　青潮出版編　青潮出版　1963　1171p　図版　26cm
◇日本経済の建設者—あの時この人　中村隆英　日本経済新聞社　1973
◇ケースブック　日本の企業家活動　宇田川勝編　有斐閣　1999.3　318p　21cm

池田　亀三郎（いけだ　かめさぶろう）

明治17（1884）年5月21日～昭和52（1977）年4月2日

＊＊＊

三菱油化社長, 三菱化成社長　生 山形県酒田市　学 東京帝国大学工科大学採鉱冶金科〔明治42年〕卒

歴 明治42年三菱合資に入る。美唄鉄道、三菱化工機、三菱本社などの各取締役を経て、昭和3年三菱鉱業常務。石油化学の企業化を建言し、9年日本タール工業（のち日本化成から三菱化成となる）を設立し代表取締役、日本化成専務を経て、14年社長に就任。つづいて三菱化成社長となる。戦後公職追放となるが、25年解除。31年三菱油化初代社長になり、44年より会長。この間、経団連評議員会副議長、日経連常任理事、石油化学工業協会会長も務める。また日本工業教育協会や関東工業教育協会を設立して工業教育振興に貢献した。
賞 藍綬褒章〔昭和34年〕, 勲二等瑞宝章〔昭和39年〕, 勲一等瑞宝章〔昭和45年〕

【伝記・評伝】
◇私の履歴書　第12集　日本経済新聞社編　日本経済新聞社　1961　391p　19cm

◇池田亀三郎—追想　池田亀三郎追想録編集委員会編　日本経済新聞社　1978.3　439p　図版24枚　22cm
◇私の履歴書　経済人　4　日本経済新聞社編　日本経済新聞社　1980.7　480p　22cm
◇明日を拓く情熱—三菱油化（大手町ブックス）　大野誠治著　日本工業新聞社　1991.4　205p　19cm

池田　謙三（いけだ　けんぞう）

安政元（1855）年12月3日～大正12（1923）年11月29日

＊＊＊

第百銀行頭取　生 播磨国（兵庫県）

歴 明治9年上京、東京府、内務省、大蔵省の官吏となった。13年朝吹英二らの三五組に入り生糸貿易業に従事。16年第百銀行に転じ、取締役兼支配人。次いで東京貯蔵銀行頭取、のち第百銀行頭取となった。日清戦争後の29年東京手形交換所委員長となる。ほかに日本興業銀行、台湾銀行の創立委員にあげられ、東京商業会議所特別委員、第一生命保険、日進銀行各重役などのほか大日本貿易会長にも就任。日露戦争後、満鉄創立委員となった。　賞 勲四等

【伝記・評伝】
◇池田謙三翁略記　矢野恒太記念会編　矢野恒太記念会　1981.3　190p　19cm

池田　謙蔵（いけだ　けんぞう）

明治26（1893）年2月2日～昭和49（1974）年7月17日

＊＊＊

三菱信託銀行社長・会長　身 奈良県　学 東京帝国大学法学部〔大正7年〕卒

歴 三菱合資に勤務。昭和8年三菱信託銀行に転じ常務、21年社長、34年会長を歴任。　賞 勲三等旭日中綬章

【伝記・評伝】
◇財界人の横顔　古田保　岩崎書店　1954
◇私の履歴書　第48集　日本経済新聞社　1973　296p　19cm
◇私の履歴書　経済人　15　日本経済新聞社編　日本経済新聞社　1981.1　452p　22cm

池田 成彬(いけだ せいひん)

慶応3(1867)年7月16日～昭和25(1950)年10月9日

＊＊＊

三井財閥の指導者,日本銀行総裁,蔵相　圧 出羽国米沢(山形県米沢市)　学 慶応義塾別料〔明治21年〕卒,ハーバード大学〔明治28年〕卒

歴 慶応義塾を経て、明治28年ハーバード大学を卒業。帰国後、福沢諭吉の「時事新報」に入社するが、福沢と合わず退社。同年三井銀行に入り、30年足利支店長、本店営業部長を経て、42年常務、大正8年以降筆頭常務として君臨、同行を金融界のトップに押し上げた。ドイツの金融コンツェルンを研究し、三井財閥の基礎を固めた。昭和8年団琢磨暗殺の後をうけて三井合名常務理事となり、持株公開、三井一族の引退など三井改革を推進。11年定年制を設け、自ら退いた。12年日本銀行総裁に就任。13年には第1次近衛内閣の蔵相兼商工相をつとめ、16年枢密院顧問官となる。敗戦後、A級戦犯となるが、のち解除。妻・艶子は中上川彦次郎の長女。著書に「財界回顧」がある。

【伝記・評伝】
◇人物評論―朝野の五大閥　鵜崎熊吉　東亜堂書房　1912
◇財界之人百人論　矢野滄浪　時事評論社　1915
◇故人今人　池田成彬著,柳沢健編　世界の日本社　1949　275p　図版　22cm
◇財界回顧(顔叢書)　池田成彬述,柳沢健編　世界の日本社　1949　302p　図版　21cm
◇私の人生観　池田成彬著　文芸春秋社　1951
◇財界回顧(三笠文庫)　池田成彬著,柳沢健編　三笠書房　1952　274p　16cm
◇続　財界回顧―故人今人(三笠文庫)　池田成彬著,柳沢健編　三笠書房　1953　217p　16cm
◇池田成彬伝(日本財界人物全集)　西谷弥兵衛著　東洋書館　1954　309p　図版　19cm
◇昭和人物秘録　矢次一夫著　新紀元社　1954　388p　19cm
◇日本歴史講座　7　池田成彬　島恭彦著　河出書房　1954
◇近代日本人物経済史　日本経済史研究会　東洋経済新報社　1955
◇四人の財界人　河野重吉著　ダイヤモンド社　1956　182p　18cm
◇大阪産業をになう人々　大阪府工業協会　1956
◇思い出の財界人〔2版〕　下田将美　実業之日本社　1960
◇池田成彬伝　今村武雄　慶応通信　1962　416p　21cm
◇三井家の人びと―現代に生きる平家物語　小島直記　光文社　1963
◇戦略経営者列伝(三一新書)　大江志乃夫著　三一書房　1963　252p　18cm
◇日本財界人物列伝　第1巻　青潮出版編　青潮出版　1963　1171p　図版　26cm
◇日本の大蔵大臣　遠藤湘吉,加藤俊彦,高橋誠　日本評論社　1964
◇人物・日本の歴史　第14　戦争の時代　林茂編　読売新聞社　1966　320p　19cm
◇池田成彬　富と銃剣(近代人物叢書　第4)　小島直記著　人物往来社　1967　278p　19cm
◇財界人思想全集　第2　ダイヤモンド社　1970
◇財界人思想全集　第9　ダイヤモンド社　1970
◇財界人100年の顔―日本経済を築いた人びと　ダイヤモンド社　1971
◇私の三井昭和史(私の昭和史シリーズ)　江戸英雄著　東洋経済新報社　1986.6　255p　19cm
◇小島直記伝記文学全集〈第2巻〉　人間の椅子　小島直記著　中央公論社　1986.11　496p　19cm
◇小島直記伝記文学全集〈第3巻〉　日本さらりーまん外史　小島直記著　中央公論社　1986.12　414p　19cm
◇私の財界昭和史(私の昭和史シリーズ)　三鬼陽之助著　東洋経済新報社　1987.2　272p　19cm
◇ビジュアル版・人間昭和史〈4〉　財界の指導者　講談社　1987.2　255p　21cm
◇金解禁―昭和恐慌と人物群像　有吉新吾著　西田書店　1987.10　245p　19cm
◇平生の心がけ(講談社学術文庫)　小泉信三著　講談社　1988.11　233p　15cm
◇男は勝たねば面白くない―必勝不敗の人間学(新潮文庫)　邑井操著　新潮社　1989.5　235p　15cm
◇財界回顧(経済人叢書)　池田成彬著,柳沢健編　図書出版社　1990.4　259p　19cm
◇スキな人キライな奴　小島直記著　新潮社　1991.4　244p　19cm
◇人物・税の歴史―江戸時代から現代まで　武田昌輔著,日本税理士会連合会編　東林出版社,星雲社〔発売〕　1992.1　223p　19cm

◇激変の時代を生き抜く発想と行動―幕末・明治の大物にみる　黒川志津雄著　日新報道　1995.12　228p　19cm
◇昭和金融恐慌秘話（朝日文庫）　大阪朝日新聞経済部編　朝日新聞社　1999.3　237p　15cm
◇恐慌連鎖―「政・官・財」腐食の歴史は繰り返された　檜山良昭著　光文社　1999.3　300p　19cm

池田　芳蔵（いけだ　よしぞう）

明治44(1911)年5月8日～平成13(2001)年8月13日

＊＊＊

三井物産社長・会長，NHK会長　生兵庫県　学東京帝国大学経済学部〔昭和11年〕卒
歴昭和11年三井物産入り。主に穀物食糧畑を歩み、ニューヨーク支店長、ロンドン支店長、40年取締役、常務、副社長を経て、48年社長、54年会長。社運をかけたイラン・ジャパン（IJPC）事業を推進したが、イラン・イラク戦争などで精製プラントを完成できず、57年イラン石化の経営責任をとって退陣、相談役を経て、平成10年顧問に退いた。この間、昭和61年BIAC会長、63年7月経済人として初めてNHK会長に就任。赤字に苦しむNHK立て直しに企業経営の手腕を期待されたが、平成元年4月退任した。　賞藍綬褒章〔昭和48年〕、オーストラリア功労大金賞〔昭和51年〕、大英勲章〔昭和56年〕、総理大臣表彰〔昭和58年〕、勲一等瑞宝章〔昭和58年〕

【伝記・評伝】
◇回顧録―三井物産株式会社　三井物産　1976
◇仕事の内そと　池田芳蔵ほか著　ごま書房　1981.2

井坂　孝（いさか　たかし）

明治2(1870)年12月8日～昭和24(1949)年6月19日

＊＊＊

東京瓦斯社長，横浜興信銀行頭取，日本工業倶楽部理事長，横浜商工会議所会頭，枢密顧問官　生茨城県水戸　学東京帝国大学法科大学〔明治29年〕卒
歴明治29年東洋汽船に入り、41年専務取締役。大正3年辞職、4年横浜火災保険に迎えられ専務、9年社長。第一次大戦後、破産した七十四銀行の整理に当たり、同年横浜興信銀行を設立し副頭取から頭取に就任。10年から横浜商工会議所会頭を務め、関東大震災後の横浜の復興に尽力。昭和7年東京瓦斯社長、他にホテル・ニューグランド社長、横浜船渠会長、日本郵船取締役なども兼任した。戦中、戦後、日本工業倶楽部理事長、枢密顧問官などを歴任した。

【伝記・評伝】
◇日本工業倶楽部五十年史　日本工業倶楽部　1972.3　667,196,37p　図　肖像　22cm

井坂　直幹（いさか　なおもと）

万延元(1860)年9月1日～大正10(1921)年7月27日

＊＊＊

秋田木材創業者　生茨城県水戸市　学慶応義塾
歴水戸藩士の長男として生まれる。その後慶応義塾で福沢諭吉に学び、新聞記者を経て、明治22年林産商会の支店長として秋田県・能代に赴任。同商会の解散後も同地にとどまり、30年製材会社を創設。その後設立した製板会社などを加えた計3社を合併し、40年秋田木材を創業。以来全国の主要都市での支店展開や、関連事業として電気、鉄工事業を興すなど伝統的家内工業の域を出なかった明治期の木材産業を一新。機械化や多角化を進める一方、労働組合を認めるなど先駆的な経営手法を実践した。

【伝記・評伝】
◇秋田　井坂直幹　同君銅像建設会　1922
◇井坂直幹伝―人とその事業　井坂直幹先生像再建会　1969　271p　図版　23cm
◇文明の実業人―井坂直幹と近代的経営のエトス　石坂巌編　巌書房　1997.1　348p　22cm

砂野　仁（いさの　まさし）

明治32(1899)年9月15日～昭和54(1979)年6月30日

＊＊＊

川崎重工業社長・会長　身京都府　学京都帝国大学経済学部〔大正15年〕卒
歴昭和2年川崎造船所に入る。17年川崎航空機工業に転じ、川崎産業と改称した21年代表取締役、23年社長。29年川崎航空機と改称、副社長に就

任。34年川崎重工業専務として復帰、同年取締役、36年副社長、社長、44年会長、のち相談役。
賞 藍綬褒章〔昭和37年〕，安全功労賞〔昭和38年〕，勲一等〔昭和50年〕
【伝記・評伝】
◇現代財界家系譜　第2巻　現代名士家系譜刊行会　1969
◇私の履歴書　第38集　日本経済新聞社　1969　337p　19cm
◇経営のこころ　第1集　日刊工業新聞社　1973
◇わが心の自叙伝　5　神戸新聞学芸部編　のじぎく文庫　1973　251p　19cm
◇私の履歴書　経済人　12　日本経済新聞社編　日本経済新聞社　1980.11　467p　22cm
◇夢を抱き歩んだ男たち―川崎重工業の変貌と挑戦　福島武夫著　丸ノ内出版　1987.3　282p　18cm

石井　健一郎 (いしい　けんいちろう)

明治36(1903)年9月19日～平成13(2001)年4月29日

＊＊＊

大同特殊鋼社長・会長，日本経営者団体連盟副会長　生 香川県香川郡檀紙村中間　身 香川県高松市　学 名古屋高商(現・名古屋大学経済学部)〔大正15年〕卒
歴 高松商時代は投手としてならし、野球部主将。名古屋高商在学中の大正13年2年生の時、第1回全国選抜中等学校野球大会(現・選抜高校野球大会)に母校高松商の監督を務め優勝した。15年大同製鋼に入り、昭和20年取締役、21年常務、28年副社長を経て、33年社長に就任。51年特殊製鋼、日本特殊鋼と合併して、大同特殊鋼と改称。57年会長、63年相談役名誉会長。46～58年愛知県経営者協会会長を務めたほか、名古屋商工会議所副会頭、日経連副会長などを歴任。　賞 藍綬褒章〔昭和38年〕，勲二等旭日重光章〔昭和48年〕
【伝記・評伝】
◇天翔ける鋼―大同特殊鋼と石井健一郎　和木保満著　中部経済新聞社　1987.8　457p　22cm

石井　太吉 (いしい　たきち)

明治13(1880)年3月～昭和41(1966)年2月16日

＊＊＊

石井鉄工所社長・会長，東洋酸素会長　身 神奈川県　学 横浜工手学校
歴 先代の創業した石井鉄工所に入社、大正9年株式会社に改組し、社長に就任。東京商工会議所ほか多くの経済・業界団体および会社の役員を兼任。
【伝記・評伝】
◇私の渡米記　石井太吉著　石井鉄工所　1953
◇財界人の横顔　古田保　岩崎書店　1954
◇財界の第一線1958年　人物展望社　1958

石川　一郎 (いしかわ　いちろう)

明治18(1885)年11月5日～昭和45(1970)年1月20日

＊＊＊

日産化学工業社長，経済団体連合会初代会長
生 東京府北豊島郡王子(現・東京都北区)　学 東京帝国大学工科大学応用化学科〔明治42年〕卒
歴 明治44年東京帝大助教授を経て、大正4年父の経営する関東酸曹(のちの日産化学工業)入社。支配人から大日本人造肥料常務の後、昭和16年日産化学工業社長。17年化学工業統制会会長、化学工業連盟会長を歴任。戦後は経団連代理事から23年会長となり、31年まで10年間、日本経済の復興と再建に尽力した。23年日本化学会初代会長。また、晩年は30年原子力研究所初代理事長、31年原子力委員会委員、日本原子力船開発事業団初代理事長を務め、原子力の技術開発と利用問題に専念した。
【伝記・評伝】
◇日本政経人評伝　第1集　都新聞社　1950
◇財界の顔　池田さぶろ　講談社　1952
◇現代財界家系譜　第1巻　現代名士家系譜刊行会　1968
◇石川一郎追想録　経済団体連合会　鹿島研究所出版会(制作)　1971　711p　肖像10枚　22cm
◇財界―日本の人脈　読売新聞社　1972
◇石川一郎―日本を開いた財界人の生涯　阪口昭編著　鹿島研究所出版会　1972　273p　肖像　19cm

◇石川一郎の素描　岩名市太郎著, 岩名雪子編
　　岩名公太郎　1986.8　339p　22cm
◇ビジュアル版・人間昭和史〈4〉　財界の指導者
　　講談社　1987.2　255p　21cm
◇血統商法―鹿島建設会長・石川六郎の眼力とあ
　　くなき挑戦　菊池久著　ぴぃぷる社　1988.4
　　230p　19cm
◇亡父石川一郎の処世訓　石川潔著　第一宣伝社
　　1992.3

石川　七財（いしかわ　しちざい）

文政11（1828）年4月8日～明治15（1882）年7月31日

＊＊＊

三菱汽船管事　 [生] 土佐国（高知県）　幼名＝七左衛門, 号＝花渓
[歴] 土佐藩の足軽の家に生まれ、吉田東洋に下横目に登用される。維新後藩所有の船舶の運営をまかされた岩崎弥太郎の非行探索を命ぜられ、明治3年大阪に出張するが、遂に岩崎に服属し、九十九商会に入社、七財と改名した。以後川田小一郎と共に岩崎を助けて三菱財閥創業に尽力、7年三菱汽船管事となり、三菱の海運部門を指揮した。
【伝記・評伝】
◇財界物故傑物伝　実業之世界社　1936

石毛　郁治（いしげ　いくじ）

明治28（1895）年5月18日～昭和56（1981）年9月1日

＊＊＊

三井化学工業社長　[生] 千葉県飯岡町　[学] 東京高工（現・東京工大）応用化学科〔大正6年〕卒
[歴] 三井鉱山に入社、コークス製造の研究に従事し、昭和2年東洋高圧工業に移る。22年社長になり、折からの食糧難の要請に応えて、肥料用尿素の大量生産に踏み切った。38年会長、41年三井化学工業社長に就任し、43年に東洋高圧工業と三井化学工業を合併させ、三井東圧化学の相談役に就任した。46年退任。俳人としても有名で俳句月刊誌「同人」を主宰。　[賞] 勲二等瑞宝章〔昭和48年〕
【伝記・評伝】
◇現代財界家系譜　第1巻　現代名士家系譜刊行
　　会　1968

◇私の履歴書　経済人　2　日本経済新聞社編
　　日本経済新聞社　1980.6　477p　22cm

石坂　泰三（いしざか　たいぞう）

明治19（1886）年6月3日～昭和50（1975）年3月6日

＊＊＊

東芝社長・会長, 経済団体連合会会長, 日本工業倶楽部理事長　[生] 東京府牛込区（現・東京都新宿区）
[学] 東京帝国大学法科大学独法科〔明治44年〕卒
[歴] 逓信省を経て、大正4年第一生命保険に入り、昭和13～21年社長。24年東芝再建のため社長就任、大量解雇を行って経営立て直しをはかる。経営者としての手腕を評価され、30年日本生産性本部初代会長、31～43年経団連第2代会長を務める。この間、強力なリーダーシップを発揮、徹底した自由主義経済、市場主義経済を尊重して日本経済の高度成長時代を演出、"財界総理"などと呼ばれた。32年東芝会長を退任、33年アラビア石油設立に協力、石油資源の自主開発を推進。また日本工業倶楽部理事長や日本万国博協会会長（大阪万博会長）などを歴任した。　[賞] 財界賞（第1回）〔昭和28年〕, 勲一等瑞宝章〔昭和39年〕, 勲一等旭日大綬章〔昭和45年〕
【伝記・評伝】
◇財界の顔　池田さぶろ　講談社　1952
◇私の修業時代　実業之日本社編集局編　実業之
　　日本社　1952　248p　図版9枚　19cm
◇財界人の横顔　古田保　岩崎書店　1954
◇志の婦草　石坂泰三　1957
◇私の履歴書　第2集　日本経済新聞社　1957
◇働くこと楽しむこと　石坂泰三著　実業の日本
　　社　1958.1　246p　19cm
◇泰川随談　石坂泰三　新らしい衣食住社　1961
◇石坂泰三物語　石山賢吉編　ダイヤモンド社
　　1961　175p　19cm
◇若き日の社長　現代事業家の人間形成　海藤守
　　著　徳間書店　1962　329p　18cm
◇戦略経営者列伝（三一新書）　大江志乃夫著
　　三一書房　1963　252p　18cm
◇石坂泰三―昭和の渋沢栄一となるか　三鬼陽之
　　助著　日本経営出版会　1967　213p　19cm
◇現代財界家系譜　第1巻　現代名士家系譜刊行
　　会　1968
◇財界人思想全集　第5　ダイヤモンド社　1970
◇財界人思想全集　第6　ダイヤモンド社　1970

いしさか

- ◇石坂泰三―この気骨ある財界人　阪口昭著　日本経済新聞社　1970　256p　19cm
- ◇勇気あることば　石坂泰三著　読売新聞社　1970　222p　図版　20cm
- ◇財界人100年の顔―日本経済を築いた人びと　ダイヤモンド社　1971
- ◇財界―日本の人脈　読売新聞社　1972
- ◇財界総理石坂泰三―その孤独と死　武石和風著　毎日新聞社　1975　182p　図　肖像　20cm
- ◇石坂泰三翁に学ぶもの　石井千明著　石井千明　1975.3　20p　21cm
- ◇日本工業倶楽部「会報」95号　前理事長石坂泰三追悼の頁　日本工業倶楽部　1975.5　182p　21cm
- ◇私の履歴書　経済人　1　日本経済新聞社編　日本経済新聞社　1980.6　477p　22cm
- ◇無事是貴人　石坂泰三著　石坂泰彦　1981.3　437p　35cm
- ◇石坂泰三語録　無事是貴人の人生哲学　覇道より王道を歩け　梶原一明著　PHP研究所　1984.2　206p　20cm
- ◇成功する経営・失敗する経営　三鬼陽之助著　PHP研究所　1986.6　221p　19cm
- ◇ノンフィクションの技術と思想　岩川隆著　PHP研究所　1987.1　280p　19cm
- ◇堂々たる人―財界総理・石坂泰三の生涯（講談社文庫）　武石和風著　講談社　1987.2　189p　15cm
- ◇ビジュアル版・人間昭和史〈4〉　財界の指導者　講談社　1987.2　255p　21cm
- ◇逆境を拓く―苦難をバネにした先達の生きざま　宮本惇夫著, 川鉄商事広報室編　産業能率大学出版部　1987.6　228p　19cm
- ◇小島直記伝記文学全集〈第14巻〉　男の生涯　古典からのめっせいじ　小島直記著　中央公論社　1987.10　500p　19cm
- ◇統率力（リーダーシップ）が組織を燃やす（昭和の名語録）　山本七平ほか著　経済界　1987.11　284p　19cm
- ◇社長の決断（徳間文庫）　伊藤肇著　徳間書店　1987.11　350p　15cm
- ◇繁栄の群像―戦後経済の奇跡をなしとげた経営者たち　板橋守邦著　有楽出版社, 実業之日本社〔発売〕　1988.6　253p　19cm
- ◇人間的魅力の研究（新潮文庫）　伊藤肇著　新潮社　1989.5　284p　15cm
- ◇男は勝たねば面白くない―必勝不敗の人間学（新潮文庫）　邑井操著　新潮社　1989.5　235p　15cm
- ◇男のうた　佐高信著　講談社　1991.4　243p　19cm
- ◇「男の生き方」40選〈下〉　城山三郎編　文芸春秋　1991.4　363p　19cm
- ◇私の履歴書―昭和の経営者群像〈4〉　日本経済新聞社編　日本経済新聞社　1992.9　296p　19cm
- ◇縁、この不思議なるもの―人生で出会った人々（PHP文庫）　松下幸之助著　PHP研究所　1993.1　194p　15cm
- ◇史上空前の繁栄をもたらした人びと―昭和後期の企業家21人の生きざま（HOREI　BOOKS）　新井喜美夫著　総合法令　1993.12　183p　18cm
- ◇もう、きみには頼まない―石坂泰三の世界　城山三郎著　毎日新聞社　1995.1　309p　21cm
- ◇昭和をつくった明治人〈上〉　塩田潮著　文芸春秋　1995.4　398p　19cm
- ◇石坂泰三「ぼくは、仕事以外の無理は一切しない!」―戦後最高の経済人（知的生きかた文庫）　梶原一明著　三笠書房　1995.7　236p　15cm
- ◇もう、きみには頼まない―石坂泰三の世界（文春文庫）　城山三郎著　文芸春秋　1998.6　333p　15cm
- ◇実業家の文章―日本経済の基盤を築いた、十二人の偉大な実業家。　鈴木治雄著　ごま書房　1998.7　262p　19cm
- ◇男の美学―ビジネスマンの生き方20選（講談社文庫）　佐高信編　講談社　1998.12　311p　15cm
- ◇決断の経営史―戦後日本の礎を築いた男たち　梶原一明著　経済界　2000.4　222p　19cm
- ◇日本の戦後企業家史―反骨の系譜（有斐閣選書）　佐々木聡編　有斐閣　2001.12　301p　19cm

石田　退三
いしだ　たいぞう

明治21(1888)年11月16日～昭和54(1979)年9月18日

＊＊＊

トヨタ自動車工業社長・会長　生愛知県知多郡小鈴谷村（現・常滑市）　旧姓（名）＝沢田　学滋賀一中（現・彦根東高）〔明治40年〕卒

歴 大正7年彦根の石田家の養子となる。名古屋の服部商店から昭和2年豊田紡織入社。重役に栄進するが、12年トヨタグループのトヨタ自動車工業による本格的自動車進出に反対し、重役職を追われて、豊田紡織の監査役に格下げされる。16年豊田自動織機製作所常務となり、専務、副社長を経て、23年社長に就任。25年不況で倒産寸前のトヨタ自動車を工業・販売に分離した際、三井銀行の支援を得て工業部門の社長に推され、続く朝鮮動乱による特需で会社再建が進む。26年末設備近代化5ケ年計画を策定。42年豊田英二を社長とし、自らは会長に。46年相談役に。トヨタの"生涯番頭"と自称、合理主義でトヨタを日本一の高収益企業に育てたトヨタ中興の祖。遺志により石田財団芸術奨励賞が設けられた。

賞 藍綬褒章〔昭和32年〕,紺綬褒章〔昭和33年〕,輸出褒章〔昭和37年〕,勲二等瑞宝章〔昭和39年〕,勲一等瑞宝章〔昭和45年〕,チェコスロバキア功労金賞〔昭和46年〕

【伝記・評伝】
◇財界の第一線1958年　人物展望社　1958
◇この経営者を見よ—日本財界の主流をゆく人々　会社研究所　ダイヤモンド社　1958
◇私の履歴書　第7集　日本経済新聞社　1959
◇人生勝負に生きる　石田退三著　実業之日本社　1961.11　270p　19cm
◇泰山放談　石田退三講演集1　文方社　1964.2　104p　18cm
◇闘志乃王冠—石田退三伝（中経新書）　岡戸武平著　中部経済新聞社　1965　370p　図版　18cm
◇自分の城は自分で守れ　石田退三著　講談社　1968　199p　図版　19cm
◇財界人思想全集　第9　ダイヤモンド社　1970
◇現代財界家系譜　第4巻　現代名士家系譜刊行会　1970
◇石田退三語録　対話構成:池田政次郎　大成出版社　1971　179p　20cm
◇石田退三の世界—最後の大番頭　池田政次郎著　講談社　1971　200p　19cm
◇商魂八十年—石田退三自伝　石田退三著　石田退三　1973.9　473p　22cm
◇トヨタの秘密—利益日本一はいかに達成されたか　若山富士雄,杉本忠明　こう書房　1977
◇私の履歴書　経済人　3　日本経済新聞社編　日本経済新聞社　1980.7　477p　22cm

◇軌跡九十年　石田退三著,石田泰一編　文化評論出版　1980.9　289p　22cm
◇田舎モンの哲学—昭和の大番頭・石田退三　石田泰一編集　文化評論出版　1980.12　288p　19cm
◇トヨタ商魂の原点—石田退三経営録　池田政次郎著　PHP研究所　1984.12　230p　20cm
◇天命　伊藤淳二著　経済往来社　1988.8　216p　18cm
◇売りモノを創った男たち　藤田忠司著　リバティ書房　1988.10　309p　19cm
◇昭和人間記録・松下幸之助大事典　産業労働出版協会編　産業労働出版協会,産業労働調査所〔発売〕　1989.10　384p　21cm
◇商魂—石田退三・土光敏夫・松下幸之助に学ぶ　池田政次郎著　東洋経済新報社　1990.9　219p　19cm
◇この経営者の急所を語る—三鬼陽之助の財界人備忘録　三鬼陽之助著　第一企画出版　1991.7　256p　19cm
◇経営の神髄〈第3巻〉　利益日本一の経営　豊田英二　針木康雄著　講談社　1991.8　228p　19cm
◇頭角の現わし方—世に出た人間の研究（PHPビジネスライブラリー〈A-332〉）　藤田忠司著　PHP研究所　1992.3　222p　18cm
◇私の履歴書—昭和の経営者群像〈8〉　日本経済新聞社編　日本経済新聞社　1992.11　298p　19cm
◇縁、この不思議なるもの—人生で出会った人々（PHP文庫）　松下幸之助著　PHP研究所　1993.1　194p　15cm

石田　礼助
いしだ　れいすけ

明治19(1886)年2月20日～昭和53(1978)年7月27日

＊＊＊

三井物産代表取締役,日本国有鉄道総裁　出 静岡県賀茂郡松崎町　学 東京高商(現・一橋大学)〔明治40年〕卒

歴 三井物産に入り、シアトル、ボンベイ、ニューヨークなどの支店長をつとめ、昭和11年常務、14年代表取締役。16年日米開戦に反対して退社、18年交易営団総裁になり敗戦を迎える。戦後公職追放で農業に従事。十河信二総裁の要請で31年国鉄監査委員長、38年5代目の国鉄総裁に就任。自

らヤング・ソルジャーと称し、東海道新幹線の開業、山陽新幹線の着工、全国的に急行を増発するなど収益性を高めた。また、顔パス廃止、接待ゴルフ禁止などの改革を行う。44年辞任。
【伝記・評伝】
◇石田礼助・天国へのパスポート　交研社編　交研社　1978.12　293p　19cm
◇住友銀行会長磯田一郎の企業統師論　森本忠夫著　潮出版社　1987.3　223p　19cm
◇粗にして野だが卑ではない―石田礼助の生涯　城山三郎著　文芸春秋　1988.6　232p　19cm
◇「男の生き方」40選〈上〉　城山三郎編　文芸春秋　1991.4　357p　19cm
◇粗にして野だが卑ではない―石田礼助の生涯（文春文庫）　城山三郎著　文芸春秋　1992.6　254p　15cm
◇縁、この不思議なるもの―人生で出会った人々（PHP文庫）　松下幸之助著　PHP研究所　1993.1　194p　15cm
◇生き方の美学（文春新書）　中野孝次著　文芸春秋　1998.12　222p　18cm

石塚 粂蔵（いしづか　くめぞう）

明治19(1886)年2月17日～昭和37(1962)年7月15日

＊＊＊

日本製鋼所社長・会長　生東京・麹町　学東京高商（現・一橋大学）〔明治41年〕卒
歴明治41年日本製鋼室蘭本社入社。44年会計事務研究のため英国留学、帰国後、経理会計部門に従事、昭和6年常務、20年社長となった。この間野村製作所社長も兼務した。戦後22年公職追放、26年解除されて日本製鋼に復帰、相談役、会長となり29年の室蘭製作所大争議を収拾、30年社長に返り咲いた。34年から会長。この間、日本兵器工業会会長、防衛生産委員会常任委員で活躍。昭和飛行機工業、日本技術協力各社長、日経連、日本機械工業連合会各常任理事、経団連理事などを務めた。
【伝記・評伝】
◇私の履歴書　第13集　日本経済新聞社編　日本経済新聞社　1961　382p　19cm
◇私の履歴書　経済人　5　日本経済新聞社編　日本経済新聞社　1980.8　482p　22cm

石橋 幹一郎（いしばし　かんいちろう）

大正9(1920)年3月1日～平成9(1997)年6月30日

＊＊＊

ブリヂストン社長・会長　身福岡県久留米市　学東京帝国大学法学部〔昭和18年〕卒
歴ブリヂストンタイヤ（現・ブリヂストン）の創業者正二郎の長男。昭和20年ブリヂストンタイヤに入社、27年副社長。38年社長に就任し、48年、52歳の若さで会長に。60年名誉会長、平成9年取締役相談役となる。日経連副会長も務めた。この間、昭和58年の米国ファイアストン社の買収により北米進出を果たすなど同族経営からの脱皮に努めた。地元久留米の文化事業に力を入れ、また、ブリヂストン美術館の運営などを通して芸術・文化の振興にも貢献した。　賞藍綬褒章〔昭和56年〕、ベルギー王冠勲章コマンドール章〔昭和61年〕、久留米市名誉市民
【伝記・評伝】
◇盛田良子・経営者の「素顔」対談〈3〉　豊かな感受性こそリーダーの条件　盛田良子著　講談社　1986.7　278p　19cm
◇トップの人生哲学（BIGMANビジネスブックス）　ビッグマン編集部編　世界文化社　1987.11　218p　19cm
◇この経営者の急所を語る―三鬼陽之助の財界人備忘録　三鬼陽之助著　第一企画出版　1991.7　256p　19cm
◇石橋幹一郎　思い出と素顔　石橋幹一郎追悼集刊行委員会編　石橋幹一郎追悼集刊行委員会　1999.6

石橋 正二郎（いしばし　しょうじろう）

明治22(1889)年2月25日～昭和51(1976)年9月11日

＊＊＊

ブリヂストン社長・会長（創業者）　生福岡県久留米市　学久留米商〔明治39年〕卒
歴家業の仕立て物業に従事するが、のち足袋専業に改める。明治45年九州で最初に自動車を購入、足袋の宣伝に使う。大正7年兄徳次郎と日本足袋会社を創立、12年には足袋の裏にゴムを張りつけた地下足袋を発明し急成長する。昭和6年ブリヂストンタイヤ（現・ブリヂストン）を設立

して社長に就任、自動車タイヤの国産化に着手。戦時中は軍用機のタイヤを生産。戦後の25年には米国のグッドイヤー社と技術提携し、業界1位のゴムメーカーを築きあげ、38年会長、48年相談役となる。この間、31年石橋財団を設立、32年日本合成ゴム初代社長。また、絵画、彫刻、陶芸の収集家としても知られ、37年にはブリヂストン美術館も開設した。　賞 久留米市名誉市民〔昭和31年〕、レジオン・ド・ヌール勲章〔昭和35年〕、イタリア・メリト勲章〔昭和36年〕、勲二等瑞宝章〔昭和39年〕

【伝記・評伝】
◇水明荘夜話　石橋正二郎著　日本ゴム　1943　445p　19cm
◇財界の顔　池田さぶろ　講談社　1952
◇私の履歴書　第3集　日本経済新聞社編　日本経済新聞社　1957　289p　19cm
◇裸一貫から成功へ　堀久作、石橋正二郎、大谷米太郎、遠山元一、前田久吉 飛車金八著　鶴書房　1957　284p　19cm
◇財界の第一線1958年　人物展望社　1958
◇若き日の社長　現代事業家の人間形成　海藤守著　徳間書店　1962　329p　18cm
◇私の歩み　石橋正二郎著　石橋正二郎　1962　432p　図版　19cm
◇歴史をつくる人々　第13　石橋正二郎　ダイヤモンド社編　ダイヤモンド社　1965　174p　図版　18cm
◇理想と独創(歴史をつくる人々1)　石橋正二郎　ダイヤモンド社　1967
◇現代財界家系譜　第1巻　現代名士家系譜刊行会　1968
◇財界人思想全集　第8　財界人の人生観・成功観　小島直記編・解説　ダイヤモンド社　1969　454p　22cm
◇回想記　石橋正二郎　1970　213p　22cm
◇事業に生きる　石橋正二郎,斎藤栄三郎対談　潮文社　1970　193p　図版　19cm
◇財界人100年の顔—日本経済を築いた人びと　ダイヤモンド社　1971
◇雲は遙かに　石橋正二郎著　読売新聞社　1971　226p　肖像　20cm
◇石橋正二郎—遺稿と追想　石橋正二郎著,石橋正二郎伝刊行委員会編著　ブリヂストンタイヤ　1978.9　429p　22cm
◇私の履歴書　経済人　2　日本経済新聞社編　日本経済新聞社　1980.6　477p　22cm

◇創業者・石橋正二郎—ブリヂストン経営の原点(新潮文庫)　小島直記著　新潮社　1986.4　312p　15cm
◇幹部の責任(徳間文庫)　伊藤肇著　徳間書店　1987.3　248p　15cm
◇逆境を拓く—苦難をバネにした先達の生きざま　宮本惇夫著,川鉄商事広報室編　産業能率大学出版部　1987.6　228p　19cm
◇小島直記伝記文学全集〈第11巻〉　創業者列伝　小島直記著　中央公論社　1987.11　533p　19cm
◇不滅の帝王学—プロ指導者をめざす人へ　伊藤肇著　東林出版社,星雲社〔発売〕　1988.8　286p　19cm
◇独創力着眼力がつく—しなやかな発想、成功者の方法(RYU BUSINESS〈3031〉)　多湖輝ほか著　経済界　1989.10　216p　18cm
◇巨富を築いた36人の男たち　鳥羽欽一郎著　実業之日本社　1989.11　206p　19cm
◇代表的日本人—自己実現に成功した43人　竹内均著　同文書院　1990.1　403p　19cm
◇国際交流につくした日本人〈2〉　アジア〈2〉　くもん出版　1990.11　227p　21cm
◇企業立国・日本の創業者たち—大転換期のリーダーシップ　加来耕三著　日本実業出版社　1992.5　262p　19cm
◇私の履歴書—昭和の経営者群像〈8〉　日本経済新聞社編　日本経済新聞社　1992.11　298p　19cm
◇日本を造った男たち—財界創始者列伝　竹内均著　同文書院　1993.11　254p　19cm
◇史上空前の繁栄をもたらした人びと—昭和後期の企業家21人の生きざま(HOREI BOOKS)　新井喜美夫著　総合法令　1993.12　183p　18cm
◇人間・出会いの研究(新潮文庫)　小島直記著　新潮社　1997.9　231p　15cm
◇ケースブック　日本の企業家活動　宇田川勝編　有斐閣　1999.3　318p　21cm
◇日本の戦後企業家史—反骨の系譜(有斐閣選書)　佐々木聡編　有斐閣　2001.12　301p　19cm

石橋 信夫
いしばし のぶお
大正10（1921）年9月9日～平成15（2003）年2月21日

＊＊＊

大和ハウス工業社長・会長（創業者）　🈯奈良県吉野郡川上村　🈯吉野林業学校〔昭和14年〕卒
🈯満州政府林野庁勤務、軍隊生活、シベリア抑留などを経て、昭和24年兄の経営する吉野中央木材に入社。30年独立して大和ハウス工業を設立、常務となり、38年社長、55年会長に就任。平成4年6月取締役相談役、11年名誉会長。12年取締役相談役に復帰。この間、昭和34年大和工商リース社長、39年大和団地社長を歴任。また、ダイワラクダ工業会長も務め、平成8年1月～6月には社長も兼務した。"建設の工業化"を理念に、パイプハウス、ミゼットハウスなどを開発、わが国初のプレハブ住宅を建設。ブラジルの勤労者住宅建設で、56年パラナ州政府からオールデン・ド・キンニエイロ勲章を贈られた。著書に「闘いの商法」がある。　🈯藍綬褒章〔昭和54年〕、オールデン・ド・キンニエイロ勲章（ブラジル・パラナ州政府）〔昭和56年〕、経営者賞（第35回）〔平成4年〕、勲二等瑞宝章〔平成5年〕、経済界大賞（特別賞、第21回）〔平成7年〕

【伝記・評伝】
◇実力経営者伝　梶山季之　講談社　1963
◇現代財界家系譜　第2巻　現代名士家系譜刊行会　1969
◇闘いの商法―富も名誉も勝ってとれ！　石橋信夫著　徳間書店　1981.6　237p　19cm
◇新時代を読み勝つ―元気のでる経営語録　石橋信夫著　東洋経済新報社　1986.11　216p　19cm
◇志在千里―"余暇の時代"を豊かに生きるために（TODAY BOOKS）　石橋信夫著　オーエス出版　1988.11　195p　19cm
◇不撓不屈の日々―私の履歴書　石橋信夫著　日本経済新聞社　1992.5　244p　19cm
◇大和ハウスはなぜ強い（ザ・スクープ）　名倉康修著　にっかん書房、日刊工業新聞社〔発売〕　1994.3　188p　19cm
◇運命の舞台―起伏七十七年　石橋信夫著　ダイヤモンド社　1997.9　338p　22cm

石原 周夫
いしはら かねお
明治44（1911）年11月19日～昭和58（1983）年12月27日

＊＊＊

海外経済協力基金総裁，日本開発銀行総裁
🈯東京都　🈯東京帝国大学法学部法律学科〔昭和9年〕卒
🈯昭和9年大蔵省に入り、官房長、主計局長を経て、36年に大蔵事務次官。退任後、42年から8年間、開銀総裁を務め、社会、都市開発関連に融資分野を広げた。52年に海外経済協力基金総裁に就任し、56年に辞任。日本興業銀行監査役。
🈯勲一等瑞宝章〔昭和58年〕

【伝記・評伝】
◇石原周夫　石原周夫追悼集編纂委員会編　石原周夫追悼集編纂委員会　1986.3　455p　図版13枚　22cm

石原 広一郎
いしはら こういちろう
明治23（1890）年1月26日～昭和45（1970）年4月16日

＊＊＊

石原産業社長　🈯京都府京都市　🈯立命館大学法科専門部〔大正2年〕卒
🈯大正5年マレー半島に渡り、ゴム園経営には失敗したが、鉄鉱脈を掘り当て、南洋鉱業公司（のちの石原産業）を設立、南洋の鉱山王となる。昭和11年満州事変の後、日本の南方進出で事業を発展させ、石原コンツェルンを形成。一方、大川周明らの国家主義運動へ資金を調達、二・二六事件では反乱幇助罪で逮捕された。戦後、A級戦犯に指定されたが不起訴で釈放。石原産業社長に復帰、酸化チタン製造を中心に社業を再建した。36年四日市工場の廃水汚濁騒ぎで起訴され、企業公害で刑事責任を問われた第1号となった。

【伝記・評伝】
◇私の履歴書　第22集　日本経済新聞社編　日本経済新聞社　1964　354p　19cm
◇私の履歴書　経済人　8　日本経済新聞社編　日本経済新聞社　1980.9　479p　22cm
◇石原広一郎関係文書　上巻　回想録―二・二六事件から東京裁判まで　石原広一郎著，赤沢史朗ほか編　柏書房　1994.12　549p　22cm

◇石原広一郎関係文書　下巻　資料集　石原広一郎著,赤沢史朗ほか編　柏書房　1994.12　535p　22cm
◇現代史発掘　粟屋憲太郎著　大月書店　1996.12　265p　19cm
◇東南アジアの経済発展—経済学者の証言（MINERVA人文・社会科学叢書）安場保吉著（京都）ミネルヴァ書房　2002.3　273p　21cm

石原　俊（いしはら　たかし）
明治45（1912）年3月3日～

***

日産自動車社長・会長, 経済同友会代表幹事, 日本自動車工業会会長, 2002年ワールドカップ（サッカー）招致委員会会長　囲東京・麹町　学東北帝国大学法文学部法科〔昭和12年〕卒

歴昭和12年日産自動車に入社し、29年取締役。35年自らの手で米国日産を設立し、40年まで社長を務める。48年日産自動車副社長を経て、52年6月社長に就任。60年会長。平成4年相談役に退く。決断が速く、単刀直入な性格といわれる。日産の積極的な海外進出を推進し、これに反対する自動車労連・塩路一郎会長との対立でマスコミを賑わした。自工会会長として対米輸出自主規制問題にも取り組んだ。この間、昭和55年日本自動車工業会会長、60年経済同友会代表幹事、61年4月～62年6月女性職業財団理事、総合研究開発機構会長などを歴任。　賞藍綬褒章〔昭和49年〕, 勲一等瑞宝章〔昭和58年〕, スペイン国大十字勲章〔昭和60年〕, アギラ・アステカ勲章（メキシコ）〔昭和61年〕, 財界賞〔平成元年〕, 大英勲章第二位〔平成2年〕, 勲一等旭日大綬章〔平成3年〕

【伝記・評伝】
◇日本の100人—リーダーたちの素顔　日本経済新聞社編　日本経済新聞社　1986.5　211p　21cm
◇財界人からの提言　どうする日本経済　長谷川周重著　アイペック　1986.6　275p　19cm
◇活力の構造〈戦略篇〉　柳田邦男著　講談社　1986.11　362p　19cm
◇日産における失敗の研究　宇野辰男,高橋静雄著　エール出版社　1987.3　190p　19cm
◇指導者（リーダー）はこう考えている—草柳大蔵と日本経済を語る　草柳大蔵著　グラフ社　1987.5　236p　19cm

◇経営者人間学—リーダーはいかにして創られるか　野田正彰著　ダイヤモンド社　1988.1　262p　19cm
◇21世紀をめざす統率学—日本企業再構築のリーダーシップ　山田正喜子著　世界文化社　1989.3　270p　19cm
◇日産をガラリ変えた男　久米豊のトヨタへの挑戦状—もはやトヨタ車の時代ではない（トクマブックス）　青野豊作著　徳間書店　1989.4　224p　18cm
◇「ドキュメント」巨大艦隊の転進　日産・快進撃へ　石山順也著　日本能率協会　1989.8　297p　19cm
◇トップが明かす強者の「戦略構築」　梶原一明著　大陸書房　1989.12　246p　19cm
◇活力の構造〈戦略篇〉（講談社文庫）　柳田邦男著　講談社　1990.2　396p　15cm
◇逃げない経営者たち—日本のエクセレントリーダー30人　佐高信著　潮出版社　1990.11　249p　19cm
◇経営者の器—あの人あの言葉　池田政次郎著　東洋経済新報社　1993.12　206p　19cm
◇私と日産自動車　石原俊著　日本経済新聞社　2002.3　109p　19cm

石山　賢吉（いしやま　けんきち）
明治15（1882）年1月2日～昭和39（1964）年7月23日

***

ダイヤモンド社会長（創業者）　囲新潟県西蒲原郡　学慶応義塾商工学校〔明治39年〕卒

歴「三田商業界」「日本新聞」「毎夕新聞」などの記者を経て、大正2年ダイヤモンド社を創立し経済雑誌「ダイヤモンド」を創刊、独自の観点で会社を分析、広告と編集を切り離して絶対に筆をまげることをしなかった。昭和22年衆議院議員となるが公職追放。解除後ダイヤモンド社に復帰、26年取締役会長となる。日本雑誌協会初代会長も務めた。　賞菊池寛賞〔昭和30年〕

【伝記・評伝】
◇財界人を語る　石山賢吉著　ダイヤモンド社　1931
◇私の雑誌経営　石山賢吉著　ダイヤモンド社　1953
◇回顧七十年　石山賢吉著　ダイヤモンド社　1958　418p　図版　19cm

◇雑誌経営50年　石山賢吉著　ダイヤモンド社
　1963　342p　19cm
◇石山賢吉と野依秀市　野依秀市著　実業之世界
　社　1966　142p　18cm
◇人智無極―石山賢吉翁生誕百年記念　石山賢吉
　翁生誕百年記念編纂委員会編　ダイヤモンド社
　1980.11　369p
◇私の財界昭和史（私の昭和史シリーズ）　三鬼
　陽之助著　東洋経済新報社　1987.2　272p
　19cm

石原 米太郎（いしわら よねたろう）

明治15(1882)年9月2日～昭和36(1961)年5月6日

＊＊＊

特殊製鋼社長・会長　生群馬県　学麻布獣医学校〔明治37年〕中退

歴 明治37年八幡製鉄所に入り、ドイツ人技師の指導で日本初の特殊鋼のルツボ炉による熔接に取り組んだ。特殊鋼国産化の動機となり、日本特殊鋼創立にあたり招聘され製鋼課長兼工作課長として参加、大正13年独立して互光商会を設立。昭和4年特殊製鋼を創業、現場の技術者から一人一業をモットーに一代で特殊製鋼を大企業に育て上げ、社長として生産販売に全力投入した。戦後は特殊物件特殊鋼処理委員会の委員長代理、日本鉄鋼連盟常任理事兼特殊鋼部会長、科学技術庁参与、武器審議会委員、産業合理化審議会委員などを歴任した。

【伝記・評伝】
◇財界の第一線1958年　人物展望社　1958
◇石原米太郎翁歳時記　池田さぶろ著　特殊鋼倶
　楽部　1961　248p　図版　22cm
◇石原米太郎回想録　石原米太郎回想録編修委員
　会編　石原米太郎回想録編修委員会　1963
　1002p　図版　22cm

井関 邦三郎（いせき くにさぶろう）

明治32(1899)年7月2日～昭和45(1970)年10月11日

＊＊＊

井関農機社長・会長（創業者）　生愛媛県

歴 大正13年井関農具製作所、15年井関農具商会を創業。昭和11年井関農機を設立し社長に就任。井関商事社長、南海放送取締役、伊予鉄道取締役もつとめる。ほかに松山商工会議所会頭、愛媛商工会議所連合会会頭、日本農機具工業振興会会長、中央運送監査役などを歴任。　賞紫綬褒章〔昭和31年〕

【伝記・評伝】
◇現代財界家系譜　第2巻　現代名士家系譜刊行
　会　1969
◇井関邦三郎伝　秋永芳郎著　井関邦三郎伝刊行
　委員会　1972.1　405p　図　肖像　22cm

磯田 一郎（いそだ いちろう）

大正2(1913)年1月12日～平成5(1993)年12月3日

＊＊＊

住友銀行頭取・会長　身熊本県熊本市　学京都帝国大学法学部〔昭和10年〕卒

歴 昭和10年住友銀行入行、高麗橋支店などを経て、35年取締役、48年副頭取、52年頭取に就任。58年会長。調査部長時代、企業の財務分析、問題会社の再建のノウハウを身につけ、副頭取の時、安宅産業の解体でその手腕を発揮。頭取就任後は住友銀行の高収益基盤を固め、58年米国インスティチューショナル・インベスター誌のバンカー・オブ・ザ・イヤーに選ばれた。61年経団連副会長に就任。平成2年仕手集団・光進グループへの不正融資を行った社員が逮捕され、引責辞任。経団連副会長の座も退く。三高、京大時代は名ラガーとして知られた。　賞藍綬褒章〔昭和53年〕、ベルギー国王冠勲章コマンドール章〔昭和58年〕、勲一等瑞宝章〔昭和59年〕

【伝記・評伝】
◇社長たちの若き日　杉崎寛　あの人この人社
　1980.12
◇銀行人物史　藤井元秀　経済往来社　1981.10
◇磯田一郎（十六人の銀行家―音たかく流れる）
　青野豊作　現代史出版会　1982.7
◇住友銀行・磯田一郎の魅力　勝田健著　あっぷ
　る出版社　1984.5　190p　19cm
◇日本の100人―リーダーたちの素顔　日本経済
　新聞社編　日本経済新聞社　1986.5　211p
　21cm
◇成功する経営・失敗する経営　三鬼陽之助著
　PHP研究所　1986.6　221p　19cm
◇活力の構造〈戦略篇〉　柳田邦男著　講談社
　1986.11　362p　19cm

◇住友銀行会長磯田一郎の企業統帥論　森本忠夫著　潮出版社　1987.3　223p　19cm
◇住友軍団パワーの秘密　邦光史郎, グループHLC著　東急エージェンシー出版事業部　1987.4　232p　19cm
◇人生、わが師わが出会い――一流人を創った運命の転機・決断　大和出版　1987.4　221p　19cm
◇指導力の構造―経営トップ7人の知恵　山田光行著　日本生産性本部　1987.6　216p　19cm
◇経営者人間学―リーダーはいかにして創られるか　野田正彰著　ダイヤモンド社　1988.1　262p　19cm
◇住友銀行(企業コミック)　日向夏平作, 菊池純画　世界文化社　1988.3　209p　21cm
◇住友銀行　七人の頭取　近藤弘著　日本実業出版社　1988.9　414p　19cm
◇磯田一郎の「人を動かす」　梶原一明著　講談社　1989.12　237p　19cm
◇住友銀行―日本一の高収益会社がなぜ敬遠されるか(カッパ・ビジネス)　塩月修一著　光文社　1990.1　195p　18cm
◇活力の構造〈戦略篇〉(講談社文庫)　柳田邦男著　講談社　1990.2　396p　15cm
◇住友銀行の人材育成―何が精鋭集団をつくるのか　塩沢茂著　PHP研究所　1990.6　221p　19cm
◇強者の「戦略構築」〈PART 2〉　梶原一明著　大陸書房　1990.7　237p　19cm
◇磯田一郎の"向こう傷"を恐れるな!(知的生きかた文庫)　上之郷利昭著　三笠書房　1990.10　252p　15cm
◇汚れた住友銀行は変身できない　銀行研究グループ編　エール出版社　1990.12　180p　19cm
◇追いつめられる銀行(NEWS PACKAGE CHASE SPECIAL EDITION)　前屋毅著　アイペックプレス　1990.12　127p　17cm
◇住友銀行事件の深層(NEWS PACKAGE CHASE SPECIAL EDITION)　伊藤博敏, 歳川隆雄著　アイペックプレス　1990.12　125p　17cm
◇住友銀行イトマン権力者の背任―地下人脈に喰いちぎられたのはなぜか　津村正明著　ネスコ, 文芸春秋〔発売〕　1991.6　253p　19cm
◇住友銀行の謀略―乗取り、土地転がしの陰の仕掛人・磯田イズムの栄光と破綻　草野洋著　日新報道　1991.7　232p　19cm
◇この経営者の急所を語る―三鬼陽之助の財界人備忘録　三鬼陽之助著　第一企画出版　1991.7　256p　19cm
◇揺れる銀行　揺れる証券―腐蝕する法人資本主義　奥村宏, 佐高信著　社会思想社　1991.10　233p　19cm
◇会社は誰のものか―企業の世襲と独裁批判(現代教養文庫)　佐高信著　社会思想社　1992.9　237p　15cm
◇揺れる銀行　揺れる証券―腐蝕する法人資本主義(現代教養文庫)　奥村宏, 佐高信共著　社会思想社　1993.8　261p　15cm
◇経営者の人間探究―企業トップはいかにして創られたか　野田正彰著　プレジデント社　1994.5　268p　19cm
◇砂時計が語る―87歳の作家の20世紀ア・ラ・カルト　青山光二著　双葉社　2000.4　319p　19cm

磯野　小右衛門
いその　こえもん

文政8(1825)年10月13日～明治36(1903)年6月11日

＊＊＊

大阪商業会議所会頭　⊞長門国阿武郡萩椿町(山口県)

歴18歳で下関に出て米相場に関心を持つ。嘉永3年大坂に出、安政3年堂島浜通りで米問屋を開業。元治元年長州藩、笠間藩の勤王の志士を庇護したため幕府の嫌疑を受けて投獄されたが、まもなく町預となる。明治2年禁裏御用達となり、名字帯刀を許された。4年大阪北大組大年寄、同年堂島米会所を設立し頭取に就任。12年五代友厚らと大阪商法会議所創立に尽力、16年大阪株式取引所頭取、24年大阪商業会議所会頭、27年帝国商業銀行創立、30年堂島米穀取引所理事長に就任するなど、関西実業界に多大な足跡を残した。

【伝記・評伝】
◇帝国実業家立志編　梅原忠造　求光閣　1894
◇実業家偉人伝　活動野史　四書房　1901
◇財界物故傑物伝　実業之世界社　1936
◇関西財界外史　関西経済連合会　1976

磯野 長蔵（いその ちょうぞう）

明治7(1874)年3月12日～昭和42(1967)年6月25日

＊＊＊

明治屋社長, 麒麟麦酒社長・会長　圧鳥取県倉吉市　旧姓(名)＝三島　学東京高商(現・一橋大学)〔明治30年〕卒

歴明治31年、輸出入商・磯野商会(のちの明治屋)に入社。35年、磯野商会創立者・磯野計の遺児菊と結婚、磯野家に入籍。36年、合名会社明治屋に改組、副社長に就任。大正8年、株式会社明治屋社長。9年、姉妹会社の麒麟麦酒(創立時、発起人の1人)の取締役となり、昭和2年に専務、17年社長、26年会長。明治屋社長としては33年まで在任した。

【伝記・評伝】
◇財界之人百人論　矢野滄浪　時事評論社　1915
◇噫, 偉なる哉　磯野長蔵翁　三宅勇三著　春秋社　1967　214p　図版　19cm
◇追悼録　磯野長蔵　麒麟麦酒株式会社編　麒麟麦酒　明治屋　1967　218p　図版　22cm

磯村 豊太郎（いそむら とよたろう）

明治元(1868)年11月～昭和14(1939)年10月26日

＊＊＊

北海道炭礦汽船社長, 日本工業倶楽部理事長　圧大分県中津　学慶応義塾大学〔明治22年〕卒

歴明治22年通弁となり、23年逓信省に入って逓相後藤象二郎秘書官となった。その後母校慶応義塾で教鞭をとりながら執筆活動、時事新報社に入った。さらに日本銀行勤務の後、29年三井物産に入社。36年営業部長兼機械及鉄道用品取扱首部長、42年ロンドン支店長となった。大正2年北海道炭礦汽船が三井経営に移った際、専務取締役として経営再建に当たり、のち社長。また日本製鋼所、輪西鉱山会長、夕張鉄道、日本製鉄、東京瓦斯などの役員も兼ねていた。昭和4年実業功労により勅選貴族院議員。

【伝記・評伝】
◇財界之人百人論　矢野滄浪　時事評論社　1915
◇三井物産の思い出　高橋敏太郎　敬文館　1937
◇磯村豊太郎伝　前田一　1942

◇人使い金使い名人伝　〔正〕続　中村竹二著　実業之日本社　1953　2冊　19cm
◇室蘭港のパイオニア　〔第3〕(室蘭港湾資料第8集)　室蘭図書館　1972　103p　図　肖像　19cm

一井 保造（いちい やすぞう）

明治31(1898)年5月22日～昭和60(1985)年3月27日

＊＊＊

三井船舶社長・会長　圧兵庫県神戸市　学東京商科大学(現・一橋大学)〔大正12年〕卒

歴三井物産に入社、のち船舶部に勤務。昭和21年三井物産から独立した三井船舶(のちの大阪商船三井船舶)社長に就任。進藤孝二とともに日本屈指の海運会社に成長させた。29年造船疑獄事件で逮捕されたが、処分保留のまま釈放。35年会長、48年から商船三井の相談役。58年からタイ国横浜名誉総領事を務める。　賞勲二等旭日重光章〔昭和43年〕

【伝記・評伝】
◇財界の顔　池田さぶろ　講談社　1952
◇財界人の横顔　古田保　岩崎書店　1954
◇海運回顧　〔第三版〕　一井保造著　一井保造　1960.12　74p　21cm
◇財界回想録　下巻　日本工業倶楽部　1967
◇一井保造―追想録　大阪商船三井船舶編　大阪商船三井船舶　1986.6　397p　図版11枚　22cm

市川 忍（いちかわ しのぶ）

明治30(1897)年1月9日～昭和48(1973)年11月2日

＊＊＊

丸紅社長・会長, 大阪商工会議所会頭　圧茨城県　学神戸高商(現・神戸大学)〔大正8年〕卒

歴大正8年伊藤忠商事に入社。同系列の大同貿易を経て丸紅商店に移り、貿易部長、上海支店長。昭和16年丸紅と岸本商店を合併、三興となり専務。19年に呉羽紡績と大同貿易が合併され大建産業になった時も専務。戦後の24年占領軍の経済力集中排除で丸紅初代社長に就任。30年高島屋飯田と合併、丸紅飯田に。39年まで社長を務めた後会長。41～46年大阪商工会議所会頭。糸へん商社を

総合商社に育てた功労者。　賞 産業功労賞〔昭和31年〕、紺綬褒章〔昭和33年〕、貿易振興功労賞〔昭和39年〕、勲二等〔昭和42年〕、勲一等〔昭和45年〕
【伝記・評伝】
◇財界の顔　池田さぶろ　講談社　1952
◇大阪産業をになう人々　大阪府工業協会　1956
◇財界の第一線1958年　人物展望社　1958
◇現代財界家系譜　第4巻　現代名士家系譜刊行会　1970
◇私の履歴書　第40集　日本経済新聞社　1970　299p　19cm
◇私の履歴書　経済人　13　日本経済新聞社編　日本経済新聞社　1980.12　457p　22cm

市来 乙彦 (いちき おとひこ)

明治5(1872)年4月13日～昭和29(1954)年2月19日

＊＊＊

日本銀行総裁、東京市長、参議院議員　生 鹿児島県　学 東京帝国大学法科大学政治学科〔明治29年〕卒
歴 明治29年大蔵省に入り、那覇税務管理局長、税関事務官、大蔵書記官、主計局長を経て大正5年12月大蔵次官となった。7年勅選議員、11年6月加藤友三郎内閣の大蔵大臣となった。12年9月内閣総辞職で日本銀行総裁。昭和3年第12代東京市長となり、22年参議院議員(無所属、当選1回)。25年政界を去り東京高等電気学校顧問となった。和歌をよくした。
【伝記・評伝】
◇人物評論―朝野の五大閥　鵜崎熊吉　東亜堂書房　1912

一万田 尚登 (いちまだ ひさと)

明治26(1893)年8月12日～昭和59(1984)年1月22日

＊＊＊

日本銀行総裁、蔵相、衆議院議員(自民党)　生 大分県野津原町　学 東京帝国大学法学部政治学科〔大正7年〕卒
歴 大正7年日本銀行入りし、昭和17年考査局長、19年理事。名古屋、大阪各支店長を歴任後、21年第18代総裁となり、29年10月までの8年5か月間在任。戦争直後のインフレ収束など戦後日本の経済安定に尽くす一方、資金調達に悩む金融、産業界に多くの日本銀行出身者を送り込み、"一万田法王"と呼ばれた。26年9月のサンフランシスコ講和会議に全権委員として参加。総裁辞任後は鳩山内閣、岸内閣で4期蔵相を務め、また30年2月から44年12月まで衆議院議員に当選を重ねたが、成長政策を奉じる池田勇人に敗れた格好で政界を引退した。
賞 国際基督教大学名誉法学博士号、シラキュース大学名誉博士号
【伝記・評伝】
◇日本政経人評伝　第1集　都新聞社　1950
◇財界の顔　池田さぶろ　講談社　1952
◇一万田尚登伝(日本財界人物伝全集　第7巻)　阿部康二著　東洋書館　1955　318p　図版　19cm
◇国会記者の眼で見た　一万田尚登　国会通信社編集部編　国会通信社　1958　144p　図版　18cm
◇現代財界家系譜　第3巻　現代名士家系譜刊行会　1970
◇現代史を創る人びと　1(エコノミスト・シリーズ)　中村隆英, 伊藤隆, 原朗編　毎日新聞社　1971　272p　20cm
◇一万田尚登伝記・追悼録　一万田尚登ほか著, 一万田尚登伝記・追悼録刊行会編　徳間書店　1986.1　345p　22cm
◇「非常時の男」一万田尚登の決断力―孫がつづる元日銀総裁の素顔　井上素彦著　財界研究所　2002.9　347p　19cm

市村 清 (いちむら きよし)

明治33(1900)年4月4日～昭和43(1968)年12月16日

＊＊＊

三愛グループ創業者、理研光学工業社長(創業者)　生 佐賀県三基郡北茂安町　学 中央大学法科〔大正11年〕中退
歴 銀行員、保険勧誘員などを経て、昭和4年福岡市に理研感光紙九州総代理店を開いた。8年理研所長大河内正敏に招かれ、理化学興業感光紙部長。11年理研感光紙(13年理研光学工業、38年リコーと社名変更)を設立、専務に就任。17年コンツェルンから独立、理研光学工業社長。20年東京銀座に三愛商事を創立、23年三愛と改称(人を愛し国を愛し勤めを愛すの意)。初め食料品小売

りから婦人のおしゃれ専門店に切り替えて成功。22年明治神宮の依頼で結婚式場・明治記念館を創業。27年羽田空港に三愛給油創立、33年西銀座デパート社長、35年日米飲料を設立。コカ・コーラボトリングに進出、37年高野精密工業、38年日本リース創業と、10以上の会社を統率した。アイデア重視の経営哲学を持ち、銀座4丁目の総ガラス張り同筒形のビルは評判となった。43年には私財30億円を投じ新技術開発財団を設立した。
賞 藍綬褒章〔明治36年〕, 紺綬褒章〔明治38年〕

【伝記・評伝】
◇財界の顔　池田さぶろ　講談社　1952
◇財界の第一線1958年　人物展望社　1958
◇儲ける経営法・儲かる経営法―ここに成否の岐れ目がある　市村清著　実業之日本社　1958.9　293p　19cm
◇光は闇をつらぬいて　市村清著　東京書房　1962　225p　19cm
◇私の履歴書　第16集　日本経済新聞社編　日本経済新聞社　1962　350p　19cm
◇実力経営者伝　梶山季之　講談社　1963
◇私の歩んだ道　9　産業研究所　1963
◇そのものを狙うな―わが人間的経営　市村清　有紀書房　1964
◇闘魂ひとすじに　わが半生の譜　市村清著　有紀書房　1964　232p　図版　20cm
◇竜雲をよぶ―市村　清（銀河選書）　佐藤正忠編　大和書房　1964　213p　18cm
◇市村清追悼集　三愛会市村清伝記編纂刊行会　1969　212p　図　22cm
◇茨と虹と―市村清の生涯　市村清伝記編纂刊行委員会　1969　353p　肖像　22cm
◇経営の偉才市村清　別府正大著　日本教文社　1969　286p　19cm
◇財界人思想全集　第10　ダイヤモンド社　1971
◇私の履歴書　経済人　5　日本経済新聞社編　日本経済新聞社　1980.8　482p　22cm
◇先見力で明日を読め（昭和の名語録）　堺屋太一ほか著　経済界　1987.11　266p　19cm
◇私の履歴書―昭和の経営者群像〈6〉　日本経済新聞社編　日本経済新聞社　1992.10　294p　19cm
◇史上空前の繁栄をもたらした人びと―昭和後期の企業家21人の生きざま（HOREI BOOKS）　新井喜美夫著　総合法令　1993.12　183p　18cm

◇起業の神様―市村清の実像　市村茂人著　中経出版　1995.6　399p　19cm

出光　計助 (いでみつ　けいすけ)
明治33（1900）年6月24日～平成6（1994）年1月8日

＊＊＊

出光興産社長・会長　生 福岡県宗像郡赤間町（現・宗像市）　学 東京商科大学（現・一橋大学）〔大正14年〕卒
歴 出光佐三の弟。満鉄に入社。満鉄商事部、昭和製鋼所、鉄鋼統制会などを経て、戦後の昭和21年出光興産入社。専務、副社長、出光石油化学社長を経て、41年出光興産社長に就任。47年会長となり、52年から相談役。この間、44～46年石油連盟会長として活躍し、イラン、中国から石油輸入拡大を図るなどの業績を残す。著書に「二つの人生」など。　賞 藍綬褒章, 勲二等旭日重光章〔昭和60年〕

【伝記・評伝】
◇二つの人生　出光計助著　講談社　1986.8　264p　19cm

出光　佐三 (いでみつ　さぞう)
明治18（1885）年8月22日～昭和56（1981）年3月7日

＊＊＊

出光興産社長・会長（創業者）　生 福岡県宗像郡赤間村（現・宗像市）　学 神戸高等商業学校〔明治42年〕卒
歴 門司市で石油販売業（出光商会）を始め、のち中国大陸に進出。昭和15年、国内から中国、東南アジアに販売網を持つ出光興産を設立して社長に就任。41年会長、47年店主となる。この間12年、14年には多額納税者として貴族院議員に選任された。戦後、日本が独立するや、タンカー"日章丸"を建造し、イランが国有化した石油を買い付け、出光興産を一代で民族系最大手の石油会社に築き上げるとともに、"人間尊重""大家族主義"をモットーに、労働組合も定年制もない独特の経営方針をつらぬいた。古美術の収集家としても知られ、41年出光美術館を設立。著書に「人間尊重五十年」「働く人の資本主義」など。
賞 藍綬褒章〔昭和34年〕

【伝記・評伝】
◇40年を顧る　出光佐三著　出光佐三　1951
◇財界の顔　池田さぶろ　講談社　1952
◇財界人の横顔　古田保　岩崎書店　1954
◇我が45年間　出光佐三著　出光興産　1956
◇私の履歴書　第2集　日本経済新聞社　1957
◇人生は闘いだ　松永安左衛門・原安三郎・平塚常次郎・出光佐三・波多野元二　飛車金八著　鶴書房　1957　275p　19cm
◇小説出光佐三―燃える男の肖像　木本正次著　にっかん書房　1957.2　307p　20cm
◇前垂掛けから始めて（現代教養全集　8）　出光佐三著　筑摩書房　1959
◇人間尊重50年　出光佐三著　春秋社　1962　466p　19cm
◇人間尊重の事業経営　出光興産社長室編　春秋社　1962.3　191p　21cm
◇「人の世界」と「物の世界」―40の質問に答える　出光佐三　1963　152p　21cm
◇戦略経営者列伝（三一新書）　大江志乃夫著　三一書房　1963　252p　18cm
◇経営のあり方　出光佐三講演録　東海銀行　1963　54p　17cm
◇マルクスが日本に生まれていたら　出光佐三　1965　197p　18cm
◇現代財界家系譜　第1巻　現代名士家系譜刊行会　1968
◇働く人の資本主義　出光佐三著　春秋社　1968.12　180p　図版　18cm
◇財界人思想全集　第8　財界人の人生観・成功観　小島直記編・解説　ダイヤモンド社　1969　454p　22cm
◇出光五十年史　出光興産編　出光興産　1970.4,1981　2冊　21cm
◇財界人100年の顔―日本経済を築いた人びと　ダイヤモンド社　1971
◇日本人にかえれ　出光佐三著　ダイヤモンド社　1971.6　252p　19cm
◇士魂商才―実録・出光佐三　高倉秀二著　ダイヤモンド社　1972　506p　20cm
◇創造と可能への挑戦―出光佐三の事業理念　滝口凡夫著　西日本新聞社　1973　403p　肖像　19cm
◇永遠の日本―2600年と300年　出光佐三対談集　出光佐三著　平凡社教育産業センター，平凡社〔発売〕　1975.6　307p　図　19cm

◇反骨商法―出光佐三録　鮎川勝司著　徳間書店　1977.2　262p　20cm
◇私の履歴書　経済人　1　日本経済新聞社編　日本経済新聞社　1980.6　477p　22cm
◇我が六十年間　出光興産株式会社店主室編　出光興産株式会社店主室　1981　全4冊（1巻～3巻追補）　21cm
◇出光佐三語録―気骨の経営者　木本正次著　PHP研究所　1983.8　209p　20cm
◇実業界の巨頭（ビジュアル版・人間昭和史〈5〉）　大来佐武郎，扇谷正造，草柳大蔵監修　講談社　1986.6　255p　21cm
◇決断力に己れを賭けよ（昭和の名語録）　邦光史郎ほか著　経済界　1987.11　262p　19cm
◇繁栄の群像―戦後経済の奇跡をなしとげた経営者たち　板橋守邦著　有楽出版社，実業之日本社〔発売〕　1988.6　253p　19cm
◇代表的日本人―自己実現に成功した43人　竹内均著　同文書院　1990.1　403p　19cm
◇給料を要るだけ出す会社―驚異の人間集団・出光の秘密　永川幸樹著　徳間書店　1990.8　231p　19cm
◇評伝　出光佐三―士魂商才の軌跡〔増補改訂版〕　高倉秀二著　プレジデント社　1990.10　582p　19cm
◇「男の生き方」40選〈下〉　城山三郎編　文芸春秋　1991.4　363p　19cm
◇企業立国・日本の創業者たち―大転換期のリーダーシップ　加来耕三著　日本実業出版社　1992.5　262p　19cm
◇私の履歴書―昭和の経営者群像〈5〉　日本経済新聞社編　日本経済新聞社　1992.10　290p　19cm
◇日本を造った男たち―財界創始者列伝　竹内均著　同文書院　1993.11　254p　19cm
◇経営者の器―あの人あの言葉　池田政次郎著　東洋経済新報社　1993.12　206p　19cm
◇積み重ねの七十年　出光興業　1994.3
◇死んでたまるか!―ここを乗り切れ、道は開ける!（ムックセレクト〈506〉）　河野守宏著　ロングセラーズ　1995.4　214p　17cm
◇企業家の群像と時代の息吹き（ケースブック日本企業の経営行動〈4〉）　伊丹敬之,加護野忠男,宮本又郎,米倉誠一郎編　有斐閣　1998.7　383p　21cm

- ◇石油王出光佐三　発想の原点—大不況下に"人こそ資本"を貫く経営哲学　堀江義人著　三心堂出版社　1998.11　287p　19cm
- ◇ケースブック　日本の企業家活動　宇田川勝編　有斐閣　1999.3　318p　21cm
- ◇日本創業者列伝—企業立国を築いた男たち（人物文庫）　加来耕三著　学陽書房　2000.8　362p　15cm
- ◇決断力〈中〉—そのとき、昭和の経営者たちは　日本工業新聞社編　日本工業新聞社,扶桑社〔発売〕　2001.11　485p　19cm
- ◇日本の戦後企業家史—反骨の系譜（有斐閣選書）　佐々木聡編　有斐閣　2001.12　301p　19cm

伊藤　英三（いとう　えいぞう）

明治35（1902）年12月2日～昭和46（1971）年10月2日

＊＊＊

花王石鹸社長　身岐阜県恵那郡中津町中津川
学名古屋市私立愛知薬学校〔大正8年〕卒
歴長瀬清次郎の二男として生まれ、大正14年伊藤春吉の養子となる。大正8年合資会社長瀬商会に入社。昭和5年花王石鹸株式会社長瀬商会製造部長、工場部長、6年工場支配人、同年取締役に就任。24年花王石鹸社長に就任するが、29年花王油脂合併により社長辞任。43年合併後の花王石鹸社長。同時に大日本油脂常務、日本有機社長を歴任。日本油剤工業会会長なども務める。
賞従四位勲三等瑞宝章〔昭和46年〕

【伝記・評伝】
- ◇現代財界家系譜　第3巻　現代名士家系譜刊行会　1970
- ◇追慕・伊藤英三　伊藤英三伝編集委員会編　花王石鹸　1972　437p　図　肖像　22cm
- ◇伊藤英三—その人と事蹟　落合茂著,花王石鹸資料室編　花王石鹸　1973　323p　19cm
- ◇梅は匂い人はこころ—伊藤英三伝　城山三郎著　花王石鹸　1973　270p　図　22cm
- ◇梅は匂い人はこころ（講談社文庫）　城山三郎著　講談社　1982.5　231p　15cm

伊藤　喜十郎（いとう　きじゅうろう）

安政2（1855）年3月16日～昭和11（1936）年2月1日

＊＊＊

イトーキ創業者　囲大阪・高麗橋2丁目
歴質屋の六男に生まれ、明治23年第3回内国勧業博覧会を見て発明事業を志し、伊藤喜商店（現・イトーキ）を設立。41年金属品製造工場をつくり、金銭出納器ゼニアイキなどを発明し、製作、販売を開始。この金銭出納器は日本製の最初のもので、大正2年前後より発売し、その優れた性能により帝国発明協会他諸団体より数十回表彰された。

【伝記・評伝】
- ◇伊藤喜十郎—没後五十年記念出版　初代喜十郎をしのぶ会編　イトーキ　1985.5　455p　27cm

伊藤　恭一（いとう　きょういち）

大正3（1914）年5月27日～平成6（1994）年8月9日

＊＊＊

東洋紡績会長　囲滋賀県　学神戸商業大学〔昭和12年〕卒
歴昭和22年大建産業入社。25年呉羽紡績に転じ、31年取締役から常務、38年専務、同年社長。41年東洋紡績（現・東洋紡）に吸収合併されて副社長。48年会長、49年相談役に就任。この間長年にわたって、エル・サルバドル共和国の繊維事業の発展や青少年の育成に協力し、大阪駐在名誉領事となる。　賞エル・サルバドル共和国ホセマティアスデルガード勲章グランオフィシャル章〔昭和58年〕、エル・サルバドル共和国大十字銀章〔平成元年〕

【伝記・評伝】
- ◇伊藤恭一さんの追想　『伊藤恭一さんの追想』刊行会編　『伊藤恭一さんの追想』刊行会　1995.8　303p　22cm

伊藤 次郎左衛門（15代）
いとう じろうざえもん

明治11（1878）年5月26日～昭和15（1940）年1月25日

＊＊＊

松坂屋社長，名古屋商工会議所会頭　生 愛知県名古屋市　本名＝伊藤祐民　幼名＝守松　学 明倫小卒
歴 明治42年渡米し、百貨店事業を研究。43年帰国、それまでの太物呉服商から本店をデパート業（松坂屋）に転換、発展の基礎を築いた。大正13年家督を相続、社長として昭和8年まで在任。名古屋商工会議所会頭も務めた。伝記に「伊藤祐民伝」がある。

【伝記・評伝】
◇伊藤祐民伝　松坂屋伊藤祐民伝刊行会編　松坂屋伊藤祐民伝刊行会　1952　584p　27cm
◇伊藤家伝　岡戸武平　中部経済新聞社　1957
◇日本財界人物列伝　第2巻　青潮出版編　青潮出版　1964　1175p　図版13枚　27cm
◇明治の名古屋人　同教育委員会　1969
◇十五代伊藤次郎左衛門祐民追想録　中日新聞社開発局編　松坂屋　1977.12　234p　21cm

伊藤 次郎左衛門（16代）
いとう じろうざえもん

明治35（1902）年7月5日～昭和59（1984）年12月29日

＊＊＊

松坂屋社長・会長，中部経済連合会初代会頭，名古屋商工会議所会頭　生 愛知県名古屋市　本名＝伊藤祐茲　幼名＝松之助　学 慶応義塾大学文学部〔昭和3年〕卒
歴 呉服商伊藤家の16代当主に生まれ、慶大在学中の大正12年、20歳でいとう呉服店（現・松坂屋）の取締役に就任、昭和8年社長となってから、一時期を除き通算28年間社長を務め、42年から会長。この間25～29年第15代名古屋商工会議所会頭、26～29年初代中部経済連合会会長などを兼任、中部財界をリードした。　賞 勲二等旭日重光章〔昭和48年〕，フランス国家功労勲賞〔昭和54年〕

【伝記・評伝】
◇伊藤家伝　岡戸武平　中部経済新聞社　1957
◇財界の第一線1958年　人物展望社　1958

◇私の履歴書　第6集　日本経済新聞社　1958
◇現代財界家系譜　第1巻　現代名士家系譜刊行会　1968
◇私の履歴書　経済人　3　日本経済新聞社編　日本経済新聞社　1980.7　477p　22cm

伊藤 武雄
いとう たけお

明治27（1894）年12月13日～昭和41（1966）年11月19日

＊＊＊

大阪商船社長　生 愛知県名古屋市　学 東京帝国大学法学部〔大正8年〕卒
歴 大正9年大阪商船に入社、秘書役を経て昭和19年取締役、21年専務、22年社長となり、敗戦後の再建に務めた。29年には日本政府の親善使節団員としてブラジルを訪問、32年には中近東へ移動大使として出張した。34年社長を退任。
賞 藍綬褒章〔昭和34年〕

【伝記・評伝】
◇財界の顔　池田さぶろ　講談社　1952
◇財界人の横顔　古田保　岩崎書店　1954
◇大阪産業をになう人々　大阪府工業協会　1956
◇追想録　伊藤武雄　大阪商船三井船舶編　大阪商船三井船舶　1969　461p　図26枚　22cm

伊藤 忠兵衛（初代）
いとう ちゅうべえ

天保13（1842）年7月2日～明治36（1903）年7月8日

＊＊＊

伊藤忠商事創業者，近江銀行創立者　生 近江国犬上郡豊郷村（滋賀県豊郷町）　幼名＝栄吉
歴 代々呉服太物卸小売商で、安政6年長崎に行商に出て収益を上げ、以後独力で中国、四国、九州に販路を拡大。明治5年大阪に呉服太物商の店舗を開き、商号を"紅忠（べんちゅう）"（のちの丸紅商店と伊藤忠商事）と称した。15年京都に支店を開設、18年伊藤外海組を組織、神戸に本店、サンフランシスコに支店を設け、刺しゅう、むしろ、雑貨などを輸出、ラシャ、毛織物を直輸入。27・8年の日清戦争後は日東合資会社を設立、中国貿易に進出した。その間、近江銀行を創立し専務、また三十四銀行頭取などにもなった。近江商人の伝統を受け継ぎ、利益を本家、店、店員に3分する"利益三分主義"を採用した。

【伝記・評伝】
◇財界物故傑物伝　実業之世界社　1936
◇日本財界人物列伝　第1巻　青潮出版　1963
◇会社のルーツおもしろ物語―あの企業の創業期はこうだった!(PHPビジネスライブラリー〈A-342〉)　邦光史郎著　PHP研究所　1992.8　285p　18cm
◇日本を造った男たち―財界創始者列伝　竹内均著　同文書院　1993.11　254p　19cm
◇大阪商人道を生きて―越後正一、人生と経営哲学(対話講座　なにわ塾叢書〈25〉)　越後正一講話,大阪府なにわ塾編　(大阪)ブレーンセンター　1988.1　139p　18cm
◇代表的日本人―自己実現に成功した43人　竹内均著　同文書院　1990.1　403p　19cm
◇実業家の文章―日本経済の基盤を築いた、十二人の偉大な実業家。　鈴木治雄著　ごま書房　1998.7　262p　19cm

伊藤　忠兵衛(2代) （いとう　ちゅうべえ）
明治19(1886)年6月12日～昭和48(1973)年5月29日

＊＊＊

伊藤忠商事創業者,呉羽紡績社長　囲滋賀県豊郷町　旧姓(名)＝伊藤精一　雅号＝疇坪　学八幡商〔明治37年〕卒
歴初代伊藤忠兵衛の二男。明治36年18歳で2代忠兵衛を襲名、家業の綿糸卸商・伊藤本店に勤務。42年欧米に留学。大正7年株式会社に改組し伊藤忠商店(9年丸紅商店に改称)と伊藤忠商事を設立。昭和4年呉羽紡績を設立。近江商人らしい徹底した合理主義的経営で事業を拡大し、伊藤忠商事を有力な総合商社へと発展させた。戦後公職追放されたが、解除後は政府の委嘱でカナダ、オーストラリア、キューバなどへの貿易使節団長を務めるなど、戦前からの外遊歴は50回以上に及ぶ。また財団法人カナモジ会の会長として、カナ文字、横書きの普及に努めた。ほかに俳句もよくし、はじめ月斗に師事したが、大正10年「鹿火屋」に参加。石鼎に師事する。のち同人。句集「芦の芽」がある。　賞紺綬褒章〔大正8年〕、勲三等〔昭和39年〕

【伝記・評伝】
◇財界の顔　池田さぶろ　講談社　1952
◇私の履歴書　第2集　日本経済新聞社　1957
◇日本財界人物列伝　第1巻　青潮出版編　青潮出版　1963　1171p　図版　26cm
◇現代財界家系譜　第1巻　現代名士家系譜刊行会　1968
◇財界人思想全集　第9　ダイヤモンド社　1970
◇伊藤忠兵衛翁回想録　伊藤忠兵衛述,伊藤忠兵衛翁回想録編集事務局編　伊藤忠商事　1974　518p　27cm
◇私の履歴書　経済人　1　日本経済新聞社編　日本経済新聞社　1980.6　477p　22cm

伊藤　伝七 （いとう　でんしち）
嘉永5(1852)年6月24日～大正13(1924)年8月12日

＊＊＊

東洋紡績社長　身三重県　幼名＝伝一郎
歴家は酒造業だが、綿糸業を志し、堺勧農局紡績所の職工となり、明治14年郷里で綿糸紡績業(のちの三重紡績)を開いた。その後渋沢栄一の援助で株式組織とし、20年三重紡績支配人、次いで取締役。名古屋、津に分工場を設立、38年関西紡績と合併、39年津島紡績、大阪西成紡績を買収、40年さらに桑名、知多両紡績を合併、大正3年大阪紡績と合併して東洋紡績(現・東洋紡)と改称、副社長、次いで5年社長に就任した。

【伝記・評伝】
◇伊藤伝七氏から斎藤恒三氏への書簡集　n.d.
◇伊藤伝七翁　絹川太一　同伝記編纂会　1936
◇財界物故傑物伝　実業之世界社　1936

伊藤　保次郎 （いとう　やすじろう）
明治23(1890)年9月4日～昭和47(1972)年12月11日

＊＊＊

三菱鉱業社長　囲山形県鶴岡市　学東京帝国大学法科大学経済学科〔大正6年〕卒
歴大正6年三菱合資に入り、7年三菱鉱業(現・三菱マテリアル)創設で同社に転じ、明延鉱山、尾去沢鉱山などの現場労務に従事、昭和12年本社労働部副長となり、調査部長、海外部長を経て19年日本アルミニウム専務、戦後21年社長となった。翌22年公職追放で退社。解除後、鉱山経営者連盟専務理事、25年日本精鉱社長、30年三菱鉱業に復帰、社長に就任。同年三菱セメント社長も兼務。34年相談役。36～40年東北開発株式会社総裁と

なった。また日本石炭協会会長、経団連、日経連常任理事、炭鉱離職者援護会理事長などを務めた。
【伝記・評伝】
◇私の履歴書　第10集　日本経済新聞社　1960
◇現代財界家系譜　第3巻　現代名士家系譜刊行会　1970
◇追想録　伊藤保次郎　伊藤保彦,福井純一編　藤木出版　1973.12　577p　19cm
◇私の履歴書　経済人　3　日本経済新聞社編　日本経済新聞社　1980.7　477p　22cm

伊奈　長三郎（いな　ちょうざぶろう）

明治23（1890）年3月20日〜昭和55（1980）年10月10日

＊＊＊

伊奈製陶社長・会長（創業者），常滑市初代市長
生 愛知県　学 東京高工窯業科〔明治45年〕卒
歴 伊奈製陶の創業者で昭和14年から38年まで社長。51年まで取締役会長、その後相談役。戦後の住宅ブームにのって、タイルのトップメーカーに。29年から30年まで、初代常滑市長もつとめた。
賞 常滑市名誉市民、藍綬褒章〔昭和34年〕、勲四等瑞宝章〔昭和40年〕
【伝記・評伝】
◇伊奈長三郎　伊奈長三郎追想録編集委員会編　伊奈製陶　1983.10　527p　22cm

稲垣　平太郎（いながき　へいたろう）

明治21（1888）年7月4日〜昭和51（1976）年4月23日

＊＊＊

横浜ゴム社長・会長，日本貿易会会長，参議院議員（国民民主党），通産相　生 岡山県岡山市
雅号＝禾堂　学 慶応義塾大学理財科〔大正2年〕卒
歴 古河合名、古河電気工業を経て富士電機製造の創立に参画、大正12年営業部長。昭和7年時事新報社常務となり、東洋化工、東京発動機、湘南電鉄取締役を歴任、戦後横浜護謨製造社長となった。22年第1回参議院選挙全国区に国民民主党から立ち当選、党総務会長を務めた。24年2月第3次吉田茂内閣の商工大臣、通産大臣となった。また母校慶応大の評議員、理事、監事を兼ね、日本貿易会会長、横浜ゴム会長、ニッポン放送会長、日本ゼオン会長なども務めた。
【伝記・評伝】
◇財界の第一線1958年　人物展望社　1958
◇私の履歴書　第36集　日本経済新聞社　1969　324p　19cm
◇私の履歴書　経済人　11　日本経済新聞社編　日本経済新聞社　1980.10　467p　22cm

稲畑　勝太郎（いなばた　かつたろう）

文久2（1862）年10月30日〜昭和24（1949）年3月29日

＊＊＊

稲畑産業創業者，大阪商工会議所会頭，化学者
生 京都　学 京都府師範
歴 明治10年京都府師範学校在学中、京都府から選ばれてフランス留学、リヨン工業学校で学び、欧州の化学染色業を視察。17年京都御用掛、皇居御造営御用掛、19年京都染織講習所開設で教授となった。20年京都織物会社の創設に尽くし、技師長となったが、24年辞任。稲畑商店（現・稲畑産業）を設立、29年稲畑工場、30年稲畑染工場を設立して軍隊用カーキ色染を創案した。大正7年株式に改組し社長。11年〜昭和9年大阪商工会議所会頭。この間、大正15年勅選貴族院議員。またフランス留学の帰り、映画の父と呼ばれるリュミエール兄弟のフィルム（シネマトグラフ）を日本に初めて持ち帰り、明治30年四条河原で初の試写会を開いた。親仏家で昭和元年には日仏文化協会を設立、日仏交流に尽力した。　賞 勲三等旭日中綬章〔昭和9年〕、レジオン・ド・ヌール勲章
【伝記・評伝】
◇稲畑勝太郎君伝及附録　高梨光司　同翁喜寿記念伝記編纂会　1938
◇日本経済を育てた人々　高橋弥次郎　関西経済連合会　1955
◇リヨンで見た虹―映画をひっさげてきた男　稲畑勝太郎・評伝（B&Tブックス）　岡田清治著　日刊工業新聞社　1997.5　266p　19cm
◇近代日本とトルコ世界　池井優,坂本勉編　勁草書房　1999.2　267p　21cm

稲畑 太郎
いなばた　たろう
明治31(1898)年5月20日～昭和63(1988)年4月3日

＊＊＊

稲畑産業社長　⑤京都府京都市　⑳東京高商（現・一橋大学）〔大正11年〕卒

⑲稲畑産業の創業者である稲畑勝太郎の長男。大正7年6月稲畑商店(現・稲畑産業)の創業以来経営にタッチし、昭和12年3月から44年5月まで社長を務めた。この間36年10月に株式上場するなど、わが国有数の化学商社としての基盤を固めた。59年6月に相談役に退く。また、23年と34年に関西経済同友会代表幹事を務めたほか、24年から日仏文化協会副会長として両国の文化交流に貢献。旧カンボジア王国の大阪駐在総名誉領事なども兼務した。　㊥レジオン・ド・ヌール勲章〔昭和35年〕、サハメトリ勲章(旧カンボジア王国)、藍綬褒章〔昭和41年〕、勲四等瑞宝章〔昭和44年〕

【伝記・評伝】
◇大阪産業をになう人々　大阪府工業協会　1956
◇現代財界家系譜　第1巻　現代名士家系譜刊行会　1968
◇人間尊重の経営――一隅を照らす人・稲畑太郎伝　今沢幸著　現代創造社　1995.2　305p　20cm

稲山 嘉寛
いなやま　よしひろ
明治37(1904)年1月2日～昭和62(1987)年10月9日

＊＊＊

新日本製鉄社長・会長、経済団体連合会会長、日本科学技術振興財団会長　⑤東京・銀座　⑳東京帝国大学経済学部商業学科〔昭和2年〕卒

⑲東京・銀座の稲山銀行頭取の次男に生まれ、昭和3年商工省外局の官営八幡製鉄所に入る。9年製鉄大合同後、日本製鉄に勤務。戦後25年の日本製鉄解体で八幡製鉄常務となり、37年社長。45年には永野重雄富士製鉄社長とともに八幡、富士両製鉄所の合併を実現させて社長に就任。その後、48年会長、58年相談役・名誉会長となる。この間、経団連、日経連副会長として活躍、55年には経団連会長に就任し、61年までつとめた。また生粋の江戸っ子でゴルフ、麻雀、常磐津、長唄と遊びごとは何でもこなし、政治家の励ます会にもおっくうがらず顔を出す、気さくな人柄で知られた。
㊥藍綬褒章〔昭和37年〕、勲一等瑞宝章〔昭和49年〕、勲一等旭日大綬章〔昭和57年〕、ベルギー王冠勲章〔昭和58年〕、マスコミ功労者顕彰〔平成3年〕

【伝記・評伝】
◇出世社長記　新入社員から社長までのコース（リビング・ライブラリー）　本郷貫一郎著　徳間書店　1963　237p　18cm
◇私の履歴書　第24集　日本経済新聞社編　日本経済新聞社　1966　358p　19cm
◇現代財界家系譜　第1巻　現代名士家系譜刊行会　1968
◇財界人思想全集　第2　ダイヤモンド社　1970
◇財界―日本の人脈　読売新聞社　1972
◇稲山嘉寛―評伝(評伝シリーズ　2)　名和太郎著　国際商業出版　1976　281p　19cm
◇私の履歴書　経済人　8　日本経済新聞社編　日本経済新聞社　1980.9　479p　22cm
◇日本式支配者たち　田原総一郎　中央公論社　1981.7
◇我慢と協調は稲山嘉寛の哲学　斉藤繁著　さんちょう　1982.6　220p　19cm
◇経団連会長稲山嘉寛vs日商会頭永野重雄武器なき戦い　マスコミ研究会編　国会通信社　1984.1　255p　19cm
◇日本の100人―リーダーたちの素顔　日本経済新聞社編　日本経済新聞社　1986.5　211p　21cm
◇財界人からの提言　どうする日本経済　長谷川周重著　アイペック　1986.6　275p　19cm
◇財界人の人間修養学　竹井博友編著　竹井出版　1986.7　301p　19cm
◇ビジュアル版・人間昭和史〈4〉　財界の指導者　講談社　1987.2　255p　21cm
◇わかっちゃくれない―思いやりと我慢の経済説法　稲山嘉寛著　朝日新聞社　1987.10　232p　19cm
◇ビジネス戦記　朝日新聞ウィークエンド経済編集部編　角川書店　1988.6　350p　19cm
◇稲山嘉寛回想録　新日本製鉄「稲山嘉寛回想録」編集委員会　1988.9　858p　22cm
◇私の履歴書―昭和の経営者群像　10　日本経済新聞社編　日本経済新聞社　1992.11　294p　19cm
◇社長になる人脈はこう作れ!―組織の中で勝ち抜く処世術　岩淵明男著　オーエス出版　1992.11　228p　19cm

◇財界総理側近録―土光敏夫、稲山嘉寛との七年間　居林次雄著　新潮社　1993.9　233p　19cm

犬丸　徹三（いぬまる　てつぞう）
明治20（1887）年6月8日～昭和56（1981）年4月9日
＊＊＊

帝国ホテル社長, 日本ホテル協会会長　⽣石川県能美郡根上村（現・根上町）　⽷東京高商（現・一橋大学）〔明治43年〕卒
⽷明治43年東京高商卒後、ホテルマンを志し、長春、上海、ロンドン、パリ、ニューヨークと各地で修業を重ね、大正8年帝国ホテルに副支配人として入社、F.ライト設計による帝国ホテルを作り上げた。12年支配人、昭和20年社長に就任し、45年に相談役。この間、戦後の23年から日本ホテル協会会長としてわが国ホテル業の推進役を果たしたが、そのワンマン経営でも知られた。また39年には日本高架電鉄社長となり、羽田―浜松町間のモノレールを開通させた。　⽷藍綬褒章〔昭和34年〕, 紺綬褒章〔昭和39年〕, 勲二等瑞宝章〔昭和45年〕
【伝記・評伝】
◇藤川一秋　犬丸徹三　波多野元二　奥村政雄伝（日本財界人物伝全集）　古田保著　東洋書館　1955　316p　図版　22cm
◇私の履歴書　第12集　日本経済新聞社編　日本経済新聞社　1961　391p　19cm
◇私の歩んだ道　13　産業研究所　1963
◇犬丸徹三（一業一人伝）　阪口昭著　時事通信社　1964　262p　図版　18cm
◇ホテルと共に七十年　犬丸徹三著　展望社　1964　530p　図版　22cm
◇私の履歴書　経済人　4　日本経済新聞社編　日本経済新聞社　1980.7　480p　22cm
◇巨富を築いた36人の男たち　鳥羽欽一郎著　実業之日本社　1989.11　206p　19cm
◇私の履歴書―昭和の経営者群像　2　日本経済新聞社編　日本経済新聞社　1992.9　294p　19cm
◇現状を打破し思考を現実化せよ!（ナポレオン・ヒルの成功哲学〈日本編　2〉）　田中孝顕著　騎虎書房　1992.9　283p　19cm
◇私の履歴書―昭和の経営者群像〈2〉　日本経済新聞社編　日本経済新聞社　1992.9　294p　19cm

◇ナポレオン・ヒルの成功哲学　日本編〈PART2〉（KIKO文庫）　田中孝顕著　騎虎書房　1997.3　270p　15cm
◇井上篤　井上篤伝編集委員会編　巴川製紙所　1964.10　424p

井上　薫（いのうえ　かおる）
明治39（1906）年5月13日～平成5（1993）年4月18日
＊＊＊

第一勧業銀行会長　⽣千葉県我孫子市　⽷東京帝国大学経済学科〔昭和4年〕卒
⽷生家は千葉県北屈指の豪農。昭和4年第一銀行に入り、37年頭取、41年会長、44年再び頭取。46には日本勧業銀行との大型合併を成功させ、第一勧業銀行と改称、初代会長に就任。51年から名誉会長。　⽷藍綬褒章〔昭和43年〕, 勲一等瑞宝章〔昭和51年〕
【伝記・評伝】
◇私の履歴書　経済人　22　日本経済新聞社編　日本経済新聞社　1987.1　489p　21cm
◇井上薫追悼集　「井上薫追悼集」編纂委員会編　第一勧業銀行「井上薫追悼集」編纂委員会　1994.4　403p　図版10枚　22cm
◇決断の経営史―戦後日本の礎を築いた男たち　梶原一明著　経済界　2000.4　222p　19cm

井上　角五郎（いのうえ　かくごろう）
万延元（1860）年10月18日～昭和13（1938）年9月23日
＊＊＊

日本製鋼所会長（創業者）, 北海道炭礦鉄道専務, 衆議院議員（政友本党）　⽣広島県深安郡　⽷慶応義塾〔明治15年〕卒
⽷明治15年朝鮮政府顧問となり、甲申政変後の19年帰国。20年渡米。21年帰国して後藤象二郎らの大同団結運動に参加、大同新聞の記者となった。23年第1回衆議院選挙で当選、以後13回当選。26年北海道炭礦鉄道に入り32年専務、39年北海道人造肥料社長となり40年日本製鋼所を設立、会長となった。大正5年京都電気鉄道会長、6年日東製鋼会長、8年日本ペイント会長など各社の社長、会長を歴任した。多くの炭鉱や鉄道の開発・

整備に辣腕をふるい、"井の角さん"と呼ばれた名物男だった。

【伝記・評伝】
◇現代富豪論　山路弥吉（愛山）　中央書院　1914
◇北海道開拓功労者関係資料集録　上巻　北海道　1971
◇室蘭港のパイオニア〔第3〕（室蘭港湾資料第8集）室蘭図書館　1972　103p　図　肖像　19cm
◇日本経済の建設者―あの時この人　中村隆英　日本経済新聞社　1973
◇井上角五郎先生伝―伝記・井上角五郎（伝記叢書43）　近藤吉雄編　大空社　1988.6　556,14,5p　22cm
◇無冠の男〈上〉（新潮文庫）　小島直記著　新潮社　1988.6　431p　15cm
◇屈折した北海道の工業開発―戦前の三井物産と北炭・日鋼　板橋守邦著　（札幌）北海道新聞社　1992.1　197p　19cm

井上　源之丞 (いのうえ　げんのじょう)

明治12（1879）年11月3日～昭和26（1951）年11月20日

＊＊＊

凸版印刷社長　圉東京　学東京外国語学校〔明治35年〕卒

歴23歳の時印刷所親鸞社を経営、明治38年農商務省嘱託で米国印刷業界を視察。大正9年巴川製紙所社長、12年凸版印刷社長に就任、関東大震災被害の復旧につとめ、合理化と人員整理を強行して「背切り源之丞」といわれた。一方米国のHB特許製版法を導入、カラーオフセット印刷の普及に尽力、また凹版彫刻技術を確立、紙幣、国債などの特殊印刷技法を発展させた。東京印刷工業組合を設立。ほかに東京セロファン紙、東京書籍、日本製紙などの社長も歴任した。

【伝記・評伝】
◇井上源之丞　佐藤文四郎編　井上篤　1954
◇日本財界人物列伝　第2巻　青潮出版編　青潮出版　1964　1175p　図版13枚　27cm

井上　五郎 (いのうえ　ごろう)

明治32（1899）年8月16日～昭和56（1981）年11月18日

＊＊＊

中部電力初代社長・会長，中部経済連合会会長　圉東京　学東京帝国大学電気工学科〔大正12年〕卒

歴井上角五郎の五男。大正12年東邦電力に入社。14年米国ゼネラルエレクトリック社で1年余技術実習。技術畑を歩いたのち、昭和17年中部配電理事となり、常務、副社長を経て、26年新発足の中部電力社長となった。36年会長。42年動力炉核燃料開発事業団理事長、47年原子力委員長代理。ほかに中部経済連合会長、名古屋商工会議所副会頭を務めた。　賞レジオン・ド・ヌール勲章〔昭和45年〕

【伝記・評伝】
◇財界の第一線1958年　人物展望社　1958
◇この経営者を見よ―日本財界の主流をゆく人々　会社研究所　ダイヤモンド社　1958
◇私の履歴書　第30集　日本経済新聞社編　日本経済新聞社　1967　303p　19cm
◇私の履歴書　経済人　9　日本経済新聞社編　日本経済新聞社　1980.10　468p　22cm
◇井上五郎追悼録　井上五郎追悼録編集委員会編　中部電力　1983.6　495p　図版16枚　22cm

井上　準之助 (いのうえ　じゅんのすけ)

明治2（1869）年3月25日～昭和7（1932）年2月9日

＊＊＊

日本銀行総裁，蔵相，貴族院議員（勅選）　圉豊後国日田郡大鶴村（大分県日田市）　学東京帝国大学法科大学英法科〔明治29年〕卒

歴明治29年日本銀行に入り、30年英国、ベルギーに留学。帰国後、大阪支店長、本店営業局長、ニューヨーク代理店監督など歴任。44年横浜正金銀行（のちの東京銀行）に入り、大正2年頭取、8年日本銀行総裁に就任する。12年第2次山本内閣の蔵相となり、関東大震災後の救済・復興に従事。13年勅選貴族院議員。金融恐慌時の昭和2年再び日本銀行総裁。4年浜口内閣の蔵相となり、金解禁とデフレ政策を実行。7年1月民政党総務となるが、同年2月血盟団員・小沼正に暗殺された。著

書に「戦後に於ける我国の経済及金融」「井上準之助論叢」（全4巻）がある。

【伝記・評伝】
◇人物評論―朝野の五大閥　鵜崎熊吉　東亜堂書房　1912
◇財界之人百人論　矢野滄浪　時事評論社　1915
◇井上準之助伝（井上準之助論叢附録）　井上準之助論叢編纂会　1935
◇財界物故傑物伝　実業之世界社　1936
◇続　財界回顧―故人今人（三笠文庫）　池田成彬著, 柳沢健編　三笠書房　1953　217p　16cm
◇近代日本人物経済史　日本経済史研究会　東洋経済新報社　1955
◇日本財界人物列伝　第1巻　青潮出版編　青潮出版　1963　1171p　図版　26cm
◇日本の大蔵大臣　遠藤湘吉, 高橋誠, 加藤俊彦　日本評論社　1964
◇財界人思想全集　第4　ダイヤモンド社　1969
◇井上準之助　1～4　論叢1～4, 5　伝記（明治百年史叢書）　井上準之助著, 井上準之助論叢編纂会編　原書房　1982.9～1983　5冊　22cm
◇日本資本主義の歴史と現状（研究叢書〈18〉）　中央大学経済研究所　（八王子）中央大学出版部　1987.7　263p　21cm
◇金解禁―昭和恐慌と人物群像　有吉新吾著　西田書店　1987.10　245p　19cm
◇1930年代の日本―大恐慌より戦争へ　小島恒久編　（京都）法律文化社　1989.2　277p　19cm
◇近代政治関係者年譜総覧〈戦前篇　第1巻〉　ゆまに書房　1989.10　1313,31p　21cm
◇舛添要一の「日本を問う」　舛添要一著　実業之日本社　1991.10　294p　19cm
◇大蔵大臣　高橋是清―不況乗り切りの達人　大石亨著　マネジメント社　1992.9　252p　19cm
◇いま学ぶべき井上準之助の景況観―第9・第11代日本銀行総裁　井上準之助の講演記録より　日本信用調査　1993.5　98p　21cm
◇凛の人　井上準之助　秋田博著　講談社　1993.5　477p　19cm
◇大物は殺される―歴史を変えた「暗殺」の世界史（ラクダブックス）　大沢正道著　日本文芸社　1994.4　238p　18cm
◇激突―ライバル日本史〈7〉（角川文庫）　NHK取材班編　角川書店　1996.12　294p　15cm
◇この日本人を見よ―在りし日の人たち　馬野周二著　フォレスト出版　1998.12　263p　19cm
◇高橋是清　随想録　高橋是清口述, 上塚司著　（仙台）本の森　1999.6　409p　19cm
◇覚悟の経済政策―昭和恐慌　蔵相井上準之助の闘い　高橋義夫著　ダイヤモンド社　1999.8　209p　19cm
◇明治維新と戦後改革―近現代史論　中村政則著　校倉書房　1999.10　367p　19cm
◇昭和恐慌―日本ファシズム前夜（岩波現代文書）　長幸男著　岩波書店　2001.7　334p　15cm
◇財界の政治経済史―井上準之助・郷誠之助・池田成彬の時代　松浦正孝著　東京大学出版会　2002.10　248,13p　21cm

---

井上　貞治郎
いのうえ　ていじろう

明治15（1882）年10月3日～昭和38（1963）年11月10日

＊＊＊

聯合紙器社長（創業者）　囲兵庫県　旧姓（名）＝長谷川　学高小卒
歴丁稚奉公のほか東京、大阪、朝鮮、中国などで職を転々、明治42年三盛社（のちの三成社）を設立、段ボールの製造を始め、大正4年大阪三成社も創立した。9年聯合紙器を設立して常務取締役、15年専務、社長となった。全国段ボール協同組合連合会理事長、経団連評議員なども務めた。
賞紺綬褒章〔昭和12年〕, マードック賞〔昭和28年〕, 藍綬褒章〔昭和33年〕

【伝記・評伝】
◇我が荊棘之道　井上貞治郎　聯合紙器　1939
◇大阪産業をになう人々　大阪府工業協会　1956
◇生涯の一本杉　井上貞治郎著　六月社　1959　410p　図版　22cm
◇私の履歴書　第10集　日本経済新聞社　1960
◇きんとま1本杉　井上貞治郎著　実業之日本社　1961
◇日本財界人物列伝　第2巻　青潮出版編　青潮出版　1964　1175p　図版13枚　27cm
◇私の履歴書　経済人　3　日本経済新聞社編　日本経済新聞社　1980.7　477p　22cm
◇巨富を築いた36人の男たち　鳥羽欽一郎著　実業之日本社　1989.11　206p　19cm
◇私の履歴書―昭和の経営者群像〈1〉　日本経済新聞社編　日本経済新聞社　1992.9　305p　19cm

井上 篤太郎
いのうえ とくたろう
安政6(1859)年6月13日～昭和23(1948)年11月28日

＊＊＊

京王電気軌道社長, 衆議院議員（政友会）　⑮神奈川県　⑳明治法律学校（現・明治大学）〔明治15年〕卒

⑲自由民権運動に参加後、神奈川県庁に勤め、明治18年から神奈川県議を3期務めた。のち日本絹綿紡績支配人から、34年富士瓦斯紡績に転じ、製紙、絹織物技術の発展に貢献。その後玉川電気鉄道取締役兼支配人、王子電気軌道取締役を経て、昭和3年京王電気軌道社長となった。12年衆議院議員に当選、政友会に属した。21年勅選貴族院議員。

【伝記・評伝】
◇井上篤太郎翁　井上篤太郎翁伝記刊行会編　井上篤太郎翁伝記刊行会　1953.7　272p　図版21枚　22cm
◇日本財界人物列伝　第1巻　青潮出版編　青潮出版　1963　1171p　図版　26cm

伊庭 貞剛
いば ていごう
弘化4(1847)年1月5日～大正15(1926)年10月23日

＊＊＊

住友財閥総理事　⑮近江国西宿（滋賀県）　幼名＝耕之助, 号＝幽翁

⑲近江国に代官の長男として出生。17歳のとき勤皇討幕の商人・西川吉輔の知遇を得て慶応3（明治元）年出京、朝廷方の警備隊員となる。維新後、明治政府で末端の司法官として出仕、明治12年大阪上等裁判所判事を辞し、住友入社。明治30年代、煙害問題収拾のため、別子の銅山精錬所を四阪島に移転。30年総理事心得、33年総理事。住友近代化を進め、住友林業、住友化学工業などの母体をつくった住友「中興の祖」。37年勇退し、大正12年、顧問を最後に引退。

【伝記・評伝】
◇当代の実業家―人物の解剖　実業之日本社　1903
◇近江米同業組合記念誌　木村奥治　同組合　1934
◇財界物故傑物伝　実業之世界社　1936
◇日本実業家列伝　木村毅　実業之日本社　1953
◇伊庭貞剛　神山誠著　日月社　1960
◇政商から財閥へ　楫西光速　筑摩書房　1964
◇根性の実業家―住友を築いた実力者たち　神山誠著　南北社　1965
◇財界人思想全集　第8　財界人の人生観・成功観　小島直記編・解説　ダイヤモンド社　1969　454p　22cm
◇関西財界外史　関西経済連合会　1976
◇伊庭貞剛物語―住友近代化の柱　木本正次著　朝日ソノラマ　1986.5　340p　19cm
◇財界人の人間修養学　竹井博友編著　竹井出版　1986.7　301p　19cm
◇小島直記伝記文学全集〈第3巻〉　日本さらりーまん外史　小島直記著　中央公論社　1986.12　414p　19cm
◇佐高信の斬人斬書〈上〉　生き方を問う読書案内　佐高信著　島津書房　1987.2　299p　19cm
◇住友軍団パワーの秘密　邦光史郎, グループHLC著　東急エージェンシー出版事業部　1987.4　232p　19cm
◇逆境を拓く―苦難をバネにした先達の生きざま　宮本惇夫著, 川鉄商事広報室編　産業能率大学出版部　1987.6　228p　19cm
◇住友財閥成立史の研究　畠山秀樹著　同文舘出版　1988.1　530p　21cm
◇日本の権力人脈（パワー・ライン）　佐高信著　潮出版社　1988.12　233p　19cm
◇幽翁（経済人叢書）　西川正治郎著　図書出版社　1990.6　277p　19cm
◇広瀬宰平・伊庭貞剛を偲びて―我が郷土出生の大人物　八夫郷土の歴史を考える会著　八夫郷土の歴史を考える会　1993.1　51p　26cm
◇明敏にして毒気あり―明治の怪物経営者たち　小堺昭三著　日本経済新聞社　1993.10　291p　19cm
◇哲学を始める年齢　小島直記著　実業之日本社　1995.12　215p　21cm
◇激変の時代を生き抜く発想と行動―幕末・明治の大物にみる　黒川志津雄著　日新報道　1995.12　228p　19cm
◇死中に活路を拓く―宏量大気魄の経営人「幽翁」伊庭貞剛の雄渾なる生涯　感動四季報　感性文化研究所編　黙出版　1998.2　126p　26cm

◇近代住友の経営理念―企業者史的アプローチ　瀬岡誠著　有斐閣　1998.10　276p　21cm
◇新・代表的日本人(小学館文庫)　佐高信編著　小学館　1999.6　314p　15cm
◇伊庭貞剛物語―別子銅山中興の祖(愛媛新聞ブックス)　木本正次著　愛媛新聞社　1999.10　335p　19cm
◇20世紀　日本の経済人(日経ビジネス人文庫)　日本経済新聞社編　日本経済新聞社　2000.11　449p　15cm
◇日本の権力人脈(パワー・ライン)(現代教養文庫)　佐高信著　社会思想社　2001.12　302p　15cm

伊原　隆 (いはら　たかし)

明治41(1908)年6月5日～昭和51(1976)年9月24日

＊＊＊

横浜銀行頭取・会長, 大蔵省理財局長　出 神奈川県　学 東京帝国大学法学部卒
歴 昭和6年大蔵省入省。京橋税務署長、外資局総務課長などを経て、22年理財局長。以後在英大使館参事官、駐英公使などを務め、29年退官した。のち東京銀行常務、39年横浜銀行頭取、50年会長を歴任。全国地方銀行協会会長もつとめた。

【伝記・評伝】
◇伊原隆遺稿集　制作:金融財政事情研究会(東京)　横浜銀行　1977.9　711p　図　肖像　22cm

井深　大 (いぶか　まさる)

明治41(1908)年4月11日～平成9(1997)年12月19日

＊＊＊

ソニー社長・会長(創業者), ソニー教育振興財団理事長, 電子工学者　出 栃木県日光市　身 兵庫県神戸市　学 早稲田大学理工学部電気工学科〔昭和8年〕卒　資 スウェーデン王立理工学アカデミー会員
歴 大学在学中に「光るネオン」を発明、パリ博覧会で優秀発明賞を受賞。PCL(写真化学研究所・のちの東宝映画)、日本光音工業を経て、昭和15年日本測定器を設立し常務、この頃盛田昭夫と知り合う。20年8人のメンバーで東京通信研究所を発足、21年東京通信工業を設立して専務、25年社長。日本初のテープレコーダー、日本初のトランジスタ・ラジオ、トランジスタVTRなど電気機器の生産に乗り出し、33年社名をソニーと変更、トランジスタ・ラジオ、テレビで世界的企業に成長させた。46年会長、51年名誉会長に退く。技術者型創業経営者。また、34年小学校理科教育振興資金制度を設けて以来、早期教育・幼児教育問題にも熱心で、43年幼児開発協会を設立、理事長に就任。平成4年文化勲章受章。6年11月ソニー・ファウンダー・最高相談役となる。著書に「幼稚園では遅すぎる」「子育て母育て」などがある。没後の10年大学生のための井深大記念奨学基金が設立される。　賞 パリ博覧会優秀発明賞, 藍綬褒章〔昭和35年〕, 勲一等瑞宝章〔昭和53年〕, アスペン人文研究所人文技術賞(米国)〔昭和56年〕, スウェーデン勲一等北極星章〔昭和61年〕, 勲一等旭日大綬章〔昭和61年〕, エドアルド・ライン・リング(西ドイツ)〔昭和61年〕, 経営科学化有功章〔昭和61年〕, 土川元夫賞〔昭和63年〕, 文化功労者〔平成元年〕, 早稲田大学校賓〔平成3年〕, 文化勲章〔平成4年〕, 財界賞特別賞(第37回)〔平成4年〕, 東京都名誉都民〔平成5年〕

【伝記・評伝】
◇井深大(一業一人伝)　山崎武敏著　時事通信社　1962　243p　18cm
◇若き日の社長　現代事業家の人間形成　海藤守著　徳間書店　1962　329p　18cm
◇私の履歴書　第18集　日本経済新聞社編　日本経済新聞社　1963　366p　19cm
◇現代財界家系譜　第2巻　現代名士家系譜刊行会　1969
◇財界人思想全集　第3, 4　ダイヤモンド社　1970
◇財界人100年の顔―日本経済を築いた人々　ダイヤモンド社　1971
◇わが道をゆく　雷鳥社編集部編　雷鳥社　1974　230p　20cm
◇0歳からの母親作戦　井深大著　ごま書房　1979.1
◇現状打破の発想　茅誠司, 井深大編　ダイヤモンド社　1979.7
◇私の履歴書　経済人　6　日本経済新聞社編　日本経済新聞社　1980.8　482p　22cm
◇家電王国を築いた十人(人物産業全書)　佐藤公偉　綜合出版センター　1980.12
◇一億人の昭和史　日本人5　三代の男たち　下　昭和篇　毎日新聞社　1981.10

◇創造への旅（わが青春譜）　井深大著　佼成出版社　1985.9　221p　18cm
◇男たちの決断〈飛翔編〉（物語　電子工業史）　板井丹後著　電波新聞社　1986.4　386p　21cm
◇聞き書き　静かなタフネス10の人生　城山三郎著　文芸春秋　1986.6　234p　19cm
◇子育て母育て―わが心を語る　井深大著　東洋経済新報社　1986.9　195p　19cm
◇会社の勇気―イノベーションを求めて（講談社ビジネス）　ソニー広報室編　講談社　1986.11　318p　19cm
◇MADE IN JAPAN―わが体験的国際戦略　盛田昭夫,下村満子,ラインゴールド,エドウィン・M.著〈Reingold, Edwin M.〉,下村満子訳　朝日新聞社　1987.1　366p　19cm
◇新・企業論―ソニーの変身にみる会社の生き残り戦略　梶原一明著　光文社　1987.6　213p　19cm
◇夢を拓く　宮崎緑著　講談社　1987.10　239p　19cm
◇井深アピールと0歳以前からの教育―偉大なる赤ちゃん・そして胎児　野上芳彦著　青也書店　1988.2　267p　19cm
◇ソニー（企業コミック）　猿田美佐子作,安田タツ夫画　世界文化社　1988.6　209p　21cm
◇繁栄の群像―戦後経済の奇跡をなしとげた経営者たち　板橋守邦著　有楽出版社,実業之日本社〔発売〕　1988.6　253p　19cm
◇井深アピールと0歳以前からの教育―偉大なる赤ちゃん・そして胎児〔改訂版〕　野上芳彦編著　青也書店　1988.7　267p　19cm
◇創造の人生・井深大　中川靖造著　ダイヤモンド社　1988.10　275p　19cm
◇なぜ0歳なのか―人生は0歳で決まります（メイツ博士の本）　井深大著　丸善メイツ　1989.5　175p　19×15cm
◇父親の価値はどこで決まるか―子供とのつき合い方・育て方・伸ばし方〔新装版〕（DAIWA SELECT）　本田宗一郎,井深大ほか著　大和出版　1989.11　230p　19cm
◇巨富を築いた36人の男たち　鳥羽欽一郎著　実業之日本社　1989.11　206p　19cm
◇井深大の子育てわくわくタイム（メイツ博士の本）　井深大著,幼児開発協会編　丸善メイツ　1989.11　183p　19×15cm
◇代表的日本人―自己実現に成功した43人　竹内均著　同文書院　1990.1　403p　19cm

◇静かなタフネス10の人生（文春文庫）　城山三郎著　文芸春秋　1990.6　265p　15cm
◇突破口物語―日本的ブレイクスルーの研究　竹内銀平,野島晋著　ダイヤモンド社　1990.10　223p　19cm
◇逃げない経営者たち―日本のエクセレントリーダー30人　佐高信著　潮出版社　1990.11　249p　19cm
◇経営の神髄〈第4巻〉　世界を制した帝王学　盛田昭夫　針木康雄著　講談社　1991.7　227p　19cm
◇この経営者の急所を語る―三鬼陽之助の財界人備忘録　三鬼陽之助著　第一企画出版　1991.7　256p　19cm
◇井深大の幼児教育著作集〈第1巻―第4巻〉　井深大著　ごま書房　1991.10～11　4冊　19cm
◇わが友　本田宗一郎（ゴマビジネス）　井深大著　ごま書房　1991.12　215p　19cm
◇井深大の胎児は天才だ―教育は生まれる前からはじめる　井深大著,幼児開発協会編　チクマ秀版社　1992.4　180p　19cm
◇私の履歴書―昭和の経営者群像〈7〉　日本経済新聞社編　日本経済新聞社　1992.10　294p　19cm
◇胎児から―「知」から「心」へ、21世紀への人づくり　井深大著　徳間書店　1992.11　226p　19cm
◇創造の人生　井深大（講談社文庫）　中川靖造著　講談社　1993.2　311p　15cm
◇井深大の世界―エレクトロニクスに挑戦して　井深大,小島徹著　毎日新聞社　1993.7　254p　19cm
◇人間　井深大（大手町ブックス）　島谷泰彦著　日本工業新聞社　1993.9　289p　19cm
◇日本を造った男たち―財界創始者列伝　竹内均著　同文書院　1993.11　254p　19cm
◇ソニー創業者井深大の人生を開く生き方―私が考えたこと、実践したこと　上之郷利昭著　三笠書房　1994.9　269p　19cm
◇天衣無縫の創造家―井深大語録　井深精神継承研究会編著　ソニー・マガジンズ　1994.12　221p　19cm
◇わが友　本田宗一郎（文春文庫）　井深大著　文芸春秋　1995.3　206p　15cm
◇0歳児の驚異――生の知能は環境で変わる（PHP文庫）　井深大,河合雅雄,山中康裕著　PHP研究所　1995.4　267p　15cm

◇子どもは育て方しだい―0歳だからこそできる教育法(ゴマブックス)　井深大著　ごま書房　1995.11　199p　18cm
◇ソニー「未知情報」への挑戦―科学のニューフロンティアを求めて　佐古曜一郎著　徳間書店　1996.5　234p　19cm
◇幼稚園では遅すぎる―真の幼児教育とは何か〔新版〕(ゴマブックス)　井深大著　ごま書房　1996.12　236p　18cm
◇0歳からの母親作戦―子どもの人柄・能力は、母親にしかつくれない〔新版〕(ゴマブックス)　井深大著　ごま書房　1996.12　228p　18cm
◇井深さんちょっとまってください　山本照男著　渓声出版　1997.1　216p　19cm
◇井深大の心の教育―戦後教育が置き忘れた「あと半分の教育」(ゴマブックス)　井深大著　ごま書房　1997.1　212p　18cm
◇井深大の「右脳」革命―東洋の叡知に学ぶ　遅叔昌著　講談社　1997.7　254p　20cm
◇世界のソニーを創った井深大・発想の原点　輪辻潔, 森野リンゴ共編著　三心堂出版社　1997.9　222p　19cm
◇育(そだてる)―お母さんの愛情が、頭と体を伸ばす　多湖輝監修, 井深大, 大島清, 志賀貢, 内藤寿七郎, 森本義晴, 市島民子, 志村洋子著　ごま書房　1997.10　220p　21cm
◇夢を駆けた男たち―栄光のためでなく　八木荘司著　新潮社　1997.11　280p　19cm
◇井深大の幼児教育語録(ゴマブックス)　幼児開発協会編　ごま書房　1998.1　233p　18cm
◇井深大とソニースピリッツ　立石泰則編著　日本経済新聞社　1998.3　263p　19cm
◇井深大が見た夢―21世紀の「ものさし」はこう変わる!　佐古曜一郎著　風雲舎　1998.4　260p　19cm
◇特許はベンチャー・ビジネスを支援する　荒井寿光著　発明協会　1998.5　116p　21cm
◇企業家の群像と時代の息吹き(ケースブック日本企業の経営行動　4)　伊丹敬之, 加護野忠男, 宮本又郎, 米倉誠一郎編　有斐閣　1998.7　383p　21cm
◇井深大語録(小学館文庫)　井深大研究会編　小学館　1998.7　278p　19cm
◇幼稚園では遅すぎる〔最新版〕(ゴマブックス)　井深大著　ごま書房　1998.7　253p　17cm

◇胎児から―母性が決める「知」と「心」(徳間文庫―教養シリーズ)　井深大著　徳間書店　1998.8　310p　15cm
◇不滅の弔辞　「不滅の弔辞」編集委員会編　集英社　1998.8　238p　21cm
◇0歳は教育の適齢期(ゴマブックス)　井深大著　ごま書房　1998.9　220p　18cm
◇父　井深大―経営者として、教育者として、家庭人として(ゴマブックス)　井深亮著　ごま書房　1998.9　221p　18cm
◇次世代オーディオに挑む―いい音、心地よい音を求めて50年　中島平太郎著　風雲舎　1998.10　257p　19cm
◇ソニー・勝利の法則―小説「井深大と盛田昭夫」(光文社文庫)　大下英治著　光文社　1998.11　367p　15cm
◇井深流物作りの神髄―知的集団を動かして理想目標を実現する　加藤善朗著　ダイヤモンド社　1999.3　254p　19cm
◇宇宙の神秘　誕生の科学―生まれる命が地球を救う　天外伺朗著　PHP研究所　1999.3　188p　19cm
◇幼稚園では遅すぎる―人生は三歳までにつくられる!(サンマーク文庫)　井深大著　サンマーク出版, サンマーク〔発売〕　1999.9　218p　15cm
◇井深大―企業家の思想(三一「知と発見」シリーズ〈3〉)　鹿嶋海馬著　三一書房　1999.10　190p　19cm
◇20世紀名言集　大経営者篇　A級大企業研究所編　情報センター出版局　2000.1　214p　19cm
◇英語屋さん―ソニー創業者・井深大に仕えた四年半(集英社新書)　浦出善文著　集英社　2000.2　206p　18cm
◇井深大・盛田昭夫　日本人への遺産―「井深・盛田最後の対談」から、我々はなにを学ぶべきか　幼児開発協会編著　ロングセラーズ　2000.3　296p　18cm
◇決断の経営史―戦後日本の礎を築いた男たち　梶原一明著　経済界　2000.4　222p　19cm
◇ザ・45歳(SERIESその歳に彼は〈1〉)　鱒渕但馬守著　風塵社　2000.4　232p　19cm
◇ソニー　ドリーム・キッズの伝説　ネイスン, ジョン著, 山崎淳訳　文芸春秋　2000.6　463p　19cm

◇日本のこころ〈天の巻〉—「私の好きな人」 中西進, 梅原猛, 町田康, 勅使河原宏, 津本陽ほか著 講談社 2000.7 379p 19cm
◇0歳からの母親作戦—子どもの心と能力は0歳で決まる(サンマーク文庫) 井深大著 サンマーク出版, サンマーク〔発売〕 2000.11 230p 15cm
◇コ・ファウンダーズ—井深大さんと盛田昭夫さん 若尾正昭著 総合法令出版 2001.2 239p 19cm
◇ソニーが挑んだ復讐戦—日本再建の軌跡 郡山史郎著 プラネット出版 2001.3 269p 19cm
◇日本の企業家群像 佐々木聡編 丸善 2001.3 292p 19cm
◇科学に魅せられた日本人—ニッポニウムからゲノム、光通信まで(岩波ジュニア新書) 吉原賢二著 岩波書店 2001.5 226p 17cm
◇ソニー自叙伝(ワック文庫) ソニー広報部著, ワック編集部編 ワック 2001.7 557p 18cm
◇井深大の「教育論」—二十一世紀を生きるすべての日本人へ 井深大著, 多湖輝解説 ネコ・パブリッシング 2001.8 254p 19cm
◇井深さんの夢を叶えてあげた—ついに明かされた『ソニー』モノづくりの秘訣 木原信敏著 経済界 2001.9 237p 19cm
◇ソニーはどうして成功したか—井深、盛田の起業家精神 垰野堯著 ロングセラーズ 2001.11 249p 19cm
◇ソニー—ドリーム・キッズの伝説(文春文庫) ネイスン、ジョン著, 山崎淳訳 文芸春秋 2002.3 504p 15cm

伊夫伎 一雄 (いぶき かずお)

大正9(1920)年7月8日〜

* * *

三菱銀行頭取　囲東京　身滋賀県　学東京帝国大学経済学部商業科〔昭和18年〕卒

歴滋賀県伊吹山麓の伊夫伎神社の神官の家柄に生まれる。昭和18年三菱銀行(現・東京三菱銀行)に入行後、海軍経理学校に入り、短現(短期現役海軍主計科士官)として軍隊生活を送る。復職後は、39年熱田支店長、45年大阪支店次長、46年調査部長などを経て、47年取締役、51年常務・本店長、54年専務、57年副頭取、61年頭取、平成2年会長。7年相談役に退く。この間、昭和63年全国銀行協会連合会会長、同年5月〜平成元年5月女性職業財団理事をつとめた。　賞バンカーズ・オブ・ザ・イヤー〔平成元年〕, 勲一等瑞宝章〔平成3年〕, 経営者賞〔平成3年〕

【伝記・評伝】
◇世界の産業　伊夫伎一雄著　日本経済評論社　1973　329p　20cm
◇貸付担当役席の実務(役席全書 2)　伊夫伎一雄編著　銀行研修社　1974　202p　19cm

伊部 恭之助 (いべ きょうのすけ)

明治41(1908)年7月28日〜平成13(2001)年4月16日

* * *

住友銀行頭取・会長, 関西経済同友会代表幹事, 日仏クラブ世話人　囲東京市新宿区　学東京帝国大学経済学部〔昭和8年〕卒

歴昭和8年住友合資(現・三井住友銀行)入社。有楽町支店長、東京事務所長などを経て、32年取締役。常務、専務、副頭取等を歴任し、48年頭取。磯田一郎副頭取(のち頭取)とともに、経営危機に陥った安宅産業を伊藤忠商事に救済合併させたり、自動車メーカーの東洋工業(現・マツダ)の再建に取り組んだ。52年会長、のち相談役、58年最高顧問。全国銀行協会連合会副会長、関西経済同友会代表幹事、財政制度審議会委員、松下電器産業社外取締役なども務めた。また、日本とフランスの政財界人から成る日仏クラブの代表世話人として両国の交流に尽力したほか、52年から大阪フィルハーモニー協会理事長を17年間務めるなど文化活動にも貢献した。　賞藍綬褒章〔昭和50年〕, 勲一等瑞宝章〔昭和56年〕, イタリア功労勲章・コメンダートーレ章〔昭和58年〕, レジオン・ド・ヌール勲章オフィシエ章〔平成7年〕

【伝記・評伝】
◇後から進む人々に答えて(対話講座なにわ塾叢書 24)　伊部恭之助講話　ブレーンセンター　1987.6　176p　18cm
◇住友銀行七人の頭取　近藤弘著　日本実業出版社　1988.9　414p　19cm
◇経営の大原則—21世紀の経営者は松下幸之助を超えられるか　江口克彦監修　PHP研究所　2001.3　302p　19cm

今里 広記（いまざと ひろき）

明治40(1907)年11月27日～昭和60(1985)年5月30日

* * *

日本精工社長・会長　生長崎県東彼杵郡波佐見町　学大村中〔大正14年〕卒
歴家業の酒造業を手伝ったあと、昭和12年九州採炭を設立して実業界に入る。14年上京し、日本航空機工業、日本特殊鋼材工業の各常務、専務を歴任し、21年両社合併により日本金属工業社長に就任。23年経営不振だった日本精工に社長として乗り込んで立て直しに成功、48年会長、57年相談役。この間、日経連顧問、経団連常任理事、東京商工会議所常任顧問、経済同友会終身幹事などを歴任。"財界の世話役"を務める一方、全日本空輸、松竹、サンケイ新聞などの役員として経営に助言。晩年はニューメディアに関心を寄せて電気通信審議会初代会長、キャプテンサービス社長などを引き受けるとともに、日本電信電話会社（NTT）の生みの親として活躍した。　賞紫綬褒章〔昭和45年〕、勲一等瑞宝章〔昭和54年〕

【伝記・評伝】
◇私の財界交友録—経済界半世紀の舞台裏　今里広記著　サンケイ出版　1980.11　276p　20cm
◇今里広記から学ぶ男の魅力学—男が惚れる男の生きざま（ベストセラーシリーズ〈ワニの本〉583）　永川幸樹著　KKベストセラーズ　1985.6　271p　18cm
◇回想今里広記　日本精工「回想今里広記」編集委員会編　日本精工「回想今里広記」編集委員会　1986.5　453p　図版40p　22cm
◇成功する経営・失敗する経営　三鬼陽之助著　PHP研究所　1986.6　221p　19cm
◇人を心服させるトップリーダー学—なぜ彼らの周りには人が集まるのか　永川幸樹著　日本実業出版社　1986.11　230p　19cm
◇この経営者の急所を語る—三鬼陽之助の財界人備忘録　三鬼陽之助著　第一企画出版　1991.7　256p　19cm
◇男なら二度涙を流せ—「悔し涙」を「成功の涙」に変えた十人の男たち（NKビジネス）　早瀬利之著　日本経済通信社　1992.6　222p　19cm

今村 善次郎（いまむら ぜんじろう）

明治23(1890)年11月19日～昭和46(1971)年1月6日

* * *

セメダイン社長（創業者）　身富山県
歴大正12年個人商店として接着剤の企業化を志し、東京・御徒町で「セメダイン」の製造販売を開始。昭和16年有限会社今村化学研究所を設立。23年株式会社とする。

【伝記・評伝】
◇セメダイン五十年史　セメダイン　1973.11　211p　図　肖像　19cm

井村 荒喜（いむら こうき）

明治22(1889)年11月3日～昭和46(1971)年5月10日

* * *

不二越鋼材工業社長（創業者），富山テレビ社長，衆議院議員　生長崎県南高来郡北有馬町　学行余学舎中退
歴台湾製糖から中越水力電気支配人、昭和3年不二越鋼材工業（現・不二越）を設立して取締役社長となり、精密工具の生産を始めた。17年衆議院議員に当選。戦後、経団連、日経連各理事、日本機械工業会副会長、日平産業取締役を兼任。晩年は不二越の関係会社ナチベアリング販売会長、富山テレビ放送社長、呉羽観光取締役などを歴任した。

【伝記・評伝】
◇財界の第一線1958年　人物展望社　1958
◇私の履歴書　第10集　日本経済新聞社　1960
◇私の履歴書　経済人　4　日本経済新聞社編　日本経済新聞社　1980.7　480p　22cm
◇思い遙かに　井村荒喜追想録に寄せて　井村荒喜追想録刊行会編　井村荒喜追想録刊行会編　1983　87p　21cm
◇井村荒喜追想録　井村荒喜追想録刊行会編　井村荒喜追想録刊行会　1983.1　470p　22cm

色部 義明
いろべ よしあき
明治44(1911)年7月18日～平成13(2001)年8月12日

＊＊＊

協和銀行頭取・会長, 日本銀行名古屋支店長
囲 東京都文京区　学 東京帝国大学経済学部〔昭和11年〕卒
歴 昭和11年日本銀行に入り、人事部長、38年名古屋支店長などを経て、41年協和銀行(のちのあさひ銀行)に移り、専務、43年副頭取、46年頭取に就任。55年会長、61年相談役、平成10年名誉顧問に退いた。頭取在任時には、主要取引先の安宅産業が経営困難に陥り、同社のメーンバンクだった住友銀行の伊部恭之副頭取(当時)と連携して、昭和52年伊藤忠商事との合併にこぎつけた。また同行の海外戦略など基盤拡充に尽力した。著書に「私の歩んだ金融史」「柳北綺語」など。

【伝記・評伝】
◇私の歩んだ金融史—銀行生活五十年の出会い
　色部義明著　日本経済新聞社　1982.9　360p
　20cm
◇人生、わが師わが出会い——一流人を創った運命
　の転機・決断　大和出版　1987.4　221p　19cm
◇トップの人生哲学(BIGMANビジネスブックス)
　ビッグマン編集部編　世界文化社　1987.11
　218p　19cm
◇社長の筆相学—この筆相があなたを変える(致
　知選書)　森岡恒舟著　竹井出版　1987.12
　235p　19cm
◇泡沫録　色部義明　〔協和総合サービス〕
　1992.4　269p　20cm
◇泡沫録　二　色部義明　〔あさひ銀総合サービス〕　1993.12　163p　20cm
◇泡沫録　三　色部義明　〔あさひ銀総合サービス〕　1994.11　196p　20cm

岩井 勝次郎
いわい かつじろう
文久3(1863)年4月11日～昭和10(1935)年12月21日

＊＊＊

岩井商店社長(創業者)　囲 丹波桑田郡(京都府)
旧姓(名)＝蔭山
歴 明治8年大阪に出て、伯父岩井文助の岩井商店(貿易商)に入り、22年養子となった。29年独立して個人商店・岩井商店を設立、直輸入、輸入信用貸し等により業績をのばし、大正元年株式会社に改組、昭和初期には三井、三菱らと並ぶ大商社に成長させる。18年岩井産業と改称、のち日商岩井に統合される。この間大正2年日本セルロイド人造絹糸(のちの大日本セルロイド)、7年日本曹達工業(のちの徳山曹達、現・トクヤマ)、関西ペイントを設立。ほかに中央毛糸紡績、大阪鉄板製造などの重役を務め、また大阪商工会議所特別議員、経済調査委員、商工省貿易局顧問などを歴任、関西貿易界に重きをなした。
賞 緑綬褒章〔大正5年〕、勲四等瑞宝章, 紺綬褒章〔昭和3年〕

【伝記・評伝】
◇財界物故傑物伝　実業之世界社　1936
◇日本経済を育てた人々　高橋弥次郎　関西経済
　連合会　1955
◇日本財界人物列伝　第2巻　青潮出版編　青潮
　出版　1964　1175p　図版13枚　27cm
◇創業者岩井勝次郎　関西ペイント編　関西ペイ
　ント　1995.5　316p　肖像　20cm

岩切 章太郎
いわきり しょうたろう
明治26(1893)年5月8日～昭和60(1985)年7月16日

＊＊＊

宮崎交通社長・会長　囲 宮崎県宮崎市　学 東京帝国大学法学部政治学科〔大正9年〕卒
歴 大学を出て住友総本店に入社したが、3年半で宮崎に戻り、宮崎回漕合資会社代表社員、宮崎農工銀行監査役などを務めた。大正15年宮崎市街自動車を設立、社長に就任。合併・買収により規模を拡大し、昭和18年宮崎交通と改称。37年に会長になるまで37年余も社長を務め、47年相談役に。その間、サボテン園や"こどものくに"の設立、日南海岸のロードパーク化、えびの高原の開発など、九州、山口の観光浮揚に貢献した。日向中央銀行頭取、宮崎放送会長、全日空取締役のほか宮崎県観光協会会長、宮崎商工会議所会頭、宮崎経営者協会会長などを歴任。没後60年8月宮崎市により岩切章太郎顕彰観光振興基金が設置され、63年岩切章太郎賞が設けられた。
賞 交通文化賞〔昭和29年〕、藍綬褒章〔昭和34年〕、西日本文化賞〔昭和35年〕、勲二等旭日重光章〔昭和46年〕、環境庁長官賞〔昭和53年〕

【伝記・評伝】
◇私の履歴書　第25集　日本経済新聞社編　日本経済新聞社　1965　320p　19cm
◇商魂の系譜―企業家精神に生きる61人　中村秀一郎　日本経済新聞社　1973
◇経営のこころ　第3集　日刊工業新聞社　1973
◇一木一草　岩切章太郎著　講談社　1980.5　496p　18cm
◇私の履歴書　経済人　8　日本経済新聞社編　日本経済新聞社　1980.9　479p　22cm
◇大地に絵をかく―夢とロマンの人岩切章太郎　渡辺綱纜著　皆美社　1986.2　208p　18cm
◇今、なぜ、政宗か―あすの男性像をさぐる　扇谷正造著　社会保険出版社　1987.9　261p　19cm
◇わたしの岩切さん―85人の108のエピソードでつづる人間・岩切章太郎　MRT宮崎放送編　鉱脈社　1988.11　234p　19cm
◇私の履歴書―昭和の経営者群像〈3〉　日本経済新聞社編　日本経済新聞社　1992.9　278p　19cm
◇宮崎の偉人〈上〉　佐藤一一著　(宮崎)鉱脈社　1997.1　186p　21cm

岩佐　凱実 (いわさ　よしざね)

明治39(1906)年2月6日～平成13(2001)年10月14日

＊＊＊

富士銀行頭取・会長, 経済同友会代表幹事　[生]東京　旧姓(名)=島田　[学]東京帝国大学法学部政治学科〔昭和3年〕卒

[歴]安田銀行(のちの富士銀行)に入行。敗戦を本店課長で迎え、昭和23年常務取締役、32年副頭取を経て、38年頭取。40年当時の山一証券の経営危機の際、山一のメーンバンクとして田中角栄蔵相(当時)、宇佐美洵日本銀行総裁(当時)、中山素平日本興業銀行頭取(当時)らとともに日本銀行の特別融資を決定し、証券恐慌を事前に食い止めることに尽力した。41年金融機関を中心に芙蓉グループを結成。42年「フォーチュン」誌の世界の実業家ベスト20人に選ばれた。46年会長を経て、50年相談役、平成10年顧問に退いた。この間、昭和34～36年経済同友会代表幹事を務め、中山らと共に同友会時代を築いた。39年には民間レベルの初の本格的な訪米経済使節団となる"岩佐ミッション"の団長を、46年発足の日米経済協議会では日本側議長を務めるなど日米の民間経済交流の基礎を築いた。他に全国銀行協会連合会(現・全国銀行協会)会長、経団連副会長、アジア経済研究所会長など財界の要職を歴任した。

[賞]藍綬褒章〔昭和42年〕, 勲一等瑞宝章〔昭和51年〕, 勲一等旭日大綬章〔昭和61年〕

【伝記・評伝】
◇現代財界家系譜　第1巻　現代名士家系譜刊行会　1968
◇財界―日本の人脈　読売新聞社　1972
◇経営のこころ　第9集　日刊工業新聞社　1973
◇回想八十年―グローバリストの眼　岩佐凱実著　日本法制学会　1990.7　217,14p　22cm

岩崎　小弥太 (いわさき　こやた)

明治12(1879)年8月3日～昭和20(1945)年12月2日

＊＊＊

三菱財閥4代当主, 三菱合資社長　[生]東京府神田区(現・東京都千代田区)　[学]東京帝国大学法科中退, ケンブリッジ大学〔明治38年〕卒

[歴]岩崎弥之助の長男。明治39年三菱合資会社(のちの三菱本社)副社長となり、大正5年伯父・弥太郎の長男久弥から社長を引き継ぎ、以後三菱の総帥として、三菱商事、三菱鉱業などを分立して、三菱財閥を近代的企業集団に育て上げた。敗戦後の昭和20年占領軍の財閥解体に最後まで抵抗し、死の直前に社長および関係会社の一切の役員を辞任し解体を発表した。一方、文化的事業にも貢献し、中でも成蹊学園、東京フィルハーモニー管弦楽団、静嘉堂文庫の設立は有名。

【伝記・評伝】
◇岩崎小弥太句集　岩崎小弥太　静嘉堂
◇随時随題　(旧版)　岩崎小弥太
◇岩崎小弥太伝　岩崎小弥太伝編纂委員会編　岩崎小弥太伝編纂委員会　1957　433,189p　図版14枚　23cm
◇日本財界人物列伝　第1巻　青潮出版編　青潮出版　1963　1171p　図版　26cm
◇近代日本を創った100人　上　毎日新聞　1965
◇所期奉公―名古屋三菱物語　和木康光　中部経済新聞社　1966
◇財界人思想全集　第3　ダイヤモンド社　1970
◇財界人100年の顔―日本経済を築いた人びと　ダイヤモンド社　1971

◇岩崎小彌太伝(岩崎家伝記 6) 岩崎家伝記刊行会編 東京大学出版会 1979.9 433,186p 図版14枚 22cm
◇人間本位の経営 阿部喜夫著 ダイヤモンド社 1987.6 175p 19cm
◇頭角の現わし方―世に出た人間の研究(PHPビジネスライブラリー〈A-332〉) 藤田忠司著 PHP研究所 1992.3 222p 18cm
◇岩崎小彌太―三菱を育てた経営理念(中公新書) 宮川隆泰著 中央公論社 1996.8 292p 18cm
◇日本の"地霊"(ゲニウス・ロキ)(講談社現代新書) 鈴木博之著 講談社 1999.12 231p 18cm
◇外圧に抗した男―岩崎小弥太の懺悔拒否 永野芳宣著 角川書店 2001.4 217p 19cm

岩崎 清七 (いわさき せいしち)

元治元(1865)年12月18日~昭和21(1946)年4月11日

＊＊＊

磐城セメント創業者　生 栃木県　学 慶応義塾大学理財科卒, コーネル大学卒, エール大学卒 歴 生家は栃木県内有数の米穀商。渋沢栄一から第一銀行に誘われたが、家業を継ぐ。日露戦争後磐城セメントを創立、以後日清紡、日本製粉など多くの企業を経営。東京ガス社長も務めた。回顧録「財界楽屋漫談」がある。

【伝記・評伝】
◇財界楽屋漫談 岩崎清七 冨士書房 1939
◇日本の興亡と岩崎清七翁 小川桑兵衛著 紅竜書房 1949 185p 図版 19cm
◇日本経済の建設者―あの時この人 中村隆英 日本経済新聞社 1973

岩崎 久弥 (いわさき ひさや)

慶応元(1865)年8月25日~昭和30(1955)年12月2日

＊＊＊

三菱合資社長　生 土佐国安芸郡井口村(高知県) 学 ペンシルベニア大学卒 歴 岩崎弥太郎の長男。明治19年米国留学。24年帰国し、三菱会社副社長。26年叔父・弥之助から三菱合資社長の座を譲り受け、23年間三菱の全事業を統轄し指揮。特に造船と鉱業の発展に尽力した。大正5年社長を辞し、農牧経営に転身。8年東山農事を設立、韓国、ブラジルなどでも事業を展開。国内では、盛岡の小岩井農場、千葉の末広農場の経営に力を尽した。

【伝記・評伝】
◇当代の実業家―人物の解剖 実業之日本社 1903
◇人物評論―朝野の五大閥 鵜崎熊吉 東亜堂書房 1912
◇岩崎久弥伝 岩崎久弥伝編纂委員会編 岩崎久弥伝編纂委員会 1961 645p 図版 23cm
◇岩崎久弥伝(岩崎家伝記 5) 岩崎家伝記刊行会編 東京大学出版会 1979.10 645p 図版 36枚 22cm

岩崎 弥太郎 (いわさき やたろう)

天保5(1835)年12月11日~明治18(1885)年2月7日

＊＊＊

三菱財閥創立者　生 土佐国安芸郡井口村(高知県)　本名=岩崎寛 旧姓(名)=岩崎敏 号=東山 歴 安政元(1854)年江戸に出て安積艮斎の塾に学ぶ。帰国後、吉田東洋の推挙により土佐藩が開設した開成館貨殖局に出仕、慶応3年長崎出張所主任となり、明治2年大阪に転勤した。4年開成館大阪商会の後身である九十九商会を設立、藩の海運の全権を握ったが、廃藩置県のとき官を辞して新たに大阪に三菱商会を設立し海運業を始めた。7年台湾出兵や10年の西南戦争では軍事輸送を独占して巨利を手中にし、8年政府の保護のもと設立した郵便汽船三菱会社は日本最大の独占海運会社となった。その後、三菱製鉄所、三菱為替店、吉岡鉱山、高島炭坑などの多角化を進めた。14年三井資本をバックに共同運輸会社が設立されて政府の多大の保護を受けるにいたり、両社の競争は激しさをきわめたが、そのさなかに死去した。

【伝記・評伝】
◇帝国実業家立志編 梅原忠造 求光閣 1894
◇実業家偉人伝 活動野史 四書房 1901
◇人物評論―朝野の五大閥 鵜崎熊吉 東亜堂書房 1912
◇岩崎弥太郎 山路愛山 東亜堂書房 1914
◇岩崎弥太郎伝(偉人伝全集第12巻) 白柳秀湖 改造社 1932 457p 19cm
◇財界物故傑物伝 実業之世界社 1936

◇岩崎弥太郎　飯田忠夫　白楊社　1937
◇日本海運の建設者岩崎弥太郎　白柳秀湖　潮文閣　1942
◇日本の死の商人　「海坊主」の岩崎弥太郎　岡倉古志郎著　要書房　1952
◇明治　大実業家列伝—市民社会建設の人々　林房雄著　創元社　1952　255p　19cm
◇日本実業家列伝　木村毅　実業之日本社　1953
◇日本歴史講座　5　近代篇　岩崎弥太郎　下山三郎著　河出書房　1954
◇近代日本人物経済史　日本経済史研究会　東洋経済新報社　1955
◇岩崎弥太郎伝(日本財界人物伝全集)　田中惣五郎著　東洋書館　1955　332p　図版　19cm
◇志保路の誉　久保寺山之輔著　輝く日本社　1955　204p　図版　19cm
◇日本財界人物伝全集　2　岩崎弥太郎伝　田中惣五郎著　東洋書館　1955
◇岩崎弥太郎　入交好脩　吉川弘文館　1960
◇岩崎弥太郎(人物叢書　第53)　入交好脩著　吉川弘文館　1960　235p　図版　19cm
◇20世紀を動かした人々　第9　世界の富の支配者〔ほか〕　岡倉古志郎編　講談社　1962　412p　図版　19cm
◇日本財界人物列伝　第1巻　青潮出版編　青潮出版　1963　1171p　図版　26cm
◇岩崎弥太郎伝　岩崎弥太郎・岩崎弥之助伝記編纂会編　岩崎弥太郎・岩崎弥之助伝記編纂会　1967　2冊　22cm
◇近代日本の政商　土屋喬雄　経済往来社　1968
◇財界人思想全集　第1　ダイヤモンド社　1969
◇財界人100年の顔—日本経済を築いた人びと　ダイヤモンド社　1971
◇岩崎弥太郎日記　岩崎弥太郎岩崎弥之助伝記編纂会　1975　672p　図　肖像　22cm
◇人物・日本資本主義　3　大島清, 加藤俊彦, 大内力　東京大学出版会　1976
◇巨人岩崎弥太郎　上・下　邦光史郎著　にっかん書房, 日刊工業新聞社〔発売〕　1980.4-7　2冊　20cm
◇岩崎弥太郎伝(岩崎家伝記　1, 2)　岩崎家伝記刊行会編　東京大学出版会　1980.5-7　2冊　22cm
◇岩崎弥太郎—物語と史蹟をたずねて　川村晃著　成美堂出版　1980.9　318p　19cm
◇三菱王国—巨人岩崎弥太郎(集英社文庫)　邦光史郎著　集英社　1982.10　2冊　16cm
◇土佐人物ものがたり(がいどこうち〈5〉)　窪田善太郎, 塩田正年, 中田正幸, 吉本青司著　(高知)高知新聞社, 高新企業〔発売〕　1986.3　199p　19cm
◇岩崎弥太郎の独創経営—三菱を起こしたカリスマ　坂本藤良著　講談社　1986.10　248p　19cm
◇小島直記伝記文学全集〈第3巻〉　日本さらりーまん外史　小島直記著　中央公論社　1986.12　414p　19cm
◇決定版　運命を開く—世界の「ビジネス天才」に学ぶ　片方善治著　三笠書房　1986.12　283p　19cm
◇福沢山脈(小島直記伝記文学全集　第4巻)　小島直記著　中央公論社　1987.1　577p　19cm
◇政商の誕生—もうひとつの明治維新　小林正彬著　東洋経済新報社　1987.1　348,18p　19cm
◇維新侠艶録(中公文庫)　井筒月翁著　中央公論社　1988.3　210p　15cm
◇日本を創った戦略集団〈6〉　建業の勇気と商略　堺屋太一編　集英社　1988.4　261p　19cm
◇東京海上火災(企業コミック)　柏田道夫作, ひおあきら画　世界文化社　1988.6　209p　21cm
◇明治・青春の夢—革新的行動者たちの日記(朝日選書　358)　嶋岡晨著　朝日新聞社　1988.7　224p　19cm
◇歴史に学ぶライバルの研究　会田雄次, 谷沢永一著　PHP研究所　1988.12　227p　19cm
◇暁の群像—豪商岩崎弥太郎の生涯(時代小説文庫　181, 182)　南条範夫著　富士見書房　1989.9　2冊　15cm
◇目でみる日本史　「翔ぶが如く」と西郷隆盛(文春文庫—ビジュアル版)　文芸春秋編　文芸春秋　1989.11　277p　15cm
◇指導力組織力がつく—知的精鋭集団のつくり方、育て方(リュウブックス〈3034〉)　山本七平ほか著　経済界　1990.1　216p　18cm
◇代表的日本人—自己実現に成功した43人　竹内均著　同文書院　1990.1　403p　19cm
◇日本史の社会集団〈6〉　ブルジョワジーの群像　安藤良雄著　小学館　1990.3　509p　15cm
◇財界人物我観(経済人叢書)　福沢桃介著　図書出版社　1990.3　177p　19cm
◇岩崎弥太郎(歴史人物シリーズ—幕末・維新の群像〈第10巻〉)　榛葉英治著　PHP研究所　1990.4　218p　19cm

◇日本史夜話—事件・人物・エピソード（広済堂文庫—ヒューマン・セレクト）　邦光史郎著　広済堂出版　1991.10　230p　15cm
◇死んでもともと—この男の魅力を見よ！　最後の最後まで諦めなかった男たち　河野守宏著　三笠書房　1992.4　210p　19cm
◇企業立国・日本の創業者たち—大転換期のリーダーシップ　加来耕三著　日本実業出版社　1992.5　262p　19cm
◇英雄たちの伝説—歴史の見どころ　南原幹雄著　悠思社　1992.6　241p　19cm
◇会社のルーツおもしろ物語—あの企業の創業期はこうだった！（PHPビジネスライブラリー〈A-342〉）　邦光史郎著　PHP研究所　1992.8　285p　18cm
◇政商伝　三好徹著　講談社　1993.1　251p　19cm
◇大物になる男の人間学（知的生きかた文庫）　広瀬仁紀著　三笠書房　1993.8　264p　15cm
◇明敏にして毒気あり—明治の怪物経営者たち　小堺昭三著　日本経済新聞社　1993.10　291p　19cm
◇日本を造った男たち—財界創始者列伝　竹内均著　同文書院　1993.11　254p　19cm
◇剛腕の経営学（徳間文庫）　邦光史郎著　徳間書店　1993.11　310p　15cm
◇ライバル日本史〈2〉　NHK取材班編　角川書店　1994.12　216p　19cm
◇死んでたまるか！—ここを乗り切れ、道は開ける！（ムックセレクト〈506〉）　河野守宏著　ロングセラーズ　1995.4　214p　17cm
◇人物に学ぶ明治の企業事始め　森友幸照著　つくばね舎, 地歴社〔発売〕　1995.8　210p　21cm
◇風雲に吼ゆ　岩崎弥太郎　中村晃著　叢文社　1995.10　258p　19cm
◇政商伝（講談社文庫）　三好徹著　講談社　1996.3　287p　15cm
◇日本人の生き方（陽セレクション）　童門冬二著　学陽書房　1996.6　295p　19cm
◇激突—ライバル日本史〈7〉（角川文庫）　NHK取材班編　角川書店　1996.12　294p　15cm
◇政商　岩崎弥太郎（講座　近・現代日本の人物 15）　武田晴人　国立教育会館　1997.3　97p　21cm
◇歴史に学ぶライバルの研究（PHP文庫）　会田雄次, 谷沢永一著　PHP研究所　1997.8　261p　15cm
◇幕末　英傑風雲録（中公文庫）　羽生道英著　中央公論社　1998.5　365p　21cm
◇岩崎弥太郎—伝記・岩崎弥太郎（近代日本企業家伝叢書 4）　山路愛山著　大空社　1998.11　262,12p　22cm
◇ケースブック　日本の企業家活動　宇田川勝編　有斐閣　1999.3　318p　21cm
◇日本経済の礎を創った男たちの言葉—21世紀に活かす企業の理念・戦略・戦術　森友幸照著　すばる舎　1999.11　229p　19cm
◇日本の"地霊"（ゲニウス・ロキ）（講談社現代新書）　鈴木博之著　講談社　1999.12　231p　18cm
◇明治の怪　山県有朋　原田務著　叢文社　2000.4　249p　19cm
◇日本創業者列伝—企業立国を築いた男たち（人物文庫）　加来耕三著　学陽書房　2000.8　362p　15cm
◇樟脳と軍艦—岩崎弥太郎　勢九二五著　鳥影社　2000.11　293p　19cm
◇男冥利　谷沢永一著　PHP研究所　2001.1　221p　19cm
◇歴史人物アルバム　日本をつくった人たち大集合〈4〉明治時代の54人　PHP研究所編　PHP研究所　2001.2　47p　30cm
◇日本の企業家群像　佐々木聡編　丸善　2001.3　292p　19cm
◇光に向かって100の花束ベストセレクション20　高森顕徹著　1万年堂出版　2001.9　84p　21cm
◇明治人のお葬式　此経啓助著　現代書館　2001.12　203p　19cm

岩崎　弥之助
（いわさき　やのすけ）

嘉永4(1851)年1月8日～明治41(1908)年3月25日

＊＊＊

三菱財閥2代当主, 日本郵船会社社長（創業者）, 日本銀行総裁, 男爵　囲　土佐国安芸郡井口村（高知県）

歴　明治5年米国へ留学。帰国後三菱会社副社長となり、18年兄・弥太郎の死後、後を継いで社長となる。同年三井系の共同運輸との海運業をめぐる

激烈な競争のあと、これを合併して日本郵船会社を設立した。以後、炭鉱、鉱山、銀行、造船、地所など事業を拡大させ、26年三菱合資会社を設立して三菱財閥の基礎を固めた。29年社長を兄・弥太郎の長男久弥に譲り、同年第4代日本銀行総裁に就任した。29年男爵を授けられる。

【伝記・評伝】
◇帝国実業家立志編　梅原忠造　求光閣　1894
◇実業家偉人伝　活動野史　四書房　1901
◇財界物故傑物伝　実業之世界社　1936
◇日本実業家列伝　木村毅　実業之日本社　1953
◇日本財界人物列伝　第1巻　青潮出版編　青潮出版　1963　1171p　図版　26cm
◇岩崎弥之助伝　岩崎弥太郎岩崎弥之助伝記編纂会　1971　2冊　22cm
◇岩崎弥之助伝（岩崎家伝記 3, 4）　岩崎家伝記刊行会編　東京大学出版会　1980.5　2冊　22cm
◇日本経済の礎を創った男たちの言葉—21世紀に活かす企業の理念・戦略・戦術　森友幸照著　すばる舎　1999.11　229p　19cm
◇人物探訪　地図から消えた東京遺産（祥伝社黄金文庫）　田中聡著　祥伝社　2000.2　297p　15cm
◇日本の企業家群像　佐々木聡編　丸善　2001.3　292p　19cm

岩下 清周（いわした せいしゅう）
安政4(1857)年5月28日～昭和3(1928)年3月19日

＊＊＊

北浜銀行頭取, 衆議院議員（中正会）　⊕信濃国松代（長野県）　⊕商法講習所（現・一橋大学）〔明治11年〕卒

⊕明治11年三井物産に入り、16年パリ支店長となり、桂太郎、原敬らと交遊。帰国後辞任、22年品川電燈創立に尽力、関東石材など経営。24年中上川彦次郎に招かれ三井銀行副支配人。29年辞して30年北浜銀行設立に加わり常務、次いで36年頭取に就任。40年衆議院議員。大正3年北浜銀行の破綻により引退、大正4年背任横領（北浜銀行事件）で起訴され、有罪となった。

【伝記・評伝】
◇現代富豪論　山路弥吉（愛山）　中央書院　1914
◇岩下清周伝　故岩下清周君伝記編纂会　近藤乙吉　1931
◇財界物故傑物伝　実業之世界社　1936
◇日本財界人物列伝　第1巻　青潮出版編　青潮出版　1963　1171p　図版　26cm
◇財界人思想全集　第10　ダイヤモンド社　1971
◇商魂の系譜―企業家精神に生きる61人　中村秀一郎　日本経済新聞社　1973
◇日本策士伝―資本主義をつくった男たち（中公文庫）　小島直記著　中央公論社　1994.5　449p　15cm
◇世評正しからず―銀行家・岩下清周の闘い　海原卓著　東洋経済新報社　1997.7　216p　19cm
◇岩下清周伝―伝記・岩下清周（伝記叢書 335）　故岩下清周君伝記編纂会編　大空社　2000.9　1冊　22cm

岩瀬 英一郎（いわせ えいいちろう）
明治27(1894)年9月13日～昭和38(1963)年3月22日

＊＊＊

三越社長　⊕神奈川県　⊕慶応義塾大学理財科〔大正7年〕卒

⊕三井銀行に入り、ニューヨーク支店長、東京電燈（現・東京電力）経理部部長、常務、関東配電理事などを経て、三越に入り、昭和18年社長となった。ワンマンと言われたが、労使協調路線を確立、超合理主義で三越の基盤を築いた。日経連常任理事、日本デパートメント協会会長も務めた。

【伝記・評伝】
◇財界人の横顔　古田保　岩崎書店　1954
◇若き日の社長　現代事業家の人間形成　海藤守著　徳間書店　1962　329p　18cm
◇史上空前の繁栄をもたらした人びと―昭和後期の企業家21人の生きざま（HOREI BOOKS）　新井喜美夫著　総合法令　1993.12　183p　18cm

---

岩谷 直治（いわたに なおじ）
明治36(1903)年3月7日～

＊＊＊

岩谷産業社長・会長（創業者）　⊕島根県安濃郡長久村（現・大田市長久町）　⊕大田農〔大正7年〕卒

🗓 大正7年神戸の楫野海陸運送部に入り、昭和5年溶接材料を扱う岩谷直治商店開業。20年株式に改組、岩谷産業とし、社長に就任。60年12月会長、平成10年名誉会長。 🏅 藍綬褒章〔昭和38年〕、紺綬褒章〔昭和40年〕、勲三等旭日中綬章〔昭和48年〕、勲二等瑞宝章〔昭和60年〕

【伝記・評伝】
◇ご縁ですなァ―岩谷直治あるがまま対談　岩谷直治編　現代創造社　1980.5　425p　19cm
◇負けずぎらいの人生　岩谷直治著　日本経済新聞社　1990.4　186p　19cm
◇土の思想火の経営―岩谷直治の生きかた　砿宗夫著　東洋経済新報社　2000.6　274p　19cm

岩谷　松平
いわや　まつへい

嘉永2（1849）年2月2日〜大正9（1920）年3月10日

＊＊＊

天狗商会創業者, 日本家畜市場社長, 衆議院議員
🏠 薩摩国（鹿児島県）
🗓 明治10年上京、銀座で呉服太物商を開業、13年たばこ販売業を始め、さらに紙巻たばこ製造の天狗屋を開いた。製品に金天狗、銀天狗などの銘をつけ、新聞などに「国益の親玉」「驚く勿れ税額千八百万円」などの奇抜な標語で大宣伝、"天狗煙草"の名が知れわたった。14年日本商人共進会を興し、15年共同運輸、帝国工業、大日本海産などを創立。また商業会議所議員、36年衆議院議員（1回、無所属）にも当選した。37年たばこ官営後は諸種の会社重役のほか、養禽、養豚事業に従事した。

【伝記・評伝】
◇東洋実業家詳伝　第1編　久保田高吉　博交舘　1893
◇財界物故傑物伝　実業之世界社　1936
◇ドキュメント日本人　第9　虚人列伝　学芸書林　1969　356p　20cm
◇黄金伝説―「近代成金たちの夢の跡」探訪記　荒俣宏著, 高橋昇写真　集英社　1990.4　253p　21cm
◇日本資本主義の群像（現代教養文庫―内橋克人クロニクル・ノンフィクション〈3〉）　内橋克人著　社会思想社　1993.2　209p　15cm
◇黄金伝説（集英社文庫―荒俣宏コレクション）　荒俣宏著　集英社　1994.4　331p　15cm

◇ライバル日本史〈3〉　NHK取材班編　角川書店　1995.2　216p　19cm
◇ライバル日本史〈1〉宿敵（角川文庫）　NHK取材班編　角川書店　1996.9　304p　15cm

【う】

上野　次郎男
うえの　じろお

明治38（1905）年3月29日〜昭和46（1971）年8月25日

＊＊＊

積水化学工業社長・会長, 関西経済連合会常任理事　🏠 鹿児島県　🎓 東京帝国大学経済学部〔昭和2年〕卒
🗓 昭和2年報知新聞に入社、前橋支局に勤務したが、体調を壊し退職。3年日本窒素肥料（現・チッソ）入社。22年取締役、23年常務。25年第2会社の新日本窒素肥料に移り常務。26年積水化学工業社長となり、プラスチック加工の分野で最大手のメーカーに成長させた。高度成長の波に乗って37年米国に進出、発泡ポリスチレンペーパー製造の現地法人を設立した。40年会長。42年相談役。

【伝記・評伝】
◇大阪産業をになう人々　大阪府工業協会　1956
◇実力経営者伝　梶山季之　講談社　1963
◇歴史をつくる人々　第3　上野次郎男　ダイヤモンド社編　ダイヤモンド社　1964　174p　図版　18cm
◇私の歩んだ道　15　産業研究所　1964
◇永遠のパイオニア　上野次郎男　ダイヤモンド社　1967　174p　18cm
◇現代財界家系譜　第1巻　現代名士家系譜刊行会　1968
◇風雪七十年　上野政次郎著　経済サロン社　1968.3　397p　22cm

上野　理一
うえの　りいち

嘉永元（1848）年10月3日〜大正8（1919）年12月31日

＊＊＊

朝日新聞社長　🏠 丹波・篠山（兵庫県）　号＝有竹

歴 明治3年大阪に出て兵庫県庁に勤め、12年同県川辺郡長。大阪に帰り、12年に創業した朝日新聞社に13年入社。14年から村山竜平と共同出資で、販売・広告の経理を担当、創業時代の経営基盤を強化した。大正7年の白虹筆禍事件で村山社長辞任の後を受け、事態を収拾、社長として事業発展の基礎を築いた。

【伝記・評伝】
◇朝日新聞70年史　本多助太郎　同社　1949
◇上野理一伝　朝日新聞社史編修室編　朝日新聞社　1959　827,123,98p　図版2　22cm
◇長谷川如是閑集〈第1巻〉　長谷川如是閑著　岩波書店　1989.10　394p　21cm

上原　正吉　（うえはら　しょうきち）

明治30（1897）年12月26日～昭和58（1983）年3月12日

＊＊＊

大正製薬社長、参議院議員（自民党）　生 埼玉県北葛飾郡杉戸町　学 明治薬学校〔大正7年〕修了
歴 大正5年大正製薬所（大正製薬の前身）に入社、昭和21～48年社長として在任、同社を大衆薬品のトップメーカーに育て上げた。一方、25年6月から連続5期参議院議員を務め、科学技術庁長官や裁判官弾劾裁判所裁判長などを歴任。また39～41年、51～54年の計7年間、全国高額所得番付でトップになった資産家で、57年には大正製薬からの退職金6億円を靖国神社に寄付して話題をまいた。　賞 勲一等瑞宝章〔昭和43年〕, 勲一等旭日大綬章〔昭和50年〕

【伝記・評伝】
◇伝記・上原正吉　岩淵辰雄, 木村毅　洋々社　1957
◇人と事業全集　第1巻　伝記・上原正吉　岩淵辰雄, 木村毅共監修　洋々社　1957　217p　図版　19cm
◇歴史をつくる人々　第2　上原正吉　ダイヤモンド社編　ダイヤモンド社　1964　18cm
◇商売は戦い　上原正吉　ダイヤモンド社　1967
◇現代財界家系譜　第2巻　現代名士家系譜刊行会　1969
◇財界人思想全集　第10　ダイヤモンド社　1971
◇波濤を越えて―大正製薬の五十年　上原正吉・小枝夫妻の足跡　小俣行男著　現代史出版会　1980.4　321,15p　20cm
◇上原正吉と大正製薬　大正製薬株式会社編　大正製薬　1982.11　273p　20cm
◇続　豪商物語　邦光史郎著　博文館新社　1991.2　294p　19cm
◇この経営者の急所を語る―三鬼陽之助の財界人備忘録　三鬼陽之助著　第一企画出版　1991.7　256p　19cm
◇歴史をつくる人々　第2　上原正吉　ダイヤモンド社編　ダイヤモンド社　1992.3
◇起業家列伝（徳間文庫）　邦光史郎著　徳間書店　1995.4　282p　15cm

上松　信一　（うえまつ　しんいち）

大正4（1915）年12月8日～

＊＊＊

日本航空電子工業社長・会長　生 滋賀県　学 広島高工〔昭和12年〕卒
歴 昭和12年日本電気に入社。44年取締役、45年常務、49年専務、51年副社長を経て、56年日本航空電子工業社長に就任。58年会長、61年相談役となる。　賞 藍綬褒章〔昭和54年〕, 勲三等旭日中綬章〔昭和61年〕

【伝記・評伝】
◇琵琶湖の小鮎―回想録　上松信一著　NECクリエイティブ　1995.6

植村　甲午郎　（うえむら　こうごろう）

明治27（1894）年3月12日～昭和53（1978）年8月1日

＊＊＊

ニッポン放送社長・会長, 経済団体連合会会長, 日本工業倶楽部理事長　生 東京　学 東京帝国大学法科大学政治学科〔大正7年〕卒
歴 農商務省、内閣資源局総務局長、昭和15年企画院次長などを経て、16年石炭統制会理事長に就任。戦時下の石炭増産にあたる。戦後、経団連創設に参加、初代事務局長となるが、公職追放。27年経団連副会長に返り咲き、財界の政治献金を一本化するために奔走。43年石坂泰三のあとをうけて3代会長に就任、集団指導体制をつくり、抜群の調整力を発揮して内外の経済問題に対処し、日米繊維交渉にも活躍した。3期6年務め、49年名

誉会長となる。他に三四石炭社長、ニッポン放送社長、日本航空社長など多数の重役を務めた。
【伝記・評伝】
◇財界回想録　日本工業倶楽部　1967
◇現代財界家系譜　第1巻　現代名士家系譜刊行会　1968
◇私の履歴書　第32集　日本経済新聞社編　日本経済新聞社　1968　309p　19cm
◇財界―日本の人脈　読売新聞社　1972
◇人間・植村甲午郎―戦後経済発展の軌跡　植村甲午郎伝記編集室編　サンケイ出版　1979
◇北海道開発功労賞受賞に輝く人々　昭和53年　北海道総務部知事室渉外課編　北海道　1979.3　307p　22cm
◇私の履歴書　経済人　10　日本経済新聞社編　日本経済新聞社　1980.10　457p　22cm
◇堂々たる人―財界総理・石坂泰三の生涯（講談社文庫）　武石和風著　講談社　1987.2　189p　15cm
◇ビジュアル版・人間昭和史〈4〉　財界の指導者　講談社　1987.2　255p　21cm

植村　澄三郎（うえむら　ちょうさぶろう）
文久2(1862)年10月11日～昭和16(1941)年1月17日

＊＊＊

大日本麦酒取締役　身 甲府市
歴 明治22年北海道炭鉱鉄道会社設立時に入社、支配人となる。26年監査役。27年札幌麦酒会社専務取締役。原料大麦・ホップの栽培につとめる。札幌・日本・大阪3ビール会社を合同し、39年大日本麦酒会社を創立し常務取締役に就任。昭和3年取締役、のち相談役。　賞 緑綬褒章〔大正4年〕
【伝記・評伝】
◇実業家人名辞典　古林亀次郎編　東京実業通信社　1911
◇財界之人百人論　矢野滄浪　時事評論社　1915
◇財界人物選集〔第5版〕　財界人物選集刊行会　1939.6　1444,190p　23cm
◇実業家人名辞典〔復刻版〕　由井常彦,浅野俊光監修　立体社　1990.4　22cm

宇佐美　洵（うさみ　まこと）
明治34(1901)年2月5日～昭和58(1983)年2月19日

＊＊＊

三菱銀行頭取，日本銀行総裁　生 東京　身 山形県米沢市　学 慶応義塾大学経済学部〔大正13年〕卒
歴 三菱銀行（現・東京三菱銀行）に入り、常務、副頭取を経て昭和36年に頭取となった。39年12月、民間人として戦後初めて日本銀行総裁（第31代）に起用された。在任中は40年不況の乗り切りに尽力したほか、経営困難の山一証券に対する特別融資に踏み切り、またシンジケート団による国債引き受け方式を案出した。44年の退任後は、金融制度調査会長などを務めた。　賞 勲一等瑞宝章〔昭和46年〕
【伝記・評伝】
◇現代財界家系譜　第1巻　現代名士家系譜刊行会　1968
◇私の履歴書　第43集　日本経済新聞社　1971　285p　19cm
◇財界―日本の人脈　読売新聞社　1972
◇私の履歴書　経済人　14　日本経済新聞社編　日本経済新聞社　1980.12　464p　22cm
◇幹部の責任（徳間文庫）　伊藤肇著　徳間書店　1987.3　248p　15cm
◇この財界事件は何を教えているか―混迷時代に勝ち残るために　三鬼陽之助著　第一企画出版　1987.9　342p　19cm
◇この経営者の急所を語る―三鬼陽之助の財界人備忘録　三鬼陽之助著　第一企画出版　1991.7　256p　19cm

内ケ崎　贇五郎（うちがさき　うんごろう）
明治28(1895)年9月5日～昭和57(1982)年9月22日

＊＊＊

東北電力初代社長　生 宮城県　学 東京帝国大学工学部電気工学科〔大正8年〕卒
歴 大阪電燈、日本水力を経て、大正10年設立の大同電力に転じた。昭和14年日本発送電の設立に参画、20年東北支店長、21年東北配電社長。26年東北電力設立で初代社長となった。27年電力需要増加に対応するため、東京電力との折衝がま

とまらないまま東電が一部水利権を所有していた只見川電源開発に着手、東電に提訴され、国会論議にもなったが、29年和解。35年まで社長を続けた。電力業界の伊達正宗といわれた。
賞 勲二等瑞宝章〔昭和40年〕, 仙台市名誉市民
【伝記・評伝】
◇この経営者を見よ―日本財界の主流をゆく人々　会社研究所　ダイヤモンド社　1958
◇内ヶ崎饗五郎（現代人物史伝　第5集）　河野幸之助著　日本時報社　1959
◇私の履歴書　第10集　日本経済新聞社　1960
◇現代財界家系譜　第1巻　現代名士家系譜刊行会　1968
◇私の履歴書　経済人　4　日本経済新聞社編　日本経済新聞社　1980.7　480p　22cm
◇内ケ崎饗五郎流芳録　内ケ崎饗五郎流芳録編纂委員会編　東北電力　1985.4　335p　図版10枚　22cm

内田　勇 (うちだ　いさむ)

大正2(1913)年7月19日～昭和63(1988)年6月23日

＊＊＊

明治海運社長・会長　生 兵庫県　学 東京帝国大学工学部〔昭和11年〕卒　工学博士
歴 昭和11年三井物産に入社。17年三井船舶設立と同時に転じ、38年明治海運常務、39年社長、62年6月会長を歴任した。　賞 勲三等瑞宝章〔昭和62年〕
【伝記・評伝】
◇追想録　内田勇　明治運送編　明治運送　1989

内田　信也 (うちだ　のぶや)

明治13(1880)年12月6日～昭和46(1971)年1月7日

＊＊＊

内田汽船創業者, 明治海運会長, 農相, 鉄道相, 衆議院議員（自由党）　生 茨城県麻生町　学 東京高商（現・一橋大学）〔明治38年〕卒
歴 明治38年三井物産入社。第一次世界大戦による船舶不足を予測して退社、大正3年1隻の船で神戸内田汽船を開業、間もなく株式配当60割の億万長者（船成金）となった。次いで明治海運、国際汽船を経営。一方、13年衆議院選挙に当選、以来17年まで連続7回当選。政友会入党、海軍政務次官、通信政務次官を経て、岡田内閣の鉄道相。昭和10年昭和会を結成、11年鉄道相として鉄道疑獄に連座。15年無罪となり18年宮城県知事。19年東条内閣の農商務相。同年辞任後、勅選貴族院議員。戦後公職追放、解除後の27年衆議院選に当選、自由党に属し、第5次吉田内閣で農相を務めた。著書に「風雲五十年」。
【伝記・評伝】
◇風雲児内田信也　イハラキ時事社編輯局編　イハラキ時事社　1935.1　596p　19cm
◇風雪五十年　内田信也著　実業之日本社　1951　400p　図版　19cm
◇財界の顔　池田さぶろ　講談社　1952
◇戦後歴代農相論　寺山義雄　富民協会　1970
◇現代財界家系譜　第3巻　現代名士家系譜刊行会　1970
◇内田信也　有竹修三著　内田信也追想録編集委員会（明治海運内）　1973　387p　図17枚　22cm
◇小島直記伝記文学全集〈第3巻〉　日本さらりーまん外史　小島直記著　中央公論社　1986.12　414p　19cm
◇実録　日本汚職史（ちくま文庫）　室伏哲郎著　筑摩書房　1988.2　387p　15cm

宇都宮　三郎 (うつのみや　さぶろう)

天保5(1834)年10月15日～明治35(1902)年7月23日

＊＊＊

明治期の実業家, 化学者　生 尾張国名古屋城下（愛知県）
歴 尾張家藩校明倫堂に入り砲術、柔術、兵法を修める。江戸へ出て、コロール酸カリの製造に成功し、紀伊家の禄をはむ。後に明治政府に登用され工部省に入り、セメント、耐火レンガ、炭酸ソーダ等の工業化に成功した。明治17年退官。福沢諭吉と交友を持ち、実業界でも活動した。
【伝記・評伝】
◇宇都宮氏経歴談〔増補〕　交詢社　汲古会　1932
◇明治の名古屋人　同教育委員会　1969
◇小島直記伝記文学全集〈第14巻〉　男の生涯　古典からのめっせいじ　小島直記著　中央公論社　1987.10　500p　19cm

宇野 収
うの おさむ

大正6(1917)年5月29日～平成12(2000)年11月12日

＊＊＊

東洋紡社長・会長, 関西経済連合会会長, 帝塚山学院理事長　囲京都府京都市左京区東丸太町　学東京帝国大学法学部〔昭和17年〕卒

歴昭和20年大建産業（のちの呉羽紡績）入社。綿事業部、営業部、総務部各部長を歴任。41年合併により東洋紡績（現・東洋紡）と改称。商品開発部長、46年取締役、49年常務、51年専務、52年副社長を経て、53年社長、58年会長、平成4年取締役名誉会長。6年相談役、9年名誉顧問に退く。また昭和61年関西文化学術研究都市推進機構理事長、62年～平成6年関西経済連合会会長、3～6年大阪湾ベイエリア開発推進機構（BARD）会長を務めた。中央では平成2年から3年間、第三次臨時行政改革推進審議会会長代理を務めたほか、国会等移転調査会会長、地方制度調査会会長を歴任、規制緩和や地方分権推進の旗振りを担った。共著に「『青春』という名の詩」がある。

賞藍綬褒章〔昭和57年〕、財界賞〔平成元年〕、西ドイツ功労勲章大功労十字星章〔平成2年〕、レジオン・ド・ヌール勲章オフィシエ章〔平成2年〕、経済界大賞（特別賞、第16回）〔平成2年〕、勲一等瑞宝章〔平成3年〕、韓国修交勲章（興仁章）〔平成4年〕

【伝記・評伝】

◇青春の詩　宇野収著　日本経済新聞社　1983.4
◇「青春」という名の詩―幻の詩人サムエル・ウルマン　宇野収, 作山宗久著　産業能率大学出版部　1986.10　145p　19cm
◇人生, わが師わが出会い――一流人を創った運命の転機・決断　大和出版　1987.4　221p　19cm
◇逃げない経営者たち―日本のエクセレントリーダー30人　佐高信著　潮出版社　1990.11　249p　19cm
◇サムエル・ウルマンの「青春」という名の詩（知的生きかた文庫）　宇野収, 作山宗久著　三笠書房　1993.2　197p　15cm
◇人生の冒険者たち　後藤正治著　岩波書店　1997.9　243p　19cm
◇呼ばれてこの世の客となり（対話講座なにわ塾叢書 68）　宇野収講話　ブレーンセンター　1998.7　223p　18cm

梅田 善司
うめだ ぜんじ

大正2(1913)年9月13日～

＊＊＊

川崎重工業社長・会長　囲和歌山県那賀郡岩出町　学京都帝国大学法学部〔昭和14年〕卒

歴昭和14年川崎造船所入社。39年取締役。44年川崎重工業、川崎車輌、川崎航空機工業と合併し、川崎重工業常務。専務、副社長を経て、52年社長に就任。56年会長、のち相談役。日本鉄道車輌輸出組合理事長なども兼任。　賞運輸大臣表彰〔昭和49年〕, 藍綬褒章〔昭和53年〕, 勲一等瑞宝章〔昭和60年〕

【伝記・評伝】

◇社長たちの若き日　杉崎寛　あの人この人社　1980.12
◇夢を抱き歩んだ男たち―川崎重工業の変貌と挑戦　福島武夫著　丸ノ内出版　1987.3　282p　18cm
◇わが心の自叙伝　The autobiography　梅田善司著　〔梅田善司〕　1989.7　97p　19cm
◇レンズを通して―私の60年―写真集　梅田善司撮影・制作　〔梅田善司〕　1993.1　161p　31cm

【え】

江崎 利一
えざき りいち

明治15(1882)年12月23日～昭和55(1980)年2月2日

＊＊＊

江崎グリコ社長・会長（創業者）　囲佐賀県佐賀市　学芙蓉小高等科〔明治30年〕卒

歴佐賀県の高小を卒業後、家業の薬屋を継いだが、郷里の有明海のカキに含まれるグリコーゲンの企業化のため、大正11年に大阪で江崎グリコ前身の江崎を設立し、栄養菓子のグリコを「1粒300メートル」のキャッチフレーズやおまけつきなど独特の商法でPR。昭和4年株式に改組し代表取締役社長、33年江崎グリコに改称。その後もビスケット、チョコレート、カレーなどの新製品を次々に発売し、江崎グリコを今日の大手食品会

社に育て上げた。48年に会長に退く。著書に「商売に生きる」がある。

【伝記・評伝】
◇近世日本菓業史　上巻　広瀬芦笛　菓子公論社　1955
◇商売に生きる　2＊2＝5の経営術　江崎利一著　実業之日本社　1955.3　260p　19cm
◇大阪産業をになう人々　大阪府工業協会　1956
◇寿像建設記念　江崎利一翁寿像建設委員会編　江崎利一翁寿像建設委員会　1958.12　48p　22cm
◇私の履歴書　第20集　日本経済新聞社編　日本経済新聞社　1964　356p　19cm
◇現代財界家系譜　第2巻　現代名士家系譜刊行会　1969
◇経営のこころ　第8集　日刊工業新聞社　1973
◇商道ひとすじの記―わがグリコ・わが人生九十余年　江崎利一著　日本実業出版社　1977.7　214p　20cm
◇私の履歴書　経済人　7　日本経済新聞社編　日本経済新聞社　1980.9　477p　22cm
◇独創力着眼力がつく―しなやかな発想、成功者の方法（RYU　BUSINESS〈3031〉）　多湖輝ほか著　経済界　1989.10　216p　18cm
◇巨富を築いた36人の男たち　鳥羽欽一郎著　実業之日本社　1989.11　206p　19cm
◇夢にかける―6人の社長の創業物語（こども伝記まんが〈2〉）　久保田千太郎,今道英治著　小学館　1990.10　176p　21cm
◇現状を打破し思考を現実化せよ！（ナポレオン・ヒルの成功哲学〈日本編　2〉）　田中孝顕著　騎虎書房　1992.9　283p　19cm
◇私の履歴書―昭和の経営者群像〈10〉　日本経済新聞社編　日本経済新聞社　1992.11　294p　19cm
◇縁、この不思議なるもの―人生で出会った人々（PHP文庫）　松下幸之助著　PHP研究所　1993.1　194p　15cm
◇死んでたまるか！―ここを乗り切れ、道は開ける！（ムックセレクト〈506〉）　河野守宏著　ロングセラーズ　1995.4　214p　17cm
◇ナポレオン・ヒルの成功哲学　日本編〈PART2〉（KIKO文庫）　田中孝顕著　騎虎書房　1997.3　270p　15cm

越後　正一
えちご　まさかず

明治34(1901)年4月26日～平成3(1991)年4月2日

＊＊＊

伊藤忠商事社長・会長, 京都全日空ホテル会長, 関西経済連合会常任理事　生滋賀県葉枝見村（彦根市）　学神戸高商（現・神戸大学）〔大正14年〕卒　歴大正5年から伊藤忠商事2代社長・伊藤忠兵衛宅で、書生をしながら学校に通う。14年合同紡績（現・東洋紡）に採用が決るが、父の反対で伊藤忠商事に入社。中国滞在、金沢支店長、昭和23年名古屋支店長などを経て、24年取締役、30年常務、34年専務のち副社長、35年社長、49年会長を務めた。この間、伊藤忠を繊維中心から鉄鋼・化学部門も取り扱う総合商社に育て上げた。53年から相談役。40年全日本空輸取締役。近畿ファッション産業振興協議会会長として、ファッション大学をつくって人材育成に取り組む。ほかに、日本綿糸布輸出組合理事長、大阪商議所副会頭、西本願寺門徒総代、茶道裏千家老分、読売テレビ放送取締役なども歴任。　賞藍綬褒章〔昭和38年〕, 大阪府知事産業功労章〔昭和38年〕, 勲二等旭日重光章〔昭和46年〕, オーストリア大銀功労章〔昭和53年〕, オーストリア名誉総領事, 勲一等瑞宝章〔昭和57年〕, 経済界大賞（寿賞,第14回,昭和63年度）

【伝記・評伝】
◇現代財界家系譜　第2巻　現代名士家系譜刊行会　1969
◇経営のこころ　第3集　日刊工業新聞社　1973
◇江州商人「越後正一」―商社界の鬼といわれて　真島弘編著　現代創造社　1980.5　245p　19cm
◇私の履歴書　経済人　16　日本経済新聞社編　日本経済新聞社　1981.1　464p　22cm
◇大阪商人道を生きて―越後正一、人生と経営哲学（対話講座　なにわ塾叢書〈25〉）　越後正一講話,大阪府なにわ塾編　（大阪）ブレーンセンター　1988.1　139p　18cm
◇人あり縁あり―十一人の財界交遊記　吉田伊佐夫著　文芸社　2000.12　252p　19cm

江戸 英雄
えど ひでお
明治36(1903)年7月17日～平成9(1997)年11月13日

***

三井不動産社長・会長，桐朋学園名誉理事長
囲 茨城県筑波郡作岡村(現・筑波町)　学 東京帝国大学法学部法律学科〔昭和2年〕卒
歴 昭和2年三井合名に入社。三井財閥の統轄機関の変遷につれて三井総元方、さらに三井本社に移る。敗戦による財閥解体では同社総務部次長としてGHQとの折衝にあたり、"三井"の商号を守り抜く中核となった。22年三井不動産に入社、30年社長に就任。31年清算中の三井本社を合併した。臨海工業用地造成をいち早く手がけ、全国各地で埋め立て事業を展開、また大規模な宅地造成などにより、同社を業界トップに育てた。42年日本初の超高層ビル、霞が関を完成させた。49年5月会長、62年6月取締役相談役、平成7年6月常任相談役に退く。"三井の番頭"といわれ、長く、三井グループの長老として指導力を発揮した。他に不動産協会名誉理事長、桐朋学園名誉理事長、東京家政学院理事長、日本交響楽振興財団名誉会長などを歴任。　賞 レジオン・ド・ヌール勲章シュバリエ章〔昭和35年〕、交通文化賞〔昭和54年〕、サントリー音楽賞(特別賞)〔昭和56年〕、勲一等瑞宝章〔昭和57年〕

【伝記・評伝】
◇すしやの証文　江戸英雄著　朝日新聞社　1966　250p　20cm
◇現代財界家系譜　第1巻　現代名士家系譜刊行会　1968
◇財界人思想全集　第3　ダイヤモンド社　1970
◇私の履歴書　江戸英雄著，三井不動産広報部編　三井不動産　1980.7　120p　22cm
◇私の履歴書　経済人18　日本経済新聞社編　日本経済新聞社　1981.2
◇日本の100人—リーダーたちの素顔　日本経済新聞社編　日本経済新聞社　1986.5　211p　21cm
◇私の三井昭和史(私の昭和史シリーズ)　江戸英雄著　東洋経済新報社　1986.6　255p　19cm
◇聞き書き　静かなタフネス10の人生　城山三郎著　文芸春秋　1986.6　234p　19cm
◇盛田良子・経営者の「素顔」対談〈3〉　豊かな感受性こそリーダーの条件　盛田良子著　講談社　1986.7　278p　19cm
◇親父バンザイ　婦人画報社編　婦人画報社　1986.7　213p　19cm
◇各界首脳と語る　愛知和男著　不昧堂出版　1986.11　341p　19cm
◇人生、わが師わが出会い——一流人を創った運命の転機・決断　大和出版　1987.4　221p　19cm
◇経営者に学ぶ決断と活路　三鬼陽之助著　学習研究社　1989.12　288p　19cm
◇静かなタフネス10の人生(文春文庫)　城山三郎著　文芸春秋　1990.6　265p　15cm
◇「男の生き方」40選〈上〉　城山三郎編　文芸春秋　1991.4　357p　19cm
◇この経営者の急所を語る—三鬼陽之助の財界人備忘録　三鬼陽之助著　第一企画出版　1991.7　256p　19cm
◇私の履歴書—昭和の経営者群像〈5〉　日本経済新聞社編　日本経済新聞社　1992.10　290p　19cm
◇三井と歩んだ70年(朝日文庫)　江戸英雄著　朝日新聞社　1994.8　278p　15cm
◇江戸英雄　追悼集　三井不動産株式会社内「江戸英雄　追悼集」編集委員会　三井不動産(株)　1998　373p　22cm
◇決断力〈中〉—そのとき、昭和の経営者たちは　日本工業新聞社編　日本工業新聞社，扶桑社〔発売〕　2001.11　485p　19cm

榎本 隆一郎
えのもと りゅういちろう
明治27(1894)年2月8日～昭和62(1987)年2月7日

***

三菱瓦斯化学社長・会長、国際基督教大学理事長
囲 和歌山県海南市　学 九州帝国大学工学部採掘学科〔大正13年〕卒
歴 終戦当時は海軍中将で軍需省燃料局長。戦後の昭和26年、新潟の天然ガスに目をつけ、三菱瓦斯化学の前身、日本瓦斯化学工業を創設、社長に就任。独自の「少数主義」の経営理念を貫き、短時日に一部上場の優良企業に育て上げた。41年会長となり、46年相談役に退く。　賞 科学技術庁長官賞〔昭和34年〕、藍綬褒章〔昭和38年〕、毎日工業技術賞〔昭和38年〕、勲二等旭日重光章〔昭和41年〕

【伝記・評伝】
◇私の見た榎本社長とその事業経営　富田岩芳著　ダイヤモンド社　1960　260p　19cm
◇回想八十年―石油を追って歩んだ人生記録　榎本隆一郎著〔榎本隆一郎〕1975　407p　肖像　19cm
◇回想八十年―石油を追って歩んだ人生記録（原書房新100冊選書　12）榎本隆一郎著　原書房　1976　408p　肖像　20cm

円城寺　次郎（えんじょうじ　じろう）

明治40(1907)年4月3日～平成6(1994)年3月14日

＊＊＊

日本経済新聞社社長・会長　生千葉県　学早稲田大学政経学部〔昭和8年〕卒
歴昭和8年日本経済新聞社の前身・中外商業新報社に入社。22年取締役、40年専務、43年社長などを経て、51年会長、55年より顧問。この間、44～55年日経マグロウヒル社（現・日経BP社）初代社長を兼任。また日本公債研究所会長、日本経済研究センター会長、経済審議会会長、東京証券取引所理事、石油審議会会長、原子力産業会議会長などを歴任。　賞土川元夫賞〔昭和50年〕、新聞文化賞〔平成元年〕、マスコミ功労者顕彰（新聞人部門）〔平成8年〕

【伝記・評伝】
◇突破口物語―日本的ブレイクスルーの研究　竹内銀平, 野島晋著　ダイヤモンド社　1990.10　223p　19cm
◇追想円城寺次郎　『追想円城寺次郎』編纂委員会編　日本経済新聞社　1995.2　364p　図版18枚　22cm

【お】

種田　虎雄（おいた　とらお）

明治17(1884)年4月15日～昭和23(1948)年9月5日

＊＊＊

近畿日本鉄道社長, 貴族院議員　生東京　学東京帝国大学法科大学政治学科〔明治42年〕卒
歴明治42年鉄道院に入り鉄道省運輸局長となり昭和2年退官後、大阪電気軌道専務となった。12年社長に就任、姉妹会社の参宮急行電鉄社長も兼ねた。16年両社が合併、関西急行鉄道となり社長、19年南海鉄道と合併、近畿日本鉄道創立、社長に就いた。21年貴族院議員。関西経済連合会常任理事、関西経営者協議会会長も務めた。

【伝記・評伝】
◇新露西亜印象記　種田虎雄著　博文館　1926　314p　19cm
◇種田虎雄伝　鶴見祐輔著　近畿日本鉄道　1958.7　316p　図版　表　22cm

大内　淳義（おおうち　あつよし）

大正8(1919)年10月10日～平成8(1996)年4月20日

＊＊＊

日本電気会長　生東京　学東京帝国大学工学部電気工学科〔昭和17年〕卒　工学博士〔昭和37年〕
歴昭和27年日本電気に入社。日本電気が30年代初めに半導体、集積回路生産を開始したときからこれに携わり、集積回路設計本部長、43年集積回路事業部長などを経て、49年取締役、55年副社長、59年副会長、63年6月会長に就任。平成2年相談役に退く。　賞発明協会発明賞〔昭和38年〕、機械振興協会賞,〔昭和41年〕、日本産業技術大賞〔昭和49年〕、藍綬褒章〔昭和59年〕、勲二等瑞宝章〔平成元年〕、日本コントラクトブリッジ連盟シニアマスター, ワールド・ブリッジ・フェデレーション（WBF）ワールドライフマスター

【伝記・評伝】
◇日本の半導体開発―劇的発展を支えたパイオニア25人の証言　西沢潤一, 大内淳義共編　工業調査会　1993.3　397p　21cm
◇誠―大内淳義追想集　「大内淳義追想集」刊行の会, 日本電気（株）半導体事業グループ　1997.4　358p　26cm

大神　一（おおかみ　はじめ）

明治30(1897)年2月15日～昭和45(1970)年10月12日

＊＊＊

山一証券社長・会長　生長崎県長崎市　学東京帝国大学経済学部〔大正10年〕卒

おおかわ　　　　　　　　　　　　　　　　　　　　　　　　　　　日本の実業家

歴 大正10年山一合資（のちの山一証券）に入社。昭和10年38歳の若さで取締役となり、29年から39年まで社長を務めた。面倒見がよく、30年の白木屋乗っ取り事件を円満解決したのをはじめ、株式取引きをめぐる事件では仲裁役をつとめた。39年会長となるが翌年辞任し、41年山一を辞した。
【伝記・評伝】
◇この経営者を見よ―日本財界の主流をゆく人々　会社研究所　ダイヤモンド社　1958
◇相場師列伝―株界で生命を燃やす男8人の物語　東洋経済編　東洋経済新報社　1976　308p　19cm

大川　博（おおかわ　ひろし）
明治29（1896）年12月30日～昭和46（1971）年8月17日

＊＊＊

東映社長　生 新潟県西蒲原郡中之口村　学 中央大学法学部卒
歴 大正9年鉄道院に入り、鉄道省事務官。「改正会社経理統制令」などの著書が東京急行電鉄社長五島慶太の目にとまり、昭和17年東急に入社、総務局次長、事業部長、26年専務。専務のまま東映社長となり、再建に成功。29年から東映社長に専念、時代劇の黄金時代を築いた。任侠もの、お色気もの、第二東映の設立、2本立て上映システムをつくるなど業界随一の業績を上げた。日本教育テレビ（現・テレビ朝日）の社長、レジャー産業、プロ野球球団経営も手がけ、パ・リーグ初代会長、日経連常任理事、映画産業団体連合会会長などを歴任。
【伝記・評伝】
◇財界の顔　池田さぶろ　講談社　1952
◇財界の第一線1958年　人物展望社　1958
◇東映王国を築いた大川博半生記（現代財界人シリーズ）　大路真哉著　政経日報社　1958　137p　図版　18cm
◇私の履歴書　第9集　日本経済新聞社　1959
◇この1番　大川博著　東京書房　1959
◇若き日の社長　現代事業家の人間形成　海藤守著　徳間書店　1962　329p　18cm
◇偉大なる青雲　闘魂と努力の経営人大川博伝（現代人物伝　3）　岸松雄著　鏡浦書房　1965　290p　図版　19cm

◇真剣勝負に生きる―東映社長大川博（歴史をつくる人々25）　ダイヤモンド社　1967　174p　18cm
◇現代財界家系譜　第2巻　現代名士家系譜刊行会　1969
◇私の履歴書　経済人　3　日本経済新聞社編　日本経済新聞社　1980.7　477p　22cm
◇私の履歴書―昭和の経営者群像〈10〉　日本経済新聞社編　日本経済新聞社　1992.11　294p　19cm
◇任侠映画伝　俊藤浩滋,山根貞男著　講談社　1999.2　314p　19cm
◇社葬の経営人類学　中牧弘允編　（大阪）東方出版　1999.3　292,2p　21cm

大川　平三郎（おおかわ　へいざぶろう）
万延元（1860）年10月25日～昭和11（1936）年12月30日

＊＊＊

大川財閥当主, 富士製紙社長, 貴族院議員（勅選）
生 武蔵国三芳野村（埼玉県坂戸市）
歴 遠縁の渋沢栄一家の書生となり、壬申義塾でドイツ語を学び、明治8年渋沢が設立した抄紙会社（のちの王子製紙）に入社。12年アメリカに留学、製紙技術を学んで帰国、製紙法の発明改良に尽力し、専務となるが、三井財閥が王子製紙の株式を買い占めたため31年退社。以後渋沢の援助で九州製紙、中央製紙、樺太工業などを設立。大正8年には富士製紙社長に就任、王子製紙と激しい販売合戦を演じ、一時は製紙王、大川財閥と呼ばれた。昭和3年勅選貴族院議員。8年王子製紙に合併され退く。
【伝記・評伝】
◇日本実業家列伝　木村毅　実業之日本社　1953
◇産業史の人々　楫西光速著　東大出版会　1954
◇日本財界人物列伝　第1巻　青潮出版編　青潮出版　1963　1171p　図版　26cm
◇財界人思想全集　第3　ダイヤモンド社　1970
◇財界人100年の顔―日本経済を築いた人びと　ダイヤモンド社　1971
◇小島直記伝記文学全集〈第3巻〉　日本さらりーまん外史　小島直記著　中央公論社　1986.12　414p　19cm
◇巨星渋沢栄一・その高弟大川平三郎（郷土歴史選書　1）　竹内良夫著　教育企画出版　1988.3　97p　21cm

◇大川平三郎君伝（経済人叢書）　竹越三叉著　図書出版社　1990.8　223p　19cm
◇この経営者の急所を語る―三鬼陽之助の財界人備忘録　三鬼陽之助著　第一企画出版　1991.7　256p　19cm

大久保　謙（おおくぼ　けん）

明治32（1899）年4月18日～昭和61（1986）年3月26日

* * *

三菱電機社長　身 栃木県　学 東北帝国大学電気工学科〔大正13年〕卒

歴 大正13年三菱電機に入社。戦時中は神戸工場兵器課長を務めた。昭和39年社長に就任、自主防衛増強を説いて兵器産業育成に務め、40年代に日本電機工業会、日本兵器工業会、日本電子機械工業会の各会長を歴任。　賞 勲二等瑞宝章〔昭和44年〕、勲二等旭日重光章〔昭和52年〕

【伝記・評伝】
◇男たちの決断〈飛翔編〉（物語　電子工業史）　板井丹後著　電波新聞社　1986.4　386p　21cm

大倉　和親（おおくら　かずちか）

明治8（1875）年12月11日～昭和30（1955）年7月1日

* * *

日本陶器社長，日本ガイシ社長　生 東京・日本橋　学 慶応義塾正則本科〔明治27年〕卒

歴 明治27年森村組に入り、28年渡米、ニューヨーク州イーストマン・ビジネス・カレッジ卒業、同年森村組ニューヨーク店森村ブラザースに勤めた。37年日本陶器を設立、大正6～11年初代社長。6年には東洋陶器、8年同社から分離した日本碍子各初代社長となった。13年伊奈製陶を設立、昭和11年日本特殊陶業の設立に参画。また森村組、森村商事（旧）、日本玩具各取締役を務めた。

【伝記・評伝】
◇大倉和親翁　大倉和親翁伝編集委員会編　大倉和親翁伝編集委員会　1959　323p　図版　22cm
◇製陶王国をきずいた父と子―大倉孫兵衛と大倉和親　砂川幸雄著　晶文社　2000.7　292p　19cm

大倉　喜七郎（おおくら　きしちろう）

明治15（1882）年6月16日～昭和38（1963）年2月2日

* * *

ホテルオークラ社長（創業者），楽器改良家，作曲家　生 東京　学 ケンブリッジ大学卒

歴 大倉財閥の2代目。大倉組頭取、男爵、貴族院議員となる。帝国ホテル、ホテルオークラ、川奈ホテル、大倉鉱業など数10社の社長、会長、重役のほか日伊協会長などを兼任。また、大倉音楽研究所を設立し、昭和8年大和楽を創始。「田植」「砧」「水郷」などを作曲。楽器の改良家としても知られ、半音を自由にだせる尺八とフルートを折衷した"オークラウロ"等を考案、開発。日本音楽文化協会顧問、大日本音楽協会会長などを務め、古典復興に尽くした。

【伝記・評伝】
◇男爵―元祖プレイボーイ　大倉喜七郎の優雅なる一生　大倉雄二著　文芸春秋　1989.7　246p　19cm
◇ぜいたく列伝　戸板康二著　文芸春秋　1992.9　293p　19cm
◇ぜいたく列伝（文春文庫）　戸板康二著　文芸春秋　1996.3　315p　15cm
◇帝国ホテル物語　武内孝夫著　現代書館　1997.5　278p　19cm
◇破天荒明治留学生列伝―大英帝国に学んだ人々（講談社選書メチエ）　小山騰著　講談社　1999.10　286p　19cm

大倉　喜八郎（おおくら　きはちろう）

天保8（1837）年9月24日～昭和3（1928）年4月22日

* * *

大倉財閥創始者　生 越後国北蒲原郡新発田（新潟県新発田市）　号＝鶴彦

歴 豪商の家に生まれる。安政元年江戸に出て、戊辰戦争時に武器商売で一財を成す。5年欧米を視察、6年貿易業の大倉商会を設立。16年大倉組に発展、大日本麦酒、日清精油、帝国ホテルなどの創立にかかわる。35年日本人初の対華借款を結び、以降海外事業にも手を拡げる。大正6年合名会社・大倉組を持株会社に、大倉商事、大倉土木（大成建設）、大倉鉱業を直系3社とする一大財

閥を築いた。この間、渋沢栄一らと東京商法会議所（現・東京商工会議所）を設立、32年副会頭。31年には大倉高等商業学校（現・東京経済大学）を創立した。大正4年男爵。　賞　勲一等瑞宝章〔大正13年〕、旭日大綬章〔昭和3年〕

【伝記・評伝】

◇商海英傑伝　瀬川光行　大倉書店,冨山房書店　1893
◇帝国実業家立志編　梅原忠造　求光閣　1894
◇実業家偉人伝　活動野史　四書房　1901
◇人物評論―朝野の五大閥　鵜崎熊吉　東亜堂書房　1912
◇財界之人百人論　矢野滄浪　時事評論社　1915
◇立志実伝大倉喜八郎　尾立維孝　二松学舎出版部　1925
◇鶴翁余影　鶴友会　1929
◇人間大倉喜八郎　横山貞雄　万里閣書房　1929
◇財界物故傑物伝　実業之世界社　1936
◇鶴彦翁回顧録―生誕100年祭記念　大倉高等商業学校　1940
◇日本の死の商人　モルガンと大倉喜八郎　岡倉古志郎著　要書房　1952
◇明治　大実業家列伝―市民社会建設の人々　林房雄著　創元社　1952　255p　19cm
◇日本実業家列伝　木村毅　実業之日本社　1953
◇近代日本人物経済史　日本経済史研究会　東洋経済新報社　1955
◇政商　楫西光速　筑摩書房　1963
◇日本財界人物列伝　第2巻　青潮出版編　青潮出版　1964　1175p　図版13枚　27cm
◇近代日本の政商　土屋喬雄　経済往来社　1968
◇財界人思想全集　第8　財界人の人生観・成功観　小島直記編・解説　ダイヤモンド社　1969　454p　22cm
◇財界人100年の顔―日本経済を築いた人びと　ダイヤモンド社　1971
◇人物日本資本主義　大島清,加藤俊彦,大内力　東京大学出版会　1976
◇逆光家族―父・大倉喜八郎と私　大倉雄二著　文芸春秋　1985.4　252p　20cm
◇大倉喜八郎・石黒忠悳関係雑集〔予備版〕（東京経済大学沿革史料　5）　東京経済大学編　東京経済大学　1986.3　229p　26cm
◇近代社会の成立と展開　野村隆夫編　日本経済評論社　1986.10　258p　21cm
◇政商の誕生―もうひとつの明治維新　小林正彬著　東洋経済新報社　1987.1　348,18p　19cm
◇代表的日本人―自己実現に成功した43人　竹内均著　同文書院　1990.1　403p　19cm
◇日本史の社会集団〈6〉　ブルジョワジーの群像　安藤良雄著　小学館　1990.3　509p　15cm
◇危機管理洞察力がつく―最悪を予測し好機に変える法（RYU　BUSINESS〈3035〉）　佐々淳行ほか著　経済界　1990.3　218p　18cm
◇鯰―元祖"成り金"大倉喜八郎の混沌たる一生　大倉雄二著　文芸春秋　1990.7　285p　19cm
◇政商―大倉財閥を創った男　若山三郎著　青樹社　1991.11　309p　19cm
◇企業立国・日本の創業者たち―大転換期のリーダーシップ　加来耕三著　日本実業出版社　1992.5　262p　19cm
◇致富の鍵（創業者を読む〈3〉）　大倉喜八郎著　大和出版　1992.6　250p　19cm
◇建設業を興した人びと―いま創業の時代に学ぶ　菊岡倶也著　彰国社　1993.1　452p　21cm
◇政商伝　三好徹著　講談社　1993.1　251p　19cm
◇日本資本主義の群像（現代教養文庫―内橋克人クロニクル・ノンフィクション〈3〉）　内橋克人著　社会思想社　1993.2　209p　15cm
◇明敏にして毒気あり―明治の怪物経営者たち　小堺昭三著　日本経済新聞社　1993.10　291p　19cm
◇日本を造った男たち―財界創始者列伝　竹内均著　同文書院　1993.11　254p　19cm
◇鯰　大倉喜八郎―元祖"成り金"の混沌たる一生（文春文庫）　大倉雄二著　文芸春秋　1995.3　333p　15cm
◇モノ・財・空間を創出した人々（二十世紀の千人〈第3巻〉）　朝日新聞社　1995.3　438p　19cm
◇人物に学ぶ明治の企業事始め　森友幸照著　つくばね舎,地歴社〔発売〕　1995.8　210p　21cm
◇哲学を始める年齢　小島直記著　実業之日本社　1995.12　215p　21cm
◇政商伝（講談社文庫）　三好徹著　講談社　1996.3　287p　15cm
◇大倉喜八郎の豪快なる生涯　砂川幸雄著　草思社　1996.6　286p　19cm
◇大倉鶴彦翁―伝記・大倉喜八郎（近代日本企業家伝叢書　8）　鶴友会編　大空　1998.11　1冊　22cm

◇日本経済の礎を創った男たちの言葉―21世紀に活かす企業の理念・戦略・戦術　森友幸照著　すばる舎　1999.11　229p　19cm
◇日本創業者列伝―企業立国を築いた男たち(人物文庫)　加来耕三著　学陽書房　2000.8　362p　15cm
◇20世紀 日本の経済人(日経ビジネス人文庫)　日本経済新聞社編　日本経済新聞社　2000.11　449p　15cm
◇タイミングのいい人 悪い人―要所でチャンスを逃さないコツ　山形琢也著　日本実業出版社　2001.8　233p　19cm

大河内　正敏 (おおこうち　まさとし)

明治11(1878)年12月6日～昭和27(1952)年8月29日

＊＊＊

理研コンツェルン創始者,理化学研究所所長,貴族院議員　囲東京　学東京帝国大学工科大学造兵学科〔明治36年〕卒,東京帝国大学大学院修了　工学博士〔大正3年〕

歴旧大多喜藩主の家に生まれる。子爵。大学卒業後、ドイツ、オーストリアに留学。大正3年東京帝大造兵学科助教授、のち教授。大正10年(財)理化学研究所(理研)所長に就任。長岡半太郎、本多光太郎、仁科芳雄らを主任研究員とする主任研究制度を導入。また発明、発見を工業化するための科学主義工業を目指し、60社に及ぶ理研コンツェルンを形成した。昭和20年戦犯容疑者に指名され、コンツェルンも財閥解体された。13～20年貴族院議員。自らもピストンリングを発明、絵画、陶磁器などに造詣が深かった。著書に「資本主義工業と科学主義工業」「工業経営総論」「生産第一主義」などがある。死後、大河内記念賞が制定された。

【伝記・評伝】
◇大河内正敏, 人とその事業　大河内記念会編　日刊工業新聞社　1954　387p　図版　19cm
◇20世紀を動かした人々　第4　技術革新への道〔ほか〕　星野芳郎編　講談社　1963　404p　図版　19cm
◇現代日本思想大系　11　筑摩書房　1964
◇財界人思想全集　第2, 4　ダイヤモンド社　1970
◇財界人100年の顔―日本経済を築いた人びと　ダイヤモンド社　1971

◇実業界の巨頭(ビジュアル版・人間昭和史〈5〉)　大来佐武郎, 扇谷正造, 草柳大蔵監修　講談社　1986.6　255p　21cm
◇新興コンツェルン理研の研究―大河内正敏と理研産業団　斎藤憲著　時潮社　1987.1　369,10p　22cm
◇統率力(リーダーシップ)が組織を燃やす(昭和の名語録)　山本七平ほか著　経済界　1987.11　284p　19cm
◇明治の化学者―その抗争と苦渋(科学のとびら〈3〉)　広田鋼蔵著　東京化学同人　1988.2　225,4p　19cm
◇指導力―俺についてこい(知的生きかた文庫)　会田雄次ほか著　三笠書房　1989.2　249p　15cm
◇代表的日本人―自己実現に成功した43人　竹内均著　同文書院　1990.1　403p　19cm
◇日本史の社会集団〈6〉　ブルジョワジーの群像　安藤良雄著　小学館　1990.3　509p　15cm
◇地方産業の振興と地域形成―その思想と運動(叢書・現代の社会科学)　太田一郎著　法政大学出版局　1991.1　256,7p　19cm
◇「科学者の楽園」をつくった男―大河内正敏と理化学研究所(日経ビジネス人文庫)　宮田親平著　日本経済新聞社　2001.5　376p　15cm

大沢　善助 (おおさわ　ぜんすけ)

嘉永7(1854)年2月9日～昭和9(1934)年10月10日

＊＊＊

京都電燈会社社長　身京都　幼名＝松之助

歴明治4年家を出て白米商、魚商、瀬戸物商、古道具商などに従事。24年時計、自転車の輸入、製造、販売を始め、京都に時計工場を設立し、大沢商会を創立した。京都府政にもかかわり、琵琶湖の疏水工事を着工、電気事業に着目して、25年京都電燈会社の3代社長に就任、日本最初の遠距離送電に成功した。昭和2年まで在任。また釜山電燈、日本水力、大同電力などに関係、さらに京都陶器、京都商工銀行各重役、京都商工会議所副会頭も務めた。

【伝記・評伝】
◇大沢善助翁　三浦豊二　同翁功績記念会　1927
◇財界物故傑物伝　実業之世界社　1936
◇回顧70年　大沢善助著　京都日出新聞社　1949

◇日本経済を育てた人々　高橋弥次郎　関西経済連合会　1955

大島　堅造
おおしま　けんぞう

明治20(1887)年1月11日～昭和46(1971)年11月24日

＊＊＊

住友銀行取締役, 経済評論家　出身地 群馬県太田市　学歴 東京高商(現・一橋大学)〔明治42年〕卒
経歴 住友銀行に入行、外国為替畑を歩いてニューヨーク支店次席、本店外国課長、本店支配人常務、専務を経て、昭和18～22年本社監事。19年まで取締役、20年まで監査役を務めた。戦後は甲南大学教授、為替審議会委員など歴任。また国際経済評論家としても活躍した。著書に「外国為替講話」「最近の為替と国際金融」「日本金融市場論」「戦後の為替と国際金融」「一銀行家の回想」などがある。

【伝記・評伝】
◇一銀行家の回想　大島堅造著　日本経済新聞社　1963　329p　図版　19cm
◇回想の八十年　大島堅造著　日本経済新聞社　1970　220p　肖像　19cm
◇一銀行家の回想(経済人叢書)　大島堅造著　図書出版社　1990.5　265p　19cm
◇山の古典と共に(ビブリオフィル叢書)　大島堅造著　図書出版社　1992.2　284p　19cm

大島　高任
おおしま　たかとう

文政9(1826)年5月11日～明治34(1901)年3月29日

＊＊＊

製鉄業の先駆者, 日本鉱業会初代会長　出身地 陸奥国岩手郡盛岡仁王小路(岩手県盛岡市)
経歴 南部藩蘭方侍医の家に生まれる。天保13年江戸に出て蘭医箕作阮甫、坪井信道に学び、弘化3年長崎で蘭学、西洋砲術、採鉱冶金術を修める。手塚律蔵とオランダの技術書「鉄煩鋳造篇」を訳述。嘉永6年藤田東湖に招かれ、水戸藩に反射炉を築いて大砲鋳造に成功、次いで南部藩釜石鉄山開発を進め、安政4年洋式高炉による近代製鉄技術の道をひらいた。磁鉄鉱の生産に成功した12月1日は鉄の記念日となった。万延元年蕃書調所出役教授を経て、文久元年南部藩に藩校・日進堂を創設、後進を育成。慶応元年藩命で小坂銀山を開坑。明治2年新政府に出仕、7年釜石に国立釜石製鉄所を創立。のち小坂鉱山局長、工部大技長、佐渡鉱山局長、23年日本鉱業会初代会長などを歴任した。

【伝記・評伝】
◇大島高任行実　大島信蔵　1938
◇洋学年代記　貴司山治著　弘文社　1946
◇近代産業の父大島高任の生涯　堀内正名編　岩手東海新聞社　1960　59p　図版　19cm
◇日本製鉄事始―大島高任の生涯　半沢周三著　新人物往来社　1974　303p　肖像　20cm
◇人物・鉄鋼技術史　飯田賢一著　日刊工業新聞社　1987.1　286p　19cm
◇全国の伝承　江戸時代　人づくり風土記―ふるさとの人と知恵〈3〉　岩手　加藤秀俊, 谷川健一, 稲垣史生, 石川松太郎, 吉田豊編　農山漁村文化協会　1988.6　380p　26cm
◇続　鉄の文化史―日本の軌跡と東西の邂逅　新日本製鉄広報室編　東洋経済新報社　1988.10　250p　19cm
◇実学史研究〈7〉　実学資料研究会編　(京都)思文閣出版　1991.3　315p　21cm

太田　亥十二
おおた　いそじ

明治20(1887)年12月18日～昭和54(1979)年3月14日

＊＊＊

東京瓦斯会長　出身地 石川県　学歴 慶応義塾大学理財科〔明治45年〕卒
経歴 京浜コークス取締役社長を経て、東京瓦斯監査役、取締役、常務、会長を歴任。横浜高島屋、三生製薬、京浜不動産各取締役を兼ねる。

【伝記・評伝】
◇太田亥十二翁・聞書抄　小島直記　太田亥十二伝記編纂会　1974.12　266p

太田　収
おおた　おさむ

明治23(1890)年1月12日～昭和13(1938)年5月28日

＊＊＊

山一証券社長　出身地 岡山県　学歴 東京帝国大学独法科〔大正5年〕卒

🏛 先輩犬養毅に勧められて小池合資（のちの山一証券）に入り、外交員などを経て情報収集能力と冷静な分析力で頭角を現わし、昭和10年山一証券社長となる。「兜町の飛将軍」と慕われていたが、自ら鐘紡株の思惑買いを行い暴落で失敗。13年前社長杉野喜精に辞表を出し、遺書を残して自殺した。
【伝記・評伝】
◇太田収伝　山岡荘八　春日書房　1939.2　300p

太田　武雄（おおた　たけお）

明治28（1895）年2月18日～昭和56（1981）年2月18日

＊＊＊

日本パルプ工業社長　🏠 鳥取県
🏛 大正6年王子製紙に入社。江別工場長などを経て、昭和22年日本パルプ工業専務に転じ、26年副社長、28年社長に就任した。　🏆 マードック賞〔昭和34年〕，藍綬褒章，勲三等瑞宝章〔昭和41年〕
【伝記・評伝】
◇太田武雄八十年　太田武雄著　キャピタル企画　1978.2　382p　22cm

太田垣　士郎（おおたがき　しろう）

明治27（1894）年2月1日～昭和39（1964）年3月16日

＊＊＊

関西電力初代社長・会長，関西経済連合会会長
🏠 兵庫県城崎町　🎓 京都帝国大学経済学部〔大正9年〕卒
🏛 大正9年日本信託銀行入行。14年阪神急行電鉄（現・阪急電鉄）に移り，阪急百貨店営業部長，運輸部長，支配人から18年取締役。21年常務から社長。26年関西電力初代社長。31年黒部川第四発電所建設に着手したが，32年5月1日，大破砕帯にぶつかり，湧水，土砂の激流と苦闘7カ月，38年完成した。これが小説，映画の「黒部の太陽」となった。28年から関西経営者協会会長，関西経済連合会会長，関西電力会長，電気事業連合会会長，日本体育協会理事などを歴任した。
🏆 藍綬褒章〔昭和36年〕，勲二等旭日重光章〔昭和39年〕
【伝記・評伝】
◇大阪産業をになう人々　大阪府工業協会　1956
◇この経営者を見よ─日本財界の主流をゆく人々　会社研究所　ダイヤモンド社　1958
◇財界の第一線1958年　人物展望社　1958
◇太田垣士郎氏の追憶　太田垣士郎氏追懐録編纂委員会編　太田垣士郎氏追懐録編纂委員会　1966　453p　図版21枚　22cm
◇怒らず焦らず怒れず　太田垣士郎伝　梶谷善久著　ぺりかん社　1967　251p　図版　19cm
◇財界人思想全集　第2　ダイヤモンド社　1970
◇財界人100年の顔─日本経済を築いた人びと　ダイヤモンド社　1971
◇呼ほうよ雲を　太田垣士郎伝　太田垣士郎伝編集会議　1976.3　244p　19cm
◇成功する経営・失敗する経営　三鬼陽之助著　PHP研究所　1986.6　221p　19cm
◇退き際の研究─企業内権力の移転構造　内橋克人著　日本経済新聞社　1989.11　288p　19cm
◇縁、この不思議なるもの─人生で出会った人々（PHP文庫）　松下幸之助著　PHP研究所　1993.1　194p　15cm
◇「退き際」の研究（講談社文庫）　内橋克人著　講談社　1993.2　278p　15cm

大田黒　重五郎（おおたぐろ　じゅうごろう）

慶応2（1866）年6月～昭和19（1944）年7月28日

＊＊＊

芝浦製作所専務取締役　🏠 東京・音羽　🎓 東京高商（現・一橋大学）〔明治23年〕卒
🏛 明治24年熊本の旧家大田黒惟信の婿養子となり，27年三井元方に入社，三井物産に配属された。32年芝浦製作所主事となり，万年赤字を解消，翌年下期から黒字に転じ，電気機械専門工場に育成した。37年専務取締役となり米国GE社と結んで業界トップメーカーとした。また水車専門の電業社原動機製作所を育成した。39年箱根水力電気を設立，大井川開発の日英水力電気，九州水力電気，鬼怒川水力電気，四国水力電気などの各社設立に参画。のち九州水力電気社長に就任。
【伝記・評伝】
◇人物評論─朝野の五大閥　鵜崎熊吉　東亜堂書房　1912
◇財界之人百人論　矢野滄浪　時事評論社　1915
◇思出を語る　大田黒重五郎　同翁逸話刊行会　1936

大谷 嘉兵衛
弘化元（1845）年12月22日～昭和8（1933）年2月3日

＊＊＊

横浜商業会議所会頭, 貴族院議員　㊷ 伊勢国谷野村（三重県）

㊭ 文久2年19歳で横浜に出て、伊勢屋小倉藤兵衛の店で製茶貿易業に従事。のちスミス・ベーカー商会を経て、慶応3年独立、製茶業を始め、明治5年製茶改良会社を設立。17年全国茶業組合を組織、製茶貿易の基礎を築き、31年に米国が設けた製茶輸入関税の撤廃運動に尽力した。23年産業組合中央会議長、32年ニューヨークの万国商業大会日本代表、42年産業組合中央会頭。一方、日本貿易協会、横浜商業会議所の各会頭を務め、第七十四国立銀行取締役のほか、台湾鉄道、台湾銀行、南満州鉄道、韓国銀行、常磐生命、東洋拓殖、三共、川俣電気会社などの設立に参与。40年および大正7年に貴族院議員。また神奈川県議、横浜市会議長などを務めた。
㊱ 黄綬褒章、紺綬褒章、勲三等旭日中綬章

【伝記・評伝】
◇商海英傑伝　瀬川光行　大倉書店, 冨山房書店　1893
◇大谷嘉兵衛翁伝　茂出木源太郎　同翁頌徳会　1931
◇財界物故傑物伝　上巻　実業之世界社　1936
◇日本経済の建設者—あの時この人　中村隆英　日本経済新聞社　1973
◇近代政治関係者年譜総覧〈戦前篇　第2巻〉　ゆまに書房　1989.10　1347,25p　21cm
◇横浜商人とその時代（有隣新書〈50〉）　横浜開港資料館編　（横浜）有隣堂　1994.7　228p　18cm

大谷 竹次郎
明治10（1877）年12月13日～昭和44（1969）年12月27日

＊＊＊

松竹創業者　㊷ 京都府京都市三条

㊭ 20歳の時、父の代理で新京極・阪井座の金主を務め、明治33年常盤座と大黒座を直営、阪井座を買収、歌舞伎座と改め座主となった。35年双子の兄白井松次郎と共に、新京極に明治座を開場、2人の名を一字ずつ取って松竹合名社を興した。その後、初代中村鴈治郎と提携し大阪、東京へ進出、本郷座、東京歌舞伎座などを買収、大正9年松竹キネマを設立、映画製作にも進出。昭和12年松竹キネマと松竹興行を合併、松竹株式会社を設立、社長となった。29年会長、37年再び社長となり、38年会長。この間、26年に東京歌舞伎座を再建、また大谷図書館を設立した。歌舞伎、文楽、新派の伝統芸能の保護に努め、30年文化勲章を受章。　㊱ 文化勲章〔昭和30年〕

【伝記・評伝】
◇大谷竹次郎　演劇六十年　脇屋光伸著, 城戸四郎編　大日本雄弁会講談社　1951　342p　図版　19cm
◇財界の顔　池田さぶろ　講談社　1952
◇私の履歴書　第2集　日本経済新聞社　1957
◇大谷竹次郎（一業一人伝）　田中純一郎著　時事通信社　1961　234p　図版　18cm
◇京おとこ大谷竹次郎物語　渡辺喜恵子著　アルプス　1963
◇現代財界家系譜　第2巻　現代名士家系譜刊行会　1969
◇財界人思想全集　第10　ダイヤモンド社　1971
◇大谷竹次郎—百人が語る巨人像　「百人が語る巨人像・大谷竹次郎」刊行会　1971　343p　図　肖像　31cm
◇私の履歴書　経済人　1　日本経済新聞社編　日本経済新聞社　1980.6　477p　22cm
◇人物・松竹映画史—蒲田の時代　升本喜年著　平凡社　1987.5　294p　21cm
◇松竹映画の栄光と崩壊—大船の時代　升本喜年著　平凡社　1988.4　468p　21cm
◇あの人この人—昭和人物誌　戸板康二著　文芸春秋　1993.6　357p　19cm
◇大谷竹次郎〔新版〕　田中純一郎著　時事通信社　1995.10　225p　19cm
◇赤いグラスのいい出逢い　牧野昭一著　（中標津町）総合企画, メディアパル〔発売〕　1997.11　313p　19cm

大谷 登
明治7（1874）年3月26日～昭和30（1955）年7月31日

＊＊＊

日本郵船社長　㊷ 福井県　㊻ 東京高商（現・一橋大学）〔明治29年〕卒

歴 日本郵船に入社、カルカッタ、ニューヨーク、ロンドン各支店長を歴任、大正13年専務取締役、昭和4年副社長、10年社長となった。17年に退任、同年4月特殊法人船舶運営会が創設され、初代総裁。戦時中の海運国家管理の中枢部を担った。18年10月退任。

【伝記・評伝】
◇世界海運界の趨勢と本邦海運の一般方針（東京商科大学創立五十周年記念講演集） 大谷登述, 東京商科大学編 東京商科大学 1926 153,70p 23cm

大谷 米太郎
おおたに よねたろう

明治14（1881）年7月24日～昭和43（1968）年5月19日

＊＊＊

大谷重工業社長（創業者），ホテルニューオータニ創業者 生 富山県西礪波郡正得村（現・小矢部市） シコ名＝鷲尾嶽 学 小卒
歴 貧農の出身。明治44年上京、人夫、店員など転々としたのち、大正元年鷲尾嶽の名で相撲界に入るが、4年左手を骨折して引退、同年鉄鋼業を始める。昭和15年大谷重工業を創立して社長に就任、平電炉メーカーではトップの企業に成長させた。戦後は経営多角化をはかり、39年東京オリンピックのときホテル・ニューオータニを開業したのをはじめ、星製薬、東京卸売りセンターをてがける。主力の大谷重工業は資金難から経営権を新日鉄に譲渡した。

【伝記・評伝】
◇裸一貫から成功へ 堀久作, 石橋正二郎, 大谷米太郎, 遠山元一, 前田久吉 飛車金八著 鶴書房 1957 284p 19cm
◇一心大谷米太郎 大谷米太郎述 大谷米太郎追想録刊行委員会 ダイヤモンド社（企画・制作） 1969 290p 図 肖像 22cm
◇私の履歴書 第37集 日本経済新聞社 1969 281p 19cm
◇人間はいくらでも偉くなれる 貴具正勝著 講談社出版サービスセンター（製作） 1970 318p 図版 19cm
◇私の履歴書 経済人 11 日本経済新聞社編 日本経済新聞社 1980.10 467p 22cm
◇逆境を拓く―苦難をバネにした先達の生きざま 宮本惇夫著, 川鉄商事広報室編 産業能率大学出版部 1987.6 228p 19cm

◇巨富を築いた36人の男たち 鳥羽欽一郎著 実業之日本社 1989.11 206p 19cm
◇現状を打破し思考を現実化せよ！（ナポレオン・ヒルの成功哲学〈日本編 2〉） 田中孝顕著 騎虎書房 1992.9 283p 19cm
◇私の履歴書―昭和の経営者群像〈5〉 日本経済新聞社編 日本経済新聞社 1992.10 290p 19cm
◇日本資本主義の群像（現代教養文庫―内橋克人クロニクル・ノンフィクション〈3〉） 内橋克人著 社会思想社 1993.2 209p 15cm
◇ナポレオン・ヒルの成功哲学 日本編〈PART2〉（KIKO文庫） 田中孝顕著 騎虎書房 1997.3 270p 15cm
◇明日を創った企業家の言葉―先駆者の行動と発想に学ぶ 中江克己著 太陽企画出版 2001.12 246p 19cm

大塚 万丈
おおつか ばんじょう

明治29（1896）年11月24日～昭和25（1950）年3月8日

＊＊＊

日本特殊鋼管社長，経済同友会代表幹事 生 愛媛県大洲市 学 東京帝国大学法学部〔大正9年〕卒
歴 朝鮮銀行、大阪野村銀行などを経て、昭和12年理化学研究所に入り、理研コンツェルンの形成に尽力。17年日本製鉄に入り取締役。20年日本特殊鋼管社長。翌21年経済同友会を設立し、22年代表幹事に就任。同年同友会の企業民主化研究会委員長となり「企業民主化試案」を発表。修正資本主義と労働者の経営参加を提唱して、その影響下で多くの若い経営者が育った。卓抜なアイデアの持ち主のうえ情熱家で、愛媛県人特有の「こつと牛」といわれた。

【伝記・評伝】
◇財界人思想全集 第5 ダイヤモンド社 1970
◇私の財界昭和史（私の昭和史シリーズ） 三鬼陽之助著 東洋経済新報社 1987.2 272p 19cm

大槻 文平
おおつき ぶんぺい
明治36(1903)年9月27日～平成4(1992)年8月9日

＊＊＊

三菱鉱業セメント社長・会長、日本経営者団体連盟会長、日本工業倶楽部理事長　生宮城県伊具郡丸森町　学東京帝国大学法学部政治学科〔昭和3年〕卒

歴三菱鉱業に入社。昭和25年取締役、30年常務、34年副社長を経て、38年社長に就任。48年三菱セメント、豊国セメントと合併して、三菱鉱業セメントと改称。51年から会長。61年6月相談役に。54年からは日経連会長として財界を指導、62年5月までつとめた。また、第二次臨調のあとを受けて発足した臨時行政改革推進審議会（新行革審）で土光敏夫会長の代理を務め、62年新行革審会長に就任。　賞勲一等瑞宝章〔昭和48年〕、経済界大賞（特別賞）〔昭和51年〕、勲一等旭日大綬章〔昭和56年〕、財界賞〔昭和58年〕。

【伝記・評伝】
◇私の履歴書　経済人　16　日本経済新聞社編　日本経済新聞社　1981.1　464p　22cm
◇日本の100人―リーダーたちの素顔　日本経済新聞社編　日本経済新聞社　1986.5　211p　21cm
◇私の三菱昭和史（私の昭和史シリーズ）　大槻文平編著　東洋経済新報社　1987.10　258p　19cm
◇経営リーダーの昭和労務史　茂木啓三郎、河原亮三郎、大槻文平、宮崎輝、竹田弘太郎、兵頭伝著、矢加部勝美編著　日本経営者団体連盟広報部　1990.5　253p　19cm
◇追想　大槻文平　「追想大槻文平」編集委員会編　三菱マテリアル　1993.7　568p　22cm
◇史上空前の繁栄をもたらした人びと―昭和後期の企業家21人の生きざま（HOREI BOOKS）　新井喜美夫著　総合法令　1993.12　183p　18cm
◇続　北へ…―異色人物伝　北海道新聞社編　(札幌)北海道新聞社　2001.9　315p　21cm

大友 恒夫
おおとも つねお
大正3(1914)年12月21日～昭和55(1980)年6月5日

＊＊＊

秩父セメント社長・会長　身東京都　学早稲田大学理工学部卒

歴昭和20年秩父セメントに入社。23年常務取締役、43年に社長に就任。製造・販売の一本化、役員若返り人事など社内体制を刷新し、"秩父セメント中興の祖"と評された。51年会長。またこの間秩父鉄道会社、秩父観光取締役などを歴任。日本工業倶楽部理事。　賞紺綬褒章〔昭和54年〕、従四位勲三等旭日中綬章〔昭和55年〕

【伝記・評伝】
◇財界の第一線1958年　人物展望社　1958
◇現代財界家系譜　第3巻　現代名士家系譜刊行会　1970
◇大友恒夫追想文集　秩父セメント　1981.6　509p　22cm

大野 勇
おおの いさむ
明治32(1899)年3月17日～昭和59(1984)年5月30日

＊＊＊

森永乳業社長・会長　生東京　学慶応義塾大学経済学部卒

歴森永製菓を経て昭和21年森永食糧工業常務となる。24年森永食糧工業乳業部を分離独立、新しくなった森永乳業の専務に就任。30年に起きた「森永ミルク中毒事件」で専務から参与に降格したが33年に専務に復帰。35年から49年まで社長を務め、事件の収拾に当った。54年6月まで同社会長。

【伝記・評伝】
◇自在の人大野勇　森永乳業(株)　1985.5　432p　22cm
◇私の履歴書―経済人〈20〉　日本経済新聞社編　日本経済新聞社　1986.11　509p　21cm

大橋 光吉(おおはし こうきち)

明治8(1875)年8月26日～昭和21(1946)年7月3日

***

共同印刷社長　生兵庫県城崎町　旧姓(名)＝森垣　学豊岡高小〔明治23年〕卒

歴 18歳で上京、明治27年博文館に入り、博進社印刷工場で勤務、31年総務部長。同年館主大橋佐平の三女幸子と結婚、大橋姓となる。39年絵はがき製造販売の石版印刷・精美堂を設立。大正14年博文館印刷所を合併して共同印刷を設立し社長となった。同年欧米を訪問、印刷技術の改良に努め、また印刷所徒弟学校を精美堂印刷学校に改革、技術者を養成した。東京印刷同業組合長を務め、昭和6年日本書籍社長となった。

【伝記・評伝】
◇大橋光吉翁伝　浜田徳太郎著　大橋芳雄　1958　317,16,70p　図版51　22cm
◇日本財界人物列伝　第2巻　青潮出版編　青潮出版　1964　1175p　図版13枚　27cm

大橋 佐平(おおはし さへい)

天保6(1836)年12月22日～明治34(1901)年11月3日

***

博文館創業者　生越後国長岡(新潟県長岡市)
旧姓(名)＝渡辺　幼名＝熊吉

歴 明治2年越後府御用掛となり、学事方として学校の新設に尽力する。4年郷里の長岡で町政に貢献し、また14年に北越新聞社、越佐毎日新聞社を創立する。17年筆禍により下獄。19年上京、翌年本郷弓町に博文館を創設し、「日本大家論集」を発行し成功を収める。以後「日本之女子」「日本之商人」など雑誌を次々と創刊、息子・新太郎の協力を得て、博文館を明治期最大の出版社に育てあげた。28年新たに「太陽」「少年世界」「文芸倶楽部」を創刊。ほかに博進社、共同印刷、取次業の東京堂などを興した。また34年に日本最初の私立図書館・大橋図書館の創設者でもある。

【伝記・評伝】
◇大橋佐平翁伝　坪谷善四郎著　博文館　1932.3　242p　23cm
◇財界物故傑物伝　実業之世界社　1936
◇大橋佐平翁伝　坪谷善四郎著　栗田出版会　1974　217p　図　19cm

大橋 新太郎(おおはし しんたろう)

文久3(1863)年7月29日～昭和19(1944)年5月4日

***

博文館創業者,日本工業倶楽部理事長,衆議院議員(壬寅会),貴族院議員(勅選)　生越後国長岡(新潟県長岡市)

歴 明治14年父と「北越新聞」を発行した後、「越佐毎日新聞」を創刊、また大橋書店を経営。19年上京し、20年父と共に本郷弓町に博文館を創設、「日本大家論集」を発行、続いて「日本之商人」「日本之殖産」「日本之女子」「日本之教学」など雑誌を次々創刊して成功した。28年には「太陽」「少年世界」「文芸倶楽部」などを創刊。34年父の死で館主となり、父の遺志を継いで日本初の私立図書館・大橋図書館を創立、大橋育英会も興し、貸費生を養った。また早大、慶大に図書館を寄贈した。35年衆議院議員に当選、38年東京商業会議所副会頭、39年中国に渡り、東亜製粉、南満製粉、満豪毛織などを創立、社長となった。また朝鮮興業、大日本麦酒、日本硝子などの会長を務め、さらに王子製紙、白木屋、三共製薬、三井信託などの役員となり、関係会社70余社に及んだ。大正15年勅選貴族院議員、東京商業会議所特別議員、昭和10年日本工業倶楽部理事長となり、14年同評議員会会長となった。

【伝記・評伝】
◇日本財界人物列伝　第2巻　青潮出版編　青潮出版　1964　1175p　図版13枚　27cm
◇大橋新太郎伝　坪谷善四郎著　博文館新社　1985.8　352p　19cm
◇20世紀日本の経済人〈2〉(日経ビジネス人文庫)　日本経済新聞社編　日本経済新聞社　2001.2　380p　15cm

大橋 八郎(おおはし はちろう)

明治18(1885)年12月19日～昭和43(1968)年6月4日

***

日本電信電話公社総裁,貴族院議員(勅選),通信次官,俳人　生富山県射水郡高岡町(現・高岡市)

号＝大橋越央子　学 東京帝国大学法科大学政治科〔明治43年〕卒
歴 明治43年通信省に入り、郵務局長、経理局長を経て、通信次官となる。昭和11年1月岡田内閣の法制局長官となったが、二・二六事件により辞職。ついで翌12年2月林内閣の書記官長兼内閣調査局長官となり、同年6月辞職。その後、日本無線電信社長、国際電気通信社長を歴任。この間、11年9月貴族院議員に勅選され、21年6月までその任にあった。20年日本放送協会会長となり、天皇陛下の終戦詔勅の録音盤を死守した。21年公職追放、26年解除。33～40年日本電電公社総裁。傍ら4年頃から高浜虚子、富安風生に師事し、9年「ホトトギス」同人、23年「若葉」同人となり、両誌の同人会長を長く務めた。句集に「野梅」「市谷台」などがあり、没後「大橋越央子句集」が刊行された。

【伝記・評伝】
◇大橋八郎　大橋八郎伝記編纂委員会編　故大橋八郎氏記念事業委員会　一二三書房（製作）　1970.9　547p　肖像　22cm

大林　芳五郎
元治元（1864）年9月14日～大正5（1916）年1月24日

＊＊＊

大林組創業者　生 大阪
歴 11歳で呉服商に丁稚奉公、のち土木建築請負業を見習い、明治25年独立して土木建築業を開業。大阪築港、第5回内国博、韓国京義鉄道などの工事を請負い、業績をあげた。42年合資会社とし、大林組の基礎を確立。以後伏見桃山御陵、次いで伏見桃山東御陵の工事を請負い、さらに大阪電気軌道、東京駅舎など大工事を完成した。

【伝記・評伝】
◇財界物故傑物伝　実業之世界社　1936
◇大林芳五郎伝　白田喜八郎　同伝編纂会　1940
◇日本経済を育てた人々　高橋弥次郎　関西経済連合会　1955
◇日本財界人物列伝　第2巻　青潮出版編　青潮出版　1964　1175p　図版13枚　27cm
◇建設業を興した人びと―いま創業の時代に学ぶ　菊岡倶也著　彰国社　1993.1　452p　21cm
◇近代大阪の行政・社会・経済　広川禎秀編　青木書店　1998.2　354p　21cm

大林　芳郎
大正7（1918）年4月17日～

＊＊＊

大林組社長・会長，大林道路社長・会長　生 大阪府大阪市　学 東京帝国大学工学部建築学科〔昭和16年〕卒
歴 昭和16年大林組に入社。2代社長大林義雄の養子となり、18年社長に就任。62年会長を兼任し、平成元年から会長専任。この間内外テクノス社長、大林不動産社長、大林道路社長もつとめる。51年大林道路会長。また33年大阪建設業協会会長、全国建設業協会副会長、35年全国建設業協会会長、36年海外建設協会副会長を歴任。
賞 毎日工業技術賞〔昭和40年〕

【伝記・評伝】
◇大阪産業をになう人々　大阪府工業協会　1956
◇土建界十人男　西条児　雪華社　1958
◇わが人生の師（致知選書）　新井正明,素野福次郎ほか著　竹井出版　1986.5　266p　19cm

大原　総一郎
明治42（1909）年7月29日～昭和43（1968）年7月27日

＊＊＊

倉敷紡績社長，社会・文化事業家　生 岡山県倉敷市新川町　学 東京帝国大学経済学部〔昭和7年〕卒　経済学博士〔昭和36年〕
歴 倉敷紡績のほか大原社会問題研究所、大原美術館などを創設した孫三郎の長男。昭和7年倉敷絹織（現・クラレ）に入社。欧州外遊のあと、13年常務、14年社長、16年から倉敷紡績社長も兼ねる。18年父の死後、大原農研、大原社研、大原美術館などの事業も継承。22年請われて物価庁次長に就任、23年倉敷絹織社長に復帰。25年、桜田一郎京大教授が発明した国産合成繊維ビニロンの企業化に成功、38年にビニロンプラントを中国へ輸出し反響を呼んだ。版画の棟方志功、陶芸の富本憲吉らを育て励ます一方、"美しい国土"を守る運動を進めた。財界活動では関西経済連合会副会長をつとめた。

【伝記・評伝】
◇財界人の横顔　古田保　岩崎書店　1954

◇大阪産業をになう人々　大阪府工業協会　1956
◇母と青葉木菟　大原総一郎　春秋社　1963
◇大原孫三郎父子と原澄治　犬飼亀三郎著　倉敷新聞社　1973　352p　図　19cm
◇大原総一郎年譜　クラレ編　クラレ　1980　2冊（資料編共）　27cm
◇大原総一郎随想全集　1～4　大原総一郎著　福武書店　1981　4冊
◇大原総一朗の経営理念とその実践　山上克己　労働科学研究所　1985.3　178p　22cm
◇繁栄の群像―戦後経済の奇跡をなしとげた経営者たち　板橋守邦著　有楽出版社, 実業之日本社〔発売〕　1988.6　253p　19cm
◇へこたれない理想主義者　大原総一郎　井上太郎著　講談社　1993.4　311p　19cm
◇昭和をつくった明治人〈上〉　塩田潮著　文芸春秋　1995.4　398p　19cm
◇大原総一郎―へこたれない理想主義者（中公文庫）　井上太郎著　中央公論社　1998.9　388p　15cm

大原　孫三郎
おおはら　まごさぶろう
明治13（1880）年7月28日～昭和18（1943）年1月18日

＊＊＊

倉敷紡績社長, 社会・文化事業家　生 岡山県倉敷市　学 東京専門学校（現・早稲田大学）中退　歴 家業を継ぎ倉敷紡績に入り、明治39年社長に就任。また、倉敷銀行（現・中国銀行）を設立し、金融、電力、電鉄、倉庫など関連事業も手がけ、大正15年には倉敷絹織（現・クラレ）を設立し、繊維事業の多角化に先鞭をつけた。これらの合理的経営により関西財界第一の実力者となる。一方、大正8年に私財を投じた大原社会問題研究所は、高野岩三郎、森戸辰男、櫛田民蔵らを中心に労働運動研究のメッカとなり、ほかに大原農業研究所、倉敷労働科学研究所なども設立。また昭和5年に日本最初の本格的美術館である大原美術館を建設、西洋名画を収集し、児島虎次郎や川島理一郎ら洋画家を保護。ほかに岡山孤児院、倉敷中央病院、倉敷奨学金の設立にあたるなど、文化事業家、社会事業家としての功績は名高い。
賞 紺綬褒章〔大正9年〕, 勲三等瑞宝章〔昭和5年〕

【伝記・評伝】
◇日本実業家列伝　木村毅　実業之日本社　1953
◇人使い金使い名人伝〔正〕続　中村竹二著　実業之日本社　1953　2冊　19cm
◇日本経済を育てた人々　高橋弥次郎　関西経済連合会　1955
◇近世岡山県先覚者列伝　古井親一　同刊行所　1956
◇偉大なる財界人大原孫三郎　大内兵衛述, 岡山県総務部統計課編　大内兵衛, 岡山県総務部統計課　1961
◇高い山―人物アルバム　大内兵衛　岩波書店　1963
◇戦略経営者列伝（三一新書）　大江志乃夫著　三一書房　1963　252p　18cm
◇現代日本思想大系　11　筑摩書房　1964
◇日本財界人物列伝　第2巻　青潮出版編　青潮出版　1964　1175p　図版13枚　27cm
◇財界人思想全集　第5　ダイヤモンド社　1970
◇財界人100年の顔―日本経済を築いた人びと　ダイヤモンド社　1971
◇大原孫三郎父子と原澄治　犬飼亀三郎著　倉敷新聞社　1973　352p　図　19cm
◇大原孫三郎伝　大原孫三郎伝刊行会編　大原孫三郎伝刊行会　1983.12　410p　22cm
◇実業界の巨頭（ビジュアル版・人間昭和史〈5〉）　大来佐武郎, 扇谷正造, 草柳大蔵監修　講談社　1986.6　255p　21cm
◇日本の企業家と社会文化事業―大正期のフィランソロピー　川添登, 山岡義典編著　東洋経済新報社　1987.6　233,9p　21cm
◇花竹庵の窓から　徳力富吉郎著　（京都）京都新聞社　1988.6　196p　19cm
◇昭和前期通貨史断章　田中生夫著　有斐閣　1989.1　276,6p　19cm
◇人物昭和史（ちくま文庫）　利根川裕ほか著　筑摩書房　1989.1　488p　15cm
◇代表的日本人―自己実現に成功した43人　竹内均著　同文書院　1990.1　403p　19cm
◇昭和の美術〈第1巻（元年～10年）〉　毎日新聞社編　毎日新聞社　1990.1　2冊（セット）　36×28cm
◇学習漫画　岡山の歴史〈15〉　大正デモクラシー　片山全子シナリオ, 南一平, 小杉あきら, ビジュアルアーツプロダクション漫画, 山陽新聞社編　（岡山）山陽新聞社　1991.3　143p　21cm
◇大原美術館ロマン紀行　今村新三著　（岡山）日本文教出版　1993.11　293p　19cm

◇わしの眼は十年先が見える―大原孫三郎の生涯　城山三郎著　飛鳥新社　1994.5　290p　19cm
◇わしの眼は十年先が見える―大原孫三郎の生涯（新潮文庫）　城山三郎著　新潮社　1997.5　286p　15cm
◇男の美学―ビジネスマンの生き方20選（講談社文庫）　佐高信編　講談社　1998.12　311p　15cm
◇対談集　世界に誇る日本人―21世紀に伝えたい日本の心　広池幹堂，モラロジー研究所出版部編　（柏）モラロジー研究所　2001.9　269p　19cm
◇日本経営理念史〔新装復刻版〕　土屋喬雄著　（柏）麗沢大学出版会　2002.2　650p　23×16cm

大平　賢作（おおひら　けんさく）

明治13（1880）年2月8日～昭和28（1953）年12月17日

＊＊＊

住友銀行会長　生 新潟県魚沼郡六日町　学 東京高等商業学校専攻部銀行科〔明治37年〕卒
歴 明治37年農商務省海外実習練習生、東亜同文書院商務課教授として上海へ。39年辞任、帰国。同年住友銀行入行、外国係。大正4年本店営業部副長、7年ロンドン支店開設、支配人に就任。12年本店支配人、14年株式会社住友銀行取締役、翌年常務取締役から代表取締役に就任。昭和6年昭和銀行、三州平和銀行各取締役、住友電線製造所監査役、8年住友ビルディング取締役。13年住友銀行専務取締役、住友本社取締役、理事、住友倉庫取締役。14年住友生命取締役、日本興業銀行参与理事。15年住友銀行専務取締役に就任、同時に銀行代表としての公職、住友本社理事ほか連携各社の役職を辞任。16年住友銀行取締役会長、19年大阪住友海上火災保険取締役会長に就任。20年取締役会長を辞任。22年から26年公職追放指定を受ける。

【伝記・評伝】
◇大平賢作回想　「大平賢作回想」編集委員会編　「大平賢作回想」編集委員会　1969　570p　図版11枚　22cm

大村　彦太郎（おおむら　ひこたろう）（10代）

明治2（1869）年3月26日～昭和2（1927）年12月13日

＊＊＊

白木屋社長　身 京都　幼名＝和吉郎，号＝梅軒
歴 白木屋呉服店店主9代大村彦太郎の長男。商業素修学校で学んだ後、呉服店経営の研究のため上野松坂屋呉服店に変名で2ケ月小僧見習となる。明治20年アメリカからイギリスに渡り、ケンブリッジ大学に学び、卒業。28年帰国して10代を襲名。店舗を洋式設備にするなど東京市中の人気となる。大正8年個人商店を株式組織とし、社長に就任。大正7年貴族院議員に当選。茶の湯、謡曲にも造詣が深かった。

【伝記・評伝】
◇財界物故傑物伝　実業之世界社　1936
◇文壇うたかた物語　大村彦太郎著　筑摩書房　1995.5　287p　19cm

大屋　敦（おおや　あつし）

明治18（1885）年9月5日～昭和45（1970）年8月18日

＊＊＊

住友化学工業社長　生 東京　学 東京帝国大学工科大学電気工学科〔明治43年〕卒
歴 通信省電気局技師から住友総本店に入り、日本板硝子取締役、住友合資の経理部長、総務部長を経て住友化学専務となり、昭和16年社長。他に住友アルミニウム製練社長・会長、住友本社理事、軍需省顧問なども歴任した。戦後23年住友ベークライト会長、原子力産業会議副会長、日本発明振興協会会長、気象協会会長、科学技術庁顧問を兼ねた。著書に「産業人の原子力教室」「産業一路」などがある。

【伝記・評伝】
◇日本産業への愛着　大屋敦著，化学経済研究所編　化学経済研究所　1961.9　324p　22cm
◇産業一路　大屋敦著　化学経済研究所　1964
◇私の履歴書　第22集　日本経済新聞社編　日本経済新聞社　1964　354p　19cm
◇私の履歴書　経済人　7　日本経済新聞社編　日本経済新聞社　1980.9　477p　22cm

大屋 晋三
おおや しんぞう
明治27(1894)年7月5日～昭和55(1980)年3月9日

***

帝人社長, 参議院議員(自民党)　囲群馬県邑楽郡明和村　学東京高等商業学校〔大正7年〕卒
歴大正7年鈴木商店に入社、同14年、旧帝国人造絹絲(現・帝人)に派遣され、昭和20年11月には社長に就任した。以来、参議院議員だった22年から9年間をのぞき一貫してトップの座に君臨し、帝人を世界的な合繊メーカーに育て上げるとともに、繊維業界のリーダーとして活躍した。参議院議員在職中は商工、大蔵、運輸の各大臣を歴任。一方、「死ぬまでやめない」が口ぐせだった社長在任は26年余におよんだ。

【伝記・評伝】
◇大阪産業をになう人々　大阪府工業協会　1956
◇私の履歴書〔第1集〕　日本経済新聞社編　日本経済新聞社　1957-58　6冊　19cm
◇私の履歴書　第6集　日本経済新聞社　1958
◇わが社の経営方針　帝人　1963.6　212p　16cm
◇財界の鉱脈　小林一三と大屋晋三　邱永漢著　南北社　1964　277p　図版　19cm
◇現代財界家系譜　第2巻　現代名士家系譜刊行会　1969
◇財界人思想全集　第3　ダイヤモンド社　1970
◇財界人100年の顔―日本経済を築いた人びと　ダイヤモンド社　1971
◇人間大屋晋三―帝人"不倒翁社長"の執念　綱淵昭三著　評言社　1975　230p　19cm
◇私の履歴書　経済人　3　日本経済新聞社編　日本経済新聞社　1980.7　477p　22cm
◇社長の決断(徳間文庫)　伊藤肇著　徳間書店　1987.11　350p　15cm
◇退き際の研究―企業内権力の移転構造　内橋克人著　日本経済新聞社　1989.11　288p　19cm
◇この経営者の急所を語る―三鬼陽之助の財界人備忘録　三鬼陽之助著　第一企画出版　1991.7　256p　19cm
◇私の履歴書―昭和の経営者群像〈7〉　日本経済新聞社編　日本経済新聞社　1992.10　294p　19cm
◇「退き際」の研究(講談社文庫)　内橋克人著　講談社　1993.2　278p　15cm

大和田 国男
おおわだ くにお
大正8(1919)年12月3日～平成15(2003)年3月24日

***

不二越社長　囲東京・板橋　学東京工業大学機械工学科〔昭和18年〕卒　工学博士(東京工業大学)〔昭和55年〕
歴生家は研削砥石工場。昭和18年海軍技術士官となり、航空機銃の生産に携わる。21年不二越鋼材工業(38年に不二越と改称)に入社。33年技師長、36年取締役、51年副社長などを経て、54年社長に就任。55年には母校に出した論文「繰り返し高圧発生機の高性能化」で工学博士号を取得。平成5年相談役最高顧問に退く。10年戦後の日本のモノづくりを支えたマザーマシンをたたえようと歴史的価値のある工作機械を顕彰する会会長として、歴史的価値のある工作機械の顕彰をスタートさせる。著書に「ドクター社長の想い出 世界かけある記」「工具業界に限りなき愛をこめて―日本の機械工具の生い立ちとその発達史」がある。　賞日本機械学会長賞〔昭和52年〕, 藍綬褒章〔昭和54年〕

【伝記・評伝】
◇ハイテク時代を勝ち抜く―技術系社長の読みと戦略　通商産業省技術審査委員会, 工業技術院技術調査課編　日刊工業新聞社　1987.8　266p　19cm
◇ドクター社長の思い出「世界かけある記」　大和田国男著　エスデー出版　1989.12
◇工具業界に限りなき愛をこめて―日本の機械工具の生い立ちとその発達史　大和田国男著　商工経済新聞社出版部　1994.12　248p　肖像　20cm
◇モノづくりよ永遠なれ―技術屋社長の回顧録　大和田国男著　日本プラントメンテナンス協会　2000.4　281p　21cm

岡崎 嘉平太
おかざき かへいた
明治30(1897)年4月16日～平成元(1989)年9月22日

***

全日本空輸社長, ジャパックス社長, 日中経済協会常任顧問　囲岡山県上房郡賀陽町　学東京帝国大学法学部政治学科〔大正11年〕卒

[歴] 日本銀行に入り、ベルリン駐在、外国為替局次長を経て、昭和14年上海の華興商業銀行に転じ、理事などを歴任。終戦時は在上海大使館参事官として日本人の引き揚げに尽力。戦後、池貝鉄工、丸善石油の経営再建に協力、再建経営者としての手腕を発揮。日本ヘリコプター（全日空の前身）の設立に加わり、36年全日空社長に就任したが、相次ぐ全日空機事故の責任をとって42年辞任、相談役に。62年1月ジャパックス社長となり、20年振りに経営の第一線に復帰、平成元年まで務めた。この間、日中綜合貿易連絡協議会会長、日中覚書貿易事務所代表などを務め、戦後一貫して日中経済交流拡大に尽力した。訪中歴は100回を超える。　[賞] 勲一等瑞宝章〔昭和53年〕

【伝記・評伝】
◇わが道　岡崎嘉平太　春秋社　1966
◇私の履歴書　第32集　日本経済新聞社編　日本経済新聞社　1968　309p　19cm
◇私の記録―飛雪、春の到るを迎う　岡崎嘉平太著　東方書店　1979.3
◇私の履歴書　経済人　10　日本経済新聞社編　日本経済新聞社　1980.10　457p　22cm
◇終りなき日中の旅（財界人の昭和史　2）　岡崎嘉平太著　原書房　1984.11　286p　20cm
◇二十一世紀へのメッセージ　岡崎嘉平太　岡崎嘉平太先生の長寿を祝う会　1986.4　297p　24cm
◇先生と私　記念出版編集委員会編　岡崎嘉平太先生の長寿を祝う会　1986.4　254p　24cm
◇この財界事件は何を教えているか―混迷時代に勝ち残るために　三鬼陽之助著　第一企画出版　1987.9　342p　19cm
◇長寿のこころ　エイジング総合研究センター編　ぎょうせい　1989.4　137p　19cm
◇泰山―岡崎先生訪中100回記念誌　岡崎先生訪中100回記念訪中団　1989.10　108p　26cm
◇先輩経営者の闘魂訓―覇者に興亡ありて　三鬼陽之助著　広済堂出版　1990.9　303p　19cm
◇岡崎嘉平太伝―信はたて糸愛はよこ糸　岡崎嘉平太伝刊行会編　ぎょうせい　1992.8　521p　22cm
◇私の履歴書―昭和の経営者群像〈6〉　日本経済新聞社編　日本経済新聞社　1992.10　294p　19cm
◇昭和をつくった明治人〈下〉　塩田潮著　文芸春秋　1995.4　401p　19cm

小笠原　菊次郎（おがさわら　きくじろう）

明治8（1875）年7月8日～昭和8（1933）年1月5日

＊＊＊

富士製紙専務　[生] 愛媛県　[学] 大阪商業学校〔明治29年〕卒
[歴] 明治29年日本綿花に入社、上海支店長となったが、思惑取引の失敗で41年退社。翌年三井物産に入り、小樽支店、木材加工の工場長を経て、大正2年三井合名に移籍、樺太のパルプ工場建設を管轄、同工場の王子製紙移管に伴い4年王子製紙に転じ取締役、次いで常務となり、共栄起業専務を兼ねた。昭和4年富士製紙専務に出向、8年の王子製紙による富士、樺太工業3社合同の陰の立役者として尽力した。

【伝記・評伝】
◇財界物故傑物伝　実業之世界社　1936

小笠原　光雄（おがさわら　みつお）

明治27（1894）年7月20日～昭和63（1988）年1月6日

＊＊＊

三菱銀行頭取　[生] 東京　[学] 東京帝国大学法科大学独法科〔大正7年〕卒
[歴] 三菱合資を経て、大正10年三菱銀行に入行。昭和20年取締役、21年常務、22年専務、23年副頭取を経て、29年頭取に就任。34年相談役に退く。この間、33年全国銀行協会連合会会長、39年成蹊学園理事長をつとめた。　[賞] 勲二等瑞宝章〔昭和40年〕

【伝記・評伝】
◇財界回想録　下巻　日本工業倶楽部　1967

岡田　完二郎（おかだ　かんじろう）

明治24（1891）年10月24日～昭和47（1972）年9月9日

＊＊＊

富士通社長・会長　[生] 三重県　[学] 東京高等商業学校〔大正2年〕卒
[歴] 大正2年古河合名に入り、6年古河商事、10年古河鉱業に勤め、昭和2年古河合名に復帰。16年取締役となり、常務から20年社長となった。古河

血縁以外の初の社員出身社長。21年公職追放で辞任し、宇部興産を経て34年富士通信機製造（現・富士通）社長、45年会長。国産コンピューターの企業化に成功、親会社富士電機をしのぐ大会社富士通に育て上げた。日経連、経団連各常任理事、古河三水会理事会議長、通信機械工業会、日本ユネスコ協会連盟各会長などを歴任した。

【伝記・評伝】
◇岡田完二郎さんの思い出　「岡田完二郎さんの思い出」編集委員会　1973.9　304p　図・肖像10枚　22cm
◇男たちの決断〈飛翔編〉（物語　電子工業史）　板井丹後著　電波新聞社　1986.4　386p　21cm
◇ついにIBMをとらえた―富士通・エキサイト集団の軌跡　柏原久著　日本放送出版協会　1992.3　263p　19cm

岡野　喜太郎（おかの　きたろう）

元治元(1864)年4月4日～昭和40(1965)年6月6日

＊＊＊

駿河銀行頭取（創業者）　生 駿河国沼津（静岡県沼津市）　学 韮山師範〔明治18年〕中退
歴 明治20年貯蓄組合"共同社"を創立、28年根方銀行を設立、頭取となった。29年駿東実業銀行、45年駿河銀行と改称、頭取として地方金融に貢献。昭和32年長男豪夫に譲った。この間明治32年駿東貯蓄銀行、大正9年東洋醸造、昭和15年駿河代弁会社を設立したり地元企業の役員として活躍、沼津市名誉市民第1号に選ばれた。静岡県多額納税者で101歳の長寿を全うした。　賞 沼津市名誉市民

【伝記・評伝】
◇岡野喜太郎伝―人とその事業　橋本求著, 大日本雄弁会講談社編　岡野喜太郎翁寿像建設会　1952　410p　図版43枚　地図　22cm
◇私の履歴書〔第1集〕, 2-6　日本経済新聞社編　日本経済新聞社　1957-58　6冊　19cm
◇私の履歴書　第5集　日本経済新聞社　1958
◇財界の第一線1958年　人物展望社　1958
◇百一歳の経営者―岡野喜太郎翁の人と事業　田中明光著　近代セールス社　1964　274p　図版　18cm
◇富士に生きる―岡野喜太郎伝（中経新書）　岡戸武平著　中部経済新聞社　1964　303p　図版　18cm
◇岡野喜太郎伝　芹沢光治良著　駿河銀行　1965　127p　図版　22cm
◇岡野喜太郎伝　小島直記著　フジ出版社　1967　257p　図版　19cm
◇岡野喜太郎の追想　岡野喜太郎追想録編纂委員会編　駿河銀行　1967　303p　図版43枚　22cm
◇現代財界家系譜　第1巻　現代名士家系譜刊行会　1968
◇財界人思想全集　第8　財界人の人生観・成功観　小島直記編・解説　ダイヤモンド社　1969　454p　22cm
◇私の履歴書　経済人　2　日本経済新聞社編　日本経済新聞社　1980.6　477p　22cm
◇創業者列伝（小島直記伝記文学全集　第11巻）　小島直記著　中央公論社　1987.11　533p　19cm
◇追想岡野喜太郎　駿河銀行　1989.4　225p　22cm

岡野　清豪（おかの　きよひで）

明治23(1890)年1月1日～昭和56(1981)年5月14日

＊＊＊

三和銀行頭取・会長, 文相, 通産相　生 岡山県岡山市　学 東京帝国大学法科大学政治科〔大正4年〕卒
歴 大正4年日本銀行に入行。神戸支店長などを務めたあと、三和銀行に入り、昭和20年頭取、22年会長。24年以来大阪から衆議院議員に3回当選。民主自由党に所属。25年第3次吉田内閣の地方自治庁長官・文相、第4次吉田内閣文相、第5次吉田内閣通産相兼経済審議庁長官をつとめた。
賞 勲一等瑞宝章〔昭和40年〕

【伝記・評伝】
◇金・物・心　岡野清豪著　全国書房　1941.11　276p　19cm
◇金・物・心　続　岡野清豪著　全国書房　1943　295p　19cm

岡野 豪夫(おかの ひでお)
明治23(1890)年2月28日～昭和39(1964)年8月22日

* * *

駿河銀行頭取　身 静岡県沼津市　学 慶応義塾大学理財科〔明治45年〕卒

歴 大正3年駿河銀行に入行、調査・営業・総務各部長を経て昭和18年副頭取、32年頭取に就任。

【伝記・評伝】
◇岡野豪夫追悼録　岡野豪夫追悼録編纂委員会編　駿河銀行　1966　311p　図版42枚　22cm
◇岡野豪夫伝　小島直記著, 岡野豪夫伝編纂委員会編　駿河銀行　1975.8　243p　図　肖像　19cm

岡橋 林(おかはし しげる)
明治16(1883)年12月15日～昭和34(1959)年11月24日

* * *

住友銀行社長　生 福岡県　学 東京高商(現・一橋大学)〔明治39年〕卒

歴 明治39年住友銀行に入り下関、名古屋、東京各支配人を経て常務、昭和15年専務(翌年社長と改称)となった。また住友本社、住友信託、住友倉庫、住友生命、住友ビル、昭和銀行各取締役のほか住友金属工業、住友電気工業、住友化学工業、住友鉱業、住友機械工業、住友アルミ製錬、四国中央電力、日本板硝子各監査役を兼ねた。戦時中は大阪銀行集会所会長、敗戦直後関西経済連合会常任理事を務めたが、公職追放となり、解除後の28年第5次吉田内閣の経済最高顧問となった。

【伝記・評伝】
◇岡橋林氏追懐録　岡橋林氏追懐録編纂委員会編　岡橋林氏追懐録編纂委員会　1964.3　486p　図版　22cm

岡橋 治助(おかはし じすけ)
文政7(1825)年12月14日～大正2(1913)年11月2日

* * *

第三十四国立銀行頭取, 天満紡績社長　生 大和国十市郡味間村(奈良県田原本町)　幼名=留吉, 後名=岡橋清左衛門

歴 天保13年大坂に出て、太物商島屋で商売見習をし、安政3年島屋の別家油屋治助の店を持ち、木綿商を始め、大阪屈指の木綿問屋となった。明治11年第三十四国立銀行(三和銀行の前身)を設立、頭取に就任。一方和歌山第四十三、日本共同、中立貯蓄、日本中立の各銀行にも関係。さらに大阪・河南の諸鉄道、日本生命保険、日本火災保険、日本倉庫、帝国物産など30余の事業創設に参画した。また20年に天満紡績会社を設立し社長となり、ほかに日本棉花、日本紡績などの育成・発展に努め、大阪綿紡界の草分けとなった。大阪商業会議所特別議員。41年隠居して清左衛門と改名。

【伝記・評伝】
◇関西財界外史　関西経済連合会　1976

岡谷 惣助(9代)(おかや そうすけ)
嘉永4(1851)年2月7日～昭和2(1927)年2月8日

* * *

愛知銀行頭取, 貴族院議員(勅選)　生 尾張国名古屋(愛知県)

歴 明治元年金物商笹屋の家督を継承。藩命により伊藤、関戸両長者と並んで三人衆の為替店を開き国税、地方税を取り扱った。また農商会社、第十一国立銀行などの創立に参与。4年地元有志と七宝会社を設立、七宝焼の製造、販売に努め、オーストリア、アメリカ、フランス万国博に出品、輸出振興に尽力。また名古屋紡績所創設に参画、時計、燐寸などの製造に関係、21年には愛知銀行を創立、頭取となった。42年岡谷合資、岡谷保産合名を設立、さらに三重紡績重役など中京地方財界に重きをなした。この間39年には勅選貴族院議員に選ばれた。大正15年隠居し、家督を10代惣助に譲った。

【伝記・評伝】
◇財界物故傑物伝　実業之世界社　1936

小川 栄一（おがわ えいいち）

明治33（1900）年1月10日～昭和53（1978）年12月8日

＊＊＊

藤田観光社長　生 長野県上田市　学 京都帝国大学法学部卒

歴 安田信託銀行に入り、営業部次長を最後に退行。昭和20年藤田観光の前身、藤田興業の常務、24年社長に就任。以後、52年2月身体をこわして退任するまで社長として君臨。一代で箱根小涌園、椿山荘、ホテルなどの観光王国を築き上げた実力者。

【伝記・評伝】
- ◇財界人の横顔　古田保　岩崎書店　1954
- ◇実力経営者伝　梶山季之　講談社　1963
- ◇私の履歴書　第19集　日本経済新聞社編　日本経済新聞社　1963　332p　19cm
- ◇わがフロンティア経営（実日新書）　小川栄一著　実業之日本社　1964　229p　図版　18cm
- ◇私の履歴書　経済人　7　日本経済新聞社編　日本経済新聞社　1980.9　477p　22cm
- ◇成功する経営・失敗する経営　三鬼陽之助著　PHP研究所　1986.6　221p　19cm
- ◇私の財界昭和史（私の昭和史シリーズ）　三鬼陽之助著　東洋経済新報社　1987.2　272p　19cm
- ◇混乱時代の経営者の活路　三鬼陽之助著　講談社　1993.10　261p　19cm
- ◇日本人のホテルをつくる―ワシントンからフォーシーズンズホテルまで　長田藤治著　近代文芸社　1994.2　263p　19cm

奥田 正香（おくだ まさか）

弘化4（1847）年3月～大正10（1921）年1月31日

＊＊＊

尾張紡績社長, 名古屋商業会議所会頭　生 尾張国名古屋（愛知県）

歴 明治の初め上京、芝増上寺の僧となる。のち志を変え愛知県庁に入るが、これも辞して実業を志し、味噌・醤油の販売を始めた。21年尾張紡績会社（東洋紡績の前身）を創立、26年名古屋商業会議所会頭に推され、名古屋株式取引所を創立して理事長となった。さらに日本車輛製造、名古屋瓦斯、名古屋電力などの社長を兼任、東邦瓦斯、豊橋瓦斯、一宮瓦斯などの要職も務めた。

【伝記・評伝】
- ◇財界物故傑物伝　実業之世界社　1936
- ◇日本財界人物列伝　第1巻　青潮出版編　青潮出版　1963　1171p　図版　26cm
- ◇明治の名古屋人　同教育委員会　1969

奥村 綱雄（おくむら つなお）

明治36（1903）年3月5日～昭和47（1972）年11月7日

＊＊＊

野村証券社長・会長　生 滋賀県信楽町　学 京都帝国大学経済学部卒

歴 大正15年野村証券入社。終戦時、京都支社長だったため公職追放を免れ、上層部追放の後をうけ昭和22年第3代社長に就任。GHQの商号変更に抵抗、野村の商号を守った。財閥解体による証券民主化で24年暮れ、株が大暴落。証券取引所再開は禁止されていたが、22年証券取引法制定で24年東京などで再開。26年信用取引の実施、証券投資信託法が公布されたが、この投資信託法制定促進の中心的役割を果たした。28年コンピューター時代を予測して業界初のコンピューターを導入した。34年会長。37年経団連外資問題委員会委員長となり、石坂経団連会長とともに資本自由化促進の旗振りを務めた。43年相談役。

【伝記・評伝】
- ◇財界の顔　池田さぶろ　講談社　1952
- ◇財界人の横顔　古田保　岩崎書店　1954
- ◇この経営者を見よ―日本財界の主流をゆく人々　会社研究所　ダイヤモンド社　1958
- ◇僕のダイヤモンド経営　奥村綱雄著　実業之日本社　1961　245p　19cm
- ◇私の履歴書　第12集　日本経済新聞社編　日本経済新聞社　1961　391p　19cm
- ◇若き日の社長　現代事業家の人間形成　海藤守著　徳間書店　1962　329p　18cm
- ◇現代財界家系譜　第1巻　現代名士家系譜刊行会　1968
- ◇財界人100年の顔―日本経済を築いた人びと　ダイヤモンド社　1971
- ◇わが半生涯　奥村綱雄　読売新聞社　1971　214p　20cm
- ◇財界人思想全集　第10　ダイヤモンド社　1971
- ◇財界―日本の人脈　読売新聞社　1972

◇追悼奥村綱雄　追悼奥村綱雄編集委員会編
　野村証券　1973.11　463p　23cm
◇私の履歴書　経済人　4　日本経済新聞社編
　日本経済新聞社　1980.7　480p　22cm
◇野村王国を築いた男─奥村綱雄のトコトン人生
　小島直記著　実業之日本社　1982.6　231p
　20cm
◇佐高信の斬人斬書〈上〉　生き方を問う読書案
　内　佐高信著　島津書房　1987.2　299p　19cm
◇野村証券　五人の社長─人をつくり　組織をつ
　くり　金融大国日本をつくった男たち　宮本淳
　夫著　日本実業出版社　1989.5　286p　19cm
◇この経営者の急所を語る─三鬼陽之助の財界人
　備忘録　三鬼陽之助著　第一企画出版　1991.7
　256p　19cm
◇私の履歴書─昭和の経営者群像〈3〉　日本経
　済新聞社編　日本経済新聞社　1992.9　278p
　19cm
◇史上空前の繁栄をもたらした人びと─昭和後期
　の企業家21人の生きざま（HOREI　BOOKS）
　新井喜美夫著　総合法令　1993.12　183p
　18cm

奥村 政雄 （おくむら まさお）

明治12(1879)年11月29日～昭和41(1966)年5月27日

＊＊＊

日本カーバイト工業社長（創業者），三菱合資理
事　生 熊本県　学 東京帝国大学法科大学〔明治
38年〕卒

歴 大蔵省を経て、明治39年三菱合資会社に入社。
大正3年本社総務部副長となり、諸規則の明文化、
社史編纂などによる資料の整備、定年制の確立な
どに力を尽した。6年専務理事代理、14年理事に
就任。昭和7年三菱を退社、大同燐寸社長。10年
日本カーバイト工業を創立、以後30年間、86歳ま
で社長をつとめた。

【伝記・評伝】
◇財界人の横顔　古田保　岩崎書店　1954
◇藤川一秋　犬丸徹三　波多野元二　奥村政雄伝
　（日本財界人物伝全集）　古田保著　東洋書館
　1955　316p　図版　22cm
◇私の履歴書　第17集　日本経済新聞社編　日本
　経済新聞社　1962　379p　19cm

◇私の履歴書　経済人　6　日本経済新聞社編
　日本経済新聞社　1980.8　482p　22cm

小倉 常吉 （おぐら つねきち）

慶応元(1865)年9月～昭和9(1934)年1月1日

＊＊＊

小倉石油社長　生 埼玉県　旧姓（名）＝柴崎

歴 12歳で上京、日本橋区大伝馬町水油問屋長谷
部商店に小僧となり、私塾最上舎で漢学、数学、
英語を学ぶ。将来は石油の需要が激増するであ
ろうと、明治22年25歳で独立して石油業を開く。
商売は成功、開店後数年で日本精製石油を買収。
全国灯台の石油の一手納入権を得る。35年には新
潟の原油採掘に着手。のち、油田の買収、製油工
場建設、秋田県豊川油田採掘法が成功。大正11年
神奈川県鶴見に貯油所建設等で好業績を挙げる。
14年個人会社を株式会社組織とする。新潟、秋田
に優良油田を持ち、原油積取汽船も数隻所有して
日本石油と並ぶ大石油会社となる。

【伝記・評伝】
◇油界の巨星小倉常吉氏（日統文庫）　日統社編
　日統社　1933　38p　19cm
◇財界物故傑物伝　実業之世界社　1936
◇小倉常吉伝　奥田英雄著　小倉常吉伝刊行会
　1976　519p　図　肖像　22cm

小倉 正恒 （おぐら まさつね）

明治8(1875)年3月22日～昭和36(1961)年11月20日

＊＊＊

住友財閥総帥，蔵相，貴族院議員（勅選）　生 石川
県金沢市　学 東京帝国大学法科大学英法科〔明
治30年〕卒

歴 内務省に入り、山口県参事官を経て25歳で退
官、明治32年住友に移る。33年西欧留学。住友
コンツェルン確立期のリーダーとなり、大正7年
本店理事、10年常務理事を経て、昭和5年住友合
資会社総理事。住友鉱業、住友化学工業、住友生
命、日本板硝子などの各会長を歴任し、16年総理
事を退く。一方8年勅選貴族院議員、16年から第
2、3次近衛内閣の国務、大蔵大臣に就任、戦時金
融公庫総裁、東亜経済懇談会会長を経て、19年南
京国民政府全国経済委員会最高顧問となり、中国

で終戦を迎える。戦後は道徳運動を展開、石門心学会長、修養団後援会長、アジア文化図書館理事長などをつとめた。著書に「星巌集註」「五千巻堂集」など。

【伝記・評伝】
◇小倉正恒 古田俊之助伝（日本財界人物伝全集） 栂井義雄著 東洋書館 1954 318p 図版 19cm
◇近代日本人物経済史 日本経済史研究会 東洋経済新報社 1955
◇小倉正恒談叢 小倉正恒著 好古庵 1955
◇小倉正恒 神山誠著 日月社 1962 469p 図 肖像 22cm
◇日本財界人物列伝 第2巻 青潮出版編 青潮出版 1964 1175p 図版13枚 27cm
◇小倉正恒 小倉正恒伝記編纂会編 小倉正恒伝記編纂会 1965 998p 図版22枚 22cm
◇根性の実業家—住友を築いた実力者たち 神山誠著 南北社 1965
◇財界人思想全集 第4 ダイヤモンド社 1969
◇財界人100年の顔—日本経済を築いた人びと ダイヤモンド社 1971
◇住友の哲学—晩年の小倉正恒翁の思想と行動 菊地三郎著 風間出版 1973 302p 図 肖像 19cm
◇関西財界外史 関西経済連合会 1976
◇小島直記伝記文学全集〈第3巻〉 日本さらりーまん外史 小島直記著 中央公論社 1986.12 414p 19cm
◇ビジュアル版・人間昭和史〈4〉 財界の指導者 講談社 1987.2 255p 21cm
◇日本の権力人脈（パワー・ライン） 佐高信著 潮出版社 1988.12 233p 19cm
◇近代住友の経営理念—企業者史的アプローチ 瀬岡誠著 有斐閣 1998.10 276p 21cm
◇日本の権力人脈（パワー・ライン）（現代教養文庫） 佐高信著 社会思想社 2001.12 302p 15cm

小島 新一 （おじま あらかず）

明治26（1893）年2月9日〜昭和62（1987）年3月30日

＊＊＊

八幡製鉄社長・会長, 商工次官　身茨城県真壁郡　学東京帝国大学法学部政治学科〔大正7年〕卒
歴大正7年農商務省に入省。商工省燃料局長、貿易局長、事務次官を歴任して、昭和16年退官、日本製鉄に移って副社長となる。戦後公職追放となるが、27年八幡製鉄副社長に復帰、31年から37年まで社長をつとめた。その後、会長を経て、42年相談役となり、45年合併後も新日鉄相談役に就任。この間、日本銀行政策委員、日本鉄鋼連盟会長、経団連副会長などを歴任した。　賞藍綬褒章〔昭和35年〕, 勲一等瑞宝章〔昭和40年〕

【伝記・評伝】
◇先達に聞く—日本鉄鋼業を支えてきた先人の証言 上巻 鉄鋼新聞社編 鉄鋼新聞社 1985 396p 19cm

小平 浪平 （おだいら なみへい）

明治7（1874）年1月15日〜昭和26（1951）年10月5日

＊＊＊

日立製作所社長（創業者）　生栃木県都賀郡　学東京帝国大学工科大学電気工学科〔明治33年〕卒
歴藤田組小坂鉱山、広島水力電気、東京電灯を経て、明治39年久原鉱業所日立鉱山に入る。大正9年電機事業を企図して日立製作所を分離独立、以後経営に努め、今日の日立の創業者となる。昭和4年社長に就任、22年公職追放まで務めた。財界に係累も人脈も持たない、技術者出身の冷静でまじめな実業家だった。戦後追放解除の26年日立製作所相談役に戻る。

【伝記・評伝】
◇小平さんの思い出 小平浪平翁記念会編 日立製作所 1952
◇晃南日記—小平浪平遺稿 小平浪平翁記念会 日立製作所 1954
◇日本の電機工業を築いた人 小平浪平翁の生涯 藤田勉著 国政社 1962 344p 図版 19cm
◇日本財界人物列伝 第2巻 青潮出版編 青潮出版 1964 1175p 図版13枚 27cm
◇日立とその人々 高尾直三郎 高尾直三郎（私家版） 1966
◇日立一号への執念 小平浪平の事業と人 井沢久嗟著 創造社 1967 366p 図版 19cm
◇財界人100年の顔—日本経済を築いた人びと ダイヤモンド社 1971
◇財界人思想全集 第10 ダイヤモンド社 1971

◇技術王国日立をつくった男―創業者・小平浪平伝　加藤勝美著　PHP研究所　1985.11　240p　20cm
◇経営者の器―あの人あの言葉　池田政次郎著　東洋経済新報社　1993.12　206p　19cm
◇きょう土につくした人びと　ふるさと歴史新聞〈5〉　新しい産業をおこす　笠原秀文　ポプラ社　1996.4　47p　30cm
◇日立の挑戦―創業者小平浪平と現代の頭脳（ビジネスコミック・チャレンジ21）　加藤勝美原作, 大画としゆき画　ビジネス社　1996.7　158p　20cm
◇ケースブック　日本の企業家活動　宇田川勝編　有斐閣　1999.3　318p　21cm
◇日本の企業家群像　佐々木聡編　丸善　2001.3　292p　19cm

小田原　大造（おだわら　だいぞう）

明治25（1892）年11月10日～昭和46（1971）年4月8日

＊＊＊

クボタ社長・会長, 大阪商工会議所会頭　囲 広島県御調郡向島町　学 尾道商業学校卒　歴 22歳の時、文部省検定試験に合格、中学校教師を数年務め、大正5年尼崎の関西鉄工に入社。翌6年、久保田鉄工所（現・クボタ）に買収、創業者久保田権四郎に抜擢され、13年常務取締役、20年に専務、25年社長に就任。28年久保田鉄工に社名を変更し、42年に会長、45年相談役。平成2年クボタに社名変更。また昭和25年、大阪商工会議所副会頭、35年会頭。41年に会頭辞任。この間、日本商工会議所副会頭、経団連副会頭、日本万国博協会常任理事として活躍した。　賞 藍綬褒章〔昭和34年〕

【伝記・評伝】
◇財界の顔　池田さぶろ　講談社　1952
◇財界人の横顔　古田保　岩崎書店　1954
◇大阪産業をになう人々　大阪府工業協会　1956
◇私の履歴書　第16集　日本経済新聞社編　日本経済新聞社　1962　350p　19cm
◇現代財界家系譜　第1巻　現代名士家系譜刊行会　1968
◇小田原大造氏の追想　野田孝　1971　135p　図・肖像10枚　19cm

鬼塚　喜八郎（おにつか　きはちろう）

大正7（1918）年5月29日～

＊＊＊

アシックス社長・会長, 世界スポーツ用品工業連盟名誉会長　囲 鳥取県気高郡明治村松上（現・鳥取市）旧姓（名）＝坂口　学 鳥取一中〔昭和11年〕卒　歴 軍隊生活7年を経て、鬼塚清市の養子となる。昭和24年運動靴メーカーの鬼塚商会を創立、同年株式に改組してオニツカと改称。52年オニツカ、ジィティオ、ジェレンク3社を合併してアシックスと改称、その社長に就任。平成4年会長。バスケットシューズ、マラソンシューズを開発、管理職登用に試験制を導入するなどの差別化戦略を貫く。ほかにエコー化学工業、ゴールドタイガー各会長、日本スポーツ用品工業協会会長、スポーツ産業団体連合会理事長、世界スポーツ用品工業連盟名誉会長、褒章クラブ会長、日本発明振興協会会長など多くの要職を兼任。2年国連の活動を民間レベルでサポートしようと国連支援交流財団がニューヨークに設立され、その理事長に就任。著書に「経営指南」がある。　賞 全日本学士会アカデミア賞〔昭和49年〕, 神戸市産業功労賞〔昭和49年〕, 藍綬褒章〔昭和49年〕, 兵庫県労働功労賞〔昭和51年〕, オーストリア共和国功労大銀章〔昭和58年〕, 毎日経済人賞（第5回）〔昭和58年〕, 勲三等瑞宝章〔昭和63年〕

【伝記・評伝】
◇創業社長の"名語録"にみる商売感覚――一言、自らを鼓舞し事業を創る　青野豊作著　日新報道　1986.12　194p　19cm
◇私心がないから皆が活きる―アシックス・世界を駆け抜けるの記　鬼塚喜八郎著　日本実業出版社　1987.9　252p　19cm
◇社長の哲学―13人の経営と信仰　小島五十人著　鈴木出版　1988.2　189p　19cm
◇私の履歴書―鬼塚喜八郎　鬼塚喜八郎著　日本経済新聞社　1991.4　189p　19cm
◇トップの肖像〈2〉　神戸新聞経済部編　（神戸）神戸新聞総合出版センター　1994.7　322p　19cm
◇アシックス鬼塚喜八郎の「経営指南」―創業50年。難路かく越えり　鬼塚喜八郎著　致知出版社　2000.5　189p　19cm

◇経営の大原則—21世紀の経営者は松下幸之助を超えられるか　江口克彦監修　PHP研究所　2001.3　302p　19cm

小野　金六
おの　きんろく

嘉永5(1852)年8月18日～大正12(1923)年3月11日

＊＊＊

富士製紙創業者　生 甲斐国(山梨県)

歴 家業の酒造業のかたわら、早くから米や塩を商い、19歳の時、長崎で養蚕業を学び桑の栽培、養蚕に取り組んだ。さらに赤穂からの塩の買い付けに成功した。明治6年上京、東京府雇を経て貿易業小野組、廻米問屋の重役となり、10年ごろ米の大買占めに成功。次いで甲府の第十銀行東京支配人、第九十五銀行、割引銀行各頭取を経て26年東京割引銀行を創設、頭取となった。また静岡県富士市に富士製紙(本州製紙富士工場、のち王子製紙に合併)を創立、北海道釧路に工場建設、さらに日本製紙を合併、大阪にも工場を建てた。引き続き駿豆鉄道、東京市街鉄道、両毛鉄道、日本電燈、富士電氣などを傘下におさめ、甲州財閥の一人として重きをなした。

【伝記・評伝】
◇商海英傑伝　瀬川光行　大倉書店, 冨山房書店　1893
◇当代の実業家—人物の解剖　実業之日本社　1903
◇小野金六　有隣会　1928
◇財界物故傑物伝　実業之世界社　1936
◇日本財界人物列伝　第2巻　青潮出版編　青潮出版　1964　1175p　図版13枚　27cm
◇甲州財閥—日本経済の動脈をにぎる男たち　小泉剛　新人物往来社　1975

小野　晋
おの　すすむ

大正7(1918)年3月29日～平成13(2001)年9月20日

＊＊＊

日本郵船社長・会長　生 大分県臼杵市　学 東京帝国大学法学部〔昭和16年〕卒

歴 昭和16年日本郵船に入社。42年の営業第一部長当時、他社に先がけて、コンテナ化の実行にあたった。44年取締役、46年常務、50年専務、51年副社長を経て、53年社長に就任。58年からLNG船を就航させて不況乗り切りをはかった。59年会長、平成元年相談役に退いた。日本船主協会会長を務めた。　賞 藍綬褒章〔昭和55年〕, 勲二等旭日重光章〔昭和63年〕

【伝記・評伝】
◇社長たちの若き日　杉崎寛　あの人この人社　1980.12

小畑　源之助
おばた　げんのすけ

明治8(1875)年12月22日～昭和34(1959)年6月24日

＊＊＊

日本ペイント社長　生 兵庫県

歴 父小畑作右衛門の会社但馬織物、小畑織物の規模を拡大、京都織物倉庫、関西倉庫などを設立し社長に就任。大正元年その手腕を買われ日本ペイント製造入社、営業部長、大阪支店長、事務取締役から13年社長となった。戦時中の大陸進出の波に乗って満州日本ペイント、台湾日本ペイント、日満林産化学などを設立した。大平合資会社代表社員を兼ね、戦後も関西財界をリード、大阪商工会議所常議員、大阪工業会、大阪府工業懇話会各会長などを歴任した。

【伝記・評伝】
◇人と事業　第2編　小畑源之助君の巻　坂本霞渓著　昭文堂　1932　170p　20cm
◇創造と完成—茂木兄弟と小畑源之助　井上五郎著　富士書房　1938　97p　19cm
◇小畑源之助君伝　高梨光司著　但山会事務所　1942.12　550,2,26p　図版14枚　肖像　22cm
◇日本財界人物列伝　第2巻　青潮出版編　青潮出版　1964　1175p　図版13枚　27cm

小原　鉄五郎
おばら　てつごろう

明治32(1899)年11月1日～平成元(1989)年1月27日

＊＊＊

城南信用金庫理事長・会長, 全国信用金庫連合会会長　生 東京　学 日野尋常高等小学校高等科〔大正3年〕卒

歴 大正8年大崎信用組合の設立に参加し、20年同組合専務理事。同年15組合合併による城南信用組合発足と同時に専務理事。31年城南信用金庫

理事長。38年全国信用金庫連合会会長、41年全国信用金庫協会会長、50年城南信用金庫会長を歴任した。　賞 紺綬褒章〔昭和36年〕，黄綬褒章〔昭和37年〕，勲三等瑞宝章〔昭和44年〕，勲二等瑞宝章〔昭和52年〕，企業広報賞功労者賞（第3回）〔昭和62年〕，勲一等瑞宝章〔昭和62年〕

【伝記・評伝】
◇私の履歴書　第41集　日本経済新聞社　1970　291p　19cm
◇小原鉄五郎語録─庶民金融の真髄をつく　小原鉄五郎　金融タイムス社　1973
◇経営のこころ　第2集　日刊工業新聞社　1973
◇商魂の系譜─企業家精神に生きる61人　中村秀一郎　日本経済新聞社　1973
◇信用金庫の歴史と小原鉄五郎　金融タイムス社編　金融タイムス社　1980-89　3冊　図版〔1〕（503p）/2（493p）/追悼総集編（459p）　22cm
◇私の履歴書　経済人　13　日本経済新聞社編　日本経済新聞社　1980.12　457p　22cm
◇小原鉄五郎（十六人の銀行家─音たかく流れる）　青野豊作　現代史出版会　1982.7
◇王道は足もとにあり─小原鉄五郎経営語録　PHP研究所　1985.1　210p　20cm
◇日本の100人─リーダーたちの素顔　日本経済新聞社編　日本経済新聞社　1986.5　211p　21cm
◇各界首脳と語る　愛知和男著　不昧堂出版　1986.11　341p　19cm
◇この道わが道─信用金庫ひと筋に生きて　小原鉄五郎著　東京新聞出版局　1987.12　243p　19cm
◇現状を打破し思考を現実化せよ！（ナポレオン・ヒルの成功哲学〈日本編　2〉）　田中孝顕著　騎虎書房　1992.9　283p　19cm
◇私の履歴書─昭和の経営者群像〈9〉　日本経済新聞社編　日本経済新聞社　1992.11　288p　19cm
◇ナポレオン・ヒルの成功哲学　日本編〈PART2〉（KIKO文庫）　田中孝顕著　騎虎書房　1997.3　270p　15cm

尾本　信平
おもと　しんぺい
明治41（1908）年10月17日〜平成11（1999）年4月19日
＊＊＊
三井金属社長・会長　生 千葉県大多喜町　学 東京商科大学（現・一橋大学）〔昭和8年〕卒
歴 昭和8年三井鉱山（現・三井金属）入社。商務部長、常務、副社長を経て、45年社長に就任。47年神通川のイタイイタイ病訴訟原告団と和解調印した。54年会長。のち日本鉄粉取締役相談役などを務めた。　賞 勲一等瑞宝章〔昭和55年〕

【伝記・評伝】
◇尾本論叢　尾本信平著　尾本信平　1982.10　324p　22cm
◇尾本紀行　尾本信平著　尾本信平　1982.10　358p　22cm
◇尾本随想　尾本信平著　尾本信平　1982.10　262p　22cm
◇起業回想　尾本信平著　尾本信平　1986.10　352p　22cm
◇ある社長の企業メセナ物語　尾本信平著　尾本信平　1994.5　112,20p　27cm
◇有史有魂─尾本信平・たみの想い出　『「有史有魂」尾本信平・たみの想い出』編集委員会編　尾本圭子　2001.4　464p　22cm

【か】

貝島　太助
かいじま　たすけ
天保12（1841）年,弘化2（1845）年1月11日
〜大正5（1916）年11月1日
＊＊＊
貝島炭礦社長（創業者）　生 筑前国鞍手郡直方（福岡県直方市）
歴 炭坑夫の長男として生まれ、8歳から鞍手郡新入炭鉱で炭坑労働に従事。明治元年以来炭鉱経営を手がけ、幾度の失敗を経たのち、西南戦争の際巨利を博し、17年大之浦炭鉱を入手、やがて約60万坪の炭田を獲得した。23年井上馨の知遇を得、以後その援助を受ける。日清戦争時の炭価暴騰によって事業は躍進し、この頃の開発炭区は約

290万坪、未掘鉱区約135万坪、炭坑夫約7300名といわれた。31年貝島礦業合名会社（のちの貝島炭礦株式会社）を設立し、社長に就任。36年には鉱区922万坪、年産60万トンの筑豊一の炭鉱王となる。なお太助死後も貝島家の経営は5男太市に引き継がれ、第1次世界大戦を通じて発展、大戦後貝島合名と改称、炭鉱・商業などの諸会社を設立した。

【伝記・評伝】
◇財界物故傑物伝　実業之世界社　1936
◇日本財界人物列伝　第1巻　青潮出版編　青潮出版　1963　1171p　図版　26cm
◇日本資本主義の群像（現代教養文庫―内橋克人クロニクル・ノンフィクション〈3〉）　内橋克人著　社会思想社　1993.2　209p　15cm

臥雲 辰致（がうん ときむね）

天保13（1842）年8月15日～明治33（1900）年6月19日

＊＊＊

ガラガラ紡績機の発明者　田 信濃国安曇郡科布村（長野県）　本名＝横山栄弥

歴 足袋底製造業の家に生まれる。慶応3年26歳で臥雲山孤峯院の住持となったが、明治4年の廃仏毀釈で廃寺となり還俗、寺号を姓とした。14歳の時に織糸機を発明した才能を生かし、綿紡機の研究に没頭、9年完成、10年の第1回内国勧業博覧会に出品、第1位となり天覧に供した。ガラガラ音が出るのでガラ紡機といわれ、その後大いに業績を上げた。20年三河の額田紡績組合の招きで機械の改良に努め、各地に普及した。しかし明治政府の専売略規制のため、発明者の権利保護がなされず、東京、三河、遠江などで模倣者が続出、臥雲は破たんし、輸入紡績機の追い打ちもあって、一家四散の悲運に見舞われた。

賞 藍綬褒章〔明治15年〕

【伝記・評伝】
◇実業人傑伝　第2巻　広田三郎　金港堂　1896
◇ガラ紡績の業祖―臥雲辰致翁伝記　榊原金之助編　愛知県ガラ紡績工業会　1949
◇臥雲辰致（人物叢書）　村瀬正章著　吉川弘文館　1965　193p　図版　18cm
◇講座・日本技術の社会史〈別巻2〉　人物篇〈近代〉　永原慶二, 山口啓二, 加藤幸三郎, 深谷克己編　日本評論社　1986.12　270p　21cm
◇臥雲辰致〔新装版〕（人物叢書）　村瀬正章著　吉川弘文館　1989.12　193p　19cm
◇臥雲辰致―ガラ紡機100年の足跡をたずねて　宮下一男著　（松本）郷土出版社　1993.6　231p　19cm
◇発明の文化遺産　臥雲辰致とガラ紡機―和紡糸・和布の謎を探る（産業考古学シリーズ〈4〉）　北野進著　アグネ技術センター　1994.7　185p　21cm

各務 鎌吉（かがみ けんきち）

明治元（1869）年12月22日～昭和14（1939）年5月27日

＊＊＊

東京海上火災保険取締役会長, 貴族院議員

身 岐阜県　学 東京高商（現・一橋大学）卒

歴 はじめ商業学校教師となったが、明治24年東京海上保険（のちの東京海上火災保険）に入り、27年ロンドン支店勤務、39年本店支配人となり、経営難の同社を軌道に乗せた。大正6年専務取締役。イギリスのウイルス社と提携、また12年にはスタンダード・インシュアランス・オブ・ニューヨークを設立、海外進出も果たした。14年から取締役会長となり昭和14年まで在任。この間日本火災保険協会、日本海上保険協会、船舶保険協同会などを創設。昭和4年日本郵船社長、また日本船主協会会長、三菱系会社役員なども務めた。貴族院議員、内閣審議会委員、日経連常任理事も歴任。損害保険業界でただ一人「保険殿堂」（IHF）入りした。

【伝記・評伝】
◇財界之人百人論　矢野滄浪　時事評論社　1915
◇各務鎌吉君を偲ぶ　各務記念財団　1949.5　279p　22cm
◇「各務氏の手記」と「滞英中の報告及び意見書」　各務鎌吉述, 稲垣末三郎編　東京海上火災保険　1951　393p　肖像　22cm
◇日本実業家列伝　木村毅　実業之日本社　1953
◇各務鎌吉伝　加藤武男伝（日本財界人物伝全集）　岩井良太郎著　東洋書館　1955　283p　図版　19cm
◇日本財界人物列伝　第1巻　青潮出版編　青潮出版　1963　1171p　図版　26cm
◇財界人100年の顔―日本経済を築いた人びと　ダイヤモンド社　1971

◇小島直記伝記文学全集〈第3巻〉 日本さらりーまん外史 小島直記著 中央公論社 1986.12 414p 19cm
◇小島直記伝記文学全集〈第8巻〉 東京海上ロンドン支店 小島直記著 中央公論社 1987.5 638p 19cm
◇東京海上火災(企業コミック) 柏田道夫作, ひおあきら画 世界文化社 1988.6 209p 21cm
◇財界人物我観(経済人叢書) 福沢桃介著 図書出版社 1990.3 177p 19cm
◇社外取締役—企業経営から企業統治へ(中公新書) 大橋敬三著 中央公論新社 2000.11 192p 18cm
◇20世紀日本の経済人〈2〉(日経ビジネス人文庫) 日本経済新聞社編 日本経済新聞社 2001.2 380p 15cm

各務 鉱三 (かがみ こうぞう)

明治29(1896)年3月7日～昭和60(1985)年12月3日

＊＊＊

カガミクリスタル創業者, 日展参事, ガラス工芸家　[出]岐阜県土岐郡笠原町　[学]愛知県立瀬戸陶器学校卒, 東京高等工業学校窯業科〔大正4年〕卒　[歴]満鉄のガラス工場で働いたのちドイツに留学し, 国立シュツットガルト美術工芸学校でクリスタル工芸を専攻。昭和4年に帰国後は, クリスタルガラスのカットやグラビール作品を制作し, 帝展、文展、日展などに出品。一方、昭和9年各務クリスタル製作所(現・カガミクリスタル)を創設, 多くのガラス工芸家を世に送り出した。わが国のガラス工芸を世界的水準に高めた功績者。「硝子の生長」の著書がある。　[賞]ブリュッセル万博グランプリ〔昭和8年〕, 芸術選奨文部大臣賞〔昭和28年〕, 日本芸術院賞〔昭和35年〕, 黄綬褒章〔昭和37年〕, 勲五等双光旭日章〔昭和41年〕, 紺綬褒章〔昭和56年〕

【伝記・評伝】
◇硝子の生長 各務鉱三著 七丈書院 1943 325,2p 19cm
◇ガラスの生長 各務鉱三著 中央公論美術出版 1983.5 205p 肖像 20cm
◇各務鉱三作品集 カガミクリスタル編 中央公論美術出版 1987.3 28p 図版57枚 33cm

賀来 龍三郎 (かく りゅうざぶろう)

大正15(1926)年5月19日～平成13(2001)年6月23日

＊＊＊

キヤノン社長・会長　[出]愛知県岡崎市田町　[身]大分県中津市　[学]千葉工業大学工学部中退, 九州大学経済学部〔昭和29年〕卒
[歴]20歳で敗戦を迎え、行商や代用教員などをしながら、29歳で大学を卒業。昭和29年キヤノンの前身・キヤノンカメラに入社。経理部長を経て、47年取締役、49年常務、52年社長に就任。高収益の会社を目指す優良企業構想やグローバル企業構想を打ち出し、技術力の強化や海外進出による国際化を推進。カメラ中心の光学メーカーだった同社を複写機などの事務機、プリンターなどの情報機器メーカーに脱皮させ、キヤノングループを売上高1兆円を超す企業に育て上げるなど"中興の祖"と呼ばれた。平成元年会長、9年取締役名誉会長、11年取締役に退いた。長年経済同友会副代表幹事を務め、財界活動も積極的に行った。
[賞]レジオン・ド・ヌール勲章オフィシエ章〔昭和60年〕, 藍綬褒章〔昭和60年〕, 国際写真功労者賞〔昭和62年〕, 勲二等瑞宝章〔平成10年〕

【伝記・評伝】
◇逃げない経営者たち—日本のエクセレントリーダー30人 佐高信著 潮出版社 1990.11 249p 19cm
◇ビッグ対談 明日の経営を語る—企業革新の先導者たち 阿部実著 同文舘出版 1992.6 194p 19cm
◇新しい国造りの構図—倫理国家をめざして 賀来龍三郎著 東洋経済新報社 1992.7 195p 19cm
◇私の履歴書 賀来龍三郎著 賀来龍三郎 1993
◇経営者の人間探究—企業トップはいかにして創られたか 野田正彰著 プレジデント社 1994.5 268p 19cm
◇日本の危機—国と企業をいかに再生すべきか 賀来龍三郎著 東洋経済新報社 1997.4 227p 19cm
◇共生 賀来明子著 賀来明子 2001

梶井 剛（かじい たけし）

明治20(1887)年7月20日～昭和51(1976)年10月9日

＊＊＊

日本電気会長，日本電信電話公社総裁，東海大学総長　生 石川県　学 東京帝国大学工科大学電気科〔明治45年〕卒　工学博士〔昭和13年〕
歴 通信省に入り工務局長で退官。日本電気専務、社長から住友本社理事、住友電気取締役、帝国通信工業取締役などを兼任、内閣委員も務めた。戦後追放となり解除後日本電気会長、日本放送協会理事、東海大学総長を歴任、昭和27年電電公社総裁となった。33年に退任、34～40年科学技術会議議員。また海外電気通信協力会会長、FM東京代表取締役を務めた。この間昭和6年には朝鮮海峡の電話直通実験に成功、海底電線による長距離電話の実用化に貢献した。

【伝記・評伝】
◇財界人の横顔　古田保　岩崎書店　1954
◇財界の第一線1958年　人物展望社　1958
◇三代のこころ―梶井剛・大橋八郎・米沢滋〔対談集〕　東京出版センター　1966
◇わが半生　梶井剛著　凸版印刷（印刷）　1968　520p　図版　22cm
◇梶井剛追想録　梶井剛追悼事業委員会編　電気通信協会　1977.10　555p　22cm

樫尾 忠雄（かしお ただお）

大正6(1917)年11月26日～平成5(1993)年3月4日

＊＊＊

カシオ計算機社長（創業者）　生 高知県久礼田村植田（現・南国市）　学 早稲田工手学校機械科〔昭和9年〕卒
歴 昭和9年日本タイプライター精機製作所に入社。戦後21年に樫尾製作所を創業。国産初のリレー式計算機開発を機に、32年父・茂を社長に、カシオ計算機設立、専務に就任。35年より社長。63年取締役相談役。　賞 藍綬褒章〔昭和55年〕，勲二等瑞宝章〔平成2年〕

【伝記・評伝】
◇日本の100人―リーダーたちの素顔　日本経済新聞社編　日本経済新聞社　1986.5　211p　21cm
◇創業社長の"名語録"にみる商売感覚―一言、自らを鼓舞し事業を創る　青野豊作著　日新報道　1986.12　194p　19cm
◇私が選んだ経営者30人　決断と信念―その時、バックボーンはなんだったのか　海藤守著　日新報道　1987.8　205p　19cm
◇考える一族―カシオ四兄弟・先端技術の航跡（新潮文庫）　内橋克人著　新潮社　1988.10　251p　15cm
◇兄弟がいて―私の履歴書　樫尾忠雄著　日本経済新聞社　1992.3　189p　19cm

鹿島 卯女（かじま うめ）

明治36(1903)年6月26日～昭和57(1982)年3月31日

＊＊＊

鹿島建設社長・会長　生 東京　学 九段精華高女〔大正9年〕卒
歴 鹿島組（のちの鹿島建設）創始者の孫で、昭和2年外交官の守之助と結婚。22年鹿島建設取締役となり、32年社長に就任、建設業界唯一の女性社長として知られた。41年副会長、51年会長、53年相談役となる。　賞 イタリア有功勲章〔昭和40年〕，勲三等宝冠章〔昭和48年〕，西ドイツ大功労十字章〔昭和53年〕

【伝記・評伝】
◇道はるか　鹿島卯女著　河出書房新社　1963.1　273p　図版　19cm
◇鹿島卯女追懐録　鹿島卯女追懐録編纂委員会編　〔鹿島卯女追懐録編纂委員会〕　1983.3　264p　図版24枚　22cm
◇血統商法―鹿島建設会長・石川六郎の眼力とあくなき挑戦　菊池久著　ぴいぷる社　1988.4　230p　19cm

鹿島 精一
かじま せいいち

明治8(1875)年7月1日～昭和22(1947)年2月6日

＊＊＊

鹿島組組長・会長　生 岩手県　学 東京帝国大学工科〔明治32年〕卒

歴 大学卒業とともに鹿島組(のちの鹿島建設)副組長となり、明治45年3代組長に就任。従来からの鉄道建設請負に加え、水力発電所、トンネル等の工事への進出をはかり、大正期には建築部門にも力を注いだ。大正7年西口担当として着工した東海道線丹那トンネル建設は鉄道工事史に残る事業であった。また、日本土木建築請負業者連合会など多数の業界活動に関与し、入札や契約保証金制度の撤廃、片務契約の是正、営業税の改廃、請負業者の衆議院議員被選挙権の獲得など、業界の地位向上と近代化に寄与した。昭和5年鹿島組を株式会社組織に改め、13年会長。21年業界初の土木学会長に就任。「鹿島精一追懐録」(昭25年)がある。

【伝記・評伝】
◇鹿島精一追懐録　鹿島精一追懐録編纂委員会編　鹿島精一追懐録編纂委員会　1950
◇面影—鹿島精一・糸子抄　鹿島精一・糸子著,面影編纂委員会編　鹿島研究所出版会　1969　207p　図版38枚　27cm
◇血流商法—鹿島建設会長・石川六郎の眼力とあくなき挑戦　菊池久著　ぴいぷる社　1988.4　230p　19cm
◇建設業を興した人びと—いま創業の時代に学ぶ　菊岡倶也著　彰国社　1993.1　452p　21cm

鹿島 万平
かじま まんぺい

文政5(1822)年10月6日～明治24(1891)年12月29日

＊＊＊

鹿島紡績所創業者　生 江戸・深川(東京都)

歴 民間紡績工場の創始者。嘉永6年横浜開港と同時に、同地で綿花貿易に従事、巨利を博す。慶応4年(明治元年)三井組に入り、横浜に生糸荷為替組合を組織。ついで政府の命により、通商商社および小金原開墾会社を創立。北海道に商社の出張所を開いて海産貿易を行い、釧路厚岸地方の荒地を開拓して北海道開発に尽力。また明治5年三井組の協力を得て、東京滝野川に鹿島紡績所を創設、民間におけるわが国最初の近代紡績工場となった。

【伝記・評伝】
◇近代日本人物経済史　日本経済史研究会　東洋経済新報社　1955
◇日本財界人物列伝　第1巻　青潮出版編　青潮出版　1963　1171p　図版　26cm
◇財界人思想全集　第10　ダイヤモンド社　1971

鹿島 守之助
かじま もりのすけ

明治29(1896)年2月2日～昭和50(1975)年12月3日

＊＊＊

鹿島建設社長・会長,参議院議員(自民党),外交史研究家　生 兵庫県揖西郡半田村(現・揖保郡揖保川町)　旧姓(名)＝永富　学 東京帝国大学法学部政治学科〔大正9年〕卒　法学博士(東京帝大)〔昭和9年〕

歴 大正9年外務省入省。駐ドイツ大使館、駐イタリア大使館勤務後、本省で日英外交文書、日米外交文書の研究に従事。昭和2年鹿島組社長・鹿島精一の婿養子となる。5年退官し、11年鹿島組(現・鹿島建設)に入社、13年社長に就任。32年会長となる。経営革新に采配をふるい、建設業の古い体質の一掃による近代化に成果をあげた。28年自由党から参議院議員に初当選、以来3期つとめ、32年に岸内閣の北海道開発庁長官に就任。26年より拓殖大学教授も務める。41年には鹿島平和研究所を設立。研究・著述活動にも精を出す。著書は「日本外交史」(全34巻)「日本の外交政策の史的考察」「日英外交史」、「鹿島守之助外交論選集」(全12巻・別巻3,鹿島研究所出版会)など多数。48年文化功労者。　賞 日本学士院賞〔昭和34年〕「日英外交史および日本外交政策の史的考察」,文化功労者〔昭和48年〕

【伝記・評伝】
◇私の事業と信条　鹿島守之助著　実業之日本社　1953
◇現代の建設　鹿島守之助著　鹿島建設技術研究所出版部　1954.3　196p　19cm
◇鹿島守之助伝(日本財界人物伝全集)　西谷弥兵衛著　東洋書館　1956　314p　図版　19cm
◇春及盧談　鹿島守之助著　岩手放送　1958　283p　19cm

◇わが経営を語る―理解と創造　鹿島守之助著　河出書房新社　1964　315p　図版　20cm
◇私の履歴書　鹿島守之助著　鹿島研究所出版会　1964　96p　図版　18cm
◇私の履歴書　第22集　日本経済新聞社編　日本経済新聞社　1964　354p　19cm
◇歴史をつくる人々　第8　鹿島守之助　ダイヤモンド社編　ダイヤモンド社　1965　174p　図版　18cm
◇わが回想録―思想と行動　鹿島守之助著　鹿島研究所出版会　1965　285p　図版19枚　20cm
◇事業経営の目標―鹿島建設会長鹿島守之助　ダイヤモンド社編　ダイヤモンド社　1965.4　174p　18cm
◇事業経営の目標　鹿島守之助　ダイヤモンド社　1967
◇現代財界家系譜　第1巻　現代名士家系譜刊行会　1968
◇創造の生活　鹿島守之助著　鹿島研究所出版会　1968　298p　図版　19cm
◇鹿島守之助経営論選集　第12巻　わが回想録―思想と行動　鹿島研究所出版会　1975　242,7p　図・肖像19枚　21cm
◇鹿島守之助経営論選集　第13巻　創造の生活　鹿島研究所出版会　1975　271,6p　図　肖像　21cm
◇鹿島守之助経営論選集　別巻　1　鹿島守之助伝　西谷弥兵衛著　鹿島研究所出版会　1975　237,4,7p　肖像　21cm
◇鹿島守之助追懐録　鹿島守之助追懐録刊行委員会編　鹿島出版会　1976　348p　図　肖像　22cm
◇鹿島守之助―その思想と行動　鹿島建設株式会社編　鹿島出版会（製作）　1977.12　859,5p　図版18枚　22cm
◇私の履歴書　経済人　7　日本経済新聞社編　日本経済新聞社　1980.9　477p　22cm
◇鹿島建設　21世紀への挑戦―プロジェクト・メーキング戦略の全貌　小池弘著　ティビーエス・ブリタニカ　1987.12　236p　19cm
◇血統商法―鹿島建設会長・石川六郎の眼力とあくなき挑戦　菊池久著　ぴいぷる社　1988.4　230p　19cm
◇昭和史の家　垂見健吾写真，半藤一利文　文芸春秋　1989.5　260p　21cm
◇私の履歴書―昭和の経営者群像〈2〉　日本経済新聞社編　日本経済新聞社　1992.9　294p　19cm

樫山　純三
かしやま　じゅんぞう

明治34（1901）年9月21日～昭和61（1986）年6月1日

＊＊＊

オンワード樫山社長・会長（創業者）　圉 長野県小諸市　学 大阪貿易学校〔大正14年〕卒

歴 小学校卒業と同時に東京の三越に小僧に出される。以来猛勉強を続け、大阪三越店時代夜学でロシア語習得。昭和2年樫山商店創立。22年樫山工業と改称し、社長。24年さらに樫山、63年にオンワード樫山と改称。49年より会長。

【伝記・評伝】
◇現代財界家系譜　第3巻　現代名士家系譜刊行会　1970
◇商魂の系譜―企業家精神に生きる61人　中村秀一郎　日本経済新聞社　1973
◇走れオンワード―事業と競馬に賭けた50年　樫山純三著　日本経済新聞社　1976　202p　肖像　19cm
◇私の履歴書　経済人　16　日本経済新聞社編　日本経済新聞社　1981.1　464p　22cm
◇繁栄の群像―戦後経済の奇跡をなしとげた経営者たち　板橋守邦著　有楽出版社，実業之日本社〔発売〕　1988.6　253p　19cm
◇巨富を築いた36人の男たち　鳥羽欽一郎著　実業之日本社　1989.11　206p　19cm
◇樫山純三―走れオンワード　事業と競馬に賭けた50年（人間の記録　69）　樫山純三著　日本図書センター　1998.8　182p　20cm

---

柏木　雄介
かしわぎ　ゆうすけ

大正6（1917）年10月17日～

＊＊＊

東京銀行頭取・会長　圉 旧満州・大連　身 三重県亀山市（本籍）　学 東京帝国大学法学部〔昭和16年〕卒

歴 大連で生まれ、ニューヨークで育つ。昭和16年大蔵省に入省。主計局主計官、国際金融局長などを経て、46年顧問を最後に退任。48年東京銀行

副頭取となり、52年頭取、57年会長に就任。平成5年相談役。OECD諮問委員会会長。 ▢賞 勲一等瑞宝章〔平成元年〕、大連市栄誉市民〔平成3年〕

【伝記・評伝】
◇銀行人物史　藤井元秀　経済往来社　1981.10
◇私の履歴書　柏木雄介著　金融財政事情研究会　1987.2
◇私の履歴書　経済人　24　日本経済新聞社編　日本経済新聞社　1987.3　412p　21cm
◇こうして円高に勝った　田原総一朗著　中央公論社　1988.5　227p　19cm
◇柏木雄介の証言―戦後日本の国際金融史　柏木雄介述、本田敬吉、秦忠夫編　有斐閣　1998.8　205p　20cm

春日　弘 (かすが　ひろむ)

明治18(1885)年8月8日～昭和45(1970)年9月12日

＊＊＊

住友金属工業初代社長, ダイキン工業会長, 日本陸上競技連名誉会長　▢生 長野県　▢学 東京帝国大学法科大学政治学科〔明治44年〕卒

▢歴 明治44年住友総本店に入り、製銅部門に従事、住友伸銅鋼管常務取締役から昭和16年住友金属工業の初代社長となった。住友本社参与理事も務めたが、21年公職追放の前に辞任した。追放解除後の27年大阪金属工業(現・ダイキン工業)会長となり、40年相談役。またスポーツ界でも活躍、第6回極東選手権、第10、15、17回オリンピック大会役員、選手団長、18回東京オリンピック大会では組織委員兼競技委員長を務めた。さらに大阪府体育連盟、関西スポーツ連合会各会長、日本陸連名誉会長、大阪府公安委員などを歴任した。

【伝記・評伝】
◇春日弘氏追懐録　住友金属工業　1974.3　490p　図　肖像　23cm

片岡　直輝 (かたおか　なおてる)

安政3(1856)年7月3日～昭和2(1927)年4月13日

＊＊＊

大阪瓦斯社長　▢生 土佐国高岡郡下半山村(高知県)　▢学 海軍主計学校卒

▢歴 片岡直温の兄。海軍副主計から大主計となり、明治19年西郷従道海相に従い渡欧、21年軍艦厳島の建造監督官として渡仏。25年海軍を辞し、内相秘書官、文相秘書官、大阪府書記官を歴任、のち官を辞して日本銀行に入行した。30年同大阪支店長となるが、翌年退職して大阪瓦斯創立に関わり、34年同社長に就任、大正6年まで務めた。この間、38年本格的に大阪市内のガス供給を開始するなど、同社発展に手腕を発揮。また阪神電鉄、南海電鉄などの社長をはじめ、10余の会社に関与し、大阪財界の世話人的存在として重きをなした。

【伝記・評伝】
◇片岡直輝翁記念誌　石川辰一郎編　石川辰一郎　1928.4　23cm
◇財界物故傑物伝　実業之世界社　1936
◇日本財界人物列伝　第2巻　青潮出版編　青潮出版　1964　1175p　図版13枚　27cm
◇財界人思想全集　第10　ダイヤモンド社　1971
◇関西財界外史　関西経済連合会　1976
◇財界人物我観(経済人叢書)　福沢桃介著　図書出版社　1990.3　177p　19cm
◇失言恐慌―ドキュメント東京渡辺銀行の崩壊〔改訂版〕　佐高信著　騒々堂出版　1991.7　305p　19cm

片岡　直温 (かたおか　なおはる)

安政6(1859)年9月18日～昭和9(1934)年5月21日

＊＊＊

日本生命保険社長, 衆議院議員(民政党), 貴族院議員, 蔵相, 商工相　▢生 土佐国高岡郡下半山村(高知県)　▢学 高知陶冶学校〔明治8年〕卒

▢歴 土佐国高岡郡役所勤務を経て、明治13年上京、高陽会を組織し、自由党と対抗。17年内務省に入り滋賀県警察部長で退官。22年引世助太郎と共同で日本生命保険会社を設立、副社長から36年社長。31年衆議院選挙に当選。大正13年護憲三派内閣で若槻礼次郎内相の内務政務次官。14年加藤高明内閣の改造で商工相、15年第1次若槻内閣の蔵相に就任。昭和2年震災手形整理法案に関連した議会で「東京渡辺銀行が破綻した」の答弁が、昭和金融恐慌の引き金になって若槻内閣総辞職。5年衆議院選挙で落選し貴族院議員。著書に「大正昭和政治史の一断面―続回想録」がある。

【伝記・評伝】
◇人物評論―朝野の五大閥　鵜崎熊吉　東亜堂書房　1912
◇財界物故傑物伝　実業之世界社　1936
◇日本財界人物列伝　第1巻　青潮出版編　青潮出版　1963　1171p　図版　26cm
◇財界人思想全集　第10　ダイヤモンド社　1971
◇失言恐慌―ドキュメント・東京渡辺銀行の崩壊（TOMOGRAPHY BOOKS）佐高信著　駸々堂出版　1987.6　250p　19cm
◇失言恐慌―ドキュメント東京渡辺銀行の崩壊〔改訂版〕佐高信著　駸々堂出版　1991.7　305p　19cm
◇恐慌連鎖―「政・官・財」腐食の歴史は繰り返された　檜山良昭著　光文社　1999.3　300p　19cm

片岡 直方（かたおか なおまさ）

明治15（1882）年9月26日～昭和24（1949）年3月21日

＊＊＊

大阪ガス社長　生 高知県高岡郡　学 京都帝国大学法学部〔明治43年〕卒

歴 明治43年阪堺電気軌道に入社、大正2年近江銀行を経て、6年大阪ガス副社長に就任。7年、昭和3年と欧米のガス事情を視察し、大阪ガスの近代化を推進。この間、大正14年に会長（専務）に就任した。

【伝記・評伝】
◇片岡直方君伝　片岡直方君伝記編纂会編　片岡直方君伝記編纂会　1950　222p　図版　22cm

片倉 兼太郎（かたくら かねたろう）（初代）

嘉永2（1850）年11月29日～大正6（1917）年2月3日

＊＊＊

片倉組初代組長（創業者）　生 信濃国諏訪郡三沢村（長野県岡谷市）　本名＝片倉宗兼　号＝如水

歴 豪農の家に生まれる。明治6年10人取りの座繰製糸を始め、9年家督を継ぎ、11年垣外製糸所と製糸輸出販売のため深沢社を創設。さらに23年松本製糸所、27年川岸製糸所、三全社と称する富岡製糸所を凌駕する360釜の製糸所を設立し、28年には事業を統括する匿名会社・片倉組（のちの片倉製糸紡績、片倉工業）を設立、その組長となる。全国にわたって製糸工場を設立・買収し、釜数688を数え、製糸業界第1位と称される。また36年以降は北海道などで農林事業を開始し、41年から朝鮮各地で土地・林野を買収、殖産事業を進めた。39年片倉合名を設立して財閥形態をとった。

【伝記・評伝】
◇初代片倉兼太郎君事歴　足立栗園　如水会　1921
◇財界物故傑物伝　実業之世界社　1936
◇産業史の人々　楫西光速著　東大出版会　1954
◇日本財界人物列伝　第1巻　青潮出版編　青潮出版　1963　1171p　図版　26cm
◇信州人物風土記・近代を拓く　第22巻　片倉兼太郎―製糸王国の巨人たち（銀河グラフティ）宮坂勝彦編　銀河書房　1989.5　105p　22cm

片山 豊（かたやま ゆたか）

大正9（1920）年1月6日～平成9（1997）年3月18日

＊＊＊

マルマン社長　生 岡山県　学 明治大学商学部経営学科〔昭和17年〕卒　経済学博士

歴 昭和17年日本水産入社。入社半年後に、経営方針を重役に手紙で送りつけたなどのエピソードの持ち主で、三河島工場長をつとめたのち、23年独立、マルマンの前身・日本特殊金工業を設立し、社長。以来、同社のほか、マルマンゴルフなどマルマングループ各社の社長として活躍。7年退任し、経営の第一線から退く。著書に「私はこうして事業をおこした」「実力主義の経営」などがある。　賞 紺綬褒章〔昭和35年〕，国際アメリカン協会アカデミー賞〔昭和37年〕，アカデミア賞（日本学士会）〔昭和39年〕，科学技術庁長官賞科学技術振興功績者表彰〔昭和62年〕「重心指向に基づくゴルフクラブ製造技術の開発育成」

【伝記・評伝】
◇私はこうして事業をおこした　片山豊著　潮文社　1961　203p　図版　19cm
◇現代人物伝シリーズ　第1集　銀河出版　1963　297p　図　肖像　19cm
◇実力主義の経営　片山豊著　有紀書房　1964　249p　図版　20cm
◇トップの人生哲学（BIGMANビジネスブックス）ビッグマン編集部編　世界文化社　1987.11　218p　19cm

加藤 武男
かとう たけお

明治10(1877)年6月5日～昭和38(1963)年10月17日

＊＊＊

三菱銀行頭取，戦後の三菱グループのリーダーの一人　⑱栃木県今市市　⑲慶応義塾大学理財科〔明治34年〕卒

⑳栃木県長者番付1位という素封家に生まれる。三菱合資銀行部に入り，38歳で京都支店長、次いで取締役、大阪支店長。大正8年銀行部が独立して三菱銀行が設立されると常務となり、昭和13年会長、18年頭取に就任。この間多くの三菱系関連会社の役員を兼任し、三菱財閥の中心人物として活躍した。戦後は三菱銀行相談役として、三菱商事の海外活動、三菱地所の株買占め事件解決、三菱油化設立などに大きな役割を果たす。また吉田内閣経済最高顧問、宮内庁参与の他、日本銀行・日本興業銀行各参与、全国銀行協会連合会会長など財界の重鎮ぶりを発揮した。

⑳今市市名誉市民

【伝記・評伝】
◇各務鎌吉伝　加藤武男伝（日本財界人物伝全集）岩井良太郎著　東洋書館　1955　283p　図版　19cm
◇日本財界人物列伝　第2巻　青潮出版編　青潮出版　1964　1175p　図版13枚　27cm
◇財界人思想全集　第10　ダイヤモンド社　1971
◇下野人物風土記　第2集　栃木県連合教育会編　栃木県連合教育会　1973　194p　19cm

加藤 弁三郎
かとう べんざぶろう

明治32(1899)年8月10日～昭和58(1983)年8月15日

＊＊＊

協和発酵工業社長・会長　⑱島根県簸川郡　⑲京都帝国大学工学部化学科〔大正12年〕卒　工学博士〔昭和5年〕

⑳大正12年四方合名会社（現・宝酒造）に入社。昭和24年、協和発酵工業設立とともに社長となり、以後20年間社長を務めた。発酵化学の権威で、日本化学工業協会会長はじめ、工業所有権審議会委員、科学技術庁顧問、日本特許情報センター会長、また在家仏教協会初代理事長などを歴任。平成11年著作集「いのちの尊し」が発行された。　⑳藍綬褒章〔昭和37年〕，勲一等瑞宝章〔昭和41年〕

【伝記・評伝】
◇歴史をつくる人々　第15　加藤弁三郎　ダイヤモンド社編　ダイヤモンド社　1966　173p　図版　18cm
◇光を仰いで―加藤弁三郎（歴史をつくる人々15）ダイヤモンド社　1967
◇現代財界家系譜　第1巻　現代名士家系譜刊行会　1968
◇私の履歴書　第39集　日本経済新聞社　1970　303p　19cm
◇私の履歴書　経済人　12　日本経済新聞社編　日本経済新聞社　1980.11　467p　22cm
◇NHK訪問インタビュー　2　NHK編　日本放送出版協会　1983.4　265p　21cm
◇社長の哲学―13人の経営と信仰　小島五十人著　鈴木出版　1988.2　189p　19cm
◇私の履歴書―昭和の経営者群像〈7〉　日本経済新聞社編　日本経済新聞社　1992.10　294p　19cm

加藤 正義
かとう まさよし

嘉永7(1854)年2月23日～大正12(1923)年12月24日

＊＊＊

日本郵船副社長，東京市会議長　⑱伯耆国日野郡渡村（鳥取県）

⑳地方官吏として地租改正などに従事したのち、明治18年農商務権書記官となる。同少輔森岡昌純とともに共同運輸会社に入り、三菱会社との間を調停、合併して日本郵船が設立されるとともに、設立案文を起草した。22年理事、26年株式会社に改組され取締役、日清戦争中副社長に就任。この間、34年朝鮮、中国を視察、帰国後、長江航路の湖南汽船会社を設立して社長、さらに日清汽船会社を設立した。傍ら、扶桑海上保険社長、帝国海事協会、日本海員掖済会各理事、東京湾築港協会委員などを務め、海運界の隆昌に貢献。また東京市会議長も務めた。

【伝記・評伝】
◇財界物故傑物伝　実業之世界社　1936

門野 幾之進 (かどの いくのしん)

安政3(1856)年3月14日～昭和13(1938)年11月18日

＊＊＊

千代田生命保険社長, 慶応義塾塾頭, 貴族院議員（勅選）　生 三重県　学 慶応義塾〔明治6年〕卒
歴 福沢諭吉に知られ17歳で慶応義塾の助教授となり、明治11年板垣退助と共に立志社を興し湯島共慣義塾教頭となった。14年大隈重信らの立憲改進党創立に参加し、さらに時事新報社、交詢社設立にも尽力、15年慶応義塾塾頭となった。32年欧米を巡遊、帰国後、衆議院議員となったが、実業界に転じ、37年千代田生命を創設、社長に就任。他に千代田火災、千歳海上火災、第一機罐保険の各社長、時事新報社会長、三井信託取締役、東邦電力監査役などを務めた。昭和7年勅選貴族院議員。

【伝記・評伝】
◇門野幾之進先生事蹟文集　村田昇司　同先生懐旧録及論集刊行会　1939
◇日本財界人物列伝　第1巻　青潮出版編　青潮出版　1963　1171p　図版　26cm

門野 重九郎 (かどの じゅうくろう)

慶応3(1867)年9月9日～昭和33(1958)年4月24日

＊＊＊

大倉組副頭取, 大倉商事会長, 日本商工会議所会頭　生 三重県　学 東京帝国大学工科大学土木科〔明治24年〕卒
歴 アメリカに留学、土木工学を研究、帰国後山陽鉄道に入り、明治30年大倉組に移った。ロンドン支店長を経て43年合名会社大倉組副頭取となり、3大直系会社の大倉商事、大倉鉱業、大倉土木各会長を兼任、当主喜八郎に次ぐ大倉財閥の重鎮として活躍した。昭和12年日本商工会議所、東京商工会議所各会頭となり、同年日本経済使節団長として欧米を訪問した。門野幾之進は兄。

【伝記・評伝】
◇財界之人百人論　矢野滄浪　時事評論社　1915
◇平々凡々九十年　門野重九郎著　実業之日本社　1956

金井 滋直 (かない しげなお)

明治20(1887)年2月1日～昭和54(1979)年12月3日

＊＊＊

興国人絹パルプ社長　生 埼玉県　学 東京高商（現・一橋大学）卒
歴 明治44年東洋生命に入社、昭和6年常務に就任。11年日本曹達に移り常務ののち、12年日曹人絹パルプ会社常務、専務を経て16年、興国人絹パルプ社長に就任。35年相談役、日曹コンツェルンの代表的人物の1人となる。経団連、日経連各常任理事、日本工業倶楽部評議員などもつとめる。

【伝記・評伝】
◇財界人物選集〔第5版〕財界人物選集刊行会　1939.6　1444　190p　22cm
◇財界の顔　池田さぶろ　講談社　1952
◇現代財界家系譜　第1巻　現代名士家系譜刊行会　1968

金森 政雄 (かなもり まさお)

明治44(1911)年12月18日～平成13(2001)年8月15日

＊＊＊

三菱重工業社長・会長, 経済団体連合会副会長　生 山口県山口市　学 九州帝国大学工学部冶金学科〔昭和10年〕卒　工学博士〔昭和36年〕
歴 昭和10年三菱重工業長崎造船所入社。主に技術研究部門に携わり、機械総括部長、広島造船所長を経て、44年取締役、46年常務、50年副社長、52年社長。56年会長、平成12年名誉相談役。この間、昭和53年新都市開発センター取締役を務めた。61年三菱グループ主要28社の社長・会長で構成する金曜会の代表に就任。経団連副会長などを歴任した。　賞 紫綬褒章〔昭和43年〕、勲一等瑞宝章〔昭和59年〕

【伝記・評伝】
◇経済団体連合会五十年史　経済団体連合会編　経済団体連合会　1999.1　1351p　27cm
◇金森政雄さんの思い出　金森政雄追悼録刊行会編　金森政雄追悼録刊行会　2002.2

金森 又一郎(かなもり またいちろう)

明治6(1873)年2月3日～昭和12(1937)年2月9日

＊＊＊

大阪電気軌道社長, 帝国鉄道協会理事　身 大阪
歴 明治43年大阪電気軌道(近畿日本鉄道の前身)の創立で取締役兼支配人となり、大阪と奈良を結ぶ鉄道敷設で生駒山系のトンネル難工事等を完成させ、大正3年開業。昭和2年社長に就任。3年参宮急行電鉄を設立、のち大軌と合併して関西急行鉄道、さらに隣接する鉄道会社を吸収し、日本最大の鉄道路線網をもつ近畿日本鉄道の基礎を築いた。

【伝記・評伝】
◇金森又一郎翁伝　高梨光司編著　金森又一郎翁伝記編纂会　1939　228,230　図版　23cm

蟹江 一太郎(かにえ いちたろう)

明治8(1875)年2月7日～昭和46(1971)年12月20日

＊＊＊

カゴメ社長・会長(創業者)　生 愛知県　旧姓(名)＝佐野市太郎
歴 養家先で農業に従事、明治29～32年兵役、除隊後トマト栽培を研究、36年トマトピューレの製造販売を始めた。大正3年愛知トマトソース製造合資会社を創立、工場生産に入った。12年カゴメ株式会社として社長に就任。また昭和3年村会議員、14～21年県会議員として地方政治に活躍。14年愛知県ソース工業組合理事長、37年本社を名古屋に移し、会長となった。

【伝記・評伝】
◇トマト王蟹江一太郎　上野町教育委員会　1955.7　207p　19cm
◇商魂の系譜―企業家精神に生きる61人　中村秀一郎　日本経済新聞社　1973
◇トマト加工の先駆者　蟹江一太郎　福田兼治著　時事通信社　1974.3　237p　18cm
◇トマトにかけた青春―蟹江一忠を偲ぶ　大内征夫,加藤武生編　蟹江淑子　1986.4　270p　22cm

◇食を創造した男たち―日本人の食生活を変えた五つの食品と五人の創業者　島野盛郎著　ダイヤモンド社　1995.10　210p　19cm

金子 佐一郎(かねこ さいちろう)

明治33(1900)年2月1日～昭和53(1978)年4月7日

＊＊＊

十条製紙社長・会長, 日本製紙連合会会長　生 東京・日本橋本石町　学 慶応義塾大学経済学部〔大正14年〕卒
歴 大正14年王子製紙入社。戦時中、行政査察使随員補佐官に選ばれた。戦後の22年2月経理部長、再建整備部長を経て、23年王子が3分割され、十条製紙に移り取締役、25年常務、27年専務、29年副社長を経て32年社長に就任。44年会長から相談役。また経団連常任理事、日経連常任理事、日本製紙連合会会長、国税庁の国税審査会会長代理などを歴任。43年10月から49年9月まで国鉄監査委員長も務めた。

【伝記・評伝】
◇財界の第一線1958年　人物展望社　1958
◇現代財界家系譜　第2巻　現代名士家系譜刊行会　1969
◇経営のこころ　第7集　日刊工業新聞社　1973
◇組織人のこころ―私の歩んだ七十七年　金子佐一郎著　中央経済社　1976　263p　20cm

金子 直吉(かねこ なおきち)

慶応2(1866)年6月13日～昭和19(1944)年2月27日

＊＊＊

鈴木商店経営者　身 高知県吾川村
歴 丁稚奉公の後、明治19年神戸に出て鈴木商店の店員になる。27年当主の急逝後、未亡人の推挙で番頭となり、のち後藤新平の知遇を得て同商店発展の基礎を築く。35年合名会社に改組し支配人に就任。第一次大戦下の貿易で成功して巨利を得、大商社に発展させた。一時は三井を凌駕するほどだったが、昭和2年金融恐慌で倒産した。鈴木を大きくしたのも破綻に導いたのも彼に由来すると言われるが、自身は私利私欲の全くない質実剛健な人物だったという。

【伝記・評伝】
◇金子直吉伝　白石友治編　金子柳田両翁頌徳会　1950　468p　図　肖像　22cm
◇財界巨人伝　河野重吉著　ダイヤモンド社　1954　156p　19cm
◇日本経済を育てた人々　高橋弥次郎　関西経済連合会　1955
◇松方・金子物語　藤本光城著　兵庫新聞社　1960　344p　図版　22cm
◇財界人物列伝　第1巻　青潮出版　1963
◇日本財界人物列伝　第1巻　青潮出版編　青潮出版　1963　1171p　図版　26cm
◇近代日本を創った100人　上　毎日新聞社　1965
◇財界人思想全集　第3　ダイヤモンド社　1970
◇財界人100年の顔―日本経済を築いた人びと　ダイヤモンド社　1971
◇金子直吉遺芳集　辰巳会本部　1972　403p　27cm
◇関西財界外史　関西経済連合会　1976
◇史上最大の仕事師―鈴木商店の大番頭・金子直吉のすべて(PHP business library)　沢野恵之著　PHP研究所　1983.10　222p　18cm
◇土佐人物ものがたり(がいどこうち〈5〉)　窪田善太郎、塩田正年、中田正幸、吉本青司著　(高知)高知新聞社、高新企業〔発売〕　1986.3　199p　19cm
◇一流人の人間修養学　竹井博友編著　竹井出版　1986.7　246p　19cm
◇神戸の生んだ経済人　1(創立40周年記念)　神戸経済同友会　〔1987〕　110,15p　19cm
◇金解禁―昭和恐慌と人物群像　有吉新吾著　西田書店　1987.10　245p　19cm
◇鼠―鈴木商店焼打ち事件〔新装版〕　城山三郎著　文芸春秋　1988.11　306p　19cm
◇幻の総合商社　鈴木商店―創造的経営者の栄光と挫折(現代教養文庫)　桂芳男著　社会思想社　1989.6　245p　15cm
◇代表的日本人―自己実現に成功した43人　竹内均著　同文書院　1990.1　403p　19cm
◇財界人物我観(経済人叢書)　福沢桃介著　図書出版社　1990.3　177p　19cm
◇この経営者の急所を語る―三鬼陽之助の財界人備忘録　三鬼陽之助著　第一企画出版　1991.7　256p　19cm
◇企業立国・日本の創業者たち―大転換期のリーダーシップ　加来耕三著　日本実業出版社　1992.5　262p　19cm
◇男の真剣勝負　津本陽著　日本経済新聞社　1993.4　337p　19cm
◇男の真剣勝負(角川文庫)　津本陽著　角川書店　1996.4　363p　15cm
◇実業家の文章―日本経済の基盤を築いた、十二人の偉大な実業家。　鈴木治雄著　ごま書房　1998.7　262p　19cm
◇人物で読む日本経済史　第8巻　金子直吉伝　白石友治編　ゆまに書房　1998.12　468p　22cm
◇行け!まっしぐらじゃ―評伝・金子直吉　辻本嘉明著　郁朋社　1999.2　239p　19cm
◇ケースブック　日本の企業家活動　宇田川勝編　有斐閣　1999.3　318p　21cm
◇日本創業者列伝―企業立国を築いた男たち(人物文庫)　加来耕三著　学陽書房　2000.8　362p　15cm

兼松　房治郎
（かねまつ　ふさじろう）

弘化2(1845)年5月21日～大正2(1913)年2月6日

＊＊＊

兼松商店創業者　圏大坂・江之子島　旧姓(名)=広間　通称=兼松濠洲

歴12歳で母親を扶養するため独立。文久2年～慶応元年江戸で岡部駿河守に小姓として仕えた。明治維新前後は大阪、横浜などで綿糸・雑貨の商業に従事し、明治6～14年三井組銀行部大阪支店に勤務、取締役兼堂島米商会所重役となる。15年大阪商船創設に参加、取締役となるが、19年辞任。20年「大阪日報」を買収し、翌年「大阪毎日新聞」と改称、今日の「毎日新聞」の基礎を作る。22年同新聞を本山彦一に譲り、神戸に兼松商店(のちの兼松江商、現・兼松)を創設、日豪貿易に従事。33年中国貿易にも進出した。

【伝記・評伝】
◇財界物故傑物伝　実業之世界社　1936
◇兼松回顧六十年　兼松編　兼松　1950
◇日本経済を育てた人々　高橋弥次郎　関西経済連合会　1955
◇兼松六十年の歩み　兼松編　兼松　1955
◇日本経済の建設者―あの時この人　中村隆英　日本経済新聞社　1973

嘉納 治郎右衛門(8代)
かのう じろうえもん

嘉永6(1853)年7月3日～昭和10(1935)年3月19日

***

本嘉納商店社長　⑤摂津国御影(兵庫県)　本名＝秋香

⑥明治15年家督を相続し、家業の醸造業に従事。この年商標令が発布され、従来の銘柄「本稀」を「菊正宗」と改名・登録した。醸造の改善に苦心し、杉桶の改良を志して銅タンクの使用を発明。40年本嘉納商店を合資会社とし、大正8年株式会社に改組。15年別に本嘉納合名会社を設立、土地、建物、有価証券などの投資事業をも行った。また灘商業銀行を創立し頭取に就任、日本醸造酒会監事、武庫汽船取締役、日本相互貯蓄銀行相談役などを歴任した。

【伝記・評伝】
◇財界物故傑物伝　実業之世界社　1936
◇現代財界家系譜　第1巻　現代名士家系譜刊行会　1968

加納 久朗
かのう ひさあきら

明治19(1886)年8月1日～昭和38(1963)年2月21日

***

横浜正金銀行取締役，日本住宅公団初代総裁　⑤千葉県一宮市　⑦東京帝国大学法学部〔明治44年〕卒

⑥横浜正金銀行に入り、ロンドン支店長、取締役などを歴任。戦後公職追放解除とともにGHQと財界の連絡役として活躍、昭和30年日本住宅公団発足とともに初代総裁となり、34年まで務める。この間30年国際商業会議所総会の東京開催の際、代表をつとめる。その後、海外の都市計画の視察ののち、東京再開発計画を打ち出し、37年自民党から千葉県知事に当選。意欲的に開発政策を指示したが、知事在任100日余で急死した。

【伝記・評伝】
◇財界の顔　池田さぶろ　講談社　1952

神野 金之助(2代)
かみの きんのすけ

明治26(1893)年1月4日～昭和36(1961)年10月23日

***

名古屋鉄道社長・会長，名古屋商工会議所会頭　⑤愛知県　本名＝重孝　⑦京都帝国大学法学部中退

⑥若くして父(初代金之助)が参加した名古屋の紅葉屋財閥の後継者となり、東洋紡役員、三河水力電気社長、福寿生命社長など務め、中京財界の雄として名を知られた。大正12年名古屋鉄道の役員となり、昭和10年副社長、20年社長、30年会長に就任。この間、愛知電気鉄道との合併、岐阜～豊橋直通運転、名鉄百貨店の設立など、名鉄グループ発展の基礎を築いた。29～32年名古屋商工会議所会頭を務めた。その一方、大正13年名古屋無電放送を設立して日本初の放送事業を出願、名古屋放送局、日本放送協会設立に参画し、14年名古屋放送局理事長。戦後はNHK経営委員、名古屋テレビ塔の建設、東海テレビ設立など、中京の放送界でも草創期から活躍した。

【伝記・評伝】
◇神野金之助重行　堀田璋左右著　神野金之助翁伝記編纂会　1940　510p　23cm
◇暦日―神野金之助重孝経歴抄重孝照影　重孝暦日　3冊　神野三男編　神野三男　1966

神谷 正太郎
かみや しょうたろう

明治31(1898)年7月9日～昭和55(1980)年12月25日

***

トヨタ自動車販売社長・会長　⑤愛知県名古屋市　⑦名古屋市立商業学校〔大正6年〕卒

⑥三井物産に入社。ロンドン支店勤務などを経て7年後に退職。ロンドンで神谷商事の看板を掲げるが失敗。帰国して、昭和3年日本ゼネラルモータースに入社。その後、10年に自動車生産を始めたばかりの豊田自動織機に、12年にはトヨタ自動車工業発足と同時に同社に移ったが、25年、トヨタ自動車販売の発足とともに社長に就任、以後トヨタの販売最高責任者としてトヨタを日本一の自動車会社に育てあげ"販売の神様"といわれた。50年12月から会長、54年6月から名誉会長。

【伝記・評伝】
◇自動車販売王　尾崎正久著　自研社　1959　284p　図版　19cm
◇裸の神谷正太郎―先見と挑戦のトヨタ戦略　鈴木敏男, 関口正弘著　ダイヤモンド社　1970　294p　19cm
◇トヨタの秘密―利益日本一はいかに達成されたか　若山富士雄, 杉本忠明　こう書房　1977
◇売る―小説神谷正太郎　松山善三著　潮出版社　1979.1　238p　20cm
◇神谷正太郎論（現代人物論全集　4）　野村耕作著　ライフ社　1979.6　220p　20cm
◇私の履歴書　経済人　15　日本経済新聞社編　日本経済新聞社　1981.1　452p　22cm
◇繁栄の群像―戦後経済の奇跡をなしとげた経営者たち　板橋守邦著　有楽出版社, 実業之日本社〔発売〕　1988.6　253p　19cm
◇巨富を築いた36人の男たち　鳥羽欽一郎著　実業之日本社　1989.11　206p　19cm
◇この経営者の急所を語る―三鬼陽之助の財界人備忘録　三鬼陽之助著　第一企画出版　1991.7　256p　19cm
◇経営の神髄〈第3巻〉　利益日本一の経営　豊田英二　針木康雄著　講談社　1991.8　228p　19cm
◇現状を打破し思考を現実化せよ!（ナポレオン・ヒルの成功哲学〈日本編　2〉）　田中孝顕著　騎虎書房　1992.9　283p　19cm
◇二人の販売の神様―務台光雄と神谷正太郎　長尾遼著　読売プロジェクト, 星雲社〔発売〕　1993.1　208p　19cm
◇ナポレオン・ヒルの成功哲学　日本編〈PART2〉（KIKO文庫）　田中孝顕著　騎虎書房　1997.3　270p　15cm

神谷　伝兵衛
かみや　でんべえ

安政3(1856)年2月11日～大正11(1922)年4月27日

＊＊＊

神谷酒造創業者　⾝三河国幡豆郡衣崎松木島村（愛知県）　幼名=松太郎

歴横浜・外人居留地の酒類醸造場で働き、ワイン製造法を修得、明治13年浅草花川戸で洋酒の販売をはじめる。同時に輸入ワインの再製を手がけ、甘味を加えたワインは蜂印の商標で好評を博す。31年茨城県牛久でブドウ栽培をはじめ、36年ワイン醸造所を竣工。この間28年日本精製糖会社、33年日本酒精製造会社を設立。36年これを解散し、あらためて神谷酒造合資会社を設立し、事業すべてを継承。大正8年株式会社に改組、9年大日本旭酒造と合併し、神谷酒造株式会社となる。

【伝記・評伝】
◇神谷伝兵衛　坂本箕山著　坂本辰之助　1921　318,11p　肖像　22cm
◇神谷伝兵衛と近藤利兵衛　日統社編輯部著　日統社　1933　46p　19cm
◇財界物故傑物伝　実業之世界社　1936
◇合同酒精社史　合同酒精社史編纂委員会編　合同酒精　1970　719p（図共）　肖像　22cm
◇神谷伝兵衛―牛久シャトーの創設者（ふるさと文庫）　鈴木光夫著　筑波書林　1986.1　97p　18cm
◇カミヤの至宝―神谷伝兵衛とその偉大なる足跡　合同酒精（株）編　合同酒精（株）　2002.10

亀井　正夫
かめい　まさお

大正5(1916)年4月20日～平成14(2002)年6月23日

＊＊＊

住友電気工業社長・会長, 新しい日本をつくる国民会議会長　⽣兵庫県神戸市　学東京帝国大学法学部法律学科〔昭和14年〕卒

歴昭和14年住友本社入社。財閥解体後の21年住友電工に移り、35年人事部長、39年取締役、41年常務、のち専務を経て、48年社長に就任。57年会長、平成3年取締役相談役、4年相談役に退いた。この間、昭和52年関西経営者協会会長、日経連副会長。56年から臨時行政調査会で第3部会長を務め、58年国有鉄道再建監理委員会委員長に就任。旧国鉄の分割、民営化に主導的な役割を果たした。他に関西国際空港会長、日本生産性本部（現・社会経済生産性本部）会長、政治改革推進協議会（民間政治臨調、現・新しい日本をつくる国民会議、21世紀臨調）会長、自然災害に対する国民的保障制度を求める国民会議代表世話人、選挙制度審議会の各委員などを歴任。財界人として行政改革に尽力した。　賞藍綬褒章〔昭和51年〕, 財界賞（第29回,昭和58年度）, 勲一等瑞宝章〔昭和61年〕, 交通文化賞〔昭和62年〕, 東洋経済賞パーソン・オブ・ザ・イヤー（第3回)〔平成4年〕, 財界賞（特別賞,第38回,平成5年度）, 勲一等旭日大綬章〔平成6年〕, 正論大賞（特別賞,第17回)〔平成14年〕

【伝記・評伝】
◇改革への道―経営と行革　亀井正夫著　創元社
　1984.10　279p　20cm
◇住友軍団パワーの秘密　邦光史郎, グループ
　HLC著　東急エージェンシー出版事業部
　1987.4　232p　19cm
◇新たな経営ビジョンを求めて―環境変化に対応
　した経営戦略の新展開(セクジェ文庫　vol.20)
　亀井正夫ほか述, 社会経済国民会議産業開発
　課編　社会経済国民会議調査資料センター
　1987.9　64p　21cm
◇社長の筆相学―この筆相があなたを変える(致
　知選書)　森岡恒舟著　竹井出版　1987.12
　235p　19cm
◇「政治臨調」のすすめ　亀井正夫著, 社会経済
　国民会議政治問題特別委員会編　社会経済国民
　会議調査広報課　1988.12　125p　21cm
◇21世紀をめざす統率学―日本企業再構築のリ
　ーダーシップ　山田正喜子著　世界文化社
　1989.3　270p　19cm
◇和魂洋才のすすめ―平成維新のリーダー学(致
　知選書)　亀井正夫著　竹井出版　1990.12
　206p　19cm
◇人生の師父　安岡正篤　神渡良平著　同信社,
　同文舘出版〔発売〕　1991.11　356p　19cm
◇立命の研究―天命を知った男たち(致知選書)
　神渡良平著　致知出版社　1992.12　301p
　19cm
◇二十一世紀へ向けての日本の進路―財団法人成
　人教学研修所創立三十周年記念大会・講演録
　亀井正夫著　成人教学研修所　1999.6　30p
　21cm

辛島　浅彦 (からしま　あさひこ)

明治15(1882)年7月17日～昭和40(1965)年10月15日

＊＊＊

東洋レーヨン会長　囲大分県中津市　学五高
機械科〔明治38年〕卒
歴初め芝浦製作所に入ったが、明治40年三井物
産に転じ、機械部、ロンドン支店勤務の後、昭和
2年新設子会社の東洋レーヨンに出向、常務取締
役兼工場長となった。8年専務、12年会長、17年
に退社、人絹絹統制会の会長となった。他に日本
人絹連合会会長、国策パルプ工業社長、東洋レー
ヨン科学振興会会長も務めた。

【伝記・評伝】
◇辛島浅彦翁を偲ぶ　東洋レーヨン編　東洋レ
　ーヨン　1967　274p　図版19枚　22cm

河合　小市 (かわい　こいち)

明治19(1886)年1月5日～昭和30(1955)年10月5日

＊＊＊

河合楽器製作所創業者　身静岡県浜松市
歴明治33年日本楽器の山葉寅楠と協力して国産
ピアノ第1号を製作。大正15年河合楽器製作所を
創業、浜松市を楽器の街に押し上げた。

【伝記・評伝】
◇楽器王河合小市　山本巴水著　カワイ楽譜
　1957.11　143p　18cm
◇河合小市からEXへ　「河合小市からEXへ」編
　集委員会編　河合楽器製作所　1997.8　149p
　19cm

河井　昇三郎 (かわい　しょうざぶろう)

明治23(1890)年9月23日～昭和48(1973)年9月18日

＊＊＊

住友本社常務理事, 大阪建物社長　身静岡県
学東京帝国大学政治学科〔大正4年〕卒
歴住友に入り、総本店伸銅所尼崎工場別子銅山を
経て、大正14年欧米に留学。昭和2年製鋼所、以
降本社総務部部長、人事部部長、常務理事兼経理
部長などを歴任。この間住友各社の役員を兼務。
21年辞任。24年大阪建物社長、35年辞任。

【伝記・評伝】
◇追想録河井昇三郎　追想録河井昇三郎編集委員
　会　1975　492p　図　肖像　19cm

河合　良成 (かわい　よしなり)

明治19(1886)年5月10日～昭和45(1970)年5月14日

＊＊＊

小松製作所社長・会長, 衆議院議員, 厚相　囲富
山県福光町　学東京帝国大学法科大学政治学科
〔明治44年〕卒

歴 農商務省に入ったが、大正7年の米騒動を機に退官。東京株式取引所（現・東京証券取引所）常務理事、日華生命保険（のちの第百生命保険）常務などを経て、帝国人絹取締役。昭和9年"帝人疑獄事件"に連座して検挙されるが、12年無罪となる。その後、満州国総務庁、企画院委員、17年東京市助役、19年運輸省船舶局長を歴任。戦後は20年農林事務次官、21年第1次吉田内閣の厚相になったが、22年公職追放。実業界に入り、同年小松製作所社長に就任、再建に取り組む。26年追放解除となり、27年衆議院議員に当選。39年小松製作所会長となり、日経連・経団連の各常任理事としても活躍した。この間、39、41年に訪中、また37、42年に訪ソし、日中・日ソ経済交流の橋渡し役をつとめた。著書に「取引所講話」「帝人心境録」「私の人生遍路」などがある。
賞 勲二等旭日重光章〔昭和39年〕

【伝記・評伝】
◇財界の顔　池田さぶろ　講談社　1952
◇私の人生遍路　河合良成著　実業之日本社　1952　172p　図版　19cm
◇私の履歴書　第4集　日本経済新聞社　1957
◇私の履歴書　〔第1集〕, 2-6　日本経済新聞社編　日本経済新聞社　1957-58　6冊　19cm
◇フルシチョフ首相との三時間　私の訪ソ手記　河合良成著　講談社　1964　201p　図版　19cm
◇歴史をつくる人々　第4　河合良成　防御から進撃へ　ダイヤモンド社編　ダイヤモンド社　1964　172p　図版　18cm
◇現代財界家系譜　第1巻　現代名士家系譜刊行会　1968
◇明治の一青年像　河合良成著　講談社　1969　396p　図版　20cm
◇財界思想全集　第6　ダイヤモンド社　1970
◇孤軍奮闘の三十年　河合良成著　講談社　1970　494p　図版　20cm
◇私の履歴書　経済人　2　日本経済新聞社編　日本経済新聞社　1980.6　477p　22cm
◇政治家　その善と悪のキーワード　加藤尚文著　日経通信社　1986.6　202p　19cm
◇成功する経営・失敗する経営　三鬼陽之助著　PHP研究所　1986.6　221p　19cm
◇私の財界昭和史（私の昭和史シリーズ）　三鬼陽之助著　東洋経済新報社　1987.2　272p　19cm
◇繁栄の群像—戦後経済の奇跡をなしとげた経営者たち　板橋守邦著　有楽出版社　1988.6　253p　19cm
◇この経営者の急所を語る—三鬼陽之助の財界人備忘録　三鬼陽之助著　第一企画出版　1991.7　256p　19cm
◇私の履歴書—昭和の経営者群像〈10〉　日本経済新聞社編　日本経済新聞社　1992.11　294p　19cm
◇実業家の文章—日本経済の基盤を築いた、十二人の偉大な実業家。　鈴木治雄著　ごま書房　1998.7　262p　19cm
◇ほくりく20世紀列伝　竹内明太郎・河合良成　北国新聞社編　北国新聞社　2000.4

河合　良一
かわい　りょういち
大正6（1917）年1月18日〜

＊＊＊

小松製作所社長・会長, 経済団体連合会副会長
生 東京　学 東京帝国大学経済学科〔昭和14年〕卒
歴 通産省、中小企業庁を経て昭和29年小松製作所入社、翌年取締役に就任。常務、専務等を歴任し、39年社長、57年会長。平成3年社名の呼称をコマツ（KOMATSU）に変更。7年取締役相談役に退く。10年取締役を退任。昭和61年〜平成9年日中経済協会会長、日本花の会会長など兼任。昭和61年には第10回日ソ経済合同委員会の訪ソ使節団団長を務め、62年日ソ経済委員会副委員長に就任。63年〜平成6年経団連副会長。また2年国際花と緑の博覧会のソフト面を担当する花と緑の普及促進協議会会長も務めた。　賞 経営者賞〔昭和58年〕, レオポルド2世勲章コマンドール章（ベルギー）, デミング賞（本賞）〔昭和61年〕, 勲一等瑞宝章〔平成3年〕

【伝記・評伝】
◇鈴木健二　お元気ですか〈7〉　日本放送協会編　日本放送出版協会　1987.3　214p　19cm
◇藤原弘達のグリーン放談〈9〉　縦横無尽　藤原弘達編　藤原弘達著作刊行会, 学習研究社〔発売〕　1987.9　270p　19cm

川勝 伝
かわかつ でん

明治34（1901）年7月12日～昭和63（1988）年4月23日

***

南海電気鉄道社長・会長，南海ホークスオーナー，日中経済協会副会長　⽣京都府船井郡八木町　⽗立命館大学法学部〔昭和3年〕卒　歴電通、同盟通信記者、大日本紡績連理事、日本スピンドル製造社長などを経て、昭和43年南海電鉄社長に就任し、南海ホークスのオーナーも兼ねる。58年から会長。ほかに南海建設、南海不動産各会長、桃山学院理事長など多くの要職を兼ねる。また終戦直後から日中経済交流に取り組み、公式旅券をもって最初に訪中した。60年には財界人として初めて北朝鮮を訪問した。　賞藍綬褒章〔昭和38年〕、勲一等瑞宝章〔昭和56年〕、交通文化賞（第29回）〔昭和57年〕

【伝記・評伝】
◇私の履歴書　経済人　17　日本経済新聞社編　日本経済新聞社　1981.2　428p　22cm
◇反骨と友愛―川勝伝，財界をゆく　川勝伝講話　ブレーンセンター　1984　166p　18cm
◇激動の時代を生きる　川勝伝著，後藤靖編　東洋経済新報社　1987.4　189p　19cm
◇川勝伝追想録　川勝伝追想録編纂事務局編　南海電気鉄道　1990.4　353p　27cm
◇人あり縁あり―十一人の財界交遊記　吉田伊佐夫著　文芸社　2000.12　252p　19cm

川上 嘉市
かわかみ かいち

明治18（1885）年3月1日～昭和39（1964）年4月6日

***

日本楽器製造社長，参議院議員（緑風会）　⽣静岡県浜北市　号＝如雲　⽗東京帝国大学工科大学〔明治42年〕卒　歴東京瓦斯に入ったが明治43年住友電線製造所に転じ、大正14年取締役。昭和2年日本楽器製造（現・ヤマハ）社長に迎えられ、ヤマハ・ピアノの製造をはじめ楽器製造面で同社回生に尽力した。また理研電化工業、小糸車両工業などの取締役を兼任。21年勅選貴族院議員、22年参議院議員に当選。23年全国楽器協会会長、25年日本楽器会長に退き経団連理事などを務めた。短歌、スケッチに長じ著書に「川上嘉市著作集」（全15巻）がある。

【伝記・評伝】
◇事業と経営　川上嘉市　東洋経済新報社　1952
◇川上嘉市自叙伝　高風館　1953　439p　図　肖像　19cm
◇川上嘉市著作集　第14　川上嘉市自叙伝　川上嘉市著　高風館　1953―54　19cm
◇わが人生経営　川上嘉市著　高風館　1954
◇頭角の現わし方―世に出た人間の研究（PHPビジネスライブラリー〈A-332〉）　藤田忠司著　PHP研究所　1992.3　222p　18cm

河上 弘一
かわかみ こういち

明治19（1886）年6月14日～昭和32（1957）年2月3日

***

日本輸出入銀行総裁，日本興業銀行総裁，日本工業倶楽部理事　⽣中国・上海　⾝山口県　⽗東京帝国大学仏法科〔明治44年〕卒　歴大正5年日本興業銀行に入り、昭和6年理事、副総裁を経て、15年第8代総裁に就任。21年辞任。公職追放の後25年、日本輸出銀行（のちの日本輸出入銀行）総裁となり29年辞任。その間、日仏銀行副総裁、大日本航空理事、帝都高速度交通営団理事、経団連常任理事、工業倶楽部理事、藤田興業会長などを歴任した。河上肇のいとこ。

【伝記・評伝】
◇河上弘一回想録　河上弘一記念事業世話人会著　河上弘一記念事業世話人会　1958　532p　図版14枚　22cm
◇私の財界昭和史（私の昭和史シリーズ）　三鬼陽之助著　東洋経済新報社　1987.2　272p　19cm

川北 禎一
かわきた ていいち

明治29（1896）年7月9日～昭和56（1981）年6月9日

***

日本興業銀行初代頭取，日本銀行副総裁　⽣島根県　⽗東京帝国大学法学部〔大正11年〕卒　歴大正11年日本銀行に入行、小樽支店長、札幌支店長、資金調整局長、総務部長などを経て、昭和21年理事、22年副総裁となり、24年日本興業銀

行総裁に就任、25年同行改組により初代頭取となる。36年取締役相談役。他に30～40年文化財保護委員会委員、日本自然保護協会会長、国際商業会議所日本国内委員会会長、森林資源総合対策協議会会長などを務めた。
【伝記・評伝】
◇財界の顔　池田さぶろ　講談社　1925

河毛　二郎（かわけ　じろう）
大正7(1918)年8月2日～

＊＊＊

王子製紙社長・会長, 日本ロシア経済委員会委員長, 日本製紙連合会会長, 日本経営者団体連盟副会長　生 神奈川県逗子市　身 石川県金沢市　学 東京帝国大学経済学部〔昭和16年〕卒　歴 昭和16年王子製紙に入社。入社早々、樺太（現・サハリン）での3年間の抑留生活。労務部勤務時代には王子大争議を経験。企画、人事など"内政"一筋だが、日本パルプ工業との合併プロジェクトには最高責任者として参画。43年取締役、46年常務、51年専務、54年副社長、57年社長を経て、平成元年会長。5年10月神崎製紙と合併、社名を新王子製紙とし、名誉会長、のち相談役となる。この間、2～7年日経連副会長。　賞 藍綬褒章〔昭和59年〕、勲一等瑞宝章〔平成5年〕
【伝記・評伝】
◇ビジネストップは語る〈2〉　逆風の中で、経営者たちが考えた不況脱出のシナリオとは　PHP研究所編　PHP研究所　1993.3　184p　19cm
◇逆風順風　河毛二郎著　日本経営者団体連盟広報部　1994.5　226p　19cm
◇私のカウントダウン　河毛二郎著　日経連出版部　2000.7　264p　19cm

川崎　正蔵（かわさき　しょうぞう）
天保8(1837)年7月10日～大正元(1912)年12月2日

＊＊＊

川崎造船所創業者, 貴族院議員　生 薩摩国鹿児島城下大黒町（鹿児島県鹿児島市）　幼名＝磯治　歴 17歳の時長崎に出て貿易に従事、藩命によって金・米を扱った。鹿児島町吏、さらに大坂の蔵屋敷用達を命ぜられたが、貿易に着目して藩庁を説き、西洋型帆船数隻を購入して薩摩国産物を畿内に輸送、巨利を博した。明治4年上京し、6年帝国郵便汽船会社副社長となり、東京・琉球間の郵便航路開始に尽力したが、同社は11年に三菱汽船会社と合併する。10年大阪に官糖取扱店を開き、また琉球反物の運送販売により巨利を得、念願であった造船業を開始。11年築地造船所、13年兵庫川崎造船所を開業、19年には官営兵庫造船所の払下げを受けて、20年川崎造船所（現・川崎重工業）を設立。29年川崎造船所を株式に改組し、顧問に退いた。一方、23年に多額納税貴族院議員、31年「神戸新聞」を創刊、38年神戸川崎銀行を開設、監督に就任した。また美術品の収集でも知られ、神戸の自邸内に美術館をつくり、長春閣と名付けた。
【伝記・評伝】
◇帝国実業家立志編　梅原忠造　求光閣　1894
◇川崎正蔵　山本実彦著　吉松定志　1918.9　347p　23cm
◇財界物故傑物伝　実業之世界社　1936
◇日本財界人物列伝　第1巻　青潮出版編　青潮出版　1963　1171p　図版　26cm
◇政商から財閥へ（グリーンベルト・シリーズ）　楫西光速著　筑摩書房　1964　234p　18cm
◇政商の誕生—もうひとつの明治維新　小林正彬著　東洋経済新報社　1987.1　348,18p　19cm
◇夢を抱き歩んだ男たち—川崎重工業の変貌と挑戦　福島武夫著　丸ノ内出版　1987.3　282p　18cm
◇造船王川崎正蔵の生涯　三島康雄著　同文館出版　1993.7　428p　23cm
◇川崎正蔵（人物で読む日本経済史　第11巻）〔山本実彦著〕　ゆまに書房　1998.12　347p　22cm
◇神戸を翔ける—川崎正蔵と松方幸次郎　辻本嘉明著　（神戸）神戸新聞総合出版センター　2001.1　198p　19cm

川崎　八右衛門（かわさき　はちえもん）
天保5(1834)年12月～明治40(1907)年1月13日

＊＊＊

川崎銀行創業者　生 常陸国鹿島郡海老沢村（茨城県）

川島 甚兵衛(2代)

嘉永6(1853)年5月22日～明治43(1910)年5月5日

＊＊＊

川島織物創業者　身 京都市　幼名＝弁次郎, 号＝恩輝軒主人

歴 明治12年、呉服商の父・初代甚兵衛のあとを継ぐ。17年川島織物工場(現・川島織物)を設立。丹後縮緬などの織法を改良。19年渡欧し、フランスでゴブラン織を研究。帰国後、その特長を綴錦に採用。作品に「綴錦犬追物図」など。

【伝記・評伝】
◇川島家と其事業　川島甚兵衛　1931
◇恩輝軒主人小伝　橋本五雄著　川島織物　1964　254p　図版　26cm
◇豪華客船インテリア画集　三菱重工業船舶技術部編　アテネ書房　1986.4　169p　37cm

川田 小一郎

天保7(1836)年8月24日～明治29(1896)年11月8日

＊＊＊

三菱財閥創業期の経営者, 日本銀行総裁, 貴族院議員(勅選), 男爵　身 土佐国土佐郡旭村(高知市)

歴 土佐藩士分となり、明治元年藩領伊予国川之江銅山の朝廷奉還をめぐる争議に敏腕を振るい、藩内の勧業、鉱山、通商事務を担当。藩営土佐商会の岩崎弥太郎と知り合う。4年廃藩置県後同商会を岩崎に譲り、岩崎が九十九商会(のちの三菱商会)として経営するのを援け、以後20年間三菱財閥創業に尽力した。22年日本銀行総裁、23年勅選貴族院議員、28年男爵。29年病気で日本銀行を辞任した。　賞 勲三等〔明治28年〕

【伝記・評伝】
◇商海英傑伝　瀬川光行　大倉書店, 冨山房書店　1893
◇実業家偉人伝　活動野史　四書房　1901
◇人物評論―朝野の五大閥　鵜崎熊吉　東亜堂書房　1912
◇財界物故傑物伝　実業之世界社　1936
◇日本財界人物列伝　第1巻　青潮出版編　青潮出版　1963　1171p　図版　26cm
◇財界人思想全集　第10　ダイヤモンド社　1971
◇無冠の男〈上〉(新潮文庫)　小島直記著　新潮社　1988.6　431p　15cm
◇財界人物我観(経済人叢書)　福沢桃介著　図書出版社　1990.3　177p　19cm
◇スキな人キライな奴　小島直記著　新潮社　1991.4　244p　19cm

河田 重

明治20(1887)年7月25日～昭和49(1974)年2月17日

＊＊＊

日本鋼管社長・会長　生 茨城県　学 東京帝国大学法科大学政治学科〔大正4年〕卒

歴 大正5年太陽生命に入ったが、社内の封建ムードに反発して退社、7年日本鋼管に転じ総務部長、勤労部長を経て昭和17年取締役、常務から22年社長となった。38年会長、41年相談役。労務対策の専門家で、産業合理化委員会鉄鋼部会長として鉄鋼合理化を指導した。また鉄鋼使節団長としてカナダ訪問、アンデス諸国貿易使節団長、日加実業人会議日本代表団長などで活躍。日経連、経団連各常任理事、日本鉄鋼連盟顧問などを務めた。

【伝記・評伝】
◇財界の顔　池田さぶろ　講談社　1952
◇この経営者を見よ―日本財界の主流をゆく人々　会社研究所　ダイヤモンド社　1958
◇私の履歴書　第6集　日本経済新聞社　1958
◇財界の第一線1958年　人物展望社　1958
◇急がず焦らず―鉄に生きる五十年　河田重著　実業之日本社　1964　321p　19cm

(冒頭 川崎) 歴 川崎財閥の創始者。生家は代々水戸藩の金銭御用達で、廻船問屋を兼ねる郷士。また、幕末には水戸藩の財政改革に功績があった。明治3年北海道開拓に従事したのち、7年東京に川崎組を創立、大蔵省国税取扱方、諸官庁為替業務を行う。13年川崎銀行(昭和2年第百銀行と合併、18年三菱銀行に吸収された)と改称、多角的事業経営の拠点とした。主な事業として、水戸鉄道、入山採炭会社、日本酒造火災保険(現・日本火災海上保険)、常総鉄道、京成軌道、東京精米などの経営がある。

【伝記・評伝】
◇帝国実業家立志編　梅原忠造　求光閣　1894
◇財界物故傑物伝　実業之世界社　1936

川田　順
かわだ　じゅん

明治15(1882)年1月15日～昭和41(1966)年1月22日

＊＊＊

住友総本社常務理事，歌人　圏東京市浅草区三味線堀(現・東京都台東区)　学東京帝国大学法学部政治学科〔明治40年〕卒　賞日本芸術院会員〔昭和38年〕

歴明治40年住友総本社に入社、昭和11年筆頭重役で引退するまで実業界にあったが、その間歌人として、「新古今集」の研究家としても活躍。戦後は皇太子の作歌指導や歌会始選者をつとめた。歌集に「伎芸天」「山海経」「鷲」「国初聖蹟歌」「東帰」「定本川田順全歌集」、研究書に「利玄と憲吉」「吉野朝の悲歌」「幕末愛国歌」「戦国時代和歌集」などがある。　賞帝国芸術院賞(第1回)〔昭和17年〕「鷲」「国初聖蹟歌」，朝日文化賞〔昭和19年〕

【伝記・評伝】
◇住友回想記　川田順著　中央公論社　1951　227p　図版　19cm
◇住友回想記　続　川田順著　中央公論社　1953.2　261p　図版　19cm
◇住友回想記　川田順著　甲鳥書林新社　1957　241p　図版　18cm
◇葵の女　川田順自叙伝　川田順著　講談社　1959　210p　図版　20cm
◇私の履歴書　第16集　日本経済新聞社編　日本経済新聞社　1962　350p　19cm
◇わが愛する歌人　第4集　与謝野鉄幹・正岡子規・伊藤左千夫・古泉千樫・川田順・植松寿樹・松倉米吉(有斐閣新書)　中野菊夫ほか著　有斐閣　1978.11　238p　18cm
◇私の履歴書　文化人　2　日本経済新聞社編　日本経済新聞社　1983.10　492p　22cm
◇鴎外百話　吉野俊彦著　徳間書店　1986.11　376p　19cm
◇現代作家の回想　高橋健二著　小学館　1988.5　285p　19cm
◇底より歌え――近代歌人論(小沢コレクション〈24〉)　佐佐木幸綱著　小沢書店　1989.10　247p　19cm
◇住友回想記(経済人叢書)　川田順著　図書出版社　1990.2　198p　19cm
◇川田順ノート(以文選書〈34〉)　鈴木良昭著　教育出版センター　1991.10　221p　19cm
◇夢候よ　鈴鹿俊子著　博文館新社　1992.3　231p　19cm
◇平塚――ゆかりの文人たち　井上弘著　(横浜)門土社総合出版　1993.12　278p　19cm
◇深夜の散歩　辻井喬著　新潮社　1994.8　233p　19cm
◇文人追懐――一学芸記者の取材ノート　浜川博著　蝸牛社　1998.9　270p　19cm
◇佐佐木幸綱の世界〈6〉評論篇1―底より歌え　佐佐木幸綱著　河出書房新社　1998.11　249p　19cm
◇京の恋歌・近代の彩　松本章男著　(京都)京都新聞社　1999.4　273p　19cm
◇日本の権力人脈(パワー・ライン)(現代教養文庫)　佐高信著　社会思想社　2001.12　302p　15cm

川鍋　秋蔵
かわなべ　あきぞう

明治32(1899)年8月28日～昭和58(1983)年9月30日

＊＊＊

日本交通社長，全国乗用自動車連合会名誉会長　身埼玉県大宮市　学高小卒

歴国鉄大宮工機部、梁瀬自動車商会運転手を経て、昭和3年にハイヤー事業を始める。みずからハンドルを握るなどして、日本交通を東京都内だけでハイヤー、タクシー合わせて2000余台を保有する業界最大手に育てあげた。ほかにアジア石油、日本自動車工業の経営、大宮市議などをつとめた。　賞藍綬褒章〔昭和36年〕，紺綬褒章〔昭和40年〕，勲二等瑞宝章〔昭和44年〕，勲二等旭日重光章〔昭和55年〕

【伝記・評伝】
◇くるま人生　川鍋秋蔵　小田岳夫著　アルプス　1962　222p　19cm
◇若き日の社長　現代事業家の人間形成　海藤守著　徳間書店　1962　329p　18cm

◇現代財界家系譜　第1巻　現代名士家系譜刊行会　1968
◇私の履歴書　経済人　2　日本経済新聞社編　日本経済新聞社　1980.6　477p　22cm

◇追憶の川鍋秋蔵—人と事業の五十年　日本交通川鍋秋蔵追想記編集委員会編　日本交通川鍋秋蔵追想記編集委員会　1984.9　137p　27cm

川南　豊作（かわなみ　とよさく）

明治35（1902）年7月28日～昭和43（1968）年12月11日

＊＊＊

川南工業社長　囲富山県　学富山県立水産講習所〔大正8年〕卒

歴大正8年東洋製缶入社。昭和4年戸畑製缶工場建設のため戸畑市へ転勤、6年退職。同年イワシの缶詰とトマトサーディン缶詰製造を開始し、7年長崎平戸に工場を建設、10年長崎港外香焼島に川南工業所を設立し、造船業にのり出す。11年株式会社に改組し社長に就任。軍需で躍進するが、22年公職追放で代表取締役を辞任。26年解除後取締役就任、代表取締役。36年税金、失業、戦争をなくす"三無（さんゆう）主義"を唱え、三無事件（未遂）を計画し、39年首謀者として懲役2年の判決を受ける。

【伝記・評伝】
◇川南豊作自伝（川南工業設立まで）　川南豊作著　川南春江　1974.5　103p　年譜　19cm

川西　清兵衛（かわにし　せいべえ）

慶応元（1865）年7月18日～昭和22（1947）年11月19日

＊＊＊

日本毛織会長　身大阪　旧姓（名）＝筑紫　幼名＝音松

歴明治29年神戸の実業家27人を発起人として日本毛織を創立、32年加古川沿岸に工場を建設し毛布製造をはじめる。戦時景気で軍用毛布等の売上げが伸び巨利を得た。大正2年日本毛糸紡績会社を設立、7年日本毛織と合併。昭和毛糸紡績、共立モスリン、山陽皮革、神戸生糸など多数の関連企業を設立し、川西コンツェルンと呼ばれた。また、6年中島知久平と航空機製造を開始し、9年川西機械製作所を創業。日本羊毛工業会会長、神戸商工会議所会頭をつとめた。

【伝記・評伝】
◇日本経済を育てた人々　高橋弥次郎　関西経済連合会　1955

◇日本の『創造力』—近代・現代を開花させた470人〈9〉　不況と震災の時代　富田仁編　日本放送出版協会　1993.5　527p　21×16cm

川又　克二（かわまた　かつじ）

明治38（1905）年3月1日～昭和61（1986）年3月29日

＊＊＊

日産自動車社長・会長, 経済団体連合会副会長
囲茨城県水戸市　学東京商科大学（現・一橋大学）〔昭和4年〕卒

歴興銀に入り、銀行マン生活10余年。パージで首脳払底の日産自動車へ戦後間もなく役員として送り込まれ、常務、専務を経て、昭和32年から48年まで社長を務めた。乗用車ブームとなるブルーバード開発を陣頭指揮し、プリンス自動車との大型合併を敢行。首位トヨタに次ぐ大メーカの地歩を固めた。48年会長、60年6月から相談役。財界人としても、37年から10年間にわたり日本自動車工業会会長を務め、47年から経団連副会長、55年から60年まで日経連副会長。自動車業界を代表する一人だった。　賞藍綬褒章〔昭和37年〕, 勲一等瑞宝章〔昭和50年〕, アギラ・アステカ勲章

【伝記・評伝】
◇私の履歴書　第20集　日本経済新聞社編　日本経済新聞社　1964　356p　19cm
◇歴史をつくる人々　第22　川又克二　ダイヤモンド社編　ダイヤモンド社　1966　172p　図版　18cm
◇現代財界家系譜　第1巻　現代名士家系譜刊行会　1968
◇経営のこころ　第1集　日刊工業新聞社　1973
◇私の履歴書　経済人　7　日本経済新聞社編　日本経済新聞社　1980.9　477p　22cm
◇川又克二自動車とともに　川又克二追悼録編纂委員会編　日産自動車　1988.3　389p　図版12枚　22cm
◇不滅の帝王学—プロ指導者をめざす人へ　伊藤肇著　東林出版社, 星雲社〔発売〕　1988.8　286p　19cm
◇この経営者の急所を語る—三鬼陽之助の財界人備忘録　三鬼陽之助著　第一企画出版　1991.7　256p　19cm

◇私の履歴書—昭和の経営者群像〈1〉　日本経済新聞社編　日本経済新聞社　1992.9　305p　19cm
◇決断の経営史—戦後日本の礎を築いた男たち　梶原一明著　経済界　2000.4　222p　19cm

川村　喜十郎（かわむら　きじゅうろう）

明治13（1880）年5月18日〜昭和33（1958）年3月15日

＊＊＊

大日本インキ化学工業社長（創業者）　身 群馬県館林市

歴 明治41年川村インキ製造所を設立。大正末期から昭和初期にかけて大連、上海、台湾などに出張所を開設、積極的な海外展開を図る。昭和12年組織を変更し、大日本インキ製造（現・大日本インキ化学工業）を設立、社長に就任。第2次大戦により本社・工場を全焼するが、印刷インキの生産は続行、終戦と共に印刷インキ事業の再建に取り組み、印刷文化の復興に尽した。27年米国ライヒホールド社と日本ライヒホールド化学工業を設立。　賞 勲五等瑞宝章〔昭和33年〕

【伝記・評伝】
◇この経営者を見よ—日本財界の主流をゆく人々　会社研究所　ダイヤモンド社　1958
◇日本財界人物列伝　第2巻　青潮出版編　青潮出版　1964　1175p　図版13枚　27cm

瓦林　潔（かわらばやし　きよし）

明治36（1903）年4月10日〜平成2（1990）年2月7日

＊＊＊

九州電力社長・会長　生 福岡県浮羽郡田主丸町　学 中央大学法学部〔昭和2年〕卒

歴 昭和24年九州配電取締役、29年九州電力取締役、34年副社長、42年代表取締役社長、49年会長を歴任し、58年相談役。この間43年から49年まで福岡放送社長のほか、福岡大学理事長もつとめた。　賞 藍綬褒章〔昭和37年〕、勲一等瑞宝章〔昭和49年〕

【伝記・評伝】
◇一源三流—瓦林潔伝　瓦林潔述　西日本新聞社　1980.4　283p　図版14枚　22cm

◇瓦林潔回顧談—ひとくち多か　朝日新聞西部本社経済部編　葦書房　1984.4　253p　20cm
◇土着権力　四方洋著　講談社　1986.4　254p　19cm

神田　鏐蔵（かんだ　らいぞう）

明治5（1872）年8月29日〜昭和9（1934）年12月8日

＊＊＊

神田銀行創業者　生 愛知県海部郡蟹江　学 名古屋商〔明治21年〕卒

歴 家業の酒造業に従事。明治26年名古屋株式取引所創設と共に、株式の思惑買占で40万円という巨利を得たが、日清戦争後の不況下に破産。32年上京、紅葉屋商店を創設し、有価証券の仲介業を営んだ。鉄道株の売買で巨富を築き、渋沢栄一の援助で国債の欧州輸出を行うなど、"証券界の鬼才"と称された。のち紅葉屋銀行を創設、大正7年神田銀行と改称。さらに諸会社を主宰し、育英・公共事業にも関係したが、昭和2年金融恐慌で倒産した。

【伝記・評伝】
◇人物評論—朝野の五大閥　鵜崎熊吉　東亜堂書房　1912
◇財界之人百人論　矢野滄浪　時事評論社　1915
◇財界物故傑物伝　実業之世界社　1936
◇日本経済の建設者—あの時この人　中村隆英　日本経済新聞社　1973

【き】

木川田　一隆（きかわだ　かずたか）

明治32（1899）年8月23日〜昭和52（1977）年3月4日

＊＊＊

東京電力社長・会長，経済同友会代表幹事　生 福島県伊達郡梁川町　学 東京帝国大学経済学部〔大正15年〕卒

歴 大正15年東京電燈に入社。昭和17年関東配電設立により同社に転じ、秘書課長、企画課長を経て、終戦後は労務部長、21年常務。26年再編により設立された東京電力の理事・取締役・営業

部長となり、27年常務、29年副社長。33年部下の不詳事の責任をとって自ら常務に降職、この間抜本的な人事刷新を断行、34年副社長に復帰、36年社長、46年会長。一方、35年経済同友会の複数制の代表幹事、38年一人制の代表幹事となり、事実上の会長となる。39年電気事業連合会会長、中央電力協議会会長、41年経済審議会会長、50年経済同友会代表幹事を辞任、最高顧問。企業の社会的責任を訴え、経済同友会代表幹事の39年「協調的競争への道」を発表。49年電力料金値上げに反対する不払い運動が起こった時、自らリーダーシップをとって東電の政治献金を廃止した。人間尊重の経営を説いた"木川田理論"で有名。著書に「木川田一隆論文集」「木川田一隆・時代を超えて〈1~3〉」などがある。
賞 藍綬褒章〔昭和35年〕,シカゴ市名誉市民

【伝記・評伝】
◇出世社長記 新入社員から社長までのコース(リビング・ライブラリー) 本郷貫一郎著 徳間書店 1963 237p 18cm
◇現代財界家系譜 第1巻 現代名士家系譜刊行会 1968
◇私の履歴書 第39集 日本経済新聞社 1970 303p 19cm
◇財界人100年の顔―日本経済を築いた人びと ダイヤモンド社 1971
◇財界―日本の人脈 読売新聞社 1972
◇哲人・木川田一隆論 鎌倉太郎 政経社 1975
◇一竿釣師 木川田一隆著 木川田一隆 1977
◇木川田一隆の経営理念 高宮晋編著 電力新報社 1978.4 581p 22cm
◇私の履歴書 経済人 13 日本経済新聞社編 日本経済新聞社 1980.12 457p 22cm
◇私の転機―道を拓く 朝日新聞「こころ」のページ編 海竜社 1986.6 180p 19cm
◇KKニッポンを射る 内橋克人, 佐高信著 講談社 1986.11 318p 19cm
◇ビジュアル版・人間昭和史〈4〉 財界の指導者 講談社 1987.2 255p 21cm
◇木川田一隆言語録―明日のためにきょう何をすべきか 木川田一隆著, 三島静江編 国会通信社 1987.7 300p 19cm
◇繁栄の群像―戦後経済の奇跡をなしとげた経営者たち 板橋守邦著 有楽出版社, 実業之日本社〔発売〕 1988.6 253p 19cm
◇師弟―教育は出会いだ(講談社文庫) 佐高信著 講談社 1988.11 266p 15cm
◇男のうた 佐高信著 講談社 1991.4 243p 19cm
◇激動の昭和電力私史 大谷健編著 電力新報社 1991.5 213p 19cm
◇この経営者の急所を語る―三鬼陽之助の財界人備忘録 三鬼陽之助著 第一企画出版 1991.7 256p 19cm
◇木川田一隆・時代を超えて〈1-5〉 木川田一隆著 電力新報社 1991.11-1992 5冊 19cm
◇私の履歴書―昭和の経営者群像 2 日本経済新聞社編 日本経済新聞社 1992.9 294p 19cm
◇史上空前の繁栄をもたらした人びと―昭和後期の企業家21人の生きざま(HOREI BOOKS) 新井喜美夫著 総合法令 1993.12 183p 18cm
◇木川田一隆の魅力―理想主義の財界人 小島光造著 同信社, 同文舘出版〔発売〕 1996.5 267p 19cm
◇決断力―そのとき、昭和の経営者たちは〈上〉 日本工業新聞社編 日本工業新聞社, 扶桑社〔発売〕 2001.3 493p 19cm
◇日本の権力人脈(パワー・ライン)(現代教養文庫) 佐高信著 社会思想社 2001.12 302p 15cm

きくち きょうぞう
菊池 恭三
安政6(1859)年10月15日~昭和17(1942)年12月28日

＊＊＊

大日本紡績社長・会長, 貴族院議員(勅選)
生 伊予国(愛媛県) 学 工部大学校(現・東京大学工学部)〔明治18年〕卒
歴 海軍横須賀造船所、大蔵省大阪造幣局勤務を経て、明治20年平野紡績に入社。英・仏で機械紡績技術を修得して、21年帰国し、同社支配人兼工務部長となる。22年創立の尼ケ崎紡績の支配人を兼ね、さらに23年創立の摂津紡績の設立を担当、この三社の支配人兼工務部長となる。34年尼ケ崎紡績社長に就任。翌年平野紡績を摂津紡績に合併、大正4年摂津紡績の社長を兼任、7年には尼紡と摂津紡を合併して大日本紡績(現・ユニチカ)を発足、昭和11年まで社長、続いて15年まで会長を務めた。その間、大正15年勅選貴族院議員、日本レーヨン社長、昭和2年共同信託社長などを歴任した。

【伝記・評伝】
◇菊池恭三翁伝　菊池恭三翁伝記編纂委員会編　菊池恭三翁伝記編纂事務所　1948　678p　図版　22cm
◇日本経済を育てた人々　高橋弥次郎　関西経済連合会　1955
◇日本財界人物列伝　第2巻　青潮出版編　青潮出版　1964　1175p　図版13枚　27cm
◇関西財界外史　関西経済連合会　1976
◇英国と日本—架橋の人びと　コータッツィ, ヒュー, ダニエルズ, ゴードン編著, 横山俊夫解説, 大山瑞代訳　(京都)思文閣出版　1998.11　503,68p　21cm
◇菊池恭三翁伝（人物で読む日本経済史　第7巻）〔新田直蔵編著〕　ゆまに書房　1998.12　678p　22cm

菊地　庄次郎 (きくち　しょうじろう)

明治45(1912)年3月1日～昭和59(1984)年8月31日

＊＊＊

日本郵船社長・会長　生宮城県仙台市　学東京帝国大学経済学部〔昭和9年〕卒

歴 日本郵船に入社。サンフランシスコ支店長を経て、昭和34年取締役営業部長、36年常務、40年専務、46年社長、53年会長。この間、日本船主協会会長や経済同友会副代表幹事、日本経営者団体連盟常任理事を歴任。51年経済団体連合会常任理事、57年日本開発銀行参与。　賞勲二等旭日重光章〔昭和57年〕

【伝記・評伝】
◇菊池庄次郎遺稿集　菊池庄次郎遺稿集刊行会編　菊池庄次郎遺稿集刊行会　1985.8　308p　22cm
◇私の履歴書—経済人〈22〉　日本経済新聞社編　日本経済新聞社　1987.1　489p　21cm
◇ビジネス・エリートの読書学（徳間文庫）　佐高信著　徳間書店　1987.3　253p　15cm

菊地　東陽 (きくち　とうよう)

明治16(1883)年2月4日～昭和14(1939)年4月5日

＊＊＊

オリエンタル写真工業社長　生山形県　本名＝菊地学治

歴 祖父は東北地方で最初の写真館を開いた写真師・菊地新学。明治31年東京銀座の写真館で技術を習い、日本各地で修業、18歳で家業の写真館を継いだ。37年渡米。大正7年感光性乳剤の製造に成功、8年帰国してオリエンタル写真工業を創立し、取締役技師長となった。10年人像用印画紙の国産に成功、「オリエント」と名づけて販売。昭和4年社長となり、印画紙、乾板、フィルムの3本建製造販売態勢を確立した。

【伝記・評伝】
◇欧米写真工業界の概況　菊地東陽著　フォトタイムス社　1927　18p　20cm
◇菊地東陽伝　清水透著　オリエンタル写真工業　1941
◇菊地東陽伝　菊地東陽先生伝記編纂会編　菊地東陽先生伝記編纂会　1941　674p　図版　肖像　22cm

岸　道三 (きし　みちぞう)

明治32(1899)年12月1日～昭和37(1962)年3月14日

＊＊＊

日本道路公団初代総裁, 同和鉱業副社長　生大阪府大阪市　学東京帝国大学工学部鉱山学科〔昭和4年〕卒

歴 一高当時、全寮委員長として関東大震災後の移転問題などで活躍、6年がかりで卒業。東大ではボート部で名をあげ、卒業後も運動部の世話をした。学生課嘱託から昭和6年、名古屋合板支配人、明治製菓常務、満鉄調査会嘱託、興中公司広東事務所長を務め、12年近衛文麿内閣首相秘書官。終戦時は鈴木貫太郎内閣の総合計画局参与。戦後は24年、同和鉱業副社長となり、経済同友会代表幹事として近江絹糸争議の調停に当たった。31年に日本道路公団の初代総裁。36年、国際道路連盟からハイウェーマン賞が贈られた。

賞国際道路連盟(IRF)マン・オブ・ザ・イヤー賞

〔昭和35年〕, 国際道路連盟(IRF)ハイウェーマン賞〔昭和36年〕
【伝記・評伝】
◇岸道三追悼録　岸道三追悼録刊行会編　岸道三追悼録刊行会　1964　707p　図版　23cm
◇岸道三という男　岸道三伝記刊行会編　岸道三伝記刊行会　1965　389p　図版　20cm

喜多　又蔵 (きた　またぞう)

明治10(1877)年9月11日～昭和7(1932)年1月31日

***

日本綿花社長　⬚身⬚奈良県南葛城郡　⬚学⬚大阪市立商業学校（明治27年）卒
⬚歴⬚明治27年日本綿花に入社、33年エジプト棉の買付・選定などに成功、37年には支配人に抜擢され、その後、取締役、常務、副代表を経て、大正6年社長に就任。製麻・棉花のほか電鉄・保険など幅広い事業にかかわり、大阪商工会議所ほかの経済団体の要職も兼任。　⬚賞⬚勲三等旭日中綬章〔大正7年〕
【伝記・評伝】
◇喜多又蔵君伝　日本綿花編　日本綿花　1933.1　23cm
◇財界物故傑物伝　上・下巻　実業之世界社編輯局編　実業之世界社　1936　2冊　22cm

北裏　喜一郎 (きたうら　きいちろう)

明治44(1911)年3月14日～昭和60(1985)年10月30日

***

野村証券社長・会長　⬚生⬚和歌山県日高郡美浜町　⬚学⬚神戸高商（現・神戸大学）〔昭和8年〕卒
⬚歴⬚昭和8年野村証券入社。23年大阪支店支配人兼株式部長、24年取締役、27年常務、31年専務、34年副社長、43年社長、53年会長、56年相談役。証券界が未曽有の不況下にあった40年に「今後は調査研究が必要」と判断、野村総合研究所の設立に踏み切るなど、「理想家肌であり、鋭いカンを持った経営者」で、奥村綱雄、瀬川美能留とともに戦後の野村証券の発展に尽くし、証券界の高度成長期をリードした。　⬚賞⬚勲一等瑞宝章〔昭和57年〕

【伝記・評伝】
◇私の履歴書　経済人　18　日本経済新聞社編　日本経済新聞社　1981.2　455p　22cm
◇追悼北裏喜一郎　野村証券株式会社追悼北裏喜一郎編纂委員会編　野村証券追悼北裏喜一郎編纂委員会　1986.10　329,14p　図版12枚　23cm
◇野村証券　五人の社長―人をつくり　組織をつくり　金融大国日本をつくった男たち　宮本淳夫著　日本実業出版社　1989.5　286p　19cm
◇産業としてのベンチャーキャピタル　斎藤篤著　白桃書房　2002.1　179p　19cm

北沢　敬二郎 (きたざわ　けいじろう)

明治22(1889)年5月28日～昭和45(1970)年10月25日

***

大丸百貨店社長・会長, 住友本社常務理事
⬚生⬚山形県米沢市　⬚学⬚東京帝国大学法科大学〔大正3年〕卒
⬚歴⬚大正3年住友総本店に入社、5年間アメリカ留学。住友電線製造所支配人、住友倉庫常務、住友生命専務を経て昭和16年本社常務理事。21年財閥解体で辞任。22年公職追放、26年解除。その間、大丸百貨店に招かれ、同社顧問、副社長を経て25年社長。高知、鳥取、下関、博多など地方系列店の充実を図るとともに、29年東京駅八重洲店の開店に成功した。38年会長。大阪女子学園、関西学院の各理事長、大阪日米協会会長も務めた。
⬚賞⬚大阪府なにわ賞〔昭和31年〕, 藍綬褒章〔昭和38年〕, 勲三等〔昭和39年〕, イタリアメリト勲章コメンダトーレ〔昭和40年〕
【伝記・評伝】
◇大阪産業をになう人々　大阪府工業協会　1956
◇財界の第一線1958年　人物展望社　1958
◇私の履歴書　第27集　日本経済新聞社編　日本経済新聞社　1966　307p　19cm
◇現代財界家系譜　第1巻　現代名士家系譜刊行会　1968
◇北沢敬二郎氏を偲ぶ　大丸編　大丸　1971.1　213p　22cm
◇私の履歴書　経済人　9　日本経済新聞社編　日本経済新聞社　1980.10　468p　22cm

北島 織衛（きたじま おりえ）

明治38（1905）年12月31日～昭和55（1980）年4月27日

＊＊＊

大日本印刷社長・会長　生 東京　学 東京帝国大学法学部〔昭和4年〕卒

歴 昭和4年、大日本印刷の前身・秀英舎入社。30年社長就任、54年会長。大日本印刷を世界最大の印刷会社にするとともに、インテリア、清涼飲料、電気部品などに進出、多角化をはかった。外国誌印刷、ブッククラブ設立など国際化・総合情報産業化にも力を入れたほか、23年に教育出版を創立し教科書出版にも乗り出した。

【伝記・評伝】
◇ときわぎ　北島織衛遺文集　北島織衛著　大日本印刷　1982.4　297p　21cm
◇「男の生き方」40選〈下〉　城山三郎編　文芸春秋　1991.4　363p　19cm

城戸 四郎（きど しろう）

明治27（1894）年8月11日～昭和52（1977）年4月18日

＊＊＊

松竹社長・会長　生 東京市京橋区築地（現・東京都中央区）　旧姓（名）＝北村　学 東京帝国大学法学部英法科〔大正8年〕卒

歴 実家は精養軒を経営する北村家。国際信託銀行を経て、大正10年松竹キネマ合名社に入社、13年蒲田撮影所長に就任。五所平之助、小津安二郎らの新人監督を登用して新路線を敷いた。その作品は"蒲田調""大船調"といわれ、また「愛染かつら」「君の名は」などメロドラマの製作に力を入れ、女性の観客人口を増大させた。専務、のち昭和21年副社長を経て、29年社長に就任。46年から会長。33年日本映画製作者連盟会長を兼任。

賞 フランス芸術文化勲章, 菊池寛賞（第22回）〔昭和49年〕

【伝記・評伝】
◇日本映画伝―映画製作者の記録　城戸四郎著　文芸春秋新社　1956　268p　図版　20cm
◇わが映画論　城戸四郎著, 山田洋次編　松竹　1978.11　305p　図版8枚　22cm
◇松竹映画の栄光と崩壊―大船の時代　升本喜年著　平凡社　1988.4　468p　21cm
◇みんなの寅さん―「男はつらいよ」の世界　佐藤忠男著　朝日新聞社　1988.12　214p　19cm
◇歌だ映画だ人生は　秋津健著　朝日新聞社　1989.6　225p　19cm
◇みんなの寅さん―「男はつらいよ」の世界（朝日文庫）　佐藤忠男著　朝日新聞社　1993.1　292p　15cm
◇日本映画を創った男―城戸四郎伝　小林久三著　新人物往来社　1999.1　373p　20cm

木下 又三郎（きのした またさぶろう）

明治22（1889）年11月13日～昭和52（1977）年3月8日

＊＊＊

本州製紙社長・会長　生 愛知県　旧姓（名）＝友山　学 東京帝国大学工学部〔大正5年〕卒

歴 旧王子製紙に入社。大正9年樺太（現・サハリン）の大泊（現・コルサコフ）工場に転勤。昭和8年からソ連との国境に近い敷香（現・ポロナイスク）に日本最初の人絹パルプ工場の建設に着手、10年完成。この工場が成功し、19年取締役、樺太9工場の総責任者となる。敗戦後、シベリア抑留。25年帰国、副社長に就任。直ちに日本最初の連続蒸解釜を導入した最新鋭工場を愛知県春日井市に建設。31年経営不振に陥った旧王子系の本州製紙社長に就任。画期的なダンボール製造工場を釧路に建設するなどして再建を果たした。44年会長、47年相談役。本州製紙は平成8年新王子製紙と合併、社名は王子製紙となる。

【伝記・評伝】
◇何をしたか―本州製紙社長木下又三郎　ダイヤモンド社　1966
◇歴史をつくる人々　第23　木下又三郎　ダイヤモンド社編　ダイヤモンド社　1966　170p　図版　18cm
◇私の履歴書　第37集　日本経済新聞社　1969　281p　19cm
◇凍原から太陽の国まで―原木を追って　木下又三郎著　藤木出版　1973.3　309p　19cm
◇私の履歴書　経済人　12　日本経済新聞社編　日本経済新聞社　1980.11　467p　22cm

木村 久寿弥太
きむら くすやた

慶応元(1866)年12月2日～昭和10(1935)年11月23日

＊＊＊

三菱合資総理事,日本工業倶楽部理事長　生土佐国(高知県)　学東京帝国大学政治学科〔明治23年〕卒

歴明治23年三菱合資に入社、28年長崎支店長、ついで神戸支店長、本店炭礦部長、三菱鉱業監事、三菱製鉄社長、三菱製紙社長を歴任し、大正9年三菱合資専務理事、さらに11年総理事に就任。昭和10年に辞職するまで三菱銀行、三菱鉱業、三菱信託など三菱系諸会社の重役を兼ね三菱財閥の中枢として運営に当たった。その間、大正6年日本工業倶楽部の創立委員、昭和6年創立の全国産業団体連合会の顧問など諸種の公職もつとめた。

【伝記・評伝】
◇財界物故傑物伝　実業之世界社　1936
◇日本財界人物列伝　第2巻　青潮出版編　青潮出版　1964　1175p　図版13枚　27cm

木村 長七
きむら ちょうしち

嘉永5(1852)年5月24日～大正11(1922)年8月12日

＊＊＊

古河本店理事長　生京都　幼名＝豊四郎

歴幕末に米穀生糸商小野組に入り、のち同組横浜支店長となり生糸の輸出取引に関係。明治10年同組倒産後、古河市兵衛のもとで銅山経営に当たり、30年古河本店理事となり、36年市兵衛の死と共に理事長に就任。38年古河鉱業会社監事長に就任、2代主人古川潤吉没後、3代幼主古川虎之助の後見人となった。大正2年引退し、古河合名会社顧問、古河家相談役となる。

【伝記・評伝】
◇財界物故傑物伝　実業之世界社　1936
◇木村長七自伝　木村長七　木村豊吉　1938

金原 明善
きんばら めいぜん

天保3(1832)年6月7日～大正12(1923)年1月14日

＊＊＊

治水・治山家,社会事業家　生遠江国浜名郡和田村(静岡県)　幼名＝弥一郎

歴生家は静岡県浜名郡の大地主。8代久右衛門を襲名するが、明治5年より明善を名のる。幕末に名主を務める。維新後、天龍川治水工事を政府に請願、自らも多大な献金をして、明治5年浜松県天龍川普請専務となる。7年天龍川堤防会社(のちの治河協力社)を設立、天龍川の治水・治山に貢献した。13年勧善社を設立し、出獄人保護事業も行う。18年治水事業が政府直轄になるが、この頃、東京の丸屋銀行破綻の整理に着手、そのときの整理会社が、33年金原銀行となる。また、京都小野組の復興をはかり、井筒屋香油店の基礎を築く。一方、林業にも着手し、22年から運輸製材業を営み、30年岐阜県林政に参与、さらに富士山麓植林、三方原開墾の端緒を開いた。この他、各種公共事業に関係し、郷里の和田村村長、静岡県議を歴任した。　賞藍綬褒章,紺綬褒章

【伝記・評伝】
◇帝国実業家立志編　梅原忠造　求光閣　1894
◇当代の実業家—人物の解剖　実業之日本社　1903
◇金原明善と其事業　静岡県知事官房　1913
◇金原明善翁　碧瑠璃園　霞亭会　1915
◇財界物故傑物伝　実業之世界社　1936
◇水を治むるもの—明善と神樹　太田正孝著　板垣書店　1948　114p　19cm
◇治水と植林の父金原明善(偉人伝文庫)　和田伝著　ポプラ社　1952
◇郷土を興した　先人の面影—その思想と業績　小出孝三著　日本自治建設運動本部　1958　259p　図版　19cm
◇金原明善の事歴と指導精神　土屋喬雄著　金原治山治水財団　1958
◇日本の経営者精神　土屋喬雄　経済往来社　1959
◇金原明善(現代伝記全集　第5)　和田伝著　日本書房　1959　318p　20cm
◇金原明善—更生保護事業の先覚者　中山順智著　静岡県更生保護協会　1966
◇金原明善　水利科学研究所　1968

◇金原明善　資料　金原治山治水財団編　金原治山治水財団　東京　中央公論事業出版（制作）　1968　2冊　23cm

◇金原明善　金原治山治水財団編　丸ノ内出版　中央公論事業出版（製作）　1968　871p　図版　23cm

◇財界人思想全集　第1　ダイヤモンド社　1969

◇明治百年林業先覚者群像　昭和43年　大日本山林会編　大日本山林会　1970　118p　肖像　22cm

◇金原明善―その足跡と郷土　鈴木要太郎著　浜松史跡調査顕彰会　1979.2　169p　22cm

◇金原明善翁余話　鈴木要太郎著　浜松史蹟調査顕彰会　1981.3　273p　19cm

◇夢をもとめた人びと〈5〉　郷土開発　金平正，北島春信，蓑田正治編　玉川大学出版部（町田）　1987.3　126p　21cm

◇金原明善の生涯　明善の生誕百五十年を期に長男明徳への書翰から　鈴木要太郎著　鈴木要太郎著　1987.4　339p　19cm

◇農の源流を拓く―続・碑文は語る農政史　中村信夫著　家の光協会　1989.1　309p　19cm

◇日本刑事政策史上の人々　日本刑事政策研究会編　日本加除出版　1989.4　330p　19cm

◇あばれ天竜を恵みの流れに―治山治水に生涯をささげた金原明善（PHP愛と希望のノンフィクション）　赤座憲久作，岩渕慶造絵　PHP研究所　1993.6　139p　21cm

◇近代静岡の先駆者―時代を拓き夢に生きた19人の群像　静岡県近代史研究会編　（静岡）静岡新聞社　1999.10　390p　19cm

◇日本経営理念史　〔新装復刻版〕　土屋喬雄著　（柏）麗澤大学出版会　2002.2　650p　23×16cm

【く】

串田　万蔵
くしだ　まんぞう

慶応3（1867）年2月10日～昭和14（1939）年9月5日

＊＊＊

三菱合資会社総理事，三菱銀行会長，日本工業倶楽部専務理事　生 江戸・日本橋（東京都）　学 大学予備門，ペンシルベニア大学政治経済科〔明治23年〕卒

歴 アメリカで銀行業務を体験、明治27年帰国、第百十九銀行（三菱銀行の前身）に入り、大阪支店副支配人、本店銀行部副部長兼深川出張所主任などを経て、大正7年三菱銀行取締役会長となった。また東京手形交換所理事長、東京銀行集会所長、東京商工会議所議員などを務めた。昭和10年三菱合資会社総理事となり、12年同社改組で株式会社三菱社取締役相談役となった。他に政府委員会委員、日本銀行参与、日本工業倶楽部専務理事、日本経済聯盟会専務理事も兼務した。三菱系列の統帥者として財界に重きをなした。

【伝記・評伝】

◇現代財界人物　藤原楚水著　東洋経済出版部　1931　308p　20cm

楠木　直道
くすのき　なおみち

明治33（1900）年5月11日～昭和58（1983）年8月17日

＊＊＊

いすゞ自動車社長　生 大分県玖珠郡玖珠町　学 東京帝国大学工学部機械工学科〔大正13年〕卒　歴 いすゞ自動車の前身である東京石川島造船所自動車部に入社、昭和12年東京自動車工業（現・いすゞ自動車）に引き続き勤務。自動車用高速ディーゼルエンジン、小型ディーゼルトラックの開発などを手がけた。37年からいすゞ社長。40年から5年間同社会長。　賞 藍綬褒章〔昭和37年〕，紺綬褒章〔昭和39年〕，勲二等瑞宝章〔昭和45年〕

【伝記・評伝】

◇楠木直道追想録　楠木直道追想録編纂委員会編　楠木直道追想録編纂委員会　1984.8　368p　図版11枚　22cm

工藤　昭四郎
くどう　しょうしろう

明治27（1894）年7月30日～昭和52（1977）年10月13日

＊＊＊

東京都民銀行頭取，復興金融公庫理事長，経済同友会代表幹事　生 徳島県徳島市　学 東京帝国大学法学部〔大正10年〕卒

歴 大正10年日本興業銀行入行、大阪支店長。戦後、大蔵省物価部長から物価庁次長兼経済安定本

部第5部長でインフレ対策に取り組み、復興金融公庫設立と同時に副理事長に就任。昭和25年理事長。26年東京都民銀行が設立されて頭取。51年に辞任するまで25年間在職。日経連常任理事、経済同友会代表幹事なども務めた。
【伝記・評伝】
◇財界の顔　池田さぶろ　講談社　1952
◇友ありて楽　工藤昭四郎著　実業之日本社　1961
◇財界回想録　日本工業倶楽部　1967
◇現代財界家系譜　第1巻　現代名士家系譜刊行会　1968
◇追悼工藤昭四郎　東京都民銀行故工藤会長追悼録刊行委員会　1978.10　684p　図版22枚　22cm

工藤　友恵（くどう　ともえ）

明治35(1902)年5月30日～昭和47(1972)年9月27日

＊＊＊

大阪建物社長, 関西経済連合会副会長　身 長野県　学 東京帝国大学法学部〔大正14年〕卒

歴 大正14年大阪商船入社。神戸支店長、大阪支店長を経て、関西経済連合会常任理事・事務局長に就任。昭和36年副会長、関西経済連合会の活動分野を多彩にした。一方24年大阪建物監査役、35年から47年まで社長をつとめた。
【伝記・評伝】
◇工藤友恵　追想集　工藤友恵氏追想集編纂委員会編　大阪建物内工藤友恵氏追想集編纂委員会　1973.9　494p　肖像　19cm
◇風姿録　高橋弥次郎著　高橋弥次郎　1987.1　240p　22cm
◇風姿録―まぶたに残る経営者一〇三人　〔増補版〕　高橋弥次郎著　高橋弥次郎　1992.3　537p　図版15枚　22cm

国司　浩助（くにし　こうすけ）

明治20(1887)年～昭和13(1938)年4月2日

＊＊＊

日本水産専務　身 兵庫県　旧姓(名)＝乃美
学 水産講習所(現・東京水産大学)卒

歴 明治41年にイギリスにわたり、トロール漁法を学んで44年帰国。田村汽船に入社し、漁業部(のちの共同漁業、日本水産)でトロール漁業をはじめる。ディーゼルトロール汽船、急速冷凍装置の導入など水産技術者として水産業発展に寄与した。
【伝記・評伝】
◇経済倶楽部講演　127　我国の海洋漁業の現状に就て　国司浩助述　東洋経済出版部　1936　48p　19cm
◇国司浩助氏論叢　桑田透一編　桑田透一　1939　1111p　23cm
◇ニッスイの原点　国司浩助氏論叢(抄)　日本水産編　日本水産　2000.3

久原　房之助（くはら　ふさのすけ）

明治2(1869)年6月4日～昭和40(1965)年1月29日

＊＊＊

久原鉱業所創業者, 衆議院議員, 政友会総裁, 逓信相　生 山口県萩市唐樋町　学 慶応義塾本科〔明治24年〕卒

歴 森村組を経て、明治24年藤田組に入り、秋田の小坂鉱山の黒鉱精錬に成功、鉱山の衰微を復興。32年藤田組支配人、33年小坂鉱山事務所長。38年独立し、茨城の赤沢鉱山を買収して日立鉱山と改称。44年久原鉱業所を創立し、各地の鉱山を買収、成功をおさめた。大正3年第一次大戦景気で石油・海運・造船などの分野に進出、日産コンツェルンを築いたが、戦後恐慌で大打撃を受ける。昭和2年田中義一首相の特使としてスターリンに会見。同年会社を義兄・鮎川義介に委ね、3年政友会に入り衆議院議員に当選、同年田中義一内閣の逓相をつとめた。4年政友会分裂の際は正統派に属し、14年第8代総裁となった。戦後、公職追放を経て、27年政界に復帰、日中・日ソ国交回復国民会議議長などを歴任。通算5期。
【伝記・評伝】
◇久原房之助　山崎一芳　東海出版社　1939.11　354p　19cm
◇大久原随行記・群星点描　野村春畝著　青雲社　1952.5　133p　22cm
◇続　財界回顧―故人今人(三笠文庫)　池田成彬著, 柳沢健編　三笠書房　1953　217p　16cm
◇昭和怪物伝　大宅壮一著　角川書店　1957　290p　19cm

◇通信事業と通信人　進藤誠一　通信文化社　1960
◇久原房之助　久原房之助伝記編纂会編　日本鉱業　1970　597p　図　肖像　22cm
◇財界人思想全集　第10　ダイヤモンド社　1971
◇関西財界外史　関西経済連合会　1976
◇ビジュアル版・人間昭和史〈4〉　財界の指導者　講談社　1987.2　255p　21cm
◇ビジュアルワイド新日本風土記〈8〉　茨城県　ぎょうせい　1988.11　71p　30cm
◇代表的日本人―自己実現に成功した43人　竹内均著　同文書院　1990.1　403p　19cm
◇異彩天才伝―東西奇人尽し（福武文庫）　荒俣宏著,日本ペンクラブ編　福武書店　1991.12　359p　15cm
◇久原房之助翁を語る―伝記　米本二郎著　リーブル　1991.12　1174p　22cm
◇縁、この不思議なるもの―人生で出会った人々（PHP文庫）　松下幸之助著　PHP研究所　1993.1　194p　15cm
◇日本資本主義の群像（現代教養文庫―内橋克人クロニクル・ノンフィクション〈3〉）　内橋克人著　社会思想社　1993.2　209p　15cm
◇混乱時代の経営者の活路　三鬼陽之助著　講談社　1993.10　261p　19cm

久保田　権四郎
くぼた　ごんしろう

明治3（1870）年10月3日～昭和34（1959）年11月11日

＊＊＊

久保田鉄工所社長（創業者）　囲広島県因島市　旧姓（名）＝大出

歴 15歳の時大阪に出て鋳物屋に奉公、明治23年鋳物屋を開業、独立した。久保田家に養子に入り、やがて規模を拡大、鋳物のほか水道用の鋳鉄管を製造、大正に入って工作機械、発動機製造も始めた。昭和5年個人経営から久保田鉄工所（28年久保田鉄工、平成2年クボタに社名変更）と改組して社長となり、耕耘機や内燃機関など機械メーカーとして成功した。24年社長を退任。
賞 藍綬褒章〔昭和28年〕

【伝記・評伝】
◇事業はこうして生れた　創業者を語る　実業之日本社編　実業之日本社　1954　264p　19cm
◇大阪産業をになう人々　大阪府工業協会　1956
◇日本経済の建設者―あの時この人　中村隆英　日本経済新聞社　1973
◇クボタのはなし　クボタ『クボタのはなし』編集会編　クボタ『クボタのはなし』編集会　1992.3　217p　21cm
◇縁、この不思議なるもの―人生で出会った人々（PHP文庫）　松下幸之助著　PHP研究所　1993.1　194p　15cm
◇ケースブック　日本の企業家活動　宇田川勝編　有斐閣　1999.3　318p　21cm

久保田　豊
くぼた　ゆたか

明治23（1890）年4月27日～昭和61（1986）年9月9日

＊＊＊

日本工営社長・会長　身熊本県阿蘇郡一の宮町
学 東京帝国大学工学部土木学科〔大正3年〕卒
歴 大正3年内務省に入省。9年久保田工業事務所を設立。昭和15年朝鮮鴨緑江水力発電社長に就任。戦後、21年技術コンサルタント会社「日本工営」を設立して社長となる。東南アジア、アフリカ諸国の開発に参加し、日本の技術輸出の新しい類型を作り出した。48年より会長。39年海外コンサルティング企業協会を設立し、会長に。
賞 朝鮮総督府文化賞〔昭和16年〕,朝日文化賞〔昭和17年〕,藍綬褒章〔昭和30年〕,カンボジア王国功労勲章〔昭和33年〕,ビルマ共和国鉱工業労働大臣賞〔昭和37年〕,ベトナム共和国金馨勲章〔昭和39年〕,勲二等瑞宝章〔昭和40年〕,ラオス国勲二等百万象勲章〔昭和40年〕,土木学会功績賞〔昭和45年〕,ラオス国総治徽章銀賞勲章〔昭和46年〕,ベトナム共和国勲一等公共事業運輸通信勲章〔昭和48年〕,勲一等瑞宝章〔昭和49年〕,ネパール王国勲二等ゴルカダツシンバフ章〔昭和57年〕,韓国産業金塔勲章〔昭和59年〕,勲一等旭日大綬章〔昭和60年〕

【伝記・評伝】
◇財界の第一線1958年　人物展望社　1958
◇久保田豊　永塚利一著　電気情報社　1966　398p　図版　22cm
◇私の履歴書　第27集　日本経済新聞社編　日本経済新聞社　1966　307p　19cm
◇現代財界家系譜　第4巻　現代名士家系譜刊行会　1970
◇私の履歴書　経済人　9　日本経済新聞社編　日本経済新聞社　1980.10　468p　22cm

◇追悼久保田豊　「追悼久保田豊」編集委員会編　日本工営　1987.9　359,30p　図版12枚　22cm
◇繁栄の群像―戦後経済の奇跡をなしとげた経営者たち　板橋守邦著　有楽出版社, 実業之日本社〔発売〕　1988.6　253p　19cm
◇巨富を築いた36人の男たち　鳥羽欽一郎著　実業之日本社　1989.11　206p　19cm

熊谷　太三郎（くまがい　たさぶろう）

明治39(1906)年11月3日～平成4(1992)年1月15日

＊＊＊

熊谷組社長・会長, 参議院議員（自民党）, 福井市長　[生]福井県福井市　[学]京都帝国大学経済学部〔昭和5年〕卒
[歴]昭和8年福井市議会議長を経て、20年10月～34年福井市長を務めた。20年の福井大空襲や23年の福井大地震で壊滅した福井市を、道路計画を立て、下水道整備を進め、下水道普及率全国一の都市に再生させた。37年参議院議員に転じ、連続5選。この間、52年福田内閣で科学技術庁長官に就任。一方、家業の熊谷組に入り、副社長を経て、昭和15年社長、43～52年会長を歴任。アララギ派の歌人としても知られ、歌集に「しづかな春」「雪明」などがある。　[賞]紺綬褒章〔昭和13年〕, 藍綬褒章〔昭和32年〕, BCS賞〔昭和33年〕
【伝記・評伝】
◇私の春秋―熊谷太三郎自伝　熊谷太三郎著　日刊福井　1980.12　468p　22cm
◇戦時日記　熊谷太三郎著　日刊福井　1983.3　164p　19cm
◇歩み続けて―回想の熊谷太三郎　「熊谷太三郎追悼集」編纂委員会編　熊谷組　1992.12　741p　27cm

熊谷　典文（くまがい　よしふみ）

大正4(1915)年11月30日～平成11(1999)年4月1日

＊＊＊

住友金属工業社長・会長　[生]島根県　[学]東京帝国大学法学部法科〔昭和14年〕卒
[歴]昭和14年住友本社に入社。1年後、商工省（現・通産省）に入り、重工業局長、官房長、公益事業局長、企業局長を経て、43年通産事務次官。翌年退官し、46年住友金属工業常務に。47年専務、51年副社長を経て、53年6月社長に就任。61年6月会長、63年6月～平成10年相談役。産業公害防止協会会長も務めた。　[賞]勲一等瑞宝章〔昭和63年〕
【伝記・評伝】
◇住友軍団パワーの秘密　邦光史郎, グループHLC著　東急エージェンシー出版事業部　1987.4　232p　19cm

熊田　克郎（くまだ　よしろう）

明治34(1901)年10月28日～平成4(1992)年11月7日

＊＊＊

武蔵野銀行頭取・会長, 大宮商工会議所会頭　[生]福島県　[学]東京帝国大学法学部政治学科〔昭和2年〕卒
[歴]昭和20年野村鉱業社長、のち富士木材貿易社長を経て、25年物価庁次長。27年武蔵野銀行副頭取に転じ、31年頭取を経て、52年会長、62年相談役。また33～63年大宮商工会議所会頭をつとめた。　[賞]勲三等瑞宝章〔昭和57年〕
【伝記・評伝】
◇回顧雑録　熊田克郎著, 埼玉新聞社編　武蔵野銀行　1977.3　292p　肖像　20cm

久村　清太（くむら　せいた）

明治13(1880)年10月3日～昭和26(1951)年9月1日

＊＊＊

帝国人造絹糸社長・会長, 化学者　[生]山形県酒田市　[学]東京帝国大学工科大学応用化学科〔明治40年〕中退
[歴]明治40年から太陽レザー製造所研究主任としてビスコース製造法の開発に専念。また東京レザー合資会社設立に参加、明治41年同社を合併した東レザー株式会社技師長となり、人絹製造の研究を進めた。大正7年帝国人造絹糸（のちの帝人）創立とともに取締役、昭和9年社長、20年会長となった。国策パルプ工業取締役、化繊協会会長なども務めた。
【伝記・評伝】
◇回想　久村清太著　帝国人造絹糸　1948　160p　図版　21cm

◇日本経済を育てた人々　高橋弥次郎　関西経済連合会　1955
◇久村清太　丹羽文雄著　帝国人造絹糸　1955　489,12p　図版　22cm
◇思い出の財界人〔2版〕　下田将美　実業之日本社　1960
◇日本財界人物列伝　第2巻　青潮出版編　青潮出版　1964　1175p　図版13枚　27cm
◇小島直記伝記文学全集〈第3巻〉　日本さらりーまん外史　小島直記著　中央公論社　1986.12　414p　19cm

倉田　主税（くらた　ちから）

明治22(1889)年3月1日〜昭和44(1969)年12月25日

＊＊＊

日立製作所社長・会長　囲福岡県宗像郡福間町　学仙台高工機械科〔明治45年〕卒
歴久原鉱業を経て大正9年日立製作所に入り、昭和22年社長に就任。36年会長となり、42年から相談役に退く。戦後の2度にわたる大争議を処理して日立復興の基礎を築き、国産自主技術体制確立に大きな役割を果した。また会長退陣の際の退職金2億円を国産技術振興財団に寄付し、奨励金制度をつくったことでも知られる。のち日経連、経団連常任理事などを歴任した。

【伝記・評伝】
◇財界の顔　池田さぶろ　講談社　1952
◇財界の第一線1958年　人物展望社　1958
◇この経営者を見よ—日本財界の主流をゆく人々　会社研究所　ダイヤモンド社　1958
◇日立と共に50年—倉田主税の半生記　河野幸之助　日本時報社　1962
◇現代人物史伝　第13集　日立と共に五十年倉田主税の半生記　河野幸之助著　日本時報社出版局　1962　422p　図版　19cm
◇現代財界家系譜　第1巻　現代名士家系譜刊行会　1968
◇私の履歴書　第38集　日本経済新聞社　1969　337p　19cm
◇財界人思想全集　第2,4　ダイヤモンド社　1970
◇財界人100年の顔—日本経済を築いた人びと　ダイヤモンド社　1971
◇私の履歴書　経済人　12　日本経済新聞社編　日本経済新聞社　1980.11　467p　22cm

◇私の履歴書—昭和の経営者群像〈4〉　日本経済新聞社編　日本経済新聞社　1992.9　296p　19cm

栗林　五朔（くりばやし　ごさく）

慶応2(1866)年5月1日〜昭和2(1927)年5月4日

＊＊＊

栗林商船会長（創業者）　囲越後南蒲原郡大崎村（新潟県）
歴明治18年上京。新潟物産会社東京支店に入り、同時に簿記学校で商業簿記を学ぶ。25年室蘭に転住し、酒、味噌、醤油店舗を開店。26年日本郵船室蘭代理店。室蘭町会議員、北海道道会議員を経て、42年栗林合名会社を創立し、代表社員に就任。大正4年登別温泉軌道、8年栗林商会を創立、社長。同年栗林商船を設立し取締役会長に就任。9年衆議院議員、13年再選、政友本党会長。

【伝記・評伝】
◇栗林五朔翁追憶録　恵堂会編　恵堂会　1940　267p　23cm
◇室蘭港のパイオニア〔第1〕本多新，栗林五朔，楢崎平太郎（室蘭港湾資料　第6集）　室蘭図書館　1970　123p　図　19cm
◇蝦名賢造北海道著作集〈第6巻〉　新版　北方のパイオニア　蝦名賢造著　西田書店　1993.2　410p　21cm

黒川　光朝（くろかわ　みつとも）

大正7(1918)年7月24日〜平成2(1990)年11月19日

＊＊＊

虎屋社長，全国和生菓子商工協組理事長　囲東京　学東京帝国大学文学部美学美術史学科〔昭和16年〕卒
歴国際文化振興会を経て、文部省美術研究所に5年間勤務、文化財の写真記録事業を担当した。昭和22年虎屋社長。26年に日本青年会議所初代会頭をつとめた。著書に「菓子屋のざれ言(正・続)」、句集「花くらべ」、写真集「京都の四季」など。
賞紺綬褒章〔昭和51年〕，藍綬褒章〔昭和60年〕，勲四等旭日小綬章〔平成2年〕

【伝記・評伝】
◇菓子屋のざれ言　黒川光朝著　虎屋　1978.7　270p　19cm
◇続　菓子屋のざれ言　黒川光朝著　虎屋　1984.7
◇盛田良子・経営者の「素顔」対談〈3〉　豊かな感受性こそリーダーの条件　盛田良子著　講談社　1986.7　278p　19cm
◇トップの人生哲学(BIGMANビジネスブックス)　ビッグマン編集部編　世界文化社　1987.11　218p　19cm
◇日本の青春　鈴木玲子編　EICネットワーク, 平凡社〔発売〕　1988.6　262p　19cm
◇トップに学ぶ経営と健康管理　松木康夫著　にっかん書房, 日刊工業新聞社〔発売〕　1990.6　161p　19cm

黒田　暲之助 (くろだ　しょうのすけ)

大正5(1916)年6月25日～

＊＊＊

コクヨ社長・会長　出 大阪府大阪市　学 慶応義塾高等部〔昭和15年〕卒
歴 父の経営する黒田国光堂に入社。昭和16年ジャワコクヨ商店を設立して、代表者に就任。17年満州国誉印刷紙工を設立、社長。21年帰国。24年黒田国光堂副社長を経て、35年社長に就任。36年コクヨと改称。60年会長。全日本紙製品工業組合理事長、大阪商工会議所常議員、関西経済連合会常任理事なども務める。　賞 藍綬褒章〔昭和49年〕, 紺綬褒章, 勲三等旭日中綬章〔昭和61年〕

【伝記・評伝】
◇私の履歴書　黒田暲之助著　日本経済新聞社　1986.11　152p　21cm
◇私の履歴書―経済人〈24〉　日本経済新聞社編　日本経済新聞社　1987.3　412p　21cm
◇現状を打破し思考を現実化せよ！(ナポレオン・ヒルの成功哲学〈日本編　2〉)　田中孝顕著　騎虎書房　1992.9　283p　19cm

黒田　善太郎 (くろだ　ぜんたろう)

明治12(1879)年2月7日～昭和41(1966)年3月27日

＊＊＊

コクヨ社長・会長（創業者）　身 富山県富山市
歴 20歳のころ大阪で紙店につとめ、明治38年独立。大正3年黒田国光堂を創立し、事務用品の製造販売をはじめる。国産帳簿紙の開発や高速印刷機の導入で紙製品工業の近代化、品質標準化を実現し、その後の総合事務用品メーカーへの礎を築く。　賞 富山市名誉市民, 勲四等瑞宝章

【伝記・評伝】
◇大阪産業をになう人々　大阪府工業協会　1956
◇黒田善太郎さん　「黒田善太郎さん」編集委員会編　富山県立富山商業高等学校　1964　123p　肖像　18cm
◇天職に光あり―コクヨ黒田善太郎伝　小家敏男著　朝日書院　1966　313p　肖像　20cm
◇光をたたえて―故黒田会長"思い出の記"集　コクヨ株式会社"光をたたえて"編集委員会編　コクヨ　1968　407p　22cm

桑田　時一郎 (くわた　ときいちろう)

明治27(1894)年3月12日～平成3(1991)年7月5日

＊＊＊

三菱化成工業会長　身 兵庫県姫路市　学 東京帝国大学応用化学科〔大正7年〕卒
歴 日本化成工業黒崎工場次長、三菱化成工業取締役・化工部長常務を経て会長。そのほか三菱油化、三菱ボンネル各取締役、日経連常任理事、日本化学工業協会常務理事などを歴任。　賞 藍綬褒章〔昭和36年〕, 勲二等瑞宝章〔昭和40年〕

【伝記・評伝】
◇桑田さんを偲ぶ　「桑田さんを偲ぶ」編纂世話人会　「桑田さんを偲ぶ」編纂世話人会　1993.10　377p

【こ】

小池　国三
こいけ　くにぞう
慶応2(1866)年4月10日～大正14(1925)年3月1日

＊＊＊

小池国三商店創業者　囲山梨県　旧姓(名)=浅川　学小卒

歴 19歳で小池家の養子となる。小卒後、若尾逸平家に奉公し、明治23年若尾が貴族院議員となると秘書になる。後、独立し30年兜町に小池国三商店(のちの山一証券)を開く。明治40年個人商店から合資会社へ。大正3年東京株式取引組合委員長となり、6年合資会社を解散、小池銀行を設立。その後、富士製紙、東京瓦斯、九州炭鉱などの重役を歴任した。

【伝記・評伝】
◇財界之人百人論　矢野滄浪　時事評論社　1915
◇小池国三伝　高須芳次郎　小池厚之助　1929　430p　23cm
◇財界物故傑物伝　実業之世界社　1936
◇事業はこうして生れた　創業者を語る　実業之日本社編　実業之日本社　1954　264p　19cm
◇日本財界人物列伝　第1巻　青潮出版編　青潮出版　1963　1171p　図版　26cm
◇財界人思想全集　第10　ダイヤモンド社　1971
◇甲州財閥—日本経済の動脈をにぎる男たち　小泉剛　新人物往来社　1975

小池　厚之助
こいけ　こうのすけ
明治32(1899)年3月16日～昭和60(1985)年1月2日

＊＊＊

山一証券社長・会長, 高千穂学園理事長　囲山梨県　学東京帝国大学政治学科〔大正12年〕卒

歴 オックスフォード大学に留学。大正14年小池銀行頭取、昭和9年小池証券社長を経て、18年山一証券社長に。29年会長、39年会長辞任。戦後の証券民主化と市場再建のリーダーの一人で、会長辞任後も東京・兜町の中小証券業者の間で同氏の信奉者が多かった。小池国三は父。　賞藍綬褒章〔昭和34年〕, 勲二等旭日重光章〔昭和54年〕

【伝記・評伝】
◇現代人物史伝　第8集　小池厚之助　河野幸之助著　日本時報社出版局　1960　19cm

小泉　信吉
こいずみ　のぶきち
嘉永2(1853)年2月3日～明治27(1894)年12月8日

＊＊＊

横浜正金銀行支配人, 慶応義塾塾長　囲紀伊国(和歌山県)

歴 紀州藩士で、江戸に出て慶応2年、草創期の慶応義塾(当時福沢塾)で洋学を学ぶ。のち開成学校教授となり、明治9年ロンドンに留学。11年帰国し大蔵省に出仕、12年横浜正金銀行設立の際副頭取に就任、14年大蔵省奏任御用掛を経て、主税官となる。22年慶応義塾塾長を務め、23年日本銀行取締役、25年横浜正金銀行本店支配人に就任した。

【伝記・評伝】
◇小島直記伝記文学全集〈第4巻〉　福沢山脈　小島直記著　中央公論社　1987.1　577p　19cm
◇小泉信三伝(文春文庫)　今村武雄著　文芸春秋　1987.12　333p　15cm

郷　誠之助
ごう　せいのすけ
元治2(1865)年1月8日～昭和17(1942)年1月19日

＊＊＊

日本経済聯盟会会長, 日本商工会議所会頭, 貴族院議員　囲美濃国岐阜(岐阜県岐阜市)　学ハイデルベルク大学　哲学博士

歴 明治17年ドイツに留学、7年余、ヘーゲル、ミルなどを研究。23年帰国後、農商務省の嘱託。28年日本運送社長となり、その再建を果たす。その後、日本メリヤス取締役、日本鋼管社長、入山採炭社長、王子製紙取締役などを歴任し、いずれも再建に成功。王子製紙では新聞用紙の国産に成功するなどその手腕が高く買われた。43年日本醤油醸造経営には失敗したが、44年東京株式取引所の理事長に就任。大正2年東京商業会議所特別議員、6年日本工業倶楽部の創立に参加し専務理事、11年日本経済聯盟会常務理事、昭和5年日本

商工会議所会頭。その後東京電燈の整理も手がけた。内閣参議、大蔵省顧問のほか、全国産業団体連合会、日本経済聯盟会、日本貿易振興会の各会長を兼任。財界の集まり番町会の親分的リーダーであった。父の死後男爵を襲爵、明治44年から終生、貴族院議員を務めた。

【伝記・評伝】
◇人間・郷誠之助　野田礼史　同伝記刊行会　1939
◇財界隋想　帆足計編　慶応書房　1939.6　317p　19cm
◇郷誠之助　池田成彬, 柳沢健著　三笠書房　1953
◇人使い金使い名人伝　〔正〕続　中村竹二著　実業之日本社　1953　2冊　19cm
◇近代日本人物経済史　日本経済史研究会　東洋経済新報社　1955
◇思い出の財界人　〔2版〕　下田将美　実業之日本社　1960
◇日本財界人物列伝　第2巻　青潮出版編　青潮出版　1964　1175p　図版13枚　27cm
◇財界人思想全集　第4　ダイヤモンド社　1969
◇財界人100年の顔—日本経済を築いた人びと　ダイヤモンド社　1971
◇極道　上（中公文庫）　小島直記著　中央公論社　1982.3　392p　16cm
◇ビジュアル版・人間昭和史〈4〉　財界の指導者　講談社　1987.2　255p　21cm
◇男爵郷誠之助君伝—伝記・郷誠之助（伝記叢書48）　郷男爵記念会編　大空社　1988.10　840,15,6p　22cm
◇大人学・小人学（だいじんがく・しょうじんがく）—「大気力」で生きた男の器量と値打ち　邑井操著　大和出版　1990.6　245p　19cm
◇本物の魅力—自分を生かしきった男だけが「人生の醍醐味」を味わうことができる！　邑井操著　大和出版　1993.7　245p　19cm

郷古　潔（ごうこ　きよし）

明治15(1882)年11月13日～昭和36(1961)年4月28日

＊＊＊

三菱重工業初代社長・会長, 兵器生産協力会会長　囲岩手県水沢市　学東京帝国大学法科大学〔明治41年〕卒

歴明治41年三菱合資会社に入り商事部門、造船部門に勤務、三菱造船取締役から三菱航空機常務。昭和9年造船・航空機両社合併で三菱重工業となり筆頭常務取締役に就任、16年初代社長。18年東条英機内閣の顧問となり社長を退任、会長、20年辞任。この間、艦船、兵器生産を指導、有名な戦闘機「零戦」も製作。20年末戦犯に指名されるが、21年4月釈放。朝鮮動乱とともに兵器生産協力会、後の日本兵器工業会会長となり、運輸省航空審議会会長、経団連防衛生産委員長などを歴任した。

【伝記・評伝】
◇財界の顔　池田さぶろ　講談社　1952

郷司　浩平（ごうし　こうへい）

明治33(1900)年10月16日～平成元(1989)年10月11日

＊＊＊

日本生産性本部理事長・会長　囲大分県速水郡日出町　学青山学院神学部〔昭和2年〕卒, ユニオン神学校〔昭和5年〕修了, コロンビア大学修了

歴青山学院神学部を卒業後、米国に遊学。昭和5年帰国、6年高橋亀吉主宰の「経済情報」編集長、11年中外商業新報社「中外財界」主幹。戦時中は重要物資協議会事務局長を務める。戦後21年経済同友会事務局長を経て、30年日本生産性本部を創立専務理事となり、43年理事長、47年会長に就任。61年退任して名誉会長となる。この間、生産性運動3原則に基づく生産性運動を展開した。

賞勲一等瑞宝章〔昭和55年〕, 経営者賞, 財界賞〔昭和55年〕

【伝記・評伝】
◇文明の片隅から　郷司浩平著　東京書房　1960　382p　19cm
◇財界回想録　下巻　日本工業倶楽部　1967
◇現代史を創る人びと　1　中村隆英, 伊藤隆, 原朗　毎日新聞社　1971
◇現代史を創る人びと　3（エコノミスト・シリーズ）　中村隆英, 伊藤隆, 原朗編　毎日新聞社　1971　279,8p　20cm
◇わが道をゆく　雷鳥社編集部編　雷鳥社　1974　230p　20cm
◇繁栄の群像—戦後経済の奇跡をなしとげた経営者たち　板橋守邦著　有楽出版社, 実業之日本社〔発売〕　1988.6　253p　19cm

◇追悼・郷司浩平　日本生産性本部郷司浩平追悼録刊行会編　日本生産性本部郷司浩平追悼録刊行会　1990.10　247p　22cm
◇郷司浩平―生産性とともに　郷司浩平,田口英爾編　日本生産性本部　1990.10　259p　図版2枚　22cm

河野　文彦 (こうの　ふみひこ)

明治29(1896)年11月22日～昭和57(1982)年8月11日

＊＊＊

三菱重工業社長・会長,経済団体連合会副会長　⊞栃木県大田原市　㊕東京帝国大学工学部機械科〔大正10年〕卒
㊎三菱内燃機製造(三菱重工業の前身)入社、機体設計課技師として、日本の航空機設計の草分けとなる。三菱重工第一製作所、川崎機器製作所各所長を経て、昭和25年三菱日本重工取締役、27年常務、31年副社長、36年社長に就任。39年合併により三菱重工業副社長、40年社長となり、44年会長、48年相談役。経団連副会長を務めた。12年東京・ロンドン間を94時間余で飛行、当時のスピード世界記録を樹立した朝日新聞社「神風号」の主任設計技師を務めたほか、当時の世界最高水準であった「九六式艦上戦闘機」「零戦」など数々の軍用機を設計。戦後も「MU2機」や自衛隊の主力戦闘機であったF104ジェット戦闘機の製造に携わった。

【伝記・評伝】
◇経済団体連合会五十年史　経済団体連合会編　経済団体連合会　1999.1　1351p　27cm

鴻池　藤一 (こうのいけ　ふじかず)

明治45(1912)年1月23日～平成6(1994)年3月9日

＊＊＊

鴻池組社長・会長　⊞大阪府大阪市　㊕早稲田大学理工学部建築学科〔昭和12年〕卒
㊎大学卒業後、大林組で2年間実習を受け、祖父が創業した鴻池組に入る。昭和18年副社長を経て、19年3代社長に就任。37年から会長を兼任、60年から会長職に専念。鴻池組の近代化に努めた。この間、大阪建設業協会初代会長、47～53年および61年～平成2年全国建設業協会会長、63年～平成5年大阪工業会会長を歴任し、第1次石油ショック後の建設業界不振の際は、公共事業請負代金の物価スライド制を実現させた。　㊜紺綬褒章〔昭和27年〕、藍綬褒章〔昭和45年〕、勲二等瑞宝章〔昭和57年〕、勲二等旭日重光章〔平成2年〕

【伝記・評伝】
◇追想　鴻池藤一　追想鴻池藤一編纂委員会編　鴻池組　1996.3　356p　22cm

古賀　繁一 (こが　しげいち)

明治36(1903)年4月20日～平成4(1992)年12月4日

＊＊＊

三菱重工業社長・会長　⊞福岡県　㊕東京帝国大学船舶工学科〔大正15年〕卒
㊎大正15年三菱造船に入社。長崎造船所の建造主任付技師として、戦艦「武蔵」の設計、建造にかかわった。戦後、長崎造船所長、常務、専務を経て、昭和39年合併により、三菱重工専務に就任。46年社長、48年会長、52年相談役。ほかに国際貿易促進協会副会長、成蹊学園理事長など多くの要職を兼任。　㊜藍綬褒章〔昭和42年〕、勲一等瑞宝章〔昭和48年〕

【伝記・評伝】
◇古い思い出　古賀繁一著　〔古賀繁一〕　1992.11　478p　27cm

国分　勘兵衛 (こくぶ　かんべえ) (10代)

明治16(1883)年1月19日～昭和50(1975)年2月23日

＊＊＊

国分社長・会長　⊞三重県松阪　本名＝国分秀次郎　旧姓(名)＝山本　㊕東京高等商業学校〔明治38年〕卒
㊎9代国分勘兵衛の養子となり、国分商店入社、大正13年10代を襲名。明治末から国産化学調味料、洋酒、乳酸菌飲料などを取り扱い経営の近代化と事業発展に尽力。昭和13年大日本洋酒食料品商組合会長。戦後25年株式会社に改組、社長となり、46年国分株式会社会長。またカルピス食品工業の社長となり同社再建にも努めた。

【伝記・評伝】
◇商魂の系譜―企業家精神に生きる61人　中村秀一郎　日本経済新聞社　1973

小坂 順造(こさか じゅんぞう)
明治14(1881)年3月30日～昭和35(1960)年10月16日

＊＊＊

信越化学工業社長,電源開発総裁,衆議院議員(民政党) 生 長野県上水内郡柳村(現・長野市) 学 東京高商(現・一橋大学)〔明治37年〕卒
歴 明治37年日本銀行に入行。父が病に倒れたため帰郷し、41年信濃銀行取締役、44年信濃毎日新聞社長、長野県商業会議所会頭を歴任。45年衆議院選に出馬、民政党に属し当選6回。大正15年信越化学工業を設立。昭和7年多額納税者として貴族院議員。戦時中一時政財界から引退するが、戦後信越化学工業社長に復帰。21年8月枢密顧問官。25年吉田茂首相に請われて国策会社日本発送電の最後の総裁を引き受け、26年同社の解散と九電力会社への分割に当たる。29～31年電源開発総裁。

【伝記・評伝】
◇財界の顔　池田さぶろ　講談社　1952
◇小坂順造　小坂順造先生伝記編纂委員会編　小坂順造先生伝記編纂委員会　1961　432p　図版　22cm
◇小坂順造　別冊　小坂順造先生伝記編纂委員会編　小坂順造先生伝記編纂委員会　1962　55p　21cm
◇日本財界人物列伝　第2巻　青潮出版編　青潮出版　1964　1175p　図版13枚　27cm
◇財界人思想全集　第10　ダイヤモンド社　1971

小坂 徳三郎(こさか とくさぶろう)
大正5(1916)年1月20日～平成8(1996)年2月23日

＊＊＊

信越化学工業社長・会長,衆議院議員(自民党),運輸相　生 長野県長野市　学 東京帝国大学経済学部〔昭和14年〕卒
歴 昭和14年朝日新聞入社。記者生活を10年送った後、信州の小坂財閥に戻る。24年信越化学工業に入り、26年副社長を経て、31年から16年間社長を務めた。一方、44年以来、東京3区から衆議院議員に当選7回。この間、48年第2次田中改造内閣総務長官、53年大平内閣経企庁長官、56年鈴木内閣運輸大臣を歴任。59年に超党派の日米議員連盟の設立を取りまとめ、初代会長になった。平成2年政界を引退。5年信越化学工業会長に復帰するが、7年最高顧問に退く。著書に「産業人宣言」「人間第一主義」「日本人永久繁栄論」など。旧田中派二階堂系。　賞 勲一等旭日大綬章〔昭和63年〕

【伝記・評伝】
◇財界の第一線1958年　人物展望社　1958
◇現代財界家系譜　第1巻　現代名士家系譜刊行会　1968
◇財界人思想全集　第5　ダイヤモンド社　1970
◇十三人の宰相候補たち　今井久夫　経済往来社　1980.5
◇成功する経営・失敗する経営　三鬼陽之助著　PHP研究所　1986.6　221p　19cm
◇誰も書かなかった目白邸―この1年"田中角栄一族"の秘められた全ドラマ(トクマブックス)　小林吉弥著　徳間書店　1986.7　198p　18cm
◇追想小坂徳三郎　1, 2　小坂旦子　1998.2　2冊　22cm

小菅 丹治(こすげ たんじ)(初代)
安政6(1859)年～大正5(1916)年2月25日

＊＊＊

伊勢丹創業者　身 神奈川県高座郡六会村　旧姓(名)＝野渡
歴 明治4年本郷区湯島の伊勢庄呉服店入店、14年に小菅又右衛門に入婿、19年11月神田旅籠町で伊勢丹呉服店(のちの伊勢丹百貨店)を創業。39年東京呉服店組合設立とともに評議員、45年に同組合長就任。

【伝記・評伝】
◇創業者小菅丹治　土屋喬雄著　伊勢丹　中央公論事業出版(制作)　1966　174p　図　肖像　20cm

小菅 丹治(こすげ たんじ)(2代)
明治15(1882)年4月27日～昭和36(1961)年9月16日

＊＊＊

伊勢丹社長・会長　生 神奈川県足柄上郡山北町　旧姓(名)＝高橋儀平
歴 呉服店小僧から小田原の内野呉服店一番番頭になった。26歳の時、伊勢丹の創業者小菅丹治

に認められ養子となり、その長女ときの婿となった。大正5年2代を襲名、代表社員。昭和5年株式会社に改組、社長に就任。6年夏、新宿"ほていや"百貨店の隣地の入札に勝って取得、本格的百貨店とした。10年"ほていや"を買収、伊勢丹を新宿屈指の百貨店に育て、若い世代に重点をおく販売戦略で高収益百貨店経営を実現した。35年会長。

【伝記・評伝】
◇商道ひとすじ　長沼皎平著　産業研究所　1964　235p　22cm
◇日本財界人物列伝　第2巻　青潮出版編　青潮出版　1964　1175p　図版13枚　27cm
◇現代財界家系譜　第1巻　現代名士家系譜刊行会　1968
◇二代小菅丹治伝記資料集　第一巻～第四巻（遺訓・思い出一～三）伊勢丹企画部編　1968.8　189p　25cm
◇二代小菅丹治　上　土屋喬雄著　伊勢丹　日本経営史研究所（制作）　1969　237p　図版　20cm
◇二代小菅丹治　下　土屋喬雄著　伊勢丹　日本経営史研究所（制作）　1972　400p　肖像　20cm
◇商魂の系譜―企業家精神に生きる61人　中村秀一郎　日本経済新聞社　1973

五代　友厚（ごだい　ともあつ）

天保6(1836)年12月26日～明治18(1885)年9月25日

＊＊＊

明治初期の実業家, 大阪商法会議所会頭　囲薩摩国（鹿児島県）　通称＝五代徳助, 五代才助, 号＝松陰

歴　もと鹿児島藩士。長崎遊学、欧州視察などを経て、明治政府に起用され、外国事務掛、外国官権判事、大阪府判事、会計官権判事などを兼任、大阪を中心とする外交・貿易事務を掌り、また旧諸藩の贋貨整理にも尽力。間もなく退官、実業界に身を投じる。特に大久保利通と深い結びつきを持ち、有力な政商として活躍。明治11年大阪株式取引所、大阪商法会議所を設立、会頭。13年大阪製鋼及び、大阪高商、14年関西貿易会社、15年阪堺鉄道を各創設するなど関西財界において多彩をきわめた経済活動をした。

【伝記・評伝】
◇帝国実業家立志編　梅原忠造　求光閣　1894
◇実業家偉人伝　活動野史　四書房　1901
◇近代之偉人故五代友厚伝　上巻　田中豊治郎　友厚会　1921
◇財界物故傑物伝　実業之世界社　1936
◇五代友厚伝(訂正三版)　五代龍作　五代龍作　1936.2　23cm
◇日本資本主義史上の指導者たち　土屋喬雄　岩波書店　1939
◇近代日本人物経済史　日本経済史研究会　東洋経済新報社　1955
◇五代友厚　織田作之助著　現代社　1956.7　234p　18cm
◇大阪人物誌―大阪を築いた人（アテネ新書）宮本又次著　弘文堂　1960　230p　19cm
◇五代友厚秘史　五代友厚七十五周年追悼記念刊行会編　五代友厚七十五周年追悼記念刊行会　1960　395p　図版　表　22cm
◇五代友厚　長谷川幸延著　文芸春秋新社　1960
◇五代友厚秘史(銅像建立祝賀記念増版)　五代友厚七十五周年追悼記念刊行会編　五代友厚七十五周年追悼記念刊行会　1961　395p　22cm
◇日本財界人物列伝　第1巻　青潮出版編　青潮出版　1963　1171p　図版　26cm
◇五代友厚秘史(貿易自由記念祝賀版)　五代友厚七十五周年追悼記念刊行会編　五代友厚七十五周年追悼記念刊行会　1964　395p　22cm
◇近代日本の政商　土屋喬雄　経済往来社　1968
◇五代友厚小伝　大阪商工会議所　1968　63p　図版40p　21cm
◇財界人思想全集　第1　ダイヤモンド社　1969
◇五代友厚　菅野和太郎著　菅野和太郎　1970　15p　21cm
◇財界人100年の顔―日本経済を築いた人びと　ダイヤモンド社　1971
◇五代友厚伝記資料　第1巻―第4巻　日本経営史研究所編　東洋経済新報社　1971～1974　4冊　22cm
◇小寺正三・五大友厚　新人物往来社　1973
◇五代友厚関係文書目録　大阪商工会議所　1973　385p　肖像　21cm
◇人物・日本資本主義　3　大島清, 加藤俊彦, 大内力　東京大学出版会　1976
◇関西財界外史　関西経済連合会　1976
◇五代友厚伝　宮本又次著　有斐閣　1981.1　568,23p　22cm

◇ブレーン:歴史にみる群像〈5〉 転機 豊田穣, 杉本苑子, 吉村貞司, 徳永真一郎, 榛葉英治, 網淵謙錠著 旺文社 1986.5 292p 19cm
◇五代友厚 真木洋三著 文芸春秋 1986.8 253p 19cm
◇大久保利謙歴史著作集〈5〉 幕末維新の洋学 大久保利謙著 吉川弘文館 1986.8 444,15p 21cm
◇含羞都市へ 木津川計著 神戸新聞出版センター(神戸) 1986.11 253p 19cm
◇政商の誕生―もうひとつの明治維新 小林正彬著 東洋経済新報社 1987.1 348,18p 19cm
◇日本を創った戦略集団〈6〉 建業の勇気と商略 堺屋太一編 集英社 1988.4 261p 19cm
◇起業家 五代友厚(現代教養文庫) 小寺正三著 社会思想社 1988.12 349p 15cm
◇代表的日本人―自己実現に成功した43人 竹内均著 同文書院 1990.1 403p 19cm
◇歴史にみるビジネス・人・発想 童門冬二著 日本経済通信社 1990.2 207p 19cm
◇日本史の社会集団〈6〉 ブルジョワジーの群像 安藤良雄著 小学館 1990.3 509p 15cm
◇功名を欲せず―起業家・五代友厚の生涯 渡部修著 毎日コミュニケーションズ 1991.4 306p 19cm
◇政商伝 三好徹著 講談社 1993.1 251p 19cm
◇人物に学ぶ明治の企業事始め 森友幸照著 つくばね舎, 地歴社〔発売〕 1995.8 210p 21cm
◇政商伝(講談社文庫) 三好徹著 講談社 1996.3 287p 15cm
◇屹立―ライバル日本史〈6〉(角川文庫) NHK取材班編 角川書店 1996.11 300p 15cm
◇大阪をつくった男―五代友厚の生涯 阿部牧郎著 文芸春秋 1998.1 440p 20cm
◇歌之介のさつまのボッケモン KTS鹿児島テレビ編者, 原口泉監修 (鹿児島)高城書房 1998.7 176p 19cm
◇五代友厚伝―伝記・五代友厚(近代日本企業家伝叢書 5) 五代竜作編 大空社 1998.11 13,605p 図版12枚 22cm
◇日本経済の礎を創った男たちの言葉―21世紀に活かす企業の理念・戦略・戦術 森友幸照著 すばる舎 1999.11 229p 19cm

◇大阪でごわす―明治商都物語 島実蔵著 時事通信社 2001.3 278p 19cm

児玉 一造 (こだま いちぞう)
明治14(1881)年3月20日～昭和5(1930)年1月30日

＊＊＊

東洋棉花会長　生 滋賀県犬上郡彦根町(現・彦根市)　学 滋賀商〔明治33年〕卒
歴 デッチ奉公などを経て、県立滋賀商業卒。静岡商助教諭を経て、明治34年三井物産に入り、名古屋支店長、大阪支店棉花部長を歴任。大正9年棉花部を独立させ東洋棉花(現・トーメン)を創立し専務に就任。13年三井物産取締役、昭和2年東洋棉花会長となり、綿業界の再建に尽力した。また、豊田紡織、菊井紡織各重役、諸種の公職に就いた。

【伝記・評伝】
◇卓功院追悼録　市村其三郎　1934
◇児玉一造伝　荻野仲三郎　1934　222p　23cm
◇財界物故傑物伝　実業之世界社　1936
◇日本経済を育てた人々　高橋弥次郎　関西経済連合会　1955

小寺 源吾 (こでら げんご)
明治12(1879)年9月7日～昭和34(1959)年6月15日

＊＊＊

大日本紡績社長・会長　生 岐阜県　旧姓(名)＝西松　学 慶応義塾大学理財科〔明治36年〕卒
歴 明治36年尼崎紡績に入社。大正7年大日本紡績取締役、常務を経て昭和11年社長、21年会長、同年辞任、25年相談役。この間日華産業代表取締役、日本レイヨン、新日本レイヨン、国策パルプ各取締役、日伯綿花、大阪商事各監査役、興銀参与理事。日経連、大阪商工会議所各顧問なども務めた。

【伝記・評伝】
◇小寺源吾翁伝　小寺源吾翁伝記刊行会編　大日本紡績小寺源吾翁伝記刊行会　1960　621p　図版　22cm

五島 慶太
ごとう けいた

明治15(1882)年4月18日～昭和34(1959)年8月14日

＊＊＊

東急グループ創業者,東京急行電鉄社長・会長,運輸通信相　囲長野県小県郡青木村　旧姓(名)＝小林　学東京帝国大学法科大学政治学科〔明治44年〕卒

歴農商務省を経て、大正2年鉄道院に入る。9年退官して、武蔵野鉄道(のちの東京横浜電鉄)常務となる。11年目黒蒲田電鉄を設立し専務。昭和14年両社を合併し、さらに17年東京急行電鉄と改称、社長に就任。この間、池上電鉄、玉川電鉄、京浜電鉄など私鉄各社を買収・合併し、私鉄経営のナンバーワンとなる。19年には東条内閣の運輸通信相となり、戦後公職追放、26年解除。27年東急電鉄会長に就任。以来、交通を中心に百貨店、土地開発、レジャーランド、映画などを含む多角的事業体の東急グループの強化・発展に尽力、旺盛な事業拡張から"強盗慶太"の異名をとった。また五島美術館や東横学園、武蔵工業大学、亜細亜大学などを設立する一方、茶器の蒐集家でもあり、茶道界の有力な後援者であった。著書に「事業をいかす人」などがある。

【伝記・評伝】
◇ポケット系根譚　五島慶太著　実業之日本社　1952.7　307p　16cm
◇七十年の人生　五島慶太著　要書房　1953　256p　図版　19cm
◇財界人の横顔　古田保　岩崎書店　1954
◇五島慶太伝(日本財界人物伝全集)　三鬼陽之助著　東洋書館　1954　346p　図版　19cm
◇腕一本すね一本　五島慶太・永田雅一・山崎種二・松下幸之助　飛車金八著　鶴書房　1956　261p　19cm
◇商魂　新・財豪列伝　海藤守著　積文館　1957　278p　19cm
◇私の履歴書　第1集　日本経済新聞社　1958
◇五島慶太の生い立ち　五島育英会著　新日本教育協会　1958
◇事業をいかす人　五島慶太著　有紀書房　1958　251p　図版　20cm
◇五島・堤風雲録　駒津恒治郎著　財界通信社　1959　252p　図版　19cm
◇五島慶太の追想　五島慶太伝記並びに追想録編集委員会編　五島慶太伝記並びに追想録編集委員会　1960　624p　図版17枚　22cm
◇財界の王座は語る　野依秀市編著　実業之世界社　1960　394p　19cm
◇五島慶太(一業一人伝)　羽間乙彦著　時事通信社　1962　212p　図版　18cm
◇日本財界人物列伝　第1巻　青潮出版編　青潮出版　1963　1171p　図版　26cm
◇財界人思想全集　第9　ダイヤモンド社　1970
◇財界人100年の顔―日本経済を築いた人びと　ダイヤモンド社　1971
◇私の履歴書　経済人　1　日本経済新聞社編　日本経済新聞社　1980.6　477p　22cm
◇成功する経営・失敗する経営　三鬼陽之助著　PHP研究所　1986.6　221p　19cm
◇実業界の巨頭(ビジュアル版・人間昭和史〈5〉)　大来佐武郎,扇谷正造,草柳大蔵監修　講談社　1986.6　255p　21cm
◇私の財界昭和史(私の昭和史シリーズ)　三鬼陽之助著　東洋経済新報社　1987.2　272p　19cm
◇西武VS東急　戦全史〈上巻　雄志篇〉　小堺昭三著　ノラブックス　1987.3　401p　19cm
◇決断力に己れを賭けよ(昭和の名語録)　邦光史郎ほか著　経済界　1987.11　262p　19cm
◇東急残酷物語　集団トプラ著　エール出版社　1987.11　190p　19cm
◇新・地下鉄ものがたり　種村直樹著　日本交通公社出版事業局　1988.1　247p　19cm
◇光芒と闇―「東急」の創始者五島慶太怒濤の生涯　菊池久著　経済界　1988.9　233p　19cm
◇天才実業家小林一三　価千金の言葉　小堺昭三著　ロングセラーズ　1988.12　244p　19cm
◇転換期の戦略〈6〉　激動昭和　荒廃と試練の時代　会田雄次ほか著　経済界　1988.12　246p　19cm
◇西武VS東急戦国史〈上〉(角川文庫)　小堺昭三著　角川書店　1989.6　297p　15cm
◇西武VS東急戦国史〈下〉(角川文庫)　小堺昭三著　角川書店　1989.8　300p　15cm
◇代表的日本人―自己実現に成功した43人　竹内均著　同文書院　1990.1　403p　19cm
◇小説東急王国　大下英治著　毎日新聞社　1990.12　492p　19cm

◇この経営者の急所を語る―三鬼陽之助の財界人備忘録　三鬼陽之助著　第一企画出版　1991.7　256p　19cm
◇新・財界人列伝―光と影　厚田昌範著　読売新聞社　1992.1　254p　19cm
◇土地の神話―東急王国の誕生（小学館ライブラリー〈30〉）　猪瀬直樹著　小学館　1992.8　395p　16cm
◇私の履歴書―昭和の経営者群像〈1〉　日本経済新聞社編　日本経済新聞社　1992.9　305p　19cm
◇小説　東急王国（講談社文庫）　大下英治著　講談社　1993.2　824p　15cm
◇土地の神話（新潮文庫）　猪瀬直樹著　新潮社　1993.5　419p　15cm
◇日本を造った男たち―財界創始者列伝　竹内均著　同文書院　1993.11　254p　19cm
◇飛竜の如く―小説・五島慶太（光文社文庫）　広瀬仁紀著　光文社　1996.6　326p　15cm
◇東京ヒルトンホテル物語　富田昭次著　オータパブリケイションズ　1996.9　317p　19cm
◇戦後観光開発史　永井弘著　技報堂出版　1998.10　306p　19cm
◇もう一人の五島慶太伝（勉誠新書）　太田次男著　勉誠出版　2000.7　247p　18cm
◇東急・五島慶太の経営戦略―鉄道経営・土地経営　坂西哲著　文芸社　2001.1　68p　19cm

伍堂　卓雄（ごどう　たくお）

明治10(1877)年9月23日～昭和31(1956)年4月7日

＊＊＊

東京商工会議所会頭，日本能率協会会長，海軍造兵中将，商工相，鉄道相，農相　生石川県金沢　学東京帝国大学工科大学造兵学科〔明治34年〕卒　工学博士

歴明治34年海軍造兵中技師に任官、海大教官、海軍造兵廠督官、大正13年呉海軍工廠長、海軍造兵中将。昭和4年満州の昭和製鋼所設立とともに社長に就任。5年満鉄理事。12年商工相兼鉄道相に就任。貴族院議員に勅選され、13年東京商工会議所会頭、14年商工相兼農相。17年日本能率協会会長、18年商工組合中央会会長。20年軍需省顧問。戦後戦犯に指名されたが22年釈放、27年3月追放解除、以後、日本能率協会会長に復帰。著書に「国防資源論」「金属材料学」など。

【伝記・評伝】
◇工業用金属材料学（工業叢書）　伍堂卓雄著　博文館　1903.4　311p　19cm
◇国防資源論　伍堂卓雄編　日本評論社　1938　514p　19cm

伍堂　輝雄（ごどう　てるお）

明治39(1906)年1月1日～平成5(1993)年12月16日

＊＊＊

日本航空会長　生山口県　身東京　学東京帝国大学法科〔昭和5年〕卒　資弁護士

歴昭和4年司法試験に合格し、岩田寅造法律事務所に入る。昭和鋼管勤務、鉄道相秘書官を経て、18年日本鋼管に入社。24年取締役、29年鶴見製鉄所長、34年常務。37年日経連専務理事ののち、38年日本航空に転じて専務、39年副社長、44年会長、46年常勤顧問、のち顧問などを歴任。44年東京シティ・エアターミナル社長に就任、57年取締役相談役に退く。他に日航ホテル顧問、日本ケーブルテレビジョン会長、順天堂理事、日本レクリエーション協会4代会長など、つとめた役職多数。　賞勲二等旭日重光章〔昭和52年〕

【伝記・評伝】
◇伍堂輝雄　羽間乙彦　伍堂輝雄　1993　691p　22cm

五島　昇（ごとう　のぼる）

大正5(1916)年8月21日～平成元(1989)年3月20日

＊＊＊

東京急行電鉄社長・会長，日本商工会議所会頭　生東京都渋谷区　身静岡県沼津市　学東京帝国大学経済学部商業科〔昭和15年〕卒

歴東急グループの創業者・五島慶太の長男。東京芝浦電気に勤めたあと、昭和20年東京急行電鉄に入社。29年5月から社長。34年父の死後は東急百貨店、東急不動産、東急建設各会長も兼任する東急グループの総帥となり、伊豆急行伊東～下田間、東急新玉川線、田園都市線開通、多摩田園都市開発などビッグプロジェクトを手掛けた。59年永野重雄のあとをうけて、日本商工会議所第14代会頭に就任、62年12月までつとめた。

賞藍綬褒章〔昭和51年〕，勲一等瑞宝章〔昭和61

年〕,経済界大賞(第12回)〔昭和61年〕,日本建築学会賞(昭和62年度)〔昭和63年〕,マスコミ功労者顕彰〔平成3年〕

【伝記・評伝】
◇現代財界家系譜　第1巻　現代名士家系譜刊行会　1968
◇財界人思想全集　第10　ダイヤモンド社　1971
◇東急外史―顔に歴史あり　東急沿線新聞社編　東急沿線新聞社　1982.9
◇東急・五島昇の決断　辻和成　ぱる出版　1984　253p　19cm
◇五島昇の帝王学―「貞観政要」で探る実力経営者の原点　竹村健一　PHP研究所　1986　191p　18cm
◇日本を動かすのは五島昇か堤義明か―「財界本流」と「政界本流」の仁義なき戦い　永川幸樹著　現代書林　1986.2　230p　19cm
◇日本の100人―リーダーたちの素顔　日本経済新聞社編　日本経済新聞社　1986.5　211p　21cm
◇成功する経営・失敗する経営　三鬼陽之助著　PHP研究所　1986.6　221p　19cm
◇五島昇―財界革新を狙う東急グループの総帥　松井志郎著　ぱる出版　1986.7　252p　19cm
◇戦後財界戦国史―総理を操った男たち　田原総一朗著　講談社　1986.7　216p　19cm
◇日商会頭の戦後史(権力者の人物昭和史　8)　安原和雄著　ビジネス社　1986.12　270p　19cm
◇西武VS東急　戦国史〈下巻　覇道篇〉　小堺昭三著　ノラブックス　1987.3　409p　19cm
◇政商たち野望の報酬　菊池久著　コスカ出版　1987.5　237p　19cm
◇混迷日本の先を読む―サバイバル・ウォーズに向けて　田原総一朗著　プレジデント社　1987.6　278p　19cm
◇東急残酷物語　集団トプラ著　エール出版社　1987.11　190p　19cm
◇崩壊する"東急王国"―五島昇の虚像を暴く　欠田富太郎著　グローバル書房,島津書房〔発売〕　1988.4　290p　19cm
◇顔脈の研究―仕事のためのネットワーキングのすすめ　若林照光著　日本実業出版社　1988.8　238p　19cm
◇産業大転回のシナリオ―"脱成熟"時代の経営を求めて　田原総一朗著　日刊工業新聞社　1988.10　232p　19cm
◇私の履歴書―五島昇　東京急行電鉄広報室編　東京急行電鉄広報室　1989　87p(図版共)　23×19cm
◇どうしても西武に勝てない東急の研究　藤井剛彦著　エール出版社　1989.5　188p　19cm
◇西武VS東急戦国史〈上〉(角川文庫)　小堺昭三著　角川書店　1989.6　297p　15cm
◇総理を操った男たち―戦後財界戦国史(講談社文庫)　田原総一朗著　講談社　1989.6　226p　15cm
◇父が息子に残せる言葉―政財界22人の「私を育てた父の一言」　石山順也著　日本文芸社　1990.1　236p　19cm
◇追想五島昇　五島昇追想録編集委員会編　東京急行電鉄　1990.3　310p　31×31cm
◇先輩経営者の闘魂訓―覇者に興亡ありて　三鬼陽之助著　広済堂出版　1990.9　303p　19cm
◇小説東急王国　大下英治著　毎日新聞社　1990.12　492p　19cm
◇小説　東急王国(講談社文庫)　大下英治著　講談社　1993.2　824p　15cm
◇ビッグボーイの生涯―五島昇その人　城山三郎著　講談社　1993.5　269p　19cm
◇史上空前の繁栄をもたらした人びと―昭和後期の企業家21人の生きざま(HOREI BOOKS)　新井喜美夫著　総合法令　1993.12　183p　18cm
◇東急の挑戦―五島慶太から昇へ(ビジネスコミック・チャレンジ21)　城山三郎原作,根本哲也画　ビジネス社　1996.7　164p　20cm
◇ビッグボーイの生涯―五島昇その人(講談社文庫　し3-13)　城山三郎著　講談社　1997.5　243p　15cm
◇戦後観光開発史　永井弘著　技報堂出版　1998.10　306p　19cm
◇決断力〈中〉―そのとき、昭和の経営者たちは　日本工業新聞社編　日本工業新聞社,扶桑社〔発売〕　2001.11　485p　19cm

後藤　安太郎
（ごとう　やすたろう）

明治31(1898)年9月15日～昭和47(1972)年11月29日

＊＊＊

オリジン電気社長・会長　[身]静岡県　[学]早稲田工手学校電気科〔大正4年〕卒

歴 鉄道省を経て、昭和2年日本信号に入り技師長に就任。13年富士電炉工業を設立し代表取締役となる。26年9月社長に就任。27年社名をオリジン電気と変更、44年会長。

【伝記・評伝】
◇オリジンの経営　オリジン電気25周年記念誌編集委員会編　オリジン電気　1963　235p　図版　22cm
◇企業デモクラシー　後藤安太郎著　日本DIA連盟　1963.5　264p　19cm
◇企業は人をつくる　後藤安太郎著　日本DIA連盟　1963.6　198p　20cm
◇社長の哲学―13人の経営と信仰　小島五十人著　鈴木出版　1988.2　189p　19cm

小西　新兵衛 （こにし　しんべい）

明治40(1907)年8月3日～平成7(1995)年1月18日

＊＊＊

武田薬品工業社長・会長　生 東京　学 東京帝国大学医学部薬学科〔昭和5年〕卒
歴 先代より新兵衛を継承。昭和6年小西薬品に入り、18年社長。19年武田薬品工業との合併に伴い、武田薬品工業の常務となり、35年専務、41年副社長を経て、49年社長、56年6月会長に就任。平成3年取締役名誉会長。5年6月退任、相談役。
賞 タイ政府王冠勲章〔昭和58年〕、ハンガリー政府工業大臣賞・特別功労章〔昭和58年〕、ハンガリー政府スター・ウィズ・ゴールデンリーブス勲章〔昭和60年〕、勲二等旭日重光章〔昭和63年〕、ニューオリンズ市名誉市民〔昭和63年〕、イタリア功労勲章コメンダトーレ章〔昭和63年〕、マスコミ功労者顕彰（広告功労者部門）〔平成8年〕

【伝記・評伝】
◇七代小西新兵衛追想　小西新兵衛追想録編集委員会編　武田薬品工業　1996.1　513p　図版17枚　22cm

小林　中 （こばやし　あたる）

明治32(1899)年2月17日～昭和56(1981)年10月28日

＊＊＊

アラビア石油社長，日本開発銀行初代総裁
生 山梨県東八代郡石和町　旧姓（名）=矢崎
学 早稲田大学政経学部〔大正11年〕中退
歴 石和銀行支配人を経て、昭和4年富国徴兵保険（富国生命の前身）に入社。帝銀事件に連座するが無罪となり、18年社長に就任。戦後は21年東京急行電鉄社長を兼任するが、26年に発足の日本開発銀行初代総裁に就任、1期半、6年の在任中に財界での地位を固め、インドネシア賠償交渉政府代表、海外技術協力事業団会長などを務めた。43年には、わが国が初めて海外で原油を掘り当てたアラビア石油の社長に就任。また戦後財界の"陰の実力者"として高度成長期の政府の経済政策にもかかわりを持ち、経団連・日経連の各常任理事、40年から10年間、財政制度審議会会長、43年からは外資審議会会長も務めたが、日本航空会長（48～52年）を最後に第一線から退き"財界相談役"の立場にあった。

【伝記・評伝】
◇追悼小林中　小林中追悼録編集委員会編　小林中追悼録編集委員会　1982.1　470p　23cm
◇寡黙の巨星―小林中の財政史　阪口昭著　日本経済新聞社　1985.3　270p　20cm
◇成功する経営・失敗する経営　三鬼陽之助著　PHP研究所　1986.6　221p　19cm
◇小説・日本興業銀行〈第2部〉　高杉良著　角川書店　1987.1　329p　19cm
◇私の財界昭和史（私の昭和史シリーズ）　三鬼陽之助著　東洋経済新報社　1987.2　272p　19cm
◇ビジュアル版・人間昭和史〈4〉　財界の指導者　講談社　1987.2　255p　21cm
◇繁栄の群像―戦後経済の奇跡をなしとげた経営者たち　板橋守邦著　有楽出版社，実業之日本社〔発売〕　1988.6　253p　19cm
◇総理を操った男たち―戦後財界戦国史（講談社文庫）　田原総一朗著　講談社　1989.6　226p　15cm
◇この経営者の急所を語る―三鬼陽之助の財界人備忘録　三鬼陽之助著　第一企画出版　1991.7　256p　19cm

◇混乱時代の経営者の活路　三鬼陽之助著　講談社　1993.10　261p　19cm

小林　一三
こばやし　いちぞう

明治6（1873）年1月3日～昭和32（1957）年1月25日

＊＊＊

阪急グループ創始者，東宝社長，商工相　生山梨県北巨摩郡韮崎町（現・韮崎市）　号＝逸翁
学慶応義塾〔明治25年〕卒
歴明治26年三井銀行入社。40年箕面有馬電鉄（現・阪急電鉄）創立に参加して専務となり、大正3年宝塚少女歌劇、東宝映画などを創設、昭和2年社長。阪急百貨店、東京電灯（東京電力の前身）各社長のほか、15年第2次近衛内閣の商工相も務め、"今様太閤"といわれた。敗戦後も20年幣原内閣の国務相、復興院総裁に就任。21年公職追放。26年解除後東宝社長に就任、コマ劇場を建設した。43年野球殿堂入り。著書に「小林一三全集」（全7巻）がある。

【伝記・評伝】
◇逸翁らく書　小林一三著　梅田書房　1949
◇私の人生観　小林一三著　要書房　1952　254p　19cm
◇財界の顔　池田さぶろ　講談社　1952
◇逸翁自叙伝　小林一三著　産業経済新聞社　1953　254p　図版　19cm
◇続　財界回顧―故人今人（三笠文庫）　池田成彬著，柳沢健編　三笠書房　1953　217p　16cm
◇小林一三伝（日本財界人物伝全集）　三宅晴輝著　東洋書館　1954　309p　図版　19cm
◇財界巨人伝　河野重吉著　ダイヤモンド社　1954　156p　19cm
◇近代日本人物経済史　日本経済史研究会　東洋経済新報社　1955
◇大阪産業をになう人々　大阪府工業協会　1956
◇小林一三翁に教えられるもの　清水雅著　梅田書房　1957　2版　202p　図版　19cm
◇小林一三（現代伝記全集　第8）　三宅晴輝著　日本書房　1959　330p　図版　20cm
◇小林一三全集　第1-7巻　小林一三　ダイヤモンド社　1961-1962
◇小林一三翁の追想　小林一三翁追想録編纂委員会編　阪急電鉄・小林一三翁追想録編纂委員会　1961.9　686p　22cm

◇20世紀を動かした人々　第16　アイディアに生きる〔ほか〕　大宅壮一編　講談社　1962　402p　図版　19cm
◇日本財界人物列伝　第1巻　青潮出版編　青潮出版　1963　1171p　図版　26cm
◇財界の鉱脈　小林一三と大屋晋三　邱永漢著　南北社　1964　277p　図版　19cm
◇小林一三翁が遺されたもの　那波光正著　文芸春秋　1969.1　227p　20cm
◇財界人思想全集　第2，6　ダイヤモンド社　1970
◇小林一三（現代伝記全集8）　三宅晴輝著　日本書房　1970.11　330p　20cm
◇財界人100年の顔―日本経済を築いた人びと　ダイヤモンド社　1971
◇偉才小林一三の商法―その大衆志向のレジャー経営手法　岩堀安三著　評言社　1972　335p　19cm
◇甲州財閥―日本経済の動脈をにぎる男たち　小泉剛　新人物往来社　1975
◇小林一三と松下幸之助―強運の"事業家"その経営哲学　片山又一郎著　評言社　1979.12　215p　19cm
◇鬼才縦横―評伝・小林一三　上巻，中巻，下巻　小島直記著　PHP研究所　1983　3冊　20cm
◇日本で最もユニークな経営者小林一三伝（Q books）　邱永漢著　日本経済新聞社　1983.3　206p　19cm
◇小林一三・独創の経営―常識を打ち破った男の全研究（PHP business library）　三神良三著　PHP研究所　1983.5　209p　18cm
◇わが小林一三―清く正しく美しく　阪田寛夫著　河出書房新社　1983.10　397p　20cm
◇小林一三　上　明治のサラリーマン　咲村観著　読売新聞社　1984.3　217p　20cm
◇小林一三経営語録　中内功編　ダイヤモンド社　1984.7　212p　20cm
◇鬼才縦横―小林一三の生涯　上巻，中巻，下巻（PHP文庫　コ‐21）　小島直記著　PHP研究所　1985～1986　3冊　15cm
◇言論は日本を動かす　第10巻　風俗を変革する　丸谷才一編，内田健三ほか編　講談社　1985.10　318p　20cm
◇政治家　その善と悪のキーワード　加藤尚文著　日経通信社　1986.6　202p　19cm

こはやし　　　　　　　　　　　　　　　　日本の実業家

◇実業界の巨頭(ビジュアル版・人間昭和史〈5〉)　大来佐武郎, 扇谷正造, 草柳大蔵監修　講談社　1986.6　255p　21cm
◇日々これ夢―小説小林一三　邦光史郎著　淡交社　1986.7　317p　19cm
◇日本現代演劇史〈大正・昭和初期篇〉　大笹吉雄著　白水社　1986.7　616,57p　21cm
◇九十にして惑う―谷川徹三対談集(致知選書)　谷川徹三編著　竹井出版　1986.12　359p　19cm
◇小島直記伝記文学全集〈第3巻〉　日本さらりーまん外史　小島直記著　中央公論社　1986.12　414p　19cm
◇決定版　運命を開く―世界の「ビジネス天才」に学ぶ　片方善治著　三笠書房　1986.12　283p　19cm
◇小林一三の昭和演劇史　大原由紀夫著　演劇出版社　1987.2　231p　22cm
◇私の財界昭和史(私の昭和史シリーズ)　三鬼陽之助著　東洋経済新報社　1987.2　272p　19cm
◇一歩先を読む生きかた(知的生きかた文庫)　堺屋太一ほか著　三笠書房　1987.9　244p　15cm
◇先見力で明日を読め(昭和の名語録)　堺屋太一ほか著　経済界　1987.11　266p　19cm
◇小説　小林一三〈上・下〉(講談社文庫)　咲村観著　講談社　1988.10　2冊　15cm
◇いまの人は商売を知らない―「阪急」の創始者・小林一三の発想(RYU SELECTION)　三神良三著　経済界　1988.11　211p　19cm
◇師弟―教育は出会いだ(講談社文庫)　佐高信著　講談社　1988.11　266p　15cm
◇天才実業家小林一三　価千金の言葉　小堺昭三著　ロングセラーズ　1988.12　244p　19cm
◇人物昭和史(ちくま文庫)　利根川裕ほか著　筑摩書房　1989.1　488p　15cm
◇昭和史の家　垂見健吾写真, 半藤一利文　文芸春秋　1989.5　260p　21cm
◇続・企業進化論―コンピュータがみた日本人と西欧人　梶谷通稔著　日刊工業新聞社　1989.10　299p　19cm
◇大阪の曲がり角　木津川計著　(大阪)東方出版　1989.12　265p　19cm
◇代表的日本人―自己実現に成功した43人　竹内均著　同文書院　1990.1　403p　19cm

◇逸翁自叙伝　小林一三著　図書出版社　1990.1　267p　19cm
◇「時代の気分」を両手でつかんだ男たち―何がベストセラー商品を生み出すのか　本多光太郎著　中経出版　1990.2　198p　19cm
◇大人学・小人学(だいじんがく・しょうじんがく)―「大気力」で生きた男の器量と値打ち　邑井操著　大和出版　1990.6　245p　19cm
◇わが小林一三―清く正しく美しく(河出文庫)　阪田寛夫著　河出書房新社　1991.2　453p　15cm
◇宝塚戦略―小林一三の生活文化論(講談社現代新書〈1050〉)　津金沢聡広著　講談社　1991.4　221p　18cm
◇小林一三日記　阪急電鉄　1991.6　3冊　22cm
◇頭角の現わし方―世に出た人間の研究(PHPビジネスライブラリー〈A-332〉)　藤田忠司著　PHP研究所　1992.3　222p　18cm
◇おお宝塚―シャイ・ファーザー、娘を語る　阪田寛夫著　文芸春秋　1992.5　276p　19cm
◇私の行き方(創業者を読む〈4〉)　小林一三著　大和出版　1992.7　263p　19cm
◇会社のルーツおもしろ物語―あの企業の創業期はこうだった!(PHPビジネスライブラリー〈A-342〉)　邦光史郎著　PHP研究所　1992.8　285p　18cm
◇ぜいたく列伝　戸板康二著　文芸春秋　1992.9　293p　19cm
◇日日これ夢―小説　小林一三(集英社文庫)　邦光史郎著　集英社　1993.5　438p　15cm
◇本物の魅力―自分を生かしきった男だけが「人生の醍醐味」を味わうことができる!　邑井操著　大和出版　1993.7　245p　19cm
◇日本を造った男たち―財界創始者列伝　竹内均著　同文書院　1993.11　254p　19cm
◇剛腕の経営学(徳間文庫)　邦光史郎著　徳間書店　1993.11　310p　15cm
◇小林一三　夢なき経済に明日はない―阪急・東宝グループ創始者　宮徹著　WAVE出版　1995.9　345p　19cm
◇福沢諭吉の着眼塾　小林一三の行動塾―いまビジネスの現場に一番必要な武器だ(プレイブックス)　永川幸樹著　青春出版社　1996.12　220p　17cm
◇小林一三―逸翁自叙伝(人間の記録　25)　小林一三著　日本図書センター　1997.6　280p　20cm

◇実業家の文章―日本経済の基盤を築いた、十二人の偉大な実業家。　鈴木治雄著　ごま書房　1998.7　262p　19cm
◇劇場が演じた劇（江戸東京ライブラリー〈6〉）　大笹吉雄著　教育出版　1999.2　175p　19cm
◇ケースブック　日本の企業家活動　宇田川勝編　有斐閣　1999.3　318p　21cm
◇オリジナリティを訪ねて〈2〉輝いた日本人たち　富士通編　富士通経営研修所　1999.6　238p　19cm
◇小林一三　知恵は真剣勝負が生む―不滅の商才に今、学ぶべきこと　永川幸樹著　ベストセラーズ　1999.9　247p　21cm
◇宝塚歌劇の変容と日本近代　渡辺裕著　新書館　1999.11　198p　21cm
◇近代茶人たちの茶会―数寄風流を楽しんだ巨人たち　鈴木皓詞著　（京都）淡交社　2000.3　223p　19cm
◇日本のこころ〈天の巻〉―「私の好きな人」　中西進, 梅原猛, 町田康, 勅使河原宏, 津本陽ほか著　講談社　2000.7　379p　19cm
◇逸翁自叙伝―青春そして阪急を語る　小林一三著　（大阪）阪急電鉄総合開発事業本部コミュニケーション事業部　2000.8　319p　19cm
◇男冥利　谷沢永一著　PHP研究所　2001.1　221p　19cm
◇宝塚!これぞエンターテインメント　工房オーパス編著　広済堂出版　2001.1　205p　19cm
◇日本の企業家群像　佐々木聡編　丸善　2001.3　292p　19cm
◇その時歴史が動いた〈7〉　NHK取材班編　（名古屋）KTC中央出版　2001.6　253p　19cm
◇百貌百言（文春新書）　出久根達郎著　文芸春秋　2001.10　215p　18cm
◇明日を創った企業家の言葉―先駆者の行動と発想に学ぶ　中江克己著　太陽企画出版　2001.12　246p　19cm

小林　孝三郎
こばやし　こうざぶろう

明治30（1897）年6月29日〜平成7（1995）年7月22日

＊＊＊

コーセー社長・会長（創業者）　囲茨城県岩井町（現・岩井市）　学我孫子尋常高小〔明治45年〕卒
歴明治45年、15歳の時アイデアル化粧品本舗・高橋東洋堂に入社。戦後の昭和21年独立し、小林コーセーの前身・小林合名会社を設立。以来、"革新の商法"を実践し続け、同社を化粧品業界の大手に育てあげた。56年会長に就任。この間、アルビオン化粧品、コスメフランスその他を設立。東京化粧品工業会会長も務めた。平成2年、私財10億円を寄付して化粧品に関する調査・研究・助成をする財団法人・コスメトロジー研究振興財団を設立、理事長に就任。3年社名をコーセーと改称。
賞勲三等瑞宝章〔昭和45年〕, オールド・ナショナル・ド・メリット勲章（フランス）〔昭和48年〕, 経済界寿賞（第10回）〔昭和59年〕

【伝記・評伝】
◇化粧品ひとすじ―小林孝三郎伝　藤崎武男著　小林コーセー創立三十周年記念行事実行委員会　1976　503p　肖像　19cm
◇創業社長の"名語録"にみる商売感覚――一言、自らを鼓舞し事業を創る　青野豊作著　日新報道　1986.12　194p　19cm

小林　宏治
こばやし　こうじ

明治40（1907）年2月17日〜平成8（1996）年11月30日

＊＊＊

日本電気社長・会長　囲山梨県大月市　学東京帝国大学工学部電気工学科〔昭和4年〕卒　工学博士　賓全米工学アカデミー会員
歴昭和4年日本電気に入社。常務、専務、副社長を経て39年社長となり、51年会長に就任。63年名誉会長となる。晩年は文明と人間、技術と社会の調和を唱える開明的発言で注目された。58年から国連大学協力会会長を務め、大学本部施設の充実に尽力。62年日本工学アカデミー発足と同時に会長に就任。ソ連東欧貿易会会長も務めた。著書に「クオリティ指向の経営」「70年代の経営課題」など。　賞紫綬褒章〔昭和32年〕, 藍綬褒章〔昭和39年〕, ペルー大十字章〔昭和45年〕, ヨルダン・スター賞〔昭和47年〕, デミング賞〔昭和49年〕, フレデリックフィリップス賞〔昭和52年〕, 勲一等瑞宝章〔昭和53年〕, パラグアイ国家功労章〔昭和53年〕, エジプト勲一等国家功労章〔昭和54年〕, ブラジル南十字星勲章〔昭和54年〕, NHK放送文化賞（第31回）〔昭和55年〕, ポーランド・コマンドリア功労勲章〔昭和55年〕, 白象勲章（タイ）〔昭和56年〕, マダガスカル・シュバリエ勲章〔昭和56年〕, IEEEファウンダーズ賞〔昭和59年〕, コロンビア最高勲章〔昭和60年〕, スペイン民間功労

大十字章〔昭和61年〕,アイルランド国立工科大学名誉学位〔昭和61年〕,日本オペレーションズ・リサーチ学会実施賞(第11回)〔昭和62年〕,勲一等旭日大綬章〔昭和62年〕,ホール・オブ・フェーム(SSPI)〔平成元年〕

【伝記・評伝】
◇財界人思想全集　第4　ダイヤモンド社　1969
◇経営のこころ　第5集　日刊工業新聞社　1973
◇家電王国を築いた十人　佐藤公偉　綜合出版センター　1980.12
◇男たちの決断〈飛翔編〉(物語　電子工業史)　板井丹後著　電波新聞社　1986.4　386p　21cm
◇私の座右の銘　松下幸之助監修　ロングセラーズ　1986.5　222p　19cm
◇活力の構造〈戦略篇〉　柳田邦男著　講談社　1986.11　362p　19cm
◇小林宏治　私の履歴書—山の中から世界の広場へ　小林宏治著　日本経済新聞社　1988.3　195p　19cm
◇繁栄の群像—戦後経済の奇跡をなしとげた経営者たち　板橋守邦著　有楽出版社,実業之日本社〔発売〕　1988.6　253p　19cm
◇21世紀をめざす統率学—日本企業再構築のリーダーシップ　山田正喜子著　世界文化社　1989.3　270p　19cm
◇構想と決断—NECとともに　小林宏治著　ダイヤモンド社　1989.5　369p　21cm
◇活力の構造〈戦略篇〉(講談社文庫)　柳田邦男著　講談社　1990.2　396p　15cm
◇突破口物語—日本的ブレイクスルーの研究　竹内銀平,野島晋著　ダイヤモンド社　1990.10　223p　19cm
◇自主技術で撃て—日本電気にみるエレクトロニクス発展の軌跡　中川靖造著　ダイヤモンド社　1992.4　278p　19cm
◇自助—小林宏治追想録　日本電気小林宏治追想録編纂委員会　1997.11　851p　図版12枚　22cm
◇小林宏治—男の軌跡　日本電気(株)小林宏治追想録編纂委員会　日本電気(株)　1997.11　1(CD-ROM)　22cm
◇決断力〈中〉—そのとき、昭和の経営者たちは　日本工業新聞社編　日本工業新聞社,扶桑社〔発売〕　2001.11　485p　19cm
◇日本の戦後企業家史—反骨の系譜(有斐閣選書)　佐々木聡編　有斐閣　2001.12　301p　19cm

小林　節太郎
こばやし　せつたろう
明治32(1899)年11月7日～昭和52(1977)年8月12日
＊＊＊

富士写真フイルム社長・会長,富士ゼロックス社長　生 兵庫県　学 関西学院高商部〔大正12年〕卒　歴 貿易商社の岩井商店に入社。昭和2年から7年間、ロンドン支店で当時世界市場を制覇していた大日本セルロイド社のセルロイド製品を欧州各国に売り込む。9年大日本セルロイドの写真フィルム部が分離して設立された富士写真フイルムに営業部長として移る。12年取締役となり、常務、専務を経て、35～46年社長。この間、25年日本写真界初の公募による「富士写真フォトコンテスト」を開催、26年には国産初のカラー映画「カルメン故郷に帰る」のフィルム製作などを通して業績を伸ばし、富士写真フイルムをコダックなどと肩を並べる世界的なフィルムメーカーに発展させた。また、37年英国のランク・ゼロックス社と合弁で富士ゼロックスを設立、社長を兼務した。

【伝記・評伝】
◇私の履歴書　経済人　16　日本経済新聞社編　日本経済新聞社　1981.1　464p　22cm

小林　大祐
こばやし　たいゆう
明治45(1912)年6月13日～平成6(1994)年8月21日
＊＊＊

富士通社長・会長,パナファコム社長　生 兵庫県多可郡加美町　前名=小林鼎三,小林秀正　学 京都帝国大学工学部電気工学科〔昭和10年〕卒　歴 昭和10年富士通信機(現・富士通)に入社。21年技術部交換機課課長、28年同部無線課長、34年電子部長、36年電子工業部電子技術部長、38年同部電算機本部次長を経て、39年取締役、47年専務、50年副社長、51年社長に就任。56年会長、61年取締役相談役、62年相談役に退く。この間51～61年パナファコム社長、54～56年日本電子工業振興協会会長、58～61年エム・エフ情報システム会長、61年ファナック相談役などを歴任。著書に「ともかくやってみる」がある。　賞 毎日工業技術賞〔昭和40年〕、紫綬褒章〔昭和46年〕、マレシャル・ロンドン章(ブラジル)〔昭和51年〕、藍綬褒章〔昭和53年〕、毎日経済人賞〔昭和

56年〕，経営者賞〔昭和56年〕，勲一等瑞宝章〔昭和61年〕，イザベルカトリック女王勲章（スペイン）〔昭和61年〕

【伝記・評伝】
◇社長たちの若き日　杉崎寛　あの人この人社　1980.12
◇ともかくやってみろ―私の体験的経営論　小林大祐著　東洋経済新報社　1983.6　224p　19cm
◇男たちの決断〈飛翔編〉（物語　電子工業史）　板井丹後著　電波新聞社　1986.4　386p　21cm
◇小林大祐さんの思い出　「小林大祐さんの思い出」編集委員会　（株）富士通経営研修所　1995.8

小林　富次郎（初代）
こばやし　とみじろう
嘉永5（1852）年1月15日～明治43（1910）年11月13日

＊＊＊

ライオン歯磨創業者　生武蔵国北足郡与野町（埼玉県）

歴 25歳で上京し、石鹸の製造を始めた。神戸や宮城県石巻でマッチ軸の工場をつくるが、事業に失敗。明治24年東京に石鹸とマッチの取次店を開店。やがてライオン歯磨の製造販売を始め、一代で巨富を築いた。

【伝記・評伝】
◇小林富次郎伝　加藤直士著　警醒社　1870　263p　20cm
◇小林富次郎伝　加藤直士著　小林商店　1911
◇歯磨の歴史　小林富次郎　ライオン歯磨本舗　1935
◇財界物故傑物伝　実業之世界社　1936
◇日本財界人物列伝　第1巻　青潮出版編　青潮出版　1963　1171p　図版　26cm
◇現代財界家系譜　第1巻　現代名士家系譜刊行会　1968
◇初代小林富次郎伝　小林富次郎（3代）著　ライオン歯磨　1976

小林　富次郎（2代）
こばやし　とみじろう
明治5（1872）年4月8日～昭和33（1958）年11月20日

＊＊＊

ライオン歯磨社長　生埼玉県与野市　学松村学舎卒

歴 明治13年初代小林富次郎の養嗣子となり、17年金港堂書店に入り、2年後大阪転勤。26年小林商店（現・ライオン）に入り養父と石けん製造販売を始め、27年獅子印ライオン歯磨を製造、43年養父死去で店を継ぎ、大正7年株式会社に改め社長となった。昭和10年相談役。　賞緑綬褒章〔昭和15年〕

【伝記・評伝】
◇二代小林富次郎翁　三代小林富次郎　ライオン歯磨　1959　303p　22cm
◇日本財界人物列伝　第1巻　青潮出版編　青潮出版　1963　1171p　図版　26cm
◇ライオン創業者　小林富次郎の生涯　定家修身　ライオン　1991.1　125p　21cm

小林　富次郎（3代）
こばやし　とみじろう
明治32（1899）年12月23日～平成4（1992）年7月18日

＊＊＊

ライオン社長・会長　身東京　旧姓（名）＝小林喜一　学慶応義塾大学〔大正12年〕卒，ロンドンスクールオブエコノミック〔大正15年〕卒

歴 大正12年に創業3代目としてライオン歯磨本舗（現・ライオン）に入社。昭和10年には社長に就任し、ホワイトライオンや整髪料バイタリスなどの人気商品を育て上げたほか、医薬品などの他部門にも積極的に進出、多角化を推し進めた。また、歯の衛生週間中に行われている学童歯磨訓練大会を全国規模に広げるなど、保健衛生の普及にも尽力した。　賞実業精励功労者〔昭和31年〕，藍綬褒章〔昭和32年〕，勲三等瑞宝章〔昭和45年〕

【伝記・評伝】
◇三代小林富次郎翁を偲ぶ　ライオン株式会社編　ライオン　1993.7　251p　22cm

小林 与三次
こばやし よそじ

大正2(1913)年7月23日～平成11(1999)年12月30日

＊＊＊

日本テレビ放送網社長・会長,読売新聞社社長・会長,よみうり名誉会長,読売光と愛の事業団理事長　囲富山県　学東京帝国大学法学部〔昭和11年〕卒　賓フランス学士院芸術アカデミー正会員〔平成6年〕

歴自治省に入省。行政部長、財政局長を経て、昭和33年自治事務次官。38年住宅金融公庫副総裁、40年岳父・正力松太郎が社主の読売新聞社に主筆兼論説委員長として入社。副社長を経て、56年社長、平成3年会長、9年名誉会長。昭和45年日本テレビ放送網社長、56年会長。福島民友新聞会長、50～53年日本民間放送連盟会長、60年～平成3年日本新聞協会会長を務め、マスコミ業界の発展に貢献する一方、政府の審議会の要職にも就き、元号に関する懇談会委員として"平成"の元号制定に関わったほか、第八次選挙制度審議会会長も務めた。著書に「地方自治運営論」などがある。

賞西ドイツ大功労十字章〔昭和45年〕、ローマ教皇庁大聖グレゴリオ騎士団勲章〔昭和49年〕、フンボルト大学哲学名誉博士（東ドイツ）〔昭和62年〕、レジオン・ド・ヌール勲章コマンドール章〔昭和63年〕、仏教伝道文化賞（第23回）〔平成元年〕、勲一等旭日大綬章〔平成6年〕

【伝記・評伝】
◇読売グループ新総帥《小林与三次》研究　征矢野仁著　鷹書房　1982.6　246p　18cm
◇警察官僚の時代（講談社文庫）　田原総一朗著　講談社　1986.5　233p　15cm
◇混迷日本の先を読む―サバイバル・ウォーズに向けて　田原総一朗著　プレジデント社　1987.6　278p　19cm
◇証言　地方自治―内務省解体　地方分権論　本間義人編著　ぎょうせい　1994.1　445p　19cm
◇読売外伝―わが心の秘録　為郷恒淳著　アクトビューロー　1997.7　235p　21cm

駒井 健一郎
こまい けんいちろう

明治33(1900)年12月17日～昭和61(1986)年10月2日

＊＊＊

日立製作所社長,会長　囲東京　学東京帝国大学電気工学科〔大正14年〕卒

歴大正14年日立製作所に入り、昭和21年日立工場長。常務を経て、36年社長、46年会長に就任。52年相談役。社内有数の原子力のエキスパートで、国際的な未来研究団体ローマクラブ会員。また幼児教育に打ち込み、小平記念財団の事業として、日立市で3歳児に1年間しつけ教育を施す教室を開いたり、幼児教育の重要性を説くセミナーなどを各地で開催した。　賞藍綬褒章〔昭和37年〕,経営者賞〔昭和45年〕,勲一等瑞宝章〔昭和46年〕

【伝記・評伝】
◇私の履歴書―経済人〈19〉　日本経済新聞社編　日本経済新聞社　1986.11　557p　21cm
◇駒井さんの遺稿集　「駒井さんの遺稿集」編纂委員会編　日立製作所　1987.9　330p　27cm

小室 三吉
こむろ さんきち

文久3(1863)年7月9日～大正9(1920)年10月18日

＊＊＊

三井物産取締役　囲江戸　学商法講習所（現・一橋大）卒

歴明治初年英国に渡り経済学を学ぶ。12年間滞在した後、帰国。明治17年三井物産に入社、香港、上海、ロンドンなどの海外支店長を経て、42年取締役に就任。のち監査、三井家同族会理事を務め、大正9年退社。この他東京海上保険などの重役として東京実業界に重きをなした。

【伝記・評伝】
◇人物評論―朝野の五大閥　鵜崎熊吉　東亜堂書房　1912
◇財界之人百人論　矢野滄浪　時事評論社　1915

小森 善一（こもり よしかず）

明治35(1902)年3月30日～平成2(1990)年9月15日

＊＊＊

小森印刷機械社長　生 福井市　学 福井工業機械科〔大正7年〕卒

歴 大正12年小森機械創立と同時に入社。21年株式に改組、小森印刷機械と改称、取締役となり、27年専務を経て、社長に就任。54年相談役に退く。平成2年7月小森コーポレーションに社名変更。この間日本印刷機械、製本機械工業会長、東洋電子工業社長を務める。

賞 黄綬褒章〔昭和40年〕、勲三等瑞宝章〔昭和47年〕

【伝記・評伝】

◇小森善一と印刷機械—八十路の足跡　小森印刷機械株式会社編　小森印刷機械　1986.3　331p　22cm

小山 完吾（こやま かんご）

明治8(1875)年5月～昭和30(1955)年7月23日

＊＊＊

時事新報社長、衆議院議員（政友会）、ジャーナリスト　身 長野県　学 慶応義塾卒

歴 妻の祖父福沢諭吉が創設した時事新報にはいり、大正15年社長に就任。この間、8年のパリ講和会議に全権随員として出席。また明治45年衆議院議員（政友会）、昭和21年貴族院議員となった。

【伝記・評伝】

◇小山完吾日記　五・一五事件から太平洋戦争まで　小山完吾著　慶応通信　1955　326p　図版　19cm

小山 健三（こやま けんぞう）

安政5(1858)年6月11日～大正12(1923)年12月19日

＊＊＊

三十四銀行頭取、貴族院議員（勅選）　身 武蔵国忍（埼玉県）　学 東京攻玉社卒

歴 長野、群馬県の教員を経て、長崎県学務課長兼師範学校長、東京高工教授、東京高商校長。また文相秘書官、文部省参事官から明治31年文部次官、実業教育局長。32年三十四銀行に入り、のち頭取。34年大阪銀行集会所委員長を兼務、37年大阪手形交換所委員長を務め関西財界を代表する一人。大正期には米価調節調査会、経済調査会の委員を兼ね、大正9年勅選貴族院議員。

賞 勲二等

【伝記・評伝】

◇小山健三伝　三十四銀行　1930
◇財界物故傑物伝　実業之世界社　1936
◇日本財界人物列伝　第2巻　青潮出版編　青潮出版　1964　1175p　図版13枚　27cm
◇関西財界外史　関西経済連合会　1976
◇財界人物我観（経済人叢書）　福沢桃介著　図書出版社　1990.3　177p　19cm

小山 五郎（こやま ごろう）

明治42(1909)年3月25日～

＊＊＊

三井銀行社長・会長　生 群馬県太田市　旧姓(名)＝大島　学 東京帝国大学経済学部〔昭和7年〕卒

歴 昭和7年三井銀行（のちのさくら銀行、現・三井住友銀行）に入行。34年取締役総務部長、38年常務、43年社長を経て、49年5月会長に就任。戦後復興から成長期を通じて三井グループのリーダーをつとめる。57年相談役、平成2年相談役名誉会長、のち名誉顧問。また、全銀協会長、日印経済委員会委員長など歴任。　賞 藍綬褒章〔昭和47年〕、パドマ・ブーシャン勲章（インド）〔平成4年〕

【伝記・評伝】

◇リーダーの交遊抄　小山五郎他著　竹井出版　1981.2
◇銀行人物史　藤井元秀　経済往来社　1981.10
◇私の座右の銘　松下幸之助監修　ロングセラーズ　1986.5　222p　19cm
◇私の三井昭和史（私の昭和史シリーズ）　江戸英雄著　東洋経済新報社　1986.6　255p　19cm
◇私の座右の銘　座右の銘企画編集室編　ロングセラーズ　1986.6　222p　19cm
◇ビジネス・エリートの読書学（徳間文庫）　佐高信著　徳間書店　1987.3　253p　15cm
◇指導者（リーダー）はこう考えている—草柳大蔵と日本経済を語る　草柳大蔵著　グラフ社　1987.5　236p　19cm

◇私が選んだ経営者30人　決断と信念―その時、バックボーンはなんだったのか　海藤守著　日新報道　1987.8　205p　19cm
◇言葉は心の栄養剤―私を育てた人生の一言　ごま書房　1987.8　213p　19cm
◇競争の原理(致知選書)　堺屋太一, 渡部昇一著　竹井出版　1987.10　219p　19cm
◇社長の決断(徳間文庫)　伊藤肇著　徳間書店　1987.11　350p　15cm
◇社長の筆相学―この筆相があなたを変える(致知選書)　森岡恒舟著　竹井出版　1987.12　235p　19cm
◇日本の青春　鈴木玲子編　EICネットワーク, 平凡社〔発売〕　1988.6　262p　19cm
◇経営者に学ぶ決断と活路　三鬼陽之助著　学習研究社　1989.12　288p　19cm
◇危機管理洞察力がつく―最悪を予測し好機に変える法(RYU BUSINESS〈3035〉)　佐々淳行ほか著　経済界　1990.3　218p　18cm
◇強者の「戦略構築」〈PART 2〉　梶原一明著　大陸書房　1990.7　237p　19cm
◇平成老人烈伝　NTT出版　1991.9　105p　19cm
◇頭角の現わし方―世に出た人間の研究(PHPビジネスライブラリー〈A-332〉)　藤田忠司著　PHP研究所　1992.3　222p　18cm

昆田　文治郎
こんだ　ぶんじろう

文久2(1862)年9月28日～昭和2(1927)年1月29日

＊＊＊

古河合名会社理事長　⾝越後新発田(新潟県)　歴仙台で弁護士を開業。古河市兵衛の知遇をえて古河本店に入り、足尾鉱毒事件などの処理を手がける。大正10年古河合名会社理事長に就任して古河財閥の総責任者となる。

【伝記・評伝】
◇財界之人百人論　矢野滄浪　時事評論社　1915
◇財界物故傑物伝　上巻　実業之世界社　1936
◇人使い金使い名人伝　〔正〕続　中村竹二著　実業之日本社　1953　2冊　19cm
◇昆田文次郎君の生涯―伝記・昆田文次郎(伝記叢書)　薄田貞敬編　大空社　1997.9　1冊　21cm

近藤　廉平
こんどう　れんぺい

嘉永元(1848)年11月25日～大正10(1921)年2月9日

＊＊＊

日本郵船社長, 貴族院議員(勅選)　生阿波国麻植郡西尾村(徳島県鴨島町)　幼名＝省三郎　学大学南校　歴岩崎弥太郎に認められ明治5年三川商会(のちの三菱商会)に入り、吉岡鉱山、高島炭鉱を経て、16年横浜支社支配人となる。18年日本郵船設立後、22年理事、東京支配人、26年専務、27年副社長を経て、28年社長に就任。以後没するまで社長を務め、遠洋定期航路の開設、近海航路の充実などを図り、同社を世界最大の海運企業に育てあげた。44年男爵。大正7年勅選貴族院議員。

【伝記・評伝】
◇当代の実業家―人物の解剖　実業之日本社　1903
◇近藤廉平伝並遺稿　末広一雄　1926
◇財界物故傑物伝　実業之世界社　1936
◇日本実業家列伝　木村毅　実業之日本社　1953
◇日本財界人物列伝　第1巻　青潮出版編　青潮出版　1963　1171p　図版　26cm
◇財界人思想全集　第7　ダイヤモンド社　1970
◇財界人100年の顔―日本経済を築いた人びと　ダイヤモンド社　1971
◇岩崎弥太郎の独創経営―三菱を起こしたカリスマ　坂本藤良著　講談社　1986.10　248p　19cm
◇男爵近藤廉平伝(人物で読む日本経済史　第12巻)　〔末広一雄著〕　ゆまに書房　1998.12　350,245p　22cm

【さ】

斎藤 英四郎
（さいとう えいしろう）

明治44（1911）年11月22日～平成14（2002）年4月22日

＊＊＊

新日本製鉄社長・会長，経済団体連合会会長，日本鉄鋼連盟会長　⑪新潟県新潟市　⑭東京帝国大学経済学部〔昭和10年〕卒

⑲昭和10年三菱鉱業に入社。16年請われて日本製鉄（新日本製鉄の前身）に入社し，主に原料・販売部門を歩く。戦後，25年日鉄が解体された後は八幡製鉄に身を置き，営業畑を担当。36年取締役，37年常務，43年専務，45年新日本製鉄専務，48年副社長，52年社長に就任。"7割操業で利益を"上げる企業体質づくりに尽力し，就任1年後には中国・上海の宝山製鉄所建設の議定書に調印，建設協力の陣頭指揮をとった。56年会長，62年取締役相談役・名誉会長に退いた。平成3年取締役を退任。10年社友。この間，昭和54年日本鉄鋼連盟会長。55年から経団連副会長を務め，61年第6代会長に就任。欧米諸国との間で生じた経済摩擦の解消に向け，民間レベルの対話や対外経済交流推進に尽力し，平成2年まで3期つとめた。他に鋼材倶楽部名誉理事長，エフエムジャパン監査役，日本衛星放送（WOWOW）取締役名誉会長，長野冬季五輪組織委員会会長など歴任した。

賞　藍綬褒章〔昭和42年〕，リオブランコ勲章（ブラジル）〔昭和53年〕，ドレスデン工科大学名誉博士号（東独）〔昭和57年〕，勲一等瑞宝章〔昭和57年〕，ベルナルド・オイギン将軍章（チリ）〔昭和58年〕，財界賞（昭和61年度），東ドイツ諸国民友好大星章〔昭和61年〕，コンパニオン・イン・ザ・オーダー・オブ・オーストラリア勲章〔昭和63年〕，南十字星ブラジル国家勲章グランデ・オフィシアル章〔平成元年〕，西ドイツ功労勲章大功労十字星章〔平成2年〕，勲一等旭日大綬章〔平成2年〕，交通文化賞（第38回）〔平成3年〕

【伝記・評伝】

◇財界人からの提言　どうする日本経済　長谷川周重著　アイペック　1986.6　275p　19cm

◇盛田良子・経営者の「素顔」対談〈3〉　豊かな感受性こそリーダーの条件　盛田良子著　講談社　1986.7　278p　19cm

◇私の履歴書—経済人〈23〉　日本経済新聞社編　日本経済新聞社　1987.2　426p　21cm

◇強者の「戦略構築」〈PART 2〉　梶原一明著　大陸書房　1990.7　237p　19cm

斉藤 知一郎
（さいとう ちいちろう）

明治22（1889）年3月18日～昭和36（1961）年2月16日

＊＊＊

大昭和製紙社長・会長（創業者）　⑪静岡県　⑭高小〔明治34年〕中退

⑲明治34年家業の製茶業，稲藁の売買に従事，大正3年から機械による製茶業，9年稲藁の仲買業を専業とした。13年斉藤兄弟製紙を創業，昭和2年寿製紙を買収し，昭和製紙と改称。13年昭和産業など5社を合併，大昭和製紙を創立，取締役会長に就任，18年社長となった。死後，遺言により持ち株など5億円相当の遺産を「育英と科学技術振興」の基金とした。

【伝記・評伝】

◇斉藤知一郎伝　北川桃雄著，斉藤知一郎伝記編纂部編　大昭和製紙斉藤知一郎顕彰委員会　1962.5　564p　図版12枚　22cm

斎藤 恒三
（さいとう つねぞう）

安政5（1858）年10月17日～昭和12（1937）年2月5日

＊＊＊

東洋紡績社長　⑪長門国（山口県）　旧姓（名）＝藤井　⑭工部大学校（現・東京大学工学部）〔明治5年〕卒

⑲大阪造幣局勤務時代に大阪紡績会社の機械据え付けに従事。明治19年三重紡績に技術長として入社。専務を経て，大正3年大阪紡績との合併により成立した東洋紡の専務となり，9年社長に就任，15年まで務めた。この間大日本紡績連合会委員長，名古屋商工会議所特別議員などを歴任。

【伝記・評伝】

◇日本財界人物列伝　第1巻　青潮出版編　青潮出版　1963　1171p　図版　26cm

佐伯 勇
さえき いさむ

明治36(1903)年3月25日～平成元(1989)年10月5日

***

近畿日本鉄道社長・会長, 近畿日本ツーリスト会長, 大阪商工会議所会頭, 文楽協会理事長　⦿生 愛媛県周桑郡丹原町　⦿学 東京帝国大学法学部法律学科〔大正15年〕卒
⦿歴 昭和2年大阪電気軌道（19年近畿日本鉄道と改称）に入社。22年専務を経て、26年近鉄初の生え抜き社長となる。戦後の復興期の近鉄再建を指揮し、170もの関連会社を持つ、現在の近鉄グループを育て上げた。48年社長を退き会長に就任。62年名誉会長。この間、46年から大阪商工会議所会頭、49年から経団連副会長を務めた。また近鉄球団オーナーを長くつとめ、平成2年野球殿堂入り。　⦿賞 藍綬褒章〔昭和37年〕、勲一等瑞宝章〔昭和51年〕、勲一等旭日大綬章〔昭和58年〕、愛媛県功労賞〔昭和58年〕、丹原町名誉町民〔昭和63年〕

【伝記・評伝】
◇運をつかむ—事業と人生と　佐伯勇著　実業之日本社　1980.10
◇先輩経営者の闘魂訓—覇者に興亡ありて　三鬼陽之助著　広済堂出版　1990.9　303p　19cm
◇佐伯勇資料集　近畿日本鉄道株式会社広報室編　近畿日本鉄道広報室　1992.10　107p　20cm
◇経営の風土学—佐伯勇の生涯　神崎宣武著　河出書房新社　1992.10　278p　19cm
◇君よ日に新たなれ—鉄路を走り続けた男　佐伯勇伝　軒上泊著　中央公論社　1998.4　242p　19cm

佐伯 卯四郎
さえき うしろう

明治24(1891)年2月～昭和47(1972)年1月12日

***

日本陶器社長, 参議院議員　⦿身 愛知県　⦿学 東京高商（現・一橋大学）〔明治45年〕卒
⦿歴 大正3年森村商事に入社。その後、日本陶器（のちのノリタケカンパニーリミテド）に転じ、取締役を経て、社長に就任。参議院愛知地方区に緑風会から当選し1期務めた。

【伝記・評伝】
◇佐伯卯四郎追想録　日本陶器　1973.1　499p　図　肖像14枚　22cm

佐伯 喜一
さえき きいち

大正2(1913)年10月10日～平成10(1998)年1月14日

***

野村総合研究所社長　⦿生 台湾・台北市　⦿身 広島県　⦿学 東京帝国大学法学部〔昭和11年〕卒
⦿歴 満鉄調査部に入り、エコノミストのキャリアを積む。戦後経済安定本部に入り、日本経済の復興計画作りを行なった。昭和28年保安庁（のちの防衛庁）に移り、36年防衛研修所所長。40年野村総合研究所副社長となり、46年社長、54年会長を経て、58年相談役、63年顧問。またワイズメン・グループの大来佐武郎のあとを継いで、54年ワイズメンに選ばれる。国際情勢研究会会長、国際戦略研究所副会長、アジア調査会理事などを歴任。著書に「日本の安全保障」「日本経済と総合安全保障」など。　⦿賞 勲二等旭日重光章〔昭和58年〕

【伝記・評伝】
◇日本経済と総合安全保障（経済展望談話会セミナー　第9集）　経済展望談話会　東大出版会　1981.5　305p　22cm
◇追悼　佐伯喜一　（株）野村総合研究所追悼佐伯喜一編纂委員会編　野村総合研究所追悼佐伯喜一編纂委員会　1999.1　413p　23cm

佐伯 宗義
さえき むねよし

明治27(1894)年2月28日～昭和56(1981)年8月4日

***

富山地方鉄道会長, 衆議院議員（自民党）　⦿生 富山県立山町　経済学博士
⦿歴 大正13年福島電鉄専務、のち社長、会長を歴任。昭和5年富山電気鉄道を創立し、社長。18年富山地方鉄道と改称。立山、黒部一帯の観光開発に努め、29年会長。この間、22年に富山1区から初当選以来、衆議院議員8期。著書に「複式企業論」「水力と電力」「日本鋳直し」など。　⦿賞 紺綬褒章〔昭和23年〕、藍綬褒章〔昭和35年〕、勲二等瑞宝章〔昭和40年〕、勲二等旭日重光章〔昭和45年〕、富山市名誉市民〔昭和54年〕

【伝記・評伝】
◇私の夢と人生　佐伯宗義著　佐伯研究所　1960
◇佐伯宗義と自民党　玉生孝久編著　日本ジャーナル出版　1982.6　240p　20cm
◇自叙伝　佐伯宗義著　佐伯芳子　1982.7　174p　19cm
◇佐伯宗義　佐伯宗義記念誌刊行委員会編　〔佐伯宗義記念誌刊行委員会〕　1983.6　199p　31cm

坂田　武雄 (さかた　たけお)

明治21(1888)年12月25日～昭和59(1984)年1月12日

＊＊＊

坂田種苗社長(創業者)　⽣ 東京・四谷荒木町
学 東京帝国大学農学部実習科〔明治42年〕卒
歴 農商務省海外実業練習生として欧米に留学、花づくりを学び、大正2年横浜で朝日農園を設立、植物種子の生産・輸出を始めた。大正9年、100%八重咲きのペチュニア(ツクバネアサガオ)を開発、この品種は第二次大戦まで世界市場を独占した。昭和17年、坂田種苗(現・サカタのタネ)を設立し、社長に就任。戦後も日本で初めてプリンスメロンの育成に成功するなど、品種改良に努め、農林水産大臣賞(36回受賞)など国内外の賞を多数受賞した。ヨーロッパ絵画中心の「坂田コレクション」の収集家としても有名。　賞 藍綬褒章〔昭和33年〕, 神奈川県文化賞〔昭和35年〕, 勲四等瑞宝章〔昭和40年〕

【伝記・評伝】
◇私の歩んだ道　5　産業研究所　1963
◇花筐—坂田武雄の足跡　大木英吉著　坂田種苗　1981.12　130p　22cm
◇種子に生きる—坂田武雄追想録　坂田正之編　坂田種苗　1985.5　525p　図版24p　22cm
◇世界に夢をまく「サカタのタネ」—国際市場に挑戦する研究開発力(IN BOOKS)　鶴蒔靖夫著　IN通信社　1991.7　267p　19cm

佐久間　貞一 (さくま　ていいち)

嘉永元(1848)年5月15日～明治31(1898)年11月6日

＊＊＊

秀英舎社長(創業者)　⽣ 江戸・日本橋　幼名＝千三郎
歴 旧幕臣。維新時慶喜に従い静岡に。保田久成に学ぶ。明治9年活版印刷業秀英舎(のちの大日本印刷)を東京・銀座に創業。中村正直の『西国立志伝』の活版再販で潤う。19年東京板紙会社、23年大日本図書会社、その他を創業。経営者の立場ながら終始労働者保護を主唱し、「工場法」の成立を期して啓蒙活動に専念した。片山潜は佐久間をして「日本のロバート・オーエン」と称えた。

【伝記・評伝】
◇佐久間貞一小伝　豊原又男　秀英舎　1904　390p　22cm(再版1932　526p)
◇財界物故傑物伝　実業之世界社　1936
◇日本の経営者精神　土屋喬雄　経済往来社　1959
◇財界人思想全集　第4, 第5　ダイヤモンド社　1970
◇日本経済の建設者—あの時この人　中村隆英　日本経済新聞社　1973
◇明治維新畸人伝—かつて、愛すべき「変な日本人」がいた(勁文社文庫21)　鈴木明著　勁文社　1993.10　238p　15cm
◇日本社会政策の源流—社会問題のパイオニアたち　保谷六郎著　(上尾)聖学院大学出版会　1995.4　274p　21cm
◇佐久間貞一全集　全　矢作勝美編著　大日本図書　1998.12　408p　21cm
◇日本畸人伝—明治・七人の侍　鈴木明著　光人社　2000.10　301p　19cm

桜田　武 (さくらだ　たけし)

明治37(1904)年3月17日～昭和60(1985)年4月29日

＊＊＊

日清紡績社長・会長, 日本経営者団体連盟会長, 財政制度審議会会長　⽣ 広島県沼隈郡赤坂村(現・福山市)　学 東京帝国大学法学部〔大正15年〕卒
歴 日清紡績に入社、"吉田首相の指南役"といわれた宮島清次郎社長から経営者としての指導を

受け、昭和20年、41歳で同社社長に就任。会長、相談役を経て59年から顧問。この間、アラビア石油の創設に参加、また東邦レーヨン会長として同社の再建に当たる。一方、日経連には23年の創立時から参加、代表常任理事、会長を経て54年に名誉会長に退くまで日経連の象徴的存在だった。労働組合に対しては「行き過ぎた労働運動は国を滅ぼす」と労使対決路線で一貫。50年からは財政審会長として土光敏夫経団連名誉会長らとともに、行財政改革の中心的存在だった。

【伝記・評伝】
◇日本政経人評伝　第1集　都新聞社　1950
◇財界人の横顔　古田保　岩崎書店　1954
◇現代財界家系譜　第1巻　現代名士家系譜刊行会　1968
◇財界人思想全集　第2　ダイヤモンド社　1970
◇財界―日本の人脈　読売新聞社　1972
◇桜田武　論集　上・下　日本経営者団体連盟弘報部　日本経営者団体連盟弘報部　1982.1　2冊　22cm
◇桜田武追悼集　日本経営者団体連盟・日清紡績株式会社「桜田武追悼集」編集委員会編　日本経営者団体連盟弘報部　1986.4　471p　図版20枚　22cm
◇成功する経営・失敗する経営　三鬼陽之助著　PHP研究所　1986.6　221p　19cm
◇ビジュアル版・人間昭和史〈4〉　財界の指導者　講談社　1987.2　255p　21cm
◇桜田武の人と哲学　大谷健著　日本経営者団体連盟弘報部　1987.4　280p　21cm
◇繁栄の群像―戦後経済の奇跡をなしとげた経営者たち　板橋守邦著　有楽出版社, 実業之日本社〔発売〕　1988.6　253p　19cm
◇師弟―教育は出会いだ（講談社文庫）　佐高信著　講談社　1988.11　266p　15cm
◇先輩経営者の闘魂訓―覇者に興亡ありて　三鬼陽之助著　広済堂出版　1990.9　303p　19cm
◇史上空前の繁栄をもたらした人びと―昭和後期の企業家21人の生きざま（HOREI BOOKS）　新井喜美夫著　総合法令　1993.12　183p　18cm
◇桜田武論集〔新装版〕　「桜田武論集」刊行会編　日経連出版部　2000.8　834p　19cm

迫　静二（さこ　せいじ）

明治31（1898）年3月26日～昭和58（1983）年8月6日

＊＊＊

富士銀行初代頭取　生 熊本市鍛治屋町　学 東京帝国大学英法科〔大正11年〕卒

歴 大正13年安田銀行（のちの富士銀行）入行。高松、福岡などの支店勤務を経て、昭和20年取締役営業部長となる。戦後の財閥解体で井尻芳郎社長を含む主な役員が追放され、23年三段跳び人事で社長に就任、同年行名を富士銀行に変更。24年社長を頭取と改称し、初代頭取となる。32年預金量全国一の業績を残し頭取を辞任、相談役に退き、46年顧問。この間、全国銀行協会連合会、東京銀行協会各会長などを歴任。「前だれ式」といわれた古風な体質の残る富士銀行の近代化に尽力した。

【伝記・評伝】
◇日本政経人評伝　第1集　都新聞社　1950
◇財界の顔　池田さぶろ　講談社　1952
◇財界人の横顔　古田保　岩崎書店　1954

佐々木　定道（ささき　さだみち）

明治44（1911）年7月10日～

＊＊＊

富士重工業社長・会長　生 台湾曽文郡　身 鳥取県岩美町　学 京都帝国大学工学部機械工学科〔昭和12年〕卒

歴 昭和12年日産自動車に入社。35年取締役、39年常務、44年専務、48年代表取締役副社長を務め、53年富士重工業に転じて社長に就任。60年6月会長、62年6月相談役となる。他に富士機械取締役相談役、第一鍛造、桐生工業各取締役、経団連、日本自動車工業会各理事を兼任。生産畑を歩き、自動車組立ラインにロボットを積極的に導入した生産技術の第一人者。　賞 藍綬褒章〔昭和50年〕, 勲二等瑞宝章〔昭和57年〕

【伝記・評伝】
◇くるまと共に　佐々木定道著　佐々木定道　1991.6　294p　22cm

佐々木 周一(ささき しゅういち)

明治26(1893)年12月8日～昭和57(1982)年8月4日

＊＊＊

三井船舶社長,日本原子力船開発事業団理事長
生 兵庫県　学 小樽高商〔大正4年〕卒
歴 三井物産を経て、昭和20年三井船舶社長。日本船主協会会長、海上安全審議会会長などを務め、43年から50年まで日本原子力船開発事業団理事長。原子力船むつ放射線もれ事故で引責辞任した。　賞 藍綬褒章〔昭和34年〕、交通文化賞〔昭和38年〕、勲一等瑞宝章〔昭和47年〕

【伝記・評伝】
◇追想録　佐々木周一　近藤鎮男編　大阪商船三井船舶　1984　475p　22cm

佐々木 勇之助(ささき ゆうのすけ)

嘉永7(1854)年8月8日～昭和18(1943)年12月28日

＊＊＊

第一国立銀行頭取　生 江戸　号＝茗香
歴 明治6年第一国立銀行(のちの第一勧業銀行)創立と同時に入行。頭取の渋沢栄一に見込まれ、銀行伝習生として英人シャンドから銀行簿記を修得、帳面課長、支配人、取締役を経て39年渋沢に代わって総支配人となり、大正5年には第2代頭取に就任。7年東京銀行集会所会長、昭和6年頭取を退き相談役。また東洋生命相談役も兼ねた。

【伝記・評伝】
◇日本財界人物列伝　第1巻　青潮出版編　青潮出版　1963　1171p　図版　26cm
◇第一銀行を築いた人々　河野幸之助　日本時報社　1970
◇財界人物我観(経済人叢書)　福沢桃介著　図書出版社　1990.3　177p　19cm

笹山 忠夫(ささやま ただお)

明治29(1896)年3月9日～昭和49(1974)年9月26日

＊＊＊

アラスカパルプ社長・会長　生 大分県　学 東京帝国大学政治科〔大正9年〕卒
歴 日本銀行に入るが、結城豊太郎に誘われて、大正15年安田銀行(のちの富士銀行)に転じ、さらに昭和6年日本興業銀行に移る。18年興銀理事となり、終戦を迎え総裁の河上弘一の退陣に殉じて辞職。22年財閥解体のための持株会社整理委員会委員長となる。31年戦後の日本企業の海外進出第1号であるアラスカパルプ社長に就任、43年会長となる。この間39年海外事業協会会長を務めた。

【伝記・評伝】
◇まごころ—笹山忠夫遺文集　笹山忠夫著,細川清徳編　笹山忠夫遺文集編纂委員会　1980.9　285p　19cm

佐治 敬三(さじ けいぞう)

大正8(1919)年11月1日～平成11(1999)年11月3日

＊＊＊

サントリー社長・会長,TBSブリタニカ会長,大阪21世紀協会会長　生 大阪府大阪市東区道修町　身 兵庫県川西市　旧姓(名)＝鳥井　学 大阪帝国大学理学部化学科〔昭和17年〕卒
歴 寿屋(サントリーの前身)の創業者・鳥井信治郎の二男。中学入学時に母方の佐治姓に。昭和20年寿屋入社。22年取締役、24年専務を経て、36年社長に就任。この間、25年に"トリス"の大量生産販売体制をつくり、30年以後の洋酒ブーム"トリスバー文化時代"を築く。またPR誌「洋酒天国」の編集に開高健らを起用し、広告主導型の現代経営を打ち出した。38年社名をサントリーに変更、同年社運をかけてビール事業に進出、以後、飛躍的に事業を拡大させ、理科系の技術者らしからぬ経営手腕は高く評価された。56年TBSブリタニカで出版業界にも進出。また、企業の社会・文化活動の重要性を早くから唱え、36年サントリー美術館、44年サントリー音楽財団、54年サントリー文化財団などを設立、幅広い活動を展開した。平成2年サントリー会長。大阪商工会議所会頭、日商副会頭、関西経済同友会代表幹事、日本洋酒造組合理事長、大阪バイオサイエンス研究所理事長、大阪21世紀協会会長などを歴任。
賞 藍綬褒章〔昭和51年〕、フランス芸術文化勲章〔昭和61年〕、西ドイツ功労勲章大功労十字章〔昭和61年〕、財界賞〔昭和61年度〕、経済界大賞(第12回・社会貢献賞)〔昭和61年〕、アギラ・アステカ勲章(メキシコ)〔昭和62年〕、ワイン賞(旧西独リューデスハイム市)〔昭和62年〕、スウェーデン王立理

工学アカデミー会員〔昭和62年〕、オーストリア・コマンダークロス勲章〔昭和63年〕、勲一等瑞宝章〔平成元年〕、レジオン・ド・ヌール勲章オフィシエ章〔平成2年〕、飛騨古川音楽大賞(第3回)〔平成3年〕、イタリア功績勲章〔平成3年〕、オランダ・オレンジ・ナッソウ勲章〔平成3年〕、モンブラン文化賞(ドイツ・ハンブルク)〔平成6年〕、ウィーン市名誉金章〔平成6年〕、日本文化デザイン会議賞(日本文化デザイン賞)〔平成9年〕、渡辺暁雄音楽基金音楽賞(特別賞,第5回)〔平成9年〕、有馬賞(第18回)〔平成10年〕、大阪文化賞〔平成10年〕、フランツ・シャルク・メダル〔平成11年〕、毎日スポーツ人賞(文化賞,平11年度)〔平成12年〕、毎日経済人賞(特別賞,第20回)〔平成12年〕

【伝記・評伝】

◇現代財界家系譜　第1巻　現代名士家系譜刊行会　1968
◇財界人思想全集　第6　ダイヤモンド社　1970
◇当世リッチマン物語—夢をつかんだ人たち　週刊読売編集部編　学陽書房　1980.2
◇佐治敬三挑戦の哲学　海藤守著　PHP研究所　1983.12　195p　20cm
◇日本の100人—リーダーたちの素顔　日本経済新聞社編　日本経済新聞社　1986.5　211p　21cm
◇実業界の巨頭(ビジュアル版・人間昭和史〈5〉)　大来佐武郎,扇谷正造,草柳大蔵監修　講談社　1986.6　255p　21cm
◇財界人の人間修養学　竹井博友編著　竹井出版　1986.7　301p　19cm
◇幹部の責任(徳間文庫)　伊藤肇著　徳間書店　1987.3　248p　15cm
◇私が選んだ経営者30人　決断と信念—その時、バックボーンはなんだったのか　海藤守著　日新報道　1987.8　205p　19cm
◇佐治敬三の「不屈の経営」　上之郷利昭著　講談社　1987.11　262p　19cm
◇サントリー(企業コミック)　相川優子作,村祭まこと画　世界文化社　1988.3　209p　21cm
◇日本の青春　鈴木玲子編　EICネットワーク,平凡社〔発売〕　1988.6　262p　19cm
◇繁栄の群像—戦後経済の奇跡をなしとげた経営者たち　板橋守邦著　有楽出版社,実業之日本社〔発売〕　1988.6　253p　19cm
◇ぼくの取材手帖とっておきの話　上之郷利昭著　潮出版社　1988.7　222p　19cm
◇やってみなはれ—芳醇な樽　邦光史郎著　集英社　1989.1　285p　19cm
◇強者の「戦略構築」〈PART 2〉　梶原一明著　大陸書房　1990.7　237p　19cm
◇逃げない経営者たち—日本のエクセレントリーダー30人　佐高信著　潮出版社　1990.11　249p　19cm
◇続　豪商物語　邦光史郎著　博文館新社　1991.2　294p　19cm
◇ビールはどこが勝つか—鍛え抜かれたライバルたち(現代を動かすトップリーダー)　飛田悦二郎,島野盛郎著　ダイヤモンド社　1992.2　229p　19cm
◇経営者の器—あの人あの言葉　池田政次郎著　東洋経済新報社　1993.12　206p　19cm
◇へんこつ　なんこつ—私の履歴書　佐治敬三著　日本経済新聞社　1994.2　227p　19cm
◇サントリー王国が危ない　鈴木千尋著　エール出版社　1994.3　183p　19cm
◇起業家列伝(徳間文庫)　邦光史郎著　徳間書店　1995.4　282p　15cm
◇俳句のゆたかさ—森澄雄対談集　森澄雄著　朝日新聞社　1998.7　253p　19cm
◇おもろいやないか—佐治敬三とサントリー文化　片山修著　ホーム社,集英社〔発売〕　2000.3　256p　19cm
◇決断の経営史—戦後日本の礎を築いた男たち　梶原一明著　経済界　2000.4　222p　19cm
◇佐治敬三の心に響く33の言葉—時代が求める三位一体型リーダーの条件　野村正樹著　経済界　2000.6　220p　19cm
◇盛田昭夫・佐治敬三　本当はどこが凄いのか‼—これまで未公開の新事実で迫る偉大な起業家の実像と遺訓　黒木靖夫,野村正樹著　三推社,講談社〔発売〕　2000.10　263p　19cm

佐竹　作太郎
（さたけ　さくたろう）

嘉永2(1849)年3月15日〜大正4(1915)年8月17日

＊＊＊

東京電灯社長,衆議院議員　生 山城国愛宕郡大原村(京都府)

歴 明治10年若尾逸平の推挙により第十国立銀行に入行、15年頭取に就任。28年若尾の腹心として東京電灯に入り、取締役を経て、32年社長となり、没年まで務めた。この間、発電所の設立、資

本集中などに尽力した他、東京電車鉄道、富士身延鉄道などにも要職を占め、いわゆる甲州財閥の一員として活躍した。また甲府市議、山梨県議を務め、35年以来衆議院議員に当選5回、政友会に所属した。
【伝記・評伝】
◇人物評論―朝野の五大閥　鵜崎熊吉　東亜堂書房　1912
◇財界之人百人論　矢野滄浪　時事評論社　1915
◇財界物故傑物伝　実業之世界社　1936

薩摩　治兵衛
（さつま　じへえ）

天保2(1831)年～明治42(1900)年2月

***

明治期の実業家　囲近江国犬上郡四千九院村(滋賀県)　幼名＝与三
歴幼少時に父を失い、極貧の生活を送る。10歳の時江戸の豪商綿問屋小林吟右衛門の店に入り、辛苦の末に大番頭となる。慶応3年独立して日本橋に和洋木綿商店を開店。横浜で金巾(薄手の綿織物)の輸入に従事して巨利を博す。明治16年日本初の1万錘紡績会社である大阪紡績(東洋紡績の前身)の設立に参加した。
【伝記・評伝】
◇帝国実業家立志編　梅原忠造　求光閣　1894
◇財界物故傑物伝　実業之世界社　1936

佐藤　喜一郎
（さとう　きいちろう）

明治27(1894)年1月22日～昭和49(1974)年5月24日

***

三井銀行社長・会長，経済団体連合会副会長
囲神奈川県横浜市　学東京帝国大学法学部英法科〔大正6年〕卒
歴大正6年三井銀行入行。昭和5年ボンベイ支店長、次いでニューヨーク、上海、神戸、大阪の各支店長を経て16年取締役大阪支店長。21年帝国銀行常務。頭取になったが、23年に元の三井、第一銀行の2行に分離されて三井銀行社長。34年会長に就任したが代表権を持ちワンマン体制持続。この間、三井グループの長老として活躍。難航した三井物産の大合同に尽力した。また全国銀行協会連合会会長、経団連副会長、国鉄経営委員会委員長、行政審議会会長、電信電話調査会会長などを歴任。36年政府派遣訪米経済使節団団長としてアメリカ、カナダを訪問。39年日華協力委員会第9回総会日本側団長として訪日。臨時行政調査会会長として、39年わが国行政制度全般にわたる根本的改革案を答申した。48年には産業計画懇話会の代表世話人として「産業構造の改革」を提言した。
【伝記・評伝】
◇日本政経人評伝　第1集　都新聞社　1950
◇財界の顔　池田さぶろ　講談社　1952
◇財界人の横顔　古田保　岩崎書店　1954
◇この経営者を見よ―日本財界の主流をゆく人々　会社研究所　ダイヤモンド社　1958
◇折にふれて　2巻2冊　佐藤喜一郎著　金融経済研究所　1962
◇佐藤喜一郎　河野幸之助　日本時報社　1963　415p　19cm
◇現代人物史伝　第17集　佐藤喜一郎　河野幸之助著　日本時報社出版局　1963　415p　図版　19cm
◇私の履歴書　第26集　日本経済新聞社編　日本経済新聞社　1966　295p　19cm
◇財界回想録　日本工業倶楽部　1967
◇現代財界家系譜　第1巻　現代名士家系譜刊行会　1968
◇財界人思想全集　第6　ダイヤモンド社　1970
◇現代史を創る人びと　1　中村隆英,伊藤隆,原朗　毎日新聞社　1971
◇現代史を創る人びと　3(エコノミスト・シリーズ)　中村隆英,伊藤隆,原朗編　毎日新聞社　1971　279,8p　20cm
◇財界―日本の人脈　読売新聞社　1972
◇続折にふれて　佐藤喜一郎　金融経済研究所　1975
◇佐藤喜一郎追悼録　三井銀行佐藤喜一郎追悼録編纂委員会　1975　293p　図　肖像　22cm
◇私の履歴書　経済人　8　日本経済新聞社編　日本経済新聞社　1980.9　479p　22cm

佐藤　欣治
（さとう　きんじ）

明治42(1909)年4月9日～平成3(1991)年8月21日

***

佐藤工業社長・会長　身富山県砺波市　雅号＝佐藤浩雅　学早稲田大学商学部〔昭和9年〕卒

|歴| 昭和9年日本電力に入社。20年家業の建設会社・佐藤工業専務となり、21年社長に就任。36年上場。63年会長となる。　|賞| 藍綬褒章〔昭和31年〕、紺綬褒章〔昭和37年〕、産業安全功労賞〔昭和37年〕、勲二等瑞宝章〔昭和54年〕、ダトー・スティア・ディラジャ・ケダ（マレーシア）〔昭和62年〕
【伝記・評伝】
◇佐藤欣治・未完の記録「わが風雲録」　日本工業新聞社編　日本工業新聞社　1964
◇変りつつある街—続々々未完の記録　佐藤欣治著　青林書院　1987.2　212p　19cm
◇憶昔佐藤欣治　佐藤工業「憶昔佐藤欣治」編纂委員会編　青林書院　1992.7　483p　22cm

佐藤　国吉（さとう　くにきち）

大正6（1917）年11月16日～平成14（2002）年6月18日

＊＊＊

佐藤国汽船社長・会長、日本内航海運組合総連合会長　|出| 兵庫県神戸市　|学| 慶応義塾大学商科〔昭和16年〕卒
|歴| 昭和17年辰馬汽船に入社。のち船舶運営会勤務を経て、20年佐藤国汽船社長。平成7年の阪神大震災ではレスキュー隊や物資を被災地へ海上輸送し、復旧作業を支えた。また同年のサハリン大地震では、阪神大震災の被災地から毛布、医療品などの支援物資を送る希望丸派遣を全面支援した。日本内航海運組合総連合会長、公団共有船主協会長なども務めた。　|賞| 勲二等瑞宝章〔平成3年〕
【伝記・評伝】
◇波濤を越えて—佐藤国吉回想録　佐藤国吉著　アドメディア　1998.3　289p　20cm

佐藤　貢（さとう　みつぎ）

明治31（1898）年2月14日～平成11（1999）年9月26日

＊＊＊

雪印乳業社長・会長　|出| 北海道札幌市　別名＝佐藤雪山　|学| 北海道帝国大学農学実科〔大正8年〕卒、オハイオ州立大学農科〔大正10年〕卒　マスター・オブ・サイエンス（オハイオ州立大学）〔大正11年〕

|歴| 大正8年米国・オハイオ州立大学に留学し、バターやアイスクリームなどの乳製品づくりを学ぶ。14年北海道製酪販売組合に技師として入る。戦後は、北海道興農公社専務、北海道酪農協同会長を経て、昭和25年雪印乳業を設立、初代社長に就任。38年会長、46年取締役相談役、のち名誉相談役。北海道の酪農の基礎を築いた。また、米国の有機農法を日本に紹介した先駆者としても知られた。　|賞| 藍綬褒章〔昭和35年〕、勲三等瑞宝章〔昭和43年〕、ノルウェー・セントオラフ勲章〔昭和44年〕、北海道新聞文化賞〔昭和46年〕、北海道開発功労賞〔昭和50年〕、勲二等瑞宝章〔昭和60年〕
【伝記・評伝】
◇私の履歴書　第11集　日本経済新聞社編　日本経済新聞社　1960　363p　19cm
◇北方のパイオニア　続　蝦名賢造　北海道放送　1964
◇北海道開発功労賞受賞に輝く人々　昭和50年　北海道総務部知事室渉外課編　北海道　1976　229p　22cm
◇私の履歴書　経済人　5　日本経済新聞社編　日本経済新聞社　1980.8　482p　22cm
◇私のなかの歴史　4　北海道新聞社編　北海道新聞社　1985.4　282p　19cm
◇蝦名賢造北海道著作集〈第6巻〉　新版　北方のパイオニア　蝦名賢造著　西田書店　1993.2　410p　21cm

寒川　恒貞（さむかわ　つねさだ）

明治8（1875）年6月26日～昭和20（1945）年1月30日

＊＊＊

東海電極社長・会長　|出| 香川県　幼名＝安太郎　|学| 京都帝国大学理工科大学電気工学科〔明治35年〕卒
|歴| 大学院で蓄電池の研究を始めたが明治36年退学、水力開発の技術者として活躍。40年箱根—横浜間送電線に日本初の鉄塔を考案。43年四国水力電気の創立に加わり監査役兼顧問、大正2年名古屋電燈顧問、7年東海電極を設立して社長となった。昭和16年会長。9年には世界最大18インチ人造黒鉛電極を完成。電気製鋼所、日本アルミニウム設立にも参画した。大正14年電気功労者として逓信大臣から表彰された。

三宮 吾郎 (さんのみや ごろう)

明治32(1899)年11月24日～昭和36(1961)年12月30日

＊＊＊

いすゞ自動車社長　囲大分県　学長崎高商(現・長崎大学経済学部)〔大正9年〕卒

歴渋沢事務所に入り、大正11年神田銀行に入行。12年東京石川島造船所自動車部(のちのヂーゼル自動車工業)に転じ、庶務課長、部長を経て、昭和12年取締役、18年常務、20年専務となり、21年社長に就任。24年いすゞ自動車と改称、ひき続き社長を務め、ルーツ(英国)と提携して乗用車ヒルマンを製造した。

【伝記・評伝】

◇自動車事業四十年—三宮吾郎伝　尾崎政久著　自研社　1959　203p　図版　19cm
◇三宮吾郎伝　三宮吾郎伝刊行委員会編　いすゞ自動車　1963.12　192p　22cm

【し】

塩野 義三郎 (しおの ぎさぶろう)(2代)

明治14(1881)年11月15日～昭和28(1953)年10月3日

＊＊＊

塩野義製薬社長　囲大阪府大阪市道修町　旧姓(名)=塩野正太郎　学大阪高商(現・大阪市立大学)〔明治35年〕卒

歴父・初代義三郎の薬問屋・塩野義商店に入り、大正9年株式会社に改組、取締役となり、10年正太郎改め義三郎を襲名、社長となった。徒弟制度を廃止、新薬を発売、昭和18年塩野義製薬に改称した。戦後、23年から全社的な合理化に着手、27年には総合ビタミン剤のポポン錠(のちのポポンS錠)を発売し知名度を高めた。日本医薬品配給統制会社社長、日本製薬団体連合会会長、医薬品販売協会会長、薬事振興会理事長、日本化学工業協会理事なども務めた。　賞デミング賞(実施賞)〔昭和27年〕

【伝記・評伝】

◇二代塩野義三郎伝　二代塩野義三郎伝編纂委員会編　塩野義製薬　1961　145p　図版43枚　27cm
◇日本財界人物列伝　第1巻　青潮出版編　青潮出版　1963　1171p　図版　26cm

塩原 又策 (しおばら またさく)

明治10(1877)年1月10日～昭和30(1955)年1月7日

＊＊＊

三共社長・会長　囲長野県　身神奈川県横浜市　学横浜英和学校卒

歴大谷嘉兵衛経営の日本製茶会社で実務を修業、父と大谷が共同出資で設立した横浜絹物会社の取締役支配人となった。明治32年米国で研究所主宰の高峰譲吉博士と提携して三共商店を設立、タカジアスターゼとアドレナリンの販売を始める。35年三共合資会社を設立、オリザニン、テトロドトキシンの製造に成功、大正2年株式会社に改組、専務となり、高峰を社長に迎えた。3年第1次世界大戦時にサリチル酸量産化に成功、製薬工業の基礎を築き、昭和4年社長となった。15年会長。この間米国からベークライト特許権を獲得、7年日本ベークライトを設立、会長となった。また日本カーバイト工業、昭和飛行機、理化学研究所などの役員を兼ねた。戦後は癌研究会理事。

【伝記・評伝】

◇薬業界の貢献者　塩原又策氏(日統文庫第三十七輯)　日統社編輯部編　日統社　1933
◇日本財界人物列伝　第1巻　青潮出版編　青潮出版　1963　1171p　図版　26cm
◇無茶も茶—養半農軒、茶の湯覚え書　養進著　(京都)淡交社　1987.12　206p　19cm
◇横浜のくすり文化—洋薬ことはじめ(有隣新書〈49〉)　杉原正崇,天野宏著　(横浜)有隣堂　1994.1　177p　18cm

---

【伝記・評伝】(前ページ続き)

◇寒川恒貞伝　寒川恒貞伝記編纂会編　社会教育協会　1949.1　467p　図版　表　23cm
◇人物・鉄鋼技術史　飯田賢一著　日刊工業新聞社　1987.1　286p　19cm

志方 勢七 (しかた せいしち)

万延元(1860)年9月24日～大正10(1921)年9月25日

＊＊＊

日本綿花社長　⾝兵庫県　旧姓(名)＝三好　前名＝清三郎

歴 志方家の養子となり勢七を襲名し、肥料商店の経営にあたる一方、摂津製油にかかわり、のち社長に就任。明治40年田中市兵衛日本綿花社長の没後、社長に就任。堅実経営により業績伸展に尽力、関西財界での地位を確立。また泉尾綿毛製紙会長をはじめ、豊田式織機、和泉紡績などの取締役も兼任。

【伝記・評伝】

◇財界物故傑物伝　実業之世界社　1936

鹿内 信隆 (しかない のぶたか)

明治44(1911)年11月17日～平成2(1990)年10月28日

＊＊＊

フジサンケイグループ会議議長, 産経新聞社長・会長　⽣北海道夕張郡由仁町　学早稲田大学政経学部〔昭和11年〕卒

歴 倉敷レイヨン、三徳工業を経て陸軍に召集、昭和18年除隊。21年日本電子工業常務、22年日経連専務理事事務局長、29年ニッポン放送専務、36年同社長、37年サンケイ新聞副社長、フジテレビ副社長、39年サンケイ新聞取締役、フジテレビ社長、40年サンケイ新聞取締役副会長、43年サンケイ新聞社長、彫刻の森美術館長、44年日本工業新聞社長、フジサンケイグループ会議議長、51年サンケイ新聞社長を歴任。60年サンケイ新聞取締役主幹、平成元年6月会長、のち取締役相談役となる。財界のマスコミ将軍として大きな影響力を持った。主な著書に「アメリカの労使関係」「いま明かす戦後秘史」「指導者・カリスマの秘密」など。　賞藍綬褒章〔昭和44年〕、イタリア共和国功労大勲士〔昭和51年〕、中華民国大綬景星勲章〔昭和52年〕、レジオン・ド・ヌール勲章コマンドール章〔昭和52年〕、南十字星勲章オフィシャル章(ブラジル)〔昭和54年〕、勲一等瑞宝章〔昭和57年〕、マスコミ功労者顕彰〔平成3年〕

【伝記・評伝】

◇鹿内信隆は語る―理想なきものに創造性は生まれぬ　鹿内信隆著　講談社　1986.10　302p　19cm
◇フジサンケイグループの企業戦略　高橋敏昭著　ぱる出版　1986.11　222p　19cm
◇ハイタッチ仕掛人―21世紀のクリエイターたち　角間隆著　ぎょうせい　1987.7　247p　19cm
◇かんかんがくがく(塚崎麻津男対談集〈1〉)　塚崎麻津男著　講談社　1987.10　211p　19cm
◇泥まみれの自画像　〈上・下〉　鹿内信隆著　扶桑社　1988.1　2冊　19cm
◇総理を操った男たち―戦後財界戦国史(講談社文庫)　田原総一朗著　講談社　1989.6　226p　15cm
◇ドキュメント産経新聞私史―広告マンOBが綴る水野‐鹿内ファミリーの実像　高山尚武著　青木書店　1993.3　262p　19cm
◇経営者の器―あの人あの言葉　池田政次郎著　東洋経済新報社　1993.12　206p　19cm
◇史上空前の繁栄をもたらした人びと―昭和後期の企業家21人の生きざま(HOREI BOOKS)　新井喜美夫著　総合法令　1993.12　183p　18cm
◇前田・水野・鹿内とサンケイ　菅本進著　東洋書院　1996.12　394p　21cm

重宗 芳水 (しげむね ほうすい)

明治6(1873)年7月11日～大正6(1917)年12月30日

＊＊＊

明電舎社長(創業者), 電気技術者　⽣山口県玖珂郡岩国町(現・岩国市)　旧姓(名)＝江木　学東京工手学校(現・工学院大学)機械科卒

歴 明治20年上京し、工場勤務の傍ら東京工手学校を卒業。30年独立して京橋区に工場を設立(明電舎の前身)。以後、移転・新築を行うなかで、34年中小工場向きの100キロワットの三相交流発電機(明電舎電気モートル)を製作。大正元年棚倉電気会社を設立、6年明電舎を株式会社組織とし、初代社長に就任した。

【伝記・評伝】

◇重宗芳水伝　重宗雄三　故同君伝記編纂会　1934　646p　23cm
◇財界物故傑物伝　実業之世界社　1936

◇日本財界人物列伝　第2巻　青潮出版編　青潮出版　1964　1175p　図版13枚　27cm

篠島 秀雄 (しのじま ひでお)

明治43(1910)年1月21日～昭和50(1975)年2月11日

***

三菱化成工業社長・会長　⬚生 東京　⬚身 福井県
⬚学 東京帝国大学法学部〔昭和6年〕卒
⬚歴 昭和6年三菱鉱業に入社したが16年田辺製薬専務に転出、戦後の20年11月三菱化成工業(現・三菱化学)に入り、黒崎工場勤労部長から25年総務部長、常務、専務を経て副社長、39年社長に就任。アルミ精錬、石油化学への新規事業を展開、化成水島、三菱油化、三菱樹脂などの役員も兼ねた。49年7月会長になった。三菱化成の社長時代、生命科学の発展を目的に生命科学研究所を設立した。このほか日本化学工業協会会長、日経連弘報委員長、通産省産業構造審議会委員、日本蹴球協会理事長(東大時代サッカー部主将)などを歴任した。

【伝記・評伝】
◇篠島秀雄君を偲ぶ　篠島秀雄君追想録刊行会編　学生社　1976.2　446p　22cm
◇篠島秀雄遺稿集　篠島秀雄君追想録刊行会編　学生社　1976.2　389p　22cm
◇天命　伊藤淳二著　経済往来社　1988.8　216p　18cm

斯波 孝四郎 (しば こうしろう)

明治8(1875)年1月24日～昭和46(1971)年6月13日

***

三菱重工業初代会長　⬚生 石川県金沢市　⬚学 東京帝国大学造船科〔明治32年〕卒
⬚歴 父は金沢藩家老、男爵。三菱合資会社船所に入社、大正9年長崎造船所長、11年三菱造船取締役、14年常務。三菱造船、三菱航空機の合併に尽力、昭和9年三菱重工業創立で初代会長となった。17年造船統制会会長。日本光学会長、三菱電機取締役や財界団体の要職を兼ねたが、戦後第一線を退いた。

【伝記・評伝】
◇愛媛の先覚者たち―明治100年　愛媛県教育委員会　1968

渋沢 栄一 (しぶさわ えいいち)

天保11(1840)年2月13日～昭和6(1931)年11月11日

***

第一国立銀行頭取, 子爵　⬚生 武蔵国榛沢郡血洗島村(埼玉県深谷市)　幼名=栄二郎, 号=青淵
⬚歴 武蔵国榛沢の郷士の生まれ、漢学を学び家業に従事したのち、江戸に出て尊攘派志士として活動。横浜の異人館焼討ちを計画するが果さず。のち一橋慶喜に仕え、慶応2年慶喜の将軍就任とともに幕臣となる。3年慶喜の弟昭武に随行して渡欧、西欧の近代的産業設備や経済制度を学ぶ。明治元年帰国し、静岡に日本最初の株式会社・商法会所を設立。2年大蔵省に出仕し、井上馨とともに財政制度の確立に努めたが、6年退官し第一国立銀行を設立、8～大正5年頭取。この間、王子製紙、大阪紡績、東京人造肥料、東京瓦斯、日本鉄道など500余の会社を設立し経営、また東京商法会議所(のちの東京商業会議所)、東京銀行集会所、東京手形交換所などを組織、大正5年に引退するまで実業界・財界の指導的役割を果し、"日本資本主義の父"と呼ばれた。引退後は東京市養育院、東京商法講習所(現・一橋大学)など各方面の社会公共事業に力をそそいだ。明治33年男爵、大正9年子爵に列せらる。著書に「つねに刺激を出し続ける人になれ!」「人生の急所を誤るな!」など。

【伝記・評伝】
◇商海英傑伝　瀬川光行　大倉書店, 冨山房書店　1893
◇東洋実業家評伝　第1編　久保田高吉　博交館　1893
◇帝国実業家立志編　梅原忠造　求光閣　1894
◇実業家偉人伝　活動野史　四書房　1901
◇人物評論―朝野の五大閥　鵜崎熊吉　東亜堂書房　1912
◇現代富豪論　山路弥吉(愛山)　中央書院　1914
◇財界之人百人論　矢野滄浪　時事評論社　1915
◇私が関係した社会事業　渋沢栄一　中央社会事業協会　1926
◇青淵回顧録　上下巻　渋沢栄一述　青淵回顧録刊行会　1927　23cm

しふさわ

- ◇青淵先生米寿祝賀記念号（龍門雑誌第481号）　龍門社　1928
- ◇渋沢栄一滞仏日記　日本史籍協会　1928
- ◇渋沢子爵実業王となるまで　長沼新平　荻原星文館　1931
- ◇渋沢栄一伝　土屋喬雄　改造社　1931　347p　19cm
- ◇渋沢翁は語る―其生立ち　岡田純夫　斯文書院　1932
- ◇渋沢栄一翁　白石喜太郎　刀江書院　1933
- ◇財界物故傑物伝　実業之世界社　1936
- ◇渋沢栄一自叙伝　渋沢栄一講述, 小貫修一郎編　渋沢翁頌徳会　1937.12　1019p　23cm
- ◇渋沢栄一伝　幸田露伴　岩波書店　1939　317p　20cm
- ◇父の日記など　渋沢秀雄　1939
- ◇日本資本主義史上の指導者たち　土屋喬雄　岩波書店　1939
- ◇攘夷論者の渡欧―父・渋沢栄一　渋沢秀雄　双雅房　1941
- ◇露伴全集　17　渋沢栄一伝　幸田露伴著　岩波書店　1949
- ◇東西百傑伝　第4巻　良寛〔ほか〕　吉野秀雄　池田書店　1950　19cm
- ◇渋沢栄一（偉人伝文庫）　渋沢秀雄著　ポプラ社　1951
- ◇青淵渋沢栄一―思想と言行　明石照男編　渋沢青淵記念財団竜門社　1951.10　164p　19cm
- ◇世界偉人伝　第4巻　良寛　吉野秀雄, 世界偉人伝刊行会編　池田書店　1952　19cm
- ◇明治　大実業家列伝―市民社会建設の人々　林房雄著　創元社　1952　255p　19cm
- ◇日本実業家列伝　木村毅　実業之日本社　1953
- ◇経済と道徳　渋沢栄一　日本経済道徳協会　1953
- ◇人使い金使い名人伝　〔正〕続　中村竹二著　実業之日本社　1953　2冊　19cm
- ◇国宝渋沢栄一翁　〔改版〕　渋沢栄一翁頌徳会編　実業之世界社　1954　330p　図版　19cm
- ◇近代日本人物経済史　日本経済史研究会　東洋経済新報社　1955
- ◇渋沢栄一　山口平八著　埼玉県立文化会館　1955　94p　19cm
- ◇渋沢栄一伝（日本財界人物伝全集）　土屋喬雄著　東洋書館　1955　299p　図版　19cm
- ◇渋沢栄一伝記資料　第1巻-第58巻　竜門社編　渋沢栄一伝記資料刊行会　1955-1965　58冊　27cm
- ◇渋沢栄一　渋沢秀雄著　渋沢青淵記念財団竜門社　1956　63p　図版　15cm
- ◇父　渋沢栄一　上巻, 下巻　渋沢秀雄著　実業之日本社　1959　2冊　20cm
- ◇日本の思想家　山本健吉編　光書房　1959　224p　20cm
- ◇思い出の財界人　〔2版〕　下田将美　実業之日本社　1960
- ◇青淵渋沢栄一翁小伝及び年譜　野依秀市編　実業之世界社　1960
- ◇論語と渋沢翁と私　岸信介著　実業之世界社　1960
- ◇渋沢栄一―日本民主自由経済の先覚者　山口平八著　平凡社　1963　186p　図版　表　19cm
- ◇渋沢栄一と択善会　田村俊夫著　近代セールス社　1963　334p　22cm
- ◇日本財界人物列伝　第1巻　青潮出版編　青潮出版　1963　1171p　図版　26cm
- ◇現代日本思想大系　11　筑摩書房　1964
- ◇近代日本を創った100人　上　毎日新聞社　1965
- ◇渋沢栄一（一人一業伝）　渋沢秀雄著　時事通信社　1965　246p　図版　18cm
- ◇渋沢栄一伝記資料　別巻　第1-第10巻　竜門社編　竜門社　1966-1971　10冊　27cm
- ◇渋沢栄一滞仏日記（日本史籍協会叢書）　日本史籍協会編　東京大学出版会　1967　504p　図　肖像　22cm
- ◇明治百年　文化功労者記念講演集　第1輯　福沢諭吉を語る〔ほか〕　高橋誠一郎　尾崎行雄記念財団　1968　324p　19cm
- ◇財界人思想全集　第1, 6, 7　ダイヤモンド社　1969-1970
- ◇ドキュメント日本人　第4　支配者とその影　学芸書林　1969　317p　20cm
- ◇第一銀行を築いた人々　河野幸之助　日本時報社　1970
- ◇太平洋にかける橋―渋沢栄一の生涯　渋沢雅英著　読売新聞社　1970　486p　図　肖像　20cm
- ◇財界人100年の顔―日本経済を築いた人びと　ダイヤモンド社　1971
- ◇渋沢栄一翁の論語処世訓　片山又一郎　評言社　1973
- ◇人物・日本資本主義　3　大島清, 加藤俊彦, 大内力　東京大学出版会　1976

◇明治を耕した話―父・渋沢栄一（青蛙選書 53） 渋沢秀雄著　青蛙房　1977.9　310p　22cm
◇露伴全集　第17巻　史伝 3　幸田露伴著　岩波書店　1979.1　538p　19cm
◇日本人の自伝 1　福沢諭吉.渋沢栄一.前島密　平凡社　1981.4　430p　20cm
◇巨いなる企業家渋沢栄一の全研究―日本株式会社をつくった男（PHPビジネスライブラリー）　井上宏生著　PHP研究所　1983.7　222p　18cm
◇埼玉の先人渋沢栄一　韮塚一三郎, 金子吉衛著　さきたま出版会　1983.12　317,3p　19cm
◇雨夜譚（岩波文庫）　渋沢栄一述, 長幸男校注　岩波書店　1984.11　338p　15cm
◇青淵百話　渋沢栄一著　図書刊行会　1986.4　2冊　22cm
◇一流人の人間修養学　竹井博友編著　竹井出版　1986.7　246p　19cm
◇雄気堂々（日本歴史文学館〈32〉）　城山三郎著　講談社　1986.10　510p　19cm
◇決定版　運命を開く―世界の「ビジネス天才」に学ぶ　片方善治著　三笠書房　1986.12　283p　19cm
◇政商の誕生―もうひとつの明治維新　小林正彬著　東洋経済新報社　1987.1　348,18p　19cm
◇近代の創造―渋沢栄一の思想と行動　山本七平著　PHP研究所　1987.3　510p　19cm
◇日本型リーダーの条件（講談社ビジネス）　山本七平著　講談社　1987.4　261p　19cm
◇逆境を拓く―苦難をバネにした先達の生きざま　宮本惇夫著, 川鉄商事広報室編　産業能率大学出版部　1987.6　228p　19cm
◇日本近代経営史―その史的分析　野田信夫著　産業能率大学出版部　1988.1　720p　19cm
◇続・百代の過客―日記にみる日本人〈上〉（朝日選書〈346〉）　キーン, ドナルド著, 金関寿夫訳　朝日新聞社　1988.1　324p　19cm
◇日々に新たなり―渋沢栄一の生涯　下山二郎著　国書刊行会　1988.2　381p　20cm
◇実録　日本汚職史（ちくま文庫）　室伏哲郎著　筑摩書房　1988.2　387p　15cm
◇明治の化学者―その抗争と苦渋（科学のとびら〈3〉）　広田鋼蔵著　東京化学同人　1988.2　225,4p　19cm
◇巨星渋沢栄一・その高弟大川平三郎（郷土歴史選書 1）　竹内良夫著　教育企画出版　1988.3　97p　21cm
◇渋沢栄一のこころざし（ジュニア・ノンフィクション〈28〉）　山岸達児作　教育出版センター新社　1988.3　158p　21cm
◇父の映像（筑摩叢書〈320〉）　犬養健ほか著　筑摩書房　1988.3　254p　19cm
◇評伝　鈴木文治―民主的労使関係をめざして　吉田千代著　日本経済評論社　1988.4　332p　19cm
◇日本を創った戦略集団〈6〉　建業の勇気と商略　堺屋太一編　集英社　1988.4　261p　19cm
◇ビジュアルワイド　新日本風土記〈11〉　埼玉県　ぎょうせい　1988.5　71p　30cm
◇東京海上火災（企業コミック）　柏田道夫作, ひおあきら画　世界文化社　1988.6　209p　21cm
◇毎日新聞の源流―江戸から明治　情報革命を読む　今吉賢一郎著　毎日新聞社　1988.7　238p　19cm
◇続兎眠庵雑記　浅野誠一著　近代文芸社　1988.8　253p　19cm
◇人生を選び直した男たち―歴史に学ぶ転機の哲学　童門冬二著　PHP研究所　1988.9　206p　19cm
◇青春　社会部記者　朝日新聞東京社会部OB会編　社会保険出版社　1988.9　323p　19cm
◇気で生きた人々〈上〉　河野十全著　真理生活研究所人間社, 青葉出版〔発売〕　1988.10　240p　19cm
◇渋沢栄一碑文集　山口律雄, 清水惣之助共編　博字堂　1988.11　151p　27cm
◇西洋が見えてきた頃（亀井俊介の仕事〈3〉）　亀井俊介著　南雲堂　1988.11　280p　19cm
◇続　百代の過客―日記にみる日本人　〔愛蔵版〕　キーン, ドナルド著, 金関寿夫訳　朝日新聞社　1988.12　659,15p　19cm
◇東西思想よもやま話―無暦庵閑話（フマニタス選書〈4〉）　茂手木元蔵編著　北樹出版, 学文社〔発売〕　1988.12　157p　19cm
◇江戸の賤民　石井良助著　明石書店　1988.12　258,13p　19cm
◇歴史に学ぶライバルの研究　会田雄次, 谷沢永一著　PHP研究所　1988.12　227p　19cm
◇史伝　健康長寿の知恵〈4〉　維新に生きた人びとの情熱　宮本義己, 吉田豊編　第一法規出版　1989.1　373p　21cm
◇日本的成熟社会論―20世紀末の日本と日本人の生活　佐原洋著　東海大学出版会　1989.4　164p　21cm

◇渋沢栄一〔新装版〕(人物叢書)　土屋喬雄著　吉川弘文館　1989.5　295p　19cm
◇西郷隆盛と維新の英傑たち(知的生きかた文庫)　佐々克明著　三笠書房　1989.5　237p　15cm
◇激流—渋沢栄一の若き日(徳間文庫)　大仏次郎著　徳間書店　1989.11　283p　15cm
◇指導力組織力がつく—知的精鋭集団のつくり方、育て方(リュウブックス〈3034〉)　山本七平ほか著　経済界　1990.1　216p　18cm
◇代表的日本人—自己実現に成功した43人　竹内均著　同文書院　1990.1　403p　19cm
◇歴史にみるビジネス・人・発想　童門冬二著　日本経済通信社　1990.2　207p　19cm
◇日本史の社会集団〈6〉　ブルジョワジーの群像　安藤良雄著　小学館　1990.3　509p　15cm
◇日本型リーダーの条件(講談社文庫)　山本七平著　講談社　1991.1　252p　15cm
◇幕末武州の青年群像　岩上進著　(浦和)さきたま出版会　1991.3　375p　21cm
◇渋沢栄一—民間経済外交の創始者(中公新書〈1016〉)　木村昌人著　中央公論社　1991.4　199p　18cm
◇のるかそるか　津本陽著　文芸春秋　1991.4　277p　19cm
◇たおやかな農婦—渋沢栄一の妻　船戸鏡聖著　東京経済　1991.5　209p　19cm
◇日本の近代化と経営理念　浅野俊光著　日本経済評論社　1991.11　306p　21cm
◇文学演技(筑摩叢書〈357〉)　杉本秀太郎著　筑摩書房　1991.11　276p　19cm
◇渋沢栄一—人間の礎(リュウセレクション)　童門冬二著　経済界　1991.12　254p　19cm
◇論語と算盤　梶山彬編　国書刊行会　1992.4　253p　19cm
◇評伝・渋沢栄一　藤井賢三郎著　水曜社　1992.6　192p　19cm
◇渋沢栄一翁、経済人を叱る　村山孚編　日本文芸社　1992.11　382p　19cm
◇挑戦—55歳からの出発・杉本行雄物語　笹本一夫,小笠原カオル共著　実業之日本社　1993.3　327p　19cm
◇男の真剣勝負　津本陽著　日本経済新聞社　1993.4　337p　19cm
◇明敏にして毒気あり—明治の怪物経営者たち　小堺昭三著　日本経済新聞社　1993.10　291p　19cm
◇日本を造った男たち—財界創始者列伝　竹内均著　同文書院　1993.11　254p　19cm
◇一流のリーダー学—時代をリードするリーダーの条件とは　大西啓義著　総合法令　1993.11　236p　19cm
◇都市のプランナーたち—江戸・東京を造った人々　東京人編集室編　都市出版　1993.12　452p　19cm
◇のるかそるか(文春文庫)　津本陽著　文芸春秋　1994.4　294p　15cm
◇ライバル日本史〈2〉　NHK取材班編　角川書店　1994.12　216p　19cm
◇モノ・財・空間を創出した人々(二十世紀の千人〈第3巻〉)　朝日新聞社　1995.3　438p　19cm
◇渋沢栄一の「論語算盤説」と日本的な資本主義精神　王家驊述,国際日本文化研究センター編　国際日本文化研究センター　1995.5　38p　21cm
◇渋沢栄一、パリ万博へ　渋沢華子著　国書刊行会　1995.5　244p　19cm
◇渋沢栄一　男の選択—人生には本筋というものがある(RYUBOOKS)　童門冬二著　経済界　1995.7　278p　18cm
◇人物に学ぶ明治の企業事始め　森友幸照著　つくばね舎,地歴社〔発売〕　1995.8　210p　21cm
◇激変の時代を生き抜く発想と行動—幕末・明治の大物にみる　黒川志津雄著　日新報道　1995.12　228p　19cm
◇激流—若き日の渋沢栄一　大仏次郎著　恒文社　1995.12　265p　19cm
◇心に残る人々(講談社文芸文庫—現代日本のエッセイ)　白洲正子著　講談社　1996.4　233p
◇男の真剣勝負(角川文庫)　津本陽著　角川書店　1996.4　363p　15cm
◇渋沢論語をよむ　深沢賢治　明徳出版社　1996.5　236p　19cm
◇激突—ライバル日本史〈7〉(角川文庫)　NHK取材班編　角川書店　1996.12　294p　15cm
◇渋沢栄一と人倫思想　小野健知著　大明堂　1997.4　486p　21cm
◇情報と経営革新—近代日本の軌跡　佐々木聡,藤井信幸編著　同文舘出版　1997.7　244p　19cm

◇歴史に学ぶライバルの研究(PHP文庫)　会田雄次, 谷沢永一著　PHP研究所　1997.8　261p　15cm

◇痩我慢というかたち―激動を乗り越えた日本の志(MOKU　BOOKS―感動四季報)　感性文化研究所編　黙出版　1997.8　111p　21cm

◇渋沢栄一―近代産業社会の礎を築いた実業家(教科書が教えない歴史人物の生き方〈6〉)　小笠原幹夫著, 自由主義史観研究会編　明治図書出版　1997.12　112p　19cm

◇徳川慶喜最後の寵臣　渋沢栄一―そしてその一族の人びと　渋沢華子著　国書刊行会　1997.12　317p　19cm

◇渋沢栄一―人間の礎(人物文庫　ど1-18)　童門冬二著　学陽書房　1998.5　273p　15cm

◇実業家の文章―日本経済の基盤を築いた、十二人の偉大な実業家。　鈴木治雄著　ごま書房　1998.7　262p　19cm

◇雨夜譚余聞(地球人ライブラリー　039)　渋沢栄一述　小学館　1998.8　281p　20cm

◇マンガ　教科書が教えない歴史〈2〉　藤岡信勝, 自由主義史観研究会原作・監修, ダイナミックプロダクション作画　産経新聞ニュースサービス, 扶桑社〔発売〕　1998.9　258p　19cm

◇埼玉英傑伝　宝井馬琴著　(浦和)さきたま出版会　1998.10　237p　19cm

◇渋沢栄一自叙伝―伝記・渋沢栄一(近代日本企業家伝叢書　9)　渋沢栄一述　大空社　1998.11　1019,59p　22cm

◇渋沢家三代(文春新書)　佐野真一著　文芸春秋　1998.11　294p　18cm

◇シリーズ福祉に生きる　11　渋沢栄一　一番ケ瀬康子, 津曲裕次編, 大谷まこと著　大空社　1998.12　180p　19cm

◇渋沢栄一(シリーズ　福祉に生きる〈11〉)　大谷まこと著, 一番ケ瀬康子, 津曲裕次編　大空社　1998.12　180p　19cm

◇渋沢栄一　人間、足るを知れ―「時代の先覚者」はなぜかくも「無私」たりえたのか　永川幸樹著　ベストセラーズ　1999.1　249p　19cm

◇次郎長の経済学―幕末恐慌を駆け抜けた男　竹内宏, 田口英爾著　東洋経済新報社　1999.2　195p　19cm

◇公益の追求者・渋沢栄一(新時代の創造)　渋沢研究会編　山川出版社　1999.3　6,9,398p　21cm

◇文学近代化の諸相〈4〉「明治」をつくった人々　小笠原幹夫著　高文堂出版社　1999.3　176p　21cm

◇小説　渋沢栄一　童門冬二著　経済界　1999.9　244p　19cm

◇日本経済の礎を創った男たちの言葉―21世紀に活かす企業の理念・戦略・戦術　森友幸照著　すばる舎　1999.11　229p　19cm

◇日本の"地霊"(ゲニウス・ロキ)(講談社現代新書)　鈴木博之著　講談社　1999.12　231p　18cm

◇論語とソロバン―渋沢栄一に学ぶ日本資本主義の明日　童門冬二著　祥伝社　2000.2　313p　19cm

◇楽しく調べる人物図解日本の歴史〈7〉知ってほしい近代日本の歩みに活躍した人びと―明治・大正・昭和・平成時代　佐藤和彦監修　あかね書房　2000.4　47p　30cm

◇人生を選び直した男たち―歴史に学ぶ転機の活かし方(PHP文庫)　童門冬二著　PHP研究所　2000.5　242p　15cm

◇日本汚職全史―ミレニアム構造汚職130年史(腐蝕立国・日本―室伏哲郎コレクション)　室伏哲郎著　世界書院　2000.6　313p　19cm

◇鈴木正三・石田梅岩・渋沢栄一に学ぶ不易の人生法則(PHP文庫)　赤根祥道著　PHP研究所　2000.7　275p　15cm

◇20世紀　日本の経済人(日経ビジネス人文庫)　日本経済新聞社編　日本経済新聞社　2000.11　449p　15cm

◇社外取締役―企業経営から企業統治へ(中公新書)　大橋敬三著　中央公論新社　2000.11　192p　18cm

◇男冥利　谷沢永一著　PHP研究所　2001.1　221p　19cm

◇人物で読む近現代史〈上〉　歴史教育者協議会編　青木書店　2001.1　299p　19cm

◇日本の企業家群像　佐々木聡編　丸善　2001.3　292p　19cm

◇人生の師―混迷する時代に「勇気」と「誇り」と「優しさ」をあたえてくれる先哲先人の教え　岬龍一郎著　勁文社　2001.7　238p　19cm

◇日本のこころ〈風の巻〉―「私の好きな人」　長部日出雄, 谷沢永一, 杉本苑子, 赤坂憲雄, 桶谷秀昭ほか著　講談社　2001.10　291p　19cm

◇渋沢栄一と日本商業教育発達史―産業教育人物史研究〈3〉　三好信浩著　風間書房　2001.10　369p　21cm
◇渋沢栄一とヘッジファンドにリスクマネジメントを学ぶ―キーワードはオルタナティブ　渋沢健著　日経BP社, 日経BP出版センター〔発売〕　2001.11　304p　19cm
◇日本経営理念史〔新装復刻版〕　土屋喬雄著　麗沢大学出版会　2002.2　650p　23×16cm

渋沢　敬三
しぶさわ　けいぞう

明治29（1896）年8月25日〜昭和38（1963）年10月25日

＊＊＊

日本銀行総裁, 国際電信電話初代社長, 日本民族学協会会長, 民俗学者　囲東京市深川（現・東京都江東区）　号＝祭魚洞　学東京帝国大学経済学部〔大正10年〕卒　名誉文学博士（東洋大学）〔昭和38年〕

歴渋沢栄一の孫。大正10年横浜正金銀行に入行。東京、ロンドン各支店に勤務。14年第一銀行に転じ、15年取締役、昭和7年常務、16年副頭取。この間、6年東京貯蓄銀行会長。17年蔵相に請われて日本銀行副総裁に就任、19年第16代総裁に就いた。戦後20年幣原内閣の蔵相になったが、21年公職追放。26年に解除。以後、国際電信電話会社初代社長、IOC国内委員会議長、文化放送会長、日本国際商業会議所会頭、日本航空相談役、金融制度調査会会長などを歴任し、財界の世話役をつとめた。また生物学・民俗学への造詣も深く、自宅に"アチック・ミューゼアム・ソサエティ（のちの常民文化研究所）"を創立、多くの民俗学者を輩出させ、自らも日本民族学協会会長、日本人類学会会長をつとめた。昭和6年襲爵（子爵）。著書に「豆州内浦漁民史料」（全2巻）「祭魚洞雑録」「日本魚名集覧」「絵巻による日本常民生活絵引」（全5巻、編著）「渋沢敬三著作集」（全5巻、平凡社）などがある。　賞農学賞〔大正15年〕「豆州内浦漁民史料」, 朝日文化賞〔昭和37年〕, 広告功労者顕彰〔昭和41年〕

【伝記・評伝】
◇財界人の横顔　古田保　岩崎書店　1954
◇東北犬歩当棒録　渋沢敬三　産業経済新聞社　1955
◇柏葉拾遺　柏窓会編　柏窓会　1956　図版96p　36cm
◇犬歩当棒―祭魚洞雑録　渋沢敬三　魚川書店　1961
◇日本財界人物列伝　第2巻　青潮出版編　青潮出版　1964　1175p　図版13枚　27cm
◇渋沢敬三先生景仰録　渋沢敬三先生景仰録編集委員会編著　東洋大学　1965　448p　図版　22cm
◇父・渋沢敬三　渋沢雅英著　実業之日本社　1966　208p　図版　19cm
◇渋沢敬三　上・下　渋沢敬三伝記編纂刊行会　1979-1981　2冊　22cm
◇日本の企業家と社会文化事業―大正期のフィランソロピー　川添登, 山岡義典編著　東洋経済新報社　1987.6　233,9p　21cm
◇渋沢敬三著作集〈第1巻-第5巻〉　渋沢敬三著, 網野善彦, 渋沢雅英, 二野瓶徳夫, 速水融, 山口和雄, 山口徹編　平凡社　1992-1993　5冊　21cm
◇挑戦―55歳からの出発・杉本行雄物語　笹本一夫, 小笠原カオル共著　実業之日本社　1993.3　327p　19cm
◇民俗学の旅（講談社学術文庫）　宮本常一著　講談社　1993.12　247p　15cm
◇日本民俗学のエッセンス―日本民俗学の成立と展開〔増補版〕（ぺりかん・エッセンス・シリーズ）　瀬川清子, 植松明石編　ぺりかん社　1994.7　507p　21cm
◇渋沢敬三の世界―三十三記念シンポジウム　渋沢雅英　1996.3　165p　19cm
◇旅する巨人―宮本常一と渋沢敬三　佐野真一著　文芸春秋　1996.11　390,7p　19cm
◇渋沢家三代（文春新書）　佐野真一著　文芸春秋　1998.11　294p　18cm
◇歴史としての戦後史学　網野善彦著　日本エディタースクール出版部　2000.3　306p　19cm
◇図解　大正昭和くらしの博物誌―民族学の父・渋沢敬三とアチック・ミューゼアム（ふくろうの本）　近藤雅樹編　河出書房新社　2001.3　167p　22×17cm
◇移住漁民の民俗学的研究　野地恒有著　吉川弘文館　2001.12　358,11p　21cm

渋沢 秀雄
しぶさわ ひでお
明治25(1892)年10月5日～昭和59(1984)年2月15日

＊＊＊

東宝会長, 明治村理事長, 随筆家, 俳人　囲東京・日本橋　俳号=渋亭　学東京帝国大学法科大学仏法科〔大正6年〕卒

歴 渋沢栄一の四男。田園都市株式会社取締役となり、東京の田園調布を高級住宅地として開発。昭和13～22年東宝会長を務めたほか、帝劇、東急、後楽園スタヂアムなどの重役を歴任。戦後の追放解除後は実業界から離れ、40年より放送番組向上委員会初代委員長、電波監理審議会会長を務めたほかは、明治の粋人として、随筆、俳句、油絵、三味線、長唄、小唄と風流三昧の人生を歩んだ。なかでも随筆家としては軽妙洒脱な筆致で知られ、"現代の兼好法師"との評もあるほど。俳句は昭和11年以来いとう句会同人として作句した。著書は「明治を耕した話」「散歩人生」「明治は遠く」「父渋沢栄一」「筆のすさび」「わが町」など40冊以上に及ぶ。　賞 勲二等瑞宝章〔昭和46年〕

【伝記・評伝】
◇私の履歴書　第22集　日本経済新聞社編　日本経済新聞社　1964　354p　19cm
◇現代財界家系譜　第1巻　現代名士家系譜刊行会　1968
◇筆のすさび　渋沢秀雄著　電波新聞社　1979.11　371p　39cm
◇私の履歴書　文化人　3　日本経済新聞社編　日本経済新聞社　1983.11　457p　22cm
◇わが父渋沢秀雄　渋沢和男著　あずさ書店　1985.2　263p　19cm
◇あの人この人―昭和人物誌　戸板康二著　文芸春秋　1993.6　357p　19cm

島津 源蔵 (2代)
しまづ げんぞう
明治2(1869)年6月17日～昭和26(1951)年10月3日

＊＊＊

島津製作所初代社長, 発明家　囲福岡県　团京都府　幼名=島津梅治郎

歴 京都で教育用理化学器械を製造する父・初代源蔵の下で、少年時代から発明の才を発揮。明治11年父と協力、日本最初の軽気球掲揚に成功した。27年父の死後、事業を継ぎ、大正6年島津製作所社長。9年蓄電池のための易反応性鉛粉製造法を完成、国産蓄電機の工業的生産に成功した。昭和3年発明協会特別賞を受け、5年日本十大発明家の一人として表彰された。　賞 帝国発明協会特別賞〔昭和3年〕「島津式感応起電機の発明」

【伝記・評伝】
◇日本科学の勝利―発明王島津源蔵　井上五郎　富士書房　1939
◇日本経済を育てた人々　高橋弥次郎　関西経済連合会　1955
◇日本財界人物列伝　第2巻　青潮出版編　青潮出版　1964　1175p　図版13枚　27cm
◇財界人思想全集　第4　ダイヤモンド社　1969
◇島津源蔵翁を偲ぶ　観察と実験の生涯　島津製作所　1974.8　16p　26cm
◇親父よ。―小説・島津源蔵　岸宏子著　(名古屋)エフエー出版　1993.5　209p　19cm
◇島津の源流　島津製作所総務部編集　島津製作所総務部　1995.11　270p　22cm
◇京都企業家の伝統と革新　安岡重明編著　同文舘出版　1998.6　245p　21cm
◇日本創業者列伝―企業立国を築いた男たち(人物文庫)　加来耕三著　学陽書房　2000.8　362p　15cm

清水 喜助 (2代)
しみず きすけ
文化12(1815)年11月～明治14(1881)年8月9日

＊＊＊

清水組経営者　囲越中国礪波郡井波(富山県)　旧姓(名)=藤沢　幼名=清七

歴 同郷の初代清水喜助の入り婿となり、建築請負の清水組(現・清水建設)棟梁となる。安政6年初代の死去により2代を継承。文久2年幕府から外国人家屋工事の定式請負人に任命され、開港場横浜で神奈川ドイツ公使館などを建築。慶応4年東京・築地の外国人居留地に和洋折衷の築地ホテル館、明治に入り第一国立銀行(三井組ハウス)、為替バンク三井組などを建設。明治初頭の洋風建築に貢献し、清水建設の礎を築いた。

【伝記・評伝】
◇建設業を興した人びと―いま創業の時代に学ぶ　菊岡倶也著　彰国社　1993.1　452p　21cm

清水 釘吉
しみず ていきち
慶応3(1867)年11月10日～昭和23(1948)年9月7日

＊＊＊

清水組社長　囲江戸　旧姓(名)＝小野　学東京帝国大学工学部造家学科〔明治24年〕卒

歴 清水建設の創業者。在学中に第一銀行大阪支店を設計。建築業の清水店(現・清水建設)3代当主満之助の長女タケと結婚。清水家に入り、分家を創設、4代満之助の後見人となる。日清、日露戦争に従軍し、この間欧米を視察。明治42年石川島造船所取締役にも就任。明治天皇の青山大葬場殿、大正天皇の新宿御苑葬場、関西日仏会館建設などを手がけ実績を重ねる。大正4年合資会社、昭和12年株式会社清水組とし、大手建設会社に発展させた。営業監督、店長を経て、15年まで社長。また大正11年より日本土木建築請負業者連合会会長も務めた。　賞エトアル・コマンドルノアル勲章〔昭和11年〕

【伝記・評伝】
◇清水釘吉翁　同伝記刊行会　1943
◇日本財界人物列伝　第1巻　青潮出版編　青潮出版　1963　1171p　図版　26cm

清水 雅
しみず まさし
明治34(1901)年2月12日～平成6(1994)年12月24日

＊＊＊

阪急電鉄会長，東宝社長・会長　囲大阪府　学慶応義塾大学経済学部〔大正13年〕卒

歴 欧米遊学後、昭和4年阪急電鉄に入社。15年取締役百貨店部長、21年常務、22年阪急百貨店社長、27年阪急共栄物産社長、32年東宝社長、阪急百貨店会長、41年東宝会長、43年阪急電鉄会長、44年阪急不動産社長などを歴任。「書斎のたわごと」「人生のたわごと」「雅ざれごと」「フランスからの旅だより」など随筆集多数。　賞藍綬褒章〔昭和37年〕、勲二等瑞宝章〔昭和46年〕、フランス文化勲章最高位〔昭和52年〕、日本映画功労大賞〔昭和53年〕

【伝記・評伝】
◇大阪産業をになう人々　大阪府工業協会　1956
◇財界人思想全集　第10　ダイヤモンド社　1971
◇みやびざれごと　清水雅　1974
◇みやびざれごと　続　清水雅　1977
◇みやび島だより　清水雅　1977
◇この経営者の急所を語る―三鬼陽之助の財界人備忘録　三鬼陽之助著　第一企画出版　1991.7　256p　19cm

荘 清彦
しょう きよひこ
明治27(1894)年11月25日～昭和42(1967)年9月28日

＊＊＊

三菱商事社長・会長　囲東京　学東京帝国大学経済学部〔大正9年〕卒

歴 荘清次郎の長男。三菱会社に入り、三菱造船に配属、昭和7年三菱商事に転じ、19年機械部長、22年常務取締役となったが、同年11月の同社解体で退社、太平建設工業を設立して社長となった。のち清光産業、清和商事各社長を経て27年東京貿易社長に就任。29年再建三菱商事副社長に復帰、35年社長となり、41年会長に退いた。また三菱重工業、ホテル・ニューオータニ、三菱倉庫などの取締役も兼任した。

【伝記・評伝】
◇財界人の横顔　古田保著　岩崎書店　1954　266,26p　19cm
◇財界回想録　日本工業倶楽部五十年史編纂委員会編　日本工業倶楽部　1967　2冊　19cm

荘 清次郎
しょう せいじろう
文久2(1862)年1月20日～昭和元(1926)年12月25日

＊＊＊

三菱合資専務理事　囲肥前国(長崎県)　学大学予備門(現・東京大学)〔明治18年〕卒, エール大学卒

歴 大村(長崎県)藩士の家に生まれる。エール大学に学び、明治20年法律の修士の学位を取得。欧米各国を歴遊し、23年帰国。三菱に入社し、25年第百十九国立銀行大阪支店支配人、のち三菱合資庶務部長を経て、大正5年三菱合資専務理事・監事に就任。この間、製紙事業を主に担当し、三菱製紙創業に尽力した。理化学研究所常務委員、飛行協会理事、養育院理事も務めた。

【伝記・評伝】
◇財界物故傑物伝　実業之世界社　1936
◇財界人思想全集　第9　ダイヤモンド社　1970

庄司 乙吉（しょうじ おときち）

明治6(1873)年5月18日～昭和19(1944)年11月30日

＊＊＊

東洋紡績社長　 生 秋田県　 学 東京高商(現・一橋大学)〔明治30年〕卒

歴 大日本綿糸紡績同業連合会(紡連)ボンベイ駐在員、紡連書記長を経て大正元年大阪紡績支配人に転じ、大正6年同社後身の東洋紡績(現・東洋紡)取締役、副社長、昭和10年社長となった。15年退任して相談役。紡連委員長、同会長、内閣審議会参与も務めた。この間大正8年第1回国際労働会議に武藤山治の顧問で渡米、14年支那特別関税会議随員、昭和12年には日米綿業会談、日蘭民間会商の日本側代表となり、日本綿業倶楽部会長を務めた。大正12年にギロチン団に狙撃されたことがある。

【伝記・評伝】
◇杜峰戊寅随筆　庄司乙吉　1938
◇庄司乙吉伝　庄司乙吉伝刊行会編　庄司乙吉伝刊行会　1952.5　392p　図版　19cm
◇日本経済を育てた人々　高橋弥次郎　関西経済連合会　1955
◇庄司乙吉　庄司隆治著　庄司隆治　1956　112p　図版　19cm
◇思い出の財界人　〔2版〕　下田将美　実業之日本社　1960
◇庄司乙吉全集　庄司隆治　1961.11
◇日本財界人物列伝　第1巻　青潮出版編　青潮出版　1963　1171p　図版　26cm
◇関西財界外史　関西経済連合会　1976

東海林 武雄（しょうじ たけお）

明治33(1900)年1月14日～昭和63(1988)年9月20日

＊＊＊

旭電化工業社長・会長,経済同友会代表幹事,日本専売公社総裁　 生 秋田県秋田市　 学 早稲田大学政経学部〔大正14年〕卒

歴 旭電化工業に入社。昭和21年常務、専務、28年社長、37年会長、同年日東化学社長を歴任後、40年専売公社総裁に就任、44年までつとめた。この間、27年から30年まで経済同友会代表幹事をつとめた。　 賞 藍綬褒章〔昭和38年〕

【伝記・評伝】
◇経済同友会30年史　山下静一編　経済同友会　1976

勝田 龍夫（しょうだ たつお）

明治45(1912)年2月22日～平成3(1991)年5月28日

＊＊＊

日本不動産銀行頭取・会長　 生 東京府豊多摩郡渋谷町中渋谷大和田(現・東京都渋谷区道玄坂)　 学 京都帝国大学法学部〔昭和12年〕卒

歴 昭和12年朝鮮銀行に入るが、20年終戦で閉鎖。32年日本不動産銀行設立で総務部長となり、33年取締役、37年常務、40年副頭取、44年頭取、49年会長を歴任。52年日本債券信用銀行と改称。また原田熊雄の日記をもとにしたノンフィクション「重臣たちの昭和史」がある。　 賞 勲一等瑞宝章〔昭和63年〕

【伝記・評伝】
◇中国借款と勝田主計　ダイヤモンド社　1972
◇みだればこ　〔正〕,続　勝田龍夫著〔私家版〕中央公論事業出版（製作）　1974.11,1976
◇重臣たちの昭和史　上・下　文芸春秋　1981
◇「昭和」の履歴書　勝田龍夫著　文芸春秋　1991.11　197p　19cm
◇追憶の勝田龍夫　勝田龍夫追悼集編纂委員会編　勝田龍夫追悼集編纂委員会　1992.5　466p　22cm

正田 貞一郎（しょうだ ていいちろう）

明治3(1870)年2月26日～昭和36(1961)年11月9日

＊＊＊

日清製粉社長・会長(創業者)　 生 神奈川県横浜市　 身 群馬県　 学 東京高等商業学校〔明治24年〕卒

歴 家業の醤油醸造業に従事、明治33年館林製粉株式会社を創立、専務取締役、40年館林製粉と日清製粉が合併、新たに日清製粉と改称、本社も東京に移し専務となり、大正13年社長、昭和11年会

長。17年東武鉄道会長も務めた。22年日清製粉会長を辞し、24年相談役。
【伝記・評伝】
◇日本財界人物列伝　第2巻　青潮出版編　青潮出版　1964　1175p　図版13枚　27cm
◇正田貞一郎小伝　正田貞一郎小伝刊行委員会編　日清製粉　1965　251p　19cm
◇財界人思想全集　第10　ダイヤモンド社　1971

正田 英三郎（しょうだ ひでさぶろう）

明治36(1903)年9月21日〜平成11(1999)年6月18日

＊＊＊

日清製粉社長・会長　囲群馬県館林市　学東京商科大学(現・一橋大学)卒

歴 皇后美智子の父。父は日清製粉創業者・正田貞一郎。商社勤務を経て、昭和4年日清製粉に入社。10年取締役、11年常務、15年専務、20年社長、48年会長を歴任し、56年名誉会長となる。国民の体位向上への粉食の普及を提唱し、吉田茂内閣の食糧対策協議会委員などを務めた。48年会長。一方、34年長女の美智子さまが明仁皇太子と御結婚、皇太子妃となられ、民間から初めて天皇家に娘を嫁がせるという例のない経験をした。

賞 藍綬褒章〔昭和41年〕

【伝記・評伝】
◇財界の第一線1958年　人物展望社　1958
◇財界回想録　下巻　日本工業倶楽部　1967
◇現代財界家系譜　第1巻　現代名士家系譜刊行会　1968
◇正田英三郎小伝　正田英三郎小伝刊行委員会編　日清製粉　1990.9

荘田 平五郎（しょうだ へいごろう）

弘化4(1847)年10月1日〜大正11(1922)年4月30日

＊＊＊

三菱長崎造船所支配人　囲豊後国臼杵(大分県)

歴 臼杵藩士の子。少年期には藩校集成館で白山照山に学び、のち鹿児島開成所に学ぶ。明治3年慶応義塾に入り、福沢諭吉の下で教鞭をとる。8年岩崎弥太郎から嘱望され三菱汽船会社(三菱会社)に入り翻訳係となり、13年管事兼会計課長、18年日本郵船理事、19年三菱社支配人を経て、20年三菱長崎造船所に支配人として赴任、三菱の造船・造機部門興隆の基礎作りに貢献する。この間、東京丸の内ビル街建設を遂行。この他、保険事業にも関与し、29年東京海上火災保険、大正6年明治生命保険の取締役会長となり、別に日本勧業銀行設立委員、東京商業会議所特別議員をつとめた。

【伝記・評伝】
◇財界之人百人論　矢野滄浪　時事評論社　1915
◇荘田平五郎　宿利重一著　対胸舎(発売)　1932.8　614p　19cm
◇財界物故傑物伝　実業之世界社　1936
◇近代日本人物経済史　日本経済史研究会　東洋経済新報社　1955
◇日本財界人物列伝　第2巻　青潮出版編　青潮出版　1964　1175p　図版13枚　27cm
◇財界人思想全集　第5　ダイヤモンド社　1970
◇小島直記伝記文学全集〈第3巻〉　日本さらりーまん外史　小島直記著　中央公論社　1986.12　414p　19cm
◇財界人物我観(経済人叢書)　福沢桃介著　図書出版社　1990.3　177p　19cm
◇荘田平五郎(人物で読む日本経済史　第3巻)〔宿利重一著〕　ゆまに書房　1998.9　614p　22cm
◇日本経済の礎を創った男たちの言葉—21世紀に活かす企業の理念・戦略・戦術　森友幸照著　すばる舎　1999.11　229p　19cm
◇20世紀　日本の経済人(日経ビジネス人文庫)　日本経済新聞社編　日本経済新聞社　2000.11　449p　15cm

正力 松太郎（しょうりき まつたろう）

明治18(1885)年4月11日〜昭和44(1969)年10月9日

＊＊＊

読売新聞社社主，日本テレビ放送網社長，衆議院議員，科学技術庁長官，日本野球連盟会長　囲富山県大門町　学東京帝国大学法科大学独法科〔明治44年〕卒

歴 内閣統計局から警視庁に入り、米騒動、東京市電争議などに辣腕をふるう。大正12年虎の門事件で責任を負い警視庁を退き、後藤新平の融資を受けて新聞経営に乗り出す。13年読売新聞社長に就任。以後、徹底的な大衆化を図り経営不振を克服。昭和9年大日本東京野球倶楽部(のちの読売

巨人軍)を創設、ベーブ・ルース等を招くなどプロ野球の振興に尽力した。15年大政翼賛会総務、19年貴族院議員。敗戦後、A級戦犯容疑となったが、22年釈放。また21年公職追放、26年追放解除。24年初のプロ野球コミッショナー、日本野球連盟会長。27年日本テレビ放送網を創立、社長となる。29年読売新聞社主。30年以来衆議院議員に5回当選。その間、北海道開発庁長官、原子力委員会委員長、科学技術庁長官、国家公安委員長などを歴任、東海村原子力研究所創設に尽力。34年野球殿堂入り。また、仏教の信仰に厚く、全日本仏教会顧問なども兼務。"大衆とともに歩んだ人"といわれる。酒も煙草もやらず、生涯を仕事の鬼として通した。著書に「私の悲劇」がある。

賞 駒沢大学名誉文学博士〔昭和37年〕、レジオン・ド・ヌール勲章〔昭和39年〕,勲一等旭日大綬章〔昭和39年〕

【伝記・評伝】
◇悪戦苦闘　正力松太郎著, 大宅壮一編　早川書房　1952　228p　19cm
◇実録正力松太郎(評判ラジオ講談集)　邑井操著　国民出版会　1954
◇伝記　正力松太郎　御手洗辰雄著　大日本雄弁会講談社　1955　429p　図版　19cm
◇テレビと正力　室伏高信著　講談社　1958
◇野球と正力　室伏高信著　講談社　1958
◇創意の人　正力松太郎　片柳忠男著　オリオン社出版部　1961　443p　図版　22cm
◇若き日の社長　現代事業家の人間形成　海藤守著　徳間書店　1962　329p　18cm
◇20世紀を動かした人々　第15　マスメディアの先駆者〔ほか〕　日高六郎編　講談社　1963　424p　19cm
◇創意の人正力松太郎言行録　片柳忠男著　オリオン社　1964　337p　19cm
◇正力松太郎　五十公野清一著　鶴書房　1966
◇正力松太郎の死の後にくるもの　三田和夫著　創魂出版　1969　372p　18cm
◇財界人思想全集　第9　ダイヤモンド社　1970
◇財界人100人の顔―日本経済を築いた人びと　ダイヤモンド社　1971
◇正力松太郎　読売新聞社　1971　151p　31cm
◇正力松太郎の昭和史　長尾和郎著　実業之日本社　1982.8　327p　20cm
◇読売王国―世界一の情報集団の野望　上之郷利昭著　講談社　1984.8　276p　20cm
◇言論は日本を動かす　第7巻　言論を演出する　粕谷一希編, 内田健三ほか編　講談社　1985.11　317p　20cm
◇新版　現代テレビ放送学―現場からのメッセージ　渡辺みどり著　早稲田大学出版部　1986.4　172p　19cm
◇成功する経営・失敗する経営　三鬼陽之助著　PHP研究所　1986.6　221p　19cm
◇統率力(リーダーシップ)が組織を燃やす(昭和の名語録)　山本七平ほか著　経済界　1987.11　284p　19cm
◇天皇と東条英機の苦悩―A級戦犯の遺書と終戦秘録　塩田道夫著　日本文芸社　1988.8　358p　19cm
◇技術大国ニッポンの足取りを追って―科学記者30年の眼　佐々木孝二著　電力新報社　1988.8　158p　19cm
◇人間ぱあてい　高橋治著　講談社　1988.8　271p　19cm
◇売りモノを創った男たち　藤田忠司著　リバティ書房　1988.10　309p　19cm
◇人物昭和史(ちくま文庫)　利根川裕ほか著　筑摩書房　1989.1　488p　15cm
◇昭和史の家　垂見健吾写真, 半藤一利文　文芸春秋　1989.5　260p　21cm
◇代表的日本人―自己実現に成功した43人　竹内均著　同文書院　1990.1　403p　19cm
◇「時代の気分」を両手でつかんだ男たち―何がベストセラー商品を生み出すのか　本多光太郎著　中経出版　1990.2　198p　19cm
◇テレビ仕掛人たちの興亡　田原総一朗著　講談社　1990.3　259p　19cm
◇大人学・小人学(だいじんがく・しょうじんがく)―「大気力」で生きた男の器量と値打ち　邑井操著　大和出版　1990.6　245p　19cm
◇昭和テレビ放送史〈上〉　志賀信夫著　早川書房　1990.7　363p　19cm
◇この経営者の急所を語る―三鬼陽之助の財界人備忘録　三鬼陽之助著　第一企画出版　1991.7　256p　19cm
◇頭角の現わし方―世に出た人間の研究(PHPビジネスライブラリー〈A-332〉)　藤田忠司著　PHP研究所　1992.3　222p　18cm
◇メディア・ウォーズ―テレビ仕掛人たちの興亡(講談社文庫)　田原総一朗著　講談社　1993.3　252p　15cm

◇本物の魅力―自分を生かしきった男だけが「人生の醍醐味」を味わうことができる！　邑井操著　大和出版　1993.7　245p　19cm
◇巨怪伝―正力松太郎と影武者たちの一世紀　佐野真一著　文藝春秋　1994.11　702,16p　20cm
◇読売新聞・歴史検証　木村愛二著　汐文社　1996.3　369,13p　19cm
◇タイム記者が出会った「巨魁」外伝　チャング，エス著　新潮社　1996.5　333p　19cm
◇読売外伝―わが心の秘録　為郷恒淳著　アクトビューロー，文園社〔発売〕　1997.7　235p　21cm
◇正力松太郎―悪戦苦闘（人間の記録 86）　正力松太郎著　日本図書センター　1999.2　198p　20cm
◇巨怪伝〈上・下〉―正力松太郎と影武者たちの一世紀（文春文庫）　佐野真一著　文芸春秋　2000.5　2冊　15cm
◇男冥利　谷沢永一著　PHP研究所　2001.1　221p　19cm

白井　遠平（初代）
しらい　えんぺい

弘化3（1846）年4月29日～昭和2（1927）年10月9日

＊＊＊

磐城炭礦会社創業者，衆議院議員（政友会）
⑨下野国芳賀郡真岡（栃木県）
⑱福島平藩の神林復所塾に学び、福島県菊多、盤城、西白河各郡長などを務め自由民権運動家として福島事件にも参加。のち県会議員、副議長を経て明治23年以来衆議院議員当選3回、政友会に属した。その間26年磐城炭礦会社を創設、採炭に初めて動力機械を使った。28年入山採炭会社、37年好間炭礦を開発、39年株式会社とし社長として常磐炭田の開発に貢献した。また帝国冷蔵会社取締役、殖産興業を奨励し、蚕糸改良に尽くした。

【伝記・評伝】
◇白井遠平伝　草野馨，四条七十郎編　白井遠平伝記刊行会　1953
◇日本経済の建設者―あの時この人　中村隆英　日本経済新聞社　1973
◇福島人物の歴史　第10巻　白井遠平　高萩精玄著　歴史春秋社　1983.4　192p　20cm
◇我が郷党の群像―福島県小川郷の偉人たち　田久孝翁著　現代書林　1996.4　221p　19cm

◇東北開発人物史―15人の先覚者たち　岩本由輝著　刀水書房　1998.3　334p　19cm

白井　松次郎
しらい　まつじろう

明治10（1877）年12月13日～昭和26（1951）年1月23日

＊＊＊

松竹創業者　⑨京都府京都市三条　旧姓（名）＝大谷
⑱生家（旧姓・大谷）は京都三条で劇場の売店を営んでいたが、明治30年白井亀吉の養子となる。24歳で京都歌舞伎座の座主となり、35年双子の弟大谷竹次郎と共同で新京極に明治座を開場、2人の頭文字を取った松竹合名社を創立。その後大阪朝日座、文楽座、東京歌舞伎座などを次次買収。白井が関西、大谷が東京と事業担当を決める。この間、松竹キネマを設立して映画事業に乗り出し、大正9年東京蒲田に撮影所を建設。同年松竹楽劇部を創立、のちのOSK、SKDの基礎をつくった。12年千日土地株式会社社長、昭和6年松竹興業社長、7年大阪歌舞伎座開場。12年松竹株式会社設立、13年会長に就任した。戦後も劇場再建に尽力、文楽座、浪花座など続々と建設した。

【伝記・評伝】
◇白井松次郎伝　日比繁治郎編　白井信太郎　1951　299p　図　肖像　22cm
◇日本経済を育てた人々　高橋弥次郎　関西経済連合会　1955
◇日本財界人物列伝　第1巻　青潮出版編　青潮出版　1963　1171p　図版　26cm

白石　直治
しらいし　なおじ

安政4（1857）年10月29日～大正8（1919）年2月17日

＊＊＊

関西鉄道社長，東京帝大教授，衆議院議員　⑨土佐国長岡郡（高知県）　㊻東京帝国大学工科大学土木学科〔明治14年〕卒　工学博士〔明治24年〕
⑱土佐藩儒久家忘斎（種平）の長子に生まれ、14歳で白石栄の養嗣子となる。勤王論に刺激され、ひそかに長州に走ったこともあったが、維新後東京に出て後藤象二郎家に寄寓。農商務省、東京府勤務を経て、明治16年文部省より海外留学を命じられ、米独に留学。20年帰国し、帝大工科大学教

授に就任。23年退官して実業界入りし、関西鉄道社長となるが、31年これを辞し、日本初の鉄筋コンクリートによる神戸和田岬の大倉庫（39年）や東洋一の長崎のドライ・ドック（37年）、若松築港などの大工事建設にあたった。さらに日韓瓦斯電気、日本窒素肥料、猪苗代水力などの会社重役を歴任。のち政界に入り、45年政友会代議士となって活躍。大正8年には土木学会長となった。直治南岳と号し詩にも親しんだ。

【伝記・評伝】
◇鉄道国有論　白石直治著　白石直治　1891.12　19p　19cm
◇工学博士白石直治伝　吸江庵南海洋八郎編著　工学博士白石直治伝編纂会　1943　692p　図版　肖像　22cm

白石　元治郎
しらいし　もとじろう

慶応3（1867）年7月21日～昭和20（1945）年12月24日

＊＊＊

日本鋼管社長・会長（創業者）　身 陸奥国白河郡（福島県）　旧姓（名）＝前山　学 東京帝国大学法科大学法律科〔明治25年〕卒

歴 明治15年伯父・白石家の養嗣子となる。大学卒後、浅野商店に入り、石油部支配人を経て、29年東洋汽船支配人となる。45年わが国最初の民営製鉄会社、日本鋼管を創立、社長となり、翌年川崎に製造工場を建設、シームレス鋼管の生産に成功した。昭和9年国策会社・日本製鉄の成立にさいしては不参加の先頭に立つ。一時副社長に退くが、11年社長に復帰、17年以後死去するまで会長をつとめた。戦時中は鶴見製鉄造船との合同を実現して今日の発展への道を開いた。京浜工業地帯形成の立役者の一人。

【伝記・評伝】
◇人物評論—朝野の五大閥　鵜崎熊吉　東亜堂書房　1912
◇鋼管王白石元次郎　井東憲　共盟閣　1938
◇近代日本人物経済史　日本経済史研究会　東洋経済新報社　1955
◇日本財界人物列伝　第1巻　青潮出版編　青潮出版　1963　1171p　図版　26cm
◇鉄鋼巨人伝白石元治郎　鉄鋼新聞社編　工業図書出版　1967.12　752p　22cm

◇財界人思想全集　第10　ダイヤモンド社　1971

進藤　孝二
しんどう　こうじ

明治35（1902）年9月25日～昭和48（1973）年9月23日

＊＊＊

大阪商船三井船舶社長　生 兵庫県　学 小樽高等商業学校〔大正14年〕卒

歴 三井物産船舶部に入り、昭和17年総務課長、同年船舶部独立で三井船舶が創立され、同本店総務部企画課長、審議役となり、20年営業部長、21年常務、31年専務、35年社長となった。39年政府の海運集約化政策に沿い大阪商船との合併を成功させ、大阪商船三井船舶会社が発足、初代社長に推された。42年会長。この間日本船主協会会長を兼務、不況の海運業界回復に尽力した。

【伝記・評伝】
◇追想録進藤孝二　大阪商船三井船舶編　大阪商船三井船舶　1975.9　543p　22cm

進藤　貞和
しんどう　さだかず

明治43（1910）年3月4日～平成14（2002）年2月22日

＊＊＊

三菱電機社長・会長　生 広島県呉市　身 高知県高知市　学 九州帝国大学工学部電気科〔昭和8年〕卒

歴 父が軍人だったため、広島、長崎を経て、高知に戻る。昭和9年三菱電機入社。技術部長、長崎製作所長等を経て、39年取締役、41年常務、45年副社長、同年社長に就任。エレクトロニクス産業の成長期の10年間社長を務め、半導体、宇宙、通信事業などの基盤を確立した。55年会長、60年取締役名誉会長、62年相談役、平成12年特別顧問に退いた。この間、通産省産業構造審議会委員、日本電機工業会会長、日本電子機械工業会会長、電気倶楽部理事長などを歴任、FM東京取締役、ホテルニューオータニ取締役、三菱総合研究所取締役なども務めた。　賞 藍綬褒章〔昭和49年〕、経営者賞〔昭和52年〕、経済大賞〔昭和55年〕、勲二等旭日重光章〔昭和60年〕、勲一等瑞宝章〔昭和62年〕、台湾一等経済奨章〔平成2年〕

【伝記・評伝】
◇企業活性化の条件　進藤貞和著　東洋経済新報社　1980.4
◇家電王国を築いた十人（人物産業全書）　佐藤公偉　綜合出版センター　1980.12
◇私の座右の銘　松下幸之助監修　ロングセラーズ　1986.5　222p　19cm
◇私の履歴書―進藤貞和　進藤貞和著　日本経済新聞社　1986.12　219p　19cm
◇私の履歴書―経済人〈24〉　日本経済新聞社編　日本経済新聞社　1987.3　412p　21cm
◇人を活かす―私の実践経営録　進藤貞和著　ダイヤモンド社　1987.4　213p　19cm
◇21世紀をめざす統率学―日本企業再構築のリーダーシップ　山田正喜子著　世界文化社　1989.3　270p　19cm
◇実現させるのが男―百年後に夢を果たした福徳の三菱マン　赤堀正幸著　ダイヤモンド社　1991.11　218p　20cm

真藤　恒
しんとう　ひさし

明治43（1910）年7月2日～平成15（2003）年1月26日

＊＊＊

石川島播磨重工業社長、日本電信電話社長・会長
生　福岡県久留米市　学　九州帝国大学工学部造船工学科〔昭和9年〕卒　工学博士〔昭和33年〕
歴　昭和9年播磨造船所に入社。戦後米国系のナショナルバルクキャリアーズ（NBC）呉造船所に移り、世界最大のタンカーを数多く進水させた。35年合併した石川島播磨重工業の常務船舶事業部長となり、39年副社長、47年社長に就任。同社を世界一の造船企業に育てたが、54年造船不況で相談役に退く。56年経団連会長の土光敏夫（当時）に請われ、民間出身者として初めて電電公社総裁となった。60年公社の民営化とともに日本電信電話（NTTの前身）の初代社長に就任。大幅な人員削減などで民営化を軌道に乗せた。63年6月会長となるが、12月"リクルート事件"で退任、翌平成元年3月NTT法違反で逮捕、起訴され、2年10月懲役2年・執行猶予3年、追徴金2270万の有罪判決が確定。その後は実業界の第一線から退き、情報通信総合研究所顧問、エヌ・ティ・ティコミュニケーションウェア顧問を務めた。著書に「造船生産技術の発展と私」「電電ざっくばらん」「NTTを創る」などがある。

【伝記・評伝】
◇革命型経営者真藤恒の研究―その発想と行動の軌跡を探る　"32万人"の意識をどう変えたか!?（PHP business library）　綱淵昭三著　PHP研究所　1985.11　208p　18cm
◇日本の100人―リーダーたちの素顔　日本経済新聞社編　日本経済新聞社　1986.5　211p　21cm
◇NTTの子会社戦略―情報通信産業への衝撃　下田博次著　日本経済新聞社　1986.5　206p　19cm
◇CIストーリー　NTT変身の秘密　塩沢茂著　エヌ・ティ・ティ・アド　1986.6　213p　19cm
◇成功する経営・失敗する経営　三鬼陽之助著　PHP研究所　1986.6　221p　19cm
◇真藤恒の戦略的頭脳―この男を知らずしてNTTは語れない　伴九郎著　新森書房　1986.10　221p　19cm
◇テレホンカード成功の秘密―革命的ヒット商品開発のノウハウ　上之郷利昭著　エヌ・ティ・ティ・アド　1986.12　197p　19cm
◇NTT頭脳集団の野望　小林紀興著　講談社　1987.2　228p　19cm
◇日本の郵政戦略―郵便から宇宙衛星まで　佐藤文生著　ビジネス社　1987.4　301p　19cm
◇指導者（リーダー）はこう考えている―草柳大蔵と日本経済を語る　草柳大蔵著　グラフ社　1987.5　236p　19cm
◇企業トップに聞く未来戦略（新潮文庫）　牧野昇ほか著　新潮社　1987.5　233p　15cm
◇混迷日本の先を読む―サバイバル・ウォーズに向けて　田原総一朗著　プレジデント社　1987.6　278p　19cm
◇指導力の構造―経営トップ7人の知恵　山田光行著　日本生産性本部　1987.6　216p　19cm
◇NTTの不安と弱点　情報と社会を考える会編　エール出版社　1987.8　182p　19cm
◇決断力に己れを賭けよ（昭和の名語録）　邦光史郎ほか著　経済界　1987.11　262p　19cm
◇下村満子の気になる男たち　下村満子編　朝日新聞社　1987.12　235p　19cm
◇経営者人間学―リーダーはいかにして創られるか　野田正彰著　ダイヤモンド社　1988.1　262p　19cm
◇NTTのイメージ戦略（講談社ビジネス）　塩沢茂著　講談社　1988.1　238p　19cm

◇NTTの革命に終わりはない―未来社会を牽引する(大研究21世紀企業) 片山修著 毎日新聞社 1988.2 269p 19cm
◇真藤恒の「意識変革」 上之郷利昭著 講談社 1988.2 268p 19cm
◇習って覚えて真似して捨てる 真藤恒著 エヌ・ティ・ティ出版 1988.7 235p 19cm
◇グリーン交遊録―ゴルフにみるトップの素顔 夕刊フジ編集局編 プレス出版 1988.10 189p 19cm
◇企業家の条件―革新型企業のトップが若きリーダーに伝える USフォーラム編 ダイヤモンド社 1988.11 206p 19cm
◇「徹底解明」リクルート事件の全構図―疑惑のトライアングル(NEWS PACKAGE CHASE〈1〉) 高野孟, 歳川隆雄著 アイペック 1989.1 64p 18cm
◇再検証・NTTの闘い―いま、何が問われ、どう変革しようとしているのか?(KOU BUSINESS) 冨士ケ根靖雄, 駒橋憲一共著 こう書房 1989.3 238p 19cm
◇NTT・真藤王国の崩壊 企業集団シンクボックス著 あっぷる出版社 1989.4 188p 19cm
◇激震 ドキュメントNTT 日本経済新聞社編 日本経済新聞社 1989.4 216p 19cm
◇「疑惑の核心」NTT事件の金脈と人脈―崩壊したNTT「真藤王国」と「巨悪」の接点(NEWS PACKAGE CHASE〈9〉) 歳川隆雄著 アイペック 1989.4 64p 18cm
◇東京地検特捜部とリクルート疑獄―政治権力と疑獄事件の検証 菊池久が抉る衝撃のドキュメント!! 菊池久著 ライブ出版, せきた書房〔発売〕 1989.5 214p 19cm
◇土光敏夫の怒号が聞こえる―リクルート疑惑を憂う 志村嘉一郎著 日本経済通信社 1989.5 213p 19cm
◇リクルート新集団主義の研究 下田博次著 毎日新聞社 1989.7 262p 19cm
◇続 リクルートゲートの核心―保守独裁政治の大崩壊 朝日ジャーナル編 すずさわ書店 1989.8 301p 19cm
◇NTT技術水脈―巨大実用化研究所に賭けた男達 中川靖造著 東洋経済新報社 1990.5 264p 19cm
◇揺れる銀行 揺れる証券―腐蝕する法人資本主義 奥村宏, 佐高信著 社会思想社 1991.10 233p 19cm
◇揺れる銀行 揺れる証券―腐蝕する法人資本主義(現代教養文庫) 奥村宏, 佐高信共著 社会思想社 1993.8 261p 15cm
◇経営者の器―あの人あの言葉 池田政次郎著 東洋経済新報社 1993.12 206p 19cm
◇経営者の人間探究―企業トップはいかにして創られたか 野田正彰著 プレジデント社 1994.5 268p 19cm

【 す 】

末延 道成(すえのぶ みちなり)
安政2(1855)年10月19日～昭和7(1932)年5月24日
＊＊＊
東京海上火災保険会長, 貴族院議員(勅選) 身 土佐国香美郡夜須村(高知県) 学 東京帝国大学法科〔明治12年〕卒
歴 留学後三菱汽船会社入社、支配人、明治18年日本郵船となり副支配人、21年海外巡遊。24年明治生命保険、明治火災保険各取締役、30年東京海上保険(現・東京海上火災保険)取締役会長となり29年間務めた。他に山陽鉄道取締役、北越鉄道、東武鉄道、豊川鉄道各社長、北樺太石油、北樺太鉱業などの重役も務めた。26年法典調査会委員、30年東京商業会議所議員、大正5年勅選貴族院議員。 賞 勲四等
【伝記・評伝】
◇当代の実業家―人物の解剖 実業之日本社 1903
◇財界物故傑物伝 実業之世界社 1936

菅 礼之助(すが れいのすけ)
明治16(1883)年11月25日～昭和46(1971)年2月18日
＊＊＊
東京電力会長, 石炭庁長官, 俳人 身 秋田県秋田市 俳号=菅裸馬 学 東京高商(現・一橋大学)〔明治38年〕卒
歴 明治38年古河合名会社に入り、大阪、門司支店長、本部販売部長を経て大正7年古河商事取締役。昭和6年古河合名理事。14年帝国鉱業社長、

ついで同和鉱業会長、全国鉱山会長を歴任。戦後21年石炭庁長官、22年配炭公団総裁に就任。公職追放となったが解除後の27年東京電力会長、翌年電気事業連合会会長。他に日本原子力産業会議会長、経団連評議会議長などを努めた。日本相撲協会運営審議会長も努め、双葉山の後援者でもあった。大正9年青木月斗主宰の俳誌「同人」創刊に加わり、のち主宰者。著書に句集「玄酒」「裸馬翁五千句集」、随筆「うしろむき」などがある。

【伝記・評伝】
◇この経営者を見よ―日本財界の主流をゆく人々　会社研究所　ダイヤモンド社　1958
◇菅礼之助谿声山色篇（現代人物史伝）　河野幸之助　日本時報社　1958
◇菅礼之助―現代人物史伝　河野幸之助著　日本時報社出版局　1958
◇財界人思想全集　第9　ダイヤモンド社　1970
◇裸馬先生愚伝　石井阿杏著　三月書房　1972　315p　肖像　15cm
◇繁栄の群像―戦後経済の奇跡をなしとげた経営者たち　板橋守邦著　有楽出版社　1988.6　253p　19cm

菅原　通済（すがわら　つうさい）

明治27（1894）年2月16日～昭和56（1981）年6月13日

＊＊＊

江ノ島電鉄社長, 文筆家, 三悪追放協会会長　囲 東京都　学 東北薬専〔大正9年〕卒　薬学博士　歴 関東大震災後、鉄骨建設会社を興して資産を築き、江ノ島電鉄など30数社の社長を歴任し、戦前は土木、建設業など実業界で活躍。戦後は収集古美術品を展示する財団法人・常盤山文庫（鎌倉市）の理事長などを務めるかたわら政界にも関係し、片山・芦田内閣をバックアップ。売春対策審議会会長として売春防止法制定（31年）に力を尽くし、財団法人・三悪（麻薬・暴力、売春・性病）追放協会会長として活動した。多彩な趣味で「通人・通済」として知られ、著書は「麻薬天国ニッポン」など60冊を数える。　賞 勲一等瑞宝章〔昭和51年〕

【伝記・評伝】
◇通済一代　菅原通済著　要書房　1953
◇通済一代　上巻　菅原通済著　実業之世界社　1966　325p　図版　19cm
◇通済一代　下巻　菅原通済著　実業之世界社　1967　315p　図版　19cm
◇飛梅余香　菅原通済,菅原寿雄著　実業之世界社　1967　381p（図版共）　30cm
◇私の履歴書　第36集　日本経済新聞社　1969　324p　19cm
◇無手勝流〔正〕通済一代風雪篇　続　通済一代回顧篇　菅原通済著　常盤山文庫出版部　1971　2冊　19cm
◇古書彷徨（BOOKS ON BOOKS）　出久根達郎著　新泉社　1987.9　222p　19cm

杉　道助（すぎ　みちすけ）

明治17（1884）年2月20日～昭和39（1964）年12月14日

＊＊＊

八木商店社長, 大阪商工会議所会頭, 日本貿易振興会理事長　囲 山口県萩市　学 慶応義塾大学理財科〔明治42年〕卒
歴 祖父杉民治の弟が吉田松陰、おじが久坂玄瑞。初め久原鉱業所から浪速紡績（大和紡の前身）支配人・常務を経て、昭和13年義父の創業した綿糸問屋・八木商店社長、のち大阪府繊維製品配給社長を歴任。21年から大阪商工会議所会頭（5期14年間）、日本商工会議所副会頭、経団連副会長などを務め関西財界のリーダーであった。日本貿易振興会（ジェトロ）の設置を提案、初代理事長を務めた。また日韓会談の首席全権で難航した交渉に成果をあげた。

【伝記・評伝】
◇財界の顔　池田さぶろ　講談社　1952
◇財界人の横顔　古田保　岩崎書店　1954
◇大阪産業をになう人々　大阪府工業協会　1956
◇財界の第一線1958年　人物展望社　1958
◇杉道助追悼録　上・下　杉道助追悼録刊行委員会編　杉道助追悼録刊行委員会　1965　2冊　19cm
◇財界人思想全集　第10　ダイヤモンド社　1971
◇関西財界外史　関西経済連合会　1976
◇私の履歴書　経済人　1　日本経済新聞社編　日本経済新聞社　1980.6　477p　22cm
◇この経営者の急所を語る―三鬼陽之助の財界人備忘録　三鬼陽之助著　第一企画出版　1991.7　256p　19cm

杉浦 敏介（すぎうら びんすけ）

明治44(1911)年11月13日～

＊＊＊

日本長期信用銀行頭取・会長, 日韓経済協会名誉会長　生 東京市下谷区下根岸町　学 東京帝国大学法学部〔昭和10年〕卒
歴 昭和10年日本勧業銀行入行。審査部第一課長を経て、27年12月日本長期信用銀行へ。33年5月取締役、46年5月頭取、53年6月会長を歴任し、平成元年6月取締役相談役、4年相談役となる。のち最高顧問。日本テレコム会長、経団連常任理事・土地利用開発委員長、中東経済研究所会長などもつとめる。　賞 藍綬褒章〔昭和49年〕、勲一等瑞宝章〔昭和57年〕

【伝記・評伝】
◇私の履歴書　日本経済新聞社　1989.7　171p　21cm
◇経済戦犯—日本をダメにした9人の罪状　佐高信著　徳間書店　2001.7　221p　19cm

杉山 岩三郎（すぎやま いわさぶろう）

天保12(1841)年8月15日～大正2(1913)年7月18日

＊＊＊

中国鉄道社長　生 備前国岡山（岡山県）
歴 文久3年禁裏守衛にあたり、慶応3年岡山藩の精鋭隊士、明治元年藩兵の監軍として奥羽征討に加わり各地に転戦し功を立てた。廃藩置県の際岡山県典事となり、5年島根県参事となるが、同年辞職して岡山に戻り、実業界に転じた。有終社を組織して同藩士の団結を図り、岡山紡績所の創立などで士族授産に尽力。23年には欧米を視察、28年中国鉄道社長に就任。この他二十二銀行、岡山電気軌道、井笠軽便鉄道などの創立に関与し、岡山の地域発展に貢献。剛毅果断な人柄で"備前西郷"と称せられた。

【伝記・評伝】
◇財界物故傑物伝　実業之世界社　1936
◇近世岡山県先覚者列伝　吉井親一　同刊行所　1956

杉山 金太郎（すぎやま きんたろう）

明治8(1875)年9月19日～昭和48(1973)年3月10日

＊＊＊

豊年製油社長・会長　生 和歌山県海草郡（現・和歌山市）　学 大阪商業学校（現・大阪市立大学）〔明治27年〕卒
歴 明治27年アメリカ人経営の貿易会社に入り、大正2年横浜支店支配人となった。6年退社、中外貿易を設立、専務取締役となったが、第一次世界大戦後の不況で解散。13年に請われて神戸の鈴木商店が設立した豊年製油の社長に就任、苦況の同社を建てなおし、昭和29年まで30年間、文字通り全力投球した。同年息子の元太郎に社長を譲り、会長となり、42年会長辞任。

【伝記・評伝】
◇顛起七十年　杉山金太郎著　実業之日本社　1951
◇私の履歴書　第4集　日本経済新聞社　1957
◇若き日の社長　現代事業家の人間形成　海藤守著　徳間書店　1962　329p　18cm
◇歴史をつくる人々　第20　杉山金太郎　ダイヤモンド社編　ダイヤモンド社　1966　173p　図版　18cm
◇現代財界家系譜　第1巻　現代名士家系譜刊行会　1968
◇私の履歴書　経済人　2　日本経済新聞社編　日本経済新聞社　1980.6　477p　22cm

鈴木 岩治郎（すずき いわじろう）

天保8(1837)年,天保12(1841)年7月17日
　　　　　　～明治27(1894)年6月16日

＊＊＊

鈴木商店創業者　生 武蔵国川越（埼玉県川越市）　身 兵庫県神戸市
歴 大阪の米雑穀問屋・辰巳屋の丁稚となり、のち番頭に取り立てられ、明治3年姫路の漆商の五女よねと結婚。神戸の出店を譲り受け、鈴木商店として独立。以後、業運の伸長に努め、同地第一流の商店に発展した。没後、妻よねが同店の経営に当たり事業を拡大、さらに金子直吉によって総合商社・鈴木商店へと発展した。

鈴木　梅四郎（すずき　うめしろう）

文久2(1862)年4月26日～昭和15(1940)年4月15日

***

王子製紙専務, 衆議院議員（立憲政友会）　⑲信濃国（長野県）　号＝呑天　㊐慶応義塾〔明治20年〕卒

㊉ 時事新報記者、横浜貿易新報社長から三井銀行調査係長、横浜支店長を経て王子製紙専務。この間明治43年に苫小牧に新聞用紙専門工場を建設した。日本殖民会社社長を兼任。晩成社を設立、育英事業に尽力。また社団法人実費診療所を創立した。45年に衆議院議員に立ち当選5回。犬養毅の国民党に属し党幹事長。他に第一火災保険、三越など数社の重役を兼ねた。著書に「平和的世界統一政策」「医業国営論」「昭和維新の大国是」「立憲哲人政治」「福沢先生の手紙」などがある。

【伝記・評伝】
◇人物評論―朝野の五大閥　鵜崎熊吉　東亜堂書房　1912
◇王子製紙開業秘話―鈴木梅四郎小伝（苫郷文研まめほん）　小林静夫著　苫小牧郷土文化研究会まめほん編集部　1982.8　100p　12cm
◇医療の社会化を実践した人物・鈴木梅四郎　田中省三著　医史研究会　1995.12　236p　21cm

鈴木　永二（すずき　えいじ）

大正2(1913)年5月29日～平成6(1994)年10月11日

***

三菱化成社長・会長, 日本経営者団体連盟会長　⑲愛知県幡豆郡吉良町　㊐東京商科大学（現・一橋大学）〔昭和12年〕卒

㊉ 昭和12年日本化成工業（のちの三菱化成工業、三菱化成、現・三菱化学）に入社。戦時中、中国とラバウルに従軍。33年経理部長、37年取締役、39年常務、45年専務、48年副社長、49年社長、57年会長を歴任。平成2年6月相談役に退く。この間、62年日経連会長、平成2年第3次行革審会長に就任。　㊥藍綬褒章〔昭和52年〕、勲一等瑞宝章〔昭和61年〕、経済界大賞社会貢献賞（第12回）〔昭和61年〕、経済界大賞（第16回）〔平成2年〕、財界賞（第35回）〔平成2年〕、ベスト・メン賞〔平成3年〕、勲一等旭日大綬章〔平成6年〕

【伝記・評伝】
◇社長たちの若き日　杉崎寛　あの人この人社　1980.12
◇私の座右の銘　松下幸之助監修　ロングセラーズ　1986.5　222p　19cm
◇言葉は心の栄養剤―私を育てた人生の一言　ごま書房　1987.8　213p　19cm
◇21世紀をめざす統率学―日本企業再構築のリーダーシップ　山田正喜子著　世界文化社　1989.3　270p　19cm
◇私の世直し論―この崩れゆく日本をどう救うか　鈴木永二著　東洋経済新報社　1991.10　192p　19cm
◇鈴木永二さんを偲ぶ　鈴木永二相談役追想編局事務局　三菱化学　1995　578p　22cm
◇追憶　鈴木俊子著　石川書房　1995.1　55p　19cm

鈴木　亨市（すずき　きょういち）

明治27(1894)年5月24日～昭和44(1969)年7月30日

***

東海銀行頭取・会長, 名古屋商工会議所会頭　⑲愛知県大村（現・豊橋市）　㊐東京帝国大学法学部〔大正8年〕卒

㊉ 日本銀行に入行し、名古屋支店長から昭和18年東海銀行頭取に転じ、以後44年3月まで頭取、会長、相談役と25年にわたって同行の実力者として君臨した。また37年から43年まで名古屋商工会議所会頭を3期つとめた中部財界の重鎮。

【伝記・評伝】
◇財界人の横顔　古田保　岩崎書店　1954
◇現代財界家系譜　第1巻　現代名士家系譜刊行会　1968
◇衛師の華―随筆・鈴木亨市　財界名古屋出版部　1970　270p　肖像　22cm

鈴木　三郎助(2代)
すずき　さぶろうすけ
慶応3(1868)年12月27日～昭和6(1931)年3月29日

＊＊＊

味の素創業者, 昭和電工創業者　囲 相模国三浦郡堀内村(神奈川県三浦郡)　幼名＝泰助

歴 神奈川県葉山海岸の雑穀、酒店の長男。9歳で父と死別、泰助を三郎助と改名、家業を継いだが、米相場に手を出し破産。母かなが沃度灰(ケルプ)の生産を始め、それを受け継いで明治23年、海草からヨード製出方法に成功。40年鈴木製薬所を創立、専務に就任。41年東京帝大教授池田菊苗が発明したグルタミン酸塩を調味料として製造する特許(味精)を共有し、工業化、大成功した。これが"味の素"で、逗子工場で製造発売。大正3年川崎にも工場を建設、14年には合資会社鈴木商店を株式会社鈴木商店(のちの味の素株式会社)に改組、社長に就任した。また森矗昶と協力、昭和電工を興した。

【伝記・評伝】
◇鈴木三郎助伝　(故)同君伝記編纂会　1932　140p　23cm
◇財界物故傑伝　実業之世界社　1936
◇日本実業家列伝　木村毅　実業之日本社　1953
◇事業はこうして生れた　創業者を語る　実業之日本社編　実業之日本社　1954　264p　19cm
◇鈴木三郎助伝　森矗昶伝(日本財界人物伝全集)　石川悌次郎著　東洋書館　1954　318p　図版　19cm
◇日本財界人物列伝　第1巻　青潮出版編　青潮出版　1963　1171p　図版　26cm
◇財界人思想全集　第4　ダイヤモンド社　1969
◇財界人100年の顔―日本経済を築いた人びと　ダイヤモンド社　1971
◇未踏世界への挑戦―味の素株式会社小史　日本経営史研究所　1972
◇代表的日本人―自己実現に成功した43人　竹内均著　同文書院　1990.1　403p　19cm
◇大人学・小人学(だいじんがく・しょうじんがく)―「大気力」で生きた男の器量と値打ち　邑井操著　大和出版　1990.6　245p　19cm
◇本物の魅力―自分を生かしきった男だけが「人生の醍醐味」を味わうことができる！　邑井操著　大和出版　1993.7　245p　19cm

◇ケースブック　日本の企業家活動　宇田川勝編　有斐閣　1999.3　318p　21cm
◇日本の企業家群像　佐々木聡編　丸善　2001.3　292p　19cm

鈴木　三郎助(3代)
すずき　さぶろうすけ
明治23(1890)年6月23日～昭和48(1973)年6月19日

＊＊＊

味の素社長・会長　囲 神奈川県葉山町　幼名＝三郎　学 京華商業〔明治40年〕卒

歴 明治41年父の"味の素"製造事業開始とともに、販売を担当し、宣伝と代理店確保につとめた。大正6年鈴木商店取締役、昭和2年常務を経て、6年父の死去により3代三郎助を襲名、7年味の素本舗専務となる。国内外に市場を拡大し、15年社長に就任。戦後は公職追放にあったが復帰し、27～40年味の素の会長をつとめ、宣伝販売と海外進出を指導した。

【伝記・評伝】
◇世界の旅味　鈴木三郎助著　日本電報通信社　1954.11　300p　19cm
◇この経営者を見よ―日本財界の主流をゆく人々　会社研究所　ダイヤモンド社　1958
◇味に生きる〔鈴木三郎助〕　実業之日本社　1961.6　298p　20cm
◇現代財界家系譜　第1巻　現代名士家系譜刊行会　1968
◇未踏世界への挑戦―味の素株式会社小史　日本経営史研究所　1972
◇遺稿葉山好日　鈴木三郎助著　鈴木重明　1974.6　253p　18cm
◇味を求めて　三代鈴木三郎助伝　小島直記著　三代鈴木三郎助伝刊行会　1989.4　277p　20cm
◇販売戦略の先駆者―鈴木三郎助の生涯　小島直記著　中央公論社　1989.6　263p　19cm

鈴木　清一
すずき　せいいち
明治44(1911)年12月21日～昭和55(1980)年8月22日

＊＊＊

ダスキン社長・会長　囲 愛知県　本名＝鈴木清市　学 中央商〔昭和4年〕卒

|歴| カナダから化学ぞうきんの技術を導入して、ケントク社長を経て、昭和38年サニクリーン（翌39年社名をダスキンに改称）を設立。化学ぞうきんのレンタルで、わが国に本格的なフランチャイズ・チェーンを展開、全国600万世帯に普及させた。また、外食産業の先駆けである「ミスター・ドーナツ」を米国から技術導入して成功し、17年間で、年商907億円のダスキングループを育てあげた。　|賞| 国際フランチャイズチェーン協会栄誉殿堂賞〔昭和62年〕

【伝記・評伝】
◇われ損の道をゆく―人間立直りの記　鈴木清一著　日本実業出版社　1973　293p　20cm
◇逆境を拓く―苦難をバネにした先達の生きざま　宮本惇夫著，川鉄商事広報室編　産業能率大学出版部　1987.6　228p　19cm
◇社長の哲学―13人の経営と信仰　小島五十人著　鈴木出版　1988.2　189p　19cm
◇経営者の器―あの人あの言葉　池田政次郎著　東洋経済新報社　1993.12　206p　19cm
◇ダスキン祈りの経営―鈴木清一のことば（Chichi-select）　鈴木清一著　致知出版社　1997.10　257p　20cm
◇しなやかな人づくり―組織と人の半世紀を見つめて　山田宏著　日本経済新聞社　1997.11　210p　18cm
◇人あり縁あり―十一人の財界交遊記　吉田伊佐夫著　文芸社　2000.12　252p　19cm
◇起業の遺伝子―起業の積み重ねがダスキンを強くした　老川芳明著　経済界　2002.4　223p　19cm

鈴木　精二（すずき　せいじ）

大正11（1922）年5月25日～平成12（2000）年6月1日

＊＊＊

三菱化成社長・会長　|生| 東京　|学| 東京商科大学（現・一橋大学）〔昭和21年〕卒
|歴| 昭和21年三菱化成工業入社。以来染料の営業を振り出しに、合繊原料の営業を長く担当。50年合成事業部長、51年取締役、54年常務、56年副社長を経て、57年社長に。1980年代の石油化学不況下で設備廃棄事業に取り組むなどリストラに尽力。63年6月三菱化成に社名変更。平成2年会長。6年10月三菱油化と合併、三菱化学に社名変更し、相談役に退く。父・春之助も三菱本社常務

で財閥解体時に清算人を務めた三菱マン。日経連常任理事、経済同友会幹事を兼任。6年退任。また4～8年5月経団連副会長を務めた。　|賞| 藍綬褒章〔昭和61年〕，勲一等瑞宝章〔平成7年〕

【伝記・評伝】
◇ビジネストップは語る〈1〉　経営者としていま何が一番大切か、何を為すべきか　PHP研究所編　PHP研究所　1992.12　185p　19cm

鈴木　忠治（すずき　ちゅうじ）

明治8（1875）年2月2日～昭和25（1950）年12月29日

＊＊＊

昭和電工社長，味の素創業者　|生| 神奈川県三浦郡堀内村　|学| 横浜商業学校〔明治27年〕卒
|歴| 兄2代三郎助（鈴木商店）のヨード製造事業に加わり、明治42年"味の素"を製造発売。大正6年東信電気を創立、専務。14年株式会社鈴木商店（のちの味の素株式会社）専務。昭和6年兄の死により、鈴木商店、東信電気各社長。9年昭和酒造（現・三楽）創立、11年昭和肥料取締役会長、15年昭和電工社長となり、鈴木商店社長を辞任。18年内閣顧問、同年味の素製造を中止、戦後味の素株式会社と改称して製造再開。

【伝記・評伝】
◇鈴木忠治　小伝と追憶　鈴木三千代等編　三楽オーシャン　1956序　334p　図版　22cm
◇日本財界人物列伝　第2巻　青潮出版編　青潮出版　1964　1175p　図版13枚　27cm

鈴木　藤三郎（すずき　とうざぶろう）

安政2（1855）年11月18日～大正2（1913）年9月4日

＊＊＊

日本精製糖社長，台湾製糖社長，日本醤油醸造社長，衆議院議員，発明家　|生| 遠江国周智郡森村（静岡県森町）　旧姓（名）＝太田　幼名＝才助
|歴| 代々菓子業の鈴木家を嗣ぐ。明治21年上京し、氷糖工場を設立、砂糖精製法の発明に成功。28年日本精製糖（39年大阪製糖と合併して大日本製糖と改称）の創立に参加、33年台湾製糖を創立し社長、36年日本精製糖社長となり、製糖業界の指導者的存在となる。39年合併を機に辞職、40年には醤油醸造を工夫して日本醤油醸造社長となるが、

42年失脚し財産を失う。晩年には釧路に水産工場、東京に澱粉製造所、静岡県佐野に農園を設けた。159件の特許を申請した発明家でもある。また36年に衆議院議員をつとめた。

【伝記・評伝】
◇財界物故傑物伝　実業之世界社　1936
◇黎明日本の一開拓者—父鈴木藤三郎の一生　鈴木五郎　1939
◇発明報国先駆者の一生—鈴木藤三郎伝　鈴木五郎　平凡社　1940
◇産業史の人々　楫西光速著　東大出版会　1954
◇鈴木藤三郎伝—日本近代産業の先駆　鈴木五郎著　東洋経済新報社　1956　326p　図版　19cm
◇日本財界人物列伝　第2巻　青潮出版編　青潮出版　1964　1175p　図版13枚　27cm

鈴木　治雄（すずき　はるお）

大正2（1913）年3月31日～

＊＊＊

昭和電工社長・会長，企業メセナ協議会名誉会長，経済同友会終身幹事　生 神奈川県三浦郡堀内（現・葉山町）　身 東京　筆名=小倉治雄　学 東京帝国大学法学部法律学科〔昭和11年〕卒

歴 昭和11年野村合名会社調査部、のち野村証券に入社。東大工学部で化学工業を学び、14年昭和電工設立と同時に入社。19年常務。戦後、一時公職追放になり、食用酢製造の「東京化成」を創立経営したが、26年常務に復帰。30年専務、34年副社長を経て、46年社長に就任。56年会長、62年名誉会長。湘南国際村協会社長もつとめる。味の素の創始者の一人である鈴木忠治の五男で、兄弟は秀才ぞろいで有名。財界の知性派、理論派と呼ばれ、47年東大経済学部の講師として「化学産業論」を教えたこともある。東京高校時に若年性反覆性網膜炎を患って以来聖書に親しみ、44年洗礼をうけた。趣味も多彩で、絵画の個展を開いている。著書に「古典に学ぶ」「雅俗」三部作、「夢を賭けた男たち」「知と情の経営学」（共著）「私の履歴書」など。　賞 フンボルト大学経済学名誉博士〔昭和50年〕、経済界大賞〔昭和55年〕、フランス芸術文化勲章〔昭和63年〕、勲一等瑞宝章〔平成元年〕、フランス芸術文化勲章コマンドール賞〔平成2年〕、レジョン・ド・ヌール勲章〔平成7年〕

【伝記・評伝】
◇仕事の内そと　鈴木治雄，池田芳蔵，勝本信之助，山崎富治，宮道大五，松本秀夫著　ごま書房　1981.2
◇雅俗随想　鈴木治雄著　新潮社　1983.12
◇雅俗邂逅　鈴木治雄対談集　鈴木治雄著　日本之実業社　1984.4
◇私の座右の銘　座右の銘企画編集室編　ロングセラーズ　1986.6　222p　19cm
◇成功する経営・失敗する経営　三鬼陽之助著　PHP研究所　1986.6　221p　19cm
◇ビジネス・エリートの読書学（徳間文庫）　佐高信著　徳間書店　1987.3　253p　15cm
◇企業人の読書日記　鈴木治雄，平岩外四，伊藤淳二，橋口収，諸井虔，堤清二著　図書出版社　1990.6　265p　19cm
◇私の履歴書　鈴木治雄著　深夜叢書社　1991.5　371p　22cm
◇晩年の日記　鈴木治雄著　牧羊社　1993.2　334p　19cm
◇昭和という時代—鈴木治雄対談集〈上・下〉（中公文庫）　鈴木治雄著　中央公論社　1997　2冊　15cm
◇実業家の文章—日本経済の基盤を築いた、十二人の偉大な実業家。　鈴木治雄著　ごま書房　1998.7　262p　19cm

鈴木　馬左也（すずき　まさや）

文久元（1861）年2月24日～大正11（1922）年12月25日

＊＊＊

住友総理事　生 日向国高鍋（宮崎県児湯郡高鍋町）　学 東京帝国大学法科〔明治27年〕卒

歴 明治27年内務省に入省。愛媛県、大阪府、農商務省の参事官を歴任後、29年住友に入る。30年別子銅山監督、32年住友支配人を経て、37年総理事に就任。以来19年にわたって住友グループに君臨、経営組織の改革に尽力した。

【伝記・評伝】
◇財界物故傑物伝　実業之世界社　1936
◇日本経済を育てた人々　高橋弥次郎　関西経済連合会　1955
◇鈴木馬左也　鈴木馬左也翁伝記編纂会編　鈴木馬左也翁伝記編纂会　1961　2冊　22cm
◇日本財界人物列伝　第1巻　青潮出版編　青潮出版　1963　1171p　図版　26cm

◇財界人思想全集　第1　ダイヤモンド社　1969
◇財界人100年の顔―日本経済を築いた人びと　ダイヤモンド社　1971
◇小島直記伝記文学全集〈第3巻〉　日本さらりーまん外史　小島直記著　中央公論社　1986.12　414p　19cm
◇住友財閥成立史の研究　畠山秀樹著　同文舘出版　1988.1　530p　21cm
◇志は高く―高鍋の魂の系譜　和田雅実著　（宮崎）鉱脈社　1998.1　243p　19cm
◇近代住友の経営理念―企業者史的アプローチ　瀬岡誠著　有斐閣　1998.10　276p　21cm
◇日本の権力人脈（パワー・ライン）（現代教養文庫）　佐高信著　社会思想社　2001.12　302p　15cm

鈴木　万平（すずき　まんぺい）

明治36(1903)年7月20日～昭和50(1975)年12月3日

＊＊＊

三共製薬社長・会長，参議院議員（自民党）
生 静岡県静岡市　学 東京帝国大学英法科〔大正15年〕卒
歴 昭和3年東洋紡入社、常務を経て20年社長に就任したが翌年辞任。静岡で東洋冷蔵を設立。一時政界パージにあったが、解除後の24年佐野製紙社長、三共製薬社長に就任、同社再建に貢献、50年会長。この間、31年から2回参議院議員に当選。富士製粉、日本エームス各社長も務めた。日本製薬団体連合会会長、日本卓球協会会長、日経連、経団連各理事なども歴任。　賞 勲一等瑞宝章〔昭和48年〕

【伝記・評伝】
◇郷土が生んだ新しい経済人　1　鈴木万平小伝　自由民主党静岡支部連合会編　自由民主党静岡支部連合会　1957
◇鈴木万平―追想録　三共株式会社鈴木万平追想録編纂委員会　1976.11　240p　図　肖像　22cm

鈴木　三千代（すずき　みちよ）

明治34(1901)年1月5日～平成9(1997)年11月10日

＊＊＊

メルシャン社長・会長　生 神奈川県三浦郡葉山町
学 東京商科大学（現・一橋大学）〔大正13年〕卒
歴 大正13年味の素本舗鈴木商店（現・味の素）に入社、常務、専務を経て、昭和18年日本農産化工（のちの三楽酒造、三楽オーシャン、現・メルシャン）社長に就任。52年会長、60年相談役。　賞 藍綬褒章〔昭和37年〕，勲三等瑞宝章〔昭和46年〕

【伝記・評伝】
◇財界の顔　池田さぶろ　講談社　1952
◇財界人の横顔　古田保　岩崎書店　1954
◇現代財界家系譜　第1巻　現代名士家系譜刊行会　1968

鈴木　与平（すずき　よへい）

明治16(1883)年2月5日～昭和15(1940)年5月2日

＊＊＊

鈴与創業者，貴族院議員（多額納税）　身 静岡県清水市　旧姓（名）＝山崎　幼名＝通太郎　学 東京高商（現・一橋大学）専攻部〔明治39年〕卒
歴 養家の鈴木与平商店に勤め、大正6年家督相続、6代鈴木与平を名乗る。昭和11年株式会社鈴与商店（現・鈴与）に改組。家業の回漕業を軸に倉庫業、海運業などを多角経営し、14年までに鈴与倉庫、清水木材倉庫、駿遠塩業、清水運送、清水食品、鈴与機械製作所、清水精機を次々設立。この間大正13年から清水市会議長、昭和6年からは静岡県会議長、清水商工会議所会頭を歴任。14年貴族院議員。

【伝記・評伝】
◇鈴木与平氏伝　下里龍夫　同教育会　1942
◇経営人わしが国さ　前田一著　日本経営者団体連盟弘報部　1959　388p　20cm
◇六代鈴木与平伝　池田篤紀著　鈴与　1964　450p　22cm
◇現代財界家系譜　第1巻　現代名士家系譜刊行会　1968

◇近代静岡の先駆者―時代を拓き夢に生きた19人の群像　静岡県近代史研究会編　（静岡）静岡新聞社　1999.10　390p　19cm

住田　正一（すみた　しょういち）

明治26（1893）年1月2日～昭和43（1968）年10月2日

＊＊＊

呉造船所社長・会長　生愛媛県　学東京帝国大学法科大学政治学科〔大正7年〕卒　法学博士（日本大学）〔昭和31年〕

歴大学卒業後、神戸の鈴木商店に入社、船舶部に勤務。昭和2年国際汽船に移り、19年退社。22年東京都副知事。29年呉造船所社長に就任。37年会長、39年相談役。一方、海事史を研究、日本海事史学会会長を務めた。著書に「日本海法史」「廻船式目の研究」「日本海運史」など。

【伝記・評伝】

◇住田正一想い出集　住田正一想い出集編集委員会編　成山堂書店　1969.9　365p　図版18枚　22cm
◇回船大法考―住田正一博士・「廻船式目の研究」拾遺　窪田宏著　（八尾）大阪経済法科大学出版部　1989.4　403p　21cm
◇日本海防史料叢書　住田正一編　クレス出版　1989.7　5冊（セット）　21cm

住友　吉左衛門（15代）（すみとも　きちざえもん）

元治元（1865）年12月21日～大正15（1926）年3月2日

＊＊＊

住友家第15代当主，住友合資会社社長，男爵　生京都　本名＝住友友純　旧姓（名）＝徳大寺　幼名＝隆麿，号＝春翠，知足斎，知不足　学学習院法律撰科〔明治25年〕中退

歴公家徳大寺家の六男として生まれ、明治25年住友登久の養嗣子となり、26年15代吉左衛門を継ぎ、友純と称す。別子銅山を基礎に、28年住友銀行を創設して金融界に進出。32年倉庫業を開始。大正10年住友総本店が合資会社となると社長に就任。14年信託業務を開始、貿易・機械・電線などにも事業を拡張、住友を三井、三菱と並ぶ三大財閥の1つに発展させた。また、明治33年には皇居前広場に「楠公銅像」の建立を果たし、大阪図書館（大阪府立中之島図書館）の創設など公共施設の寄付にも熱心であった。中国古銅器の収集家としても知られ、そのコレクションは泉屋博古館（京都市）で公開されている。44年男爵。

【伝記・評伝】

◇人物評論―朝野の五大閥　鵜崎熊吉　東亜堂書房　1912
◇財界物故傑物伝　実業之世界社　1936
◇日本実業家列伝　木村毅　実業之日本社　1953
◇住友春翠　住友春翠編纂委員会編　住友春翠編纂委員会　1955　2冊　20cm
◇住友春翠〔再版〕　芳泉会編　芳泉会　1975　1冊　20cm
◇清泉院小伝　鈴江幸太郎著　〔平野国太郎〕　1975　32p　肖像　21cm
◇住友銀行　七人の頭取　近藤弘著　日本実業出版社　1988.9　414p　19cm
◇江戸商人の経営哲学―豪商にみる成熟期の経営　茂木正雄著　にっかん書房，日刊工業新聞社〔発売〕　1994.4　251p　19cm
◇近代住友の経営理念―企業者史的アプローチ　瀬岡誠著　有斐閣　1998.10　276p　21cm

【せ】

瀬尾　俊三（せお　しゅんぞう）

明治30（1897）年4月11日～昭和55（1980）年9月17日

＊＊＊

雪印乳業社長　身札幌市　学早稲田大学商学部〔大正11年〕卒

歴名古屋銀行に入るが、大正15年北海道酪農販売組合連合会に転じ、主事。昭和13年専務理事に就任。16年新発足した北海道興農公社の常務取締役。22年北海道酪農協同と社名を変更して常務取締役。25年会社を北海道バターと雪印乳業に二分割、雪印乳業専務に就任、33年クロバー乳業（もとの北海道バター）を吸収合併し、副社長。38年社長。同時に東洋冷機社長、経団連評議員などもつとめる。　賞藍綬褒章〔昭和35年〕

【伝記・評伝】
◇歴史をつくる人々　第12　瀬尾俊三:風雪四十年　ダイヤモンド社編　ダイヤモンド社　1965　174p　図版　18cm
◇バターからの出発――雪印50年のあゆみ（ヘビーブランドシリーズ）　深谷尚徳, 松田延夫著　読売新聞社　1975　284p　図　19cm

瀬川　美能留（せがわ　みのる）

明治39(1906)年3月31日～平成3(1991)年9月10日

＊＊＊

野村証券社長・会長　囲 奈良県五条市　学 大阪商科大学高商部〔昭和4年〕卒
歴 昭和4年野村証券に入り、21年取締役、23年常務、27年専務、31年副社長、34年社長、43年会長、53年取締役相談役を歴任、野村証券の基礎を築いた。61年12月最高顧問に退く。日本証券業協会初代会長。　賞 藍綬褒章〔昭和45年〕, 勲一等瑞宝章〔昭和51年〕, 上智大学名誉経済学博士〔昭和63年〕

【伝記・評伝】
◇現代財界家系譜　第1巻　現代名士家系譜刊行会　1968
◇私の履歴書　第40集　日本経済新聞社　1970　299p　19cm
◇私の履歴書　経済人13　日本経済新聞社編　日本経済新聞社　1980.12
◇瀬川美能留の素顔――その先見力・経営力のすべて　永田清寿著　実業之日本社　1984.1　346p　19cm
◇財界人の人間修養学　竹井博友編著　竹井出版　1986.7　301p　19cm
◇私の証券昭和史（私の昭和史シリーズ）　瀬川美能留著　東洋経済新報社　1986.11　260p　19cm
◇社長の決断（徳間文庫）　伊藤肇著　徳間書店　1987.11　350p　15cm
◇野村証券　五人の社長――人をつくり　組織をつくり　金融大国日本をつくった男たち　宮本淳夫著　日本実業出版社　1989.5　286p　19cm
◇追悼瀬川美能留　野村証券株式会社追悼瀬川美能留編纂委員会編　野村証券追悼瀬川美能留編纂委員　1992.9　431,9p　23cm

関　桂三（せき　けいぞう）

明治17(1884)年1月3日～昭和38(1963)年5月2日

＊＊＊

東洋紡績会長, 俳人　囲 奈良県山辺郡丹波市町（現・天理市）　旧姓(名)＝森田　俳号＝圭草
学 東京帝国大学法科大学独法科〔明治41年〕卒　経済学博士
歴 大阪紡績（のちの東洋紡績、現・東洋紡）に入社し、常務、専務、副社長を歴任し、昭和18年退社。戦時中は繊維統制会会長をつとめ、戦後25年東洋紡績に復帰し、会長。32年相談役となる。俳人としても知られ、5年より高浜虚子に師事し、9年「ホトトギス」同人となる。同年俳誌「桐の葉」を創刊、のち主宰し、句集に「春日野」がある。

【伝記・評伝】
◇財界の顔　池田さぶろ　講談社　1952
◇日本綿業論　関桂三著　東京大学出版会　1954.3　560p　図版　22cm
◇大阪産業をになう人々　大阪府工業協会　1956
◇関桂三氏追懐録　東洋紡績関桂三氏追懐録刊行会編　関桂三氏追懐録刊行会　1965　473p　図版　22cm
◇関西財界外史　関西経済連合会　1976

膳　桂之助（ぜん　けいのすけ）

明治20(1887)年7月21日～昭和26(1951)年11月25日

＊＊＊

日本団体生命保険社長, 経済安定本部総務長官
囲 群馬県伊勢崎　学 東京帝国大学法科大学〔大正3年〕卒
歴 農商務省に入り、労働、市場、蚕糸、能率各課長を務め、大正15年退官。日本工業倶楽部に転じ、昭和7年理事、全国産業団体連合会常務理事。8年日本団体生命保険を創立、専務、社長を歴任。12年国際労働会議に出席、13年産業報国連盟設立で理事、15年大日本産業報国会理事。戦後21年中央労働委員会の使用者側代表、貴族院議員。同年第1次吉田茂内閣の国務相、経済安定本部総務長官、物価庁長官。22年全国区から参議院選挙に当選したが、公職追放となり当選辞退。

【伝記・評伝】
◇膳桂之助追想録　吉野孝一編著　日本団体生命保険　1959　460p　図版　19cm

【そ】

相馬　愛蔵（そうま　あいぞう）
明治3(1870)年10月15日～昭和29(1954)年2月14日

＊＊＊

中村屋会長（創業者）　生 信濃国穂高（長野県）
学 東京専門学校（現・早稲田大学）〔明治23年〕卒
歴 郷里で蚕種製造に携わり「蚕種製造論」を著作。明治34年妻・良（黒光）とともに上京し、東京・本郷のパン屋・中村屋を譲り受けて開業、40年新宿に移転、インテリ・パン屋として評判となる。大正12年会社組織として会長。昭和3年欧州を巡遊。妻と共にロシアの亡命詩人エロシェンコ、インドの独立運動家ラス・ビハリ・ボース、画家中村彝ら芸術家を保護援助した。ボースからインドのカレーの製法を直伝され、"カリーライス"（カレーライス）として店に出し有名となる。20年の戦災で焼失したが再建。著書に「一商人として」「続・一商人として」「商店経営三十年」などがある。

【伝記・評伝】
◇晩霜　相馬愛蔵, 相馬黒光著　東西文明社　1952
◇私の小売商道　相馬愛蔵著　高風館　1952
◇日本財界人物列伝　第2巻　青潮出版編　青潮出版　1964　1175p　図版13枚　27cm
◇相馬愛蔵・黒光のあゆみ　中村屋　1968　49p　図版23枚　26cm
◇一商人として―所信と体験　相馬愛蔵著　岩波書店　1968.6　325p　19cm
◇信州農業人物誌―農林水産業の発展に尽くした人々　青木恵一郎　農林統計協会　1974
◇商人の矜持と倫理　安達巌　創造　1976
◇安曇野〈第4部〉（ちくま文庫）　臼井吉見著　筑摩書房　1987.7　645p　15cm
◇安曇野〈第5部〉（ちくま文庫）　臼井吉見著　筑摩書房　1987.8　723p　15cm

◇生き方の美学（文春新書）　中野孝次著　文芸春秋　1998.12　222p　18cm
◇ケースブック　日本の企業家活動　宇田川勝編　有斐閣　1999.3　318p　21cm
◇明治東京畸人伝（新潮文庫）　森まゆみ著　新潮社　1999.7　320p　15cm
◇日本経営理念史〔新装復刻版〕　土屋喬雄著　（柏）麗沢大学出版会　2002.2　650p　23×16cm

相馬　半治（そうま　はんじ）
明治2(1869)年7月8日～昭和21(1946)年1月7日

＊＊＊

明治製糖社長, 明治製菓会長　身 愛知県　旧姓（名）＝田中　学 東京工業学校応用化学科〔明治29年〕卒
歴 母校助教授となり、明治33年糖業、石油業研究のため欧米留学、36年帰国後教授。37年台湾総督府嘱託となり台湾各地の糖業視察。39年明治製糖の創立に参加、専務となり、大正4～昭和11年社長。大正12～昭和17年明治製菓会長を兼務。

【伝記・評伝】
◇還暦小記　相馬半治　相馬半治　1929
◇古稀小記　相馬半治　相馬半治　1939
◇半畝清薫　相馬翁銅像建立委員会　1955
◇喜寿小記　相馬半治著, 香取任平編　明治製糖株式会社　1956　321p　図版48枚　23cm
◇日本財界人物列伝　第2巻　青潮出版編　青潮出版　1964　1175p　図版13枚　27cm

十河　信二（そごう　しんじ）
明治17(1884)年4月14日～昭和56(1981)年10月3日

＊＊＊

満鉄理事, 日本国有鉄道総裁　生 愛媛県新居郡中荻村（現・新居浜市）　学 東京帝国大学法学部政治学科〔明治42年〕卒
歴 明治42年鉄道院に入り、大正15年鉄道省経理局長を最後に退官。満鉄理事、昭和10～13年興中公司社長として大陸生活を送り、戦後は20年西条市長、21年鉄道弘済会会長などを歴任。30年5月第4代国鉄総裁に就任、2期8年を務めた。"新幹線生みの親"として、この間20億円を投じて技術

研究所を拡充、技師長に島秀雄を迎えて34年4月新幹線を着工したが、三河島事故、建設予算の大幅超過などの責任をとったかたちで、38年5月新幹線の開業（39年10月1日）を待たずに国鉄を去った。7月日本交通協会会長。　賞西条市名誉市民

【伝記・評伝】
◇風雲児・十河信二伝　中島幸三郎著　交通協同出版社　1955　476p　19cm
◇私の履歴書　第8集　日本経済新聞社　1959
◇有法子　十河信二著　交通協力会　1959　2刷　275p　図版　19cm
◇十河信二と大陸　北条秀一編　北条秀一事務所　1971　277p　肖像　19cm
◇十河信二　有賀宗吉著　十河信二伝刊行会　1988.6　2冊　22cm
◇青春　社会部記者　朝日新聞東京社会部OB会編　社会保険出版社　1988.9　323p　19cm
◇昭和をつくった明治人〈下〉　塩田潮著　文芸春秋　1995.4　401p　19cm
◇未完の「国鉄改革」―巨大組織の崩壊と再生　葛西敬之著　東洋経済新報社　2001.2　360p　19cm

素野　福次郎
そ の　ふくじろう

大正元（1912）年8月27日～

＊＊＊

TDK社長・会長　生兵庫県神戸市筒井町
学育英商〔昭和5年〕卒, 神戸高等工業中退
歴昭和7年鐘淵紡績に入社するが5年で退社、12年東京電気化学工業（現・TDK）に移る。以来営業の第一線を歩き、"すご腕"の評判をとる。22年常務、37年専務を経て、44年社長。58年会長。62年取締役相談役、平成2年相談役となる。同社の高度成長を達成させた中興の祖。　賞紺綬褒章〔昭和39年〕, 藍綬褒章〔昭和55年〕, 毎日経済人賞〔昭和57年〕,「財界」経営者賞〔昭和57年度〕, 勲二等瑞宝章〔昭和61年〕

【伝記・評伝】
◇TDK　人間教育道場（講談社ビジネス）　宮本惇夫著　講談社　1986.4　226p　19cm
◇日本の100人―リーダーたちの素顔　日本経済新聞社編　日本経済新聞社　1986.5　211p　21cm
◇わが人生の師（致知選書）　新井正明, 素野福次郎ほか著　竹井出版　1986.5　266p　19cm
◇企業は道場である―私の履歴書　素野福次郎著　日本経済新聞社　1986.6　216p　19cm
◇私の履歴書―経済人〈24〉　日本経済新聞社編　日本経済新聞社　1987.3　412p　21cm
◇ビジネス・エリートの読書学（徳間文庫）　佐高信著　徳間書店　1987.3　253p　15cm
◇私が選んだ経営者30人　決断と信念―その時、バックボーンはなんだったのか　海藤守著　日新報道　1987.8　205p　19cm
◇社長の筆相学―この筆相があなたを変える（致知選書）　森岡恒舟著　竹井出版　1987.12　235p　19cm
◇繁栄の群像―戦後経済の奇跡をなしとげた経営者たち　板橋守邦著　有楽出版社, 実業之日本社〔発売〕　1988.6　253p　19cm
◇現状を打破し思考を現実化せよ!(ナポレオン・ヒルの成功哲学〈日本編　2〉)　田中孝顕著　騎虎書房　1992.9　283p　19cm
◇ナポレオン・ヒルの成功哲学　日本編〈PART2〉（KIKO文庫）　田中孝顕著　騎虎書房　1997.3　270p　15cm

園田　孝吉
そのだ　こうきち

弘化5（1848）年1月19日～大正12（1923）年9月1日

＊＊＊

横浜正金銀行頭取, 男爵　生大隅国（鹿児島県）
学大学南校卒
歴薩摩藩重臣北郷家の家臣。幕末に英学を修め、維新後貢進生として大学南校入学。外務省へ出仕、駐英領事などで通算15年英国滞在。明治23年退官し、松方正義蔵相の推薦で横浜正金銀行頭取に就任。日本銀行との提携策をとり、欧米並の為替銀行制度に改革、英蘭銀行とも取引を開始。辞職後、31年十五銀行頭取となり、また興銀、満鉄、東拓、韓国銀行などの設立委員を歴任。この間、東京銀行集会所副会長の地位にあり、日本鉄道、帝国運輸倉庫、日本郵船、日英水力電気、東京海上火災などの要職をつとめた。大正7年男爵授爵。関東大震災に遇い没した。荻野仲三郎「園田孝吉伝」がある。

【伝記・評伝】
◇当代の実業家―人物の解剖　実業之日本社　1903
◇現代富豪論　山路弥吉（愛山）　中央書院　1914
◇財界之人百人論　矢野滄浪　時事評論社　1915

◇園田孝吉伝　荻野仲三郎　荻野仲三郎　1926
◇財界物故傑物伝　実業之世界社　1936
◇日本財界人物列伝　第2巻　青潮出版編　青潮出版　1964　1175p　図版13枚　27cm

【 た 】

高碕　達之助
たかさき　たつのすけ

明治18(1885)年2月7日～昭和39(1964)年2月24日

＊＊＊

東洋製罐社長・会長, 満州重工業総裁, 電源開発初代総裁, 大日本水産会会長, 衆議院議員(自民党), 通産相　囲大阪府高槻市　学水産講習所製造科〔明治39年〕卒

歴明治39年東洋水産の技師となり、44年渡米して製罐技術を学ぶ。大正6年東洋製罐を設立、10年専務取締役社長。昭和9年東洋鋼板を設立し社長。17年国策企業の満州重工業総裁に就任。戦後、満州で日本人会会長となり、抑留邦人の引揚げに尽した。22年帰国。公職追放となるが解除されると27年電源開発総裁、東洋製罐会長などを歴任。29年第1次鳩山内閣の経済審議庁長官となり、翌30年民主党から衆議院議員に当選、以来連続当選4回。第2次・第3次鳩山内閣でも経済企画庁長官留任、33年第2次岸内閣の通産相に就任。その後、日ソ漁業交渉や、日中民間貿易でも大きな役割を果たした。また、ライオンやワニなど、猛獣の飼育でも知られた。

【伝記・評伝】
◇財界の顔　池田さぶろ　講談社　1952
◇私の履歴書　第2集　日本経済新聞社　1957
◇事業に生きる　渡辺茂雄著　ダイヤモンド社　1959　287p　19cm
◇近代日本を創った100人　上　毎日新聞社　1965
◇高碕達之助集　高碕達之助著, 高碕達之助集刊行会編　東洋製罐　1965　2冊　19cm
◇財界人思想全集　第6　ダイヤモンド社　1970
◇財界人100年の顔―日本経済を築いた人びと　ダイヤモンド社　1971
◇私の履歴書　経済人　1　日本経済新聞社編　日本経済新聞社　1980.6　477p　22cm
◇ビジュアル版・人間昭和史〈4〉　財界の指導者　講談社　1987.2　255p　21cm
◇小島直記伝記文学全集〈第11巻〉　創業者列伝　小島直記著　中央公論社　1987.11　533p　19cm
◇昭和をつくった明治人〈上〉　塩田潮著　文芸春秋　1995.4　398p　19cm

高島　嘉右衛門
たかしま　かえもん

天保3(1832)年11月1日～大正3(1914)年11月14日

＊＊＊

北海道炭礦鉄道社長, 東京市街電気鉄道社長, 易学者　囲常陸国新治郡牛渡村(茨城県)　身江戸・三十間堀(東京都中央区銀座)　幼名＝清三郎, 号＝高島呑象

歴少年時、江戸に出て材木商を営んで成功するが、万延元年金貨密貿易で幕府に捕えられる。獄中、易学書を精読。慶応元年出獄後、横浜で貿易商を始め、巨利を得る。ホテル業、回船問屋経営のほか、ガス事業、神奈川湾埋め立て(現・高島町)、鉄道敷設事業も手がけた。北海道開拓にも乗り出し、25年北海道炭礦鉄道会社社長となり、石狩・十勝に高島農場を開設。36年東京市街電気鉄道会社社長。この間、易理の研究もつづけ、38年「高島易断」(全18巻)を著し、名声を得た。

【伝記・評伝】
◇商海英傑伝　瀬川光行　大倉書店, 冨山房書店　1893
◇帝国実業家立志編　梅原忠造　求光閣　1894
◇実業家偉人伝　活動野史　四書房　1901
◇人物評論―朝野の五大閥　鵜崎熊吉　東亜堂書房　1912
◇財界物故傑物伝　実業之世界社　1936
◇乾坤一代男　紀藤元之介　高島嘉右衛門伝刊行会　1956　243p　図版　18cm
◇室蘭港のパイオニア　〔第3〕(室蘭港湾資料第8集)　室蘭図書館　1972　103p　図　肖像　19cm
◇大予言者の秘密―易聖・高島嘉右衛門の生涯(カッパ・ブックス)　高木彬光著　光文社　1979.7　350p　18cm

◇大予言者の秘密—易聖・高島嘉右衛門の生涯（角川文庫）　高木彬光著　角川書店　1982.3　338p　15cm
◇教祖誕生　上之郷利昭著　新潮社　1987.8　264p　19cm
◇易断に見る明治諸事件—西南の役から伊藤博文の暗殺まで（中公文庫）　片岡紀明著　中央公論社　1995.12　315p　15cm
◇呑象高嶋嘉右衛門翁伝—伝記・高嶋嘉右衛門（近代日本企業家伝叢書　2）　植村澄三郎著　大空社　1998.11　258,7p　22cm

高島　菊次郎
明治8（1875）年5月17日～昭和44（1969）年1月29日

＊＊＊

王子製紙社長　生福岡県　学東京高商（現・一橋大学）〔明治33年〕卒
歴大阪商船、三井物産を経て、明治45年王子製紙に入社。苫小牧工場長などを経て、大正3年取締役に就任。以後常務取締役、専務取締役、副社長を経て、昭和13年社長に就任。17年中支振興総裁就任のため、社長を辞した。
【伝記・評伝】
◇高嶋菊次郎伝　河野幸之助著　日本時報社出版局　1962.4　544p　図版20枚　22cm
◇槐安居春秋　槐安居春秋刊行会　1970.1　235p　34cm
◇財界人思想全集　第10　ダイヤモンド社　1971

高杉　晋一
明治25（1892）年3月1日～昭和53（1978）年6月6日

＊＊＊

三菱電機社長・会長，海外経済協力基金総裁
生茨城県北条町　学東京帝国大学法学部卒
歴大正6年三菱合資会社銀行部に入社。昭和18年三菱銀行名古屋支店長から三菱電機監査役、20年常務。公職追放で残った重役の高杉が22年社長に就任。朝鮮動乱後、特需ブームに乗じて会社を再建。31年会長、37年相談役。日本輸出入プラント技術協会会長としてインド、マレーシアなどへの経済視察団長となり、経団連の経済協力委員長を10年余務めた。40年には日韓会談日本政府代表となり、途中「高杉失言」もあったが調印にこぎつけた。44年海外経済協力基金総裁。
【伝記・評伝】
◇私の履歴書　第23集　日本経済新聞社編　日本経済新聞社　1965　325p　19cm
◇現代財界家系譜　第2巻　現代名士家系譜刊行会　1969
◇私の履歴書　経済人　8　日本経済新聞社編　日本経済新聞社　1980.9　479p　22cm
◇「妄言」の原形—日本人の朝鮮観　高崎宗司著　木犀社　1990.6　267p　19cm

高田　慎蔵
嘉永5（1852）年2月2日～大正10（1921）年12月26日

＊＊＊

高田商会創業者　生佐渡国相川（新潟県）
歴慶応元年佐渡奉行所に出仕し、のち佐渡県外務調査役兼通訳となる。明治3年上京して築地の英国人ペアーの商店に入り、13年独立して商売を始める。20年欧州の商業を視察、帰国後21年直輸入機械販売の高田商会をおこす。日清、日露両戦争では軍需品を扱い、大いに発展させた。
【伝記・評伝】
◇商海英傑伝　瀬川光行　大倉書店，冨山房書店　1893
◇当代の実業家—人物の解剖　実業之日本社　1903
◇財界之人百人論　矢野滄浪　時事評論社　1915
◇財界物故傑物伝　実業之世界社　1936
◇品川弥二郎　関係文書〈5〉　尚友倶楽部品川弥二郎関係文書編纂委員会編　山川出版社　1999.7　373p　21cm

高田　直屹
明治3（1871）年11月～昭和17（1942）年5月23日

＊＊＊

国策パルプ工業副社長，王子製紙専務　身福岡市　学東京高等工業機械科〔明治26年〕卒
歴明治26年王子製紙に入社し、技術者として工場の建設・改修を担当。北海道苫小牧に大規模な木材パルプ、新聞紙用工場を新設、王子製紙の基礎をつくる。大正3年常務ついで専務に就任、の

ち昭和13年に国策パルプの設立とともに副社長就任。
【伝記・評伝】
◇製紙工業　高田直屹著　大日本工業学会　1928.4　601,7p　22cm
◇王子製紙苫小牧工場を建設した本邦製紙界の先覚者　高田直屹氏苦闘記　栗原俊穂著　実業教育社　1934.8

高橋　達男 (たかはし　たつお)

大正6(1917)年8月9日～昭和51(1976)年7月9日

＊＊＊

高見沢電機社長　⾝大阪府　㊎東京帝国大学法学部政治科〔昭和17年〕卒
歴 通信省資材局、電通省施設局、電電公社運用局を経て、昭和29年に経理局主計課長、総裁室広報文書課長ののち、33年に日本電信電話公社近畿電気通信局経営調査室長。その後、高見沢電機に入社、社長に就任。
【伝記・評伝】
◇人間高橋達男　高橋達男著, 高橋達男氏追悼事業委員会編　高橋達男氏追悼事業委員会　1977.10　749p　図版14枚　22cm

---

高橋　義雄 (たかはし　よしお)

文久元(1861)年～昭和12(1937)年

＊＊＊

王子製紙社長　㊎慶応義塾〔明治15年〕卒
歴 水戸藩士の家に生まれたが、維新後の没落で、13歳の時呉服店に丁稚奉公。3年後兄の支援で水戸の新設中学に入学。明治14年慶応義塾に学び時事新報記者。20年渡米、2年後帰国、井上馨の勧めで三井に入社、24年三井大阪支店長、28年三井呉服店理事、42年王子製紙社長。この間日比翁助を三井銀行から三井呉服店支配人に引き抜くなど、三越百貨店近代化の陰の仕掛人となった。一方茶人としても名を残す。著書に「東都茶会記」「大正名器鑑」がある。
【伝記・評伝】
◇当代の実業家―人物の解剖　実業之日本社　1903

◇人物評論―朝野の五大閥　鵜崎熊吉　東亜堂書房　1912

高橋　竜太郎 (たかはし　りゅうたろう)

明治8(1875)年7月15日～昭和42(1967)年12月22日

＊＊＊

大日本麦酒社長, 日本商工会議所会頭, 通産相, 参議院議員(緑風会)　㊋愛媛県喜多郡内子町　㊎三高機械科〔明治31年〕卒
歴 明治31年大阪麦酒入社。ミュンヘン大学に留学し、ビールの醸造技術を研究。後、大日本麦酒に転じ、昭和12年同社社長。21年日商会頭、貴族院議員、22年参議院議員全国区に当選、26年第3次吉田茂内閣の通産相。28年落選。工業倶楽部専務理事、経団連評議員会議長も務めた。プロ野球にも熱心で、戦前は「イーグルス」のオーナー、戦後は28年パ・リーグの「高橋ユニオンズ」を創立した。
【伝記・評伝】
◇高橋竜太郎翁　大塚栄三著　新文化研究会　1950.6　261p　19cm

高畑　誠一 (たかはた　せいいち)

明治20(1887)年3月21日～昭和53(1978)年9月19日

＊＊＊

日商岩井会長　㊋愛媛県喜多郡内子町　㊎神戸高商(現・神戸大学)〔明治42年〕卒
歴 明治42年鈴木商店入店。明治末ロンドン支店長。大戦近い空気を察知して鉄鋼、砂糖、小麦などを買いつけ大きな利益をあげる。しかし昭和2年同社は倒産。翌3年日商を起こし桜井商店、白洋貿易、岩井産業などと合併、日商岩井を築き、15年専務、20年会長、38年相談役を務めた。
【伝記・評伝】
◇大阪産業をになう人々　大阪府工業協会　1956
◇財界の第一線1958年　人物展望社　1958
◇現代財界家系譜　第1巻　現代名士家系譜刊行会　1968
◇現代史を創る人びと　4(エコノミスト・シリーズ)　中村隆英, 伊藤隆, 原朗編　毎日新聞社　1972　311,8p　20cm

◇私の履歴書　第48集　日本経済新聞社　1973　296p　19cm
◇私の履歴書　経済人　15　日本経済新聞社編　日本経済新聞社　1981.1　452p　22cm
◇人あり縁あり―十一人の財界交遊記　吉田伊佐夫著　文芸社　2000.12　252p　19cm

高峰　譲吉
たかみね　じょうきち

嘉永7(1854)年11月3日～大正11(1922)年7月22日

＊＊＊

三共初代社長　国米国　生越中国高岡(富山県高岡市)　学工部大学校(現・東京大学工学部)応用化学科〔明治12年〕卒　薬学博士,工学博士　国帝国学士院会員〔大正2年〕

歴 金沢藩典医・高峰精一の長男。11歳で長崎に留学し、オランダ語・英語を、のち京都、大阪で医学・化学を学ぶ。維新後上京して明治5年工学寮(のちの工部大学校)に入学。13年英国に留学、グラスゴー大学に学び、16年帰国。農商務省御用係として和紙、製藍、清酒醸造の研究に従い、19年特許局次長。同年渋沢栄一らと東京人造肥料会社を設立した。23年渡米、パークデヴィス社顧問となる。25年強力消化剤"タカジアスターゼ"の創製に成功(27年特許)、33年には副腎の有効成分"アドレナリン"の結晶化に成功、これらの業績により大正元年学士院賞を受賞した。2年帰国し、理化学研究所の前身といえる国民科学研究所、三共商店(現・三共)などを設立した。妻カロラインはアメリカ人で、のち自身もアメリカに帰化しニューヨークで没した。

賞 帝国学士院賞(第2回)〔大正元年〕

【伝記・評伝】
◇財界物故傑物伝　実業之世界社　1936
◇日本産業指導者　田村栄太郎　国民図書刊行会　1944
◇野口、高峰、北里―日本医学界の三星　橋爪恵著　弘学舎　1949
◇日米親善と高峰博士　高峰博士顕彰会編　高峰博士顕彰会　1951
◇日本実業家列伝　木村毅　実業之日本社　1953
◇高峰譲吉かがやく偉業　三浦孝次編　高峰博士顕彰会　1953
◇発明発見の父高峰譲吉　今井正剛著　ポプラ社　1953
◇あるのかないのか?日本人の創造性―草創期科学者たちの業績から探る(ブルーバックス〈B-713〉)　飯沼和正著　講談社　1987.12　358p　18cm
◇明治の化学者―その抗争と苦渋(科学のとびら〈3〉)　広田鋼蔵著　東京化学同人　1988.2　225,4p　19cm
◇ビジュアルワイド　新日本風土記〈16〉　富山県　ぎょうせい　1989.1　71p　30cm
◇高峰博士の面影〔復刻版〕　高峰譲吉博士顕彰会編　高峰譲吉博士顕彰会　1990
◇北里柴三郎　高峰譲吉―国際舞台への登場(漫画人物科学の歴史　日本編〈16〉)　新津英夫漫画, 藤本彰シナリオ　ほるぷ出版　1992.2　144p　21cm
◇高峰譲吉とその妻　飯沼信子著　新人物往来社　1993.11　210p　19cm
◇津田家と高峰譲吉―為捧亡父・御先祖塩屋弥右衛門　津田俊治編　津田俊治　1995.3　113p　26cm
◇テクノ時代の創造者―科学・技術(二十世紀の千人〈5〉)　朝日新聞社　1995.8　438p　19cm
◇高峰博士―伝記・高峰譲吉(伝記叢書　306)　塩原又策編　大空社　1998.12　244,6p　22cm
◇堂々たる夢―世界に日本人を認めさせた化学者・高峰譲吉の生涯　真鍋繁樹著　講談社　1999.2　369p　19cm
◇オリジナリティを訪ねて〈2〉輝いた日本人たち　富士通編　富士通経営研修所　1999.6　238p　19cm
◇20世紀　日本の経済人(日経ビジネス人文庫)　日本経済新聞社編　日本経済新聞社　2000.11　449p　15cm
◇高峰譲吉の生涯―アドレナリン発見の真実(朝日選書)　飯沼和正,菅野富夫著　朝日新聞社　2000.12　9,338p　19cm
◇科学に魅せられた日本人―ニッポニウムからゲノム、光通信まで(岩波ジュニア新書)　吉原賢二著　岩波書店　2001.5　226p　17cm

田口　利八
たぐち　りはち

明治40(1907)年2月25日～昭和57(1982)年7月28日

＊＊＊

西濃運輸社長(創業者)　生長野県木曽郡南木曽町　学大桑尋常小高等科〔大正11年〕卒

歴 軍隊除隊後の昭和5年岐阜県下でトラック1台で運輸業を創業。戦後21年に大垣市で西濃運輸前身の水都産業を設立、以来運輸業一筋に歩み、西濃運輸(30年に改称)を1代で車両6300台余の日本一の陸運企業に築き上げた"トラック王"。45年には青森―九州間の本土縦貫自動車路線を1社単独で完成する。56年全日本トラック協会会長就任を機に社長のいすを長男の利夫に譲ったが、同社会長のほか155の要職を兼務、中部経済界の重鎮としても幅広く活躍した。また42年私財で田口福寿会を設立。　賞 陸運功労賞〔昭和35年〕、藍綬褒章〔昭和40年〕、勲二等旭日重光章〔昭和52年〕

【伝記・評伝】
◇築き上げた道程　和田宏著　中部経済新聞社　1963　285p　図版　19cm
◇私の歩んだ道　9　産業研究所　1963
◇福寿草の歌―トラック王田口利八の歩んだ道　岸宏子著　中部財界社　1968　203,10,19p　図版　19cm
◇私の履歴書　第49集　日本経済新聞社　1973　304p　19cm
◇私の履歴書　経済人　15　日本経済新聞社編　日本経済新聞社　1981.1　452p　22cm
◇田口利八追悼集　田口利八追悼集編纂委員会編　西濃運輸　1983　389p　22cm
◇巨富を築いた36人の男たち　鳥羽欽一郎著　実業之日本社　1989.11　206p　19cm
◇現状を打破し思考を現実化せよ!(ナポレオン・ヒルの成功哲学〈日本編　2〉)　田中孝顕著　騎虎書房　1992.9　283p　19cm
◇私の履歴書―昭和の経営者群像〈1〉　日本経済新聞社編　日本経済新聞社　1992.9　305p　19cm
◇ナポレオン・ヒルの成功哲学　日本編〈PART2〉(KIKO文庫)　田中孝顕著　騎虎書房　1997.3　270p　15cm

田口　連三（たぐち　れんぞう）

明治39(1906)年2月3日～平成2(1990)年3月14日

＊＊＊

石川島播磨重工業社長・会長, 東京商工会議所副会頭　生 山形県　学 米沢高工(現・山形大学)機械科〔昭和4年〕卒
歴 昭和4年石川島造船所に入社。資材、業務各部長を歴任し、25年取締役、29年常務、36年石川島播磨重工業副社長、39年社長を経て、47年会長に就任。54年から相談役。東京商工会議所副会頭、日本工業標準調査会会長など、数多くの要職を兼任。　賞 勲一等瑞宝章〔昭和56年〕, アステカ・アステカ勲章(メキシコ)〔昭和58年〕

【伝記・評伝】
◇私の履歴書　経済人　16　日本経済新聞社編　日本経済新聞社　1981.1　464p　22cm

武井　守正（たけい　もりまさ）

天保13(1842)年3月25日～大正15(1926)年12月4日

＊＊＊

東京火災保険社長, 男爵, 枢密顧問官, 貴族院議員(勅選)　生 播磨国姫路(兵庫県姫路市)　幼名＝寅三
歴 藩校好古堂に入って漢学を学び、秋元安民に国学を修める。河合惣兵衛、秋元安民らの勤王党に加盟し国事に奔走し捕えられ在獄5年。維新後、内務権大書記官、農商務省会計・山林各局長、鳥取・石川県知事等を歴任。のち実業界に投じ、明治銀行・東京火災保険・帝国火災保険・日本商業銀行等を創立し重役となった。従二位勲一等男爵を授けられる。明治24年～大正12年勅選貴族院議員ののち、枢密顧問官となった。

【伝記・評伝】
◇男爵武井守正翁伝　同翁伝記編纂所　1940
◇近代政治関係者年譜総覧〈戦前篇　第5巻〉　ゆまに書房　1990.3　1245,36p　21cm

武田　長兵衛（たけだ　ちょうべえ）(5代)

明治3(1870)年～昭和34(1959)年8月4日

＊＊＊

武田薬品工業社長　生 大阪　幼名＝重太郎, 後名＝和敬
歴 13歳のときから家業の見習いを始め、使用人と一緒に荷揃えや発送に従事。明治37年、35歳のとき5代長兵衛を襲名。41歳まで道修町で店員と共に起居。研究の重要なことをみぬき、大正3年には研究部を創設。大正7年武田製薬株式会社を創立、14年に武田長兵衛の個人営業と武田製薬(株)とを合併させ、(株)武田長兵衛商店を創立。昭和18年武田薬品工業(株)と社名変更、同時に

隠居し和敬と改名。"儲けよりも病人に効く薬"を第一義の経営理念とした武田薬品中興の祖。
【伝記・評伝】
◇武田和敬翁伝　同編纂委員会　1960
◇日本財界人物列伝　第2巻　青潮出版編　青潮出版　1964　1175p　図版13枚　27cm
◇日本を創った戦略集団〈6〉　建業の勇気と商略　堺屋太一編　集英社　1988.4　261p　19cm
◇横浜のくすり文化―洋薬ことはじめ（有隣新書〈49〉）　杉原正泰、天野宏著　（横浜）有隣堂　1994.1　177p　18cm
◇会社は社会の預りもの―"武田長兵衛"に学ぶ経営戦略の神髄　渡辺一雄著　ぴいぷる社　1995.1　231p　19cm
◇中尾万三伝―中国古陶磁と本草学の先駆者　中野卓, 鈴木郁生著　刀水書房　1999.4　237p　19cm

武田　長兵衛（6代）
たけだ　ちょうべえ

明治38（1905）年4月29日～昭和55（1980）年9月1日

＊＊＊

武田薬品工業社長・会長, 大阪商工会議所副会頭　生大阪府大阪市道修町　幼名＝鋭次郎　学慶応義塾高等部〔昭和2年〕卒
歴5代長兵衛の長男。昭和2年家業の武田長兵衛商店（現・武田薬品工業）に入社、18年に社長に就任、49年から会長。戦後、経営の近代化やビタミン剤アリナミンの開発などで同社を業界最大手に育てたほか、業界、財界活動にも力を入れ、大阪商工会議所副会頭などをつとめた。
賞紺綬褒章〔昭和23年〕, 藍綬褒章〔昭和37年〕
【伝記・評伝】
◇大阪産業をになう人々　大阪府工業協会　1956
◇若き日の社長　現代事業家の人間形成　海藤守著　徳間書店　1962　329p　18cm
◇現代財界家系譜　第1巻　現代名士家系譜刊行会　1968
◇六代武田長兵衛追想　六代武田長兵衛追想編纂委員会編　武田薬品工業　1982.9　679p　図版24枚　22cm
◇武田長兵衛経営語録　真島弘　PHP研究所　1983　198p　20cm
◇会社は社会の預りもの―"武田長兵衛"に学ぶ経営戦略の神髄　渡辺一雄著　ぴいぷる社　1995.1　231p　19cm

◇武田長兵衛　六代目武田長兵衛追想録編集委員会編　武田薬品工業　1996
◇人あり縁あり―十一人の財界交遊記　吉田伊佐夫著　文芸社　2000.12　252p　19cm

武田　豊
たけだ　ゆたか

大正3（1914）年1月6日～

＊＊＊

新日本製鉄社長・会長, 日本鉄鋼連盟会長　生東京市牛込区（現・東京都新宿区）　身宮城県高清水町　学東京帝国大学法学部政治学科〔昭和14年〕卒
歴昭和14年日本製鉄入社。25年分裂により富士製鉄に移り、社長室秘書課長、人事部長などを経て、45年専務。同年3月八幡製鉄と合併し新日鉄が発足するとともに専務となり、52年副社長、56年社長、62年会長、平成元年取締役相談役、3年相談役。ほかに国際鉄鋼協会会長、日本鉄鋼連盟会長、日経連副会長、全国交通安全協会会長、女性職業財団理事など要職を兼任した。平成5年あしなが育英会会長。大脳生理学研究でも有名で、著書に「自己開発法」がある。小学2年で弓をはじめ、旧山形高3年のとき全国インタカレッジの個人で全国制覇。10段範士で全日本弓道連盟会長も務める。　賞藍綬褒章〔昭和54年〕, 経済界敢闘賞〔昭和60年〕, リオブランコ勲章グランデオフィシャル章（ブラジル）〔昭和60年〕, 勲一等瑞宝章〔昭和60年〕
【伝記・評伝】
◇私の転機―道を拓く　朝日新聞「こころ」のページ編　海竜社　1986.6　180p　19cm
◇財界人の人間修養学　竹井博友編著　竹井出版　1986.7　301p　19cm
◇各界首脳と語る　愛知和男著　不昧堂出版　1986.11　341p　19cm
◇活力の構造〈戦略篇〉　柳田邦男著　講談社　1986.11　362p　19cm
◇ビジネス・エリートの読書学（徳間文庫）　佐高信著　徳間書店　1987.3　253p　15cm
◇人生、わが師わが出会い―一流人を創った運命の転機・決断　大和出版　1987.4　221p　19cm
◇指導力の構造―経営トップ7人の知恵　山田光行著　日本生産性本部　1987.6　216p　19cm
◇トップの素顔―経営者自らが語る人生観・経営観　実業界編　実業界　1987.9　234p　19cm

◇経営者人間学―リーダーはいかにして創られるか　野田正彰著　ダイヤモンド社　1988.1　262p　19cm
◇屈託なく生きる　城山三郎著　講談社　1988.1　323p　19cm
◇こうして円高に勝った　田原総一朗著　中央公論社　1988.5　227p　19cm
◇21世紀をめざす統率学―日本企業再構築のリーダーシップ　山田正喜子著　世界文化社　1989.3　270p　19cm
◇強者の「戦略構築」〈PART 2〉　梶原一明著　大陸書房　1990.7　237p　19cm
◇屈託なく生きる（講談社文庫）　城山三郎著　講談社　1992.2　292p　15cm

竹鶴 政孝 (たけつる まさたか)

明治27（1894）年6月20日～昭和54（1979）年8月29日

＊＊＊

ニッカウキスキー会長（創業者）　囲 広島県竹原市　学 大阪高工（現・大阪大学工学部）醸造科〔大正5年〕卒

歴 大正5年摂津酒造に入り、7年から2年間、英国スコットランドに留学、ウイスキー造りを学んだ。この間リタ夫人と恋愛結婚。11年退社、12年寿屋（現・サントリー）の鳥井信治郎に誘われて入社、山崎工場を建設、昭和4年国産ウイスキーの本格生産を手がける。9年退社。その後、北海道・余市に大日本果汁を設立、リンゴジュースを生産・販売しながら原酒づくりに専念する。25年本格派ウイスキー生産に乗り出し、27年ニッカウキスキーと社名変更し、31年以降の洋酒ブームの波に乗って急成長を遂げた。45年会長となり、52年栃木プラントを建設した。　賞 北海道開発功労章〔昭和45年〕

【伝記・評伝】
◇北方のパイオニア　続　蝦名賢造　北海道放送　1964
◇歴史をつくる人々　第17　ヒゲと勲章　竹鶴政孝　ダイヤモンド社編　ダイヤモンド社　1966　174p　図版　18cm
◇私の履歴書　第34集　日本経済新聞社編　日本経済新聞社　1968　304p　19cm
◇現代財界家系譜　第4巻　現代名士家系譜刊行会　1970
◇北海道開発功労賞受賞に輝く人々　昭和45年　北海道総務部知事室道民課編　北海道　1971　360p　22cm
◇ウイスキーと私　竹鶴政孝著　ニッカウイスキー　1976　227p　図　肖像　16cm
◇私の履歴書　経済人　11　日本経済新聞社編　日本経済新聞社　1980.10　467p　22cm
◇ヒゲのウキスキー誕生す　川又一英　新潮社　1982　241p　20cm
◇ニッカの挑戦―逆襲のウイスキー　山本邦一著　青年書館　1988.4　191p　19cm
◇望郷　森瑤子著　学習研究社　1988.6　429p　19cm
◇巨富を築いた36人の男たち　鳥羽欽一郎著　実業之日本社　1989.11　206p　19cm
◇望郷（角川文庫）　森瑤子著　角川書店　1990.5　469p　15cm
◇通の時代に飛翔するニッカ「ブレンド」戦略―いまサントリーが射程距離に入ってきた　片山又一郎著　評言社　1991.3　230p　19cm
◇男なら二度涙を流せ―「悔し涙」を「成功の涙」に変えた十人の男たち（NKビジネス）　早瀬利之著　日本経済通信社　1992.6　222p　19cm
◇蝦名賢造北海道著作集〈第6巻〉　新版　北方のパイオニア　蝦名賢造著　西田書店　1993.2　410p　21cm
◇リタとウイスキー―日本のスコッチと国際結婚　チェックランド, オリーブ著, 和気洋子訳　日本経済評論社　1998.9　224p　19cm

竹中 藤右衛門 (たけなか とうえもん)

明治11（1878）年7月25日～昭和40（1965）年12月27日

＊＊＊

竹中工務店社長・会長, 貴族院議員　身 愛知県名古屋市

歴 明治32年竹中工務店を承業し、藤右衛門を襲名、昭和12年に株式会社に改組、社長に就任。20年会長。24年朝日土地建物社長、34年建築協会理事長、日本土木建築請負業者連合会会長などを歴任。　賞 藍綬褒章〔昭和30年〕

【伝記・評伝】
◇大阪の土木建築界を回顧して　鴻池藤一　大阪建設業協会　1952
◇私の思い出　竹中藤右衛門著　全国建設業協会　1962　62p　図版　19cm

◇第十四世竹中藤右衛門叙事伝　第十四世竹中藤右衛門叙事伝編纂委員会編　竹中工務店　1968.2　426p　27cm
◇建設業を興した人びと―いま創業の時代に学ぶ　菊岡倶也著　彰国社　1993.1　452p　21cm

竹中　錬一（たけなか　れんいち）

明治44（1911）年3月1日～平成8（1996）年12月31日

＊＊＊

竹中工務店社長，竹中不動産会長　囲兵庫県神戸市　学早稲田大学理工学部建築学科〔昭和8年〕卒，早稲田大学大学院修了
歴昭和9年竹中工務店に入社。12年取締役、19年副社長を経て、20年社長、52年会長。同年再び社長、55年再び会長に。平成8年相談役に退く。昭和50年には無公害、省エネルギー空調システムの開発で毎日工業技術奨励賞受賞。　賞労働大臣表彰，総理大臣表彰，建設大臣表彰，紺綬褒章，藍綬褒章〔昭和43年〕，毎日工業技術奨励賞〔昭和50年〕，勲二等旭日重光章〔昭和43年〕，デミング賞本賞〔昭和63年〕

【伝記・評伝】
◇土建界十人男　西条児　雪華社　1958
◇現代財界家系譜　第1巻　現代名士家系譜刊行会　1968

竹内　明太郎（たけのうち　あきたろう）

安政7（1860）年2月28日～昭和3（1928）年3月23日

＊＊＊

小松製作所創業者，夕張炭鉱重役，衆議院議員（政友会）　囲土佐国宿毛村（高知県宿毛市）
歴父に従い上京、英語、仏語を学んだ。自由党に入り、「東京絵入自由新聞」を発行。のち鉱山を経営、明治34年欧米漫遊。帰国後茨城無煙炭、夕張炭鉱各社重役、さらに竹内鉱業会社、九州唐津鉄工場の重役兼務。大正10年小松製作所を創立。衆議院議員に当選、政友会相談役。また早稲田大学理工科新設に尽力、高知市に工業学校を設立するなど育英事業に貢献した。吉田茂元首相の実兄。

【伝記・評伝】
◇沈黙の巨星―コマツ創業の人・竹内明太郎伝　小松商工会議所機械金属業部会編　北国新聞社　1996.3　310p　20cm
◇工業ハ富国ノ基　竹内綱と明太郎の伝記　高知県立高知工業高等学校同窓会編　高知新聞企業出版部　1997.6
◇ほくりく20世紀列伝　竹内明太郎　北国新聞社論説委員会・編集局編　北国新聞社　2000.4

竹見　淳一（たけみ　じゅんいち）

大正6（1917）年6月19日～

＊＊＊

日本ガイシ社長・会長，JR東海監査役　囲東京・芝高輪南町　学慶応義塾大学法学部政治学科〔昭和17年〕卒
歴昭和17年日本碍子入社。昭和37年大阪支社長などを経て、47年専務、51年副社長、52年社長に就任。61年1月会長。平成5年退任。経団連常任理事、日経連副会長、中部経済連合副会長を歴任。
賞藍綬褒章〔昭和59年〕，ベルギー・コマンドール王冠勲章〔昭和61年〕，勲二等瑞宝章〔平成2年〕

【伝記・評伝】
◇トップの素顔〈東海編　1〉　名古屋タイムズ社編　名古屋タイムズ社（名古屋）　1986.11　237p　21cm
◇邂逅夢幻―私の履歴書　竹見淳一　日本経済新聞社（制作：日経事業出版社）　1994.12　218p　図版4枚　20cm

竹村　吉右衛門（たけむら　きちえもん）

明治33（1900）年10月11日～昭和59（1984）年6月7日

＊＊＊

安田生命保険社長　囲秋田県大館市　幼名＝理一郎　学東京商科大学（現・一橋大学）卒
歴大正13年旧安田銀行に入行。昭和18年取締役。20年～22年日本貯蓄銀行専務、いわゆるパージのあと25年安田生命保険会長、28年から44年まで社長をつとめ、最後は相談役であった。パージ中の23年、浅草寺観音本堂の再建に参画、「仏教文化講座」を提唱、同年秋より始め、59年6月で

第343回を迎えるという長寿講座であった。"無私"に徹した人生であった。
【伝記・評伝】
◇人間形成　竹村吉右衛門　長瀬貫公, 仏教振興財団　1985.5　23cm
◇竹村吉右衛門追想録　故竹村相談役追想録刊行委員会編　安田生命保険相互会社　1986.5　616p　図版14枚　23cm

田実　渉（たじつ　わたる）

明治35（1902）年3月25日～昭和57（1982）年8月19日

＊＊＊

三菱銀行頭取・会長, 国家公安委員　出神奈川県　学東京帝国大学経済学部〔大正15年〕卒
歴三菱銀行に入り、昭和39年から45年まで頭取、その後50年まで会長を務めた。三菱グループの社長会「金曜会」でも代表幹事としてリーダーシップを発揮し、牧田与一郎（三菱重工業会長）、藤野忠次郎（三菱商事会長）とともに"三菱三羽ガラス"と呼ばれた。48年から55年まで国家公安委員を務め、49年から日本棋院総裁。　賞藍綬褒章〔昭和43年〕、勲一等瑞宝章〔昭和49年〕

【伝記・評伝】
◇現代財界家系譜　第1巻　現代名士家系譜刊行会　1968
◇財界人100年の顔—日本経済を築いた人びと　ダイヤモンド社　1971
◇回想　田実渉　田実渉著　田実渉追悼文集刊行会　1983.8　547p　20cm
◇小説・日本興業銀行〈第1部〉　高杉良著　角川書店　1986.5　315p　19cm
◇社長の決断〔徳間文庫〕　伊藤肇著　徳間書店　1987.11　350p　15cm
◇不滅の帝王学—プロ指導者をめざす人へ　伊藤肇著　東林出版社, 星雲社〔発売〕　1988.8　286p　19cm
◇「男の生き方」40選〈下〉　城山三郎編　文芸春秋　1991.4　363p　19cm

田嶋　一雄（たしま　かずお）

明治32（1899）年11月20日～昭和60（1985）年11月19日

＊＊＊

ミノルタカメラ社長・会長（創業者）　出和歌山県海南市　学慶応義塾大学経済学部〔大正12年〕卒
歴大正12年田嶋商店に入社。昭和3年日独写真機商店（のちのミノルタカメラ、現・ミノルタ）を設立、以来54年間社長を務めた。業界に先がけて29年には海外市場開拓のため、米国に駐在員を派遣するなどカメラ輸出の先駆者として、ミノルタカメラを国際企業に発展させた。57年会長に。この間、関西経済連合会常任理事、大阪工業会、関西経営者協会各理事を歴任。また日本写真機工業会会長を2期務めたほか、日本写真学会評議員をするなど業界の発展に尽力した。
賞藍綬褒章〔昭和37年〕、勲三等旭日中綬章〔昭和45年〕、勲二等瑞宝章〔昭和50年〕、経済界大賞（寿賞）〔昭和57年〕

【伝記・評伝】
◇決断　田嶋一雄—限りなき創意を求めて　大阪新聞社　1979.1　111p　22cm
◇難有り有難し—追憶田嶋一雄　田嶋一雄追悼録編集委員会編　ミノルタカメラ　1986.11　322p　図版16枚　22cm
◇私の履歴書—経済人〈21〉　日本経済新聞社編　日本経済新聞社　1986.12　470p　21cm
◇人あり縁あり—十一人の財界交遊記　吉田伊佐夫著　文芸社　2000.12　252p　19cm

田代　茂樹（たしろ　しげき）

明治23（1890）年12月5日～昭和56（1981）年8月8日

＊＊＊

東レ社長・会長,（財）東レ科学振興会会長　出福岡県北九州市八幡西区楠橋　学明治専門学校　機械科（現・九州工大）〔大正2年〕卒
歴三井物産入社。名古屋支店長時代の昭和11年、当時の東洋レーヨン（現・東レ）社長に見込まれて同社取締役に転じ、20年社長に就任、翌年公職追放されたが25年、東レ会長に復帰。この会長時代に米デュポン社からナイロン（26年）、英ICI社からポリエステル合成繊維（30年）の製造技術を導入、有力合繊メーカーとしての今日の東レの地位

を築くと共に、わが国の合繊時代を切り開いた。
賞 藍綬褒章〔昭和35年〕、科学技術庁長官賞〔昭和37年〕、勲二等旭日重光章〔昭和40年〕、勲一等瑞宝章〔昭和48年〕
【伝記・評伝】
◇財界人の横顔　古田保　岩崎書店　1954
◇大阪産業をになう人々　大阪府工業協会　1956
◇現代財界家系譜　第2巻　現代名士家系譜刊行会　1969
◇財界人思想全集　第2　ダイヤモンド社　1970
◇財界人100年の顔—日本経済を築いた人びと　ダイヤモンド社　1971
◇東レと共に　田代茂樹著　東レ　1972.6　408p　22cm
◇私の履歴書　第47集　日本経済新聞社　1973　282p　19cm
◇私の履歴書　経済人　14　日本経済新聞社編　日本経済新聞社　1980.12　464p　22cm
◇田代茂樹—遺稿　追悼　東レ編　東レ　1982.8　391p　22cm
◇この経営者の急所を語る—三鬼陽之助の財界人備忘録　三鬼陽之助著　第一企画出版　1991.7　256p　19cm
◇私の履歴書—昭和の経営者群像〈4〉　日本経済新聞社編　日本経済新聞社　1992.9　296p　19cm
◇決断の経営史—戦後日本の礎を築いた男たち　梶原一明著　経済界　2000.4　222p　19cm
◇日本の戦後企業家史—反骨の系譜（有斐閣選書）　佐々木聡編　有斐閣　2001.12　301p　19cm

田代　重右衛門（たしろ　じゅうえもん）

嘉永7（1854）年1月2日～昭和7（1932）年12月14日

＊＊＊

大日本紡績取締役　生 美濃国大野郡下座倉村（岐阜県）　幼名＝松太郎
歴 生家は棉花、綿糸、藍、茶商を生業とし、屋号は棉屋と称した。幼名松太郎。寺子屋で学び、11歳の頃には父重兵衛に従い商売に出る。明治14年28歳大阪で綿糸商を営むが、一旦郷里に引き上げる。26年再度上阪し、尼崎紡績に入社、27年には抜擢されて副支配人、34年取締役に就任。41年東洋紡織を合併し、綿布の製造を始める。のち東京紡績、日本紡績、摂津紡績を合併し、大正7年大日本紡績（現・ユニチカ）と改称した。その後日本絹毛紡績を合併、鹿児島紡績を買収する。13年相談役。同時に日本貯蓄銀行相談役なども兼任。
【伝記・評伝】
◇田代重右衛門　北野種次郎　1934
◇財界物故傑物伝　実業之世界社　1936

田附　政次郎（たつけ　まさじろう）

文久3（1864）年12月5日～昭和8（1933）年4月26日

＊＊＊

田附商店社長　身 近江神崎郡五峰村（滋賀県）
歴 綿糸布貿易の貢献者。明治9年叔父である伊藤忠兵衛の店に入り、国産麻布業の取引を学び、22年に独立して綿糸布商田附商店を開業、社長。27年大阪三品取引所の創設にかかわり、監査役就任。のち日東捺染、和泉紡績社長のほか、山陽紡績専務、京都電灯の監査役などに就任。
【伝記・評伝】
◇田附政次郎伝　田附商店編　田附商店　1935.4　274p　23cm
◇財界物故傑物伝　実業之世界社　1936
◇日本経済を育てた人々　高橋弥次郎　関西経済連合会　1955

立石　一真（たていし　かずま）

明治33（1900）年9月20日～平成3（1991）年1月12日

＊＊＊

オムロン社長・会長（創業者）　生 熊本県熊本市　学 熊本高工（現・熊本大学）電気科〔大正10年〕卒　医学博士
歴 兵庫県庁技手、井上電機製作所を経て、昭和8年大阪で立石電機製作所（現・オムロン）を創業。継電器、自動制御装置の製造に乗り出す。23年に株式に改組した立石電機を京都に設立し、社長。オートメーション機器を次々と開発し、急成長を遂げる。54年会長に退くが、61年3月期の業績が減益になったため、7月電子決済システム事業本部長となり現場に復帰した。62年6月取締役相談役に退く。日経連常任理事、関西経済連常任理事などを歴任。平成2年立石科学振興財団を創立。著書に「わがベンチャー経営」「創る育てる」「企業家精神の復活」など。　賞 紺綬褒章〔昭和23年〕、藍綬褒章〔昭和29年〕、勲三等旭日中綬章〔昭

和45年〕, 勲二等瑞宝章〔昭和56年〕,「経済界」大賞（第9回）〔昭和58年〕, 企業広報賞経営者賞（第3回）〔昭和62年〕, 京都府特別功労表彰（第1回）〔平成2年〕

【伝記・評伝】
◇財界人思想全集　第3　ダイヤモンド社　1970
◇商魂の系譜—企業家精神に生きる61人　中村秀一郎　日本経済新聞社　1973
◇経営のこころ　第8集　日刊工業新聞社　1973
◇わがベンチャー経営—創業者社長の実践経営学　立石一真著　ダイヤモンド-タイム社　1974.8　262p　19cm
◇創る育てる（私の履歴書）　立石一真著　日本経済新聞社　1975　334p　図　19cm
◇私の履歴書　「創る育てる」抄　立石一真著　日本経済新聞社　1979.7　173p　19cm
◇私の履歴書　経済人　15　日本経済新聞社編　日本経済新聞社　1981.1　452p　22cm
◇企業家精神の復活—立石一真経営語録　立石一真著　PHP研究所　1985.5　223p　20cm
◇立石電機会長立石一真「男の人生学」—限りなきモーション・スタディの挑戦　真島弘著　ジャテック出版　1985.7　249p　19cm
◇ハイテク企業の未来戦略—伸びる会社の発想を盗め！　竹村健一著　太陽企画出版　1986.5　193p　19cm
◇創業社長の"名語録"にみる商売感覚——言、自らを鼓舞し事業を創る　青野豊作著　日新報道　1986.12　194p　19cm
◇人生、わが師わが出会い——流人を創った運命の転機・決断　大和出版　1987.4　221p　19cm
◇大才（ダイサイ）は縁を生かす—ヒューマニケーションの時代　竹内伶著　MG出版　1987.7　238p　19cm
◇後藤清一が26人の先達から学んだ社長の「器」（アスカビジネス）　後藤清一著　明日香出版社　1987.10　230p　19cm
◇社長の哲学—13人の経営と信仰　小島五十人著　鈴木出版　1988.2　189p　19cm
◇企業家の条件—革新型企業のトップが若きリーダーに伝える　USフォーラム編　ダイヤモンド社　1988.11　206p　19cm
◇巨富を築いた36人の男たち　鳥羽欽一郎著　実業之日本社　1989.11　206p　19cm
◇人を幸せにする人が幸せになる—人間尊重の経営を求めて　立石一真著　PHP研究所　1990.10　285p　19cm
◇立石一真の研究—ベンチャー精神を貫いたオムロンの創業者（人の世界シリーズ〈10〉）　阿部和義著　かのう書房　1991.12　228p　19cm
◇春の雪　立石一真著　立石孝雄　1992.1　293p　20cm
◇現状を打破し思考を現実化せよ！（ナポレオン・ヒルの成功哲学〈日本編　2〉）　田中孝顕著　騎虎書房　1992.9　283p　19cm
◇私の履歴書—昭和の経営者群像〈5〉　日本経済新聞社編　日本経済新聞社　1992.10　290p　19cm
◇ナポレオン・ヒルの成功哲学　日本編〈PART2〉（KIKO文庫）　田中孝顕著　騎虎書房　1997.3　270p　15cm

田中　市兵衛
たなか　いちべえ

天保9（1838）年9月6日～明治43（1910）年7月26日

＊＊＊

第四十二国立銀行頭取, 大阪商船社長, 大阪商工会議所会頭　囲大阪

歴 明治元年家業の干鰯問屋を継ぎ、近畿地方一円に肥料商売の拡大を図った。10年には第四十二国立銀行を設立して頭取に就任。これを足掛かりとして実業界に乗り出し、17年大阪商船設立をはじめ、関西貿易、神戸桟橋、日本紡績などや、阪堺・山陽・阪神・南海各鉄道会社の創立にも参画。他に大阪商工会議所会頭、大阪肥料取引所理事長、大阪毎日新聞監査役などの要職を歴任し、大阪財界の重鎮として活躍した。

【伝記・評伝】
◇当代の実業家—人物の解剖　実業之日本社　1903
◇財界物故傑物伝　実業之世界社　1936
◇関西財界外史　関西経済連合会　1976

田中　栄八郎
たなか　えいはちろう

文久3（1863）年8月16日～昭和16（1941）年3月16日

＊＊＊

日産化学工業社長　身東京　本名＝大川

歴 渋沢栄一の甥。明治29年福原有信らとともに関東酸曹株式会社を創立、専務就任。大日本人造肥料（のちの日産化学工業）社長。実兄大川平三

郎と協力して、東京硝子、盤城採炭などの経営に参加。ビール瓶の製造はわが国で最初とされる。
【伝記・評伝】
◇田中翁の思ひ出　故田中栄八郎翁追悼会
　　1951.9　223p　23cm

田中　源太郎（たなか　げんたろう）
嘉永6（1853）年1月3日～大正11（1922）年4月3日

＊＊＊

京都商工銀行頭取, 衆議院議員（無所属）, 貴族院議員（多額納税）　身丹波国桑田郡亀岡町（京都府）　別名＝垂水源太郎
歴亀山藩御用達の二男として生まれる。13歳の時に庄屋・垂水家の養子となるが、兄の夭折のため復籍。明治2年亀岡陸運会社、4年三丹物産、17年京都株式取引所、亀岡銀行を創設、24年京都商工銀行頭取、26年亀岡銀行頭取に就任するなど、京都財界の中心人物として活躍。また4～6年京都で漢学や政治経済学を修め、7年追分村戸長、13年京都府議を務める。23年京都5区より衆議院議員に初当選、通算3期を務めた他、30年貴族院議員。京都鉄道・北海道製麻・京都電燈・京姫鉄道各社長、北海道拓殖銀行監査役等を歴任した。明治32年に建てられた亀岡の本邸は、今日保津川観光ホテル楽々荘として残されている。
【伝記・評伝】
◇当代の実業家―人物の解剖　実業之日本社
　　1903
◇田中源太郎翁伝　三浦豊二　1934
◇財界物故傑物伝　実業之世界社　1936
◇近代政治関係者年譜総覧〈戦前篇　第5巻〉
　　ゆまに書房　1990.3　1245,36p　21cm

田中　季雄（たなか　すえお）
明治41（1908）年5月26日～昭和60（1985）年4月18日

＊＊＊

住友軽金属工業社長・会長, 日本庭球協会会長
身佐賀県小城郡小城町　学京都帝国大学経済学部〔昭和5年〕卒
歴昭和34年8月に住友軽金属工業社長に就任し、49年11月会長、54年6月から相談役。この間、日本伸銅協会、軽金属圧延工業会の各会長や経団連常任理事などを歴任し、日本庭球協会の副会長、会長としてテニスの普及に努めた。　賞藍綬褒章〔昭和40年〕, 勲二等瑞宝章〔昭和54年〕
【伝記・評伝】
◇田中季雄氏追想録　住友金属工業編　住友金属工業　1986.6　466p　22cm

田中　長兵衛（2代）（たなか　ちょうべえ）
安政5（1858）年10月20日～大正13（1924）年3月9日

＊＊＊

釜石製鉄所創業者　生江戸
歴明治20年釜石鉄山の払下げを受け、釜石鉱山田中製鉄所を創立し、同山経営の基礎を確立。27年同所において野呂景義の指導で日本初のコークス製銑に成功。日清戦争後、台湾に鉱山を開くなど鉱業界に名をはせ、大正6年経営を集中して田中鉱山を設立。第1次大戦後は不況と釜石争議などにより衰退し、13年釜石製鉄所を三井鉱山に譲渡した。
【伝記・評伝】
◇財界物故傑物伝　実業之世界社　1936
◇人物・鉄鋼技術史　飯田賢一著　日刊工業新聞社　1987.1　286p　19cm

田中　徳次郎（たなか　とくじろう）
明治27（1894）年8月20日～平成4（1992）年7月9日

＊＊＊

東京海上火災保険社長・会長　生群馬県　学東京高商（現・一橋大学）〔大正6年〕卒
歴大正6年三菱合資に入社。8年三菱海上火災を経て、昭和19年東京海上火災取締役となり、21年常務、22年社長、32年会長を歴任し、35年退任。この間、日本損害保険協会会長、国際商業会議所理事会日本代表などをつとめた。著書に「財産保険の理論と実際」など。　賞藍綬褒章〔昭和32年〕, 勲三等瑞宝章〔昭和40年〕
【伝記・評伝】
◇財界の顔　池田さぶろ著　大日本雄弁会講談社　1952　303p　22cm
◇城南閑話　田中徳次郎著　田中徳次郎　1964.4　473p　19cm

◇財界回想録 下巻 日本工業倶楽部五十年史編纂委員会 日本工業倶楽部 1967 19cm
◇城南閑話 続 田中徳次郎著 田中徳次郎 1989.7 255p 19cm

田中 久重（初代）（たなか ひさしげ）

寛政11（1799）年9月18日～明治14（1881）年11月7日

＊＊＊

東芝（田中製作所）創業者，発明家　囲筑後国久留米（福岡県）　通称＝からくり儀右衛門

歴 べっこう細工を家業とする家に生まれる。子供の頃からからくりに興味を持ち10代で故郷を離れ時計細工やゼンマイ仕掛けでからくり興行を行う技術修業の旅を続けた。30歳半ばで上方に居を構え、無尽灯や風砲（一種の突気銃）、和時計、スイス製の時計を研究しレベルアップした万年時計などを製作。弓射り童子などの精巧なからくり人形も作り、からくり儀右衛門として地位と人気を不動のものとした。50歳頃蘭学者・広瀬元恭に入門するなど人一倍の探求心と向上心を持ち続け、生涯新しいからくりに挑戦。幕末期には佐賀藩に招かれ精錬方の一人として火薬の研究や蒸気船の模型製作、電信機の実験や写真撮影など最先端技術を習得。久留米に戻ったのちも織機や精米機などを考案し郷土産業の発展に尽力。また金子大吉、川口市太郎など優秀な機械工を育て、金子はのち養子となり2代田中久重を襲名した。明治維新後上京。明治8年75歳の時電信機工場として東京・銀座に田中工場（15年田中製作所、26年芝浦製作所と改称）を設立、のち東京芝浦電気（現・東芝）となった。

【伝記・評伝】
◇田中久重伝―日本技術の先駆者 森豊太著 田中久重伝刊行会 1957.4 238p 19cm
◇先人の面影 久留米人物伝記 久留米市編 久留米市 1961 526,30p 図版 22cm
◇日本財界人物列伝 第1巻 青潮出版 1963
◇日本経済の建設者―あの時この人 中村隆英 日本経済新聞社 1973
◇からくり儀右衛門―東芝創立者田中久重とその時代 今津健治著 ダイヤモンド社 1992.11 238p 19cm
◇田中近江大掾 今津健治編 田中浩 1993.8 1冊 23cm

◇マンガ日本史傑物列伝―この才覚に学ぶ! 泉秀樹文, 黒鉄ヒロシ画 三笠書房 1993.12 175p 21cm
◇人物に学ぶ明治の企業事始め 森友幸照著 つくばね舎, 地歴社〔発売〕 1995.8 210p 21cm
◇オリジナリティを訪ねて―輝いた日本人たち〈1〉 富士通編 富士通経営研修所 1999.3 236p 19cm

田中 久重（2代）（たなか ひさしげ）

弘化3（1846）年9月1日～明治38（1905）年2月23日

＊＊＊

田中製作所（東芝の前身）経営者　身久留米呉服町　幼名＝大吉

歴 明治6年養父・久重とともに東京麻布に工場を設立、工部省の指定の下に各種電気機械の製作にあたる。11年政府に工場を買収されるが、15年芝浦に田中製作所を建設、26年芝浦製作所と改称して再興し海軍兵器、通信機械の製作に従事、現在の東芝の前身となった。19年の欧米視察後、技術改良を進めて一般機械類の製作にも着手したが、海軍への依存度が高かった。

【伝記・評伝】
◇日本財界人物列伝 第1巻 青潮出版編 青潮出版 1963 1171p 図版 26cm
◇近代技術の先駆者―東芝創立者 田中久重の生涯（角川新書） 今津健治著 角川書店 1964 205p 18cm
◇日本一のからくり師―発明くふうを生涯つづけた田中久重（PHP愛と希望のノンフィクション） 風巻絋一作, 高田勲絵 PHP研究所 1989.3 155p 21cm
◇からくり儀右衛門―東芝創立者田中久重とその時代 今津健治著 ダイヤモンド社 1992.11 238p 19cm

田中　文雄
たなか　ふみお
明治43(1910)年7月29日～平成10(1998)年1月6日
＊＊＊

王子製紙社長・会長　国 長野県佐久市　学 九州帝国大学農学部林学科〔昭和10年〕卒　農学博士（九州帝国大学）〔昭和10年〕

歴 昭和10年王子製紙に入社。31年取締役、34年常務、副社長を経て、43年社長に就任。56年会長、57年から病気静養中の市村修平社長に代わり社長代行。平成元年取締役相談役に退く。54～62年日経連副会長、56年日本製紙連合会会長に就任。他に金利調整審議会委員など、多数兼務。

賞 藍綬褒章、勲一等瑞宝章〔昭和58年〕、ニュージーランド女王功労賞〔平成元年〕、経済界大賞寿賞〔平成2年〕

【伝記・評伝】
◇社長たちの若き日　杉崎寛　あの人この人社　1980.12
◇来し方の記　6　八幡一郎.小林提樹.田中文雄.市川浩之助（信毎選書　9）　信濃毎日新聞社　1983.4　228p　19cm
◇王子とともに五十年　田中文雄　日本経済新聞社　1984.6　221p　20cm
◇財界人の人間修養学　竹井博友編著　竹井出版　1986.7　301p　19cm
◇私の履歴書―経済人〈22〉　日本経済新聞社編　日本経済新聞社　1987.1　489p　21cm
◇21世紀をめざす統率学―日本企業再構築のリーダーシップ　山田正喜子著　世界文化社　1989.3　270p　19cm

田中　平八
たなか　へいはち
天保5(1834)年7月17日～明治17(1884)年6月8日
＊＊＊

東京米商会所頭取　国 信濃国上伊那郡赤穂村（長野県）　旧姓(名)＝藤島　幼名＝釜吉, 平八, 韓＝政春, 字＝子和

歴 安政6年横浜開港後、生糸・茶の貿易に従事し巨利を得たが失敗。上京して清川八郎ら尊王派の志士と交わり、さらに水戸天狗党に参加して入獄した。出獄後、横浜に戻り豪商大和屋に寄食、のち再び生糸売込・洋銀相場で巨利を博し"天下の糸平"の異名をとる。慶応元年両替店を開き、明治元年洋銀取引所を創設したほか、横浜の貿易商社、為替会社の頭取ともなり、高崎藩財政改革にも参画。6年東京の中外商行会社肝煎に就任。横浜金穀相場会社や田中組（のちの田中銀行）を創立、10年東京米商会所創立とともに頭取となって定取取引の基礎を作るなど、実業界に活躍した。またガス・水道などの公共施設にも尽力した。

【伝記・評伝】
◇帝国実業家立志編　梅原忠造　求光閣　1894
◇実業家偉人伝　活動野史　四書房　1901
◇財界物故傑物伝　実業之世界社　1936
◇明治　大実業家列伝―市民社会建設の人々　林房雄著　創元社　1952　255p　19cm
◇天下の糸平　糸平の祖先とその子孫　小林郊人編著　信濃郷土出版社　1967　80p　図版　19cm
◇天下の糸平田中平八の生涯　宮下慶正執筆, 記念誌編集委員会編　天下の糸平生誕百五十年・葉山嘉樹来住五十年記念建碑期成会　1985.7　100p　26cm
◇天下の糸平〈上・下〉（文春文庫）　早乙女貢著　文芸春秋　1989.4　2冊　15cm

田中　正之輔
たなか　まさのすけ
明治22(1889)年12月23日～昭和44(1969)年
＊＊＊

大同海運社長・会長　国 兵庫県　学 京都帝国大学法学部〔大正5年〕卒

歴 大正6年山下汽船に入社。昭和4年常務となり、5年大同海運設立に際し常務に就任し、13年社長。18年相談役などを経て24年会長。ほかに高千穂商船社長、昭和タンカー取締役などを歴任。

【伝記・評伝】
◇大道―大同生成の由来，環境，その志向と実践　田中正之輔著　大同海運　1963.3　721p　図版　22cm
◇大同―回想と記録　田中正之輔著　大同海運　1963.3　208p　図版　22cm
◇渾沌―大同に纏わる雑想その他　田中正之輔著　大同海運　1963.3　450p　図版　22cm
◇田中正之輔追想録　田中正之輔追想録編集委員会　1970.10　570p　図　肖像27枚　22cm

田中 良雄
たなか よしお

明治23(1890)年～昭和39(1964)年10月7日

＊＊＊

住友本社常務理事　圧 富山県射水郡浅井村
学 東京帝国大学〔大正4年〕卒
歴 大正4年住友総本店(現・住友本社)に入社。人事部人事課長、人事部長を経て、昭和12年住友電線(現・住友電工)専務、16年住友本社常務理事に就任。22年退職、大阪市教育委員長を務めた。著書に「私の人生観」「人間育成」「雑草苑」「職業と人生」などがある。

【伝記・評伝】
◇私の人生観　田中良雄著　四季社　1954　284p
　図版　19cm
◇雑草苑　田中良雄著　大阪実業教育協会
　1965.10　427p　20cm
◇職業と人生―仕事とは何か生きるとは何か
　田中良雄著　ごま書房　1990.9　221p　19cm
◇職業と人生―仕事とは何か、生きるとは何か
　(ゴマブックス〈B-602〉)　田中良雄著
　ごま書房　1993.12　212p　18cm
◇ザ・仕事――一流の"仕事人"になるための手引
　書　田中良雄、秋山富一、島田一男、鈴木治雄、
　飯塚昭男、河村幹夫、坂川山輝夫、宇野義方ほ
　か執筆　ごま書房　1996.5　294p　19cm

田部 文一郎
たなべ ぶんいちろう

明治40(1907)年9月5日～平成14(2002)年2月7日

＊＊＊

三菱商事社長・会長　身 広島県広島市　学 東京商科大学(現・一橋大学)〔昭和5年〕卒
歴 昭和5年三菱商事に入社。台湾の高雄支店やニューヨーク支店などの海外勤務も経験しながら主に機械畑を歩んだ。21年機械部建設課長、22年新日本通商専務、27年東西交易常務を経て、29年大合同後の三菱商事機械第二部長に転じる。32年米国三菱社長、35年本社取締役、37年常務、44年専務、46年副社長を経て、49年社長に就任。高度成長時代の土地投機や事業拡大の後始末に辣腕を振るい、在任中に約2000億円の不良債権を償却、整理した。55年会長、61年相談役、平成10年特別顧問に退いた。一方、昭和56年東京商工会議所副会頭。他に三菱グループ企業役員、三菱財団、如水会各理事長、経団連、日経連各常任理事などの要職を多数兼務。59年に発表した自著「幾山河」はベストセラーになった。　賞 藍綬褒章〔昭和46年〕、勲一等瑞宝章〔昭和57年〕

【伝記・評伝】
◇社長たちの若き日　杉崎寛　あの人この人社
　1980.12
◇幾山河―私の体当りビジネス戦記　田部文一郎
　著　実業之日本社　1984.10　261p　20cm
◇私の座右の銘　松下幸之助監修　ロングセラー
　ズ　1986.5　222p　19cm
◇グリーン交遊録―ゴルフにみるトップの素顔
　夕刊フジ編集局編　プレス出版　1988.10
　189p　19cm

田鍋 健
たなべ まさる

大正元(1912)年10月21日～平成5(1993)年8月2日

＊＊＊

積水ハウス社長・会長　圧 大阪府大阪市　学 東京帝国大学経済学部〔昭和11年〕卒
歴 昭和11年日本窒素肥料に入社。32年積水化学工業専務。35年積水ハウスに移り取締役、38年社長就任。平成4年4月会長となる。プレハブ建築協会会長、住宅生産振興財団理事長も務める。同年6月新発足した住宅生産団体連合会会長に就任。　賞 藍綬褒章〔昭和52年〕、勲二等瑞宝章〔昭和59年〕

【伝記・評伝】
◇私の履歴書　田鍋健著　日経事業出版社
　1986.2　241p　19cm
◇私の履歴書―経済人〈23〉　日本経済新聞編
　日本経済新聞社　1987.2　426p　21cm
◇吉永みち子のさわやかトップ訪問　吉永みち子
　著　平凡社　1988.8　205p　19cm
◇現状を打破し思考を現実化せよ!(ナポレオン・
　ヒルの成功哲学〈日本編　2〉)　田中孝顕著
　騎虎書房　1992.9　283p　19cm
◇人・愛・住まい―住宅産業の道を歩んで(対話
　講座　なにわ塾叢書〈46〉)　田鍋健講話,大
　阪府なにわ塾編　(大阪)ブレーンセンター
　1992.10　191p　18cm
◇人間田鍋健追想録　積水ハウス株式会社
　1994.7　251p　29cm

◇ナポレオン・ヒルの成功哲学 日本編〈PART2〉（KIKO文庫） 田中孝顕著 騎虎書房 1997.3 270p 15cm
◇人あり縁あり―十一人の財界交遊記 吉田伊佐夫著 文芸社 2000.12 252p 19cm

谷口 豊三郎（たにぐち とよさぶろう）

明治34(1901)年7月29日～平成6(1994)年10月26日

＊＊＊

東洋紡績社長・会長　身大阪・船場　学東京帝国大学工学部機械学科〔大正14年〕卒, 東京帝国大学政治学科卒

歴 昭和3年父の経営する大阪合同紡績に入社。6年東洋紡績（現・東洋紡）取締役、17年常務を経て、22年社長、41年会長、47年相談役を歴任。45年日本繊維産業連盟初代会長となり、日米繊維交渉の先頭に立った。また4年谷口工業奨励会（のちの谷口財団）を創設し、49年ごろから理論物理や数学などの研究に資金援助をしたり、数学や哲学などの国際シンポジウムを毎年開催した。

賞 藍綬褒章〔昭和40年〕、勲一等瑞宝章〔昭和48年〕、フランス教育功労勲章〔昭和63年〕、大阪文化賞〔平成4年〕、スペイン・メリトシビル（民間功労）大十字章〔平成5年〕、関孝和賞（第1回）〔平成7年〕

【伝記・評伝】
◇谷口財団70年の歩み―学術研究と国際シンポジウム 谷口工業奨励会四十五周年記念財団編 谷口工業奨励会四十五周年記念財団 1999.11 191p 27cm
◇大阪と自然科学―谷口豊三郎について（高等研選書 15） 金森順次郎著 国際高等研究所 2001.12 76p 19cm

谷口 房蔵（たにぐち ふさぞう）

万延2(1861)年1月5日～昭和4(1929)年4月8日

＊＊＊

大阪合同紡績社長（創業者）　身大阪府泉南郡田尻村

歴 大阪に出て綿布商を創業、以来綿紡績業につくした。大阪合同紡績（のち東洋紡に吸収合併）、和泉紡績、吉見紡績、同興紡績の各社長などを務め、関西紡績業界の重鎮として活躍。大阪織物同業組合長、大日本織物連合会副会長、大阪市会議員ならびに参事会員などにも推され、大正14年在華日本紡績同業者会成立以来その委員長にも推された。

【伝記・評伝】
◇谷口房蔵翁伝 同翁伝記編纂委員会 1931 679p 23cm
◇市会議員時代の谷口房蔵翁―谷口房蔵翁伝資料 谷口翁伝記編纂委員会編 谷口翁伝記編纂委員会 1931.3 548p 23cm
◇財界物故傑物伝 実業之世界社 1936
◇日本経済の建設者―あの時この人 中村隆英 日本経済新聞社 1973
◇関西財界外史 関西経済連合会 1976

玉川 敏雄（たまかわ としお）

大正5(1916)年1月26日～平成6(1994)年9月13日

＊＊＊

東北電力取締役社長・会長　身山形市　学早稲田大学専門部商科〔昭和13年〕卒

歴 昭和19年東北配電（現・東北電力）に入社し、45年理事、49年取締役、52年常務、54年副社長を経て、58年社長に就任。62年6月会長、平成5年取締役相談役となる。25歳の見習い士官当時、中国で左大腿骨折盲貫銃創を受け生死の境をさまよった体験を持つ。　賞 藍綬褒章〔昭和59年〕、勲一等瑞宝章〔平成3年〕

【伝記・評伝】
◇玉川敏雄追想録 東北への思いとともに 玉川敏雄追想録編纂委員会編 東北電力 1995.8 317p 22cm

玉置 明善（たまき あきよし）

明治41(1908)年8月8日～昭和56(1981)年6月2日

＊＊＊

千代田化工建設社長・会長　生旧満州・大連　身佐賀県　学九州帝国大学工学部応用化学科〔昭和5年〕卒

歴 昭和5年三菱合資に入社。翌年三菱石油に移り、21年工事部長、23年、同社工事部が分離独立して千代田化工建設が発足、32年社長に就任。以

来、同社を世界に有数のエンジニアリング会社に育てた。42歳給与契約更改制度の導入などざん新な経営手法でも有名。45年会長兼務。九大、早大、名大などの講師をつとめ「エンジニアリング産業論」などの著書がある。

【伝記・評伝】
◇回想・私の玉置語録　千代田化工建設社史編集室編　千代田化工建設　1983.5　266p　22cm
◇玉置明善―経営のこころ　千代田化工建設社史編集室編　千代田化工建設　1983.5　504p　22cm
◇斜めの影―玉置明善との半生　田尻啓著　菁柿堂，星雲社〔発売〕　1999.9　142p　19cm

田宮　嘉右衛門（たみや　かえもん）

明治8(1875)年8月29日～昭和34(1959)年4月13日

＊＊＊

神戸製鋼所社長，播磨造船所社長　生 愛媛県　学 高等小学校卒
歴 住友別子銅山に入社したが、明治25年大阪へ出て区役所、神戸商品取引所などを転々とし、37年鈴木商店に入る。38年神戸製鋼所支配人となり、昭和9年社長に就任。戦後は公職追放されたが、解除後播磨造船所社長、神戸銀行取締役などを歴任。また経済同友会名誉会員などもつとめた。神戸市葺合区に「田宮記念館」がある。

【伝記・評伝】
◇田宮嘉右衛門伝　田宮記念事業会編　田宮記念事業会　1962.4　373p　図版　22cm
◇日本財界人物列伝　第2巻　青潮出版編　青潮出版　1964　1175p　図版13枚　27cm
◇鉄鋼巨人伝―田宮嘉右衛門　鉄鋼新聞社　1968

俵田　明（たわらだ　あきら）

明治17(1884)年11月13日～昭和33(1958)年3月21日

＊＊＊

宇部興産社長（創業者）　生 山口県宇部市　学 工手学校本科卒，工手学校高等科電工科卒
歴 大正4年沖ノ山炭鉱に入り、現場技術者として坑内電化を指導するなど、経営の近代化につとめ、昭和3年専務に就任。17年沖ノ山炭鉱、宇部セメント製造など4社を合併させて宇部興産を設立し、社長に就任。戦後はナイロンの原料分野に進出するなどして、宇部興産を発展させた。他に宇部市議、中国電力取締役、経団連、日経連各常任理事などをつとめた。

【伝記・評伝】
◇俵田明伝　俵田翁伝記編纂委員会編　俵田翁伝記編纂委員会　1962　482p　図版　27cm

団　琢磨（だん　たくま）

安政5(1858)年8月1日～昭和7(1932)年3月5日

＊＊＊

三井合名会社理事長，日本工業倶楽部初代理事長，男爵　生 筑前国福岡荒戸町（福岡県）　旧姓（名）＝神屋駒吉　学 マサチューセッツ工科大学（米国）鉱山学科卒　工学博士〔明治32年〕
歴 12歳で団家の養子となる。明治4年旧福岡藩主黒田長知の従者として岩倉使節団とともに渡米し、そのまま留学。マサチューセッツ工科大で鉱山学を修め、11年に帰国後、大阪専門学校、東京帝大で教鞭をとったが、17年に工部省三井鉱山局次席に転じたあと三池鉱山局技師に。その間、大型ポンプの導入を進言して炭坑技術調査のため渡欧。三池鉱が三井に売却されたあと三井三池炭鉱社事務長に就任すると、デーヴィポンプを強行採用して業績をあげた。以後、26年三井鉱山合資会社専務理事、42年三井合名会社参事、44年三井鉱山会長を経て、大正3年益田孝の後任として三井合名会社理事長に就任、三井財閥の事業を統括した。また6年日本工業倶楽部初代理事長、12年日本経済聯盟会理事長、昭和3年会長となって財界のリーダー役を務め、浜口内閣の労働組合法案に反対する。しかし三井ドル買い事件で反財閥糾弾のヤリ玉にあがり、7年3月血盟団員菱沼五郎の凶弾により倒れた。昭和3年男爵。

【伝記・評伝】
◇当代の実業家―人物の解剖　実業之日本社　1903
◇人物評論―朝野の五大閥　鵜崎熊吉　東亜堂書房　1912
◇財界物故傑物伝　実業之世界社　1936
◇男爵団琢磨伝　上・下巻　故団男爵伝記編纂委員会編　故団男爵伝記編纂委員会　1938　2冊　図版　23cm
◇日本実業家列伝　木村毅　実業之日本社　1953

◇近代日本人物経済史　日本経済史研究会　東洋経済新報社　1955
◇三井家の人びと―現代に生きる平家物語　小島直記　光文社　1963
◇日本財界人物列伝　第1巻　青潮出版編　青潮出版　1963　1171p　図版　26cm
◇財界人思想全集　第8　財界人の人生観・成功観　小島直記編・解説　ダイヤモンド社　1969　454p　22cm
◇財界人思想全集　第9　ダイヤモンド社　1970
◇財界人100年の顔―日本経済を築いた人びと　ダイヤモンド社　1971
◇美術話題史―近代の数寄者たち　松田延夫著　読売新聞社　1986.5　350p　21cm
◇小島直記伝記文学全集〈第2巻〉　人間の椅子　小島直記著　中央公論社　1986.11　496p　19cm
◇人物篇（講座・日本技術の社会史　別巻2近代）　永原慶二、山口啓二、加藤幸三郎、深谷克己編　日本評論社　1986.12　270p　21cm
◇小島直記伝記文学全集〈第3巻〉　日本さらりーまん外史　小島直記著　中央公論社　1986.12　414p　19cm
◇講座・日本技術の社会史〈別巻2〉　人物篇〈近代〉　永原慶二, 山口啓二, 加藤幸三郎, 深谷克己編　日本評論社　1986.12　270p　21cm
◇ビジュアル版・人間昭和史〈4〉　財界の指導者　講談社　1987.2　255p　21cm
◇三井本館と建築生産の近代化　石田繁之介著　鹿島出版会　1988.5　239p　21cm
◇財界人物我観（経済人叢書）　福沢桃介著　図書出版社　1990.3　177p　19cm
◇スキな人キライな奴　小島直記著　新潮社　1991.4　244p　19cm
◇日本資本主義の群像（現代教養文庫―内橋克人クロニクル・ノンフィクション〈3〉）　内橋克人著　社会思想社　1993.2　209p　15cm
◇男爵団琢磨伝　上巻（人物で読む日本経済史　第1巻）〔故団男爵伝記編纂委員会編〕　ゆまに書房　1998.9　624p　22cm
◇男爵団琢磨伝　下巻（人物で読む日本経済史　第2巻）〔故団男爵伝記編纂委員会編〕　ゆまに書房　1998.9　440,24,206p　22cm
◇20世紀日本の経済人〈2〉（日経ビジネス人文庫）　日本経済新聞社編　日本経済新聞社　2001.2　380p　15cm

檀野　礼助（だんの　れいすけ）

明治8（1875）年12月7日～昭和15（1940）年3月20日

＊＊＊

日魯漁業専務, 衆議院議員（第一控室）　⑰長崎県北高来郡　㊸東京帝国大学英法科〔明治32年〕卒　㊻明治32年三井物産に入社。物産系の南洋貿易社長を経て、大正9年に日魯漁業にはいり、取締役就任。昭和5年専務（事実上の社長）。衆議院議員を1期つとめる。

【伝記・評伝】
◇檀野礼助伝　前編　檀野礼助伝編纂委員会編　露水組合事務所　1945

【ち】

千金良　宗三郎（ちぎら　そうざぶろう）

明治24（1891）年7月27日～昭和60（1985）年5月19日

＊＊＊

三菱銀行頭取　⑰東京　㊸慶応義塾大学理財科〔大正4年〕卒　㊻大正5年三菱合資銀行部に入社、京都支店長、大阪支店長などを経て、昭和20年取締役、21年常務、22年会長、23年頭取（財閥解体で千代田銀行と改称）に就任。29年相談役に退くまで、三菱銀行の再建に尽力、28年行名を三菱銀行に復帰させた。全国銀行協会連合会会長、東京銀行協会会長、森林資源総合対策協議会会長などを歴任し、金融界の中心として活躍。31年から8年間日本銀行政策委員を務めた。　㊽勲二等旭日重光章〔昭和40年〕

【伝記・評伝】
◇日本政経人評伝　第1集　都新聞社　1950
◇財界の顔　池田さぶろ　講談社　1952
◇財界人の横顔　古田保　岩崎書店　1954

【つ】

司　忠
つかさ　ただし

明治26(1893)年10月5日～昭和61(1986)年5月1日

＊＊＊

丸善社長・会長, 東京流通センター社長・会長, 東京文化会館運営審議会会長　囲愛知県豊橋市　学高小〔明治39年〕卒

歴生家は千年も続いた伊勢神宮の神領の司。明治39年に高等小学校卒業後すぐに丸善に小僧として入社。異例の昇進で昭和15年に取締役、22年社長、46年会長、48年相談役に。戦後の丸善再建に尽力した。また27年から46年まで東京商工会議所副会頭を務める。48年から出身地・豊橋の図書館に洋書を贈り続け、なかには1冊600万円を超す名著も含まれている。58年に2万冊を突破した。　　賞東京都実業精励賞〔昭和26年〕,緑綬褒章〔昭和28年〕,藍綬褒章〔昭和37年〕,フランス文化勲章〔昭和39年〕,勲二等旭日重光章〔昭和40年〕,勲一等瑞宝章〔昭和46年〕,豊橋市名誉市民〔昭和48年〕,東京都名誉都民〔昭和58年〕

【伝記・評伝】
◇若き日の社長　現代事業家の人間形成　海藤守著　徳間書店　1962　329p　18cm
◇学燈をかかげて　丸善社長司忠(歴史をつくる人々　第26)　ダイヤモンド社編　ダイヤモンド社　1967.5　172p　図版　18cm
◇私の履歴書　第37集　日本経済新聞社　1969　281p　19cm
◇私の履歴書　経済人　12　日本経済新聞社編　日本経済新聞社　1980.11　467p　22cm

塚田　公太
つかだ　こうた

明治18(1885)年9月27日～昭和41(1966)年6月9日

＊＊＊

東洋棉花会長　身新潟県　学東京高商(現・一橋大学)卒

歴三井物産に入社。東洋棉花(現・トーメン)に移り、専務を経て昭和15年会長就任。20年退社後、貿易庁長官となるが22年公職追放。解除後26年倉敷紡績社長、のち会長。日経連常任理事もつとめた。

【伝記・評伝】
◇よしの髄―外遊漫想　塚田公太著　一橋出版社　1930　299,49p　肖像　19cm
◇鶏肋集―敗戦から独立まで　塚田公太　下村亮一, 経済往来社　1953.7　8,263p　19cm
◇財界人の横顔　古田保　岩崎書店　1954
◇大阪産業をになう人々　大阪府工業協会　1956
◇財界の第一線1958年　人物展望社　1958
◇第二鶏肋集　塚田公太　実業之日本社　1959　370p　19cm
◇私の履歴書　第14集　日本経済新聞社編　日本経済新聞社　1961　376p　19cm
◇第三鶏助集　塚田公太著　実業之日本社　1965.8　376p　19cm
◇私の履歴書　経済人　5　日本経済新聞社編　日本経済新聞社　1980.8　482p　22cm

塚本　幸一
つかもと　こういち

大正9(1920)年9月17日～平成10(1998)年6月10日

＊＊＊

ワコール社長・会長(創業者), 京都商工会議所会頭　囲宮城県仙台市　身滋賀県五個荘町　学八幡商〔昭和13年〕卒

歴家業の繊維の卸商を手伝う。昭和19年インパール作戦に参加、九死に一生をえて21年復員し、24年アクセサリーやブラジャーを扱う和江商事を創業。24年株式に改組し社長に。32年ワコール販売を設立。39年ワコール販売を吸収合併し、ワコールと改称。一代で女性下着の国内トップメーカーに育てた。59年9月に実質上社長業を長男・能交に譲って、会長兼社長となり、62年6月から会長に専任。この間、53年西洋服飾史料の収蔵品6000点を擁する京都服飾文化財団を設立。また平成2年企業メセナ協議会を設立したほか、6年の平安建都1200年事業など京都経済の発展に尽力。経済審議会、歴史的風土審議会、国土審議会の各委員、京都経済同友会特別幹事、フィリピンの京都駐在名誉総領事、京都市社会教育振興財団理事長なども務めた。昭和58年～平成6年京都商工会議所会頭。　　賞藍綬褒章〔昭和53年〕,勲二等瑞宝章〔平成2年〕,パリ特別功労章〔平成8年〕,レジオン・ド・ヌール勲章オフィシエ章〔平

成10年〕,毎日ファッション大賞(特別賞,第16回)
〔平成10年〕
【伝記・評伝】
◇現代財界家系譜　第2巻　現代名士家系譜刊行
　会　1969
◇商魂の系譜―企業家精神に生きる61人　中村秀
　一郎　日本経済新聞社　1973
◇十年一筋　塚本幸一著　ワコール　1974.11
　301p　19cm
◇ワコール塚本幸一が生きる―戦中派創業者の軌
　跡　松尾博志著　秀英書房　1981.2　265p
　19cm
◇わが青春譜　出生から創業までの記録　塚本幸
　一著　塚本幸一　1986.6　238p　19cm
◇ハイタッチ仕掛人―21世紀のクリエイターたち
　角間隆著　ぎょうせい　1987.7　247p　19cm
◇アワネス人―どうすれば気づく・ひらめく　エ
　ージー企画編　誠文堂新光社　1987.9　260p
　19cm
◇先見力で明日を読め(昭和の名語録)　堺屋太一
　ほか著　経済界　1987.11　266p　19cm
◇売りモノを創った男たち　藤田忠司著　リバテ
　ィ書房　1988.10　309p　19cm
◇ザ・トップス―21世紀をリードする経営トップ
　のエクセレント・ライフ〈PART2〉　大塚英
　樹著　日刊スポーツ出版社　1990.1　238p
　19cm
◇実業人生論―VIP対論　藤本義一編　ファラオ
　企画　1990.10　244p　19cm
◇私の履歴書　塚本幸一著　日本経済新聞社
　1991.1　174p　19cm
◇ふたつの轍―ワコール・塚本幸一を支えた男た
　ち　立石泰則著　日本実業出版社　1991.2
　283p　19cm
◇狐狸庵対談　快女・快男・怪話　遠藤周作著
　文芸春秋　1991.11　267p　19cm
◇頭角の現わし方―世に出た人間の研究(PHPビ
　ジネスライブラリー〈A-332〉)　藤田忠司著
　PHP研究所　1992.3　222p　18cm
◇超一流経営者25人の3分間メッセージ―私は自
　分の壁にこう挑んだ　村田博文構成　第一企画
　出版　1992.9　256p　19cm
◇乱にいて美を忘れず―ワコール創業奮戦記　塚
　本幸一著　東京新聞出版局　1992.11　200p
　19cm

◇成功への転機は突然やってくる!―ワープで成
　功した10人(ウィーグルブックス)　倉原忠夫著
　ウィーグル, 星雲社〔発売〕　1993.11　262p
　19cm
◇関西に蠢く懲りない面々―続・京に蠢く懲りな
　い面々　グループ・K21編　(京都)K21企画, か
　もがわ出版〔発売〕　1994.4　180p　21cm
◇ワコールの挑戦―創業者塚本幸一の軌跡(ビジ
　ネスコミック・チャレンジ21)　高橋美幸原作, 根
　本哲也画　ビジネス社　1996.3　157p　20cm
◇貫く―「創業」の精神　塚本幸一著　日本経済
　新聞社　1996.10　201p　19cm
◇夢の行方―塚本幸一とワコールの戦後　塚沢幸
　登著　マガジンハウス　1999.7　478p　19cm

塚本　富士夫 (つかもと　ふじお)

大正7(1918)年9月15日～

＊＊＊

日本金属工業社長・会長　⓿愛知県　⓿東京
帝国大学工学部冶金学科〔昭和16年〕卒　工学博
士〔昭和37年〕

⓿昭和21年日本金属工業に入社。36年川崎工
場長、38年取締役、44年常務、48年専務を経て、
50年社長に就任。58年会長、平成3年相談役とな
る。経団連、日本鉄鋼連盟各理事、日経連常任理
事。　⓿藍綬褒章〔昭和55年〕, 勲三等瑞宝章〔昭
和63年〕

【伝記・評伝】
◇わが人生の軌跡―ステンレスと共に　塚本富士
　夫著　塚本富士夫　1991.11　120p　28cm

津田　信吾 (つだ　しんご)

明治14(1881)年3月29日～昭和23(1948)年4月18日

＊＊＊

鐘淵紡績社長　⓿愛知県　旧姓(名)＝西山
⓿慶応義塾大学政治学科〔明治40年〕卒
⓿鐘淵紡績(のちの鐘紡、現・カネボウ)に入社
し、昭和4年取締役となり、5年副社長、同年社長
となる。鐘紡のコンツェルン化を進めた。また日
本銀行参与理事、大日本紡績連合会会長などを歴
任した。

【伝記・評伝】
◇事業王津田信吾　西島恭三　今日の問題社　1938
◇日本経済を育てた人々　高橋弥次郎　関西経済連合会　1955
◇思い出の財界人〔2版〕　下田将美　実業之日本社　1960
◇大河―津田信吾伝　石黒英一著　ダイヤモンド社　1960　335p　図版　19cm
◇日本財界人物列伝　第1巻　青潮出版編　青潮出版　1963　1171p　図版　26cm
◇財界人思想全集　第10　ダイヤモンド社　1971

津田　久（つだ　ひさし）

明治37（1904）年7月30日～平成14（2002）年6月9日

＊＊＊

住友商事社長・会長　生東京　身三重県津市
学東京帝国大学法学部〔昭和3年〕卒
歴昭和3年住友合資会社（住友本社の前身）に入社。財閥解体後の21年日本建設産業（現・住友商事）総務部長に転じ、財閥解体で宙に浮く本社社員や軍隊や海外から復帰してくる社員の雇用確保のため、商事進出を提唱。22年常務、28年専務を経て、31年社長に就任。大陸棚の海洋資源開発や住宅関連など他社に先駆けて新規分野に進出。大手総合商社への発展の礎を築いた。45年会長、52年取締役相談役、57年相談役名誉会長、平成11年名誉会長に退いた。編著に「私の住友昭和史」。
賞勲二等旭日重光章〔昭和49年〕
【伝記・評伝】
◇私の住友昭和史（私の昭和史シリーズ）　津田久編著　東洋経済新報社　1988.5　261p　19cm

堤　清六（つつみ　せいろく）

明治13（1880）年2月15日～昭和6（1931）年9月12日

＊＊＊

日魯漁業社長（創業者），衆議院議員（政友会）
生新潟県南蒲原郡三条町　学新潟商卒
歴家業の呉服商に従事。日露戦争後、日本がロシア領沿海州の漁業権を獲得すると、明治39年平塚常次郎と共同で堤商会を設立、カムチャッカ半島のサケ漁にのりだし、サケ、マス、カニ等の缶詰加工業を手掛けて成功、巨利を博す。大正9年輸出食品会社取締役、翌年日魯漁業会社を創立し社長に就任。同時に南樺太漁業、大北漁業会社などを起こし、カニ漁を始め、トロール漁法を推進。また帝国水産会ほか各種水産業団体の要職につき、日露漁業交渉に意を注いだ。13年以来衆議院議員に2回当選するが、昭和4年島徳事件と賞勲局疑獄事件で政界から退く。
【伝記・評伝】
◇財界物故傑物伝　実業之世界社　1936
◇堤清六の生涯　内藤民治　曙光会　1937　1019p　23cm
◇北海の雲―堤清六波乱の生涯　岡本信男著　いさな書房　1987.6　267p　20cm

堤　康次郎（つつみ　やすじろう）

明治22（1889）年3月7日～昭和39（1964）年4月26日

＊＊＊

西武鉄道創業者，衆議院議長　生滋賀県愛知郡秦荘町　学早稲田大学政経学科〔大正2年〕卒
歴在学中から株に才覚を現わし、卒業後は雑誌、造船、真珠養殖を手がける。大正6年東京ゴムを設立して実業界に入り、大正9年箱根土地（のちの国土計画）を創立、東京近郊や箱根、伊豆などで大規模な開発をすすめる。以後、武蔵野鉄道（現・西武鉄道）・駿豆鉄道・近江鉄道を創設、堤コンツェルンを築いた。一方13年に民政党から衆議院議員に当選し、以来当選13回。昭和7年拓務政務次官。戦後公職追放を経て、26年政界に復帰。28年から1年半衆議院議長をつとめ、第19回通常国会に初めて警官隊を導入、第16回特別国会では会期を延長して警察法案を議決し、未曽有の大乱闘事件を引きおこした。事業哲学は"感謝と奉仕"だったが、実際の事業方法などによりしばしば東急の五島慶太と比較対照され、伊豆地方での開発競争は"箱根山の合戦"と呼ばれ、"ピストル堤"の異名をとる。
【伝記・評伝】
◇堤康次郎伝（日本財界人物伝全集）　筑井正義著　東洋書館　1955　290p　図版　19cm
◇現代日本財界人物論　小汀利得著　ダイヤモンド社　1956
◇私の履歴書　第1集　日本経済新聞社　1958
◇財界の第一線1958年　人物展望社　1958

◇人を生かす事業　堤康次郎著　有紀書房　1958　252p　19cm
◇五島・堤風雲録　駒津恒治郎著　財界通信社　1959　252p　図版　19cm
◇財界の王座は語る　野依秀市編著　実業之世界社　1960　394p　19cm
◇世界を動かす人々　三康文化研究所編　三康文化研究所　1961
◇苦闘三十年　堤康次郎著　三康文化研究所　1962　196p　図版　20cm
◇雷帝堤康次郎　富沢有為男著　アルプス　1962　240p　19cm
◇太平洋のかけ橋　堤康次郎著　三康文化研究所　1963
◇叱る　堤康次郎著　有紀書房　1964
◇事業経営の鬼たち―財界人この一番　三鬼陽之助著　サンケイ新聞出版局　1964
◇巨星堤康次郎　野馬剛編　若樹出版　1966
◇財界人思想全集　第10　ダイヤモンド社　1971
◇財界人100年の顔―日本経済を築いた人びと　ダイヤモンド社　1971
◇私の履歴書　経済人　1　日本経済新聞社編　日本経済新聞社　1980.6　477p　22cm
◇土着権力　四方洋著　講談社　1986.4　254p　19cm
◇堤義明の育てられ方（講談社ビジネス）　上之郷利昭著　講談社　1986.5　219p　19cm
◇実業界の巨頭（ビジュアル版・人間昭和史〈5〉）　大来佐武郎, 扇谷正造, 草柳大蔵監修　講談社　1986.6　255p　21cm
◇私の財界昭和史（私の昭和史シリーズ）　三鬼陽之助著　東洋経済新報社　1987.2　272p　19cm
◇西武VS東急　戦全史〈上巻　雄志篇〉　小堺昭三著　ノラブックス　1987.3　401p　19cm
◇郊外住宅地の系譜―東京の田園ユートピア　山口広編　鹿島出版会　1987.11　282p　21cm
◇野望と狂気―「西武」の創始者―堤康次郎・波瀾の生涯　永川幸樹著　経済界　1988.1　225p　20cm
◇西武VS東急戦国史〈上・下〉（角川文庫）　小堺昭三著　角川書店　1989　2冊　15cm
◇独創力着眼力がつく―しなやかな発想、成功者の方法（RYU　BUSINESS〈3031〉）　多湖輝ほか著　経済界　1989.10　216p　18cm
◇代表的日本人―自己実現に成功した43人　竹内均著　同文書院　1990.1　403p　19cm
◇はながたみ　森本ヤス子著　講談社　1991.3　285p　19cm
◇目白文化村（都市叢書）　野田正穂, 中島明子編　日本経済評論社　1991.5　301p　19cm
◇Série SAISON〈1〉　セゾンの歴史　変革のダイナミズム〈上巻〉　由井常彦編　リブロポート　1991.6　458p　21cm
◇この経営者の急所を語る―三鬼陽之助の財界人備忘録　三鬼陽之助著　第一企画出版　1991.7　256p　19cm
◇ミカドの肖像―プリンスホテルの謎（小学館ライブラリー〈1〉）　猪瀬直樹著　小学館　1991.8　332p　16cm
◇新・財界人列伝―光と影　厚田昌範著　読売新聞社　1992.1　254p　19cm
◇私の履歴書―昭和の経営者群像〈2〉　日本経済新聞社編　日本経済新聞社　1992.9　294p　19cm
◇日本を造った男たち―財界創始者列伝　竹内均著　同文書院　1993.11　254p　19cm
◇堤康次郎　由井常彦編著, 前田和利, 老川慶喜著　エスピーエイチ　1996.4　465p　21cm
◇戦後観光開発史　永井弘著　技報堂出版　1998.10　306p　19cm
◇日本の企業家群像　佐々木聡編　丸善　2001.3　292p　19cm

椿本　説三（つばきもと　せつぞう）

明治23(1890)年4月22日～昭和41(1966)年1月13日

＊＊＊

椿本チエイン社長　囲奈良県　雅号＝池焉
学 神戸高等商業学校〔明治45年〕卒
歴 内外線に入社し、大正6年自転車用チェーンをつくる椿本工業所（現・椿本チエイン）を個人経営する。昭和4年社名を椿本チェイン製作所に変更。13年椿本商会（18年椿本興業に社名変更）を創設、16年椿本チエイン製作所を株式会社に改組して社長に就任。その間の14年東洋鋼球製造を創立した。45年椿本チエインに社名変更。大阪商工会議所常任議員機械部会長、日本機械工業連合会副会長などを歴任し、財界で活躍した。
賞 緑綬褒章〔昭和27年〕

【伝記・評伝】
◇椿本物語　椿本説三著　椿本チエイン製作所　1967　228p　肖像　21cm

坪井　東
つぼい　はじめ

大正4(1915)年5月1日～平成8(1996)年7月5日

＊＊＊

三井不動産社長・会長　囲千葉県市川市　学東京商科大学（現・一橋大学）法科〔昭和13年〕卒
歴三井合名、東邦貿易などを経て、昭和25年三井不動産入社。38年取締役、42年常務、44年専務を経て、49年社長に就任。戦後、貸しビル業から埋め立て地造成、都市開発、住宅産業さらに東京ディズニーランドと脱皮を重ね、業界首位の座につく。この間、江戸英雄会長を助けて、陣頭指揮に当たった。62年6月会長に就任。平成8年取締役相談役に退く。この間、日経連理事、経済同友会幹事、不動産協会理事長などもつとめ、平成2年には世界不動産連盟会長（任期1年）に選ばれた。
賞建設大臣功労者賞〔昭和55年〕、藍綬褒章〔昭和56年〕、レジオン・ド・ヌール勲章オフィシエ章〔昭和61年〕

【伝記・評伝】
◇社長たちの若き日　杉崎寛　あの人この人社　1980.12
◇こうして円高に勝った　田原総一朗著　中央公論社　1988.5　227p　19cm
◇坪井東追悼集　坪井東追悼編集委員会〔発行〕1997.6　307p　22cm

【て】

手嶋　恒二郎
てじま　つねじろう

明治39(1906)年2月12日～平成5(1993)年11月2日

＊＊＊

千代田火災海上保険社長　身宮城県　学小樽高商（現・小樽商大）〔昭和2年〕卒
歴昭和3年千代田火災海上保険に入社。東京支店次長などを歴任。21年千代田火災従業員組合初代執行委員長。23年取締役となり、常務、専務を経て、33年社長に就任。52年会長、55年相談役。この間、47年経団連理事。著書に「ある情熱の記録」がある。　賞藍綬褒章〔昭和44年〕、勲三等瑞宝章〔昭和51年〕

【伝記・評伝】
◇ある情熱の記録　手嶋恒二郎伝　久城寿右衛門編　保険研究所　1981.3　570,55p　22cm
◇微熱録歳時記　手嶋恒二郎氏の素描　久城寿右衛門編　保険研究所　1986.9　483p

寺井　久信
てらい　ひさのぶ

明治20(1887)年11月15日～昭和33(1958)年11月30日

＊＊＊

日本郵船社長　囲和歌山県　学東京帝国大学法科大学経済科〔大正2年〕卒
歴日本郵船に入り、昭和13年副社長となり、17年社長となる。19年船舶運営会総裁、内閣顧問を兼任。戦後公職追放で社長を退き、26年相談役に復帰した。著書に「船荷証券」「海洋運送」などがある。

【伝記・評伝】
◇寺井久信　寺井久信伝記編纂委員会編　寺井久信伝記編纂委員会　1965　347p　図版11枚　22cm

寺尾　威夫
てらお　たけお

明治38(1905)年4月5日～昭和49(1974)年5月25日

＊＊＊

大和銀行初代頭取、関西経済同友会代表幹事
囲奈良県十津川村　学東京帝国大学法学部〔昭和4年〕卒
歴昭和4年大阪の野村銀行（のち大和銀行と改称）に入り、25年に社長。翌26年には初代頭取に就任し、20年以上在任して48年会長に退く。この間34年に大蔵省は都市銀行から信託業務を分離させる方針を決めて行政指導を実施したが、大和銀行の頭取として、信託業は銀行が兼営するのが理想的だ、とこれに反対。関西財界の支援も受けて反対路線を貫いた。

【伝記・評伝】
◇大阪産業をになう人々　大阪府工業協会　1956
◇追悼　寺尾威夫　追悼　寺尾威夫編集委員会　大和銀行　1975.12　685p　22cm

とい　　　　　　　　　　　　　　　　　　　　　　　　　　　　　日本の実業家

◇財界人の人間修養学　竹井博友編著　竹井出版
　1986.7　301p　19cm
◇信念の銀行家　寺尾威夫—わが国唯一の信託併営銀行　大和銀行を率いた男　竹井博友著　竹井出版　1989.3　208p　19cm
◇昭和をつくった明治人〈上〉　塩田潮著　文芸春秋　1995.4　398p　19cm

【と】

土井　正治（どい　まさはる）

明治27(1894)年5月1日～平成9(1997)年5月3日

＊＊＊

住友化学工業社長・会長　生 兵庫県尼崎市　旧姓（名）＝武内　学 東京帝国大学独法科〔大正9年〕卒
歴 住友総本店に入社。住友合資神戸販売店支配人、住友金属工業製鋼所副所長などを経て、昭和17年住友化学工業総務部長。以降、19年取締役、21年常務、22年社長、38年会長、50年相談役を歴任。この間、日本化学工業会会長、日本硫安工業協会会長、関西日韓協会会長なども務めた。
賞 大阪府産業功労者賞〔昭和33年〕、藍綬褒章〔昭和35年〕、メリト勲章グランデ・ウフィチアーレ（イタリア）〔昭和39年〕、勲二等旭日重光章〔昭和40年〕、勲一等瑞宝章〔昭和45年〕、韓国修交光化章〔昭和53年〕、仏教伝道文化賞〔平成4年〕

【伝記・評伝】
◇大阪産業をになう人々　大阪府工業協会　1956
◇財界の第一線1958年　人物展望社　1958
◇現代財界家系譜　第1巻　現代名士家系譜刊行会　1968
◇私の履歴書　第44集　日本経済新聞社　1971　324p　19cm
◇私の履歴書　経済人　14　日本経済新聞社編　日本経済新聞社　1980.12　464p　22cm

土居　通夫（どい　みちお）

天保8(1837)年4月21日～大正6(1917)年9月9日

＊＊＊

大阪電燈社長，大阪商業会議所会頭，衆議院議員
生 伊予国宇和島（愛媛県）　旧姓（名）＝大塚　幼名＝万之助，彦六
歴 4歳の時宇和島藩士村松家の養子となるが、23歳で父の母方の姓・土居を名のる。慶応元年宇和島藩を脱藩して大坂に出、京坂地方で志士として活動。維新後、外国事務局に入り、五代友厚の下で大阪運上所に勤務、明治2年大阪府権少参事となる。5年司法省に移って東京裁判所権少判事、兵庫裁判所裁判長、大阪上等裁判所裁判長などを歴任した。17年鴻池家家政整理の際、同年顧問となり財界に入る。20年大阪株式取引所設立委員、21年大阪電燈、のち長崎電燈の社長に就任。27年衆議院議員。28年大阪商業会議所会頭となり、以後死亡するまで22年間務めた。33年欧米視察後、大阪商店改良会を組織、内国勧業博覧会開催などにつとめ、また中国、朝鮮への商品輸出にも尽くし、大阪商工業界の長老的存在の一人となった。

【伝記・評伝】
◇当代の実業家—人物の解剖　実業之日本社　1903
◇土居通夫君伝　半井桃水　野中昌雄　1924
◇大阪人物誌—大阪を築いた人（アテネ新書）　宮本又次著　弘文堂　1960　230p　19cm
◇剣客豹変—小説土居通夫伝　小島直記著　PHP研究所　1982.8　243p　20cm
◇土居通夫君伝—伝記・土居通夫（近代日本企業家伝叢書　7）　半井桃水編　大空社　1998.11　897,4p　図版10枚　22cm

遠山　元一（とおやま　げんいち）

明治23(1890)年7月21日～昭和47(1972)年8月9日

＊＊＊

日興証券社長（創業者），日本証券業協会連合会会長，東京証券取引所理事会議長　生 埼玉県
学 川島高等小学校〔明治37年〕卒
歴 高小を出て上京し、株屋に奉公したあと、大正3年に郷里の名をとった川島屋商店（のちの川島屋証券）を創立。昭和19年には日本興業銀行系の

旧日興証券と合併して現在の日興証券を創立し、社長に就任する。以後、4大証券の一つとしての同社の地位を固める一方、日本証券業協会連合会会長、東京証券取引所理事会議長など業界の要職を歴任。戦後の証券業界の近代化にも尽くし、"遠山天皇"の異名をとった。熱心なクリスチャンでもあった。

【伝記・評伝】
◇財界の顔　池田さぶろ　講談社　1952
◇兜町から　遠山元一著　牧野書店　1955　238p　図版　19cm
◇私の履歴書　第2集　日本経済新聞社　1957
◇裸一貫から成功へ　堀久作，石橋正二郎，大谷米太郎，遠山元一，前田久吉　飛車金八著　鶴書房　1957　284p　19cm
◇若き日の社長　現代事業家の人間形成　海藤守著　徳間書店　1962　329p　18cm
◇前垂れ元帥　遠山元一物語（財界アルプス文庫）清水正二郎著　アルプス　1963　227p　19cm
◇遠山元一（一業一人伝）　牧野武夫著　時事通信社　1964　212p　図版　18cm
◇現代財界家系譜　第1巻　現代名士家系譜刊行会　1968
◇故遠山元一氏　故湊守篤史追悼集　「にっこう」臨時特別号　日興証券　1973.11　194p　26cm
◇私の履歴書　経済人　1　日本経済新聞社編　日本経済新聞社　1980.6　477p　22cm

時国　益夫（ときくに　ますお）

明治26(1893)年2月12日〜平成元(1989)年9月1日

＊＊＊

麒麟麦酒社長・会長　囲石川県輪島市　学東京帝国大学応用化学科〔大正6年〕卒
歴昭和41年3月麒麟麦酒初のはえ抜きとして社長に就任。この年、シェア50%台を達成した。44年3月に会長。53年9月から名誉相談役だった。賞黄綬褒章〔昭和33年〕，勲三等瑞宝章〔昭和42年〕

【伝記・評伝】
◇現代財界家系譜　第1巻　現代名士家系譜刊行会　1968
◇私の履歴書　第37集　日本経済新聞社　1969　281p　19cm
◇私の履歴書　経済人　11　日本経済新聞社編　日本経済新聞社　1980.10　467p　22cm

土光　敏夫（どこう　としお）

明治29(1896)年9月15日〜昭和63(1988)年8月4日

＊＊＊

東芝社長・会長，石川島播磨重工業社長・会長，経済団体連合会会長，日本工業倶楽部理事長
囲岡山県御津郡大野村（現・岡山市北長瀬）
学東京高工（現・東京工業大学）機械科〔大正9年〕卒
歴大正9年石川島造船所（現・石川島播磨重工業）入社。昭和11年石川島芝浦タービン入社。取締役を経て、21年社長。25年辞任の後、石川島重工業社長、35年播磨造船と合併し石川島播磨重工業社長、39年会長。40年には東芝社長、東芝商事社長に就任。47年東芝会長、53年石川島播磨重工相談役、55年東芝相談役に退く。この間、43年経団連副会長、49年会長、55年名誉会長、日中経済協会会長を務める。また56年行政改革への期待を担い、第2次臨時行政調査会会長に推され、"増税なき財政再建"をめざし世論の喚気に努めた。58年3月臨調解散後、行革の監視機関である臨時行政改革推進審議会会長に中曽根首相の要請により就任、61年6月の解散までつとめた。"ミスター臨調"といわれ国鉄、電電公社の民営化などの行政改革を推進した。財界の長老、政界のご意見番として大きな影響力があった。平成3年岡山市に顕彰碑が建立された。　賞藍綬褒章〔昭和33年〕，ブラジル南十字星大勲章〔昭和35年〕，ペルー最高勲章グラン・クルズ〔昭和46年〕，スウェーデン北極星勲章〔昭和54年〕，オランダオレンジ・ナッソー大十字勲章〔昭和54年〕，交通文化賞〔昭和58年〕，勲一等旭日桐花大綬章〔昭和61年〕

【伝記・評伝】
◇現代財界家系譜　第1巻　現代名士家系譜刊行会　1968
◇財界人思想全集　第2　ダイヤモンド社　1970
◇財界―日本の人脈　読売新聞社　1972
◇人間研究・土光敏夫―財界総理の光と影　池田政次郎著　講談社　1975　184p　20cm
◇土光敏夫―評伝（評伝シリーズ　4）　榊原博行著　国際商業出版　1976　257p　20cm
◇風雲を呼ぶ男　杉森久英著　時事通信社　1977.2　346p　19cm
◇正しきものは強くあれ―人間・土光敏夫とその母　宮野澄著　講談社　1983.2　230p　20cm

◇私の履歴書　土光敏夫著　日本経済新聞社　1983.2　214p　20cm
◇総理を叱る男―土光敏夫の闘い　上之郷利昭著　講談社　1983.4　317p　20cm
◇人間土光敏夫　東京書店編集部編　東京書店　1983.4　230p　19cm
◇土光のおじさま　金田洋子著　大正出版　1983.5　236p　20cm
◇土光敏夫人望力の研究―人に尽し、仕事に尽す男のすべて　人間における"魅力"とは何か？(PHP business library)　若林照光著　PHP研究所　1983.12　211p　18cm
◇日本への直言　東京新聞編集局編　東京新聞編集局　1984　235p　19cm
◇土光さんから学んだこと―土光敏夫における人間の研究　本郷孝信編　青葉出版　1984.9　204p　19cm
◇日々に新た―わが心を語る　土光敏夫著　東洋経済新報社　1984.9　167p　20cm
◇男たちの決断〈飛翔編〉(物語　電子工業史)　板井丹後著　電波新聞社　1986.4　386p　21cm
◇私の三井昭和史(私の昭和史シリーズ)　江戸英雄著　東洋経済新報社　1986.6　255p　19cm
◇私の履歴書―経済人〈20〉　日本経済新聞社編　日本経済新聞社　1986.11　509p　21cm
◇人を心服させるトップリーダー学―なぜ彼らの周りには人が集まるのか　永川幸樹著　日本実業出版社　1986.11　230p　19cm
◇正しきものは強くあれ―人間・土光敏夫とその母(講談社文庫)　宮野澄著　講談社　1986.12　225p　15cm
◇ビジュアル版・人間昭和史〈4〉　財界の指導者　講談社　1987.2　255p　21cm
◇職場のプロになる方法―厳しい時代のビジネス・マニュアル(実日新書〈A‐89〉)　上之郷利昭著　実業之日本社　1987.2　195p　18cm
◇幹部の責任(徳間文庫)　伊藤肇著　徳間書店　1987.3　248p　15cm
◇統率力(リーダーシップ)が組織を燃やす(昭和の名語録)　山本七平ほか著　経済界　1987.11　284p　19cm
◇土光敏夫　21世紀への遺産―人生・人間・政治・会社・未来　志村嘉一郎著　文芸春秋　1988.1　227p　19cm
◇人間を考える―教育の原点　小尾乕雄著　第一法規出版　1988.2　327p　21cm

◇社長の哲学―13人の経営と信仰　小島五十人著　鈴木出版　1988.2　189p　19cm
◇繁栄の群像―戦後経済の奇跡をなしとげた経営者たち　板橋守邦著　有楽出版社, 実業之日本社〔発売〕　1988.6　253p　19cm
◇気で生きた人々〈上〉　河野十全著　真理生活研究所人間社, 青葉出版〔発売〕　1988.10　240p　19cm
◇売りモノを創った男たち　藤田忠司著　リバティ書房　1988.10　309p　19cm
◇指導力―俺についてこい(知的生きかた文庫)　会田雄次ほか著　三笠書房　1989.2　249p　15cm
◇国鉄改革―政策決定ゲームの主役たち(中公新書〈912〉)　草野厚著　中央公論社　1989.2　258p　18cm
◇昭和人間記録　土光敏夫大事典〔永久保存版〕　産業労働出版協会編　産業労働出版協会, 産業労働調査所〔発売〕　1989.4　384p　21cm
◇土光敏夫の怒号が聞こえる―リクルート疑惑を憂う　志村嘉一郎著　日本経済通信社　1989.5　213p　19cm
◇昭和の怪物たち(河出文庫)　杉森久英著　河出書房新社　1989.6　276p　15cm
◇総理を操った男たち―戦後財界戦国史(講談社文庫)　田原総一朗著　講談社　1989.6　226p　15cm
◇土光敏夫　信念の言葉(PHP文庫)　PHP研究所編　PHP研究所　1989.7　191p　15cm
◇続・企業進化論―コンピュータがみた日本人と西欧人　梶谷通稔著　日刊工業新聞社　1989.10　299p　19cm
◇経営者に学ぶ決断と活路　三鬼陽之助著　学習研究社　1989.12　288p　19cm
◇フレッシュなあなたに贈る成功への指針―松下幸之助・土光敏夫の名言録　産業労働出版協会, 産業労働調査所〔発売〕　1990.3　93p　26cm
◇商魂―石田退三・土光敏夫・松下幸之助に学ぶ　池田政次郎著　東洋経済新報社　1990.9　219p　19cm
◇土光敏夫　21世紀への遺産(文春文庫)　志村嘉一郎著　文芸春秋　1991.4　251p　15cm
◇「男の生き方」40選〈下〉　城山三郎編　文芸春秋　1991.4　363p　19cm

◇この経営者の急所を語る―三鬼陽之助の財界人備忘録　三鬼陽之助著　第一企画出版　1991.7　256p　19cm
◇現状を打破し思考を現実化せよ!(ナポレオン・ヒルの成功哲学〈日本編　2〉)　田中孝顕著　騎虎書房　1992.9　283p　19cm
◇土光敏夫の生い立ちと素顔　松沢光雄著　山手書房新社　1992.9　205p　19cm
◇勝者に論理あり　敗者に美学あり―歴史を駆けぬけた十二人の生きざま　青木茂著　中央経済社　1992.10　264p　19cm
◇私の履歴書―昭和の経営者群像〈8〉　日本経済新聞社編　日本経済新聞社　1992.11　298p　19cm
◇立命の研究―天命を知った男たち(致知選書)　神渡良平著　致知出版社　1992.12　301p　19cm
◇土光敏夫　次世代へ申し送りたく候　宮野澄著　PHP研究所　1993.8　222p　19cm
◇財界総理側近録―土光敏夫、稲山嘉寛との七年間　居林次雄著　新潮社　1993.9　233p　19cm
◇史上空前の繁栄をもたらした人びと―昭和後期の企業家21人の生きざま(HOREI　BOOKS)　新井喜美夫著　総合法令　1993.12　183p　18cm
◇無私の人　土光敏夫　上竹瑞夫著　講談社　1995.3　286p　19cm
◇日々に新た―わが人生を語る(PHP文庫)　土光敏夫著　PHP研究所　1995.5　184p　15cm
◇経営の行動指針―土光語録〔新訂版〕　土光敏夫著,本郷孝信編　産能大学出版部　1996.3　201p　19cm
◇厚重の人・土光敏夫―信なくば立たず感動四季報(Moku books)　感性文化研究所編　エモーチオ21　1997.2　111p　21cm
◇ナポレオン・ヒルの成功哲学　日本編〈PART2〉(KIKO文庫)　田中孝顕著　騎虎書房　1997.3　270p　15cm
◇土光敏夫　質素の哲学(PHP文庫)　宮野澄著　PHP研究所　1997.3　213p　15cm
◇土光敏夫語録―憂国の行革リーダー　ソニー・マガジンズビジネスブック編集部編　ソニー・マガジンズ　1997.6　220p　19cm
◇不滅の弔辞　「不滅の弔辞」編集委員会編　集英社　1998.8　238p　21cm
◇信念の人　土光敏夫―発想の原点　堀江義人著　三心堂出版社　1999.6　275p　19cm
◇決断力―そのとき、昭和の経営者たちは〈上〉　日本工業新聞社編　日本工業新聞社, 扶桑社〔発売〕　2001.3　493p　19cm

---

利光　達三 (としみつ　たつぞう)

大正9(1920)年4月23日～平成6(1994)年11月5日

＊＊＊

小田急電鉄社長・会長　身千葉県市川市　学立教大学経済学部〔昭和19年〕卒
歴学徒出陣から帰って昭和20年12月東急に入社。23年小田急に転じ、駅員を振り出しに車掌、運転士に倉庫長も体験。35年小田急総務課長、37年事業部長、41年労務部長、44年常務、50年専務を経て、56年6月社長、平成3年6月会長に就任。電鉄を核に、百貨店、ホテル、不動産、建設など、数多い小田急グループの総帥として活躍した。日本民営鉄道協会会長も務めた。　賞運輸大臣表彰〔昭和57年〕,藍綬褒章〔昭和57年〕,勲一等瑞宝章〔平成3年〕

【伝記・評伝】
◇思い出―利光達三　小田急電鉄　1995.11　323p　図版　27cm

利光　鶴松 (としみつ　つるまつ)

文久3(1864)年12月29日～昭和20(1945)年7月4日

＊＊＊

小田急電鉄社長　生大分県　学明治法律学校卒
歴代言人、東京市会議員、衆議院議員を経て、東京市街鉄道を創立、明治38年取締役、43年には鬼怒川水力電気を創立、社長。44年京成電車会長。大正12年小田原急行鉄道を創立、社長となり、昭和2年開通、4年江ノ島線開通。15年帝都電鉄、鬼怒川水力を合併、小田急電鉄と改め社長となった。

【伝記・評伝】
◇財界之人百人論　矢野滄浪　時事評論社　1915
◇利光鶴松翁手記　利光鶴松著,小田急電鉄編　小田急電鉄　1957　645,12p　図版　22cm
◇日本財界人物列伝　第2巻　青潮出版編　青潮出版　1964　1175p　図版13枚　27cm

◇利光鶴松翁手記―伝記・利光鶴松（伝記叢書 280）　利光鶴松著，小田急電鉄株式会社編　大空社　1997.11　645,12,11p　22cm
◇東急・五島慶太の経営戦略―鉄道経営・土地経営　坂西哲著　文芸社　2001.1　68p　19cm

戸田　利兵衛（2代）
とだ　りへえ

明治19（1886）年1月5日～昭和56（1981）年3月28日

＊＊＊

戸田建設社長・会長　身茨城県　学東京帝国大学建築学科〔大正2年〕卒

歴大正9年2代戸田利兵衛を襲名、家業を受け継ぐ。昭和11年戸田組を設立、社長就任。36年会長。38年戸田建設に改称。この間、東京建設業協会初代会長、日経理事、経団連理事などを歴任、建設業界の近代化、地位向上に尽くした。

賞藍綬褒章〔昭和31年〕，勲四等旭日小綬章〔昭和39年〕，勲三等旭日中綬章〔昭和46年〕

【伝記・評伝】
◇財界の第一線1958年　人物展望社　1958
◇創業追思　戸田組旧友会　1961
◇現代財界家系譜　第4巻　現代名士家系譜刊行会　1970
◇私の履歴書―戸田利兵衛追想　戸田利兵衛　戸田建設　1981.7　144p　22cm
◇私の履歴書―経済人〈20〉　日本経済新聞社編　日本経済新聞社　1986.11　509p　21cm

飛島　文吉
とびしま　ぶんきち

明治9（1876）年11月30日～昭和14（1939）年3月10日

＊＊＊

飛島組社長（創業者）　出福井県　学豊島小尋常科〔明治20年〕卒

歴明治21年家業の石工職に就く。22年父文次郎が土木請負業を専業として飛鳥組（現・飛島建設）を設立、28年より石工職を辞め、父と共に土木請負業に従事。大正5年社長に就任し、8年北海道鉄道工事、11年長野県の高瀬川水力発電工事などを請負い、社業を軌道にのせた。昭和5年日本電気社長。7年福井県選出の貴族院議員となったが、11年選挙違反で起訴され辞任。

【伝記・評伝】
◇飛島文吉　高橋正学著　飛島翁伝記編纂会　1941　736p　図版　肖像　22cm
◇我等の郷土と人物　第1巻　福井県文化誌刊行会　1956
◇九頭竜川は生きている　藤井幸永著　教養堂展望社　1961　224p　19cm
◇飛嶋文吉　飛嶋翁伝記編纂会編　飛嶋翁伝記編纂会　1961　734p　図版28枚　表　21cm
◇日本財界人物列伝　第1巻　青潮出版編　青潮出版　1963　1171p　図版　26cm
◇建設業を興した人びと―いま創業の時代に学ぶ　菊岡倶也著　彰国社　1993.1　452p　21cm

富田　鉄之助
とみた　てつのすけ

天保6（1835）年10月16日～大正5（1916）年2月27日

＊＊＊

富士紡績会長，日本銀行総裁，貴族院議員　本名＝実則　号＝鉄耕

歴安政3（1856）年江戸に出て、勝海舟の塾に入り、蘭学、航海術、砲術を学ぶ。慶応3（1867）年米国に留学、明治元年帰国。6年以降ニューヨーク副領事、上海総領事、外務省書記官、ロンドン公使館一等書記官などを歴任。ついで大蔵省大書記官に転じ、15年日本銀行副総裁、21年第2代総裁に就任するが、翌年退任。23年貴族院議員となり、24年東京府知事に就任。27年辞し、その後は29年富士紡績創立に参加、初代会長となり、また30年横浜火災保険を創立し社長に就任、晩年までその経営にあたった。

【伝記・評伝】
◇当代の実業家―人物の解剖　実業之日本社　1903
◇財界物故傑物伝　実業之世界社　1936
◇忘れられた元日銀総裁―富田鉄之助伝　吉野俊彦著　東洋経済新報社　1974　481p　図　肖像　23cm
◇サラリーマンの生きがい（徳間文庫）　吉野俊彦著　徳間書店　1987.3　285p　15cm
◇近代政治関係者年譜総覧〈戦前篇　第5巻〉　ゆまに書房　1990.3　1245,36p　21cm

富久 力松 (とみひさ りきまつ)

明治31(1898)年3月23日～昭和63(1988)年12月28日

＊＊＊

東洋ゴム工業社長、東洋紡取締役　⽣岡山県御津郡　学京都帝国大学工業化学科〔大正12年〕卒　工学博士

歴京大で助手を経て昭和レーヨンに入る。昭和9年東洋紡に転じ取締役を歴任。20年から40年まで東洋ゴム工業社長、40年から46年まで同社会長。46年取締役相談役、50年相談役、53年名誉顧問。大阪工業会副会長、発明協会副会長などを歴任した。　賞藍綬褒章〔昭和35年〕, 勲三等旭日中綬章, 勲二等瑞宝章〔昭和50年〕

【伝記・評伝】
◇蝸牛隋想　第1集～第9集　富久力松著　東洋ゴム工業　1955～1982.7　9冊　19cm
◇大阪産業をになう人々　大阪府工業協会　1956
◇財界の第一線1958年　人物展望社　1958
◇人間・技術・経営—蝸牛随想　富久力松著　創元社　1963　305p　図版　19cm
◇現代のリーダーシップ—今日の経済界が求めるリーダー像（対話講座なにわ塾叢書　6）　富久力松講話　共同ブレーンセンター　1982.9　161p　18cm
◇蝸牛隋想　第10集　蝸牛庵　1985.12　301p　19cm

外山 脩造 (とやま しゅうぞう)

天保13(1842)年11月10日～大正5(1916)年11月13日

＊＊＊

阪神電気鉄道初代社長、衆議院議員　⽣越後国古志郡小貫村（新潟県）　学慶応義塾卒, 開成学校卒

歴明治5年秋田県に出仕、6年大蔵省勤務を経て、11年大阪の第三十二国立銀行総監役に就任。25年衆議院議員に当選。36年浪速銀行頭取となり、国債応募などに活躍。この間、大阪貯蓄銀行、商業興信所、阪神電鉄などの創立に参加した。

【伝記・評伝】
◇軽雲外山翁伝　武内義雄　商業興信所　1928
◇財界物故傑物伝　実業之世界社　1936
◇関西財界外史　関西経済連合会　1976

◇近代政治関係者年譜総覧〈戦前篇　第5巻〉　ゆまに書房　1990.3　1245,36p　21cm

豊川 良平 (とよかわ りょうへい)

嘉永5(1852)年1月16日～大正9(1920)年6月12日

＊＊＊

三菱合資管事, 貴族院議員（勅選）　⽣土佐国（高知県）　旧姓（名）＝小野春弥　学慶応義塾〔明治8年〕卒

歴明治3年豊臣・徳川・張良・陳平の1字ずつをとって豊川良平と名乗る。13年犬養毅と「東海経済新報」を創刊、一方いとこの岩崎弥太郎が設立した三菱商業学校、明治義塾などの経営にあたる。22年三菱傘下の第百十九銀行頭取に就任、28年三菱合資会社銀行部創設に伴い同部支配人・部長をつとめ、三菱銀行の基礎を作る。43年三菱合資管事。大正2年に引退するまで三菱財閥の中枢として活躍。この間、銀行倶楽部委員長、東京手形交換所委員長などを歴任。大正期に入ると東京市議として市政刷新運動に参加、5年勅選貴族院議員となった。

【伝記・評伝】
◇当代の実業家—人物の解剖　実業之日本社　1903
◇現代富豪論　山路弥吉（愛山）　中央書院　1914
◇財界之人百人論　矢野滄浪　時事評論社　1915
◇豊川良平　鵜崎熊吉　同伝記刊行会　1922
◇財界物故傑物伝　実業之世界社　1936
◇日本実業家列伝　木村毅　実業之日本社　1953
◇日本財界人物列伝　第1巻　青潮出版編　青潮出版　1963　1171p　図版　26cm
◇財界人思想全集　第10　ダイヤモンド社　1971
◇岩崎弥太郎の独創経営—三菱を起こしたカリスマ　坂本藤良著　講談社　1986.10　248p　19cm
◇無冠の男〈上〉（新潮文庫）　小島直記著　新潮社　1988.6　431p　15cm

豊田 英二（とよだ えいじ）

大正2(1913)年9月12日～

***

トヨタ自動車社長・会長　囲愛知県名古屋市　学東京帝国大学工学部機械工学科〔昭和11年〕卒　歴昭和11年豊田自動機械製作所入社。12年トヨタ自動車工業分離独立に伴い移籍。20年32歳でトヨタ自動車工業取締役。技術部長、生産管理部長を経て、25年アメリカ留学、フォード社の技術を学ぶ。のち常務、専務、副社長を経て、42年社長に就任。47年日本自動車工業会会長となり、4期8年つとめる。57年7月工販合併によりトヨタ自動車会長。平成4年取締役名誉会長、6年名誉会長、11年6月最高顧問。経団連副会長、豊田工業大学理事長、トヨタ財団会長もつとめた。6年米国自動車殿堂入り。　賞藍綬褒章〔昭和46年〕、勲一等瑞宝章〔昭和58年〕、エンリケ航海王子勲章（ポルトガル）〔昭和61年〕、南山大学名誉経営博士号〔平成元年〕、勲一等旭日大綬章〔平成2年〕、東海テレビ文化賞（第23回）〔平成2年〕、ジェームズワット国際ゴールドメダル〔平成7年〕、オーストラリア・オナラリー・コンパニオン勲章, 豊田市名誉市民〔平成12年〕

【伝記・評伝】

◇決断—私の履歴書　豊田英二著　日本経済新聞社　1985.9　268p　20cm
◇トヨタ3代の決断　橋本紀彰, 吉原勇著　ビジネス社　1986.5　238p　19cm
◇日本の100人—リーダーたちの素顔　日本経済新聞社編　日本経済新聞社　1986.5　211p　21cm
◇私の履歴書—経済人〈22〉　日本経済新聞社編　日本経済新聞社　1987.1　489p　21cm
◇夢を拓く　宮崎緑著　講談社　1987.10　239p　19cm
◇統率力(リーダーシップ)が組織を燃やす(昭和の名語録)　山本七平ほか著　経済界　1987.11　284p　19cm
◇トヨタ50年—新時代へ向けて　中日新聞本社経済部編　(名古屋)中日新聞本社　1988.5　108p　19cm
◇トップが明かす強者の「戦略構築」　梶原一明著　大陸書房　1989.12　246p　19cm
◇経営の神髄　第3巻　利益日本一の経営　豊田英二　針木康雄著　講談社　1991.8　228p　19cm
◇私の履歴書—昭和の経営者群像〈8〉　日本経済新聞社編　日本経済新聞社　1992.11　298p　19cm
◇豊田英二—勇者は黙して誇らず　池田政次郎著　東洋経済新報社　1994.12　244p　19cm
◇寡黙な技術の帝王　豊田英二語録　ソニー・マガジンズ　1996.3　222p　19cm
◇企業家の群像と時代の息吹き（ケースブック日本企業の経営行動〈4〉）　伊丹敬之, 加護野忠男, 宮本又郎, 米倉誠一郎編　有斐閣　1998.7　383p　21cm
◇豊田英二語録(小学館文庫)　豊田英二研究会編　小学館　1999.1　269p　15cm
◇革新　トヨタ自動車—世界を震撼させたプリウスの衝撃(B&Tブックス)　板崎英士著　日刊工業新聞社　1999.4　310p　19cm
◇トヨタシステムの原点—キーパーソンが語る起源と進化　下川浩一, 藤本隆宏編著　文真堂　2001.1　231p　21cm

豊田 喜一郎（とよだ きいちろう）

明治27(1894)年6月11日～昭和27(1952)年3月27日

***

トヨタ自動車工業社長(創業者)　囲静岡県浜名郡吉津村（現・湖西市）　学東京帝国大学工学部機械科〔大正9年〕卒

歴トヨタグループの始祖・佐吉の長男。大正9年東京帝大工学部機械科卒後、豊田紡織入社、13年取締役、15年32歳で豊田自動織機製作所設立、常務に。昭和4年欧米工業事情視察の旅へ。5年4馬力のガソリンエンジンを完成。12年国産乗用車製造を狙いトヨタ自動車工業を設立、常務、16年社長に就任。本格的に自動車製造に乗り出すが、戦時下に入り目的を果せなかった。戦後25年未曾有の経営危機を迎え、豊田織機の石田退三に社長を譲って退陣。27年社長に復帰するが、その1ケ月後、脳溢血で急死。58歳。父佐吉譲りの"発明狂"だった。

【伝記・評伝】

◇豊田喜一郎氏　尾崎正久著　自研社　1955.3　228,62p　22cm

◇トヨタの秘密―利益日本一はいかに達成されたか　若山富士雄, 杉本忠明　こう書房　1977
◇夜明けへの挑戦―豊田喜一郎伝　木本正次著　新潮社　1979.7　223p　20cm
◇トヨタ3代の決断　橋本紀彰, 吉原勇著　ビジネス社　1986.5　238p　19cm
◇実業界の巨頭（ビジュアル版・人間昭和史〈5〉）　大来佐武郎, 扇谷正造, 草柳大蔵監修　講談社　1986.6　255p　21cm
◇小説　トヨタ王国―天馬無限〈上・下〉　邦光史郎著　集英社　1987.6　2冊　19cm
◇小説トヨタ王国―天馬無限　上・下（集英社文庫）　邦光史郎著　集英社　1990.2　2冊　15cm
◇王国の履歴書―ALL OF TOYOTA　池田政次郎編著　経営書院　1993.7　398p　19cm
◇トヨタ経営の源流―創業者喜一郎の人と事業　佐藤義信著　日本経済新聞社　1994.10　309p　19cm
◇企業家の群像と時代の息吹き（ケースブック日本企業の経営行動〈4〉）　伊丹敬之, 加護野忠男, 宮本又郎, 米倉誠一郎編　有斐閣　1998.7　383p　21cm
◇自動車が走った―技術と日本人（朝日選書）　中岡哲郎著　朝日新聞社　1999.1　219p　19cm
◇ケースブック　日本の企業家活動　宇田川勝編　有斐閣　1999.3　318p　21cm
◇豊田喜一郎文書集成　豊田喜一郎, 和田一夫編　名古屋大学出版会　1999.4　591,44p　22cm
◇トヨタ経営の源流―創業者・喜一郎の人と事業（講談社文庫）　佐藤義信著　講談社　1999.10　345p　15cm
◇日本の企業家群像　佐々木聡編　丸善　2001.3　292p　19cm
◇豊田喜一郎伝　和田一夫, 由井常彦著　トヨタ自動車　2001.11　392p　22cm
◇決断力〈中〉―そのとき、昭和の経営者たちは　日本工業新聞社編　日本工業新聞社, 扶桑社〔発売〕　2001.11　485p　19cm
◇トヨタ成長のカギ―創業期の人間関係（近代文芸社新書）　細川幹夫著　近代文芸社　2002.1　203p　18cm
◇豊田喜一郎伝　和田一夫, 由井常彦著, トヨタ自動車歴史文化部企画・編纂　名古屋大学出版会　2002.3　408p　22cm

豊田　佐吉
（とよだ　さきち）
慶応3（1867）年2月14日～昭和5（1930）年10月30日

＊＊＊

豊田紡織創業者, 発明家　生　遠江国吉津村（静岡県湖西市）

歴　農家に生まれ、寺子屋で学び、大工の徒弟となる。明治23年23歳で木製人力織機を発明。29年国産初の木製動力織機を完成し、35年豊田商店（後に豊田商会と改称）を開設。36年画期的な自動織機を完成して注目される。39年三井物産の後援で豊田式織機KKを設立、常務となる。戦後の不況で同社を去り、43年三井の好意で欧米視察。翌年帰国し豊田自動織機布工場（のちの豊田自動織機製作所）を設立。大正7年豊田紡織発足。9年上海に豊田上海紡織廠設立。昭和2年帰国。一方、関東大震災後、自動車国産化を決意、長男の喜一郎に国産自動車の研究開発を託した。一生を機械の発明に捧げ、生涯に得た特許は80余に及ぶ。

【伝記・評伝】
◇財界物故傑物伝　実業之世界社　1936
◇事業はこうして生れた　創業者を語る　実業之日本社編　実業之日本社　1954　264p　19cm
◇豊田佐吉伝　田中忠治編　トヨタ自動車工業　1955　382p　22cm
◇遠州偉人伝　第1巻　御手洗清　浜松民報社　1962
◇豊田佐吉（人物叢書）　楫西光速著　吉川弘文館　1962　234p　18cm
◇20世紀を動かした人々　第4　技術革新への道〔ほか〕　星野芳郎編　講談社　1963　404p　図版　19cm
◇日本財界人物列伝　第1巻　青潮出版編　青潮出版　1963　1171p　図版　26cm
◇明治の名古屋人　名古屋市教育委員会　1969
◇財界人100年の顔―日本経済を築いた人びと　ダイヤモンド社　1971
◇中京自動車夜話　尾崎政久　自研社　1971
◇生きる豊田佐吉―トヨタグループの成長の秘密　毎日新聞社編　毎日新聞社　1971　261p　19cm
◇トヨタの秘密―利益日本一はいかに達成されたか　若山富士雄, 杉本忠明　こう書房　1977
◇トヨタ3代の決断　橋本紀彰, 吉原勇著　ビジネス社　1986.5　238p　19cm

◇徳川家康とトヨタ商法―組織を最大に活かす驚くべき経営哲学　宮崎正弘著　第一企画出版　1986.12　229p　19cm
◇夢をもとめた人びと〈1〉　発明・発見　金平正, 北島春信, 蓑田正治編　玉川大学出版部(町田)　1987.3　126p　21cm
◇小説　トヨタ王国―天馬無限〈上・下〉　邦光史郎著　集英社　1987.6　2冊　19cm
◇逆境を拓く―苦難をバネにした先達の生きざま　宮本惇夫著, 川鉄商事広報室編　産業能率大学出版部　1987.6　228p　19cm
◇豊田佐吉〔新装版〕(人物叢書)　楫西光速著　吉川弘文館　1987.8　235p　19cm
◇社長の哲学―13人の経営と信仰　小島五十人著　鈴木出版　1988.2　189p　19cm
◇ビジュアルワイド　新日本風土記〈23〉　愛知県　ぎょうせい　1988.6　72p　30cm
◇気で生きた人々〈上〉　河野十全著　真理生活研究所人間社, 青葉出版〔発売〕　1988.10　240p　19cm
◇代表的日本人―自己実現に成功した43人　竹内均著　同文書院　1990.1　403p　19cm
◇小説トヨタ王国―天馬無限〈上・下〉(集英社文庫)　邦光史郎著　集英社　1990.2　2冊　15cm
◇財界人物我観(経済人叢書)　福沢桃介著　図書出版社　1990.3　177p　19cm
◇続　豪商物語　邦光史郎著　博文館新社　1991.2　294p　19cm
◇新・財界人列伝―光と影　厚田昌範著　読売新聞社　1992.1　254p　19cm
◇会社のルーツおもしろ物語―あの企業の創業期はこうだった!(PHPビジネスライブラリー〈A-342〉)　邦光史郎著　PHP研究所　1992.8　285p　18cm
◇技術の文化史(産業考古学シリーズ〈2〉―技術文化ブックス〈2〉)　黒岩俊郎編　アグネ　1993.1　289p　21cm
◇日本を造った男たち―財界創始者列伝　竹内均著　同文書院　1993.11　254p　19cm
◇マンガ日本史傑物列伝―この才覚に学ぶ!　泉秀樹文, 黒鉄ヒロシ画　三笠書房　1993.12　175p　21cm
◇起業家列伝(徳間文庫)　邦光史郎著　徳間書店　1995.4　282p　15cm
◇特許はベンチャー・ビジネスを支援する　荒井寿光著　発明協会　1998.5　116p　21cm
◇企業家の群像と時代の息吹き(ケースブック日本企業の経営行動〈4〉)　伊丹敬之, 加護野忠男, 宮本又郎, 米倉誠一郎編　有斐閣　1998.7　383p　21cm
◇教科書が教えない歴史―明治-昭和初期、日本の偉業(扶桑社文庫)　藤岡信勝, 自由主義史観研究会著　産経新聞ニュースサービス, 扶桑社〔発売〕　1999.7　387p　15cm
◇トヨタ成長のカギ―創業期の人間関係(近代文芸社新書)　細川幹夫著　近代文芸社　2002.1　203p　18cm
◇豊田喜一郎伝　和田一夫, 由井常彦著, トヨタ自動車歴史文化部企画・編纂　名古屋大学出版会　2002.3　408p　22cm

豊田　利三郎
とよだ　りさぶろう

明治17(1884)年3月5日～昭和27(1952)年6月3日

＊＊＊

豊田自動織機製作所初代社長, トヨタ自動車工業初代社長・会長　囲滋賀県彦根　旧姓(名)＝児玉　学神戸高商(現・神戸大学)卒, 東京高商(現・一橋大学)卒

歴伊藤忠商事入社。28歳でマニラ支店長に抜擢される。32歳でトヨタグループの始祖豊田佐吉の長女愛子と結婚、豊田家の婿養子となる。大正7年豊田紡織の常務として実権を握る。9年以降の世界的恐慌を乗り切り、15年豊田自動織機製作所の初代社長となり、近代的な豊田企業グループとしての脱皮に尽す。昭和14年トヨタ自動車工業初代社長。16年会長に。

【伝記・評伝】
◇日本経済を育てた人々　高橋弥次郎　関西経済連合会　1955
◇豊田利三郎氏伝記　岡本藤次郎編　豊田利三郎氏伝記編纂会刊　1958
◇思い出の財界人〔2版〕　下田将美　実業之日本社　1960
◇トヨタの秘密―利益日本一はいかに達成されたか　若山富士雄, 杉本忠明　こう書房　1977

鳥井　信治郎

とりい　しんじろう

明治12（1879）年1月30日～昭和37（1962）年2月20日

＊＊＊

サントリー社長・会長（創業者）　⓹大阪府大阪市東区（現・中央区）　⓻大阪商〔明治25年〕中退
⓹大阪商業学校に2年在籍した後、薬種問屋小西儀助商店に丁稚奉公。洋酒の知識を得て、明治32年鳥井商店を開業。39年寿屋洋酒店に改称、翌年日本人向きのブドウ酒"赤玉ポートワイン"を製造・発売、急成長する。大正10年寿屋（現・サントリー）を設立し社長に就任。13年英国でスコッチウイスキー製造を学んだ竹鶴政孝を招いて、ウイスキーの製造に着手。昭和4年日本初の国産ウイスキー"サントリー白札"を発売。洋酒製造の他、広告等に尽力し優れた意匠を創出するなど今日のサントリーおよび洋酒業界の発展に貢献した。36年二男に社長を譲り、会長となる。秀吉の熱烈な崇拝者で、著書に「生ける豊太閤」がある。

【伝記・評伝】
◇大阪産業をになう人々　大阪府工業協会　1956
◇日本ウイスキー物語　美酒一代―鳥井信治郎伝　杉森久英著　毎日新聞社　1966　220p　図版　18cm
◇やってみなはれ　山口瞳,開高健　サン・アド　1969
◇青雲の志について―鳥井信治郎伝（集英社文庫）　山口瞳著　集英社　1981.8　171p　16cm
◇美酒一代―鳥井信治郎伝　杉森久英著　毎日新聞社　1983.12　210p　20cm
◇美酒一代―鳥井信治郎伝（新潮文庫）　杉森久英著　新潮社　1986.11　231p　15cm
◇決断力に己れを賭けよ（昭和の名語録）　邦光史郎ほか著　経済界　1987.11　262p　19cm
◇さよならヒット商品　こんにちはロングセラー　水喜習平著　日本実業出版社　1987.11　262p　19cm
◇サントリー（企業コミック）　相川優子作, 村祭まこと画　世界文化社　1988.3　209p　21cm
◇売りモノを創った男たち　藤田忠司著　リバティ書房　1988.10　309p　19cm
◇やってみなはれ―芳醇な樽　邦光史郎著　集英社　1989.1　285p　19cm
◇「時代の気分」を両手でつかんだ男たち―何がベストセラー商品を生み出すのか　本多光太郎著　中経出版　1990.2　198p　19cm
◇通の時代に飛翔するニッカ「ブレンド」戦略―いまサントリーが射程距離に入ってきた　片山又一郎著　評言社　1991.3　230p　19cm
◇死んでたまるか!―ここを乗り切れ、道は開ける!（ムックセレクト〈506〉）　河野守宏著　ロングセラーズ　1995.4　214p　17cm
◇食を創造した男たち―日本人の食生活を変えた五つの食品と五人の創業者　島野盛郎著　ダイヤモンド社　1995.10　210p　19cm
◇ケースブック　日本の企業家活動　宇田川勝編　有斐閣　1999.3　318p　21cm

【な】

内藤　豊次

ないとう　とよじ

明治22（1889）年8月15日～昭和53（1978）年3月20日

＊＊＊

エーザイ社長・会長　⓹福井県丹生郡　⓻福井県武生中学〔明治36年〕中退
⓹独学し、明治39年神戸のドイツ人貿易商ウィンケル商館に入り、英語、簿記を学んだ。近衛連隊に徴兵、除隊後44年神戸の英人薬局タムソン商会に入り薬を勉強。大正4年東京の田辺元三郎商店（現・田辺製薬）に入社。昭和12年欧米訪問、新薬部長となり、サロメチール、ハリバ（ビタミンA剤）、エビオスなどを開発。11年にはハリバの特許料で桜ヶ岡研究所を設立、次いで16年日本衛材（30年エーザイと改称）を設立して社長となった。18年田辺を退社、41年エーザイ会長。44年私財を投じ内藤記念科学振興財団を設立して理事長。

【伝記・評伝】
◇第三人生のあゆみ　内藤豊次著　エーザイ　1964　363p　図版　18cm
◇追想　内藤豊次　追想内藤豊次編集委員会編　エーザイ　1979.3　434p　24cm

内藤 久寛

安政6(1859)年7月22日～昭和20(1945)年1月29日

＊＊＊

日本石油社長(創業者)，貴族院議員(勅選)，衆議院議員(進歩党)　出新潟県　学高島学校卒

歴 高島学校で英語を学び家業に従事。明治18年新潟県議。21年郷里石地町に日本石油会社を設立、社長。28年以来衆議院議員当選2回したが、石油事業視察のため欧米旅行2回、その後は政治に深入りせず、大正3年日石秋田黒川油田が大噴出、10年宝田石油を合併、わが国の石油界を独占し、輸入精製も進め、石油王といわれた。14年勅選貴族院議員。

【伝記・評伝】
◇春風秋雨録　内藤久寛著　春風秋雨録頒布会　1957　353p　図版　18cm
◇日本財界人物列伝　第1巻　青潮出版編　青潮出版　1963　1171p　図版　26cm
◇燃える男の肖像　木本正次著　講談社　1981.10　420p　20cm
◇近代政治関係者年譜総覧〈戦前篇　第5巻〉　ゆまに書房　1990.3　1245,36p　21cm
◇東北開発人物史—15人の先覚者たち　岩本由輝著　刀水書房　1998.3　334p　19cm

内藤 祐次

大正9(1920)年8月3日～

＊＊＊

エーザイ社長・会長，内藤記念科学振興財団理事長　出東京　学東京帝国大学経済学部〔昭和19年〕卒

歴 戦中学徒出陣で零戦特攻隊員となる。昭和20年父親が創業した日本衛材(現・エーザイ)に入社。31年取締役、34年常務、39年専務を経て、41年社長に就任。63年4月会長に退く。国際製薬団体連合会(IFPMA)理事、日本製薬工業協会会長などを歴任。平成元年医薬品の副産物研究にとりくむ日本RADIAR協議会会長に就任。　賞UCL(ロンドン大学)メダル〔平成6年〕，勲三等旭日中綬章〔平成10年〕

【伝記・評伝】
◇人生、わが師わが出会い—一流人を創った運命の転機・決断　大和出版　1987.4　221p　19cm
◇グリーン交遊録—ゴルフにみるトップの素顔　夕刊フジ編集局編　プレス出版　1988.10　189p　19cm
◇エーザイ五十年と私(エーザイ株式会社創業50周年記念出版)　エーザイ株式会社　1991　276p　図版　22cm
◇祐菜余録—内藤祐次随筆集　内藤祐次　エーザイ(株)　1998.4　279p　22cm

中井 春雄

明治44(1911)年5月18日～平成3(1991)年4月4日

＊＊＊

日本水産社長　出三重県伊勢市　学名古屋高商〔昭和8年〕卒

歴 共同漁業、日満漁業を経て、昭和15年日本水産に入社。トロール部課長、経理部長、27年取締役、36年副社長、38年社長、48年会長に就任。39年第3回北太平洋公海漁業に関する国際条約締結会議(カナダ)、40年北太平洋国際漁業会議(アメリカ)に政府代表として出席する。　賞勲二等瑞宝章〔昭和58年〕

【伝記・評伝】
◇日本水産相談役中井春雄　四十七年の航跡　越川三郎著　水産タイムズ社　1979.10

中川 末吉

明治7(1874)年11月6日～昭和34(1959)年4月9日

＊＊＊

古河電気工業社長，日本軽金属社長　出滋賀県　旧姓(名)＝赤塚　学東京専門学校卒，エール大学〔明治41年〕卒

歴 明治21年古河鉱業本店に入り、36年渡米、41年古河へ復帰、足尾銅山営業販売係長、大正3年古河系横浜電線常務、6年古河銀行専務、10年古河電気工業専務、14年同社長。13年には横浜護謨社長、昭和15年日本軽金属社長、古河合名理事も歴任。また横浜商議所会頭も務めた。戦後追放、26年解除後は古河系企業相談役となった。

中川 以良 (なかがわ もちなが)

明治33(1900)年1月29日～平成9(1997)年10月24日

***

四国電力社長・会長, 参議院議員　⑮山口県
⑳東京農業大学〔大正12年〕卒
歴 大正12～14年ドイツ・ベルリン農業大学に留学。帰国後、朝鮮皮革社長、華北皮革社長などを経て、戦後、国民経済会議中小工業部委員長、皮革統制会理事長、皮革協会長などを歴任。昭和22年以来参議院議員をつとめ、その間参議院自由党幹事長、大蔵・通産各委員長を歴任。31年四国電力常務、32年副社長、35年社長に就任、41年会長、46年相談役。また四国経済連合会会長、日経連・経団連・関経連各常任理事もつとめた。
賞 藍綬褒章〔昭和41年〕, 勲二等旭日重光章〔昭和45年〕, 志度町名誉町民〔昭和54年〕, 香川県名誉県民〔昭和59年〕

【伝記・評伝】
◇開発の鍵を求めて　中川以良著　ダイヤモンド社　1962.3　317p　図版　19cm

中島 久万吉 (なかじま くまきち)

明治6(1873)年7月24日～昭和35(1960)年4月25日

***

古河電機工業社長, 日本工業倶楽部専務理事, 商工相, 貴族院議員, 男爵　⑮群馬県　⑳東京高商(現・一橋大学)〔明治30年〕卒
歴 第1次桂内閣の首相秘書官から明治39年古河合名に入り、横浜ゴム、古河電工の設立に尽力し各社長を歴任後、大正5年日本工業倶楽部創立とともに専務理事に就任。昭和7年には斎藤内閣の商工相となり、製鉄、ビール、製紙などの会社合併を推進する。だが2年後、足利尊氏を讃美したとして右翼の攻撃を受けたため大臣を辞任、帝銀事件にも連座して、一時政財界から退いた。その後15年には財界に復帰、戦後は日本貿易会を設立したほか国際電信電話創立委員長、文化放送会長を歴任。著書に「政界財界五十年」がある。

【伝記・評伝】
◇財界之人百人論　矢野滄浪　時事評論社　1915
◇核心の問題　中島久万吉　1923
◇財界の顔　池田さぶろ　講談社　1952
◇財界回想録　上巻　日本工業倶楽部　1967
◇財界人思想全集　第2　ダイヤモンド社　1970

中島 慶次 (なかじま けいじ)

明治27(1894)年9月20日～昭和48(1973)年10月16日

***

王子製紙社長　⑮新潟県長岡市　⑳東京高商(現・一橋大学)〔大正5年〕卒
歴 大学を出て旧王子製紙に入社、昭和20年秋常務に選任されたが、前任の足立正の追放により社長に就任。その直後に会社は連合軍から分割を命じられ、結局3分割となった。日本の講和後は創業者、藤原銀次郎らの遺志を継ぐため3社統合による復元に奔走するが、独禁法の壁は破れず失敗する。だが、長く現場で労務管理や経理事務を担当したため従業員の信頼が厚く、歴史的な王子争議の際もこの人だけは組合から非難されることはなかった。

【伝記・評伝】
◇財界の顔　池田さぶろ　講談社　1952
◇財界人の横顔　古田保　岩崎書店　1954
◇財界の第一線1958年　人物展望社　1958
◇現代人物史伝　第10集　中島慶次　河野幸之助著　日本時報社出版局　1961　337p　図版　19cm
◇財界回想録　下巻　日本工業倶楽部　1967
◇中島慶次氏を偲ぶ　中島慶次追悼録刊行会　中島慶次追悼録刊行会　1976.1　357p　22cm
◇この経営者の急所を語る─三鬼陽之助の財界人備忘録　三鬼陽之助著　第一企画出版　1991.7　256p　19cm

中島　知久平

明治17（1884）年1月1日～昭和24（1949）年10月29日

＊＊＊

中島飛行機創業者，衆議院議員（政友会），鉄道相，商工相　⬚生　群馬県新田郡尾島町　⬚学　海軍機関学校〔明治41年〕卒

⬚歴　明治41年海軍機関学校卒業後、機関大尉としてアメリカ、フランスに留学、飛行術を学び航空界を視察する。軍人を断念し、大正6年郷里の町に友人と飛行機研究所を設立。のち、中島飛行機製作所に改称、昭和6年中島飛行機株式会社に改組、順調な経営を続け、敗戦の年、国家管理下におかれるまで、軍の盛衰とともに歩み続けた。製作した飛行機も多種多様で、終戦までの生産機数は日本最大で、全国生産台数の30％を占めた。一方、昭和5年衆議院議員に当選以来5選、所属した政友会の金袋と云われ、13年政友会総裁に就任。以後、鉄道相、軍需相、商工相を歴任。戦後、A級戦犯となるが、22年釈放された。

【伝記・評伝】
◇巨人中島知久平　渡部一英著　鳳文書林　1955　466p　図版　19cm
◇偉人中島知久平秘録・附遺稿　毛呂正憲編　上毛偉人伝記刊行会　1960
◇日本財界人物列伝　第2巻　青潮出版編　青潮出版　1964　1175p　図版13枚　27cm
◇さらば空中戦艦・富岳―幻のアメリカ本土大空襲　碇義朗著　徳間書店　1979.12　222p　19cm
◇一歩先を読む生きかた（知的生きかた文庫）　堺屋太一ほか著　三笠書房　1987.9　244p　15cm
◇中島飛行機の研究　高橋泰隆著　日本経済評論社　1988.5　302p　19cm
◇売りモノを創った男たち　藤田忠司著　リバティ書房　1988.10　309p　19cm
◇飛行機王・中島知久平　豊田穰著　講談社　1989.8　369p　19cm
◇私は捨て子だった　野中久子著　草思社　1991.7　174p　19cm
◇富岳―米本土を爆撃せよ　前間孝則著　講談社　1991.11　593p　19cm
◇頭角の現わし方―世に出た人間の研究（PHPビジネスライブラリー〈A-332〉）　藤田忠司著　PHP研究所　1992.3　222p　18cm
◇企業立国・日本の創業者たち―大転換期のリーダーシップ　加来耕三著　日本実業出版社　1992.5　262p　19cm
◇飛行機王・中島知久平（講談社文庫）　豊田穰著　講談社　1992.10　421p　15cm
◇日本資本主義の群像（現代教養文庫―内橋克人クロニクル・ノンフィクション〈3〉）　内橋克人著　社会思想社　1993.2　209p　15cm
◇中島飛行機物語―ある航空技師の記録　前川正男著　光人社　1996.4　208p　19cm
◇日本の飛行機王中島知久平―日本航空界の一大先覚者の生涯（光人社NF文庫）　渡部一英著　光人社　1997.5　468p　16cm
◇昭和史の史料を探る　伊藤隆著　青史出版　2000.7　224p　19cm
◇帝国陸海軍は何故失敗したか？―狂瀾怒濤の時代に生きて　保坂俊三著　丸ノ内出版　2000.8　221p　19cm
◇日本創業者列伝―企業立国を築いた男たち（人物文庫）　加来耕三著　学陽書房　2000.8　362p　15cm

長瀬　富郎

文久3（1863）年11月21日～明治44（1911）年10月26日

＊＊＊

花王石鹸創業者　⬚生　美濃国恵那郡福岡村（岐阜県福岡町）　幼名＝富二郎

⬚歴　米穀・酒造業者の二男に生れる。12歳で叔父の店に入る。明治18年上京、日本橋馬喰町の和洋小間物問屋伊能商店に入店、大番頭となり富郎と改名。20年独立し日本橋に長瀬洋物店（のちの花王石鹸、現・花王）を開くが、23年石鹸製造職人の村田亀太郎と提携して「花王石鹸」の発売に乗り出す。その後、粉歯磨、練歯磨、石蝋などの製造・販売にも事業を拡張、また工場を拡げ、石鹸製造技術の改良を行い、油脂石鹸業界に君臨するに至った。44年合資会社長瀬商会を設立。

【伝記・評伝】
◇財界物故傑物伝　実業之世界社　1936
◇初代長瀬富郎伝　服部之総　花王石鹸　1940　391p　22cm

◇日本財界人物列伝　第2巻　青潮出版編　青潮出版　1964　1175p　図版13枚　27cm
◇郷土にかがやくひとびと　下巻　岐阜県　1970　285p　19cm
◇服部之総全集　9　初代長瀬富郎伝　福村出版　1973　349p　20cm
◇日本の企業家群像　佐々木聡編　丸善　2001.3　292p　19cm

中田　錦吉 (なかだ　きんきち)

元治元(1865)年12月9日～大正15(1926)年2月20日

＊＊＊

住友合資総理事　生 出羽国大館(秋田県)
学 東京帝国大学法科大学〔明治23年〕卒
歴 明治23年判事に任官。水戸裁判所長、東京控訴院部長を経て、33年住友家に入り、35年別子鉱業所支配人となる。41年本店理事及び銀行支配人となり、大正11年鈴木馬左也の後をついで住友合資総理事に就任、14年まで務めた。この間、住友信託、住友生命各社を創立し、住友銀行、大阪商船、住友倉庫、日本電気、東亜興業などの取締役を兼任。

【伝記・評伝】
◇財界物故傑物伝　実業之世界社　1936
◇住友財閥成立史の研究　畠山秀樹著　同文舘出版　1988.1　530p　21cm

永田　仁助 (ながた　じんすけ)

文久3年3月22日(1863年)～昭和2(1927)年3月10日

＊＊＊

浪速銀行頭取, 大阪電灯会社社長, 貴族院議員(勅選)　身 大阪
歴 米穀商の家に生まれる。明治22年25歳大阪の第1回市会議員選挙で市会議員となり、後、府会議員にも選ばれた。明治27年実業界への転向を決意し、大阪明治銀行創設時に取締役となる。31年市中銀行大合同で浪速銀行が創設されると常務取締役。41年頭取に就任。頭取勇退後大阪電灯会社監査役を経て大正7年社長に。10年再び取締役、11年より監査役。浪速銀行は9年十五銀行に合併し、その名は消えた。同年、日本信託銀行を創立。大正14年勅選議員に推薦され貴族院議員。
賞 従五位勲三等瑞宝章

【伝記・評伝】
◇磐舟永田翁伝　野田広二　1929
◇財界物故傑物伝　実業之世界社　1936
◇関西財界外史　関西経済連合会　1976
◇近代政治関係者年譜総覧〈戦前篇　第5巻〉　ゆまに書房　1990.3　1245,36p　21cm

永田　雅一 (ながた　まさいち)

明治39(1906)年1月21日～昭和60(1985)年10月24日

＊＊＊

大映社長, 大毎オリオンズオーナー　生 京都府京都市　学 大倉高商〔大正12年〕中退
歴 牧野省三に認められ、大正14年日本活動写真(日活)京都撮影所に入り、昭和9年第一映画社代表、11年新興キネマ取締役京都撮影所長、17年大日本映画製作(大映)専務、22年社長。23年1月公職追放になったが、5月解除され社長にカムバック。26年「羅生門」がベネチア映画祭グランプリを受賞したのをはじめ数々の名作を手がけ、大映の黄金時代を築く。またプロ野球のワンマンオーナーとして君臨、初代パリーグ総裁も務めた。"永田ラッパ"の名で知られた。政界とも深く関わり、政界の黒幕とも呼ばれたが、36年以降は絶縁。46年大映破産と共に社長の座をおりたが、50年プロデューサーとして映画界にカムバックし「君よ憤怒の河を渉れ」などを製作。「映画道まっしぐら」の著書がある。没後の63年野球殿堂入り。また競争馬のオーナーとしても有名。
賞 紫綬褒章〔昭和30年〕, フランス芸術文化勲章〔昭和36年〕, 藍綬褒章〔昭和41年〕

【伝記・評伝】
◇財界の顔　池田さぶろ　講談社　1952
◇映画道まっしぐら　永田雅一著　駿河台書房　1953
◇財界人の横顔　古田保　岩崎書店　1954
◇腕一本すね一本　五島慶太・永田雅一・山崎種二・松下幸之助　飛車金八著　鶴書房　1956　261p　19cm
◇私の履歴書　第4集　日本経済新聞社　1957
◇映画自我経　永田雅一著　平凡出版社　1957
◇昭和怪物伝　大宅壮一著　角川書店　1957　290p　19cm

◇永田雅一(一業一人伝)　田中純一郎著　時事通信社　1962　204p　図版　18cm
◇大いなる終焉―永田雅一の華麗なる興亡　山下重定著　日芸出版　1972　259p　19cm
◇風雲を呼ぶ男　杉森久英著　時事通信社　1977.2　346p　19cm
◇私の履歴書　経済人　2　日本経済新聞社編　日本経済新聞社　1980.6　477p　22cm
◇西本幸雄の本気で殴るリーダー術(実日新書)　水本義政構成　実業之日本社　1986.10　235p　18cm
◇私の財界昭和史(私の昭和史シリーズ)　三鬼陽之助著　東洋経済新報社　1987.2　272p　19cm
◇昭和の怪物たち(河出文庫)　杉森久英著　河出書房新社　1989.6　276p　15cm
◇森一生　映画旅　森一生,山田宏一,山根貞男著　草思社　1989.11　439,8p　21cm
◇黄金伝説―「近代成金たちの夢の跡」探訪記　荒俣宏著,高橋昇写真　集英社　1990.4　253p　21cm
◇ラッパと呼ばれた男―映画プロデューサー永田雅一　鈴木晰也著　キネマ旬報社　1990.8　255p　21cm
◇私の履歴書―昭和の経営者群像〈3〉　日本経済新聞社編　日本経済新聞社　1992.9　278p　19cm
◇黄金伝説(集英社文庫―荒俣宏コレクション)　荒俣宏著　集英社　1994.4　331p　15cm
◇映画道まっしぐら―伝記・永田雅一(伝記叢書294)　永田雅一著　大空社　1998.6　338,5p　22cm

なかつかさ　きよし
中司　清

明治33(1900)年10月21日～平成2(1990)年5月1日

＊＊＊

鐘淵化学工業社長・会長　 生 山形県山形市　旧姓(名)＝有泉　 学 慶応義塾大学経済学部〔大正13年〕卒

歴 大正13年鐘淵紡績入社。戦争中は満州新京出張所長として活躍、昭和19年取締役、20年現地で敗戦。22年副社長となり、敗戦で打撃を受けた鐘紡の再建に努力。24年繊維部門を残し、他部門を新会社に集約する再建計画を決め、9月鐘淵化学工業を設立、社長になった。以後、塩化ビニール、ブタノールの企業化、アクリル系合成繊維の研究に着手、31年カネカロン株式会社を創立、事業の多面化を推進した。44年会長、49年退任して取締役相談役、53年から名誉会長。この間、関西経済連合会副会長を務めた。　 賞 藍綬褒章〔昭和36年〕、勲二等旭日重光章〔昭和45年〕、経営者賞〔昭和45年〕、ベルギー王冠勲章コマンドール章〔昭和49年〕

【伝記・評伝】
◇即興　石黒英一経済事務所編　鐘淵化学工業　1984.9　163p　31cm
◇偲　中司清　鐘淵化学工業　1991.9　249p　31cm

なかの　きんじろう
中野　金次郎

明治15(1882)年5月20日～昭和32(1957)年10月30日

＊＊＊

興亜火災海上保険社長　 生 福岡県若松　 学 若松高小〔明治28年〕卒

歴 石油などの行商を営んだあと、明治30年筑豊鉄道へ入社。38年叔父の会社である巴組の肥後・門司支店をまかされ海運業に乗り出す。大正9年内国通運相談役、12年専務となり、経営のたて直しをはかり、13年社長に就任。昭和3年通運業界大合同を行い、国際通運を設立して社長となるが、12年同社を含め7社が合併し日本通運が設立されたため社長を退く。19年海上火災保険4社を合併、興亜海上火災運送保険を設立し、社長に就任。戦後公職追放となり、解除後、26年巴組汽船を中野汽船に改組、社長となる。財界でも活躍し日本工業倶楽部評議員、東京商工会議所副会頭などを歴任した。

【伝記・評伝】
◇国際通運株式会社史　国際通運編　国際通運　1938　399p　27cm
◇財界の顔　池田さぶろ　講談社　1952
◇中野金次郎伝(日本財界人物伝全集)　村田弘著　東洋書館　1957.3　345p　図版　19cm
◇中野金次郎追想録　興亜火災海上　1959
◇日本財界人物列伝　第2巻　青潮出版　1964

永野 重雄(ながの しげお)

明治33(1900)年7月15日〜昭和59(1984)年5月4日

***

新日本製鉄会長,日本商工会議所会頭　生島根県松江市　身広島県安芸郡下蒲刈町　学東京帝国大学法学部政治学科〔大正13年〕卒

歴大正13年浅野物産に入り、富士製鋼、日本製鉄を経て、昭和25年富士製鉄社長に就任。八幡・富士の大合併を推進し、45年合併後の新日鉄会長に就任、48年から名誉会長。財界活動では戦後21年の経済同友会設立に参加して代表幹事となり、44年からは15年間にわたって東京・日商会頭を務めるなど戦後の財界をリードし、政界にも大きな影響を与えた。また太平洋経済委員会会長、日ソ経済委員会代表委員などを歴任、民間経済外交にも尽力したが、明治の気骨を貫き通し、柔道、囲碁など合わせて64段は自慢の一つだった。

賞藍綬褒章〔昭和34年〕, 勲一等瑞宝章〔昭和45年〕, 勲一等旭日大綬章〔昭和53年〕, コンパニオン・オブ・ジ・オーダー・オブ・オーストラリア勲章〔昭和55年〕, 交通文化賞(第28回)〔昭和55年〕

【伝記・評伝】

◇財界の顔　池田さぶろ　講談社　1952
◇財界人の横顔　古田保　岩崎書店　1954
◇この経営者を見よ—日本財界の主流をゆく人々　会社研究所　ダイヤモンド社　1958
◇大法螺小法螺　永野重雄著　武田豊　1960　135p　22cm
◇若き日の社長　現代事業家の人間形成　海藤守著　徳間書店　1962　329p　18cm
◇財界回想録　下巻　日本工業倶楽部　1967
◇私の履歴書　第36集　日本経済新聞社　1969　324p　19cm
◇財界人思想全集　第6　ダイヤモンド社　1970
◇財界人100年の顔—日本経済を築いた人びと　ダイヤモンド社　1971
◇財界—日本の人脈　読売新聞社　1971
◇経営のこころ　第10集　日刊工業新聞社　1974
◇永野重雄　生き方・考え方　佐藤正忠著　サンケイ出版　1977.5　199p　19cm
◇永野重雄論(現代人物論全集)　羽間乙彦著　ライフ社　1977.6　290p　肖像　20cm
◇君は夜逃げしたことがあるか—私の人生体験と経営理念　永野重雄著　にっかん書房　1979.10　219p　22cm
◇私の履歴書　経済人　12　日本経済新聞社編　日本経済新聞社　1980.11　467p　22cm
◇リーダーの魅力　プレジデント編　プレジデント社　1981.2
◇永野重雄わが財界人生　ダイヤモンド社　1982.7　277p　20cm
◇永野重雄年譜(永野重雄わが財界人生)　ダイヤモンド社　1982.7
◇経団連会長稲山嘉寛vs日商会頭永野重雄武器なき戦い　マスコミ研究会編　国会通信社　1984.1　255p　19cm
◇永野重雄回想録　新日本製鉄「永野重雄回想録」編集委員会　1985.4　767p　図版18枚　22cm
◇永野重雄追想集　日本商工会議所・東京商工会議所「永野重雄追想集」刊行会編　日本商工会議所・東京商工会議所「永野重雄追想集」刊行会　1985.4　570p　図版15枚　22cm
◇人を心服させるトップリーダー学—なぜ彼らの周りには人が集まるのか　永川幸樹著　日本実業出版社　1986.11　230p　19cm
◇日商会頭の戦後史(権力者の人物昭和史　8)　安原和雄著　ビジネス社　1986.12　270p　19cm
◇ビジュアル版・人間昭和史〈4〉　財界の指導者　講談社　1987.2　255p　21cm
◇逆境を拓く—苦難をバネにした先達の生きざま　宮本惇夫著, 川鉄商事広報室編　産業能率大学出版部　1987.6　228p　19cm
◇いまの世の中どうなってるの　本田靖春著　文芸春秋　1987.10　253p　19cm
◇社長の決断(徳間文庫)　伊藤肇著　徳間書店　1987.11　350p　15cm
◇繁栄の群像—戦後経済の奇跡をなしとげた経営者たち　板橋守邦著　有楽出版社, 実業之日本社〔発売〕　1988.6　253p　19cm
◇不滅の帝王学—プロ指導者をめざす人へ　伊藤肇著　東林出版社, 星雲社〔発売〕　1988.8　286p　19cm
◇社長になる人脈はこう作れ!—組織の中で勝ち抜く処世術　岩淵明男著　オーエス出版　1992.11　228p　19cm

◇私の履歴書―昭和の経営者群像〈10〉　日本経済新聞社編　日本経済新聞社　1992.11　294p　19cm
◇史上空前の繁栄をもたらした人びと―昭和後期の企業家21人の生きざま(HOREI BOOKS)　新井喜美夫著　総合法令　1993.12　183p　18cm

中野　武営 (なかの　ぶえい)

弘化5(1848)年1月3日～大正7(1918)年10月8日

＊＊＊

関西鉄道社長, 衆議院議員(無所属)　囲讃岐国高松(香川県)　幼名=権之助, 作造, 号=随郷　学藩校講道館卒
歴明治5年香川県史生、権少属を経て、農商務省権少書記官となるが、14年の政変で辞職。立憲改進党創立に参加し、事務委員。22年愛媛県議、同議長、東京市議、同議長を歴任。23年東京市より第1回総選挙に立候補し衆議院議員に当選、8期。日本大博覧会評議員、東洋拓殖設立委員、関西鉄道社長、東京株式取引所理事長、東京商業会議所会頭を歴任。営業税廃止運動に参加した。

【伝記・評伝】
◇当代の実業家―人物の解剖　実業之日本社　1903
◇現代富豪論　山路弥吉(愛山)　中央書院　1914
◇中野武営翁の七十　薄田貞敬編　中野武営伝編纂会　1934.11　597p　肖像　20cm
◇財界物故傑物伝　実業之世界社　1936

中橋　徳五郎 (なかはし　とくごろう)

元治元(1864)年9月10日～昭和9(1934)年3月25日

＊＊＊

大阪商船社長, 衆議院議員(政友会), 内相, 商工相, 文相　囲加賀国金沢(石川県)　旧姓(名)=斎藤　号=狸庵　学金沢専門学校文学部卒, 東京帝国大学選科〔明治19年〕卒
歴大学院で商法専攻。明治19年判事試補となり横浜始審裁判所詰。20年農商務省に移り、参事官、22年衆議院制度取調局出仕となり欧米出張。帰国後衆議院書記官、通信省参事官、同監査局長、鉄道局長を歴任。31年岳父で大阪商船社長の田中市兵衛の要請で同社長に就任。台湾航路の拡大など社運をばん回、大正3年まで務めた。かたわら日本窒素、宇治川電気などで重役、熊本県水俣町に窒素肥料工場を建設。さらに渋沢栄一らと日清汽船を創設、取締役。一方衆議院議員当選6回、政友会に入り、7年原敬、10年高橋是清両内閣の文相を務めた。13年政友本党、14年政友会復党。昭和2年田中義一内閣の商工相、6年犬養毅内閣内相となった。　賞正三位勲一等旭日桐花大綬章

【伝記・評伝】
◇現代富豪論　山路弥吉(愛山)　中央書院　1914
◇財界物故傑物伝　実業之世界社　1936
◇宇治電之回顧　林安繁　宇治電ビルディング　1942
◇日本経済を育てた人々　高橋弥次郎　関西経済連合会　1955
◇日本財界人物列伝　第1巻　青潮出版編　青潮出版　1963　1171p　図版　26cm
◇財界人思想全集　第7　ダイヤモンド社　1970
◇関西財界外史　関西経済連合会　1976
◇近代政治関係者年譜総覧〈戦前篇　第5巻〉　ゆまに書房　1990.3　1245,36p　21cm
◇中橋徳五郎―伝記・中橋徳五郎　上巻(伝記叢書179)　牧野良三編　大空社　1995.6　629,12,6p　22cm
◇中橋徳五郎―伝記・中橋徳五郎　下巻(伝記叢書180)　牧野良三編　大空社　1995.6　581,6p　22cm

中原　延平 (なかはら　のぶへい)

明治23(1890)年5月23日～昭和52(1977)年2月25日

＊＊＊

東亜燃料工業社長・会長(創業者)　囲兵庫県　学東京帝国大学工科大学応用化学科〔大正5年〕卒
歴富士製紙、窪田四郎事務所、朝日火山灰工業所、中央開墾などを転職後、小倉石油に入り、取締役製油部長となった。昭和14年東亜燃料工業創立で常務、19年社長となり、24年米国SVOC社と資本提携、東燃発展に寄与した。37年会長、51年相談役。教育に熱心で30年には私財を投じて新日本奨学会を設立した。

【伝記・評伝】
◇故中原延平前会長を偲ぶ　東亜燃料工業編　東亜燃料工業　1978.2　181p　26cm

◇中原延平伝　奥田英雄著　東亜燃料工業　1981.2　600p　22cm
◇中原延平日記　第1巻～第5巻　奥田英雄編, 中原いと監修　石油評論社　1994.12　5冊　22cm

中部　幾次郎 (なかべ　いくじろう)
慶応2(1866)年1月4日～昭和21(1946)年5月19日

＊＊＊

林兼商店創業者, 貴族院議員(勅選)　生 兵庫県明石市

歴 年少から鮮魚運搬業に従事。明治38年わが国初の発動機船を開発し、その利用で日本海、朝鮮海域の漁場を開拓、機船底曳網漁業に進出。大正7年土佐捕鯨を買収、14年林兼商店(大洋漁業の前身)を設立、台湾漁業、蟹工船経営、さらに造船鉄工業も兼営した。昭和11年には大洋捕鯨、17年西大洋漁業統制会社、18年林兼重工業を設立、日本水産や日魯漁業と並ぶ総合水産会社に発展させた。5～18年下関商工会議所会頭を務め、戦後の21年勅選貴族院議員。

【伝記・評伝】
◇中部幾次郎　大仏次郎著　中部幾次郎翁伝記編纂刊行会　1958.5　327p　図版　20cm
◇日本財界人物列伝　第1巻　青潮出版編　青潮出版　1963　1171p　図版　26cm
◇嵐に向って錨を巻け―大洋漁業の源流を辿る　岡本信男著　いさな書房　1986.12　243p　19cm

中部　謙吉 (なかべ　けんきち)
明治29(1896)年3月25日～昭和52(1977)年1月14日

＊＊＊

大洋漁業社長, 大日本水産会会長, 大洋球団オーナー　生 兵庫県明石市　学 明石高小〔明治43年〕卒

歴 大洋漁業の前身・林兼商店の創立者、中部幾次郎の二男に生まれ、小学校卒業後、林兼商店に入って14歳で初出漁し、以後船長として家業を陣頭指揮する。大正13年常務となり、昭和10年には日新丸を建造、南極捕鯨に進出して業界のトップに躍り出、17年専務に進み、20年副社長となったが公職追放で辞任。その後、旧海軍の水雷艇などを借り受けて南氷洋に出漁。28年、兄兼市の死去に伴い3代大洋漁業社長に就任したあとは、大日本水産会会長(39～44年)、全国冷凍食品輸出水産業組合理事長、経団連・日経連各常任理事を歴任、日ソ漁業交渉、国際捕鯨会議など多くの国際会議に日本の業界代表として出席した。またプロ野球大洋ホエールズのオーナーとなり、三原監督のもと、日本シリーズで優勝させたこともある。

賞 明石市名誉市民

【伝記・評伝】
◇財界人の横顔　古田保　岩崎書店　1954
◇財界の第一線1958年　人物展望社　1958
◇この経営者を見よ―日本財界の主流をゆく人々　会社研究所　ダイヤモンド社　1958
◇中部謙吉(一業一人伝)　鈴木松夫著　時事通信社　1961　226p　図版　18cm
◇私の履歴書　第18集　日本経済新聞社編　日本経済新聞社　1963　366p　19cm
◇追想中部謙吉　水産経済新聞社編　水産経済新聞社　1978.1　83p　21cm
◇私の履歴書　経済人　6　日本経済新聞社編　日本経済新聞社　1980.8　482p　22cm
◇私の履歴書―昭和の経営者群像〈7〉　日本経済新聞社編　日本経済新聞社　1992.10　294p　19cm

中上川　彦次郎 (なかみがわ　ひこじろう)
嘉永7(1854)年8月13日～明治34(1901)年10月7日

＊＊＊

三井銀行専務理事　生 豊前国中津(大分県中津市)

歴 豊前中津に中津藩士の長男として生まれる。明治2年上京、母方の叔父である福沢諭吉の家に寄宿し、慶応義塾に学ぶ。卒業後同校の教壇に立ち、明治7～10年英国へ留学。帰国後、留学中に知り合った井上馨の推挽で工部省に出仕、井上が外務省に移るとこれに従い、公信局長まで進むが、14年の政変で退官。のち時事新報社社長、山陽鉄道社長、神戸商業会議所初代会などを歴任。24年三井銀行から理事として招かれ、以後、同副長、三井鉱山理事、三井物産理事、三井元方参事、同専務理事を務め、三井財閥の近代的改革を着手、三井の事業範囲の拡大に尽力した。

【伝記・評伝】
◇中上川彦次郎君　菊池武徳　人民新聞社　1903
◇人物評論―朝野の五大閥　鵜崎熊吉　東亜堂書房　1912
◇中上川彦次郎君伝記資料　北山米吉　1927
◇中上川彦次郎君伝記資料　補　鈴木梅四郎　1927
◇財界物故傑物伝　実業之世界社　1936
◇中上川彦次郎先生伝　中朝会編　中朝会　1939.10　604p　23cm
◇中上川彦次郎伝　白柳秀湖著　岩波書店　1940.6　645p　20cm
◇日本実業家列伝　木村毅　実業之日本社　1953
◇続　財界回顧―故人今人（三笠文庫）　池田成彬著，柳沢健編　三笠書房　1953　217p　16cm
◇近代日本人物経済史　日本経済史研究会　東洋経済新報社　1955
◇日本人物史大系　第6巻　近代　第2　大久保利謙編　朝倉書店　1960　388p　22cm
◇三井家の人びと―現代に生きる平家物語　小島直記　光文社　1963
◇戦略経営者列伝　大江志乃夫著　三笠書房　1963
◇日本財界人物列伝　第1巻　青潮出版編　青潮出版　1963　1171p　図版　26cm
◇現代日本思想大系　11　筑摩書房　1964
◇近代日本を創った100人　上　毎日新聞社　1965
◇人物・日本の歴史　12　読売新聞社　1966
◇財界人思想全集　第1　ダイヤモンド社　1969
◇中上川彦次郎伝記資料　日本経営史研究所編　東洋経済新報社　1969.1　555p　図版　22cm
◇財界人100年の顔―日本経済を築いた人びと　ダイヤモンド社　1971
◇人物日本資本主義　3　大島清,加藤俊彦,大内力　東京大学出版会　1972
◇企業革命家・中上川彦次郎―近代三井をつくった男　松尾博志著　PHP研究所　1984.6　300p　20cm
◇小島直記伝記文学全集〈第2巻〉　人間の椅子　小島直記著　中央公論社　1986.11　496p　19cm
◇小島直記伝記文学全集〈第3巻〉　日本さらりーまん外史　小島直記著　中央公論社　1986.12　414p　19cm
◇福沢山脈（小島直記伝記文学全集　第4巻）　小島直記著　中央公論社　1987.1　577p　19cm
◇近代政治関係者年譜総覧〈戦前篇　第5巻〉　ゆまに書房　1990.3　1245,36p　21cm
◇続　豪商物語　邦光史郎著　博文館新社　1991.2　294p　19cm
◇明敏にして毒気あり―明治の怪物経営者たち　小堺昭三著　日本経済新聞社　1993.10　291p　19cm
◇剛腕の経営学（徳間文庫）　邦光史郎著　徳間書店　1993.11　310p　15cm
◇明治期三井と慶応義塾卒業生―中上川彦次郎と益田孝を中心に　武内成著　文真堂　1995.1　299p　21cm
◇起業家列伝（徳間文庫）　邦光史郎著　徳間書店　1995.4　282p　15cm
◇中上川彦次郎の華麗な生涯　砂川幸雄著　草思社　1997.3　278p　19cm
◇恐慌を生き抜いた男―評伝・武藤山治　沢野広史著　新潮社　1998.12　303p　21cm
◇ケースブック　日本の企業家活動　宇田川勝編　有斐閣　1999.3　318p　21cm

中村　文夫
なかむら　ふみお

明治25（1892）年2月28日〜昭和57（1982）年9月20日

＊＊＊

日本板硝子社長・会長　㊝兵庫県　㊥神戸高商（現・神戸大学）〔大正5年〕卒

㊭住友総本店経理課から、大正11年日米板硝子（現・日本板硝子）に転じ、庶務部長、経理部長、総務部長などを経て、昭和18年社長に就任。37年会長、43年相談役となった。同社をライバルの三菱系の旭硝子に対抗する会社に育てあげ、日本の板硝子工業を世界的水準に引き上げるのに大きく貢献した。

【伝記・評伝】
◇至誠と頑張り　日本板硝子会長中村文夫（歴史をつくる人々　第16）　ダイヤモンド社編　ダイヤモンド社　1966.4　173p　図版　18cm

中安 閑一（なかやす かんいち）

明治28（1895）年4月5日～昭和59（1984）年1月31日

＊＊＊

宇部興産社長・会長　生山口県宇部市　学東京高工（現・東京工大）機械科〔大正7年〕卒

歴 三菱重工神戸造船所などを経て、大正12年宇部興産前身の宇部セメントに入社。昭和9年取締役、11年朝鮮に進出し、朝鮮セメント常務となる。17年宇部興産が設立され、専務、副社長を経て、32年から20年間社長を務め、総合化学メーカー宇部興産グループの総帥として活躍。52年会長、58年6月から取締役相談役。この間、経団連常任理事、日本硫安工業協会会長、宇部商工会議所会頭などを歴任した。　賞 藍綬褒章〔昭和34年〕、勲二等瑞宝章〔昭和40年〕、勲一等瑞宝章〔昭和47年〕

【伝記・評伝】
◇無念無想―宇部興産社長中安閑一（歴史をつくる人々11）　ダイヤモンド社　1965
◇歴史をつくる人々　第11　中安閑一　ダイヤモンド社編　ダイヤモンド社　1965　173p　図版　18cm
◇私の履歴書　第33集　日本経済新聞社編　日本経済新聞社　1968　270p　19cm
◇私の履歴書　中安閑一著　宇部興産　1968　106p　肖像　18cm
◇現代財界家系譜　第2巻　現代名士家系譜刊行会　1969
◇私の履歴書　経済人　11　日本経済新聞社編　日本経済新聞社　1980.10　467p　22cm
◇中安閑一伝　中安閑一伝編纂委員会編　宇部興産　1984.10　896p　図版20枚　27cm

中山 素平（なかやま そへい）

明治39（1906）年3月5日～

＊＊＊

日本興業銀行頭取・会長, 経済同友会代表幹事, 国際大学会長　生東京　学東京商科大学本科（現・一橋大学）〔昭和4年〕卒

歴 日本興業銀行に入り、昭和22年理事となる。一時26～29年日本開発銀行理事となるが、その後、29年興銀副頭取、36年頭取、43年会長、45年相談役を歴任。59年10月からは特別顧問となり、実質上引退した。他にも、臨教審委員（会長代理）からゴルファー緑化協力会長まで多くの役職をつとめた。"財界の鞍馬天狗"の異名をもち、かつて頭取時代には日本の経済の国際化に対応、多くの企業合併、提携を推進。国際大学会長としてもその発展に情熱を傾けた。のち特別顧問。平成5年6月日本電信電話相談役に就任。

【伝記・評伝】
◇現代財界家系譜　第1巻　現代名士家系譜刊行会　1968
◇財界―日本の人脈　読売新聞社　1972
◇中山素平―日本の羅針盤　羽間乙彦著　月刊ペン社　1975　326p　19cm
◇リーダーの魅力　プレジデント編　プレジデント社　1981.2
◇日本の100人―リーダーたちの素顔　日本経済新聞社編　日本経済新聞社　1986.5　211p　21cm
◇小説・日本興業銀行〈第1部-第4部〉　高杉良著　角川書店　1986.5　4冊　19cm
◇聞き書き　静かなタフネス10の人生　城山三郎著　文芸春秋　1986.6　234p　19cm
◇指導者（リーダー）はこう考えている―草柳大蔵と日本経済を語る　草柳大蔵著　グラフ社　1987.5　236p　19cm
◇社長の決断（徳間文庫）　伊藤肇著　徳間書店　1987.11　350p　15cm
◇繁栄の群像―戦後経済の奇跡をなしとげた経営者たち　板橋守邦著　有楽出版社, 実業之日本社〔発売〕　1988.6　253p　19cm
◇人間的魅力の研究（新潮文庫）　伊藤肇著　新潮社　1989.5　284p　15cm
◇総理を操った男たち―戦後財界戦国史（講談社文庫）　田原総一朗著　講談社　1989.6　226p　15cm
◇静かなタフネス10の人生（文春文庫）　城山三郎著　文芸春秋　1990.6　265p　15cm
◇立命の研究―天命を知った男たち（致知選書）　神渡良平著　致知出版社　1992.12　301p　19cm
◇「戦後五十年の生き証人」が語る　田原総一朗著　中央公論社　1996.4　333p　19cm
◇運を天に任すなんて―素描・中山素平　城山三郎著　光文社　1997.5　208p　19cm
◇男たちの流儀―誰に、何を学ぶか　城山三郎, 佐高信著　光文社　1998.11　235p　19cm

◇経営の大原則―21世紀の経営者は松下幸之助を超えられるか　江口克彦監修　PHP研究所　2001.3　302p　19cm
◇運を天に任すなんて―素描・中山素平（光文社文庫）　城山三郎著　光文社　2001.7　231p　15cm

名取　和作
なとり　わさく
明治5（1872）年4月28日～昭和34（1959）年6月4日

＊＊＊

富士電機製造社長,貴族院議員（勅選）　国長野県　学慶応義塾大学理財科〔明治29年〕卒,コロンビア大学経済学専攻

歴明治30年古河鉱業所に入り、32年慶応義塾第1回留学生として米国留学、35年母校教授。41年退職、東京電力に入社。大正6年日本絹布常務。12年富士電機製造を設立、社長となり、昭和6年相談役、のち監査役、取締役。また3年には時事新報社取締役、6年社長、7年退任。21～22年貴族院議員。鐘紡取締役、三越常務、信越化工取締役なども務めた。

【伝記・評伝】
◇人物評論―朝野の五大閥　鵜崎熊吉　東亜堂書房　1912
◇名取さんの思ひ出　富士電機製造株式会社「名取さんの思い出」編纂委員会編　富士電機製造　1961　149p　図版13枚　22cm
◇日本財界人物列伝　第2巻　青潮出版編　青潮出版　1964　1175p　図版13枚　27cm

南郷　三郎
なんごう　さぶろう
明治11（1878）年～昭和50（1975）年10月2日

＊＊＊

日綿実業社長,ジャパン・ゴルフ・アソシエーション初代チェアマン　学東京高商（現・一橋大学）卒

歴日本海軍育ての親とも言われる南郷茂光の二男として生まれる。兄は講道館2代館長となる南郷次郎で、その影響で10歳の頃から嘉納塾に寄宿。東京高商（現・一橋大学）卒業後は大阪商船に入社。明治33年日本綿花（現・日綿実業）に入り、監査役から昭和7年社長、16年から相談役。他に神戸桟橋社長、日本綿糸布輸出組合理事長、貿易統制会会長、日中輸出入協会理事長などを歴任。一方でテニス、柔道、ボートなど様々なスポーツを愛好したが、大正13年のちに日本ゴルフ協会に発展するジャパン・ゴルフ・アソシエーションの初代チェアマン、昭和2年関西ユニオン初代チェアマンを務めるなど、ゴルフ界に大きな足跡を残し、舞子、鳴尾、甲南、茨木、広野、湯河原、瑞浪、伊豆スカイラインといった多くのゴルフコース創設にも関わった。　賞勲二等瑞宝章〔昭和39年〕

【伝記・評伝】
◇南郷三郎回想　株式会社創叡巧房編　南郷茂治　1986.12　235p　20cm

【に】

新関　八洲太郎
にいぜき　やすたろう
明治30（1897）年4月2日～昭和53（1978）年5月30日

＊＊＊

三井物産社長　国埼玉県浦和市　学東京高商（現・一橋大学）〔大正7年〕卒

歴大正7年山下汽船に入社、翌年三井物産に移り、バンコク、ジャカルタ、奉天などの支店長を経て昭和21年物資部長兼セメント部長、22年常務取締役。同年財閥解体で設立された第一物産社長に就任。数年で旧物産系随一の商社に育て、30年日本機械貿易、第一通商を吸収、34年再建三井物産社長となった。36年会長、41年日本銀行政策委員に任命され、45年三井物産最高顧問となった。

【伝記・評伝】
◇日本政経人評伝　第1集　都新聞社　1950
◇財界の顔　池田さぶろ　講談社　1952
◇財界人の横顔　古田保　岩崎書店　1954
◇私の履歴書　第1集　日本経済新聞社　1958
◇三井のさむらい達　楳本捨三著　自由アジア社　1961　228p　19cm
◇現代史を創る人びと　4（エコノミスト・シリーズ）　中村隆英,伊藤隆,原朗編　毎日新聞社　1972　311,8p　20cm
◇私の履歴書　経済人　1　日本経済新聞社編　日本経済新聞社　1980.6　477p　22cm

◇日本の戦後企業家史―反骨の系譜（有斐閣選書）
佐々木聡編　有斐閣　2001.12　301p　19cm

西川　政一 (にしかわ　まさいち)

明治32(1899)年9月5日～昭和61(1986)年6月4日

***

日商岩井社長・会長，日本バレーボール協会会長
出 兵庫県　学 神戸高商（現・神戸大学）〔大正13年〕卒
歴 大正13年鈴木商店に入社。その解散後、昭和3年日商の創設に参加、33年社長に就任。43年岩井産業との合併に成功して日商岩井社長となり、44年会長、47年相談役に就任。また日本バレーボール協会会長もつとめた。　賞 勲二等瑞宝章〔昭和45年〕

【伝記・評伝】
◇私の歩んだ道　15　産業研究所　1964
◇世界は一つ―総ては衆のために　メモアール　西川政一編著〔西川政一〕1973.11　380p　22cm
◇私の履歴書　経済人　17　日本経済新聞社編　日本経済新聞社　1981.2　428p　22cm
◇伸びゆく葦―日経「私の履歴書」を中心として　メモアール　西川政一編著〔西川政一〕1984.3　214p　図版12枚　22cm
◇西川政一追想録　日商岩井　1987.5　402p　22cm
◇Ever Onward　追想西川政一　日商岩井　1988.2　407p　18cm

西野　嘉一郎 (にしの　かいちろう)

明治37(1904)年8月21日～平成15(2003)年1月14日

***

芝浦製作所（現・芝浦メカトロニクス）社長・会長
出 福井県敦賀市　学 小樽高商〔大正15年〕卒　商学博士〔昭和32年〕
歴 三機工業、東京建鉄を経て、昭和9年東芝の前身、芝浦製作所に入社。芝浦マツダ工業経理部長、芝浦製作所経理部長を経て、20年取締役。のち常務、専務、副社長などを歴任し、39年社長、49年会長に就任。51年相談役に退き、のち社友となる。この間、国鉄監査委員、健保組合連会長、東洋英和女学院理事長などを務めた。著書に「明日の経営者」「直言」「経営分析の理論」「コストマネジメント」など。　賞 藍綬褒章〔昭和39年〕，勲三等旭日中綬章〔昭和49年〕，勲二等瑞宝章〔昭和59年〕，テイラー・キー賞〔昭和59年〕

【伝記・評伝】
◇80年代経営の進路　西野嘉一郎著　日刊工業新聞社　1981.4
◇損益分岐の人間学―激動の時代を生きぬく実践経営　西野嘉一郎著　にじゅういち出版　1985.11　346p　20cm
◇激動期に挑む経営者による勝者の条件　西野嘉一郎著　マネジメント社　1986.9　245p　19cm
◇インタビュー　日本における会計学研究の発展　田中章義編　同文館出版　1990.9　878p　21cm

西野　恵之助 (にしの　けいのすけ)

元治元(1864)年8月23日～昭和20(1945)年3月3日

***

日本航空輸送社長，白木屋呉服店社長　身 京都府　学 慶応義塾本科〔明治20年〕卒
歴 慶応義塾卒業ののち塾長福沢諭吉のすすめにより、明治20年山陽鉄道に入社。鉄道事業の改良に尽力、食堂車、寝台車、赤帽制などを創案推進。40年帝国劇場創設のため専務に就任、芝居茶屋を廃し、洋風椅子とし、女優学校設立など国際的な劇場を発足させる。大正2年東京海上保険に転じ兼営部長として火災保険、自動車保険を創設、6年東洋製鉄創立に参画。10年白木屋呉服店社長。昭和3年日本航空輸送会社創立に際し、社長に就任。明治近代化を推進した新しいタイプの専門経営者として、また「創業の偉才」と評される。

【伝記・評伝】
◇西野恵之助伝　由井常彦編　日本経営史研究所　1996.3　173p　19cm

西村　勝三 (にしむら　かつぞう)

天保7(1837)年12月9日～明治40(1907)年1月31日

***

品川白煉瓦製造所社長（創業者）　通称＝伊勢勝

歴 下野(栃木県)佐野藩家老(側用人)の三男。西洋砲術を学び佐野藩に仕えたが、安政3年脱藩して商工業に転じる。慶応3年江戸に銃砲店を開業、維新の際には銃砲弾薬の販売で巨利を得、維新後大総督府御用達となる。明治初年各種事業に手を広げ、その大半は失敗したが、明治3年東京築地に創業の製靴工場は桜組革皮会社として発展、のちメリヤス工場を設立、また8年には耐火煉瓦製造業を始め、20年品川白煉瓦製造所を設立、官営工場の払下げをうけて発展。35年日本製靴会社創立に参与し監査役となる。晩年には工業教育、工業史の編纂にも私費を投じ、「日本近世窯業史」「日本近世造船史」を編纂させた。

【伝記・評伝】
◇東洋実業家詳伝 第1編 久保田高吉 博文館 1893
◇帝国実業家立志編 梅原忠造 求光閣 1894
◇当代の実業家―人物の解剖 実業之日本社 1903
◇日本莫大小史 藤本昌義 栗山安平商店 1934
◇財界物故傑物伝 実業之世界社 1936
◇西村勝三の生涯―皮革産業の先覚者 井野辺茂雄原編, 佐藤栄孝編 西村翁伝記編纂会 1968 443p 図版 22cm
◇近代政治関係者年譜総覧〈戦前篇 第6巻〉 ゆまに書房 1990.3 1049,34p 21cm
◇西村勝三翁伝 西村翁伝記編纂会編〔藤下昌信〕〔1993〕255p 22cm
◇西村勝三と明治の品川白煉瓦 礒常和著〔礒常和〕1993.1 275p 21cm
◇西村勝三翁伝―伝記・西村勝三(近代日本企業家伝叢書 6) 西村翁伝記編纂会編 大空社 1998.11 255,2p 22cm

西山 弥太郎 (にしやま やたろう)

明治26(1893)年8月5日～昭和41(1966)年8月10日

***

川崎製鉄社長 出 神奈川県中郡二宮町 学 東京帝国大学工学部採鉱冶金学科〔大正8年〕卒
歴 川崎造船所(現・川崎重工業)に入社。一貫して鉄鋼部門に務め、昭和25年8月、分離独立した川崎製鉄初代社長となる。一貫製鉄所に賭け、時の日本銀行総裁一万田尚登の慎重論をはねのけ、28年6月17日千葉製鉄所一号高炉の火入れにまでこぎつける。この成功は当時の経営者に決定的影響を与え、大胆な設備投資をうながし、高度経済成長を達成させるもととなった。

【伝記・評伝】
◇財界の顔 池田さぶろ 講談社 1952
◇財界人の横顔 古田保 岩崎書店 1954
◇この経営者をみよ―日本財界の主流をゆく人々 会社研究所 ダイヤモンド社 1958
◇財界の第一線1958年 人物展望社 1958
◇鉄ひとすじ 評伝西山弥太郎 今井達夫著 アルプス 1962 223p 図版 19cm
◇歴史をつくる人々 第1 西山弥太郎 ダイヤモンド社編 ダイヤモンド社 1964 166p 18cm
◇鉄づくり・会社づくり 西山弥太郎 ダイヤモンド社 1967
◇西山弥太郎追悼集 西山記念事業会編 西山記念事業会 1967 578p 図版 22cm
◇財界人思想全集 第3 ダイヤモンド社 1970
◇財界人100年の顔―日本経済を築いた人びと ダイヤモンド社 1971
◇西山弥太郎―鉄鋼巨人伝 鉄鋼新聞社編 鉄鋼新聞社 1971 844p 図 肖像 22cm
◇人物・鉄鋼技術史 飯田賢一著 日刊工業新聞社 1987.1 286p 22cm
◇逆境を拓く―苦難をバネにした先達の生きざま 宮本惇夫著, 川鉄商事広報室編 産業能率大学出版部 1987.6 228p 19cm
◇歴史を変えた決断(角川文庫) 会田雄次著 角川書店 1989.5 296p 15cm
◇企業家の群像と時代の息吹き(ケースブック 日本企業の経営行動〈4〉) 伊丹敬之, 加護野忠男, 宮本又郎, 米倉誠一郎編 有斐閣 1998.7 383p 21cm
◇決断の経営史―戦後日本の礎を築いた男たち 梶原一明著 経済界 2000.4 222p 19cm
◇日本の戦後企業家史―反骨の系譜(有斐閣選書) 佐々木聡編 有斐閣 2001.12 301p 19cm

二宮 善基 (にのみや よしもと)

明治37(1904)年11月23日～昭和59(1984)年10月9日

***

東洋曹達工業社長・会長, 経済同友会終身幹事 身 東京 学 東京帝国大学経済学部〔昭和2年〕卒
歴 昭和2年興銀に入行。22年興銀副総裁、25年東京化工社長、29年東洋曹達社長に就任、以来化学

業界のリーダ役を果す。43年会長、54年取締役相談役。経済同友会の設立に尽し、同会の終身幹事のほか日経連常任理事、産業構造審議会などの政府の各審議会委員、日本ソーダ工業会会長などを務めた。　賞藍綬褒章〔昭和39年〕

【伝記・評伝】
◇二宮善基八十年の生涯　東洋曹達工業株式会社編　東洋曹達工業　1985.10　165p　22cm

丹羽　正治（にわ　まさはる）

明治44（1911）年4月19日～平成4（1992）年1月11日

***

松下電工社長・会長　生大阪府堺市　学大阪商科大学高商部〔昭和7年〕卒

歴昭和7年松下電器製作所に入り、14年常務、20年松下航空工業専務を経て、22年松下電工社長に就任。52年会長、平成元年名誉会長に退く。松下電器産業監査役、PHP研究所副所長、松下政経塾副塾長、産業構造審議会委員などでも活躍。著書に「私のなかの親父・松下幸之助」「任して任さず」など。　賞藍綬褒章〔昭和48年〕、勲二等旭日重光章〔昭和56年〕

【伝記・評伝】
◇商いづくり―人を知る・仕事を知る　丹羽正治著　PHP研究所　1988.6　187p　19cm
◇復讐する神話―松下幸之助の昭和史　立石泰則著　文芸春秋　1988.12　374p　19cm
◇復讐する神話―松下幸之助の昭和史（文春文庫）　立石泰則著　文芸春秋　1992.3　406p　15cm
◇「営利と社会正義」の経営―松下電工の企業精神（心の経営シリーズ〈1〉）　丹羽正治著　善本社　1992.4　197p　19cm

【ね】

根津　嘉一郎（初代）（ねづ　かいちろう）

万延元（1860）年6月15日～昭和15（1940）年1月4日

***

根津コンツェルン総帥，東武グループ社長（創業者），衆議院議員（憲政会），貴族院議員（勅選），美術愛好家　生甲斐国聖徳寺村（山梨県）

歴20歳の時上京して漢学を学んだ後、郷里山梨に戻り村議、郡議、県議を経て、聖徳寺村村長。近代産業の勃興期、田舎の政治家にあきたらず上京、甲州財閥の先輩若尾逸平の「灯り（電力）と乗りもの（電車）に手を出せ」を胸に産業人に転身。機敏な才覚で東京電燈の株買い占め、東京市街鉄道会社の設立からやがて私鉄会社の設立、買収に力を注ぎ、明治38年東武鉄道の支配権を握って社長に就任。私鉄24社を支配下に収めた。さらに帝国石油、館林製粉、大日本製粉、日清製粉、太平生命保険、昭和火災保険、富国徴兵保険など事業範囲を拡大、根津コンツェルンの名で呼ばれるに至った。一方、明治37年に衆議院議員に当選、4期つとめ、大正15年勅選貴族院議員。また10年根津育英会を設立、武蔵高校を創立した。他に古美術愛好家としても知られ、没後、根津美術館が設立されている。

【伝記・評伝】
◇財界之人百人論　矢野滄浪　時事評論社　1915
◇世渡り体験談　根津嘉一郎著　実業之日本社　1938　248p　図版　20cm
◇根津翁伝　根津翁伝記編纂会編　根津翁伝記編纂会　1961　463,21p　図版25枚　22cm
◇日本財界人物列伝　第1巻　青潮出版編　青潮出版　1963　1171p　図版　26cm
◇財界人思想全集　第7　ダイヤモンド社　1970
◇財界人100年の顔―日本経済を築いた人びと　ダイヤモンド社　1971
◇甲州財閥―日本経済の動脈をにぎる男たち　小泉剛　新人物往来社　1975
◇決断力に己れを賭けよ（昭和の名語録）　邦光史郎ほか著　経済界　1987.11　262p　19cm
◇代表的日本人―自己実現に成功した43人　竹内均著　同文書院　1990.1　403p　19cm

◇近代政治関係者年譜総覧〈戦前篇　第6巻〉
　ゆまに書房　1990.3　1049,34p　21cm
◇黄金伝説―「近代成金たちの夢の跡」探訪記
　荒俣宏著, 高橋昇写真　集英社　1990.4　253p
　21cm
◇産業革命期の地域交通と輸送（鉄道史叢書〈6〉）
　老川慶喜著　日本経済評論社　1992.10　370p
　21cm
◇日本を造った男たち―財界創始者列伝　竹内均
　著　同文書院　1993.11　254p　19cm
◇黄金伝説（集英社文庫―荒俣宏コレクション）
　荒俣宏著　集英社　1994.4　331p　15cm
◇根津嘉一郎（人物で読む日本経済史　第14巻）
　〔宇野木忠著〕　ゆまに書房　1998.12　279p
　22cm
◇東武王国―小説　根津嘉一郎（徳間文庫）　若山
　三郎著　徳間書店　1998.12　312p　15cm

根津　嘉一郎（2代）
（ねづ　かいちろう）

大正2(1913)年9月29日～平成14(2002)年2月15日

＊＊＊

東武鉄道社長・会長　　生 東京　幼名＝藤太郎
学 東京帝国大学経済学部〔昭和11年〕卒
歴 富国生命保険取締役を経て、昭和15年東武鉄道に入り、16年父の先代・嘉一郎の跡をつぎ2代社長に就任。関東私鉄初の複々線化工事を完成させるなど、鉄道事業中心の経営を継続する一方、34年東武宇都宮百貨店開業を皮切りに、東京・池袋などに百貨店を展開。56年には東武動物公園を開き、レジャー事業にも進出し、東武グループの多角化を推進した。東武社長在任期間は53年近くに及び、平成6年会長、10年取締役相談役、13年相談役に退いた。昭和35年～平成2年東武百貨店社長、東武ストア会長を兼務。美術にも造詣が深く、父の収集した美術品を元に設立した根津美術館理事長や根津育英会理事長などを兼任。他に日本民営鉄道協会の初代会長を務めた。
賞 藍綬褒章〔昭和47年〕, 勲一等瑞宝章〔昭和59年〕, 交通文化賞（第36回）〔平成元年〕
【伝記・評伝】
◇財界人の横顔　古田保　岩崎書店　1954
◇ビジュアル版・人間昭和史〈4〉　財界の指導者
　講談社　1987.2　255p　21cm

◇躍進する私鉄―都市空間を拓く旗手（現代を動かすトップリーダー）　島野盛郎著　ダイヤモンド社　1991.4　256p　19cm
◇新生・東武グループのすべて―第三次産業へトータルパワーを結集　山下剛著　国際商業出版　1992.6　340p　19cm
◇20世紀日本の経済人〈2〉（日経ビジネス人文庫）
　日本経済新聞社編　日本経済新聞社　2001.2
　380p　15cm

【の】

野口　遵
（のぐち　したがう）

明治6(1873)年7月26日～昭和19(1944)年1月15日

＊＊＊

日窒コンツェルン創始者　　生 石川県金沢市
学 東京帝国大学電気工学科〔明治29年〕卒
歴 大学卒業後、シーメンス日本支社に入社。明治35年宮城県でカーバイド製造をはじめ、38年欧米を視察。39年鹿児島県に曽木電気を設立。41年には石灰窒素製造特許を取得して日本窒素肥料（チッソの前身）を設立し専務に就任。水力電気の開発を基礎に電気化学工業に進出し、大正3年硫安製造に成功。10年には宮崎県に日本最初のアンモニア合成工場を建設。さらに絹糸製造の技術を導入して旭ベンベルグ絹糸を設立。昭和に入って朝鮮に進出をはかり、鴨緑江水電などの電源開発を中心に世界有数の大化学工場群（朝鮮窒素肥料・朝鮮火薬など）を建設、戦時下20数社の社長を兼ね日窒コンツェルン（野口財閥）を形成した。昭和15年野口研究所設立。"電気化学工業の父"と呼ばれる。　　賞 勲一等瑞宝章〔昭和17年〕
【伝記・評伝】
◇野口遵―人間と事業　鴨居悠　東晃社　1943
◇野口遵翁追懐録　高梨光司編　野口遵翁追懐録編纂会　1952　987p　図　肖像　22cm
◇近代日本人物経済史　日本経済史研究会　東洋経済新報社　1955
◇日本経済を育てた人々　高橋弥次郎　関西経済連合会　1955

◇野口遵　吉岡喜一著　フジ・インターナショナル・コンサルタント出版部　1962　360p　図版　地図　22cm
◇日本財界人物列伝　第1巻　青潮出版編　青潮出版　1963　1171p　図版　26cm
◇野口遵は生きている―事業スピリットとその展開　フジ・インターナショナル・コンサルタント出版部　1964
◇近代日本を創った100人　上　毎日新聞社　1965
◇財界人思想全集　第4　ダイヤモンド社　1969
◇財界人100年の顔―日本経済を築いた人びと　ダイヤモンド社　1971
◇関西財界外史　関西経済連合会　1976
◇起業の人野口遵伝―電力・化学工業のパイオニア　柴村羊五著　有斐閣　1981.11　353,9p　19cm
◇決断力に己れを賭けよ(昭和の名語録)　邦光史郎ほか著　経済界　1987.11　262p　19cm
◇指導力―俺についてこい(知的生きかた文庫)　会田雄次ほか著　三笠書房　1989.2　249p　15cm
◇代表的日本人―自己実現に成功した43人　竹内均著　同文書院　1990.1　403p　19cm
◇日本史の社会集団〈6〉ブルジョワジーの群像　安藤良雄著　小学館　1990.3　509p　15cm
◇創魂　野口遵　市山幸作　市山幸作　1993.10　109p　26cm
◇この日本人を見よ―在りし日の人たち　馬野周二著　フォレスト出版　1998.12　263p　19cm
◇ケースブック　日本の企業家活動　宇田川勝編　有斐閣　1999.3　318p　21cm

野田　岩次郎 (のだ　いわじろう)

明治30(1897)年2月15日～昭和63(1988)年12月15日

＊＊＊

ホテルオークラ社長・会長　囲長崎県長崎市　学東京高商(現・一橋大学)本科〔大正7年〕卒　歴大正7年三井物産入社。米国に駐在して海外貿易に従事、ニューヨーク日本人会理事などをつとめた。15年日本綿花(現・ニチメン)に転じ、ニューヨーク支店長。太平洋戦争勃発で昭和18年帰国。戦後、21年持株会社整理委員会常任委員に任命され、24年委員長となり、財閥解体の実務を担当した。34年大倉喜七郎に請われ、大成観光(現・ホテルオークラ)の社長に就任、47年会長、56年名誉会長。ほかにコンチネンタルフーズ会長、ホテルオークラインターナショナル社長も兼任した。賞勲二等瑞宝章〔昭和43年〕、オランダオレンヂナッソウ勲章〔昭和55年〕、勲二等旭日重光章〔昭和55年〕

【伝記・評伝】
◇財界回想録　下巻　日本工業倶楽部　1967
◇財閥解体私記―私の履歴書　野田岩次郎著　日本経済新聞社　1983.8　222p　20cm
◇聞き書　静かなタフネス10の人生　城山三郎著　文芸春秋　1986.6　234p　19cm
◇私の履歴書―経済人〈20〉　日本経済新聞社編　日本経済新聞社　1986.11　509p　21cm
◇トップの人生哲学(BIGMANビジネスブックス)　ビッグマン編集部編　世界文化社　1987.11　218p　19cm
◇売りモノを創った男たち　藤田忠司著　リバティ書房　1988.10　309p　19cm
◇静かなタフネス10の人生(文春文庫)　城山三郎著　文芸春秋　1990.6　265p　15cm
◇頭角の現わし方―世に出た人間の研究(PHPビジネスライブラリー〈A-332〉)　藤田忠司著　PHP研究所　1992.3　222p　18cm
◇昭和をつくった明治人〈下〉　塩田潮著　文芸春秋　1995.4　401p　19cm

野淵　三治 (のぶち　さんじ)

明治34(1901)年10月29日～昭和46(1971)年8月11日

＊＊＊

日本碍子社長　囲大阪府　学大阪高商〔大正14年〕卒　歴大正14年日本碍子に入社。大阪営業所長、資材・勤労・業務各部長を歴任。昭和16年取締役に選ばれ、常務、専務を経て31年副社長、34年社長に就任。

【伝記・評伝】
◇野淵前社長　追想　山田正和編　日本碍子　1971.11　192p
◇大和粉雪　野淵三治遺稿集　野淵三治著　日本碍子　1972　282p　肖像　22cm
◇社長の決断(徳間文庫)　伊藤肇著　徳間書店　1987.11　350p　15cm

野間 清治
(のま せいじ)

明治11(1878)年12月17日～昭和13(1938)年10月16日

＊＊＊

講談社創業者，報知新聞社長　[生]群馬県桐生町（現・桐生市）　[学]群馬師範卒，東京帝国大学臨時教員養成所卒

[歴]沖縄県立中学校教師を経て、明治40年東京帝大法科の首席書記に就任。42年大日本雄弁会を設立し、43年雑誌「雄弁」を創刊。44年講談社を設立。同年「講談倶楽部」を発刊し、以後「少年倶楽部」「面白倶楽部」「婦人倶楽部」「キング」など相次いで雑誌を創刊して"九大雑誌"時代を作り出した。単行本も「大正大震災大火災」「明治大帝」、漫画「のらくろ」などのベストセラーをはじめ、「大日本史」「修養全集」「講談全集」などの全集を手がけた。昭和5年にはレコード事業にも乗り出す一方、報知新聞の社長にも就任して、同紙の再建を手がけた。著書に「体験を語る」「栄えゆく道」「私之半生」など。

【伝記・評伝】
◇野間清治伝　中村孝也　同伝記編纂会　1944
◇講談社の歩んだ50年　2巻2冊　講談社社史編纂委員会編　講談社　1959
◇私之半生　野間清治著　講談社　1959　483p　図版　20cm
◇人間野間清治　辻平一著　講談社　1960　336p　図版　19cm
◇群馬の人々　第2　近代（みやま文庫）　みやま文庫編　みやま文庫　1963　288p　19cm
◇20世紀を動かした人々　第15　マスメディアの先駆者〔ほか〕　日高六郎編　講談社　1963　424p　19cm
◇日本財界人物列伝　第1巻　青潮出版編　青潮出版　1963　1171p　図版　26cm
◇出版人の遺文　栗田書店　1968　8冊　19cm
◇財界人思想全集　第7　ダイヤモンド社　1970
◇私の見た野間清治—講談社創始者・その人と語録　笛木悌治著　富士見書房　1979.10　601p　20cm
◇言論は日本を動かす　第7巻　言論を演出する　粕谷一希編、内田健三ほか編　講談社　1985.11　317p　20cm
◇人物昭和史（ちくま文庫）　利根川裕ほか著　筑摩書房　1989.1　488p　15cm

◇出版その世界—志と決断に生きた人たち　塩沢実信著　恒文社　1991.12　325p　19cm

野村 治一良
(のむら じいちろう)

明治8(1875)年12月23日～昭和40年(1965)年12月7日

＊＊＊

北日本汽船社長・会長　[生]滋賀県

[歴]明治38年大阪商船東洋課長、昭和2年摂津商船を設立。そのほか北日本汽船会長、日本海汽船社長、北海道開発、栗林商会、函館船渠、横浜港運各監査役。日通理事、名村汽船取締役、商船運輸監査役などを歴任。　[賞]藍綬褒章〔昭和14年・34年〕、交通文化賞〔昭和31年〕

【伝記・評伝】
◇わが海運六十年　野村治一良著　国際海運新聞社　1955　332p　図版　19cm
◇米寿閑話—言論の自由と「二十六世紀」事件　野村治一良著　野村治一良　1963.12　276p（図版共）　19cm

野村 徳七
(のむら とくしち)

明治11(1878)年8月7日～昭和20(1945)年1月15日

＊＊＊

野村財閥創始者，貴族院議員（勅選）　[生]大阪府　幼名＝信之助、号＝得庵　[学]大阪市立高商（現・大阪市立大学）〔明治29年〕中退

[歴]明治37年父の両替商・徳七商店を継いだが、39年証券業に着目して大阪屋商店を開業。日露戦争後の投機の成功で巨万の富を得て社業を拡大、大正7年野村銀行（のちの大和銀行）を設立、14年野村証券などを興し、関西財閥の雄となった。昭和3年多額納税者として勅選貴族院議員。また公共事業などに私財を投じ、日仏文化協会創立にも尽力。他に野村合名会社、野村東印度殖産会社各社長、大阪瓦斯、福島紡績各取締役などを務めた。13年還暦を機に役職を退き、野村同族規則を制定した。また茶道、能楽などの趣味に打ち込み、京都・南禅寺に名園を有する碧雲荘を作った。　[賞]フランス政府勲章「日仏文化交流に貢献」

【伝記・評伝】
◇財界物故傑物伝　実業之世界社　1936

◇野村得庵　第1-第3　野村得庵翁伝記編纂会編　野村得庵翁伝記編纂会　1952　3冊　22cm
◇人使い金使い名人伝　〔正〕続　中村竹二著　実業之日本社　1953　2冊　19cm
◇日本経済を育てた人々　高橋弥次郎　関西経済連合会　1955
◇思い出の財界人　〔2版〕　下田将美　実業之日本社　1960
◇日本財界人物列伝　第2巻　青潮出版編　青潮出版　1964　1175p　図版13枚　27cm
◇財界人思想全集　第10　ダイヤモンド社　1971
◇関西財界外史　関西経済連合会　1976
◇巨人伝—証券王・野村徳七　大長編ドキュメント　梅林貴久生著　青樹社　1983.12　430p　19cm
◇獅子奮迅—野村証券創立者・野村徳七の生涯　邦光史郎著　サンケイ出版　1984.2　307p　17cm
◇創魂燃ゆ—野村証券の始祖〈才商〉徳七　広瀬仁紀著　講談社　1985.10　269p　20cm
◇実業界の巨頭(ビジュアル版・人間昭和史〈5〉)　大来佐武郎,扇谷正造,草柳大蔵監修　講談社　1986.6　255p　21cm
◇野村証券王国(徳間文庫)　邦光史郎著　徳間書店　1987.3　435p　15cm
◇野村証券　創業の精神—稀代の相場師野村徳七(知的生きかた文庫)　広瀬仁紀著　三笠書房　1987.11　270p　15cm
◇先見力で明日を読め(昭和の名語録)　堺屋太一ほか著　経済界　1987.11　266p　19cm
◇野村証券(企業コミック)　相川優子作,坂丘のぼる画　世界文化社　1988.6　209p　21cm
◇小説野村証券—財閥が崩れる日〈上・下〉(角川文庫)　小堺昭三著　角川書店　1989.5　2冊　15cm
◇情報力調査力がつく—大変革時代に勝ち残る秘密(RYU　BUSINESS〈3033〉)　草柳大蔵ほか著　経済界　1989.12　222p　18cm
◇近代政治関係者年譜総覧〈戦前篇　第6巻〉　ゆまに書房　1990.3　1049,34p　21cm
◇相場は狂せり—野村証券創始者・野村徳七の生涯　木村勝美著　徳間書店　1990.5　292p　19cm
◇ドキュメンタリーノベル　巨人伝—野村証券を創った男〔改訂新版〕　梅林貴久生著　青樹社　1991.6　433p　19cm
◇創業者の商才—マネー王国・野村証券(大陸文庫)　広瀬仁紀著　大陸書房　1991.7　278p　15cm
◇新・財界人列伝—光と影　厚田昌範著　読売新聞社　1992.1　254p　19cm
◇会社のルーツおもしろ物語—あの企業の創業期はこうだった!(PHPビジネスライブラリー〈A-342〉)　邦光史郎著　PHP研究所　1992.8　285p　18cm
◇剛腕の経営学(徳間文庫)　邦光史郎著　徳間書店　1993.11　310p　15cm
◇徳七の面影　私の目に映った野村家家長像　野村康三著　野村康三　1994.7
◇死んでたまるか!—ここを乗り切れ、道は開ける!(ムックセレクト〈506〉)　河野守宏著　ロングセラーズ　1995.4　214p　17cm
◇野村徳七の海外事業　野村康三監修　野村康三　1997.10
◇実業家の文章—日本経済の基盤を築いた、十二人の偉大な実業家。　鈴木治雄著　ごま書房　1998.7　262p　19cm

野村　与曽市
（のむら　よそいち）

明治22(1889)年10月15日～昭和50(1975)年1月12日

＊＊＊

日本カーバイト工業会長　生 滋賀県　学 東京高等商業学校〔大正2年〕卒

歴 北海カーバイド工場（電気化学工業の前身）に入り、大正4年青海工場長、昭和26年社長。30年日本カーバイト工業会会長。カーバイド、石灰窒素工業の発展、戦後の石油化学進出などに尽力。

【伝記・評伝】
◇財界の顔　池田さぶろ　講談社　1952
◇財界の第一線1958年　人物展望社　1958
◇私の履歴書　第28集　日本経済新聞社編　日本経済新聞社　1967　308p　19cm
◇私の履歴書　経済人　10　日本経済新聞社編　日本経済新聞社　1980.10　457p　22cm

野村 龍太郎（のむら りゅうたろう）

安政6(1859)年1月26日～昭和18(1943)年9月18日

＊＊＊

満鉄総裁・社長,鉄道工学者　身滋賀県　号＝蓑洲
学 東京帝国大学理学部土木学科〔明治14年〕卒
工学博士
歴 美濃大垣藩儒の子。東京府御用掛となり、橋梁、道路、水道などの設計工事に従事。明治19年鉄道局に転じ、20年欧米の鉄道交通の技術、制度などを視察。帰国後本局建設部長、運輸局長を経て、42年鉄道技監、大正2年鉄道院副総裁。同年12月南満州鉄道会社総裁となるが、政争の余波を受け3年7月辞職。8年社長に返り咲く。10年辞任後、東京地下鉄道、湘南電気鉄道、南部電気鉄道などの役員を務めた。詩歌をよくした。

【伝記・評伝】
◇人物評論—朝野の五大閥　鵜崎熊吉　東亜堂書房　1912
◇野村龍太郎伝　石井満　日本交通学会　1938

【は】

萩原 吉太郎（はぎわら きちたろう）

明治35(1902)年12月25日～平成13(2001)年8月8日

＊＊＊

北海道炭礦汽船社長・会長,札幌テレビ社長・会長　生 埼玉県蕨市　学 慶応義塾大学経済学部〔大正15年〕卒
歴 大正15年三井合名に入社。昭和15年北海道炭礦汽船(北炭)に転じ、30年社長に就任。42年会長に退くが、44年社長に復帰、夕張新鉱開発を推進した。児玉誉士夫との親交を通じ、鳩山一郎、三木武吉ら政界に人脈が広く、"政商"とも呼ばれ、長年にわたり"北炭の顔"として君臨したが、56年死者93人を出した北炭夕張新鉱ガス突出事故の責任をとって会長を最後に退任、同鉱は57年閉山。平成元年までに道内すべての炭鉱を閉山し、7年には会社更生法を申請、事実上倒産した。一方、北海道不動産(現・三井観光開発)会長、昭和59年相談役を務めたほか、札幌テレビを設立し、社長、のち会長。北海道の石炭産業や観光、放送業界の振興に尽力した。この間、36年日本相撲協会運営審議会委員を経て、平成2年会長。著書に「一財界人の書き留め置き候」など。
賞 藍綬褒章,勲一等瑞宝章〔昭和48年〕

【伝記・評伝】
◇財界人の横顔　古田保　岩崎書店　1954
◇この経営者をみよ—日本財界の主流をゆく人々　会社研究所　ダイヤモンド社　1958
◇財界の第一線1958年　人物展望社　1958
◇現代人物史伝　第11集　萩原吉太郎　河野幸之助著　日本時報社出版局　1961　336p　図版　19cm
◇私の履歴書　第12集　日本経済新聞社編　日本経済新聞社　1961　391p　19cm
◇現代財界家系譜　第1巻　現代名士家系譜刊行会　1968
◇私の履歴書　経済人　5　日本経済新聞社編　日本経済新聞社　1980.8　482p　22cm
◇一財界人、書き留め置き候　萩原吉太郎著　講談社　1980.11　325p　20cm
◇私のなかの歴史　4　北海道新聞社編　北海道新聞社　1985.4　282p　19cm
◇獅子奮迅—萩原吉太郎とその時代　塩田潮著　ビッグ・エー　1988.1　249p　20cm
◇私の履歴書—昭和の経営者群像〈4〉　日本経済新聞社編　日本経済新聞社　1992.9　296p　19cm

羽倉 信也（はぐら のぶや）

大正8(1919)年1月17日～

＊＊＊

第一勧業銀行頭取,世界自然保護基金日本委員会会長　生 京都府京都市伏見　学 慶応義塾大学経済学部〔昭和16年〕卒
歴 昭和16年日本勧業銀行に入り、芝、ニューヨーク各支店の支店長参与を経て、43年取締役。第一勧業銀行常務、50年専務、51年副頭取を経て57年頭取に。60年4月から全国銀行協会連合会会長を務めた。63年取締役相談役、平成3年相談役に退く。その他金融制度調査会委員、経団連常任理事、女性職業財団理事、日韓経済協会会長などをつとめた。　賞 勲一等瑞宝章〔平成2年〕

【伝記・評伝】
◇私の転機―道を拓く　朝日新聞「こころ」のページ編　海竜社　1986.6　180p　19cm
◇各界首脳と語る　愛知和男著　不昧堂出版　1986.11　341p　19cm
◇21世紀をめざす統率学―日本企業再構築のリーダーシップ　山田正喜子著　世界文化社　1989.3　270p　19cm

橋本　保 (はしもと　たもつ)

明治32(1899)年12月25日～昭和60(1985)年6月22日

＊＊＊

東亜火災海上再保険社長・会長　身 東京都　学 東京高商(現・一橋大学)〔大正10年〕卒
歴 大正10年東京海上火災に入り、昭和22年東亜火災海上再保険常務、26年専務、29年社長、38年会長に就任。損保協会理事、日本損害保険料率算定会監事なども務める。　賞 藍綬褒章〔昭和35年〕、勲四等〔昭和45年〕
【伝記・評伝】
◇戦後回想録　橋本保著　損害保険企画　1983
◇橋本保遺稿集　橋本保著　東亜火災海上保険(現・トーア再保険)　1986

長谷川　周重 (はせがわ　のりしげ)

明治40(1907)年8月8日～平成10(1998)年1月3日

＊＊＊

住友化学社長・会長　生 熊本県熊本市　身 石川県金沢市　学 東京帝国大学法学部政治学科〔昭和6年〕卒
歴 住友合資に入社、のち住友化学に移る。常務時代に技術導入、逐次展開方式を採用し、経営手腕をふるう。昭和40年社長に就任、のち会長を経て、相談役。財界活動も積極的で、49年経団連副会長、日経連理事も兼任。56年日米経済協議会代表世話人。学友・村川堅太郎教授の影響で、48年設立の日本ギリシャ協会会長をつとめ、63年ギリシャ政府の外国人最高勲章を受賞した。平成元年世界経営協議会会長、3年名誉会長。
賞 藍綬褒章〔昭和44年〕、フェニックス章〔昭和50年〕、勲一等瑞宝章〔昭和54年〕、グランド・コマンダー・オブ・ジ・オーダー・オブ・オーナー(ギリシャ)〔昭和63年〕
【伝記・評伝】
◇大いなる摂理　アイペック　1985.12　328p　19cm
◇財界人からの提言　どうする日本経済　長谷川周重著　アイペック　1986.6　275p　19cm
◇住友軍団パワーの秘密　邦光史郎,グループHLC著　東急エージェンシー出版事業部　1987.4　232p　19cm
◇大才(ダイサイ)は縁を生かす―ヒューマニケーションの時代　竹内伶著　MG出版　1987.7　238p　19cm
◇人あり縁あり―十一人の財界交遊記　吉田伊佐夫著　文芸社　2000.12　252p　19cm

秦　逸三 (はた　いつぞう)

明治13(1880)年12月14日～昭和19(1944)年5月25日

＊＊＊

帝国人造絹糸取締役, 第二帝国人造絹糸社長
生 広島県　学 東京帝国大学工科大学応用化学科〔明治41年〕卒
歴 樟脳専売局神戸製造所技手、神戸税関を経て、明治45年米沢高等工業学校講師、のち教授。大正4年東工業に入り、分工場米沢人絹製造所でビスコース人絹製造に従事、5年米沢高工退職。7年帝国人造絹糸(現・帝人)の創立で、取締役兼米沢工場技師長。昭和9年常務となり、第二帝国人造絹糸社長に就任、17年両社を退職。
【伝記・評伝】
◇秦逸三　丹羽文雄著　帝国人造絹糸　1955　377,12p　図版　22cm
◇日本財界人物列伝　第2巻　青潮出版編　青潮出版　1964　1175p　図版13枚　27cm
◇小島直記伝記文学全集〈第3巻〉　日本さらりーまん外史　小島直記著　中央公論社　1986.12　414p　19cm

畠山 一清
はたけやま いっせい
明治14(1881)年12月28日～昭和46(1971)年11月17日
***
荏原製作所初代社長, 貴族院議員(勅選)　生石川県金沢市　号＝即翁　学東京帝国大学工科大学機械工学科〔明治39年〕卒

歴鈴木鉄工所入社。大正元年恩師井口在屋東大教授発明の"ゐのくちポンプ"の事業化に着手、9年荏原製作所を設立、ポンプ、化学機械など総合機械メーカーに発展させた。昭和21年勅選貴族院議員。一方、能楽、茶の湯をたしなみ、茶器や美術品を収集、35年(財)畠山文化財団、39年(財)畠山記念館を設立した。「即翁茶会記」がある。

賞紺綬褒章〔大正12年〕、緑綬褒章〔昭和15年〕、藍綬褒章〔昭和28年〕

【伝記・評伝】
◇歴史をつくる人々　第14　畠山一清　ダイヤモンド社編　ダイヤモンド社　1965　169p　図版　18cm
◇熱と誠―荏原製作所会長畠山一清　ダイヤモンド社編　ダイヤモンド社　1965.11　169p　18cm
◇現代財界家系譜　第1巻　現代名士家系譜刊行会　1968
◇財界人思想全集　第10　ダイヤモンド社　1971
◇無茶も茶―蓑半農軒、茶の湯覚え書　蓑進著　(京都)淡交社　1987.12　206p　19cm
◇畠山即翁の茶事風流―懐石と懐石道具　畠山記念館編　(京都)淡交社　1994.10　149p　26cm

波多野 鶴吉
はたの つるきち
安政5(1858)年4月1日～大正7(1918)年2月23日
***
郡是製糸創業者　生丹波国何鹿郡中筋村字延(京都府)　幼名＝鶴二郎

歴明治16年頃より養蚕生糸の改良に尽力し、19年何鹿郡蚕糸業組合設立とともに組長に就任、高等養蚕伝習所を創設し、指導者養成に尽くした。21年京都府蚕業取締所副頭取、農商務省諮問会委員、24年京都府蚕業取締所頭取となる。29年郡是製糸株式会社(現・グンゼ)が創立されるとともに取締役となり、34年社長に就任。郡内養蚕家によって蚕種から製糸に至る全過程を組織し、発展させた。　賞緑綬褒章〔明治29年〕

【伝記・評伝】
◇波多野鶴吉翁伝　村島渚　郡是製糸　1940
◇波多野鶴吉翁小伝　小雲嘉一郎著　波多野鶴吉翁顕彰会　1958
◇日本の経営者精神　土屋喬雄　経済往来社　1959
◇財界人思想全集　第1　ダイヤモンド社　1969
◇日本経済の建設者―あの時この人　中村隆英　日本経済新聞社　1973
◇宥座の器―グンゼ創業者　波多野鶴吉の生涯　四方洋著　(綾部)あやべ市民新聞社, 白川書院〔発売〕　1997.12　243p　19cm
◇日本経営理念史　〔新装復刻版〕　土屋喬雄著　(柏)麗沢大学出版会, (柏)広池学園事業部〔発売〕　2002.2　650p　23×16cm

服部 金太郎
はっとり きんたろう
万延元(1860)年10月9日～昭和9(1934)年3月1日
***
服部時計店創業者, 貴族院議員(勅選)　生江戸

歴13歳より唐物屋に奉公。明治7年から時計店に勤め、時計の修繕販売に従事。14年独立して舶来時計の販売店・服部時計店(のちの服部セイコー、現・セイコー)を開業、20年銀座4丁目に進出。25年精工舎を設立、時計の製造に着手。欧米の技術を学び国産時計製造業の発展につくし、ついには欧米に輸出するまでに至った。"セイコー"はその商標。大正2年国産初の腕時計"ローレル"を完成。6年株式に改組し社長に就任。昭和2年勅選貴族院議員。また赤十字社をはじめ各種社会事業に貢献、5年には私財を投じて(財)服部報公会を設立した。

【伝記・評伝】
◇財界物故傑物伝　実業之世界社　1936
◇事業はこうして生れた　創業者を語る　実業之日本社編　実業之日本社　1954　264p　19cm
◇財界人思想全集　第4　ダイヤモンド社　1969
◇時計王服部金太郎(一業一人伝)　平野光雄著　時事通信社　1972　218p　図　肖像　18cm
◇セイコー王国を築いた男―小説・服部金太郎　若山三郎著　青樹社　1992.9　260p　19cm

◇人物探訪　地図から消えた東京遺産（祥伝社黄
　金文庫）　田中聡著　祥伝社　2000.2　297p
　15cm
◇20世紀日本の経済人〈2〉（日経ビジネス人文庫）
　日本経済新聞社編　日本経済新聞社　2001.2
　380p　15cm

服部　謙太郎
はっとり　けんたろう

大正8（1919）年4月6日〜昭和62（1987）年9月1日

＊＊＊

服部セイコー社長・会長　[生] 東京　[学] 慶応義
塾大学経済学部〔昭和16年〕卒
[歴] 慶応義塾大学経済学部助教授などを経て、昭
和26年セイコー電子工業の前身、第二精工舎役
員、42年服部時計店副社長、49年社長に就任。58
年服部セイコーと改称し（現・セイコー）、会長。
精工舎、セイコー電子工業各会長などを歴任。
[賞] 藍綬褒章〔昭和55年〕

【伝記・評伝】
◇かめいど十年　〔私家版〕　1966　237p　18cm
◇現代財界家系譜　第1巻　現代名士家系譜刊行
　会　1968
◇自然と人と　〔正〕, 続　〔私家版〕　1970,1974

花崎　利義
はなざき　としよし

明治32（1899）年8月17日〜平成6（1994）年10月8日

＊＊＊

住友海上火災保険社長　[身] 千葉県　[学] 慶応義
塾大学経済学部〔昭和2年〕卒
[歴] 昭和2年扶桑海上火災に入社。15年住友海上火
災と改称。19年大阪総務部長となり、東京支店長
を経て、23年取締役に選任、常務、専務を経て25
年社長に就任。　[賞] 藍綬褒章〔昭和37年〕, 勲三
等瑞宝章〔昭和44年〕

【伝記・評伝】
◇人生の坂　花崎利義著　四季社　1954.11
　323p　図版　19cm
◇千尺の帯　花崎利義著　求龍堂　1978.11
　308p　22cm

花村　仁八郎
はなむら　にはちろう

明治41（1908）年3月30日〜平成9（1997）年1月4日

＊＊＊

経済団体連合会事務総長, 日本航空会長　[生] 福
岡県嘉穂郡飯塚町（現・飯塚市）　[学] 東京帝国大
学経済学部〔昭和7年〕卒
[歴] 大学では大内兵衛ゼミ、矢内原忠雄ゼミで学
ぶ。卒業後療養生活の後、昭和13年福岡、のち
名古屋の少年院教官を経て、16年東京少年審判
所の保護司。同年経団連の前身である重要産業
協議会に入り、17年総務課長、21年経団連発足
後も総務部長を皮切りに事務局一筋。35年理事、
50年事務総長などを経て、51年5月から副会長に
就任、事務総長も兼任した。63年5月退任し、相
談役。この間、歴代の会長に仕え、政治資金の
とりまとめ役として活躍、"花村リスト"と呼ば
れる企業献金割当表を作成した。30年には経済
再建懇談会（現・国民政治協会）の事務局長に就
任。また、58年日本航空会長、61年相談役。同
年4月経済広報センター理事長なども兼務。他に
も横浜博覧会会長など役職多数。唯一の趣味は
草分けのバードウォッチング。鎌倉からバス、電
車を乗り継いでの出勤ぶりでも有名だった。
[賞] 藍綬褒章〔昭和44年〕, 勲一等瑞宝章〔昭和56
年〕, 米国アジア協会功労賞〔昭和60年〕, 韓国修
交勲章光化章〔平成3年〕

【伝記・評伝】
◇日本の100人—リーダーたちの素顔　日本経済
　新聞社編　日本経済新聞社　1986.5　211p
　21cm
◇私の座右の銘　松下幸之助監修　ロングセラー
　ズ　1986.5　222p　19cm
◇会社人類学入門（講談社文庫）　佐高信著　講談
　社　1986.7　307p　15cm
◇混迷日本の先を読む—サバイバル・ウォーズ
　に向けて　田原総一朗著　プレジデント社
　1987.6　278p　19cm
◇政財界パイプ役半生記—経団連外史　花村仁八
　郎著　東京新聞出版局　1990.7　256p　19cm
◇流れのままに—花村仁八郎聞書　西野研一著
　（福岡）西日本新聞社　1993.11　225p　19cm
◇経団連と花村仁八郎の時代　玉置和宏著　社会
　思想社　1997.8　227p　19cm

◇日韓文化交流は我が天命なり―花村仁八郎会長追悼集　日韓文化交流基金編　日韓文化交流基金　1998.1　173p　22cm

浜口　梧陵
はまぐち　ごりょう

文政3(1820)年6月15日～明治18(1885)年4月21日

＊＊＊

浜口儀兵衛商店経営　⑬紀伊国有田郡広村(和歌山県)　本名＝浜口成則　通称＝浜口儀兵衛
⑭湯浅醤油醸造元に生まれ、代々儀兵衛を襲名。銚子にも店を広げヤマサ醤油を経営。家業の傍ら故郷に尊皇攘夷的な組織崇義団をつくり、民兵を養成。嘉永6年ペリー来航を機に和魂洋芸(才)の開国論を唱え、後進の育成のためにと耐久学舎や共立学舎を建設。7年郷里を襲った大津波の時、私財を投じて救済に努め、その後防波堤も築いて地元の復興に尽力。また種痘館を設立するなど地域振興にも努めた。それらの話は小泉八雲により"リビング・ゴット"(生き神様)として世に紹介され、「稲むらの火」として小学校の読本にも掲載された。明治維新時には藩の勘定奉行として改革に参画。その後和歌山藩少参事、松阪民政局長、藩の権大参事、政府の駅逓頭を歴任後、県の大参事を経て、明治13年初代和歌山県議会議長に推挙。傍ら和歌山県民の政治思想向上のため木国同友会を結成し、地方自治の重要性を唱えた。明治17年65歳の時見聞を広めるため、米国に渡ったが、志半ばで18年ニューヨークで客死。勝海舟や福沢諭吉と親交があった。杉村広太郎編「浜口梧陵伝」がある。　㊤従五位〔大正4年〕

【伝記・評伝】
◇浜口梧陵伝　杉村広太郎編　浜口梧陵銅像建設委員会　1920　488,17,12p　図版　20cm
◇浜口梧陵小伝　浜口梧陵翁五十年祭協賛会　1934　64,17p　19cm
◇日本財界人物列伝　第2巻　青潮出版編　青潮出版　1964　1175p　図版13枚　27cm
◇もえよ稲むらの火―村人を津波からまもり堤防をきずいた浜口梧陵　桜井信夫作、高田三郎絵　PHP研究所　1987.12　145p　22cm
◇志の人たち　童門冬二著　読売新聞社　1991.10　282p　19cm

早川　千吉郎
はやかわ　せんきちろう

文久3(1863)年6月21日～大正11(1922)年11月14日

＊＊＊

三井銀行筆頭常務, 満鉄総裁　⑭東京帝国大学卒
⑭大蔵省に入省。明治33年井上馨の推挙で三井銀行に移り、初めは三井同族会の理事。翌年中上川彦次郎の死去後、その後任として、以来17年間三井銀行の筆頭常務と三井合名の常務理事となり、終始潤滑油としての存在に徹する。大正7年池田成彬にバトンタッチして専務理事に。次いで三井合名の副理事長。9年満鉄総裁に就任。

【伝記・評伝】
◇人物評論―朝野の五大閥　鵜崎熊吉　東亜堂書房　1912
◇財界之人百人論　矢野滄浪　時事評論社　1915
◇財界物故傑物伝　実業之世界社　1936
◇日本財界人物列伝　第2巻　青潮出版編　青潮出版　1964　1175p　図版13枚　27cm

早川　種三
はやかわ　たねぞう

明治30(1897)年6月6日～平成3(1991)年11月10日

＊＊＊

仙台放送社長・会長, 日本建鉄管財人　⑬宮城県仙台市東小泉　⑭慶応義塾大学経済学部〔大正14年〕卒
⑭昭和5年東京建鉄を設立し取締役に就任。10年日本建鉄工業(旧・東京建鉄)常務、22年公職追放となり退任。同年日協産業を設立し社長に就任。28年戦後の大型倒産第1号である日本建鉄の管財人に。以後41年日本特殊鋼管財人兼社長、48年佐藤造機管財人兼社長、50年興人管財人となるなど多くの会社再建を手がけ、"再建の神様"と呼ばれた。36年仙台放送を設立し、社長、45年会長に。著書に自伝「会社再建の記」がある。
㊤勲二等瑞宝章〔昭和46年〕

【伝記・評伝】
◇わが企業再建―早川種三経営回想録　早川種三著　プレジデント社　1980.7　203p　20cm
◇青春八十年―私の履歴書　早川種三著　日本経済新聞社　1981.4　208p　20cm

◇早川種三経営語録―企業活力を創る28カ条　早川種三著　PHP研究所　1982.7　196p　20cm
◇財界人の人間修養学　竹井博友編著　竹井出版　1986.7　301p　19cm
◇私の履歴書―経済人　19　日本経済新聞社編　日本経済新聞社　1986.11　557p　21cm
◇佐高信の斬人斬書〈上〉　生き方を問う読書案内　佐高信著　島津書房　1987.2　299p　19cm
◇師弟―教育は出会いだ(講談社文庫)　佐高信著　講談社　1988.11　266p　15cm
◇この経営者の急所を語る―三鬼陽之助の財界人備忘録　三鬼陽之助著　第一企画出版　1991.7　256p　19cm
◇会社再建の神様　早川種三管財人のもとで　伊藤益臣著　同友館　1991.9　253p　19cm
◇頭角の現わし方―世に出た人間の研究(PHPビジネスライブラリー〈A-332〉)　藤田忠司著　PHP研究所　1992.3　222p　18cm
◇私の履歴書―昭和の経営者群像　1　日本経済新聞社編　日本経済新聞社　1992.9　305p　19cm
◇早川種三の会社は必ず再建できる―生き残りへの大胆な行動と経営哲学　阿部和義著　中経出版　1998.3　294p　20cm

早川　徳次
（はやかわ　とくじ）

明治26(1893)年11月13日～昭和55(1980)年6月24日

＊＊＊

シャープ社長・会長　囲東京市日本橋区久松町（現・東京都中央区）　学小学校中退

歴東京の金属細工屋ででっち奉公のあと大正元年に独立、バンドの留め金で特許を得、4年にはシャープペンシルを発明して発売、アメリカの特許も取得して事業の基礎を固める。しかし、12年の関東大震災で工場は壊滅、13年大阪に移って早川金属工業研究所を設立、14年ラジオ受信機の製造を始めた。昭和17年に早川電機工業と社名を変更、26年には国産第1号のテレビ受像機を完成させ、45年にシャープと社名を改めると同時に社長から会長に就任。その後は身障者の雇用増進など社会福祉事業に力を尽くした。

賞藍綬褒章〔昭和35年〕、勲三等瑞宝章〔昭和40年〕、大阪文化賞〔昭和46年〕

【伝記・評伝】
◇大阪産業をになう人々　大阪府工業協会　1956
◇私と事業　早川徳次著　衣食住社　1958　380p　図版　19cm
◇続私と事業　早川徳次著　新らしい衣食住　1961　225p　図版　19cm
◇私の履歴書　第17集　日本経済新聞社編　日本経済新聞社　1962　379p　19cm
◇私と事業〔改訂版〕　早川徳次　実業之日本社　1963　345p　図版　19cm
◇財界人思想全集　第3　ダイヤモンド社　1970
◇私の履歴書　経済人　6　日本経済新聞社編　日本経済新聞社　1980.8　482p　22cm
◇男たちの決断〈飛翔編〉(物語　電子工業史)　板井丹後著　電波新聞社　1986.4　386p　21cm
◇シャープ　先進技術頭脳集団(TODAY BUSINESS)　今給黎久著　オーエス出版〔1986.5〕　272p　19cm
◇その時この人がいた―昭和史を彩る異色の肖像　37　井出孫六著　毎日新聞社　1987.2　404p　19cm
◇独創力着眼力がつく―しなやかな発想、成功者の方法(RYU BUSINESS〈3031〉)　多湖輝ほか著　経済界　1989.10　216p　18cm
◇夢にかける―6人の社長の創業物語(こども伝記まんが〈2〉)　久保田千太郎, 今道英治著　小学館　1990.10　176p　21cm
◇私の履歴書―昭和の経営者群像〈7〉　日本経済新聞社編　日本経済新聞社　1992.10　294p　19cm
◇決断力―そのとき、昭和の経営者たちは〈上〉　日本工業新聞社編　日本工業新聞社, 扶桑社〔発売〕　2001.3　493p　19cm
◇明日を創った企業家の言葉―先駆者の行動と発想に学ぶ　中江克己著　太陽企画出版　2001.12　246p　19cm
◇日本の戦後企業家史―反骨の系譜(有斐閣選書)　佐々木聡編　有斐閣　2001.12　301p　19cm

早矢仕　有的
（はやし　ゆうてき）

天保8(1837)年8月9日～明治34(1901)年2月18日

＊＊＊

丸善創業者　囲美濃国武儀郡武儀村笠賀村（岐阜県武儀町）　旧姓(名)＝山田　別名＝丸屋善七, 幼名＝右京

歴幼くして父が没したため早矢仕家の養子となり、医・蘭学を江馬俊卿に学ぶ。安政元(1854)年

18歳で医業を開業するが、近くの庄屋高折善六に江戸で大成することを勧められ、10両を贈られた。6年江戸に出て蘭方医・伊東玄朴、坪井信道に学び、さらに慶応元年慶応義塾に入門、福沢諭吉に師事。医術から商業へ転向し、明治元年横浜に書店を開業。2年丸屋商社を興し、横浜に丸屋善八店、東京に丸屋善七店を開業。外国書籍の輸入を手がける。13年丸善商社(のちの丸善)に改め、金融、貿易、唐物その他手広く営業、今日の丸善の基礎を築いた。出版者としては「新説八十日間世界一周」「新体詩抄」、文部省蔵版の「百科全書」、外山正一の「演劇改良論私考」など主として学術出版に専心、30年機関誌「学の燈」を創刊した。

【伝記・評伝】
◇帝国実業家立志編　梅原忠造　求光閣　1894
◇事業はこうして生れた　創業者を語る　実業之日本社編　実業之日本社　1954　264p　19cm
◇財界人思想全集　第3　ダイヤモンド社　1970
◇物語　明治文壇外史　巌谷大四著　新人物往来社　1990.10　257p　19cm
◇マイナス転じて福となす経営—名商人に学ぶ始末と才覚の研究　童門冬二著　PHP研究所　1993.2　213p　19cm
◇横浜のくすり文化—洋薬ことはじめ(有隣新書〈49〉)　杉原正泰, 天野宏著　(横浜)有隣堂　1994.1　177p　18cm
◇横浜商人とその時代(有隣新書〈50〉)　横浜開港資料館編　(横浜)有隣堂　1994.7　228p　18cm
◇人物に学ぶ明治の企業事始め　森友幸照著　つくばね舎, 地歴社〔発売〕　1995.8　210p　21cm
◇日本経済の礎を創った男たちの言葉—21世紀に活かす企業の理念・戦略・戦術　森友幸照著　すばる舎　1999.11　229p　19cm

原　吉平 (はら　きちへい)

明治33(1900)年1月15日～昭和61(1986)年5月30日

＊＊＊

大日本紡績社長, ユニチカ会長, 日本貿易会理事長　囲福岡県福岡市　学上海東亜同文書院商務科〔大正10年〕卒

歴大正10年大日本紡績入社。戦後、昭和21年取締役、22年常務を経て、24年社長になり、戦後の復興期に大発展をとげる。39年社名をニチボーと改称。43年会長に就任、翌44年には日本レイヨンと合併してユニチカ会長となり、45年相談役を経て、47年退任。この間、日経連常任理事、ジェトロ理事長などを歴任。39年東京オリンピック女子バレーボールで優勝したニチボー貝塚の育ての親でもある。　賞藍綬褒章〔昭和34年〕, 勲二等旭日重光章〔昭和45年〕, 勲一等瑞宝章〔昭和50年〕

【伝記・評伝】
◇財界人の横顔　古田保　岩崎書店　1954
◇大阪産業をになう人々　大阪府工業協会　1956
◇現代財界家系譜　第1巻　現代名士家系譜刊行会　1968

原　邦造 (はら　くにぞう)

明治16(1883)年6月19日～昭和33(1958)年3月30日

＊＊＊

愛国生命社長, 明治製糖社長, 日本航空会長　囲大阪府高槻　旧姓(名)＝田中　学京都帝国大学法科〔明治40年〕卒

歴明治40年南満州鉄道に入社。42年銀行家・原六郎の養子となる。45年東京貯蓄銀行取締役、大正13年愛国生命社長となった。また三井銀行、三井生命、王子製紙、第百銀行、東武鉄道などの各取締役、南満州鉄道監事などを務め、昭和6年国際商業会議所日本代表、7年明治製糖社長。太平洋戦争中は交通営団総裁を兼務。19年愛国生命と日本生命の合併で財界引退。戦後は室町物産(現・三井物産)会長、電源開発初代総裁、日本航空会長、日本銀行政策委員などを歴任。

【伝記・評伝】
◇財界の顔　池田さぶろ　講談社　1952
◇財界人の横顔　古田保　岩崎書店　1954
◇原邦造　原多喜著　原多喜　1960
◇日本財界人物列伝　第2巻　青潮出版編　青潮出版　1964　1175p　図版13枚　27cm
◇邦造随想録　原邦造著　原邦造　1974.1

原 三渓
はら さんけい
慶応4(1868)年8月23日～昭和14(1939)年8月16日

＊＊＊

原合名会社社長，横浜興信銀行頭取，美術収集家 [生] 美濃国厚見郡佐汲村(岐阜県羽島郡柳津町字佐汲) 本名＝原富太郎 旧姓(名)＝青木 [学] 東京専門学校(現・早稲田大学) [歴] 横浜・三渓園を造園、今世紀最大の美術パトロンといわれた。初め京都で学び、明治20年東京に出て跡見女学校の助教諭の傍ら、東京専門学校(現・早稲田大学)で政治・法律を学ぶ。25年横浜の生糸貿易商の豪商・原家の婿養子となる。32年創業者の善三郎が他界して経営責任者となり、経営合理化を断行、輸出業大飛躍の足場を築く。約20万平方メートルの広大な本牧三之谷に三渓園を造園。39年三渓園の一般公開に踏み切り、文化財公開の先鞭となる。横浜興信銀行(現・横浜銀行)頭取などの要職のかたわら、30年頃より「孔雀明王画像」など古美術品の蒐集に傾力、没後、そのコレクションは東京国立博物館、大和文華館に収蔵された。また、関東大震災では復興の陣頭に立ち、横浜の父と呼ばれた。茶人としても知られた。

【伝記・評伝】
◇原富太郎(一業一人伝) 森本宋著 時事通信社 1964 248p 図版 18cm
◇近代日本画を育てた豪商 原三渓 竹田道太郎著 有隣堂 1977.11 189p 18cm
◇近代日本画を育てた豪商原三渓(有隣新書) 竹田道太郎著 有隣堂 1981.9 189p 18cm
◇三渓 原富太郎 白崎秀雄著 新潮社 1988.3 319p 19cm
◇生糸商 原善三郎と富太郎―その生涯と事績 勝浦吉雄著 文化書房博文社 1996.2 223p 19cm

原 安三郎
はら やすさぶろう
明治17(1884)年3月1日～昭和57(1982)年10月21日

＊＊＊

日本化薬社長・会長 [生] 徳島県徳島市 [学] 早稲田大学商科〔明治42年〕卒 [歴] 大正5年日本火薬製造(現・日本化薬)の設立に関与、昭和10年社長になって以来、47年に会長に就任するまで約37年間社長在職した。その間、大同コンクリート工業など"原コンツェルン"の企業グループを築き上げる一方、経団連税制委員会委員長などを務めた。 [賞] 紫綬褒章〔昭和20年〕、藍綬褒章〔昭和34年〕、勲二等瑞宝章〔昭和39年〕、NHK放送文化賞〔昭和45年〕、勲一等瑞宝章〔昭和45年〕、勲一等旭日大綬章〔昭和56年〕

【伝記・評伝】
◇日本政経人評伝 第1集 都新聞社 1950
◇財界の顔 池田さぶろ 講談社 1952
◇人生は闘いだ 松永安左衛門・原安三郎・平塚常次郎・出光佐三・波多野元二 飛車金八著 鶴書房 1957 275p 19cm
◇私の履歴書 第1集 日本経済新聞社 1958
◇若き日の社長 現代事業家の人間形成 海藤守著 徳間書店 1962 329p 18cm
◇私の歩んだ道 9 産業研究所 1963
◇現代財界家系譜 第1巻 現代名士家系譜刊行会 1968
◇財界人思想全集 第9 ダイヤモンド社 1970
◇現代史を創る人びと 2(エコノミスト・シリーズ) 中村隆英,伊藤隆,原朗編 毎日新聞社 1971 296p 20cm
◇私の履歴書 経済人 1 日本経済新聞社編 日本経済新聞社 1980.6 477p 22cm
◇原安三郎翁追憶録 日本化薬株式会社 1983 510p 図版 22cm
◇変りつつある街―続々々未完の記録 佐藤欣治著 青林書院 1987.2 212p 19cm
◇逆境を拓く―苦難をバネにした先達の生きざま 宮本惇夫著,川鉄商事広報室編 産業能率大学出版部 1987.6 228p 19cm
◇繁栄の群像―戦後経済の奇跡をなしとげた経営者たち 板橋守邦著 有楽出版社,実業之日本社〔発売〕 1988.6 253p 19cm

原 六郎
はら ろくろう
天保13(1842)年11月9日～昭和8(1933)年11月14日

＊＊＊

第百国立銀行頭取，横浜正金銀行頭取 [生] 但馬国朝来郡佐嚢村(兵庫県) 旧姓(名)＝進藤 [歴] 生家は豪農。弘化4年より深高寺住職について素読を習い、安政2年池田草庵の青谿書院に学

ぶ。尊攘運動に参加。平野国臣と親交を結び、文久3年生野の挙兵に参加し、さらに長州藩兵として討幕運動に加わる。維新後欧米に留学して銀行論を学び、明治10年帰国。11年第百国立銀行創立に参加し頭取に就任。13年東京貯蓄銀行を創立、16年横浜正金国立銀行頭取となる。また、日本・台湾・勧業・興業各銀行創立委員をつとめ、日本の銀行業確立に功績を残した。この他、富士製紙、横浜船渠の社長、山陽、東武、北越各鉄道会社、東洋汽船、帝国ホテル等各社の重役を歴任。渋沢栄一、安田善次郎、大倉喜八郎、古河市兵衛と共に"5人男"と称され、実業界に重きをなした。

【伝記・評伝】
◇財界物故傑物伝　実業之世界社　1936
◇原六郎翁伝　上・中・下巻　原邦造　1937
◇日本財界人物列伝　第1巻　青潮出版編　青潮出版　1963　1171p　図版　26cm

原田　二郎 (はらだ じろう)

嘉永2(1849)年10月10日～昭和5(1930)年5月5日

＊＊＊

鴻池財閥経営者, 原田積善会創設者　生 伊勢国松坂(三重県)　号＝原田嘉朝, 原田均斎(詩)

歴 明治4年横浜に出て洋学を学び、8年大蔵省に入省し、銀行課に勤務。12年横浜の第七十四国立銀行頭取となるが2年で辞任。33年請われて大阪の鴻池銀行に入行し、40年専務理事、大正4年鴻池家監督となり鴻池家の財政改革に貢献した。一方日本信託興業及び帝国朝日銀行を創設した。大正8年鴻池家から引退、9年私財を投じて(財)原田積善会を設立、広く教育、教化、救療その他の社会事業にも貢献した。また詩、和歌を学び、詩歌集に「原田嘉朝集」、伝記に原田積善会編「原田二郎伝」がある。

【伝記・評伝】
◇財界物故傑物伝　実業之世界社　1936
◇原田二郎伝　上・下巻　原田積善会　1937-1938
◇日本の企業家と社会文化事業―大正期のフィランソロピー　川添登, 山岡義典編著　東洋経済新報社　1987.6　233,9p　21cm
◇財界人物我観(経済人叢書)　福沢桃介著　図書出版社　1990.3　177p　19cm

【ひ】

樋口　佐兵衛 (ひぐち さへえ)

明治25(1892)年2月3～昭和57(1982)年3月7日

＊＊＊

京三製作所社長・会長　身 兵庫県　学 大阪高工電気科修了

歴 大阪電燈、芝浦製作所、藤倉電線に勤務ののち、大正8年京三製作所に入社、技術部門を担当。常務、専務を経て、昭和19年3月社長、40年6月会長、のち相談役。ほかに日本インターナショナル整流器相談役もつとめる。　賞 藍綬褒章〔昭和38年〕, 勲三等旭日中綬章〔昭和46年〕

【伝記・評伝】
◇私の歩んだ道　11　産業研究所　1963
◇ある技術者の人生―わが国信号保安の先駆者を語る―京三製作所の真の創設者樋口佐兵衛を語る本　平山平五著　日刊工業新聞社　1967.8

日高　輝 (ひだか てる)

明治38(1905)年2月22日～昭和62(1987)年9月25日

＊＊＊

山一証券社長・会長, 国際電信電話会長　生 東京都港区　学 東京帝国大学法学部政治学科〔昭和4年〕卒

歴 昭和3年日本興業銀行に入行、総務部長、大阪支店長、常務を歴任。37年経営の悪化した日産化学工業社長となって再建に成功、39年には山一証券社長に就任。47年会長、54年相談役。55年国際電信電話会長、のち退任。日韓経済協会顧問、日経連、経団連各常任理事などもつとめた。

賞 勲二等旭日重光章〔昭和53年〕, 勲一等瑞宝章〔昭和61年〕, 大韓民国修交勲章元化章〔昭和61年〕

【伝記・評伝】
◇私の履歴書　経済人　16　日本経済新聞社編　日本経済新聞社　1981.1　464p　22cm

日比 翁助
ひび おうすけ

万延元(1860)年6月26日～昭和6(1931)年2月22日

＊＊＊

三越呉服店会長　⬚出⬚筑後国久留米(福岡県久留米市)　旧姓(名)=竹井　⬚学⬚慶応義塾〔明治17年〕卒　⬚歴⬚久留米藩士竹井弥太夫の次男で、明治12年日比家の養子となる。麻布天文台、海軍水路部勤務を経て、日本橋のモスリン商会支配人となる。中上川彦次郎に認められて、29年三井銀行に転じ、和歌山支店支配人として同店の整理に成功、31年本店副支配人に抜擢された。同年9月三井呉服店支配人となり、経営刷新を断行、37年株式会社三越呉服店に改組して筆頭取締役の専務に就任、三越百貨店の基礎を築いた。大正4年会長となり、7年辞任した。

【伝記・評伝】
◇日比翁の憶ひ出　豊泉益三　1932-1933
◇財界物故傑物伝　実業之世界社　1936
◇日比翁助―三越創始者　星野小次郎著　宮越信一郎　田中賢造(発売)　1951　324p　肖像　19cm
◇先人の面影　久留米人物伝記　久留米市編　久留米市　1961　526,30p　図版　22cm
◇日本財界人物列伝　第1巻　青潮出版編　青潮出版　1963　1171p　図版　26cm
◇財界人思想全集　第3　ダイヤモンド社　1970
◇商魂の系譜―企業家精神に生きる61人　中村秀一郎　日本経済新聞社　1973
◇犬だって散歩する　丸谷才一著　講談社　1986.9　231p　19cm
◇20世紀日本の経済人〈2〉(日経ビジネス人文庫)　日本経済新聞社編　日本経済新聞社　2001.2　380p　15cm

日比谷 平左衛門
ひびや へいざえもん

弘化5(1848)年2月21日～大正10(1921)年1月9日

＊＊＊

富士瓦斯紡績社長　⬚出⬚越後国蒲原郡三条町(新潟県三条市)　旧姓(名)=大島　⬚歴⬚万延元年江戸に出て日本橋の綿糸商松本屋に奉公、18歳で支配人の地位に就く。明治11年日比谷ツネの養子となり、のち独立して日比谷商店を開店、綿糸・綿花の卸商を営む。29年商業から工業に転向をはかり東京瓦斯紡績を設立し専務。31年小名木綿布の取締役となり、32年社長に就任。33年森村市左衛門の要請で経営不振の富士紡績の取締役となり、36年小名木を富士紡績に合併。39年富士紡績と東京瓦斯紡績の合併により富士瓦斯紡績が成立、社長。さらに鐘淵紡績会長、日清紡績会長も務めるなど、日本の紡績界に大きな功績を残し、紡績王と呼ばれるにいたった。大正8年日比谷銀行を設立。また第一生命保険、東京毛織などの重役や東京商業会議所副会頭なども歴任した。

【伝記・評伝】
◇現代富豪論　山路弥吉(愛山)　中央書院　1914
◇財界之人百人論　矢野滄浪　時事評論社　1915
◇財界物故傑物伝　実業之世界社　1936
◇日本財界人物列伝　第1巻　青潮出版編　青潮出版　1963　1171p　図版　26cm

日向 方斉
ひゅうが ほうさい

明治39(1906)年2月24日～平成5(1993)年2月16日

＊＊＊

住友金属工業社長・会長, 関西経済連合会会長　⬚出⬚山梨県西八代郡久那土村車田(現・下部町)　⬚学⬚東京帝国大学法律学科〔昭和6年〕卒　⬚歴⬚昭和6年住友本社入社。国務相・蔵相各秘書官、住友本社鉱山、査業各課長を歴任。19年住友金属工業企画課長に転じ、経理部長、総務部長、常務、専務、副社長を経て、37年社長に就任。49年会長となる。52年から関西経済連合会会長を務め、62年名誉会長に。他に住友不動産、関西電力各取締役、日本鉄鋼連盟顧問など兼職多し。60年長年にわたる日本経済への貢献と、自由主義に基づく日米相互理解の功績をたたえられセントマイケルズ大から名誉法学博士号を授与された。　⬚賞⬚文部大臣賞〔昭和40年, 昭和49年〕、藍綬褒章〔昭和44年〕、勲一等瑞宝章〔昭和55年〕、財界賞〔昭和57年度〕〔昭和58年〕、セントマイケルズ大名誉法学博士(米国)〔昭和60年〕、オーストリア有功勲章一級章〔昭和62年〕、勲一等旭日大綬章〔昭和62年〕、経済界大賞特別賞〔平成2年〕

【伝記・評伝】
◇日向方斉論(現代人物論全集　1)　田中洋之助著　ライフ社　1975　276p　肖像　20cm

◇日本の100人―リーダーたちの素顔　日本経済新聞社編　日本経済新聞社　1986.5　211p　21cm
◇住友軍団パワーの秘密　邦光史郎,グループHLC著　東急エージェンシー出版事業部　1987.4　232p　19cm
◇私の履歴書　日向方齊著　日本経済新聞社　1989.5　257p　20cm
◇経営者に学ぶ決断と活路　三鬼陽之助著　学習研究社　1989.12　288p　19cm
◇日向方齊追想録　住友金属工業日向方齊追想録編纂委員会　1994.2　939p　図版14枚　22cm
◇人あり縁あり―十一人の財界交遊記　吉田伊佐夫著　文芸社　2000.12　252p　19cm

平井　寛一郎（ひらい　かんいちろう）
明治34(1901)年12月15日～昭和53(1978)年1月23日

＊＊＊

東北電力社長　⌾京都市　⌾京都帝国大学工学部電気科〔大正3年〕卒
⌾大正3年大同電力に入社。昭和27年の電力会社再編とともに関西電力を設立、取締役に就任。34年副社長を経て、35年に電源開発副総裁。37年東北電力社長。　⌾藍綬褒章,瑞宝章

【伝記・評伝】
◇平井寛一郎追悼録　平井寛一郎追悼録編纂委員会編　東北電力　1979.5　427p　22cm

平岩　外四（ひらいわ　がいし）
大正3(1914)年8月31日～

＊＊＊

東京電力社長・会長,経済団体連合会会長,日本工業倶楽部理事長　⌾愛知県常滑市　⌾東京帝国大学法学部法律学科〔昭和14年〕卒
⌾昭和14年東京電灯（東京電力の前身）入社、早くから、木川田一隆社長の"秘蔵っ子"として帝王学を伝授される。39年総務部長、43年取締役、46年常務、49年副社長を経て、51年社長に就任。59年代表会長。平成2年経団連会長に就任。5年東京電力会長を退き相談役となり、経団連会長に専念、6年退任。日本工業倶楽部理事長、経済審議会会長、国会等移転審議会会長、外国為替等審議会会長などもつとめた。日本のエネルギー問題の泰斗的存在。無類の読書家。　⌾藍綬褒章〔昭和51年〕、大英勲章第三位〔昭和55年〕、レジオン・ド・ヌール勲章オフィシェ章〔昭和58年〕、勲一等瑞宝章〔昭和59年〕、ドイツ連邦共和国功労勲章大功労十字章〔昭和60年〕、カナダ原子力協会国際賞〔昭和60年〕、大英勲章第二位〔昭和62年〕、常滑市名誉市民〔昭和62年〕、グランド・オフィサー・イン・ジ・オーター・オブ・オレンジ・ナッソー（オランダ）〔平成3年〕、勲一等旭日大綬章〔平成6年〕、NHK放送文化賞（第46回,平成6年度）〔平成7年〕、レジオン・ド・ヌール勲章コマンドール章〔平成9年〕

【伝記・評伝】
◇日本の100人―リーダーたちの素顔　日本経済新聞社編　日本経済新聞社　1986.5　211p　21cm
◇聞き書き　静かなタフネス10の人生　城山三郎著　文芸春秋　1986.6　234p　19cm
◇成功する経営・失敗する経営　三鬼陽之助著　PHP研究所　1986.6　221p　19cm
◇私の転機―道を拓く　朝日新聞「こころ」のページ編　海竜社　1986.6　180p　19cm
◇佐高信の斬人斬書〈上〉　生き方を問う読書案内　佐高信著　島津書房　1987.2　299p　19cm
◇指導力の構造―経営トップ7人の知恵　山田光行著　日本生産性本部　1987.6　216p　19cm
◇日本経済大改造のシナリオ―平岩リポート・新経済5ヵ年計画が示す道　日刊工業新聞特別取材班編　にっかん書房,日刊工業新聞社〔発売〕　1988.7　286p　19cm
◇師弟―教育は出会いだ（講談社文庫）　佐高信著　講談社　1988.11　266p　15cm
◇静かなタフネス10の人生（文春文庫）　城山三郎著　文芸春秋　1990.6　265p　15cm
◇逃げない経営者たち―日本のエクセレントリーダー30人　佐高信著　潮出版社　1990.11　249p　19cm
◇私はこんな男を取締役にする！　大野誠治著　中経出版　1991.4　245p　19cm
◇「男の生き方」40選〈下〉　城山三郎編　文芸春秋　1991.4　363p　19cm
◇この経営者の急所を語る―三鬼陽之助の財界人備忘録　三鬼陽之助著　第一企画出版　1991.7　256p　19cm
◇新・財界人列伝―光と影　厚田昌範著　読売新聞社　1992.1　254p　19cm

◇私の心をつかんだ大物たち――一流人間生き方学　竹村健一著　太陽企画出版　1992.8　212p　19cm

◇人間　平岩外四の魅力―「ビジネスの心」を説く平岩語録　大野誠治著　中経出版　1994.7　255p　19cm

平生　釟三郎（ひらお　はちさぶろう）

慶応2（1866）年5月22日～昭和20（1945）年11月27日

＊＊＊

川崎造船所社長・会長, 日本製鉄会長, 貴族院議員（勅選）, 文相, 枢密顧問官　生 岐阜県加納町　旧姓（名）＝田中　学 東京高商（現・一橋大学）〔明治23年〕卒

歴 明治23年韓国の税関吏として朝鮮に赴任。26年神戸商校長に就任するが、翌年東京海上火災に入社。大正6年大阪支店長、専務を経て、昭和8年川崎造船所社長となる。10年貴族院議員に勅選され、翌11年広田内閣に文相として入閣。その後、12年日本製鉄会長、鉄鋼連盟会長、15年大日本産業報国会会長、17年枢密顧問官などを歴任。甲南学園理事長もつとめた。

【伝記・評伝】

◇平生釟三郎追憶記　津島純平著　拾芳会　1950　213p　図版　22cm

◇平生釟三郎　河合哲雄著　羽田書店　1952　899p　図版6枚　22cm

◇日本経済を育てた人々　高橋弥次郎　関西経済連合会　1955

◇平生釟三郎翁のことども　山本為三郎著　甲南大学学友会　1959.4　36p　19cm

◇思い出の財界人〔2版〕　下田将美　実業之日本社　1960

◇財界人思想全集　第7　ダイヤモンド社　1970

◇平生釟三郎　人と思想　江南学園八十周年記念　甲南学園　1974.11　245p　21cm

◇関西財界外史　関西経済連合会　1976

◇平生釟三郎のことば　甲南学園編　甲南学園　1986.4　50p　19cm

◇平生釟三郎の日記に関する基礎的研究（甲南大学総合研究所叢書　1）　甲南大学総合研究所　1986.9　83,59p　21cm

◇平生釟三郎講演録　甲南学園　1987.3

◇東京海上ロンドン支店（小島直記伝記文学全集　第8巻）　小島直記著　中央公論社　1987.5　638p　19cm

◇小島直記伝記文学全集〈第8巻〉　東京海上ロンドン支店　小島直記著　中央公論社　1987.5　638p　19cm

◇よき地に種を播く―東亜火災五十年史・人物史編　小柳道男著　東亜火災海上再保険　1990.1　386p　22cm

◇近代政治関係者年譜総覧〈戦前篇　第6巻〉　ゆまに書房　1990.3　1049,34p　21cm

◇平生釟三郎日記抄―大正期損害保険経営者の足跡〈上巻〉　平生釟三郎著, 三島康雄編　（京都）思文閣出版　1990.5　497p　21cm

◇日本の経済思想家たち　杉原四郎著　日本経済評論社　1990.6　317,7p　19cm

◇平生釟三郎とその時代（甲南大学総合研究所叢書　18）　甲南大学総合研究所　1991.3　45,136p　21cm

◇平生釟三郎の人と思想（甲南大学総合研究所叢書　27）　甲南大学総合研究所　1993.3　133,15p　21cm

◇平生釟三郎自伝　平生釟三郎著, 安西敏三校訂　（名古屋）名古屋大学出版会　1996.3　482,11p　19cm

◇平生釟三郎―暗雲に蒼空を見る　小川守正, 上村多恵子著　（京都）PHP研究所　1999.4　228p　19cm

◇世界に通用する紳士たれ　平生釟三郎・伝　小川守正, 上村多恵子著　（大阪）燃焼社　1999.12　258p　19cm

◇社外取締役―企業経営から企業統治へ（中公新書）　大橋敬三著　中央公論新社　2000.11　192p　18cm

◇大地に夢求めて―ブラジル移民と平生釟三郎の奇跡　小川守正, 上村多恵子著　（神戸）神戸新聞総合出版センター　2001.6　205p　19cm

平賀　敏（ひらが　さとし）

安政6（1859）年8月13日～昭和6（1931）年1月14日

＊＊＊

阪神急行電鉄社長　生 江戸・駿河台　学 慶応義塾正科〔明治14年〕卒

歴 旗本平賀勝足の4男。明治15年静岡師範教諭、22年宮内省官吏となり、大正天皇の東宮時代の

御養育係を経て、29年三井銀行に入行し、本店課長。名古屋支店、大阪支店の各支配人を務め、40年退職し、小林一三と共に箕面有馬電気鉄道(大正7年阪神急行電鉄と改称)を創立。その後、桜セメント社長、播磨水力電気取締役などに就任。明治43年大日本製糖の窮状暴露で経営危機に陥った藤本ビルブローカー銀行の会長となり、同行の整理にあたった。また阪神急行電鉄社長、日本簡易火災保険社長、山陽中央水電社長などを歴任し、関西財界で重きをなした。大正14年財界を引退。

【伝記・評伝】
◇平賀敏君伝　同君伝記編纂会　1931
◇財界物故傑物伝　実業之世界社　1936
◇日本財界人物列伝　第2巻　青潮出版　1964

平田　篤次郎 (ひらた　とくじろう)

明治5(1872)年10月2日～昭和25(1950)年12月12日

＊＊＊

芝浦製作所社長　囲群馬県　学慶応義塾正科〔明治26年〕卒

歴北海道炭礦汽船に入社。明治30年三井工業部芝浦製作所に入社。33年三井物産に転勤となり、木材部長から台湾支店長、大阪支店長を経て、大正3年三井物産取締役、昭和2年東洋レーヨン取締役を経て、5年芝浦製作所社長に就任。折からの大恐慌を産業合理化とカルテル化によって乗り切り、同社再建に成功した。12年東京電気社長山口喜三郎に社長を譲り相談役として両社の合併実現に協力し、14年両社が合併して東京芝浦電気(現・東芝)が設立された。

【伝記・評伝】
◇日本財界人物列伝　第2巻　青潮出版編　青潮出版　1964　1175p　図版13枚　27cm

平塚　常次郎 (ひらつか　つねじろう)

明治14(1881)年11月9日～昭和49(1974)年4月4日

＊＊＊

日魯漁業社長(創業者),衆議院議員(自民党),運輸相,　囲北海道函館市　学札幌露清語学校卒
歴北洋漁業の会社に勤め、日露戦争に従軍。戦後堤清六を助けて、明治39年堤商会を設立し鮭の缶詰製造を始める。大正9年日魯漁業(現・ニチロ)を創立し常務となり、昭和13年社長に。戦後初の総選挙に当選し、21年第一次吉田内閣の運輸相に就いたが公職追放となる。解除後の27年衆議院議員に返り咲いてからは、日中貿易促進議員連盟理事長、日中漁業協会会長、日ソ協会副会長などを務めて、日ソ漁業交渉や日中漁業協定の成立に活躍した。　　賞勲一等瑞宝章〔昭和39年〕

【伝記・評伝】
◇財界の顔　池田さぶろ　講談社　1952
◇喜寿平塚常次郎略譜　平塚喜寿記念刊行会編　日魯漁業株式会社　1957　68丁　図版　18cm
◇昭和怪物伝　大宅壮一著　角川書店　1957　290p　19cm
◇人生は闘いだ　松永安左衛門・原安三郎・平塚常次郎・出光佐三・波多野元二　飛車金八著　鶴書房　1957　275p　19cm
◇財界の第一線1958年　人物展望社　1958
◇私の履歴書　第7集　日本経済新聞社編　日本経済新聞社　1959　341p　19cm
◇若き日の社長　現代事業家の人間形成　海藤守著　徳間書店　1962　329p　18cm
◇北方のパイオニア　続　蝦名賢造　北海道放送　1964
◇北海道開発功労賞受賞に輝く人々　昭和46年　北海道総務部知事室道民課編　北海道　1972　359p　22cm
◇私の履歴書　経済人　3　日本経済新聞社編　日本経済新聞社　1980.7　477p　22cm
◇蝦名賢造北海道著作集〈第6巻〉　新版　北方のパイオニア　蝦名賢造著　西田書店　1993.2　410p　21cm

平沼　専蔵 (ひらぬま　せんぞう)

天保7(1836)年1月2日～大正2(1913)年4月6日

＊＊＊

横浜銀行創業者,衆議院議員　囲武蔵国飯能(埼玉県)
歴横浜に出て商店奉公の後、慶応元年独立して羅紗唐桟輸入の商売を始め、明治11年には生糸売込問屋を営む。土地売買、米穀投機、株式投機を通じて利益をあげ、23年横浜銀行、金叶貯蓄銀行(のち平沼貯蓄銀行と改称)を設立。44年平沼銀行を創立。その他、東京瓦斯紡績、日清紡績など諸会社の経営に横浜共同電灯、日清紡績など

諸会社の経営に参与。また多額納税貴族院議員、衆議院議員を歴任した。
【伝記・評伝】
◇財界物故傑物伝　実業之世界社　1936

平野　富二（ひらの　とみじ）

弘化3(1846)年8月14日～明治25(1892)年12月3日

＊＊＊

石川島播磨重工業創業者　鋳造活字の創始者
生 肥前国長崎（長崎県）
歴 3歳で父を失い平野家の養子となり、苦学の末、本木昌造に見出されて、文久元年長崎製鉄所機関手見習となる。昌造に汽船航法等を学び、慶応2年回天丸を江戸へ回航、3年土佐藩の藩船機械方、明治元年一等機関士となり、2年昌造のあとをうけて長崎製鉄所所長に就任。小菅造船所長となって、後の三菱造船所の基礎を築いた。4年本木昌造に請われて長崎活版所の経営を委託され、鋳造活字の製造に成功、翌5年東京神田に長崎新塾出張活版製造所（のちの築地活版所）を創立する。石川島造船局の跡地を借り受け印刷機製造に着手、ついで9年平野造船所（現・石川島播磨重工業）を創立。特に20年進水した鳥海は民間で作られた鉄製軍艦の第1号として知られる。11年新潟・佐渡間の海運業を始め、17年平野汽船組を設立した。三谷幸吉編「本木昌造・平野富二詳伝」がある。
【伝記・評伝】
◇商海英傑伝　瀬川光行　大倉書店, 冨山房書店　1893
◇帝国実業家立志編　梅原忠造　求光閣　1894
◇本木昌造・平野富二詳伝―伝記・本木昌造/平野富二（近代日本企業家伝叢書　1）　三谷幸吉編著　大空社　1998.11　17,261p　図版16枚　22cm

広　慶太郎（ひろ　けいたろう）

明治41(1908)年12月7日～平成10(1998)年10月8日

＊＊＊

久保田鉄工社長・会長　生 兵庫県西宮市　号＝静山　学 立命館大学法経学部〔昭和11年〕卒
歴 母校・大倉商業の会計学教師を経て、昭和18年久保田鉄工（現・クボタ）に入社。26年取締役、46年6月から11年間社長を務めたのち、57年6月会長に就任。社長時代には輸出拡大など海外戦略に力を入れ、海外二市場への株式上場も果たした。60年6月取締役相談役、63年相談役。この間関西経済同友会代表幹事、大阪工業会会長、大阪商工会議所地域開発委員長として関西空港計画の推進に努めるなど、関西経済の発展に貢献。陽明学者の安岡正篤に師事、東洋思想に通じた異色の経済人として知られた。　賞 藍綬褒章〔昭和47年〕, タイ国勲一等王冠章〔昭和60年〕, 勲二等旭日重光章〔昭和60年〕
【伝記・評伝】
◇運命に生きて―一経営者の歩み　広慶太郎著　（京都）法律文化社　1987.11　245,5p　19cm
◇社長の筆相学―この筆相があなたを変える（致知選書）　森岡恒舟著　竹井出版　1987.12　235p　19cm
◇天真にゆだねて―経営の心、人生の心（対話講座なにわ塾叢書　29）　広慶太郎講話　ブレーンセンター　1988.12　153p　18cm
◇人あり縁あり―十一人の財界交遊記　吉田伊佐夫著　文芸社　2000.12　252p　19cm

弘世　現（ひろせ　げん）

明治37(1904)年5月21日～平成8(1996)年1月10日

＊＊＊

日本生命保険社長・会長　生 東京・麹町　旧姓(名)＝成瀬　学 東京帝国大学経済学部〔昭和3年〕卒
歴 昭和3年日本生命保険社長・弘世助太郎の婿養子となる。同年三井物産に入社、ニューヨーク支店勤務を経て、19年日本生命保険に取締役で入社。23年社長、57年7月会長に就任。女性販売員の活用、定期付き養老保険の開発、企業貸し付けや株式投資などの資産運用で、同社を保有契約高世界一に育てた。また東京・日比谷に日生劇場を開設し、文化・教育活動にも尽力した。
賞 紺綬褒章〔昭和33年〕, 藍綬褒章〔昭和40年〕, 勲一等瑞宝章〔昭和49年〕, 土川元夫賞（第17回）〔平成3年〕
【伝記・評伝】
◇財界の顔　池田さぶろ　講談社　1952
◇財界人の横顔　古田保　岩崎書店　1954
◇大阪産業をになう人々　大阪府工業協会　1956

◇弘世現―評伝(評伝シリーズ 6) 萩原啓一著 国際商業出版 1977.6 254p 19cm
◇私の履歴書 経済人 17 日本経済新聞社編 日本経済新聞社 1981.2 428p 22cm
◇社長の筆相学―この筆相があなたを変える(致知選書) 森岡恒舟著 竹井出版 1987.12 235p 19cm
◇私の生命保険昭和史 弘世現著 東洋経済新報社 1988.9 253p 19cm
◇父が息子に残せる言葉―政財界22人の「私を育てた父の一言」 石山順也著 日本文芸社 1990.1 236p 19cm

広瀬 宰平（ひろせ さいへい）

文政11(1828)年5月5日～大正3(1914)年1月31日

＊＊＊

住友本店総理　囲近江国野洲郡八夫村(滋賀県中主町)　旧姓(名)=北脇駒之助，諱=満忠，号=保水，遠図，通称=新右衛門，義右衛門

歴 11歳の時から住友家に仕え、別子銅山支配方の叔父北脇治右衛門の世話で別子銅山勘定場の丁稚からはじめ、慶応元年別子銅山支配人に就任。この間安政2年広瀬家(予州住友別家)の養子となる。明治維新後は住友家筆頭番頭として事業にあたり、以後住友財閥の総帥として明治27年に引退するまで活躍。鉱山、両替店をはじめ、生糸、樟脳にまで事業を拡げ、住友家の今日の基礎を築いた。一方、住友家をバックに関西財界に臨み、2年築港義社を起して安治川河口を改修、8年八弘社を設立して大阪市中の在来墓地の整理を行った。11年五代友厚らと共に大阪商法会議所を創設し、ついで大阪株式取引所、大阪製銅会社、硫酸会社等の創立に関与しその重役をつとめた。さらに17年大阪商船会社を設立し、頭取に就任した。27年住友本店総理辞任。著書に「半世物語」(全2巻)、詩集「錬石余響」などがある。

賞 勲四等瑞宝章〔明治25年〕

【伝記・評伝】
◇商海英傑伝 瀬川光行 大倉書店,冨山房書店 1893
◇帝国実業家立志編 梅原忠造 求光閣 1894
◇半世物語 広瀬宰平著 広瀬宰平 1895 2冊 (上53,下48丁) 22cm
◇宰平遺績 広瀬満正 1926
◇財界物故傑物伝 実業之世界社 1936
◇近代日本人物経済史 日本経済史研究会 東洋経済新報社 1955
◇大阪人物誌―大阪を築いた人(アテネ新書) 宮本又次著 弘文堂 1960 230p 19cm
◇日本財界人物列伝 第1巻 青潮出版編 青潮出版 1963 1171p 図版 26cm
◇政商から財閥へ 楫西光速 筑摩書房 1964
◇根性の実業家―住友を築いた実力者たち 神山誠著 南北社 1965
◇近代日本の政商 土屋喬雄 経済往来社 1968
◇財界人思想全集 第4 ダイヤモンド社 1969
◇財界人100年の顔―日本経済を築いた人びと ダイヤモンド社 1971
◇人物日本資本主義 3 大島清,加藤俊彦,大内力 東京大学出版会 1976
◇関西財界外史 関西経済連合会 1976
◇半世物語 広瀬宰平著,住友修史室編 住友修史室 1982.5 231p 22cm
◇小島直記伝記文学全集〈第3巻〉 日本さらりーまん外史 小島直記著 中央公論社 1986.12 414p 19cm
◇政商の誕生―もうひとつの明治維新 小林正彬著 東洋経済新報社 1987.1 348,18p 19cm
◇住友財閥成立史の研究 畠山秀樹著 同文舘出版 1988.1 530p 21cm
◇黄金伝説―「近代成金たちの夢の跡」探訪記 荒俣宏著,高橋昇写真 集英社 1990.4 253p 21cm
◇幕末「住友」参謀―広瀬宰平の経営戦略(講談社文庫) 佐藤雅美著 講談社 1990.8 314p 15cm
◇会社のルーツおもしろ物語―あの企業の創業期はこうだった!(PHPビジネスライブラリー〈A-342〉) 邦光史郎著 PHP研究所 1992.8 285p 18cm
◇広瀬宰平・伊庭貞剛を偲びて―我が郷土出生の大人物 八夫郷土の歴史を考える会著 八夫郷土の歴史を考える会 1993.1 51p 26cm
◇明敏にして毒気あり―明治の怪物経営者たち 小堺昭三著 日本経済新聞社 1993.10 291p 19cm
◇日本を造った男たち―財界創始者列伝 竹内均著 同文書院 1993.11 254p 19cm
◇黄金伝説(集英社文庫―荒俣宏コレクション) 荒俣宏著 集英社 1994.4 331p 15cm
◇開国の時代を生き抜く知恵 童門冬二著 (大阪)プレイグラフ社 1996.4 301p 19cm

◇近代住友の経営理念—企業者史的アプローチ
瀬岡誠著　有斐閣　1998.10　276p　21cm

弘世　助三郎
（ひろせ　すけさぶろう）

天保14（1843）年1月3日～大正2（1913）年11月17日

＊＊＊

日本生命保険取締役（創業者）　生 近江国彦根（滋賀県彦根市）　旧姓（名）＝川添
歴 江州商人弘世助市の養子となり、商才を発揮。維新後、明治12年第百三十三国立銀行設立に参画、取締役支配人となり、のち頭取。19年滋賀県議。22年有限会社・日本生命保険会社（23年株式会社）を創設、筆頭取締役となる。日本人による初の生命表を作成し、わが国最初の科学的な保険表を完成させた。41年取締役を退任。ほかに近江地方の学校建設や、鉄道の創業に活躍した。晩年は六甲山麓住吉で過ごした。

【伝記・評伝】
◇財界物故傑物伝　下巻　実業之世界社編輯局編
　実業之世界社　1936.6　684,41p　23cm

弘世　助太郎
（ひろせ　すけたろう）

明治4（1872）年12月9日～昭和11（1936）年3月9日

＊＊＊

日本生命保険社長　生 近江国彦根（滋賀県彦根市）　学 第三高等中学校卒
歴 三菱合資銀行部、勧業銀行勤務、日本倉庫支配人を経て、明治33年山口銀行副支配人となる。41年日本生命保険取締役、大正8年専務、昭和3年社長に就任し、没年まで務めた。同社の戦前における興隆期を築いた。この他、生命保険協会理事長、関西信託、三和銀行、日本無線電信、都ホテル、大阪ホテル、大阪毎日新聞などの重役も兼任した。　賞 シュバリエ・ド・ランナン勲章〔昭和2年〕

【伝記・評伝】
◇財界物故傑物伝　実業之世界社　1936
◇如水弘世助太郎翁　如水翁敬慕会　1940　255p　23cm

広田　寿一
（ひろた　ひさかず）

明治32（1899）年5月7日～昭和59（1984）年1月15日

＊＊＊

住友金属工業社長・会長　生 京都府京都市
学 京都帝国大学工学部機械学科〔大正12年〕卒
歴 住友製鋼所に入社。昭和24年、住金の前身、新扶桑金属工業の初代社長、27年住金社長、37年会長、48年から相談役。31年から51年まで関西生産性本部の初代会長。油絵に造詣が深く、42年日曜画家協会を結成し初代会長に就任。　賞 勲一等瑞宝章〔昭和51年〕

【伝記・評伝】
◇広田寿一氏追懐録　住友金属工業（株）編　住友金属工業　1987.1　431p　22cm

【 ふ 】

深井　英五
（ふかい　えいご）

明治4（1871）年11月20日～昭和20（1945）年10月21日

＊＊＊

日本銀行総裁, 貴族院議員（勅選）, 枢密顧問官
生 群馬県高崎市　学 同志社〔明治24年〕卒
歴 国民新聞社、民友社に勤務。その後、松方正義の秘書を経て、明治34年日本銀行に転じ、検査局調査役、理事、副総裁を経て、昭和10年第13代日本銀行総裁に就任。この間、大正8年パリ講和会議、10年ワシントン軍縮会議の全権委員随員、昭和8年ロンドン国際経済会議の全権委員を務めた。一貫して"高橋財政"を支えてきたが、11年の二・二六事件で高橋が暗殺され、12年2月総裁を辞任。同年貴族院議員に勅選され、13年枢密院顧問官に任命される。著書に「通貨調節論」「人物と思想」「回顧七十年」などがある。

【伝記・評伝】
◇政界人物評伝　馬場恒吾　中央公論社　1935
◇人物と思想　〔4版〕　深井英五　日本評論社　1939
◇回顧七十年　深井英五著　岩波書店　1941（4版:1948）　372p　19cm

◇日本財界人物列伝　第1巻　青潮出版編　青潮出版　1963　1171p　図版　26cm
◇現代日本思想大系　11　筑摩書房　1964
◇財界人思想全集　第8　財界人の人生観・成功観　小島直記編・解説　ダイヤモンド社　1969　454p　22cm
◇サラリーマンのライフワーク（徳間文庫）吉野俊彦著　徳間書店　1987.11　250p　15cm
◇昭和前期通貨史断章　田中生夫著　有斐閣　1989.1　276,6p　19cm
◇近代日本の自伝（中公文庫）佐伯彰一著　中央公論社　1990.9　358p　15cm
◇哲学を始める年齢　小島直記著　実業之日本社　1995.12　215p　21cm

福沢　桃介（ふくざわ　ももすけ）

慶応4(1868)年6月25日～昭和13(1938)年2月15日

＊＊＊

大同電力社長，衆議院議員　囲武蔵国川越（埼玉県川越市）　旧姓(名)＝岩崎　学慶応義塾〔明治20年〕卒

歴生家は農業で、慶応義塾に入る。福沢諭吉に見込まれ、娘ふさの婿養子となる。のち分家。明治21年アメリカに渡り、ペンシルベニア鉄道会社で1年余学ぶ。丸三商会の経営に失敗後、北海道炭礦汽船、王子製紙など三井系の会社に勤務。北海道炭礦鉄道の株式投機で財を成す。その後、瀬戸鉱山を設立、社長に就任。さらに木曽川筋八百津発電所、矢作水力、大阪電送などを建設し木曽川水系の電源開発に功績を残す。大正9年には五大電力資本の一つ大同電力を設立、社長に就任。昭和31年引退。ほかに東京地下鉄、名古屋電燈など、関係した会社は100社にのぼった。一方、明治45年衆議院選に当選（無所属）。

【伝記・評伝】
◇人物評論―朝野の五大閥　鵜崎熊吉　東亜堂書房　1912
◇財界之人百人論　矢野滄浪　時事評論社　1915
◇福沢桃介翁伝　大西理平　同伝記編纂所　1939.2　23cm
◇財界の鬼才　福沢桃介の生涯　宮寺敏雄著　四季社　1953　390p　図版　19cm
◇続　財界回顧―故人今人（三笠文庫）池田成彬著，柳沢健編　三笠書房　1953　217p　16cm
◇四人の財界人　河野重吉著　ダイヤモンド社　1956　182p　18cm
◇日本財界人物列伝　第1巻　青潮出版編　青潮出版　1963　1171p　図版　26cm
◇激流の人―電力王福沢桃介の生涯　矢田弥八著　光風社書店　1968　281p　図版　19cm
◇財界人思想全集　第9　ダイヤモンド社　1970
◇財界人100年の顔―日本経済を築いた人びと　ダイヤモンド社　1971
◇経営の鬼才福沢桃介　宮寺敏雄著　五月書房　1984.11　230p　19cm
◇電力王福沢桃介　堀和久著　ぱる出版　1984.12　270p　20cm
◇福沢桃介の人間学　福沢桃介著　五月書房　1984.12　314p　19cm
◇財界人物我観（経済人叢書）福沢桃介著　図書出版社　1990.3　177p　19cm
◇近代政治関係者年譜総覧〈戦前篇　第6巻〉　ゆまに書房　1990.3　1049,34p　21cm
◇日本資本主義の群像（現代教養文庫―内橋克人クロニクル・ノンフィクション〈3〉）内橋克人著　社会思想社　1993.2　209p　15cm
◇不死鳥　塩川治子著　河出書房新社　1993.8　165p　19cm
◇混乱時代の経営者の活路　三鬼陽之助著　講談社　1993.10　261p　19cm
◇木曽谷の桃介橋　鈴木静夫著　NTT出版　1994.3　266p　20cm
◇湖畔に刻まれた歴史（湖水の文化史シリーズ〈第3巻〉）　竹林征三著　山海堂　1996.12　206p　21cm
◇歴史人物意外なウラ話―笑える話・恥かしい話・驚きのエピソード（PHP文庫）　高野澄著　PHP研究所　2000.4　267p　15cm
◇鬼才福沢桃介の生涯　浅利佳一郎著　日本放送出版協会　2000.6　283p　19cm

福田　千里（ふくだ　ちさと）

明治29(1896)年10月20日～平成4(1992)年12月26日

＊＊＊

大和証券社長・会長，日本証券業協会連合会会長　身東京　学京都帝国大学経済学部〔大正10年〕卒　歴大正10年藤本ビルブローカー銀行（のちの大和証券）に入り、台北支店長などを経て、昭和29年副社長、32年社長に就任。38年会長、43年相

談役。この間、38～43年日本証券業協会連合会（現・日本証券業協会）会長を務め、40年証券不況下の証券業界立て直しのため、日本共同証券、日本証券保有組合の二つの株式買い支え機関設立に尽力、現在の証券制度の基礎を築いた。
賞 藍綬褒章〔昭和39年〕、勲三等旭日中綬章〔昭和43年〕
【伝記・評伝】
◇私の履歴書　第15集　日本経済新聞社編　日本経済新聞社　1962　330p　19cm
◇出世社長記　新入社員から社長までのコース（リビング・ライブラリー）　本郷貫一郎著　徳間書店　1963　237p　18cm
◇現代財界家系譜　第2巻　現代名士家系譜刊行会　1969
◇私の履歴書　経済人　5　日本経済新聞社編　日本経済新聞社　1980.8　482p　22cm

福田　久雄（ふくだ　ひさお）

明治38（1905）年1月3日～昭和59（1984）年2月16日

＊＊＊

大阪商船三井船舶社長・会長　生 徳島県　学 東京商科大専門部〔大正14年〕卒
歴 大正14年、大阪商船三井船舶の前身、大阪商船に入社。昭和42年5月社長、47年5月会長。44年から45年まで日本船主協会会長。日本郵船の有吉義弥社長と並び、戦後日本の海運発展に尽くした。　賞 藍綬褒章〔昭和43年〕、勲二等旭日重光章〔昭和50年〕
【伝記・評伝】
◇阿波じょら　福田久雄著、潮流社編集部編　潮流社　1972.7　313p　19cm
◇追想録福田久雄　大阪商船三井船舶編　大阪商船三井船舶　1985.2　514p　図版11枚　22cm

福原　有信（ふくはら　ありのぶ）

嘉永元（1848）年4月8日～大正13（1924）年3月30日

＊＊＊

資生堂創業者、帝国生命保険創業者　生 安房国松岡村（千葉県館山市竜岡）　幼名＝金太郎，前名＝友斎

歴 医家に生まれ、元治元（1864）年17歳で江戸に出て織田研斎について医学を修め、慶応元（1865）年18歳の時松本良順について幕府医学所に学ぶ。明治2年東京病院雇、大学東校中司薬雇を経て、4年海軍病院薬局長となる。5年官を辞し、東京京橋に開陽院診療所を開設。同時に薬局資生堂を、翌年薬種販売業資生堂を開き、医薬分業による民間調剤薬局をはじめる。13年新制の薬剤師試験に合格、登録、15年東京薬会を創立し、会長。以後、大日本製薬会社、内国製薬会社を創立、また日本薬剤師連合委員長をつとめるなど、日本の製薬業発展に貢献。21年帝国生命保険会社を創立し、保険事業の発展にも尽力した。
賞 緑綬褒章〔大正10年〕
【伝記・評伝】
◇東洋実業家評伝　第1編　久保田高吉　博交館　1893
◇財界之人百人論　矢野滄浪　時事評論社　1915
◇財界物故傑物伝　実業之世界社　1936
◇日本財界人物列伝　第1巻　青潮出版編　青潮出版　1963　1171p　図版　26cm
◇福原有信伝　永井保，高居昌一郎編著　資生堂　1966　335p　図版　22cm
◇財界人思想全集　第10　ダイヤモンド社　1971
◇日本創業者列伝——企業立国を築いた男たち（人物文庫）　加来耕三著　学陽書房　2000.8　362p　15cm
◇20世紀日本の経済人〈2〉（日経ビジネス人文庫）　日本経済新聞社編　日本経済新聞社　2001.2　380p　15cm

福原　信三（ふくはら　しんぞう）

明治16（1883）年7月25日～昭和23（1948）年11月4日

＊＊＊

資生堂社長，日本写真会初代会長　生 東京
学 千葉医学専門学校（現・千葉大学）薬学科〔明治39年〕卒
歴 資生堂創業者福原有信の三男。明治41年渡米、コロンビア大学で学んだ後、大正元年パリに渡り、製薬・化粧品製造法・写真技術などを学んで2年帰国。4年福原資生堂（のち資生堂に改称）を継ぐと、医薬分業を説いて資生堂化粧品部を設立、昭和3年社長に就任。"品質本位、共存、小売り、堅実、徳義尊重"の五大主義を経営理念に、化粧品総合本舗の基礎を築いた。また、資生堂のマー

ク"花椿"の考案者でもある。一方、大正10年大田黒元雄らと「写真芸術」を創刊、誌上で「光と其階調」など写真論を展開、後単行本として刊行。13年日本写真会を結成し会長も務めた。写真集に日本の芸術写真の草分けとなった「巴里とセーヌ」や「西湖風景」「松江風景」、エッセイ集に「写真を語る」「写真芸術」などがある。

【伝記・評伝】
◇福原信三 矢部信寿編著 資生堂 1970 267p 27cm
◇都市の視線—日本の写真 1920〜30年代 飯沢耕太郎著 (大阪)創元社 1989.8 285p 19cm
◇日本写真史を歩く 飯沢耕太郎著 新潮社 1992.10 252p 21cm
◇日本写真史への証言〈上巻〉(東京都写真美術館叢書) 亀井武編 (京都)淡交社 1997.4 189p 19cm

藤井 深造 (ふじい しんぞう)

明治26(1893)年12月13日〜昭和45(1970)年9月8日

＊＊＊

三菱重工業初代社長　身 広島県庄原市　学 東京帝国大学法学部〔大正7年〕卒

歴 三菱合資長崎造船所(昭和9年三菱重工業と改称)に入社、営業畑を歩んだのち、20年神戸造船所長に就任。常務を経て、25年3分割されたうちの中日本重工業(27年新三菱重工業と改称)社長に就任。34年会長に退いたが、37年吉田義人社長の病死で社長に返り咲く。39年三菱系3重工の合併による新生・三菱重工業の初代社長となる。40年会長。

【伝記・評伝】
◇財界人の横顔 古田保 岩崎書店 1954

藤井 丙午 (ふじい へいご)

明治39(1906)年2月23日〜昭和55(1980)年12月14日

＊＊＊

新日本製鉄副社長, 参議院議員(自民党)　身 岐阜県加茂郡白川町　学 早稲田大学政治経済科〔昭和6年〕卒

歴 朝日新聞記者を経て、昭和12年日本製鉄に入社。戦後、経済同友会の創立に尽くしたが、22年第1回参議院選で全国区から当選。25年日鉄が分割されて八幡、富士両製鉄が発足すると、八幡製鉄総務部長に復帰し、37年副社長に就任。45年同社と富士製鉄の合併による新日本製鉄が発足、副社長となり、48年には役員人事をめぐる"お家騒動"の末、相談役に退く。この間、財界と政界のパイプ役として財界政治部長の異名をとった。40〜48年国家公安委員。49年から自民党公認で岐阜地方区から参議院議員に連続当選。
賞 藍綬褒章〔昭和41年〕

【伝記・評伝】
◇財界人の横顔 古田保 岩崎書店 1954
◇現代財界家系譜 第1巻 現代名士家系譜刊行会 1968
◇財界人思想全集 第7 ダイヤモンド社 1970
◇財界—日本の人脈 読売新聞社 1972
◇奔馬の人—小説藤井丙午(清水一行エンターテインメント選集 3) 清水一行著 青樹社 1979.3 293p 19cm
◇追悼 藤井丙午 藤井丙午先生追悼録刊行会編 新評社 1981 340p 22cm
◇政治家 その善と悪のキーワード 加藤尚文著 日経通信社 1986.6 202p 19cm
◇奔馬の人(角川文庫) 清水一行著 角川書店 1986.7 430p 15cm
◇変りつつある街—続々々未完の記録 佐藤欣治著 青林書院 1987.2 212p 19cm
◇不滅の帝王学—プロ指導者をめざす人へ 伊藤肇著 東林出版社, 星雲社〔発売〕 1988.8 286p 19cm
◇「男の生き方」40選〈下〉 城山三郎編 文芸春秋 1991.4 363p 19cm
◇奔馬の人(ケイブンシャ文庫 529) 清水一行著 勁文社 1993.3 403p 16cm

藤岡 市助 (ふじおか いちすけ)

安政4(1857)年3月14日〜大正7(1918)年3月5日

＊＊＊

東京電気社長, 電気工学者　身 周防国岩国(山口県岩国市)　学 工部大学校(のちの東京帝国大学工学部)電信科〔明治14年〕卒 工学博士〔明治24年〕

歴 明治7年上京、工部省工学寮(のちの工部大学校)に入学し、在学中「電信初歩」を刊行。14年工部大学校卒業後、同大学校教授補となり、のち

教授、物理学・電信学を担当。17年万国電気博覧会審査員として渡米、帰国後の18年同郷の友人三吉正一が興した三吉電機工場で日本最初の白熱電灯用発電機を作製、東京麹町の内閣印刷所および銀行集会所にわが国最初の電灯をともす。19年東京電燈株式会社技師長となり、中央発電所を建設。23年三吉と共に白熱舎を興し電球製造に当たり、32年白熱舎を東京電気株式会社（東芝の前身）と改称、初代社長となった。さらに東京市街鉄道株式会社の技師長として工事に当たった。39年タングステン電球の特許権を得、アメリカのゼネラル・エレクトリック社と提携して電球を製造した。他に日本電気協会会長、岩国電気鉄道社長などを歴任。"日本のエジソン"といわれる。他の著書に「電気鉄道論集」「電信小誌」などがある。

【伝記・評伝】
◇スキャンダルの科学史　科学朝日　朝日新聞社　1989.10　296,4p　19cm
◇日本のエジソン―藤岡市助に学ぶもの　佐山和郎著　エポ（印刷）　1996.10　379p　21cm
◇人物で読む日本経済史　第9巻　工学博士藤岡市助伝　瀬川秀雄編　ゆまに書房　1998.12　1冊　22cm

藤川　一秋（ふじかわ　いっしゅう）

大正3（1914）年9月14日～平成4（1992）年8月17日

＊＊＊

トピー工業社長・会長，参議院議員（自民党）
生 愛知県額田郡額田町　学 慶応義塾大学通信教育部経済学科〔昭和28年〕卒
歴 愛知県庁勤務ののち、昭和10年上京して報知新聞社入社。14年東京シャリングに転じ、秘書、勤労、総務各部長。18年宮製鋼所と合併し、東都製鋼と改称。21年取締役、のち常務を経て、22年社長に就任。27年車輌工業社長、30年東都造機会長を兼任。39年合併によりトピー工業社長、43年会長、のち最高顧問。この間、49年参議院議員に当選し、52年には行政管理政務次官も務めた。
賞 勲二等瑞宝章〔昭和59年〕

【伝記・評伝】
◇財界人の横顔　古田保　岩崎書店　1954
◇藤川一秋　犬丸徹三　波多野元二　奥村政雄伝（日本財界人物伝全集）　古田保著　東洋書館　1955　316p　図版　22cm

◇この経営者をみよ―日本財界の主流をゆく人々　会社研究所　ダイヤモンド社　1958

藤沢　友吉（ふじさわ　ともきち）（初代）

慶応2（1866）年3月～昭和7（1932）年4月17日

＊＊＊

藤沢商店（現・藤沢薬品工業）社長　身 伊勢（三重県）　旧姓（名）＝福守
歴 少年時代から大阪に出て薬品問屋の店員を勤め、旧尼崎藩医藤沢新平の養子となった。明治27年主家を出て、大阪で独立、薬種商を始め、31年北区天満に樟脳精製所を設立、藤沢樟脳を発売した。さらに東京、京城に支店を設け、香川県坂出に工場を増設、苦汁工業を興し、大正5年ブルトーゼを発売。のち蛔虫駆除の新薬マクニンを製造、株式会社藤沢商店（現・藤沢薬品工業）社長として活躍した。また日本樟脳（株）取締役、日本売薬（株）監査役、大阪商業会議所議員、大阪薬種卸仲買商組合長も務めた。10年ポルトガル大阪駐在名誉副領事。

【伝記・評伝】
◇財界物故傑物伝　実業之世界社　1936

藤田　謙一（ふじた　けんいち）

明治6（1873）年1月5日～昭和21（1946）年3月12日

＊＊＊

日本商工会議所初代会頭，貴族院議員（勅選）
身 青森県弘前市　学 明治法律学校〔明治27年〕卒
歴 大蔵省に入省。明治29年たばこ企業・岩谷商会に転じ支配人となる。政財界に顔が広く、台湾塩業の専務を経て、第1次大戦時の大正初期には大日本塩業、日活、東洋製糖、東京護謨などで重役を務める。大正15年東京商業会議所会頭、昭和3年初代日本商工会議所会頭、勅選貴族院議員。同年国際労働会議の日本代表。4年疑獄で起訴され、9年有罪確定後、財界を引退。晩年堤康次郎の伊豆箱根土地（のちの国土開発興業）の初代社長を務め、初期西武系諸事業の発展に尽力した。

【伝記・評伝】
◇藤田謙一―初代日本商工会議所会頭　弘前商工会議所編　弘前商工会議所　1988.3　243p　図版10枚　22cm

◇堤康次郎　由井常彦編著，前田和利，老川慶喜著　エスピーエイチ　1996.4　465p　21cm
◇東北開発人物史―15人の先覚者たち　岩本由輝著　刀水書房　1998.3　334p　19cm

藤田　伝三郎（ふじた　でんざぶろう）

天保12（1841）年5月15日～明治45（1912）年3月30日

＊＊＊

藤田組創業者，大阪商法会議所会頭　[生]長門国萩（山口県萩市）　幼名＝六三郎，号＝光徳

[歴]幼時は郷塾で漢学を学び、16歳で分家を再興して家業の酒造、醤油製造業を営む。尊攘運動の刺激を受け山口を出て高杉晋作に師事。長州藩志士とともに国事に奔走。明治2年大阪に出て実業家を志し、靴製造業の大阪の豪商大賀幾助方に奉公。10年西南戦争では兵站部御用として軍需物資の調達にあたり巨利を博す。14年兄鹿太郎、久原庄三郎らと藤田組を組織し、26年合名会社に改組、以後小坂鉱山を中心とした鉱山業、農林業、児島湾の干拓、開墾を中心に関西財界に台頭。この間、12年贋札事件の疑惑を受け中野梧一と共に逮捕されたが無罪となった。また大阪商法会議所（現・大阪商工会議所）設立に参加し、18年会頭に就任。五代友厚、中野梧一死後の大阪財界の指導的地位を占めた。この他、大阪硫酸製造、太湖汽船、山陽鉄道、阪堺鉄道、大阪紡績など諸会社の創立に参与した。44年男爵受爵。また書画骨董などを嗜好し、多くの美術品コレクションを残している。

【伝記・評伝】

◇商海英傑伝　瀬川光行　大倉書店，冨山房書店　1893
◇帝国実業家立志編　梅原忠造　求光閣　1894
◇実業家偉人伝　活動野史　四書房　1901
◇藤田翁言行録　岩下清周　1913
◇財界物故傑物伝　実業之世界社　1936
◇日本実業家列伝　木村毅　実業之日本社　1953
◇大阪人物誌―大阪を築いた人（アテネ新書）　宮本又次著　弘文堂　1960　230p　19cm
◇政商　楫西光速　筑摩書房　1963
◇日本財界人物列伝　第1巻　青潮出版編　青潮出版　1963　1171p　図版　26cm
◇近代日本の政商　土屋喬雄　経済往来社　1968
◇財界人思想全集　第10　ダイヤモンド社　1971
◇人物・日本資本主義　3　大島清，加藤俊彦，大内力　東京大学出版会　1976
◇関西財界外史　関西経済連合会　1976
◇美術話題史―近代の数寄者たち　松田延夫著　読売新聞社　1986.5　350p　21cm
◇政商の誕生―もうひとつの明治維新　小林正彬著　東洋経済新報社　1987.1　348,18p　19cm
◇落花の人―日本史の人物たち　多岐川恭著　光風社出版　1991.11　354p　19cm
◇建設業を興した人びと―いま創業の時代に学ぶ　菊岡倶也著　彰国社　1993.1　452p　21cm
◇きょう土につくした人びと　ふるさと歴史新聞〈2〉　あれ地を田畑に！　西日本編　笠原秀文　ポプラ社　1996.4　47p　30cm
◇藤田伝三郎の雄渾なる生涯　砂川幸雄著　草思社　1999.5　270p　19cm
◇地域史における自治と分権　坂本忠次編著　（岡山）大学教育出版　1999.12　264p　21cm

藤波　収（ふじなみ　おさむ）

明治21（1888）年2月27日～昭和47（1972）年10月18日

＊＊＊

北海道電力社長・会長，電源開発総裁　[生]大分県杵築市　[学]東京帝国大学工科大学電気工学科〔明治44年〕卒

[歴]鬼怒川水力電気から大正3年名古屋電燈、8年大阪送電（のちの大同電力）に出向し電気部長、13年大同電力理事、昭和3年取締役、7年常務・支配人。14年日本発送電理事、19年関東配電副社長。戦後公職追放、26年北海道電力会長、27年社長、35年会長、37年相談役。41年電源開発総裁となり、45年退任。　[賞]藍綬褒章〔昭和30年〕，紺綬褒章〔昭和39年〕，勲一等瑞宝章〔昭和46年〕

【伝記・評伝】

◇この経営者をみよ―日本財界の主流をゆく人々　会社研究所　ダイヤモンド社　1958
◇財界の第一線1958年　人物展望社　1958
◇現代人物史伝　第7集　藤波収　河野幸之助著　日本時報社出版局　1960　19cm
◇現代財界家系譜　第2巻　現代名士家系譜刊行会　1969

藤野 忠次郎
ふじの ちゅうじろう

明治34（1901）年2月21日～昭和60（1985）年7月23日

＊＊＊

三菱商事社長・会長　🈳埼玉県　🈴東京帝国大学法学部法律学科〔大正14年〕卒

🈶大正14年三菱商事に入社。戦後、渉外部長として財閥解体でGHQとの折衝役を務め、昭和29年の三菱商事再統合で常務、41年社長、49年会長に就任。社長時代は沈滞気味だった社内を活性化して総合商社トップの座を不動のものにしており、同社"中興の祖"といわれる。また三菱グループ首脳の集まりである金曜会の代表としてグループの結束に努めたほか、40年代の国交正常化前の中国にグループ企業の代表を率いて訪ね、日中貿易拡大に先鞭をつけた。44年から56年まで東京商工会議所副会頭。　🈴藍綬褒章〔昭和41年〕、勲二等旭日重光章〔昭和46年〕、勲一等瑞宝章〔昭和56年〕

【伝記・評伝】
◇現代財界家系譜　第2巻　現代名士家系譜刊行会　1969
◇財界―日本の人脈　読売新聞社　1972
◇経営のこころ　第8集　日刊工業新聞社　1973
◇三菱商事を変革した男　藤野忠次郎　八木大介著　ダイヤモンド社　1987.11　216p　19cm

藤山 愛一郎
ふじやま あいいちろう

明治30（1897）年5月22日～昭和60（1985）年2月22日

＊＊＊

大日本製糖社長,日本商工会議所会頭,日本国際貿易促進協会長,衆議院議員（自民党）,外相　🈳東京都北区　🈴慶応義塾大学法学部政治科〔大正7年〕中退

🈶大正8年から財界活動に入って大日本製糖、日本化学工業各社長を務め、昭和16年44歳の若さで日本商工会議所会頭となり、日航会長なども歴任。32年岸首相の懇請で、非議員のまま「絹のハンカチをぞうきんに…」と評されながら外相に就任、日米安保条約の改定交渉に当たった。33年以来衆議院選に当選6回、51年には政界を引退。この間、池田・佐藤両内閣の経企庁長官のほか自民党総務会長を務め、藤山派を結成して3度総裁選にのぞんだが、いずれも敗れた。また日中貿易促進、日中国交回復促進、両議連会長、政界引退後も国際貿易促進協会（国貿促）会長として、日中関係改善に情熱を傾けた。著書に「政治わが道」「社長くらし三十年」など。　🈴勲一等旭日大綬章〔昭和42年〕

【伝記・評伝】
◇財界の顔　池田さぶろ　講談社　1952
◇現代事業家列伝　菱山辰一著　要書房　1952
◇社長ぐらし三十年　藤山愛一郎著　学風書院　1952　226p　図版　19cm
◇お客商売　藤山愛一郎著　学風書院　1953
◇私の自叙伝―社長ぐらし三十年　藤山愛一郎著　学風書院　1955　197p　図版　18cm
◇現代日本財界人物論　小汀利得著　ダイヤモンド社　1956
◇昭和怪物伝　大宅壮一著　角川書店　1957　290p　19cm
◇私の履歴書〔第1集〕, 2-6　日本経済新聞社編　日本経済新聞社　1957-58　6冊　19cm
◇私の行き方（日本の百人全集　第1）　藤山愛一郎著　学風書院　1959　305p　図版　19cm
◇現代財界家系譜　第1巻　現代名士家系譜刊行会　1968
◇政治わが道―藤山愛一郎回想録　藤山愛一郎著　朝日新聞社　1976　315p　肖像　20cm
◇私の履歴書　経済人　2　日本経済新聞社編　日本経済新聞社　1980.6　477p　22cm
◇日商会頭の戦後史（権力者の人物昭和史　8）　安原和雄著　ビジネス社　1986.12　270p　19cm
◇私の財界昭和史（私の昭和史シリーズ）　三鬼陽之助著　東洋経済新報社　1987.2　272p　19cm
◇マスコミ転戦記　佐藤永充画・文　文一総合出版　1987.4　262p　19cm
◇米極秘訓令電―日米核密約はあった!（共産党ブックレット〈9〉）　日本共産党中央委員会出版局　1987.7　103p　21cm
◇続　わが道―こころの出会い　藤田たき著　ドメス出版　1988.1　349p　19cm
◇総理になれなかった男たち―逆説的指導者論（RYU　SELECTION）　小林吉弥著　経済界　1991.10　246p　19cm
◇「国民的記憶」を問う（加藤周一対話集〈第3巻〉）　加藤周一著　（京都）かもがわ出版　2000.10　343p　19cm

藤山 雷太（ふじやま らいた）

文久3(1863)年8月1日～昭和13(1938)年12月19日

***

大日本製糖社長, 東京商業会議所会頭, 貴族院議員（勅選）　⑲肥前国松浦郡大里村（佐賀県伊万里市）　⑲長崎師範〔明治13年〕卒, 慶応義塾〔明治20年〕卒

⑱佐賀藩士の三男に生まれる。長崎師範卒業後、郷里で小学校教師を務め、のち上京して慶応義塾に学ぶ。明治20年帰郷し、同年佐賀県議に選ばれ、ついで議長となり、外国人居留地買収問題などで活躍。のち上京、25年実業界に転じて師の福沢諭吉のすすめで三井銀行に入り、諭吉の義兄・中上川彦次郎を助けて三井財閥の改革にあたる。中上川に抜擢され芝浦製作所所長に就任、さらに中上川の内命で王子製紙の乗取りに成功。三井を去ったのち、東京市街電鉄、日本火災、帝国劇場などの創立に参加。42年大日本製糖会社（日糖）の不始末による破綻のあとをうけ、渋沢栄一の推挙で同社社長に就任し、再建に成功、一躍財界に重きをなした。以来、日糖を中心に台湾製糖、パルプ業の発展に貢献、藤山コンツェルンの基礎を築いた。大正6～14年東京商業会議所会頭。12年勅選貴族院議員。他に藤山同族社長、大日本製氷会長、日印協会理事、また三井、安田、共同の各信託会社の相談役、取締役を務めるなど、その活動は多岐にわたり、財界の一方の雄として活躍した。著書に「満鮮遊記」「熱海閑談録」などがある。

【伝記・評伝】
◇財界之人百人論　矢野滄浪　時事評論社　1915
◇藤山雷太翁半世奮闘史　永田涼風　実業時代社　1934
◇藤山雷太伝　西原雄次郎　藤山愛一郎　1939
◇産業史の人々　楫西光速　東京大学出版会　1953
◇日本実業家列伝　木村毅　実業之日本社　1953
◇近代日本人物経済史　日本経済史研究会　東洋経済新報社　1955
◇思い出の財界人〔2版〕　下田将美　実業之日本社　1960
◇日本財界人物列伝　第1巻　青潮出版編　青潮出版　1963　1171p　図版　26cm
◇財界人思想全集　第6　ダイヤモンド社　1970
◇日本経済の建設者―あの時この人　中村隆英　日本経済新聞社　1973
◇熱海閑談録　藤山雷太　中央公論社　1983.5　2,14,351p　図版10枚　20cm
◇小島直記伝記文学全集〈第3巻〉　日本さらりーまん外史　小島直記著　中央公論社　1986.12　414p　19cm
◇小島直記伝記文学全集〈第4巻〉　福沢山脈　小島直記著　中央公論社　1987.1　577p　19cm
◇私の財界昭和史（私の昭和史シリーズ）　三鬼陽之助著　東洋経済新報社　1987.2　272p　19cm

藤原 銀次郎（ふじわら ぎんじろう）

明治2(1869)年6月17日～昭和35(1960)年3月17日

***

王子製紙社長・会長, 貴族院議員（勅選）, 商工相, 軍需相　⑲長野県安茂里村（現・長野市）　⑲慶応義塾〔明治23年〕卒

⑱「松江日報」主筆をつとめ、明治28年26歳で三井銀行に移る。32年三井物産に転出し、台湾支店長、木材部長などを歴任。44年三井系の王子製紙に移り、専務、大正9年社長に就任。以来、日本の製紙の90％を占める巨大企業に育てる。昭和13年会長。この間、4年勅選貴族院議員。14年藤原工業大学（のちの慶大工学部）を設立。15年米内内閣の商工相、18年東条内閣の国務相、19年小磯内閣の軍需相など歴任。戦後は趣味に生きて静かに余生を送る。また、34年藤原科学財団を設立するなど教育、社会事業にも尽力。著書に「労働問題帰趨」「藤原銀次郎回顧八十年」など。

【伝記・評伝】
◇財界政界の惑星藤原銀次郎氏と其事業―資本主義現状維持派の闘将革新大勢下の強敵（日満経済論壇第1巻第5号）　三宮維信　日満経済調査局　1936
◇財界回顧　柳沢健編　世界の日本社　1949.7　302p　図版　21cm
◇思い出の人々　藤原銀次郎, 石山賢吉記　ダイヤモンド社　1950　329p　図版　19cm
◇藤原銀次郎回顧八十年〔5版〕　下田将美著, 藤原銀次郎述　講談社　1950　481p　図版　19cm
◇私の経験と考え方　藤原銀次郎著　高風館　1951

◇回顧八十年（市民文庫）　下田将美著, 藤原銀次郎述　河出書房　1952　254p　15cm
◇苦楽断片　藤原銀次郎著　高風館　1952
◇続　財界回顧―故人今人（三笠文庫）　池田成彬著, 柳沢健編　三笠書房　1953　217p　16cm
◇財界巨人伝　河野重吉著　ダイヤモンド社　1954　156p　19cm
◇産業史の人々　楫西光速著　東大出版会　1954
◇藤原銀次郎伝（日本財界人物伝全集）　水谷啓二著　東洋書館　1954　345p　図版　19cm
◇近代日本人物経済史　日本経済史研究会　東洋経済新報社　1955
◇仕事のみち暮しのみち　藤原銀次郎述, 寺沢栄一著　実業之日本　1957.6　284p　18cm
◇藤原銀次郎氏の足跡　石山賢吉著　ダイヤモンド社　1960　343p　図版　19cm
◇世渡り九十年　藤原銀次郎著　実業之日本社　1960　302p　図版　19cm
◇藤原銀次郎（一業一伝）　桑原忠夫著　時事通信社　1961　243p　図版　18cm
◇藤原銀次郎伝　窪田明治著　新公論社　1962　530p　19cm
◇日本財界人物列伝　第1巻　青潮出版編　青潮出版　1963　1171p　図版　26cm
◇財界人思想全集　第2, 4, 5　ダイヤモンド社　1970
◇財界人100年の顔―日本経済を築いた人びと　ダイヤモンド社　1971
◇藤原さんと私　市川義夫著〔市川義夫〕1973　155p　肖像　19cm
◇藤原銀次郎翁語録―明治・大正・昭和実業人の典型　市川義夫著　藤原科学財団　1979.3　253p　19cm
◇藤原銀次郎―巨人伝説から（銀河グラフティ―信州人物風土記・近代を拓く〈2〉）　宮坂勝彦編　（長野）銀河書房　1986.3　110p　21cm
◇財界人の人間修養学　竹井博友編著　竹井出版　1986.7　301p　19cm
◇小島直記伝記文学全集〈第3巻〉　日本さらりーまん外史　小島直記著　中央公論社　1986.12　414p　19cm
◇小島直記伝記文学全集〈第4巻〉　福沢山脈　小島直記著　中央公論社　1987.1　577p　19cm
◇ビジュアル版・人間昭和史〈4〉　財界の指導者　講談社　1987.2　255p　21cm
◇逆境を拓く―苦難をバネにした先達の生きざま　宮本惇夫著, 川鉄商事広報室編　産業能率大学出版部　1987.6　228p　19cm
◇藤原銀次郎の軌跡―生誕百二十周年記念　紙の博物館, 藤原科学財団編　紙の博物館　1989.6　71p　26cm
◇代表的日本人―自己実現に成功した43人　竹内均著　同文書院　1990.1　403p　19cm
◇「男の生き方」40選〈上〉　城山三郎編　文芸春秋　1991.4　357p　19cm
◇この経営者の急所を語る―三鬼陽之助の財界人備忘録　三鬼陽之助著　第一企画出版　1991.7　256p　19cm
◇なぜ営業マンは人間的に成長するのか―営業を通じて磨く"人間力"の研究（PHPビジネスライブラリー〈A-319〉）　田中真澄著　PHP研究所　1991.8　237p　18cm
◇頭角の現わし方―世に出た人間の研究（PHPビジネスライブラリー〈A-332〉）　藤田忠司著　PHP研究所　1992.3　222p　18cm
◇日本を造った男たち―財界創始者列伝　竹内均著　同文書院　1993.11　254p　19cm
◇激変の時代を生き抜く発想と行動―幕末・明治の大物にみる　黒川志津雄著　日新報道　1995.12　228p　19cm
◇実業家の文章―日本経済の基盤を築いた、十二人の偉大な実業家。　鈴木治雄著　ごま書房　1998.7　262p　19cm
◇この日本人を見よ―在りし日の人たち　馬野周二著　フォレスト出版　1998.12　263p　19cm

船田　一雄（ふなだ　かずお）

明治10（1877）年12月7日～昭和25（1950）年4月18日

＊＊＊

三菱本社理事長　囲愛媛県上浮穴郡久万町東明神　学東京帝国大学独法科〔明治39年〕卒

歴愛媛県久万町の庄屋の子として生まれる。父が伊予土佐横断道路開削の請負人となり家産を傾けたため、苦学をして松山中学、五高、東京帝大へと進む。卒業後、司法試験に合格して検事となるが、明治43年三菱合資会社に入社。のち三菱鉱業に移り、大正13年常務。昭和6年三菱合資理事となり、11年三菱商事会長、18年三菱本社理事長に就任。戦後は三菱財閥の解体を推進した。また日本郵船、三菱銀行、三菱重工、三菱倉庫、三

菱商事、三菱電気、日本アルミ各取締役、南洋拓殖参与理事、日本木材、帝国石油各顧問、中支那振興監事なども務めた。
【伝記・評伝】
◇船田一雄　船田一雄氏記念刊行会編　船田一雄氏記念刊行会　1953　381p　図版25枚　22cm

古河　市兵衛 (ふるかわ　いちべえ)

天保3(1832)年3月16日～明治36(1903)年4月5日

＊＊＊

足尾銅山経営者, 古河財閥創設者　[生]山城国岡崎村（京都府）　旧姓（名）＝木村巳之助
[歴]生家は代々庄屋で、豆腐製造を業とする。嘉永2年京都井筒屋小野組盛岡支店の支配役をつとめた叔父木村理助をたよって盛岡へ行き、南部藩御用掛鴻池屋伊助店につとめ、奥州一円の生糸買付に従事。安政5年小野組につとめた古河家の養子となり、文久2年養父に代って小野組生糸買付主任となる。明治4年東京築地に製糸工場を建設したのをはじめ、米穀取引、蚕卵買占め、小野組所有の鉱山経営などに手腕を発揮。さらに7年小野組破産後独立して鉱山業に乗り出し、相馬家の援助で草倉、足尾銅山などの諸鉱山を入手、渋沢栄一の第一銀行からの資金援助で産銅高をのばし、10年代には全国銅生産の1/3を占め、18年には院内、阿仁銀山の払下げを受け、鉱山王への地歩を固めた。創業後20年の28年には、その経営する鉱山は銅山12、銀山8、金山1に及び、鉱山王と呼ばれ、古河財閥の基礎を築いた。
【伝記・評伝】
◇明治十二傑（太陽第5巻第13号臨時増刊）　博文館　1899
◇古河市兵衛翁伝　五日会編　五日会　1926　23cm
◇翁の直話　五日会編　五日会　1926　88p　23cm
◇財界物故傑物伝　実業之世界社　1936
◇日本実業家列伝　木村毅　実業之日本社　1953
◇近代日本人物経済史　日本経済史研究会　東洋経済新報社　1955
◇日本財界人物列伝　第1巻　青潮出版編　青潮出版　1963　1171p　図版　26cm
◇政商から財閥へ（グリーンベルト・シリーズ）　楫西光速著　筑摩書房　1964　234p　18cm
◇維新の豪商―小野組始末　小野善太郎　青蛙書房　1966
◇財界人思想全集　第3　ダイヤモンド社　1970
◇下野人物風土記　第3集　栃木県連合教育会編　栃木県連合教育会　1970　182p　19cm
◇財界人100年の顔―日本経済を築いた人びと　ダイヤモンド社　1971
◇政商の誕生―もうひとつの明治維新　小林正彬著　東洋経済新報社　1987.1　348,18p　19cm
◇日本史の社会集団〈6〉　ブルジョワジーの群像　安藤良雄著　小学館　1990.3　509p　15cm
◇政商伝　三好徹著　講談社　1993.1　251p　19cm
◇政商伝（講談社文庫）　三好徹著　講談社　1996.3　287p　15cm
◇古河市兵衛翁伝（人物で読む日本経済史　第5巻）〔五日会著〕　ゆまに書房　1998.9　1冊　22cm
◇古河市兵衛翁伝―伝記・古河市兵衛（近代日本企業家伝叢書　3）　五日会編　大空社　1998.11　1冊　22cm
◇運鈍根の男―古河市兵衛の生涯　砂川幸雄著　晶文社　2001.3　269p　20cm

古河　虎之助 (ふるかわ　とらのすけ)

明治20(1887)年1月1日～昭和15(1940)年3月30日

＊＊＊

古河財閥3代当主, 古河鉱業社長　[生]東京　[学]慶応義塾普通部〔明治36年〕卒, コロンビア大学
[歴]古河市兵衛の長男。明治38年義兄潤吉（2代当主）の養子となり、同年潤吉の死で当主となった。40年留学先より帰国し、大正2年古河合名代表社員、6年東京古河銀行、古河商事、旭電化工業を設立、社長となり、古河コンツェルンを確立、7年分離後の古河鉱業社長も兼任。昭和3年義弟吉村万治郎に総帥を譲り、6年古河銀行を第一銀行に譲渡、古河鉱業社長に復帰、12年古河合名会社を設立した。政友会系に所属。一方、孤児育英のための明徳会を創設するなど社会事業にも尽力して褒章多数。大正4年男爵。
【伝記・評伝】
◇古河虎之助君伝　古河虎之助伝記編纂会編　古河虎之助伝記編纂会　1953

◇日本財界人物列伝　第2巻　青潮出版編　青潮出版　1964　1175p　図版13枚　27cm

古田　俊之助
ふるた　しゅんのすけ

明治19(1886)年10月15日～昭和28(1953)年3月23日

＊＊＊

住友本社代表・総理事　⃞生京都　旧姓(名)＝井上　⃞学東京帝国大学工科大学採鉱冶金科〔明治43年〕卒

⃞歴古田敬徳の養子となり、明治43年住友合名入社。住友金属工業専務を経て、昭和13年住友本社専務理事。16年代表兼総理事となり、19年小磯国昭内閣顧問。また住友鉱業、住友金属工業など同系列会社会長、大阪商船、大日本航空などの取締役を歴任した。25年関西経済連合会顧問、26年大阪商工会議所顧問も務めた。

【伝記・評伝】
◇日本財界人物伝全集　10　小倉正恒伝・古田俊之助伝　栂井義雄著　東洋書館　1954
◇古田俊之助氏追懐録　古田俊之助氏追懐録編纂委員会編　古田俊之助氏追懐録編纂委員会　1954　788p　図版13枚　22cm
◇日本経済を育てた人々　高橋弥次郎　関西経済連合会　1955
◇人間古田俊之助　河村竜夫篇　ヰゲタ鋼管　1957　501p　図版10枚　22cm
◇思い出の財界人　〔2版〕　下田将美　実業之日本社　1960
◇誠実の人・古田俊之助伝　神山誠著　林書店　1967　248p　図版　19cm
◇財界人思想全集　第10　ダイヤモンド社　1971
◇関西財界外史　関西経済連合会　1976

【へ】

別宮　貞俊
べっく　さだとし

明治26(1893)年2月18日～昭和33(1958)年9月19日

＊＊＊

住友電工社長, 東京工業大学教授, 電気工学者
⃞生東京　⃞学東京帝国大学工科大学電気工学科〔大正6年〕卒　工学博士〔大正15年〕

⃞歴通信省技師、電気試験所技師兼通信省臨時調査局技師などを経て、東京工大教授。大正13年米国、ドイツ留学。昭和5年住友電線製造所研究部長に転じ、同常務を経て住友電工社長となった。その後大阪レントゲン製作所会長。著書に「対称座標法解説」などがある。　⃞賞電気学会賞「対称座標法解説」

【伝記・評伝】
◇別宮貞俊追悼集　同編纂委員会　1959

【ほ】

法華津　孝太
ほけつ　こうた

明治36(1903)年7月30日～昭和63(1988)年8月6日

＊＊＊

山階鳥類研究所専務理事, 極洋社長・会長　⃞身愛媛県北宇和郡吉田町　⃞学東京帝国大学政治学科〔昭和2年〕卒, プリンストン大学大学院〔昭和3年〕修了

⃞歴昭和2年外務省入省。23年調査局長で退官し、極洋の前身・極洋捕鯨専務に。29年社長、41年会長、53年相談役を歴任。また48年から山階鳥類研究所専務理事をつとめた。　⃞賞藍綬褒章〔昭和46年〕、勲二等瑞宝章〔昭和52年〕

【伝記・評伝】
◇財界の第一線1958年　人物展望社　1958
◇私の履歴書　第31集　日本経済新聞社編　日本経済新聞社　1967　301p　19cm

◇私の履歴書　法華津孝太著　日本経済新聞社
　　1968　　62p　　19cm
◇私の履歴書　経済人　9　日本経済新聞社編
　日本経済新聞社　1980.10　468p　22cm

星　一
ほし　はじめ

明治6(1873)年12月25日～昭和26(1951)年1月19日

＊＊＊

星製薬創業者，参議院議員(国民民主党)，衆議院議員(政友会)　⬚身福島県いわき市　⬚学東京高商(現・一橋大学)卒，コロンビア大学(米国)政治経済科〔明治34年〕卒
⬚歴明治27年に渡米、7年間の留学中に英字新聞「ジャパン・アンド・アメリカ」を発刊。34年に400円を携えて帰国、製薬事業に乗り出し、43年星製薬を設立、のち星薬学専門学校(星薬科大学)を建学した。星製薬を"クスリハホシ"のキャッチフレーズで代表的な製薬会社に仕立て上げ、後に"日本の製薬王"といわれた。一方、41年衆議院議員(政友会)に初当選。後藤新平の政治資金の提供者になるなど関係を深め、その世話で台湾産阿片の払い下げを独占した。そのため、大正13年に後藤が失脚したあと、召喚・逮捕(のち無罪)などが続き、昭和6年には破産宣告をする。12年以後衆議院議員に連続3回当選。戦後、22年4月第1回参議院選で全国区から出馬、48万余票を得票してトップ当選。4年後米国で客死する。

【伝記・評伝】
◇努力と信念の世界人　星一評伝　大山恵佐著
　共和書房　1949　273p　19cm
◇日本財界人物列伝　第2巻　青潮出版編　青潮
　出版　1964　1175p　図版13枚　27cm
◇人民は弱し官吏は強し(新潮文庫)　星新一著
　新潮社　1978.7　266p　15cm
◇人民は弱し官吏は強し(角川文庫　2743)　星新
　一著　角川書店　1982.11　284p　15cm
◇米国初期の日本語新聞　田村紀雄，白水繁彦編
　勁草書房　1986.9　453,10p　21cm
◇大東亜科学綺譚　荒俣宏著　筑摩書房　1991.5
　443p　21cm

堀田　庄三
ほった　しょうぞう

明治32(1899)年1月23日～平成2(1990)年12月18日

＊＊＊

住友銀行頭取・会長　⬚生愛知県名古屋市　筆名
＝芦水　⬚学京都帝国大学経済学部〔大正15年〕卒
⬚歴大正15年住友銀行入行。昭和17年東京事務所長、のち東京支店長、本店支配人を歴任。22年取締役、同年常務、同年副社長、26年副頭取を経て、27年頭取に就任。46年に会長となり、52年取締役相談役名誉会長ののち、59年に取締役を退いた。この間、32年欧州移動大使、34年外務省顧問、38年訪欧経済使節団長として欧米を歴訪。合理化と実践を重視した"堀田イズム"により、長年にわたって住友グループを統率した。
⬚賞大阪府産業功労賞，藍綬褒章〔昭和38年〕，スペインカトリック女王イサベル勲章〔昭和42年〕，勲一等瑞宝章〔昭和44年〕，ローマ法王庁聖グリゴリオ賢主勲章〔昭和49年〕，スペイン賢王アルフォンソ十世十字勲章〔昭和50年〕，勲一等旭日大綬章〔昭和55年〕，メリトシビル大十字章(スペイン)〔昭和60年〕

【伝記・評伝】
◇日本政経人評伝　第1集　都新聞社　1950
◇大阪産業をになう人々　大阪府工業協会　1956
◇現代財界家系譜　第1巻　現代名士家系譜刊行
　会　1968
◇財界人100年の顔―日本経済を築いた人びと
　ダイヤモンド社　1971
◇財界―日本の人脈　読売新聞社　1972
◇経済同友会30年史　山下静一　同会　1976
◇堀田庄三(十六人の銀行家―音たかく流れる)
　青野豊作　現代史出版会　1982.7
◇住友軍団パワーの秘密　邦光史郎，グループ
　HLC著　東急エージェンシー出版事業部
　1987.4　232p　19cm
◇住友銀行(企業コミック)　日向夏平作，菊池純
　画　世界文化社　1988.3　209p　21cm
◇住友銀行　七人の頭取　近藤弘著　日本実業出
　版社　1988.9　414p　19cm
◇住友銀行―日本一の高収益会社がなぜ敬遠され
　るか(カッパ・ビジネス)　塩月修一著　光文社
　1990.1　195p　18cm

◇堀田庄三追想録　日本総合研究所堀田庄三追想録編纂委員会編　住友銀行　1992.12　361p　図版12枚　22cm

堀 久作 (ほり きゅうさく)

明治33(1900)年7月8日～昭和49(1974)年11月14日

＊＊＊

日活社長, 江ノ島振興社長, 映画製作者　生 東京　学 大倉高商〔大正8年〕卒
歴 学校を出て株屋の店員やホテルの従業員などをした後、東京互斯常務、松方乙彦の秘書となる。昭和10年松方が日本活動写真(のちの日活)の社長を引き受けたあと日活に入社し、20年社長に就任、46年まで社長。この間、赤字だらけだった日活を再建する一方、終戦後間もない25年に米国ノースウエスト航空会社と組んで東京・日比谷に地上9階、地下4階、総建坪約1万5000坪の日活国際ビルを建てた。その際、マッカーサー元帥に許可申請し「計画に絶大な賛意を表する」との"お墨付き"をとって米国輸出入銀行からの外資導入に成功するなど、財界の"怪物"ぶりを見せる。28年からは映画製作を再開し、「太陽の季節」などのヒット作を生み、石原裕次郎、小林旭、吉永小百合らのスターを育てて日活の名を高めた。日経連、経団連各常任理事、東京経済大学理事長などを歴任した。また江ノ島振興社長を務め、江ノ島水族館を設立した。

【伝記・評伝】
◇財界の顔　池田さぶろ　講談社　1952
◇財界人の横顔　古田保　岩崎書店　1954
◇私の履歴書　第3集　日本経済新聞社　1957
◇裸一貫から成功へ　堀久作, 石橋正二郎, 大谷米太郎, 遠山元一, 前田久吉　飛車金八著　鶴書房　1957　284p　19cm
◇現代財界家系譜　第2巻　現代名士家系譜刊行会　1969
◇私の履歴書　経済人　2　日本経済新聞社編　日本経済新聞社　1980.6　477p　22cm

堀 啓次郎 (ほり けいじろう)

慶応3(1867)年1月3日～昭和19(1944)年10月8日

＊＊＊

大阪商船社長, 阪神電鉄社長, 貴族院議員(勅選)
生 加賀国金沢(石川県)　学 東京帝国大学法科大学〔明治26年〕卒
歴 大阪露油入社。明治28年大阪商船に転じ、29年仁川支店長、次いで神戸・上海各支店長、運輸課長を経て40年取締役、44年副社長、大正3年社長となった。折から第1次大戦時の積極経営で豪州航路、南米航路、欧州航路を開設、昭和5年ニューヨーク急行航路に新鋭船の畿内丸型を配して外国船を圧倒、日本海運界の興隆に貢献した。9年相談役、阪神電鉄社長。また住銀、日清汽船各取締役、日本船主協会会長、勅選貴族院議員も務めた。

【伝記・評伝】
◇堀啓次郎翁追懐録　高梨光司編　堀啓次郎翁追懐録編纂会　1949
◇日本経済を育てた人々　高橋弥次郎　関西経済連合会　1955
◇日本財界人物列伝　第2巻　青潮出版編　青潮出版　1964　1175p　図版13枚　27cm

堀 新 (ほり しん)

明治16(1883)年7月8日～昭和44(1969)年6月26日

＊＊＊

関西電力会長　生 兵庫県佐用郡
歴 明治36年大阪商船に入り、遠洋課長時代、大型ディーゼル高速貨物船輸送に功績。昭和7年専務。11年日清汽船社長。14年宇治川電気副社長、15年社長。17年関西配電副社長、20年社長、公職追放令に先立ち21年退任。解除で相談役。26年電力再編成に際し新設の関西電力会長に就任、34年辞任、35年相談役。また電気事業連合会会長、山陽電気鉄道、南海電気鉄道、毎日放送各取締役を務めた。　賞 藍綬褒章〔昭和35年〕, 英国CB勲章〔昭和38年〕

【伝記・評伝】
◇電力　思い出すまゝ　堀新著　関西電力　1971.4　207p　21cm

堀 文平
明治15(1882)年2月10日～昭和33(1958)年1月1日
＊＊＊
富士瓦斯紡績社長・会長　生 岡山県　学 東京高商(現・一橋大学)〔明治37年〕卒
歴 大阪商船、福島紡績を経て、明治45年大阪莫大小(メリヤス)の創立に参画、常務となり、昭和6年明正紡織と改称、社長就任。16年同社と富士紡合併で富士瓦斯紡績(現・富士紡績)社長、22年会長。また満州紡績社長、日本紡績協会委員長、経団連副会長、日経連常任理事、大阪商工会議所顧問なども務めた。著書に「ステープルファイバーの現状及び将来」「吾国の繊維工業と輸出」など。
【伝記・評伝】
◇大阪産業をになう人々　大阪府工業協会　1956

堀 禄助
明治41(1908)年11月1日～平成5(1993)年6月15日
＊＊＊
厚木ナイロン工業社長　生 神奈川県相模原市　旧姓(名)＝座間　学 東京農工大製糸学科〔昭和9年〕卒
歴 片倉工業に入社。海老名工場長を経て、昭和22年厚木編織(のちの厚木ナイロン工業、現・アツギ)を設立、社長となる。昭和30年代から40年代にかけて、シームレスストッキング、パンティストッキングなどの新製品を開発、女性衣料に革命を起こす。その事業力と技術力により大手アパレルメーカーの旗手に。　賞 藍綬褒章〔昭和45年〕、勲三等旭日中綬章〔昭和53年〕、神奈川文化賞〔昭和54年〕、海老名市名誉市民〔昭和57年〕
【伝記・評伝】
◇わが風雲録　日本工業新聞社　1964
◇21世紀をめざす統率学—日本企業再構築のリーダーシップ　山田正喜子著　世界文化社　1989.3　270p　19cm
◇佐高信のインタビュー　社長の転機・会社の転機—18人のトップの転機と教訓　佐高信編著　経営書院　1992.3　359p　19cm
◇社長の転機・会社の転機　佐高信著　中央公論社　1996.7　387p　15cm

堀江 薫雄
明治36(1903)年1月28日～平成12(2000)年8月27日
＊＊＊
東京銀行頭取・会長　生 徳島県　学 東京帝国大学法学部〔昭和3年〕卒　経済学博士〔昭和36年〕
歴 昭和3年横浜正金銀行に入行。戦後、同行が東京銀行に改組されるにあたって改組室長を務め、取締役、常務、副頭取を歴任。32年頭取に就任。40年会長、44年相談役。43年日本オリベッティ取締役に。国際金融問題の専門家で東大、京大で講座を担当、経済審議会、関税率審議会などの委員を務め活発な発言で知られる。主著に「国際通貨基金の研究」「国際金融講話」など。
賞 大聖グレゴリオ勲章〔昭和42年〕、勲一等瑞宝章〔昭和48年〕
【伝記・評伝】
◇私の履歴書　第34集　日本経済新聞社編　日本経済新聞社　1968　304p　19cm
◇私の履歴書　経済人　10　日本経済新聞社編　日本経済新聞社　1980.10　457p　22cm
◇ワンワールドへの道—昭和金融史とともに半世紀—堀江薫雄著作集(兜町ブックス)　堀江薫雄著　公社債新聞社　1982.5　382p　20cm

堀越 善重郎
文久3(1863)年5月3日～昭和11(1936)年4月25日
＊＊＊
堀越商会創業者　生 栃木県　学 東京商業講習所(一橋大学の前身)卒
歴 明治16年東京商業講習所を卒業、17年アメリカに渡る。絹織物が将来有望であることを認識し、アメリカ人メーソンと提携しメーソン商会日本支店支配人として帰国。桐生、足利、福井の絹織物輸出を成功させる。23年トルコ軍艦エルトグロール号沈没時、生存者の本国送還に同行し、帰途ウイーンで絹織物を売りさばく。28年メーソン商会日本支店支配人を辞し、渋沢栄一らの後援を得て堀越商会を創立、欧州への絹織物の輸出に従事。貿易功労者として表彰され、緑綬褒章を受ける。　賞 緑綬褒章〔大正6年〕、紺綬褒章〔昭和2年〕、正六位〔昭和3年〕

【伝記・評伝】
◇財界之人百人論　矢野滄浪　時事評論社　1915
◇財界物故傑物伝　実業之世界社　1936
◇堀越善重郎伝　加藤清忠　1939

堀越 禎三
ほりこし　ていぞう

明治31(1898)年12月13日～昭和62(1987)年6月24日

＊＊＊

日本ウジミナス社長, 東京ケーブルビジョン会長, 経済団体連合会副会長・事務総長　囲 兵庫県神戸市　学 東京帝国大学法学部〔昭和13年〕卒
歴 日本銀行に入り、名古屋支店長、理事を経て、昭和22年経済安定本部副長官、のち東京電力常務、日本ウジミナス社長など歴任。他に国際商業会議所日本国内委事務総長、NHK監事、東邦生命監査などを歴任。また経団連常理事、43年副会長・事務総長、49年顧問をつとめた。
賞 CBE勲章（英国）〔昭和41年〕, 勲二等旭日重光章〔昭和44年〕, 勲一等瑞宝章〔昭和55年〕

【伝記・評伝】
◇日本経済と新産業体制　堀越禎三著　東洋経済新報社　1962　204p　19cm
◇ラテン・アメリカと日本―開発投資と貿易促進　ブラジルウジミナス製鉄所の経験　堀越禎三著, 上智大学イベロ・アメリカンインスティテュート編　上智大学イベロアメリカ研究所　1968　181p　26cm

本田 宗一郎
ほんだ　そういちろう

明治39(1906)年11月17日～平成3(1991)年8月5日

＊＊＊

本田技研工業社長（創業者）　身 静岡県天竜市
学 浜松高工（のちの静岡大学工学部）機械科卒
歴 天竜市の鍛冶屋に生まれ、高等小学校卒業後上京。大正11年東京の自動車修理工場・アート商会に奉公し、昭和3年浜松でアートモーター社を創業。工場長の傍ら浜松高工機械科に聴講生として学び、9年東海精機を設立し社長。戦後、20年に本田技術研究所を設立、エンジン付自転車を思い付き好評を博す。23年本田技研工業を設立、オートバイの生産開始、以来、軽自動車、小型自動車と次々に開発、"ホンダ"の名を世界に広めた。48年社長を退任、最高顧問となる。その後は国際的な文化交流に情熱を注ぎフランスの芸術文化勲章を初め、外国からの受章多数。平成元年には日本人として初めて米国自動車殿堂入りした。また、行政改革を推進するために手弁当で全国を辻説法して歩く一方、カーレースに出場したり、熱気球やハンググライダーにも挑戦した。著書に「俺の考え」「スピードに生きる」「私の手が語る」など。　賞 藍綬褒章〔昭和27年〕, 毎日工業デザイン賞〔昭和35年〕, 経営者賞〔昭和41年〕, メルクリオ・ドロ賞（イタリア政府）〔昭和46年〕, 交通文化賞（運輸省）〔昭和48年〕, 天竜市名誉市民〔昭和48年〕, イタリア共和国功労勲章グランデ・ウフィチャーレ賞〔昭和53年〕, ベルギー王冠勲章コマンダー章〔昭和54年〕, ホーリー・メダル（米国機会学会）〔昭和55年〕, 勲一等瑞宝章〔昭和56年〕, レジオン・ド・ヌール勲章オフィシエ章〔昭和59年〕, 文化デザイン賞〔昭和59年〕, スウェーデン王国北極星勲章, ダイヤモンド・パーソナリティ賞〔昭和61年〕, グローバル500賞(UNEP)〔昭和62年〕, 鈴鹿市名誉市民〔平成2年〕, 国際自動車連盟ゴールデンメダル賞〔平成2年〕, 米国二輪自動車工業会特別賞〔平成3年〕, 毎日経済人賞（特別賞,第12回）〔平成4年〕, ジェームズ・ワット国際ゴールドメダル（平3年度）〔平成4年〕, 上智大学・ミシガン工科大学・オハイオ州立大学・エクスマルセイユ大学名誉博士号

【伝記・評伝】
◇ざっくばらん　本田宗一郎著　自動車ウイークリー　1960.7　218p　19cm
◇スピードに生きる　本田宗一郎著　実業之日本社　1961
◇得手に帆をあげて　本田宗一郎著　わせだ書房　1962
◇私の履歴書　第17集　日本経済新聞社編　日本経済新聞社　1962　379p　19cm
◇実力経営者伝　梶山季之　講談社　1963
◇私の歩んだ道　9　産業研究所　1963
◇俺の考え―ブームをつくる経営の秘密（実日新書11）　本田宗一郎著　実業之日本社　1963.9　218p　18cm
◇得手に帆あげて―若いいのちへの讃歌　本田宗一郎著　わせだ書房新社　1966.5　317p　29cm
◇財界人思想全集　第5　ダイヤモンド社　1970
◇商魂の系譜―企業家精神に生きる61人　中村秀一郎　日本経済新聞社　1973

◇世界を変える男―本田宗一郎の人と思想(創意の人シリーズ 1) 斎藤栄三郎著 読売新聞社 1973 236p 図 肖像 18cm
◇経営のこころ 第10集 日刊工業新聞社 1974
◇青年諸君! 後藤清一ほか PHP研究所 1975 190p 18cm
◇ミスター・ホンダ!(CA選書) ソル・サンダース著, 田口統吾, 中山晴康訳 コンピュータ・エージ社 1976 270p 肖像 19cm
◇ホンダの原点 山本治 自動車産業研究所 1977
◇未来を先取りした二十一世紀の企業―本田宗一郎の思想と哲学 小峰喜一編著 小峰工業出版 1978.4 291p 18cm
◇日本の企業家4 戦後篇 経済立国の牽引者(有斐閣新書) 下川浩一ほか 有斐閣 1980.7
◇私の履歴書 経済人 6 日本経済新聞社編 日本経済新聞社 1980.8 482p 22cm
◇本田宗一郎男の幸福論 梶原一明著 PHP研究所 1982.2 227p 20cm
◇エコノカルチャー―NEC+HONDA+SONY 小林宏治ほか 朝日出版社 1982.5 177p 19cm
◇私の手が語る 本田宗一郎著 講談社 1982.6 275p 20cm
◇本田宗一郎―日本のリーダー 15 世界を駆ける企業家 ティビーエスブリタニカ 1982.11
◇本田宗一郎との100時間―人間紀行 城山三郎著 講談社 1984.9 331p 20cm
◇本田宗一郎男の幸福論(PHP文庫) 梶原一明著 PHP研究所 1985.3 248p 15cm
◇日本の100人―リーダーたちの素顔 日本経済新聞社編 日本経済新聞社 1986.5 211p 21cm
◇成功する経営・失敗する経営 三鬼陽之助著 PHP研究所 1986.6 221p 19cm
◇実業界の巨頭(ビジュアル版・人間昭和史〈5〉) 大来佐武郎, 扇谷正造, 草柳大蔵監修 講談社 1986.6 255p 21cm
◇本田宗一郎の育てられ方(講談社ビジネス) 上之郷利昭著 講談社 1986.7 251p 19cm
◇ホンダに学ぶ老害防止法 上之郷利昭 東洋経済新報社 1986.7 226p 19cm
◇本田宗一郎の3分間スピーチ―人を動かす極意(カッパ・ブックス) 上之郷利昭著 光文社 1986.8 199p 18cm

◇経営に終わりはない 藤沢武夫著 ネスコ, 文芸春秋〔発売〕 1986.11 253p 19cm
◇創業社長の"名語録"にみる商売感覚―一言、自らを鼓舞し事業を創る 青野豊作著 日新報道 1986.12 194p 19cm
◇決定版 運命を開く―世界の「ビジネス天才」に学ぶ 片方善治著 三笠書房 1986.12 283p 19cm
◇ホンダ教と松下教―なぜ世界で通用するのか(NESCO BOOKS) 塩沢茂著 ネスコ, 文芸春秋〔発売〕 1987.1 260p 18cm
◇トップの頭の中―この変革期に経営者は何を考えているか(21世紀ブックス特装版) 梶原一明著 主婦と生活社 1987.4 227p 19cm
◇今、なぜ、政宗か―あすの男性像をさぐる 扇谷正造著 社会保険出版社 1987.9 261p 19cm
◇F‐1グランプリ―灼熱の道、鈴鹿へ(NESCO SPECIAL) 間瀬明写真 ネスコ, 文芸春秋〔発売〕 1987.10 143p 30×24cm
◇いまHONDAを世界が見つめてる―世界を狙うホンダのマル秘戦略 中沢龍一, 三宅彰著 エール出版社 1987.10 190p 19cm
◇後藤清一が26人の先達から学んだ社長の「器」(アスカビジネス) 後藤清一著 明日香出版社 1987.10 230p 19cm
◇決断力に己れを賭けよ(昭和の名語録) 邦光史郎ほか著 経済界 1987.11 262p 19cm
◇「長」と「副」の研究―本田宗一郎と藤沢武夫に学ぶ 西田通弘著 かんき出版 1988.1 131p 19cm
◇本田宗一郎物語 part 1 甲良幹二郎劇画, 工藤一郎脚本 宝友出版社 1988.2 418p 17×19cm
◇本田宗一郎物語 part 2 甲良幹二郎劇画, 工藤一郎脚本 宝友出版社 1988.2 368p 17×19cm
◇燃えるだけ燃えよ―本田宗一郎との100時間(講談社文庫) 城山三郎著 講談社 1988.2 291p 15cm
◇道元と本田宗一郎語録 小峰喜一著 北陸出版 1988.3 176p 19cm
◇ビジネス・ロマン 西田耕三著 同文舘出版 1988.3 244p 19cm
◇本田技研(企業コミック) 田中学作, 蛭田充画 世界文化社 1988.3 209p 21cm

日本の実業家

◇繁栄の群像―戦後経済の奇跡をなしとげた経営者たち　板橋守邦著　有楽出版社,実業之日本社〔発売〕　1988.6　253p　19cm
◇小説　本田宗一郎　近藤竜太郎著　泰流社　1988.7　242p　19cm
◇ぼくの取材手帖とっておきの話　上之郷利昭著　潮出版社　1988.7　222p　19cm
◇本田宗一郎「一日一話」―"独創"に賭ける男の哲学（PHP文庫）　PHP研究所編　PHP研究所　1988.11　223p　15cm
◇HONDA大好き〈PART2〉ホンダの車を見るとなぜ胸がワクワクするのか　中沢龍一著　エール出版社　1988.12　183p　19cm
◇本田宗一郎―F1を制するホンダイズムの源流　安田信治著　ぱる出版　1989.7　252p　19cm
◇続・企業進化論―コンピュータがみた日本人と西欧人　梶谷通稔著　日刊工業新聞社　1989.10　299p　19cm
◇ホンダ魂―F1制覇へ賭けた2000日　城島明彦著　世界文化社　1989.11　238p　19cm
◇巨富を築いた36人の男たち　鳥羽欽一郎著　実業之日本社　1989.11　206p　19cm
◇経営者に学ぶ決断と活路　三鬼陽之助著　学習研究社　1989.12　288p　19cm
◇代表的日本人―自己実現に成功した43人　竹内均著　同文書院　1990.1　403p　19cm
◇「飛躍の主役」たちとの対話　堺屋太一著　実業之日本社　1990.4　251p　19cm
◇大人学・小人学（だいじんがく・しょうじんがく）―「大気力」で生きた男の器量と値打ち　邑井操著　大和出版　1990.6　245p　19cm
◇強者の「戦略構築」〈PART 2〉　梶原一明著　大陸書房　1990.7　237p　19cm
◇先輩経営者の闘魂訓―覇者に興亡ありて　三鬼陽之助著　広済堂出版　1990.9　303p　19cm
◇フレッシュなあなたに贈る成功への挑戦学―「幸せ人間」本田宗一郎からのメッセージ　産業労働調査所編　産業労働出版協会,産業労働調査所〔発売〕　1990.9　95p　26cm
◇夢にかける―6人の社長の創業物語（こども伝記まんが〈2〉）　久保田千太郎,今道英治著　小学館　1990.10　176p　21cm
◇プレイボーイ・インタビューセレクテッド　PLAYBOY日本版編集部編　集英社　1990.10　516p　21cm
◇私の手が語る（講談社文庫）　本田宗一郎著　講談社　1991.2　254p　15cm
◇スーパー・スポーツカーNSXホンダの苦悩―「名車」誕生は何を物語るか（カッパ・ビジネス）　小宮和行著　光文社　1991.2　215p　18cm
◇男のうた　佐高信著　講談社　1991.4　243p　19cm
◇「男の生き方」40選〈上〉　城山三郎編　文芸春秋　1991.4　357p　19cm
◇この経営者の急所を語る―三鬼陽之助の財界人備忘録　三鬼陽之助著　第一企画出版　1991.7　256p　19cm
◇得手に帆あげて（知的生きかた文庫）　本田宗一郎著　三笠書房　1991.11　294p　15cm
◇本田宗一郎の人生―終わりなき走路（レース）　池田政次郎編著　東洋経済新報社　1991.11　381p　21cm
◇Mr.Honda forever―故本田宗一郎最高顧問追悼集　本田技研工業　1991.12　80p　31cm
◇本田宗一郎の「人の心を買う術」―夢見て、燃えて、グランプリ　城山三郎ほか著　プレジデント社　1991.12　363p　19cm
◇ミスター・ホンダ〔改訂版〕　サンダース,ソル著,田口統吾,中山晴康訳　コンピュータ・エージ社　1991.12　261p　19cm
◇わが友　本田宗一郎（ゴマビジネス）　井深大著　ごま書房　1991.12　215p　19cm
◇新・財界人列伝―光と影　厚田昌範著　読売新聞社　1992.1　254p　19cm
◇本田宗一郎の経営学―七つの経営パラダイム　北岡俊明著　産能大学出版部　1992.2　231p　19cm
◇頭角の現わし方―世に出た人間の研究（PHPビジネスライブラリー〈A-332〉）　藤田忠司著　PHP研究所　1992.3　222p　18cm
◇F1パワーエリート　赤井邦彦著　扶桑社　1992.3　292p　19cm
◇本田宗一郎　思うままに生きろ　梶原一明著　講談社　1992.3　301p　19cm
◇佐高信のインタビュー　社長の転機・会社の転機―18人のトップの転機と教訓　佐高信編著　経営書院　1992.3　359p　19cm
◇俺の考え〔新装版　復刻版〕　本田宗一郎著　実業之日本社　1992.4　209p　19cm
◇得手に帆あげて―本田宗一郎の人生哲学　本田宗一郎著　三笠書房　1992.4　274p　19cm

◇ああ、人生グランド・ツーリング(NAVI BOOKS)　徳大寺有恒著　二玄社　1992.5　288p　19cm
◇男なら二度涙を流せ―「悔し涙」を「成功の涙」に変えた十人の男たち(NKビジネス)　早瀬利之著　日本経済通信社　1992.6　222p　19cm
◇小説　本田宗一郎〔新装版〕　近藤竜太郎著　泰流社　1992.6　242p　19cm
◇豊かさのかげに―「会社国家」ニッポン(岩波ジュニア新書〈205〉)　佐高信著　岩波書店　1992.6　189p　18cm
◇人を動かす、人を活かす―田中角栄から野村克也までの成功例(カッパ・ブックス)　小林吉弥著　光文社　1992.6　205p　18cm
◇技術と格闘した男・本田宗一郎　NHK取材班著　日本放送出版協会　1992.7　222p　21cm
◇本田宗一郎の育てられ方(講談社文庫)　上之郷利昭著　講談社　1992.7　237p　15cm
◇本田宗一郎　熱血・人生語録　小峰喜一著　総合法令　1992.7　176p　19cm
◇技術と格闘した男・本田宗一郎　NHK取材班著　日本放送出版協会　1992.7　222p　21cm
◇本田宗一郎が教えたこと―21世紀のリーダーたちへ　三鬼陽之助著　第一企画出版　1992.8　238p　19cm
◇本田宗一郎本伝―飛行機よりも速いクルマを作りたかった男　毛利甚八作, ひきの真二画　小学館　1992.9　521p　21cm
◇男はこう天職を貫け!―本田宗一郎に学ぶ"40代開年期"の冒険哲学(21世紀ビジネス)　徳丸也著　東洋経済新報社　1992.9　238p　19cm
◇私の履歴書―昭和の経営者群像〈6〉　日本経済新聞社編　日本経済新聞社　1992.10　294p　19cm
◇HONDA　F1〈2〉　1983・1992激闘の記録　グラフィック社編集部編　グラフィック社　1992.10　135p　30cm
◇本田宗一郎グラフィティ―夢の轍　池田政次郎文, プレジデント社書籍編集部編　プレジデント社　1992.10　193p　21cm
◇わが友本田宗一郎(Goma books)　井深大著　ごま書房　1992.11　215p　19cm
◇社長になる人脈はこう作れ!―組織の中で勝ち抜く処世術　岩淵明男著　オーエス出版　1992.11　228p　19cm
◇本田宗一郎と松下幸之助―天才は神様を超えたか(日経ベンチャー別冊)　日経ベンチャー編　日経BP社　1992.12　447p　22cm
◇HONDAが危ない―栄光のホンダ復活のために、本田宗一郎を否定できるか　ガンバレ・ホンダ!ファンは元気なHONDAを待っている　遠藤徹著　エール出版社　1992.12　181p　19cm
◇本田宗一郎　男の幸福論〔新装版〕　梶原一明著　PHP研究所　1992.12　227p　19cm
◇ドイツ道具の旅終りに近く―元気を出せドイツ人　佐貫亦男著　光人社　1992.12　238p　19cm
◇藤沢武夫の研究―本田宗一郎を支えた名補佐役の秘密(人の世界シリーズ〈12〉)　山本祐輔著　かのう書房　1993.1　240p　19cm
◇本田宗一郎と藤沢武夫に学んだこと―「主役」と「補佐役」の研究　西田通弘著　PHP研究所　1993.2　203p　19cm
◇本田宗一郎　F1伝説―死の直前に語ったレースへの夢と哲学　デリスブール, イブ著, 福田素子訳　徳間書店　1993.4　266p　19cm
◇本物の魅力―自分を生かしきった男だけが「人生の醍醐味」を味わうことができる!　邑井操著　大和出版　1993.7　245p　19cm
◇人間　宗一郎　間瀬明編　エス・イー・エルインターナショナル　1993.10　332p　31×23cm
◇日本を造った男たち―財界創始者列伝　竹内均著　同文書院　1993.11　254p　19cm
◇成功への転機は突然やってくる!―ワープで成功した10人(ウィーグルブックス)　倉原忠夫著　ウィーグル, 星雲社〔発売〕　1993.11　262p　19cm
◇経営者の器―あの人あの言葉　池田政次郎著　東洋経済新報社　1993.12　206p　19cm
◇史上空前の繁栄をもたらした人びと―昭和後期の企業家21人の生きざま(HOREI BOOKS)　新井喜美夫著　総合法令　1993.12　183p　18cm
◇ひとりぼっちの風雲児―私が敬愛した本田宗一郎との35年　中村良夫著　山海堂　1994.1　235p　19cm
◇世界が俺を待っている―本田宗一郎伝　中部博著　集英社　1994.4　415p　19cm
◇かるす・おうとまとす―自動車と私と地球と　中村良夫著　二玄社　1994.5　235p　19cm

◇本田宗一郎の真実—神話になった男の知られざる生涯　軍司貞則著　講談社　1995.1　357p　19cm
◇本田宗一郎　思うままに生きろ(講談社文庫)　梶原一明著　講談社　1995.2　284p　15cm
◇わが友　本田宗一郎(文春文庫)　井深大著　文芸春秋　1995.3　206p　15cm
◇死んでたまるか!—ここを乗り切れ、道は開ける!(ムックセレクト〈506〉)　河野守宏著　ロングセラーズ　1995.4　214p　17cm
◇昭和をつくった明治人〈下〉　塩田潮著　文芸春秋　1995.4　401p　19cm
◇本田宗一郎、セナと私の闘うことと愛すること—自分を限りなく活かすために(プレイブックス)　桜井淑敏著　青春出版社　1995.5　237p　18cm
◇未亡人は言った。「本田宗一郎を殺したい」—F1還らざる勇者たち　ジョーホンダ著　ベストセラーズ　1995.6　271p　19cm
◇本田宗一郎遺談　人生はアマ・カラ・ピン　坂崎善之著　講談社　1995.6　315p　19cm
◇本田宗一郎　語録—昭和の天才独創家　本田精神継承研究会編著　ソニー・マガジンズ　1995.9　229p　19cm
◇ベンチャー精神とは何か—松下幸之助と本田宗一郎(プレジデント　ビジネスマン読本)　中山素平,堀紘一ほか著　プレジデント社　1995.9　242p　19cm
◇本田宗一郎　苦境へのヒント—人生を切り開く知恵(カッパ・ビジネス)　梶原一明著　光文社　1995.10　192p　18cm
◇本田宗一郎と藤沢武夫に学んだこと—「主役」と「補佐役」の研究(PHP文庫)　西田通弘著　PHP研究所　1996.2　189p　15cm
◇活学の達人—本田宗一郎との対話　合田周平著　丸善　1996.3　361p　19cm
◇社長の転機・会社の転機　佐高信著　中央公論社　1996.7　387p　15cm
◇ホンダ〈1〉(ワールドMCガイド〈3〉)　ネコ・パブリッシング　1996.9　173p　21cm
◇ホンダの原点—企業参謀・藤沢武夫の経営戦略(成美文庫)　山本治著　成美堂出版　1996.10　349p　15cm
◇本田宗一郎　美しき晩年　辻均著　産能大学出版部　1996.10　203p　19cm
◇情報断食のすすめ—「ひらめき」と「直感」を信じて生きるための方法論　松藤民輔著　総合法令出版　1997.1　262p　19cm
◇人生の達人・本田宗一郎(講談社文庫)　坂崎善之著　講談社　1997.2　321p　15cm
◇世界のホンダを創った本田宗一郎の挑戦経営　輪辻潔著　三心堂出版社　1997.9　222p　19cm
◇本田宗一郎　情熱と涙—三十年間お仕えした私だけが知っているとっておきの話(ゴマブックス)　原田一男著　ごま書房　1997.11　212p　18cm
◇大変な時代に克つ会社—本田宗一郎のメッセージ　日本製造業復活のために(カッパ・ブックス)　白岩礼三著　光文社　1998.2　198p　18cm
◇本田宗一郎　潰れてたまるか!—逆境こそ、創造へのスタート　坂崎善之著　大和出版　1998.2　203p　19cm
◇本田宗一郎からの手紙—現代を生きるビジネスマンへ(文春文庫)　片山修編　文芸春秋　1998.3　196p　15cm
◇特許はベンチャー・ビジネスを支援する　荒井寿光著　発明協会　1998.5　116p　21cm
◇わが友・本田宗一郎(Goma books)　井深大著　ごま書房　1998.6　203p　18cm
◇企業家の群像と時代の息吹き(ケースブック　日本企業の経営行動〈4〉)　伊丹敬之,加護野忠男,宮本又郎,米倉誠一郎編　有斐閣　1998.7　383p　21cm
◇本田宗一郎語録(小学館文庫　Yん-8-1)　本田宗一郎研究会編　小学館　1998.8　279p　15cm
◇HONDA　21世紀への挑戦　赤井邦彦著　三心堂出版社　1998.9　239p　19cm
◇本田宗一郎不屈のリーダー学—「無私の精神」が困難を打ち破る!!(Business library)　北岡俊明著　PHP研究所　1998.10　248p　18cm
◇ホンダをつくったもう一人の創業者—受け継がれる藤沢武夫の教え　大河滋著　マネジメント社　1998.12　241p　19cm
◇男の美学—ビジネスマンの生き方20選(講談社文庫)　佐高信編　講談社　1998.12　311p　15cm
◇勝つ経営　城山三郎著　文芸春秋　1999.1　163p　19cm
◇本田宗一郎から学んだモノづくりの極意　西嶬祐著　日刊工業新聞社　1999.4　233p　19cm

◇日本人の気概を教える(オピニオン叢書〈51〉)　渡辺尚人著　明治図書出版　1999.5　118p　19cm
◇あの人はどこで死んだか―死に場所から人生が見える(青春文庫)　矢島裕紀彦著　青春出版社　1999.5　269p　15cm
◇ホンダ伝　井出耕也著　ワック　1999.5　394p　19cm
◇新・代表的日本人(小学館文庫)　佐高信編著　小学館　1999.6　314p　15cm
◇物語・20世紀人物伝―人間ドラマで20世紀を読む〈2〉発明・発見への挑戦　天沼春樹、漆原智良、岡島康治、白取春彦、竹野栄著　ぎょうせい　1999.6　237p　19cm
◇能楽師になった外交官(中公新書)　ノートン,パトリック著、大内侯子、栩木泰訳　中央公論新社　1999.8　158p　18cm
◇静岡県　起業家を生み出す風土　静岡総合研究機構編著　(静岡)静岡新聞社　1999.8　213,16p　19cm
◇会社を救う4つの力　片山修著　扶桑社　1999.9　321p　19cm
◇バカは力なりアホも能力なり―目覚めよ!君の中の「バカ人格」　中川昌彦著　新講社　1999.10　230p　19cm
◇本田宗一郎の真実―不況知らずのホンダを創った男(講談社文庫)　軍司貞則著　講談社　1999.11　383p　15cm
◇日本の顔。この歳で何をした!!(講談社文庫)　フリープレス編　講談社　1999.12　344p　15cm
◇人間の器量(One Plus Book〈12〉)　谷沢永一、ひろさちや、梶原一明、船井幸雄著　ビジネス社　1999.12　160p　21cm
◇20世紀名言集　大経営者篇　A級大企業研究所編　情報センター出版局　2000.1　214p　19cm
◇ホンダ神話―教祖のなき後で(文春文庫)　佐藤正明著　文芸春秋　2000.3　680p　15cm
◇本田宗一郎の教え―成功は99%の失敗に支えられた1%だ!　原田一男著　ロングセラーズ　2000.4　217p　18cm
◇決断の経営史―戦後日本の礎を築いた男たち　梶原一明著　経済界　2000.4　222p　19cm
◇ヒーローから生き方を学ぶ道徳授業(TOSS道徳「心の教育」シリーズ〈7〉)　向山洋一監修, TOSS道徳教育研究会編　明治図書出版　2000.5　120p　21cm
◇本田宗一郎の流儀―"やってみもせんで答えを出すな"(PHP文庫)　坂崎善之著　PHP研究所　2000.5　189p　15cm
◇本田宗一郎「挑戦者」の名言―やってみもせんで、何をいっとるか!　梶原一明著　ロングセラーズ　2000.11　226p　18cm
◇決断力―そのとき、昭和の経営者たちは〈上〉　日本工業新聞社編　日本工業新聞社, 扶桑社〔発売〕　2001.3　493p　19cm
◇日本の企業家群像　佐々木聡編　丸善　2001.3　292p　19cm
◇定本　本田宗一郎伝―飽くなき挑戦　大いなる勇気　中部博著　三樹書房　2001.4　439p　19cm
◇勝つ経営(文春文庫)　城山三郎著　文芸春秋　2001.6　183p　15cm
◇ホンダイズム―本田宗一郎の5つの遺伝子　溝上幸伸著　ぱる出版　2001.6　237p　19cm
◇本田宗一郎　こうすれば人生はもっと面白くなる!―IT革命より凄い激動期を創ったオヤジの知恵!　一ノ瀬遼著　成美堂出版　2001.6　286p　15cm
◇明日を創った企業家の言葉―先駆者の行動と発想に学ぶ　中江克己著　太陽企画出版　2001.12　246p　19cm
◇失敗の哲学―人間は挫折から何を学ぶか　畑村洋太郎監修・著　日本実業出版社　2001.12　254p　20×14cm
◇ホンダ伝(ワックBUNKO)　井出耕也著　ワック　2002.3　421p　18cm

本田　弘敏(ほんだ　ひろとし)

明治31(1898)年9月22日～昭和56(1981)年10月18日

＊＊＊

東京ガス社長・会長　🅂 東京高商(現・一橋大学)〔大正10年〕卒

🅁 大正10年東京高商卒後東京ガスに入社、供給部長、副社長を経て昭和28年社長、42年会長、47年取締役相談役。社長在任中、「人の和」をモットーに、都市ガス安定供給の礎を築いた。

【伝記・評伝】
◇この経営者を見よ―日本財界の主流をゆく人々　会社研究所　ダイヤモンド社　1958

◇本田弘敏（現代人物史伝　第9集）　河野幸之助　日本時報社　1960
◇現代人物史伝　第9集　本田弘敏　河野幸之助著　日本時報社出版局　1960　353p　図版　19cm
◇人間みな家族　本田弘敏著　わせだ書房　1963
◇歴史をつくる人々　第21　本田弘敏　ダイヤモンド社編　ダイヤモンド社　1966　174p　図版　18cm
◇私の履歴書　第33集　日本経済新聞社編　日本経済新聞社　1968　270p　19cm
◇私の履歴書　経済人　11　日本経済新聞社編　日本経済新聞社　1980.10　467p　22cm

◇時局労働読本　前田一著　南郊社　1934　246p　23cm
◇経営人わしが国さ　前田一著　日本経営者団体連盟弘報部　1959.9　388p　22cm
◇この人この道　前田一対談　日本経営者団体連盟弘報部　1968　407p　19cm
◇財界人思想全集　第5　財界人の労働観　ダイヤモンド社　1970　468p　22cm
◇現代史を創る人びと　1（エコノミスト・シリーズ）　中村隆英，伊藤隆，原朗編　毎日新聞社　1971　272p　20cm
◇「男の生き方」40選〈上〉　城山三郎編　文芸春秋　1991.4　357p　19cm

【ま】

前田　一（まえだ　はじめ）

明治28（1895）年3月25日～昭和53（1978）年5月2日

＊＊＊

日本経営者団体連盟専務理事　甼佐賀県　旧姓（名）＝平野　学東京帝国大学法科大学法律学科〔大正7年〕卒，東京帝国大学商業学科〔大正10年〕卒
歴大正10年北海道炭礦汽船に入り、労務畑一筋。昭和4年欧米留学。第12回国際労働会議に政府代表随員として出席。9年取締役労務部長。戦後22年退社、日本石炭鉱業連盟常任理事を経て、23年日経連発足と同時に専務理事となり、以後中労委調停委員として大争議の調停に当たった。日経連の闘将として太田薫総評議長とせり合った。44年勇退、常任顧問となる。著書に「サラリーマン物語」。　賞藍綬褒章〔昭和37年〕，勲二等瑞宝章〔昭和47年〕

【伝記・評伝】
◇サラリマン物語　前田一著　東洋経済出版部　1928　194p　19cm
◇サラリーマン物語　続　前田一著　東洋経済出版部　1928　323p　19cm
◇職業婦人物語　前田一著　東洋経済出版部　1929　346p　19cm
◇労資共存への途　前田一著　東洋経済出版部　1930　258p　19cm

前田　久吉（まえだ　ひさきち）

明治26（1893）年4月22日～昭和61（1986）年5月4日

＊＊＊

サンケイ新聞社長，参議院議員（自民党）　甼大阪府西成郡（現・大阪市西成区）　学小卒
歴新聞販売店員を経て、大正9年南大阪新聞、昭和8年日本工業新聞を創刊、16年産業経済新聞社となる。戦後、28年には参議院議員に全国区から当選、2期つとめる。32年日本電波塔を設立、社長として翌33年には東京タワーを完成させる。同年大阪放送、関西テレビを開局。その後、サンケイ新聞を去り、千葉県富津市の鹿野山山中にマザー牧場を造って経営する一方、禅研修所を開き、禅の普及につとめた。　賞勲一等瑞宝章〔昭和40年〕，マスコミ功労者顕彰〔平成3年〕

【伝記・評伝】
◇新聞生活四十年　日々これ勝負　前田久吉著　創元社　1953　215p　図版　19cm
◇裸一貫から成功へ　堀久作，石橋正二郎，大谷米太郎，遠山元一，前田久吉　飛車金八著　鶴書房　1957　284p　19cm
◇前田久吉伝―八十八年を顧みて　前田久吉伝編纂委員会編　日本電波塔　1980.4　744p　図版12枚　27cm
◇前久外伝―新聞配達から東京タワーへ　清水伸著　誠文図書　1982.5　414p　19cm
◇前田・水野・鹿内とサンケイ　菅本進著　東洋書院　1996.12　394p　21cm

槇 哲（まき あきら）

慶応2(1866)年11月10日～昭和14(1939)年5月30日

＊＊＊

塩水港製糖社長　生越後国（新潟県）　学慶応義塾大学理財科〔明治23年〕卒

歴越後長岡藩士の次男に生まれる。慶応義塾監督、舎監を務めたのち、明治29年北越鉄道に入り、倉庫係のとき新潟・亀田間鉄橋破壊事件にあい、修復に手腕を発揮した。のち王子製紙を経て、台湾の塩水港製糖に転じ、40年常務、大正6年社長に就任。昭和3年社長を辞すが、8年再び社長に復帰した。この他台湾花蓮港木材、新日本砂糖工業、東北砂鉄各社長を務め、植民地経営に情熱を燃やした。

【伝記・評伝】
◇塩糖の槇哲　宮川次郎　親和銀行　1939
◇日本財界人物列伝　第2巻　青潮出版編　青潮出版　1964　1175p　図版13枚　27cm
◇日本経済の建設者―あの時この人　中村隆英　日本経済新聞社　1973

牧田 甚一（まきた じんいち）

明治25(1892)年2月27日～昭和61(1986)年11月12日

＊＊＊

熊谷組社長・会長　生鳥取県倉吉市山根　身長野市（本籍）　学岩倉鉄道学校建設科〔明治45年〕卒

歴熊谷組初代社長の熊谷三太郎と共に昭和13年1月熊谷組を設立、34年副社長、42年社長に就任、53年12月から会長。熊谷家3代の下で「大番頭」として活躍。北陸の土木業者だった熊谷組を海外工事高日本一の、わが国有数の総合建設会社に育てあげた。　賞勲三等旭日中綬章〔昭和49年〕

【伝記・評伝】
◇牧田甚一　下村亮一編　経済往来社　1982.2　499p　図版16枚　27cm
◇牧田甚一追悼集　「牧田甚一追悼集」編纂委員会編　熊谷組　1987.11　645p　図版33枚　27cm

牧田 環（まきた たまき）

明治4(1871)年7月20日～昭和18(1943)年7月6日

＊＊＊

三井鉱山経営者，三井合名理事　生大阪市北桃谷町　学東京帝国大学工科大学採鉱冶金学科〔明治28年〕卒　工学博士〔大正2年〕

歴明治28年三井鉱山に入り、三池炭鉱に勤務、大正2年取締役、常務を経て、昭和9年会長。7年には三井合名理事となり三井財閥首脳部の一員に。三池炭鉱の近代化、三池染料、三池製錬、東洋高圧など大牟田コンビナート育成に貢献、総帥団琢磨の女婿として活躍した。11年三井合名、三井鉱山を退職。12年昭和飛行機工業を設立、社長、13年帝国燃料興業初代総裁。他に日本経済聯盟会、日本工業倶楽部各理事、釜石鉱山会長、日本製鉄取締役など多くの要職を歴任した。

【伝記・評伝】
◇牧田環伝記資料　森川英正　日本経営史研究所　1982　348p　22cm

牧野 元次郎（まきの もとじろう）

明治7(1874)年2月17日～昭和18(1943)年12月7日

＊＊＊

不動貯金銀行頭取　生千葉県　学東京高商（現・一橋大学）〔明治25年〕中退

歴成田英学塾で教えていたが、成田銀行を設立時に支配人としてまねかれる。明治33年岳父小堀清と共に不動貯金銀行（のちの協和銀行）を設立、35年取締役、37年頭取に就任。「庶民金融第一主義」をとり、3年満期の積み立て貯金を考案、また関東大震災直後にも預金者の払い戻しに応じて信用を高め、同行を業界第一の貯蓄銀行に発展させた。昭和16年相談役。

【伝記・評伝】
◇牧野元次郎　武者小路実篤　学芸社　1935　381p　22cm
◇牧野元次郎氏を語る　石山賢吉　学芸社　1937
◇人使い金使い名人伝〔正〕続　中村竹二著　実業之日本社　1953　2冊　19cm
◇日本財界人物列伝　第2巻　青潮出版編　青潮出版　1964　1175p　図版13枚　27cm

馬越 恭平(まごし きょうへい)

天保15(1844)年10月12日～昭和8(1933)年4月20日

＊＊＊

大日本麦酒社長，日本工業倶楽部評議員会会長，貴族院議員(勅選)　囲 備中国後月郡木之子村(岡山県井原市)　号＝化生

歴 医家に生まれる。13歳で大阪の鴻池家に奉公し、明治維新後益田孝の知遇を得、明治6年先収会社(三井物産の前身)に入社。9年三井物産設立時に横浜支店長に就任。24年三井物産を代表して日本麦酒の重役に就任し、同社の経営再建に成功。三井物産の中心的存在となるが、29年退社し、ビール事業に打ち込んだ。31年岡山県より衆議院議員に選出。39年日本麦酒、札幌麦酒、大阪麦酒の合併による大日本麦酒設立に際し社長に就任。没年まで務めた。戦前大日本麦酒は一貫して独占的地位を占め、"ビール王"と称された。大正13年勅選貴院議員になったほか、帝国商業銀行頭取を務めるなど、100以上の会社に関係し、財界の長老的存在であった。昭和4年日本工業倶楽部評議員会会長。茶人としても知られた。

【伝記・評伝】

◇人物評論—朝野の五大閥　鵜崎熊吉　東亜堂書房　1912
◇財界之人百人論　矢野滄浪　時事評論社　1915
◇馬越恭平翁伝　大塚栄三　同編纂会　1935　23cm
◇財界物故傑物伝　実業之世界社　1936
◇日本実業家列伝　木村毅　実業之日本社　1953
◇近世岡山県先覚者列伝　吉井親一　同列伝刊行所　1956
◇日本財界人物列伝　第1巻　青潮出版編　青潮出版　1963　1171p　図版　26cm
◇財界人思想全集　第10　ダイヤモンド社　1971
◇馬越恭平　橋本竜太郎著　山陽図書出版　1976　264p　肖像　22cm
◇風雲を呼ぶ男　杉森久英著　時事通信社　1977.2　346p　19cm
◇大人学・小人学(だいじんがく・しょうじんがく)—「大気力」で生きた男の器量と値打ち　邑井操著　大和出版　1990.6　245p　19cm
◇日本資本主義の群像(現代教養文庫—内橋克人クロニクル・ノンフィクション〈3〉)　内橋克人著　社会思想社　1993.2　209p　15cm
◇本物の魅力—自分を生かしきった男だけが「人生の醍醐味」を味わうことができる!　邑井操著　大和出版　1993.7　245p　19cm

増田 次郎(ますだ じろう)

慶応4(1868)年2月26日～昭和26(1951)年1月14日

＊＊＊

日本発送電初代総裁，衆議院議員　囲 駿河国藤枝(静岡県)　号＝稲江　学 東京英和学校中退

歴 独学で普通文官試験に合格し、内務省に入省。後藤新平秘書官、満鉄総裁秘書官を経て、大正4年静岡から衆議院議員。7年木曽電気興業常務、8年大阪送電常務。10年大同電力を設立し、13年副社長、昭和3年社長。14年日本発送電設立にあたり、大同電力の全資産を出資合体して初代総裁、16年退任し、台湾電力社長となった。この間、刑余者更生保護事業に尽力した。

【伝記・評伝】

◇日本財界人物列伝　第2巻　青潮出版編　青潮出版　1964　1175p　図版13枚　27cm
◇増田次郎自叙伝　増田完五編　増田完五　1964.8　258p
◇電力人物誌—電力産業を育てた十三人　満田孝著　都市出版　2002.12　267p　19cm

益田 孝(ますだ たかし)

嘉永元(1848)年10月17日～昭和13(1938)年12月28日

＊＊＊

三井物産社長，三井合名会社理事長，茶人，男爵
囲 佐渡国相川(新潟県)　通称＝徳之進，進，号＝鈍翁

歴 幕府直轄の佐渡金山奉行の家に生まれる。安政5年東上、外国奉行に出仕、英語を学び、文久3年池田筑後守に随行して、フランスに渡航。明治維新後、貿易商を経て、5年大蔵省に入り、四等出仕、大蔵大輔などを務め、6年退官。7年井上

馨とともに先収会社を創立、頭取となる。9年三井物産会社に合流して社長に就任、日本最大の貿易会社とした。「中外物価新報」（のちの日本経済新聞）も創刊。次いで伊藤博文に三池炭坑を譲られ、三井鉱山の基礎を築き、34年三井合名会社理事長となり三井財閥発展に尽力。大正2年渋沢栄一らと中国興業を設立。また茶人として茶道復興にも尽力、茶道具など美術品収集家としても知られた。3年引退して顧問となり、晩年は小田原で悠々自適の生活を送った。7年男爵。

【伝記・評伝】

◇帝国実業家立志編　梅原忠造　求光閣　1894
◇実業家偉人伝　活動野史　四書房　1901
◇人物評論―朝野の五大閥　鵜崎熊吉　東亜堂書房　1912
◇益田孝雑話　益田孝　量友会　1938　277p　19cm
◇自叙益田孝翁伝〔再版〕長井実著　長井実　1939.11　627p　23cm
◇日本実業家列伝　木村毅　実業之日本社　1953
◇近代日本人物経済史　上巻　日本経済史研究会　東洋経済新報社　1954
◇三井家の人びと―現代に生きる平家物語　小島直記　光文社　1963
◇日本財界人物列伝　第1巻　青潮出版編　青潮出版　1963　1171p　図版　26cm
◇近代日本の政商　土屋喬雄　経済往来社　1968
◇財界人思想全集　第3, 4, 10　ダイヤモンド社　1970
◇財界人100年の顔―日本経済を築いた人びと　ダイヤモンド社　1971
◇人物・日本資本主義　3　大島清, 加藤俊彦, 大内力　東京大学出版会　1976
◇鈍翁・益田孝　白崎秀雄著　新潮社　1981.8　2冊　20cm
◇三井物産初代社長（中公文庫）　小島直記著　中央公論社　1985.1　311p　15cm
◇美術話題史―近代の数寄者たち　松田延夫著　読売新聞社　1986.5　350p　21cm
◇財界人の人間修養学　竹井博友編著　竹井出版　1986.7　301p　19cm
◇小島直記伝記文学全集〈第2巻〉　人間の椅子　小島直記著　中央公論社　1986.11　496p　19cm
◇小島直記伝記文学全集〈第3巻〉　日本さらりーまん外史　小島直記著　中央公論社　1986.12　414p　19cm
◇歴史ウォッチング〈Part2〉　名古屋テレビ編（舞阪町）ひくまの出版　1987.11　252p　19cm
◇自叙　益田孝翁伝（中公文庫）　益田孝著, 長井実編　中央公論社　1989.1　429p　15cm
◇財界人物我観（経済人叢書）　福沢桃介著　図書出版社　1990.3　177p　19cm
◇スキな人キライな奴　小島直記著　新潮社　1991.4　244p　19cm
◇死んでもともと―この男の魅力を見よ！　最後の最後まで諦めなかった男たち　河野守宏著　三笠書房　1992.4　210p　19cm
◇会社のルーツおもしろ物語―あの企業の創業期はこうだった！(PHPビジネスライブラリー〈A-342〉)　邦光史郎著　PHP研究所　1992.8　285p　18cm
◇益田鈍翁　風流記事　筒井紘一, 柴田桂作, 鈴木皓詞著　（京都）淡交社　1992.11　199p　21cm
◇明敏にして毒気あり―明治の怪物経営者たち　小堺昭三著　日本経済新聞社　1993.10　291p　19cm
◇明治期三井と慶応義塾卒業生―中上川彦次郎と益田孝を中心に　武内成著　文真堂　1995.1　299p　21cm
◇死んでたまるか！―ここを乗り切れ、道は開ける！(ムックセレクト〈506〉)　河野守宏著　ロングセラーズ　1995.4　214p　17cm
◇鈍翁・益田孝〈上巻〉（中公文庫）　白崎秀雄著　中央公論社　1998.9　402p　15cm
◇鈍翁・益田孝〈下巻〉（中公文庫）　白崎秀雄著　中央公論社　1998.10　424p　15cm
◇明治に名参謀ありて―近代国家「日本」を建国した6人（小学館文庫―「時代・歴史」傑作シリーズ）　三好徹著　小学館　1999.1　350p　15cm
◇三井家の女たち―殊法と鈍翁　永畑道子著　藤原書店　1999.2　217p　20cm
◇結婚百物語（河出文庫）　林えり子著　河出書房新社　2000.1　251p　15cm
◇近代茶人たちの茶会―数寄風流を楽しんだ巨人たち　鈴木皓詞著　（京都）淡交社　2000.3　223p　19cm
◇20世紀　日本の経済人（日経ビジネス人文庫）　日本経済新聞社編　日本経済新聞社　2000.11　449p　15cm

◇平心庵日記―失われた日本人の心と矜恃（文芸シリーズ） 近藤道生著 角川書店 2001.11 270p 19cm

俣野 健輔（またの けんすけ）

明治27（1894）年1月8日～昭和59（1984）年10月24日

＊＊＊

飯野海運社長・会長　出 鹿児島県鹿児島市　学 中央大学経済学部〔大正7年〕卒　歴 コロンビア大、ベルリン大に留学の後、大正13年飯野海運の前身・飯野商事に入社。昭和23年から39年まで社長。29年の造船疑獄で起訴されたが無罪。39年会長、58年から名誉会長。飯野海運の中興の祖といわれ、戦後、海運業界の再建に尽くした。　賞 藍綬褒章〔昭和34年〕、紺綬褒章〔昭和35年〕、勲二等瑞宝章〔昭和40年〕、勲一等瑞宝章〔昭和51年〕

【伝記・評伝】
◇財界の顔 池田さぶろ 講談社 1952
◇財界の第一線1958年 人物展望社 1958
◇現代財界家系譜 第1巻 現代名士家系譜刊行会 1968
◇俣野健輔の回想―昭和海運風雲録 南日本新聞社編 「俣野健輔の回想」刊行委員会 1972 470p 20cm

松尾 静磨（まつお しずま）

明治36（1903）年2月17日～昭和47（1972）年12月31日

＊＊＊

日本航空社長・会長、航空保安庁初代長官　出 佐賀県武雄市　学 九州帝国大学工学部機械工学科〔昭和3年〕卒　歴 東京瓦斯電気（いすゞ自動車の前身）を経て、逓信省に転じ、大阪飛行場長、航空局次長、航空保安部長を務め、昭和24年初代航空保安庁長官となった。26年日本航空設立で専務、副社長から36年社長。45年シベリア路線自主運航一番乗りに成功、46年会長。安全優先、現場第一主義で長期的に黒字にしていく経営方針を貫いた。全日本航空輸送連合会長も務めた。　賞 エドワード・ウォーナー賞

【伝記・評伝】
◇明日に賭けるジェット王―松尾静磨物語 梁取三義著 アルプス 1962
◇私の履歴書 第15集 日本経済新聞社編 日本経済新聞社 1962 330p 19cm
◇歴史をつくる人々 第18 松尾静磨 ダイヤモンド社編 ダイヤモンド社 1966 173p 図版 18cm
◇空に生きる 松尾静磨 ダイヤモンド社 1967
◇現代財界家系譜 第1巻 現代名士家系譜刊行会 1968
◇財界人思想全集 第6 ダイヤモンド社 1970
◇私の履歴書 経済人 5 日本経済新聞社編 日本経済新聞社 1980.8 482p 22cm
◇「男の生き方」40選〈上〉 城山三郎編 文芸春秋 1991.4 357p 19cm
◇私の履歴書―昭和の経営者群像〈5〉 日本経済新聞社編 日本経済新聞社 1992.10 290p 19cm
◇史上空前の繁栄をもたらした人びと―昭和後期の企業家21人の生きざま（HOREI BOOKS） 新井喜美夫著 総合法令 1993.12 183p 18cm
◇20世紀の航空人 松尾静磨 川野光斉著 川野光斉 2002.4

松方 幸次郎（まつかた こうじろう）

慶応元（1866）年12月1日～昭和25（1950）年6月24日

＊＊＊

川崎造船所社長、衆議院議員（日本進歩党）、美術蒐集家、政治家　出 薩摩国鹿児島（鹿児島県）　学 東京帝国大学〔明治17年〕中退、エール大学〔明治23年〕卒、ソルボンヌ大学卒　歴 明治17年米国・エール大学に留学し23年帰国。24年第1次松方内閣組閣に伴い、父の首相秘書官となる。一時、新聞事業経営や官途についたが、実業界に入り、29年川崎造船所初代社長に就任。軍艦や潜水艦の建造を軸に同社の基盤を確立し、昭和3年経済恐慌のため退陣するまでその発展に努めた。そのほか神戸瓦斯、川崎汽船、国際汽船、九州土地、旭石油、日ソ石油各社長、重役を歴任した。一方、明治45年衆議院に初当選、昭和11年から連続3期務め、政界でも活躍、国民使節として渡米し国際的に活動した。また第一次大戦

のさいヨーロッパで絵画・彫刻・浮世絵を収集、これらは〈松方コレクション〉の名で知られる。

【伝記・評伝】
◇財界之人百人論　矢野滄浪　時事評論社　1915
◇印象の人　松方幸次郎　戸田千葉　信義堂　1933
◇日本経済を育てた人々　高橋弥次郎　関西経済連合会　1955
◇松方・金子物語　藤本光城著　兵庫新聞社　1960　344p　図版　22cm
◇日本財界人物列伝　第1巻　青潮出版編　青潮出版　1963　1171p　図版　26cm
◇財界人思想全集　第5　ダイヤモンド社　1970
◇関西財界外史　関西経済連合会　1976
◇夢を抱き歩んだ男たち―川崎重工業の変貌と挑戦　福島武夫著　丸ノ内出版　1987.3　282p　18cm
◇絹と武士　ライシャワー, ハル・松方著、広中和歌子訳　文芸春秋　1987.11　418p　19cm
◇火輪の海〈上・下〉松方幸次郎とその時代　神戸新聞社編　（神戸）神戸新聞総合出版センター　1989,1990　2冊　19cm
◇火輪の海―松方幸次郎とその時代　下　神戸新聞社編　神戸新聞総合出版センター　1990.7　321p　20cm
◇幻の美術館―甦る松方コレクション（丸善ライブラリー　179）石田修大著　丸善　1995.12　170p　18cm
◇ケースブック　日本の企業家活動　宇田川勝編　有斐閣　1999.3　318p　21cm
◇神戸を翔ける―川崎正蔵と松方幸次郎　辻本嘉明著　（神戸）神戸新聞総合出版センター　2001.1　198p　19cm

松崎　半三郎（まつざき　はんざぶろう）

明治7(1874)年9月14日～昭和36(1961)年11月4日

＊＊＊

森永製菓社長　⬚生埼玉県　⬚学立教大学卒
⬚歴貿易商社勤務を経て、明治38年に森永商店（現・森永製菓）入社、同社を近代的製菓会社に育てて昭和10年社長。大日本製乳協会会長、日本菓子工業組合連合会理事長などを歴任。

【伝記・評伝】
◇パイオニアの歩み　森永太一郎, 松崎半三郎著　森永製菓　1958.4　202p　18cm
◇日本財界人物列伝　第2巻　青潮出版編　青潮出版　1964　1175p　図版13枚　27cm
◇松崎半三郎　電通編　森永製菓　1964　371p　22cm

松沢　卓二（まつざわ　たくじ）

大正2(1913)年7月17日～平成9(1997)年9月8日

＊＊＊

富士銀行頭取　⬚生東京市日本橋区蠣殻町（現・東京都中央区）　⬚学東京帝国大学法学部〔昭和13年〕卒
⬚歴昭和13年安田銀行（のちの富士銀行）に入行。36年取締役、38年常務、46年副頭取、50年頭取、56年会長に就任。62年6月相談役となる。全銀協会長、日経連副会長、経団連副会長、経済同友会顧問、国鉄監査委員長の他、中小企業研究センター理事長、経団連評議会議長などを歴任。⬚賞藍綬褒章〔昭和52年〕, 勲一等瑞宝章〔昭和58年〕

【伝記・評伝】
◇社長たちの若き日　杉崎寛　あの人この人社　1980.12
◇銀行人物史　藤井元秀　経済往来社　1981.10
◇私の銀行昭和史　松沢卓二　東洋経済新報社　1985.12　274p　20cm
◇私の座右の銘　松下幸之助監修　ロングセラーズ　1986.5　222p　19cm
◇私が選んだ経営者30人　決断と信念―その時、バックボーンはなんだったのか　海藤守著　日新報道　1987.8　205p　19cm
◇グリーン交遊録―ゴルフにみるトップの素顔　夕刊フジ編集局編　プレス出版　1988.10　189p　19cm
◇私の履歴書　日本経済新聞社　1995.3　186p　22cm

松下　幸之助（まつした　こうのすけ）

明治27(1894)年11月27日～平成元(1989)年4月27日

＊＊＊

松下電器産業社長・会長（創業者）　⬚生和歌山県海草郡和佐村（現・和歌山市）　⬚学関西商工学校予科〔大正2年〕卒

歴 9歳で小学校を中退し、大阪の火鉢屋に奉公に出、関西商工学校夜間部に学ぶ。明治43年大阪電燈の見習工具となり、大正6年改良ソケットを考案して独立、7年3月ソケット製造の松下電気器具製作所（のちの松下電器製作所）を設立。12年自転車用電池ランプを発売してヒット。昭和10年松下電器産業に改組して社長に就任。戦後、家電メーカーとして大発展をとげ、"松下王国"を築きあげた。36年会長、48年から取締役相談役。"経営の神様"といわれた。この間、21年にPHP研究所を設立。第一線を退いてからも、国土庁顧問として国土大改造を提案したり、松下政経塾を開くなど、日本の将来に向けて積極的発言、行動を行なった。60年私財を投じて日本国際賞を創設。平成4年5月守口市の松下電池工業本社構内に松下幸之助記念館がオープン。平成5年秋には松下資料館（京都府木津町）が開館。　賞 藍綬褒章〔昭和31年〕、コマンダー・イン・ジ・オーダー・オレンジナッツ勲章（オランダ）〔昭和33年〕、「文芸春秋」読者賞〔昭和36年〕勲二等旭日重光章〔昭和40年〕、ブラジル文化功労勲章〔昭和43年〕、勲一等瑞宝章〔昭和45年〕、ベルギー国王冠勲章〔昭和47年〕、新評賞〔昭和51年〕、パングリ・マンク・ネガラ勲章（マレーシア）〔昭和54年〕、勲一等旭日大綬章〔昭和56年〕、メリーランド大学名誉法学博士号〔昭和61年〕、勲一等旭日桐花大綬章〔昭和62年〕、パシフィック大学名誉博士号〔昭和62年〕、淡々斎茶道文化賞〔平成元年〕、マスコミ功労者顕彰〔平成3年〕

【伝記・評伝】

◇自叙伝　松下幸之助著　松下電器産業　1942.4　358p　19cm
◇記憶のま、自叙伝第二篇　松下幸之助著　松下電器産業　1952.7　179p　19cm
◇私の行き方考え方　仕事を通して半生を語る　松下幸之助著　甲鳥書林　1954　375p　図版　19cm
◇大阪産業をになう人々　大阪府工業協会　1956
◇腕一本すね一本　五島慶太・永田雅一・山崎種二・松下幸之助　飛車金八著　鶴書房　1956　261p　19cm
◇私の履歴書〔第1集〕, 2-6　日本経済新聞社編　日本経済新聞社　1957-58　6冊　19cm
◇現代教養全集　8　電気事業に生きる　松下幸之助著　筑摩書房　1959
◇私の生き方考え方　仕事を通して半生を語る　松下幸之助著　衣食住出版　1959　281p　図版　18cm
◇仕事の夢・暮しの夢　松下幸之助著　実業之日本社　1960
◇若き日の社長　現代事業家の人間形成　海藤守著　徳間書店　1962　329p　18cm
◇私の行き方考え方　松下幸之助著　実業之日本社　1962　284p　図版　18cm
◇現代日本思想大系　1　筑摩書房　1964
◇日本の根性　松下幸之助の人間と考え方　神山誠著　南北社　1964　282p　図版　19cm
◇松下幸之助　二反長半著　盛光社　1964
◇仕事の夢・暮しの夢（実日新書18）　松下幸之助著　実業之日本社　1964.2　222p　18cm
◇近代日本を創った100人　上　毎日新聞社　1965
◇繁栄の指導者　松下幸之助という人物　神山誠著　林書店　1966　260p　19cm
◇現代財界家系譜　第1巻　現代名士家系譜刊行会　1968
◇松下幸之助　その人と事業　野田一夫著　実業之日本社　1968　354p　19cm
◇松下幸之助の世界　中村寿雄著　文研出版　1968　246p　20cm
◇私の行き方考え方（実日新書）　松下幸之助著　実業之日本社　1968　318p　図版　18cm
◇人間松下幸之助　神山誠著　虎見書房　1969　251p　19cm
◇松下幸之助を裁く（偶像破壊シリーズ）　平沢正夫著　創魂出版　1969　282p　19cm
◇財界人思想全集　第2, 4, 6　ダイヤモンド社　1970
◇決断-そのとき松下幸之助は　永田清寿著　講談社　1970　234p　20cm
◇財界人100年の顔―日本経済を築いた人びと　ダイヤモンド社　1971
◇人間を考える―新らしい人間観の提唱　松下幸之助　PHP研究所　1972
◇松下幸之助, 千宗室　物とこゝろ―対談　読売新聞社　1973
◇松下幸之助実語録―激動の時代を生き抜くために（ゼロ・ブックス　1）ゼロ・ブックス編集部構成　潮出版社　1974　249p　肖像　18cm
◇道は明日に―人生・経営・思想　松下幸之助著　毎日新聞社　1974　254p　20cm

◇求―松下幸之助経営回想録　松下幸之助述, 石山四郎, 小柳道男編　ダイヤモンドタイム社　1974　335p　19cm
◇人間を考える　第1巻　松下幸之助　PHP研究所　1975
◇志伝・松下幸之助　大久光著　波書房　1975　397p　肖像　20cm
◇拝啓松下幸之助殿―つくられた神話への提言　斎藤周行著　一光社　1976　230p　20cm
◇松下幸之助―評伝（評伝シリーズ　5）　名和太郎著　国際商業出版　1976　287p　20cm
◇私のなかの親父・松下幸之助―丹羽正治経営覚え書　丹羽正治著, 小柳道男編　波　1977.10　216p　20cm
◇小林一三と松下幸之助―強運の"事業家"その経営哲学　片山又一郎著　評言社　1979.12　215p　19cm
◇私の履歴書　経済人　1　日本経済新聞社編　日本経済新聞社　1980.6　477p　22cm
◇私の履歴書　経済人1　日本経済新聞社編　日本経済新聞社　1980.6
◇日本の企業家4　戦後篇　経済立国の牽引者（有斐閣新書）　下川浩一ほか　有斐閣　1980.7
◇心ひかれた男たち―男子の本懐を聞く　上坂冬子　PHP研究所　219p　19cm　1980.8
◇松下幸之助の研究―終身現役を支えるものは？　プレジデント編　プレジデント社　1980.12　205p　19cm
◇家電王国を築いた十人（人物産業全書）　佐藤公偉　綜合出版センター　1980.12
◇松下幸之助「根源」を語る　下村満子著　ダイヤモンド社　1981.3　272p　19cm
◇松下政経塾塾長講話録　松下政経塾編　PHP研究所　1981.4　219p　19cm
◇発明特許に賭けた松下幸之助の創業時代　豊沢豊雄著　実業之日本社　1981.6　220p　19cm
◇松下幸之助を怒らせる本（三一新書　911）　平沢正夫著　三一書房　1981.8　235p　18cm
◇命知の国際経営―松下幸之助全研究　石山四郎　学習研究社　1981.12　382p　20cm
◇大いなる構想（松下幸之助全研究　3）　加藤寛著　学習研究社　1982.2　326p　20cm
◇素顔に迫る―72人のエッセイ（松下幸之助全研究　5）　福田越夫ほか著　学習研究社　1982.5　370p　20cm
◇松下幸之助発想の軌跡―経営の道・人間の道（PHP business library）　PHP研究所編　PHP研究所　1982.7　223p　18cm
◇松下幸之助経営語録―リーダーの心得38カ条　PHP研究所　1983.3　187p　19cm
◇日本不倒翁の発想（松下幸之助全研究　1）　渡部昇一著　学習研究社　1983.4　349p　20cm
◇松下幸之助実語録（潮文庫）　潮出版社　1983.11　223p　15cm
◇道程　松下幸之助　日本ビジネスライフ社編集部編著, 村木敏美絵　日本ビジネスライフ社　1984.3　112p　26cm
◇人を見る眼仕事を見る眼―松下幸之助エピソード集　PHP研究所編　PHP研究所　1985.4　226p　19cm
◇経営の神髄　第1巻　松下幸之助―危機管理の神様　針木康雄著　講談社　1985.11　248p　20cm
◇松下幸之助か坪内寿夫か―事業・経営における「危機管理」の研究（Kou Business）　藤井行夫著　こう書房　1986.1　220p　19cm
◇松下経営の神髄―人間「松下幸之助」‐九十年の歩み　井上宏生著　太陽企画出版　1986.2　228p　19cm
◇山より大きな猪―高度成長に挑んだ男たち　上前淳一郎著　講談社　1986.4　504p　19cm
◇男たちの決断〈飛翔編〉（物語　電子工業史）　板井丹後著　電波新聞社　1986.4　386p　21cm
◇日本の100人―リーダーたちの素顔　日本経済新聞社編　日本経済新聞社　1986.5　211p　21cm
◇小説　松下幸之助―ある昭和史　邦光史郎著　日本実業出版社　1986.5　357p　19cm
◇ベンチャー版　社長の時代―手がたい急成長は可能だ　日本合同ファイナンス編　かんき出版　1986.6　276p　19cm
◇成功する経営・失敗する経営　三鬼陽之助著　PHP研究所　1986.6　221p　19cm
◇実業界の巨頭（ビジュアル版・人間昭和史〈5〉）　大来佐武郎, 扇谷正造, 草柳大蔵監修　講談社　1986.6　255p　21cm
◇私の行き方　考え方―わが半生の記録（PHP文庫）　松下幸之助著　PHP研究所　1986.9　325p　15cm
◇経営の価値　人生の妙味（PHP文庫）　松下幸之助著　PHP研究所　1986.11　239p　15cm

◇創業社長の"名語録"にみる商売感覚——一言、自らを鼓舞し事業を創る　青野豊作著　日新報道　1986.12　194p　19cm
◇決定版　運命を開く—世界の「ビジネス天才」に学ぶ　片方善治著　三笠書房　1986.12　283p　19cm
◇ホンダ教と松下教—なぜ世界で通用するのか（NESCO BOOKS）　塩沢茂著　ネスコ, 文芸春秋〔発売〕　1987.1　260p　18cm
◇松下政経塾—21世紀の指導者を創る　塩沢茂著　講談社　1987.3　229p　19cm
◇人生、わが師わが出会い——一流人を創った運命の転機・決断　大和出版　1987.4　221p　19cm
◇日本解剖・経済大国の源泉〈3〉　ジャパニーズ・カンパニー・日本的経営の試練—創業者・ゼロから世界企業を作った男たち　NHK取材班, フィールズ, ジョージ, 伊丹敬之, 上前淳一郎著　日本放送出版協会　1987.5　214p　19cm
◇田中角栄の才覚・松下幸之助の知恵—二人の男の成功と失敗から学べ（カッパ・ビジネス）　小林吉弥著　光文社　1987.8　198p　18cm
◇一歩先を読む生きかた（知的生きかた文庫）　堺屋太一ほか著　三笠書房　1987.9　244p　15cm
◇松下幸之助の人の育て方（講談社ビジネス）　松本順著　講談社　1987.9　230p　19cm
◇叱り叱られの記（エスカルゴ・ブックス）　後藤清一著　日本実業出版社　1987.9　274p　18cm
◇後藤清一が26人の先達から学んだ社長の「器」（アスカビジネス）　後藤清一著　明日香出版社　1987.10　230p　19cm
◇松下幸之助の素直な心で生きなはれ!—いま日本人におくる幸福への思想　荒川進著　中経出版　1987.10　238p　19cm
◇先見力で明日を読め（昭和の名語録）　堺屋太一ほか著　経済界　1987.11　266p　19cm
◇小島直記伝記文学全集〈第11巻〉　創業者列伝　小島直記著　中央公論社　1987.11　533p　19cm
◇人育ての神様　松下幸之助の「人材を活かせ!」　山田森一著　鱒書房, ビテオ出版〔発売〕　1988.1　242p　19cm
◇感動の詩賦「青春」—日本人の心の地下水を汲みあげる　宮沢次郎著　竹井出版　1988.1　271p　19cm

◇社長の哲学—13人の経営と信仰　小島五十人著　鈴木出版　1988.2　189p　19cm
◇心に「闘魂」の火を燃やせ—ビジネスマンをどう生きるか　八木祐四郎著　ダイヤモンド社　1988.3　203p　19cm
◇Quest for Prosperity—The Life of a Japanese Industrialist　松下幸之助著　PHP研究所　1988.4　357p　21cm
◇（「劇画」）松下幸之助—苦難と栄光のヒューマンドキュメント（サンマーク・ビジネス・コミックス）　川崎のぼる画, 白取春彦作　サンマーク出版　1988.5　253p　20cm
◇松下幸之助の生い立ちに学ぶ—アイデアが成功のもと　豊沢豊雄著　日本教育新聞社　1988.5　157p　19cm
◇新版　志伝　松下幸之助　大久光著　波書房　1988.5　478p　19cm
◇松下幸之助日々のことば—生きる知恵・仕事のヒント　PHP研究所編　PHP研究所　1988.6　207,8p　18cm
◇繁栄の群像—戦後経済の奇跡をなしとげた経営者たち　板橋守邦著　有楽出版社, 実業之日本社〔発売〕　1988.6　253p　19cm
◇プロサラリーマン物語—顧みれば課長、部長、社長　渡辺三郎著　徳間書店　1988.6　226p　19cm
◇松下幸之助の人の動かし方—最高の仕事、最高の人生を手に入れる知恵（知的生きかた文庫）　藤井行夫著　三笠書房　1988.10　224p　15cm
◇気で生きた人々〈上〉　河野十全著　真理生活研究所人間社, 青葉出版〔発売〕　1988.10　240p　19cm
◇売りモノを創った男たち　藤田忠司著　リバティ書房　1988.10　309p　19cm
◇松下幸之助と政経塾　山田ひろし著　ぱる出版　1988.12　204p　19cm
◇復讐する神話—松下幸之助の昭和史　立石泰則著　文芸春秋　1988.12　374p　19cm
◇松下幸之助氏への第2の手紙—汚染日本を救うために（自覚と実践〈No.3〉）　宮本重吾著　（鳥越村）石川自然共学塾, 星雲社〔発売〕　1989.2　190p　19cm
◇スーパービッグの「人を動かす」極意—ケチな奴の説教は誰も聞かない（NESCO BOOKS〈B-18〉）　小林吉弥著　ネスコ, 文芸春秋〔発売〕　1989.2　286p　18cm

- ◇柔考超代　城阪俊吉著　日刊工業新聞社　1989.5　344p　19cm
- ◇夢を育てる―私の履歴書　松下幸之助著　日本経済新聞社　1989.5　181p　19cm
- ◇「経営の神様」松下幸之助伝　秋元秀雄著　二見書房　1989.6　297p　19cm
- ◇成功する人の波動ダイナミズム―β波自己演出法で人間関係がグーンとスムーズに　宇井美智子著　日新報道　1989.7　165p　19cm
- ◇松下幸之助のこころ―その魅力と成功の原点　藤木二三男著　日本文芸社　1989.7　262p　19cm
- ◇松下幸之助の発想　渡部昇一著　学習研究社　1989.7　357p　19cm
- ◇「人脈」がどんどん広がる本　石井勝利著　海南書房　1989.9　190p　19cm
- ◇松下幸之助94年の商魂　山下剛著　ぱる出版　1989.10　251p　20cm
- ◇昭和人間記録・松下幸之助大事典　産業労働出版協会編　産業労働出版協会, 産業労働調査所〔発売〕　1989.10　384p　21cm
- ◇続・企業進化論―コンピュータがみた日本人と西欧人　梶谷通稔著　日刊工業新聞社　1989.10　299p　19cm
- ◇思うまま　松下幸之助著　PHP研究所　1989.10　181p　18cm
- ◇現代流行本解体新書―ベストセラーの本当の読み方　谷沢永一, 渡部昇一著　PHP研究所　1989.11　277p　19cm
- ◇どうしても松下に勝てないソニーの研究　河野溥著　エール出版社　1989.11　191p　19cm
- ◇経営者に学ぶ決断と活路　三鬼陽之助著　学習研究社　1989.12　288p　19cm
- ◇代表的日本人―自己実現に成功した43人　竹内均著　同文書院　1990.1　403p　19cm
- ◇「時代の気分」を両手でつかんだ男たち―何がベストセラー商品を生み出すのか　本多光太郎著　中経出版　1990.2　198p　19cm
- ◇実践経営学―松下幸之助に学んだ自主責任経営とは　小川守正著　PHP研究所　1990.3　291p　19cm
- ◇危機管理洞察力がつく―最悪を予測し好機に変える法（RYU BUSINESS〈3035〉）　佐々淳行ほか著　経済界　1990.3　218p　18cm
- ◇フレッシュなあなたに贈る成功への指針―松下幸之助・土光敏夫の名言録　産業労働出版協会, 産業労働調査所〔発売〕　1990.3　93p　26cm
- ◇人を見る眼・仕事を見る眼―松下幸之助エピソード集（PHP文庫）　PHP研究所編　PHP研究所　1990.5　218p　15cm
- ◇松下電器産業―日本企業館　邦光史郎編　講談社　1990.6　294p　19cm
- ◇大人学・小人学（だいじんがく・しょうじんがく）―「大気力」で生きた男の器量と値打ち　邑井操著　大和出版　1990.6　245p　19cm
- ◇強者の「戦略構築」〈PART 2〉　梶原一明著　大陸書房　1990.7　237p　19cm
- ◇わが経営を語る（PHP文庫）　松下幸之助著　PHP研究所　1990.7　236p　15cm
- ◇日本人の心をとらえた松下経営　山浦哲男著　（蓮田）山浦コンサルティング, たいせい〔発売〕　1990.8　149p　21cm
- ◇商魂―石田退三・土光敏夫・松下幸之助に学ぶ　池田政次郎著　東洋経済新報社　1990.9　219p　19cm
- ◇新・起業家のロマンと戦略―創造的破壊者の発想と実践行動学　大西啓義著　現代書林　1990.9　221p　19cm
- ◇心はいつもここにある―松下幸之助随聞録　江口克彦著　PHP研究所　1990.10　238p　19cm
- ◇いまだからこそ、松下幸之助―信念の経営を追い続けた悠久の人　吉田時雄著　ティビーエス・ブリタニカ　1991.2　239p　19cm
- ◇続　豪商物語　邦光史郎著　博文館新社　1991.2　294p　19cm
- ◇松下幸之助の人の育て方（講談社文庫）　松本順著　講談社　1991.3　238p　15cm
- ◇松下幸之助発言集〈1-45〉　PHP総合研究所研究本部松下幸之助発言集編纂室編　（京都）PHP研究所　1991.4-1993　45冊　21cm
- ◇「素直」な人ほど「眼力」がある―判断力を高めるための85ヵ条　伊吹卓著　PHP研究所　1991.5　202p　19cm
- ◇松下幸之助―光と夢をもとめつづけた90年（PHP愛と希望のノンフィクション）　岡本文良作, 高田勲絵　PHP研究所　1991.5　175p　21cm
- ◇松下幸之助　一事一言（文春文庫）　大久光著　文芸春秋　1991.11　350p　15cm

◇心はいつもここにある―松下幸之助随聞録（PHP文庫　エ-5―1）　江口克彦著　PHP研究所　1991.12　269p　15cm
◇昭和の大偉人松下幸之助　南郷茂著　人と文化社〔発売〕　1991.12　130p　19cm
◇頭角の現わし方―世に出た人間の研究（PHPビジネスライブラリー〈A-332〉）　藤田忠司著　PHP研究所　1992.3　222p　18cm
◇復讐する神話―松下幸之助の昭和史（文春文庫）　立石泰則著　文芸春秋　1992.3　406p　15cm
◇山本五十六と松下幸之助―「比較論」リーダーの条件　奥宮正武著　PHP研究所　1992.4　294p　19cm
◇実践経営学―松下幸之助に学んだ自主責任経営とは（PHP文庫）　小川守正著　PHP研究所　1992.5　344p　15cm
◇会社のルーツおもしろ物語―あの企業の創業期はこうだった！（PHPビジネスライブラリー〈A-342〉）　邦光史郎著　PHP研究所　1992.8　285p　18cm
◇福沢諭吉と松下幸之助―「福沢思想」と「松下哲学」に共通する繁栄の思想とは　赤坂昭著　PHP研究所　1992.8　277p　19cm
◇松下における失敗の研究　河野溥著　エール出版社　1992.8　185p　19cm
◇私の履歴書―昭和の経営者群像〈3〉　日本経済新聞社編　日本経済新聞社　1992.9　278p　19cm
◇経営秘伝―ある経営者から聞いた言葉（PHP文庫）　江口克彦著　PHP研究所　1992.12　215p　15cm
◇本田宗一郎と松下幸之助―天才は神様を超えたか（日経ベンチャー別冊）　日経ベンチャー編　日経BP社　1992.12　447p　22cm
◇志伝　松下幸之助（文春文庫）　大久光著　文芸春秋　1993.1　473p　15cm
◇松下幸之助です（リュウブックス）　佐藤正忠著　経済界　1993.2　193p　18cm
◇男を成功させる重点システム思考―成功者が必ずやっている戦略　碓氷悟史著　中経出版　1993.4　239p　19cm
◇松下幸之助　経営語録（PHP文庫）　松下幸之助著　PHP研究所　1993.6　189p　15cm
◇本物の魅力―自分を生かしきった男だけが「人生の醍醐味」を味わうことができる！　邑井操著　大和出版　1993.7　245p　19cm

◇運の強い人間になる法則（PHP文庫）　竹村健一著　PHP研究所　1993.8　202p　15cm
◇部下を育てる12の視点―松下幸之助に学ぶ　江口克彦著　経済界　1993.11　233p　19cm
◇日本を造った男たち―財界創始者列伝　竹内均著　同文書院　1993.11　254p　19cm
◇成功への転機は突然やってくる！―ワープで成功した10人（ウィーグルブックス）　倉原忠夫著　ウィーグル，星雲社〔発売〕　1993.11　262p　19cm
◇松下幸之助の智恵　谷沢永一著　PHP研究所　1993.11　293p　19cm
◇史上空前の繁栄をもたらした人びと―昭和後期の企業家21人の生きざま（HOREI BOOKS）　新井喜美夫著　総合法令　1993.12　183p　18cm
◇松下幸之助の直観力　中山正和著　PHP研究所　1994.2　224p　19cm
◇松翁論語　松下幸之助述，江口克彦記　PHP研究所　1994.4　301p　19cm
◇天馬の歌―ウォラートゥス松下幸之助　神坂次郎著　日本経済新聞社　1994.4　413p　20cm
◇自分の幸せは自分でつくれ―松下幸之助　新入社員に贈ることば　PHP総合研究所編　PHP研究所　1994.4　205p　19cm
◇松下幸之助　日本はこう変えなはれ　中島悟史著　ダイヤモンド社　1994.5　254p　19cm
◇松下幸之助春想冬語―「今日」を生き抜くために　大久光著　徳間オリオン　1994.7　249p　19cm
◇松下幸之助・経営のものさし　PHP総合研究所編　PHP研究所　1994.7　255p　19cm
◇三色の夢と幸福設計―夢の幻想は幸福を約束する　長嶋正己著　桜桃書房　1994.8　178p　19cm
◇難儀もまた楽し―松下幸之助とともに歩んだ私の人生　松下むめの著　PHP研究所　1994.9　190p　19cm
◇明日をひらく心―松下幸之助伝　大久光著　講談社　1994.9　316p　19cm
◇わが師としての松下幸之助（PHP文庫）　高橋荒太郎著　PHP研究所　1994.9　219p　15cm
◇志のみ持参―松下政経塾十三年の実践録（活学叢書〈11〉）　上甲晃著　致知出版社　1994.9　235p　18cm

◇感動の経営ちょっといい話—松下幸之助エピソード集〈2〉　PHP総合研究所編　PHP研究所　1994.10　218p　19cm
◇松下幸之助の論点—海図なき時代の指針をさぐる　PHP研究所編　PHP研究所　1994.11　221p　19cm
◇神様になる前の松下幸之助　中島悟史著　ビジネス社　1994.11　243p　19cm
◇松下幸之助　勇気のでることば　岡本文良文,高田勲絵　PHP研究所　1994.12　63p　23×19cm
◇松下幸之助　百歳譜　大久光著　波書房　1995.3　379p　21cm
◇悲しい目をした男松下幸之助　硲宗夫著　講談社　1995.3　262p　19cm
◇死んでたまるか!—ここを乗り切れ、道は開ける!(ムックセレクト〈506〉)　河野守宏著　ロングセラーズ　1995.4　214p　17cm
◇起業家列伝(徳間文庫)　邦光史郎著　徳間書店　1995.4　282p　15cm
◇経営の心—松下幸之助とともに50年　松下正治著　PHP研究所　1995.4　219p　19cm
◇人を動かす—経営学からみた信長、秀吉、そして松下幸之助　坂下昭宣著　PHP研究所　1995.7　202p　19cm
◇松下幸之助の智恵(PHP文庫)　谷沢永一著　PHP研究所　1995.8　308p　15cm
◇ベンチャー精神とは何か—松下幸之助と本田宗一郎(プレジデント　ビジネスマン読本)　中山素平,堀紘一ほか著　プレジデント社　1995.9　242p　19cm
◇船井幸雄と松下幸之助に学んだこと—カリスマの研究　中島孝志著　大和出版　1995.10　221p　21cm
◇松翁論語(PHP文庫)　松下幸之助述,江口克彦記　PHP研究所　1996.1　313p　15cm
◇松下幸之助発言集ベストセレクション　第1巻-第10巻(PHP文庫)　PHP研究所　1996.3-1996　10冊　15cm
◇松下幸之助　成功の実現—"勝ち運"を呼び込む88のセオリー　伊吹卓著　大和出版　1996.4　215p　19cm
◇タイム記者が出会った「巨魁」外伝　チャング,エス著　新潮社　1996.5　333p　19cm
◇情報断食のすすめ—「ひらめき」と「直感」を信じて生きるための方法論　松藤民輔著　総合法令出版　1997.1　262p　19cm
◇松下幸之助—私の行き方考え方(人間の記録10)　松下幸之助著　日本図書センター　1997.2　291p　20cm
◇日本的経営の本流—松下幸之助の発想と戦略　松下社会科学振興財団日本的経営研究会編　PHP研究所　1997.2　289p　19cm
◇松下幸之助・成功への軌跡—その経営哲学の源流と形成過程を辿る　佐藤悌二郎著　PHP研究所　1997.3　502p　19cm
◇天馬の歌　松下幸之助(新潮文庫)　神坂次郎著　新潮社　1997.5　471p　15cm
◇人生問答　上,中,下(聖教文庫)　松下幸之助,池田大作共著　聖教新聞社　1997.11　3冊　15cm
◇過去世物語—生まれ変わりの人物伝　ザ・リバティ編集部編　幸福の科学出版　1997.12　209p　19cm
◇感動の経営ちょっといい話—松下幸之助エピソード集(PHP文庫)　PHP総合研究所編　PHP研究所　1998.1　208p　15cm
◇成功の法則—松下幸之助はなぜ成功したのか　江口克彦著　PHP研究所　1998.1　230p　21cm
◇松下幸之助と稲盛和夫—経営の神様の原点　皆木和義著　総合法令出版　1998.2　341p　19cm
◇世界の松下電器を創った松下幸之助の経営哲学—不況に克つ!!挑戦経営　輪辻潔,森野リンゴ共著　三心堂出版社　1998.2　223p　19cm
◇松下幸之助の実学—あくなき探求と求道のこころ　阿部博人著　広済堂出版　1998.5　258p　19cm
◇特許はベンチャー・ビジネスを支援する　荒井寿光著　発明協会　1998.5　116p　21cm
◇松下幸之助　運をひらく言葉—マイナスをプラスに変える　谷口全平著　PHP研究所　1998.7　234p　19cm
◇感謝があれば必ず成功する—松下幸之助に学ぶ感謝論　皆木和義著　総合法令出版　1998.7　221p　19cm
◇不滅の弔辞　「不滅の弔辞」編集委員会編　集英社　1998.8　238p　21cm
◇夢を育てる—わが歩みし道(PHP文庫)　松下幸之助著　PHP研究所　1998.9　184p　15cm
◇誰も書かなかった松下幸之助　三つの素顔　水野博之著　日本実業出版社　1998.9　230p　19cm

- ◇国民が目覚めるとき―日本を変える新しい流れをつくる 小田全宏著 PHP研究所 1998.10 251p 19cm
- ◇二人の師匠―松下幸之助と高橋荒太郎 平田雅彦著 東洋経済新報社 1998.10 220p 19cm
- ◇限りなき魂の成長―人間・松下幸之助の研究 コッター, ジョン・P.著〈Kotter, John P.〉, 高橋啓訳 飛鳥新社 1998.10 279,7p 19cm
- ◇日本人の本能―歴史の「刷り込み」について(PHP文庫) 渡部昇一著 PHP研究所 1998.10 293p 15cm
- ◇「タイム」誌が見た日本の50年〈上〉復興と繁栄 「タイム」編集部著, 越智道雄訳 プレジデント社 1998.11 280p 19cm
- ◇松下幸之助・経営の真髄(PHP文庫) PHP総合研究所編 PHP研究所 1998.12 285p 15cm
- ◇社葬の経営人類学 中牧弘允編 (大阪)東方出版 1999.3 292,2p 21cm
- ◇松下幸之助「一日一話」―仕事の知恵・人生の知恵(PHP文庫) PHP総合研究所編 PHP研究所 1999.4 388p 15cm
- ◇松下幸之助 叱られ問答 木野親之著 致知出版社 1999.5 257p 19cm
- ◇経営学への扉―フレッシュマンのためのガイドブック 明治大学経営学研究会編 白桃書房 1999.5 290p 21cm
- ◇松下幸之助 成功の実現―"勝ち運"を呼び込む88のセオリー〔新版〕 伊吹卓著 大和出版 1999.6 219p 19cm
- ◇生き方絵本 松下幸之助のがんばりなはれ 輪辻潔著 三心堂出版社 1999.6 63p 21cm
- ◇部下を育てる12の視点―松下幸之助に学ぶ〔新版〕 江口克彦著 経済界 1999.7 242p 19cm
- ◇松下幸之助のねばり強く生きなはれ―生きつづけるための珠玉の知恵(生き方絵本) 輪辻潔文, 安藤吾路絵 三心堂出版社 1999.8 63p 21cm
- ◇松下幸之助とその社員は逆境をいかに乗り越えたか 唐津一著 PHP研究所 1999.9 224p 19cm
- ◇松下幸之助―実践経営哲学の先駆者(Reitaku Booklet―麗沢「人間学」シリーズ〈2〉) 平田雅彦著 麗沢大学出版会, (柏)広池学園事業部〔発売〕 1999.9 45p 21cm
- ◇映像メディアの世紀―ビデオ・男たちの産業史 佐藤正明著 日経BP社, 日経BP出版センター〔発売〕 1999.11 638,8p 19cm
- ◇人間の器量(One Plus Book〈12〉) 谷沢永一, ひろさちや, 梶原一明, 船井幸雄著 ビジネス社 1999.12 160p 21cm
- ◇100人の20世紀〈下〉 朝日新聞社編 朝日新聞社 2000.2 445p 19cm
- ◇一国として利す―臨界社会への警鐘 小谷正著 文芸社 2000.3 255p 19cm
- ◇決断の経営史―戦後日本の礎を築いた男たち 梶原一明著 経済界 2000.4 222p 19cm
- ◇無駄な社員は一人もいない―松下幸之助の人間哲学 佐藤忠著 致知出版社 2000.4 267p 19cm
- ◇ヒーローから生き方を学ぶ道徳授業(TOSS道徳「心の教育」シリーズ〈7〉) 向山洋一監修, TOSS道徳教育研究会編 明治図書出版 2000.5 120p 21cm
- ◇現代講談 松下幸之助―その発想と思想に学ぶ(PHP文庫) 渡部昇一著 PHP研究所 2000.6 413p 15cm
- ◇松下幸之助の経営問答 PHP総合研究所研究本部編 PHP研究所 2000.7 238p 19cm
- ◇日本のこころ〈地の巻〉―「私の好きな人」 田辺聖子, 高橋睦郎, 山折哲雄, 平山郁夫, 堺屋太一ほか著 講談社 2000.7 387p 19cm
- ◇もう一度逢いたい(朝日文庫) 森繁久弥著 朝日新聞社 2000.8 223p 15cm
- ◇松下幸之助と樋口広太郎―人間経営の知恵、人を活かす発想 皆木和義著 プレジデント社 2000.10 214p 19cm
- ◇つきあい好きが道を開く―元気の出る交友録(日経ビジネス人文庫) 樋口広太郎著 日本経済新聞社 2000.11 201p 15cm
- ◇松下幸之助の人の動かし方 藤井行夫著 三笠書房 2000.11 217p 19cm
- ◇成功の法則―松下幸之助はなぜ成功したのか(PHP文庫) 江口克彦著 PHP研究所 2000.12 315p 15cm
- ◇男冥利 谷沢永一著 PHP研究所 2001.1 221p 19cm
- ◇経営の大原則―21世紀の経営者は松下幸之助を超えられるか 江口克彦監修 PHP研究所 2001.3 302p 19cm

◇続・志のみ持参―生き方の一流をめざそう（活字叢書〈20〉）　上甲晃著　致知出版社　2001.3　258p　19cm
◇物の見方考え方〔新装復刻版〕　松下幸之助著　実業之日本社　2001.3　241p　19cm
◇決断力―そのとき、昭和の経営者たちは〈上〉　日本工業新聞社編　日本工業新聞社, 扶桑社〔発売〕　2001.3　493p　19cm
◇日本の企業家群像　佐々木聡編　丸善　2001.3　292p　19cm
◇実践経営哲学（PHP文庫）　松下幸之助著　PHP研究所　2001.5　172p　15cm
◇社員心得帖（PHP文庫）　松下幸之助著　PHP研究所　2001.5　189p　15cm
◇不況に勝った松下幸之助とその社員たち（文春文庫PLUS）　唐津一著　文芸春秋　2001.6　222p　15cm
◇「野性」の哲学―生きぬく力を取り戻す（ちくま新書）　町田宗鳳著　筑摩書房　2001.7　206p　18cm
◇100人の20世紀〈下〉（朝日文庫）　朝日新聞社編　朝日新聞社　2001.9　482p　15cm
◇松下幸之助翁82の教え―私たち塾生に語った熱き想い（小学館文庫）　小田全宏著　小学館　2001.11　282p　15cm
◇滴みちる刻きたれば〈第1部, 第2部〉松下幸之助と日本資本主義の精神　福田和也著　PHPソフトウェア・グループ　2001.12　2冊　19cm
◇日本の戦後企業家史―反骨の系譜（有斐閣選書）　佐々木聡編　有斐閣　2001.12　301p　19cm
◇ベンチャースピリットの研究―ケーススタディー三洋電機　大富敬康著　NTT出版　2002.1　201p　19cm

松田　重次郎（まつだ　じゅうじろう）

明治8（1875）年8月6日～昭和27（1952）年3月9日

＊＊＊

東洋工業社長（創業者）　団広島県
歴明治41年松田式ポンプを発明、大正4年松田製作所を設立。9年広島で東洋コルク工業の設立に参加、翌年社長。昭和2年東洋工業（現・マツダ）に改称し、6年三軽トラックの生産開始、自動車工業に進出。

【伝記・評伝】
◇工場生活七十年　松田重次郎著　松井修二郎　1951
◇東洋工業と松田重次郎　畑耕一著　東洋工業　1958　263p　19cm
◇松田重次郎　梶山季之著　時事通信社　1966　260p　図版　18cm
◇松田重次郎翁―向灘の生んだ偉人　広島市青崎学区郷土史研究会編　広島市青崎学区郷土史研究会　1989.12　390p　22cm
◇企業立国・日本の創業者たち―大転換期のリーダーシップ　加来耕三著　日本実業出版社　1992.5　262p　19cm

松田　恒次（まつだ　つねじ）

明治28（1895）年11月24日～昭和45（1970）年11月15日

＊＊＊

東洋工業社長　囲大阪府大阪市　学大阪市立都島工業学校〔大正4年〕卒
歴学校を出て陸軍宇治火薬製造所に勤めたあと、昭和2年父、松田重次郎の経営する東洋コルク工業（23年から東洋工業、59年からマツダ）に入社、6年から三輪トラックの生産を始めた同社で20年に専務、26年に東洋工業社長となる。同社は35年四輪乗用車に進出、42年には"夢のエンジン"といわれたロータリーエンジンの実用化に世界で初めて成功、総合自動車メーカーとしての地位を確立したが、同エンジンは西ドイツのNSU社から原理特許を買い、周辺技術を独自に開発して実用化したもの。一方、広島財界の中心人物として広島市公会堂や広島市民球場の建設を推進、またプロ野球の経営にも乗り出し、42年には広島東洋カープのオーナーとなった。著書に「合理性・人間性」などがある。

【伝記・評伝】
◇実力経営者伝　梶山季之　講談社　1963
◇歴史をつくる人々　第6　松田恒次　ダイヤモンド社編　ダイヤモンド社　1965　169p　図版　18cm
◇合理性・人間味（歴史をつくる人々6）　松田恒次　ダイヤモンド社　1965　169p　18cm
◇私の履歴書　第26集　日本経済新聞社編　日本経済新聞社　1966　295p　19cm
◇松田恒次追想録　松田恒次追想録編集委員会　1972　566p　図15枚　22cm

◇私の履歴書　経済人　9　日本経済新聞社編　日本経済新聞社　1980.10　468p　22cm

松平 一郎
まつだいら　いちろう
明治40（1907）年11月15日〜平成4（1992）年12月24日

＊＊＊

東京銀行会長　身 東京　学 東京帝国大学支那哲学科〔昭和7年〕卒, 東京帝国大学経済学部〔昭和9年〕卒

歴 昭和9年横浜正金銀行に入行、33年引き継いだ東京銀行の取締役・ロンドン支店長。37年ロンドンから帰国し常務に就任。昭和42年副頭取、46年会長、48年相談役。

【伝記・評伝】
◇追想　松平一郎　東京銀行編　東京銀行　1993.12

松永 安左ヱ門
まつなが　やすざえもん
明治8（1875）年12月1日〜昭和46（1971）年6月16日

＊＊＊

東邦電力社長・会長, 電力中央研究所理事長
生 長崎県壱岐郡石田町　幼名＝亀之助, 号＝一州, 耳庵　学 慶応義塾〔明治32年〕中退

歴 酒造家の長男に生まれ、明治25年在学中に3代安左ヱ門を襲名するが、家業を弟に譲り、復学。中退後、福沢桃介の丸三商会を経て、35年福松商会を創立、石炭商として活躍。42年福岡に福博電気軌道を設立して電気事業に関わり、45年には九州電燈鉄道（現・九州電力）の常務となって経営の実権を握る。大正6年衆議院議員。11年東邦電力（現・中部電力）を設立、昭和3年社長、15年会長に就任。17年電力を国家管理するための国策会社日本発送電が発足したため引退生活を送ったが、敗戦と同時に復帰。24年電気事業再編成審議会会長となって、政府、官僚、財界の反対のなか、日本発送電の分割民営化を敢行。以後、"電力の鬼"と呼ばれ、電力会社の経営基盤の確立に尽力した。28年（財）電力中央研究所を設立し理事長を務める。また耳庵の名で茶人としても知られ、国宝・重文級の名器を所有した。「松永安左ヱ門著作集」（全6巻）がある。平成14年埼玉県新座市・平林寺境内に建てられていた別荘"睡足軒"が平林寺から市に寄贈、一般公開される。
賞 勲一等瑞宝章〔昭和39年〕

【伝記・評伝】
◇自叙伝松永安左衛門　竹内文平　昭文閣書房　1931
◇淡淡録　松永安左衛門著　経済往来社　1950
◇自叙伝・松永安左衛門―青少年の巻　松永耳庵刊行会著　松永耳庵刊行会　1952
◇続　財界回顧―故人今人（三笠文庫）　池田成彬著, 柳沢健編　三笠書房　1953　217p　16cm
◇電気の鬼―人間松永安左衛門　宇佐美省吾著　設備出版社　1953
◇松永安左ヱ門伝（日本財界人物伝全集）　宇佐美省吾著　東洋書館　1954　310p　図版　19cm
◇近代日本人物経済史　日本経済史研究会　東洋経済新報社　1955
◇人生は闘いだ　松永安左衛門・原安三郎・平塚常次郎・出光佐三・波多野元二　飛車金八著　鶴書房　1957　275p　19cm
◇電力の鬼―松永安左衛門喧嘩控　宇佐美省吾著　青蛙房　1957
◇世渡り太閤記　松永安左ヱ門著　実業之日本社　1958　290p　19cm
◇かみなり談義　松永安左ヱ門著　実業之日本社　1959　296p　19cm
◇重役教室　松永安左ヱ門ほか著　竜南書房　1960.3　268p　19cm
◇耳庵先生風流譚　宇佐美省吾著　東洋経済新報社　1961　241p　図版　19cm
◇松永安左ヱ門（一業一人伝）　三宅晴輝著　時事通信社　1961　254p　図版　18cm
◇出たとこ勝負　松永安左衛門著　実業之日本社　1962
◇松永安左ヱ門米寿録　耳庵先生色の道　宇佐美省吾著　東洋経済新報社　1962　246p　図版　19cm
◇耳庵禅九十録　宇佐美省吾著　東洋経済新報社　1964　216p　図版　19cm
◇私の履歴書　第21集　日本経済新聞社編　日本経済新聞社　1964　359p　19cm
◇人間福沢諭吉　松永安左衛門著　実業之日本社　1964.2　226p　図版　18cm
◇人づくり国づくり　松永安左衛門著　実業之日本社　1965
◇財界人思想全集　第6　ダイヤモンド社　1970
◇財界人思想全集　第9　ダイヤモンド社　1970

まつなか

- ◇財界人100年の顔—日本経済を築いた人びと　ダイヤモンド社　1971
- ◇淡々録〔改訂版〕　松永安左衛門　経済往来社　1971
- ◇松永安左エ門翁の懐い出　上・中・下巻　松永安左エ門翁の懐い出編纂委員会編　電力中央研究所　1973.6　上466p　中938p　下412p　22cm
- ◇松永安左衛門の憶ひ出　上，中，下　松永安左衛門の憶ひ出編纂委員会編，アーノルド・J・トインビーほか共著　経済往来社　1973.6　3冊
- ◇私の履歴書　経済人　7　日本経済新聞社編　日本経済新聞社　1980.9　477p　22cm
- ◇松永安左エ門の生涯　小島直記執筆　「松永安左エ門伝」刊行会　1980.10　1332p　図版14枚　22cm
- ◇わが人生は闘争なり—松永安左エ門の世界　松坂直美著　香椎産業出版部　1980.12　286p　19cm
- ◇松永安左エ門に学ぶ—電力の鬼・人生の鬼　宇佐美省吾著　実業之日本社　1981.12　222p　19cm
- ◇まかり通る—電力の鬼・松永安左エ門　上　奔馬編（新潮文庫　草262=1）　小島直記著　新潮社　1982.4　534p　16cm
- ◇松永安左エ門九十歳病床日記　経済往来社　1983.8　130p　20cm
- ◇これが男のビジネスだ—電力の鬼・松永安左衛門に学ぶ　浅川博忠著　東洋堂企画出版社　1985.1　204p　19cm
- ◇美術話題史—近代の数寄者たち　松田延夫著　読売新聞社　1986.5　350p　21cm
- ◇成功する経営・失敗する経営　三鬼陽之助著　PHP研究所　1986.6　221p　19cm
- ◇気のビジネス学—電力の鬼・松永安左衛門に学ぶ　浅川博忠著　東洋堂企画出版社　1986.7　204p　19cm
- ◇会社人類学入門（講談社文庫）　佐高信著　講談社　1986.7　307p　15cm
- ◇小島直記伝記文学全集〈第4巻〉　福沢山脈　小島直記著　中央公論社　1987.1　577p　19cm
- ◇私の財界昭和史（私の昭和史シリーズ）　三鬼陽之助著　東洋経済新報社　1987.2　272p　19cm
- ◇小島直記伝記文学全集〈第7巻〉　松永安左エ門の生涯　小島直記著　中央公論社　1987.4　471p　19cm
- ◇無茶も茶—蓑半農軒、茶の湯覚え書　蓑進著（京都）淡交社　1987.12　206p　19cm
- ◇人物昭和史（ちくま文庫）　利根川裕ほか著　筑摩書房　1989.1　488p　15cm
- ◇男は勝たねば面白くない—必勝不敗の人間学（新潮文庫）　邑井操著　新潮社　1989.5　235p　15cm
- ◇経営者に学ぶ決断と活路　三鬼陽之助著　学習研究社　1989.12　288p　19cm
- ◇耳庵　松永安左エ門　上巻，下巻　白崎秀雄著　新潮社　1990.1　2冊　19cm
- ◇わが人生は闘争なり—松永安左エ門の世界　松坂直美著　教文出版　1990.1　290p　19cm
- ◇晩節の光景—松永安左エ門の生涯（経済人叢書）　小島直記著　図書出版社　1990.10　323p　19cm
- ◇男のうた　佐高信著　講談社　1991.4　243p　19cm
- ◇この経営者の急所を語る—三鬼陽之助の財界人備忘録　三鬼陽之助著　第一企画出版　1991.7　256p　19cm
- ◇企業立国・日本の創業者たち—大転換期のリーダーシップ　加来耕三著　日本実業出版社　1992.5　262p　19cm
- ◇私の履歴書—昭和の経営者群像〈9〉　日本経済新聞社編　日本経済新聞社　1992.11　288p　19cm
- ◇縁、この不思議なるもの—人生で出会った人々（PHP文庫）　松下幸之助著　PHP研究所　1993.1　194p　15cm
- ◇本物の魅力—自分を生かしきった男だけが「人生の醍醐味」を味わうことができる！　邑井操著　大和出版　1993.7　245p　19cm
- ◇人生の鬼・松永安左エ門　宇佐美省吾著　泰流社　1993.9　360p　19cm
- ◇日本を造った男たち—財界創始者列伝　竹内均著　同文書院　1993.11　254p　19cm
- ◇日本策士伝—資本主義をつくった男たち（中公文庫）　小島直記著　中央公論社　1994.5　449p　15cm
- ◇人間・出会いの研究　小島直記著　新潮社　1994.9　213p　19cm

◇日本電力業の発展と松永安左ヱ門　橘川武郎著　（名古屋）名古屋大学出版会　1995.2　472p　21cm
◇哲学を始める年齢　小島直記著　実業之日本社　1995.12　215p　21cm
◇民は官より尊し―闘う財界人・松永安左ヱ門の生涯　浅川博忠著　東洋経済新報社　1995.12　292p　19cm
◇雅遊人　細野燕台―魯山人を世に出した文人の生涯〔新装改訂版〕　北室南苑著　里文出版　1997.3　233p　19cm
◇人間・出会いの研究（新潮文庫）　小島直記著　新潮社　1997.9　231p　15cm
◇実業家の文章―日本経済の基盤を築いた、十二人の偉大な実業家。　鈴木治雄著　ごま書房　1998.7　262p　19cm
◇松永安左ヱ門―自叙伝松永安左ヱ門（人間の記録　85）　松永安左ヱ門著　日本図書センター　1999.2　235p　20cm
◇民の光芒―電力・闘魂の譜　志村嘉門著　日本電気協会新聞部　1999.3　363p　19cm
◇ケースブック　日本の企業家活動　宇田川勝編　有斐閣　1999.3　318p　21cm
◇新・代表的日本人（小学館文庫）　佐高信編著　小学館　1999.6　314p　15cm
◇日本創業者列伝―企業立国を築いた男たち（人物文庫）　加来耕三著　学陽書房　2000.8　362p　15cm
◇電力会社を九つに割った男―民営化の鬼、松永安左ヱ門（講談社文庫）　浅川博忠著　講談社　2000.12　289p　15cm
◇爽やかなる熱情―電力王・松永安左ヱ門の生涯　水木楊著　日本経済新聞社　2000.12　372p　19cm
◇日本のこころ〈水の巻〉―「私の好きな人」　清水義範, 長田弘, 中野孝次, 山本昌代, 小松成美ほか著　講談社　2001.9　281p　19cm
◇決断力〈中〉―そのとき、昭和の経営者たちは　日本工業新聞社編　日本工業新聞社, 扶桑社〔発売〕　2001.11　485p　19cm
◇明日を創った企業家の言葉―先駆者の行動と発想に学ぶ　中江克己著　太陽企画出版　2001.12　246p　19cm

松原　与三松
（まつばら　よそまつ）

明治28（1895）年12月15日～昭和50（1975）年4月29日

＊＊＊

日立造船社長・会長, 関西経営者協会会長　生 福井県坂井郡東十郷村　学 長崎高商〔大正6年〕卒　歴 学校を出てすぐ久原鉱業に入り、日立製作所を経て、昭和16年日立造船に転じたあと経理部長、総務部長、常務などを務め、25年社長に就任、37年会長、46年相談役に退く。日立造船の経営者としては対ソ・対中国など共産圏貿易にも力を入れ、これが同社急成長の一因となった。また多年にわたって関西経営者協会会長を務め、太田垣士郎関西経済連合会会長とのコンビで関西財界のために活躍。また43年には国際貿易促進協会関西本部会長に就任、日中貿易の促進などにも努めた。
賞 大阪文化賞〔昭和42年〕

【伝記・評伝】
◇大阪産業をになう人々　大阪府工業協会　1956
◇財界の第一線1958年　人物展望社　1958
◇この経営者をみよ―日本財界の流れをゆく人々　会社研究所　ダイヤモンド社　1958
◇うちこむ心　松原与三松著　日立造船　1958.6　215p　19cm
◇歴史をつくる人々　第19　松原与三松　ダイヤモンド社編　ダイヤモンド社　1966　165p　図版　18cm
◇現代財界家系譜　第1巻　現代名士家系譜刊行会　1968
◇財界人思想全集　第10　ダイヤモンド社　1971
◇財界―日本の人脈　読売新聞社　1972
◇松原与三松氏を偲ぶ　日立造船（株）編　日立造船　1976　130p　27cm

松本　健次郎
（まつもと　けんじろう）

明治3（1870）年10月4日～昭和38（1963）年10月17日

＊＊＊

明治鉱業社長, 貴族院議員（勅選）　生 福岡県福岡市　旧姓（名）＝安川　学 ペンシルベニア大学中退

歴 明治23年叔父松本潜の養子となり松本家を継ぐが、長兄は夭折し、実家の安川家は弟清三郎が継いだため、事実上安川松本家の家長格。26

年石炭販売会社安川松本商店を創設し、実父、養父と共に貝島、麻生家と並ぶ"筑豊御三家"の一家・安川松本財閥の創業に尽力。また40年明治専門学校(現・九州工業大学)を創立し、のち校長となる。大正7年実父敬一郎引退を受けて同財閥の総帥に就任。昭和4年明治鉱業社長を清三郎に譲り、安川松本系統企業全体の経営に専念した。8年石炭鉱業連合会会長、16年石炭統制会初代会長などを歴任。18年には東条内閣顧問、20年勅選貴族院議員となる。戦後は追放解除後、直ちに経団連の結成に尽力、のち日経連、経団連各顧問を務め、32年財界から引退した。
【伝記・評伝】
◇松本健次郎懐旧談　清宮一郎編　鱒書房　1952　270p　図　肖像　19cm
◇松本健次郎伝　劉寒吉著　松本健次郎伝刊行会　1968　473p　図版　22cm

松本　重太郎 (まつもと　じゅうたろう)

天保15(1844)年10月5日～大正2(1913)年6月20日

＊＊＊

第百三十国立銀行頭取　生 丹後国竹野郡間人村(京都府)　旧姓(名)＝松岡　幼名＝亀蔵
歴 京都や大阪の呉服商勤めを経て、独立自営を志し松本重太郎と改名、輸入唐物類の仲介業を始める。明治3年大阪・心斎橋筋に洋反物・雑貨商"丹重"を開店。西南戦争の勃発した10年、軍服に用いられるラシャ(羅沙)の需要を見込み、大阪市内のラシャを一手に買い占めて成功する。11年第百三十国立銀行(大阪高麗橋)の設立に参画、取締役・支配人となり、13年頭取に就任。その後、第百三十六銀行、大阪興業銀行などを第百三十銀行に合併し、29年には明治銀行を設立、30年頭取となる。さらに阪堺鉄道(現・南海電鉄)などの鉄道業、大阪紡績(のちの東洋紡績)などの紡績業や大阪麦酒(現・アサヒビール)など数多くの企業の創業に貢献し、五代友厚、藤田伝三郎に次ぐ関西財界の重鎮となった。37年引退。
【伝記・評伝】
◇財界物故傑物伝　下巻　実業之世界社編輯局編　実業之世界社　1936　22cm
◇近代日本金融史序説　石井寛治著　東京大学出版会　1999.6　589p　21cm

◇気張る男　城山三郎著　文芸春秋　2000.5　248p　19cm

松本　留吉 (まつもと　とめきち)

慶応4(1868)年1月～昭和13(1938)年3月24日

＊＊＊

藤倉電線社長　生 栃木県安蘇郡
歴 新興の電気事業を研究するために渡米、明治23年に帰国後、実兄の藤倉善八と電線製造事業に従事。明治43年に合資会社から株式会社に改組し、藤倉電線社長に就任。
【伝記・評伝】
◇松本留吉　藤倉電線　1939　616p　23cm

松本　昇 (まつもと　のぼる)

明治19(1886)年5月27日～昭和29(1954)年6月9日

＊＊＊

資生堂社長, 参議院議員(自由党)　生 香川県綾歌郡国分寺町　学 早稲田大学商科〔明治38年〕中退, ニューヨーク大学商科〔明治42年〕卒　BCS
歴 明治38年渡米、昼間百貨店シンプソン・クロフォード商会に勤め、夜ニューヨーク大学商科に通った。大正2年帰国、三越本店営業部に入ったが、6年資生堂初代社長福原信三の招きで資生堂支配人となった。適正利潤、適正規模による定価売りの特約小売店方式(ボランタリー・チェーン組織)を整備し、資生堂の基礎を固めた。昭和2年専務を経て、15年2代社長に就任。25年参議院議員(全国区、自由党)に当選。この間、日本中小企業連盟副会長、日本粧業会理事長、東京社会保険協会長、全国社会保険協会会長などを務めた。著書に「伸びゆくチェーン・ストア」がある。
【伝記・評伝】
◇日本政経人評伝　第1集　都新聞社　1950
◇資生堂社史—資生堂と銀座のあゆみ85年　資生堂編　資生堂　1957
◇松本昇　ボランタリーチェインの先覚者(1業1人伝)　伊藤肇著　時事通信社　1972.12　264p　20cm

丸田 芳郎（まるた よしお）

大正3(1914)年12月16日～

***

花王社長・会長　⬚身 長野県長野市川中島町　⬚学 桐生高工応用化学科（現・群馬大学）〔昭和10年〕卒　工学博士〔昭和23年〕

⬚歴 昭和10年大日本油脂に入社、翌11年から京大に国内留学する。戦時中は陸軍の航空潤滑油の製造研究に取り組む。29年大合同により花王石鹸取締役、43年専務、44年副社長を経て、46年社長に就任。60年花王と改称。平成2年6月会長となる。6年相談役、10年退任。日本化学工業会会長、基礎化学研究所理事長、油脂工業会館理事長、日独協会会長などもつとめる。　⬚賞 陸軍技術有功章, OA化貢献優秀個人賞〔平成3年〕, ドイツ功労勲章大功労十字章〔平成3年〕, 勲二等旭日重光章〔平成7年〕

【伝記・評伝】

◇わが人生観わが経営観 〔正〕・続　花王石鹸広報室編　花王石鹸広報室　1978.3,1981　2冊　21cm
◇私の座右の銘　松下幸之助監修　ロングセラーズ　1986.5　222p　19cm
◇人生、わが師わが出会い——一流人を創った運命の転機・決断　大和出版　1987.4　221p　19cm
◇ハイテク時代を勝ち抜く——技術系社長の読みと戦略　通商産業省技術審査委員会, 工業技術院技術調査課編　日刊工業新聞社　1987.8　266p　19cm
◇経営者人間学——リーダーはいかにして創られるか　野田正彰著　ダイヤモンド社　1988.1　262p　19cm
◇売りモノを創った男たち　藤田忠司著　リバティ書房　1988.10　309p　19cm
◇花王ノン・ライバル経営——21世紀をめざした新しい戦略経営のメカニズム　中村元一, 碓井慎一, JSMS花王研究会著　ダイヤモンド社　1989.11　240p　19cm
◇「常住真実」に生きる——驚異の花王　丸田芳郎の道元に学ぶ経営　永川幸樹著　ネスコ, 文芸春秋〔発売〕　1989.12　238p　19cm
◇ライオン、資生堂が恐れる花王の研究——流半企業・花王の知られざるアキレス腱　野田正由著　あっぷる出版社　1990.1　197p　19cm
◇ザ・トップス——21世紀をリードする経営トップのエクセレント・ライフ〈PART2〉　大塚英樹著　日刊スポーツ出版社　1990.1　238p　19cm
◇社長の挑戦——トップ28人のリーダーシップに学ぶ　小川益宏著　実業之日本社　1990.1　270p　19cm
◇花王の秘密——丸田芳郎語録で解き明かす超革新経営の中身（KOU BUSINESS）　国友隆一著　こう書房　1990.2　239p　19cm
◇躬学道　丸田芳郎著　丸田芳郎　1992.4
◇ビッグ対談　明日の経営を語る——企業革新の先導者たち　阿部実著　同文舘出版　1992.6　194p　19cm
◇丸田芳郎　勇者の経営　吉田時雄著　ティビーエス・ブリタニカ　1993.3　254p　19cm
◇経営者の人間探究——企業トップはいかにして創られたか　野田正彰著　プレジデント社　1994.5　268p　19cm
◇21世紀に遺す　花王・丸田芳郎　最強のマーケティング　土平恭郎著　産能大学出版部　1998.10　212p　19cm

万代 順四郎（まんだい じゅんしろう）

明治16(1883)年6月25日～昭和34(1959)年3月28日

***

帝国銀行頭取　⬚生 岡山県　⬚学 青山学院高等部〔明治40年〕卒

⬚歴 明治40年三井銀行に入り、名古屋支店長、大阪支店長、常務を経て、昭和12年会長。18年三井、第一両行合併で帝国銀行頭取、20年会長。全国銀行協会連合会会長、東京銀行協会初代会長を経て、経団連顧問、日経連常務理事、東京通信工業（ソニーの前身）会長、青山学院校友会会長なども務めた。

【伝記・評伝】

◇在りし日——人としての万代順四郎　万代トミ編　万代トミ　1964　643p　22cm
◇種蒔く人——万代順四郎の生涯　石川英夫著　毎日新聞社　1984.9　204p　20cm

【み】

三鬼 隆（みき たかし）

明治25（1892）年1月14日～昭和27（1952）年4月9日

＊＊＊

八幡製鉄社長　⊞ 岩手県盛岡市　学 東京帝国大学法学部〔大正6年〕卒

歴 大学を出てすぐ田中鉱山（のちの釜石鉱山）に入社、昭和9年には製鉄合同後の日本製鉄に移り、15年取締役。八幡製鉄所次長を経て、20年所長、21年5月渡辺義介前社長が追放で退任したあと社長に就任。25年八幡製鉄と富士製鉄の2社に分割されると八幡製鉄の社長となる。この間、日本銀行参与、経団連常任理事、全国鉄鋼復興会議議長、経済復興会議副議長、日本鉄鋼連合会会長などを歴任した。また財界では一万田尚登、小林中、永野重雄、桜田武、諸井貫一とともにその中心勢力を形成。とくに三鬼―永野の仲は財界一といわれ、のちに八幡、富士が合併して新日本製鉄になる基礎を築いた。経団連次期会長に嘱望されていたが、27年4月日航機もく星号の墜落事故で遭難死した。

【伝記・評伝】

◇日本政経人評伝　第1集　都新聞社　1950
◇三鬼隆回想録　三鬼隆回想録編纂委員会編　八幡製鉄　1952　750p　図版37枚　22cm
◇渡辺義介伝・三鬼隆伝（日本財界人物伝全集第11巻）　小森田一記　東洋書館　1954
◇日本財界人物伝全集　11　小森田一記著　東洋書館　1954
◇人間三鬼隆　山本祐二郎編　三鬼会　1956　179p　図版　22cm
◇日本財界人物列伝　第2巻　青潮出版編　青潮出版　1964　1175p　図版13枚　27cm

御木本 幸吉（みきもと こうきち）

安政5（1858）年1月25日～昭和29（1954）年9月21日

＊＊＊

ミキモト創業者, 真珠養殖家　⊞ 三重県志摩郡鳥羽町（現・鳥羽市）

歴 明治11年実家のうどん商をつぐ。その後、郷里の英虞湾でカキ、アワビなどの養殖を手掛けたのち、特産品アコヤ貝の研究を始め、26年鳥羽市の相島（現・ミキモト真珠島）で半円真珠の開発に成功。29年多徳島に真珠の養殖場を設け、39年真円真珠を完成。以来、品質の改良を努めるとともに海外にも販路を拡張。大正13年多額納税者として貴族院議員。戦時中は政府に養殖を禁じられたが、昭和25年再開。各地の博覧会などに出品し、"ミキモト・パール"の名声は世界各地にとどろき"真珠王"の名をほしいままにした。「御木本幸吉語録」がある。　賞 勲一等瑞宝章〔昭和29年〕

【伝記・評伝】

◇御木本幸吉　乙竹岩造著　培風館　1948　232p　図版　18cm
◇伝記御木本幸吉　乙竹岩造著　講談社　1950　505p　図版　19cm
◇近代神仙譚　佐藤春夫著　乾元社　1952　186p　図版6枚　22cm
◇御木本幸吉（青年シリーズ）　乙竹岩造著　社会教育協会　1953　125p　図版　18cm
◇御木本幸吉（一業一人伝）　御木本隆三著　時事通信社　1961　195p　図版　18cm
◇幸吉八方ころがし　永井龍男　筑摩書房　1963
◇日本財界人物列伝　第1巻　青潮出版編　青潮出版　1963　1171p　図版　26cm
◇財界人思想全集　第10　ダイヤモンド社　1971
◇御木本幸吉（人物叢書　日本歴史学会編集）　大林日出雄著　吉川弘文館　1971　280p　図　18cm
◇御木本幸吉の思い出　御木本美隆著　御木本真珠島資料編纂室　1979.10　201p　21cm
◇真珠誕生―御木本幸吉伝　源氏鶏太著　講談社　1980.6　295p　20cm
◇御木本幸吉語録　御木本真珠島　1984.7　47p　19cm
◇幸吉八方ころがし―真珠王・御木本幸吉の生涯（文春文庫）　永井龍男著　文芸春秋　1986.9　344p　15cm

◇夢をもとめた人びと〈1〉　発明・発見　金平正, 北島春信, 蓑田正治編　玉川大学出版部（町田）　1987.3　126p　21cm
◇御木本幸吉〔新装版〕（人物叢書）　大林日出雄著　吉川弘文館　1988.4　280p　19cm
◇ビジュアルワイド　新日本風土記〈24〉　三重県　ぎょうせい　1989.4　71p　30cm
◇代表的日本人―自己実現に成功した43人　竹内均著　同文書院　1990.1　403p　19cm
◇ぜいたく列伝　戸板康二著　文芸春秋　1992.9　293p　19cm
◇真珠王ものがたり―世界の女性の首を真珠で締めた男。御木本幸吉（しおさい文庫　2）　伊勢志摩編集室　1993.10　128p　22cm
◇MIKIMOTO―ミキモト　真珠王とその宝石店100年（KILA　LIBRARY）　KILA編集部著　エディコム, 徳間書店〔発売〕　1993.10　198p　29×22cm
◇きょう土につくした人びと　ふるさと歴史新聞〈4〉　新しい特産物をつくる　和順高雄文　ポプラ社　1996.4　47p　30cm
◇3分間で読む人生の知恵　花岡大学著　同朋舎出版　1996.10　234p　19cm
◇ケースブック　日本の企業家活動　宇田川勝編　有斐閣　1999.3　318p　21cm
◇日本創業者列伝―企業立国を築いた男たち（人物文庫）　加来耕三著　学陽書房　2000.8　362p　15cm

三島　海雲
みしま　かいうん

明治11（1878）年7月2日～昭和49（1974）年12月28日

＊＊＊

カルピス創業者　囲大阪府豊能郡萱野村（現・箕面市）　学高輪仏教大学中退, 西本願寺文書寮（現・龍谷大学）卒

歴西本願寺の末寺に生まれて13歳で得度したが、仏教大学を中退して明治35年清国へ渡り、北京で中国語を学習、中学教師、商店経営などしたあと蒙古へ。王族の支持で武器を売ってもうけたが、清朝が倒れたあとはうまくいかず、大正4年38歳のとき帰国、翌5年醍醐味合資を設立し、蒙古の羊乳の乳酸飲料にヒントを得て、牛乳からつくった乳酸菌飲料を「醍醐味」の商品名で売り出して爆発的な人気を得た。6年社名をラクトー株式会社（のちのカルピス製造、カルピス食品工業、現・カルピス）とし、取締役に就任、のち社長。脱脂粉乳を生産した残りを飲料に利用、また粉乳そのものから醗酵乳カルピスをつくる技術を自ら開発。大正8年には大問屋の国分商店を代理店とし、一社一品主義でカルピスを宣伝、伝書鳩レース、囲碁大会など当時としては画期的な方法で企業PRを行い、「宣伝の天才」といわれた。

【伝記・評伝】
◇歴史をつくる人々　第9　三島海雲　ダイヤモンド社編　ダイヤモンド社　1965　173p　図版　18cm
◇長寿の日常記　三島海雲著　日本経済新聞社　1966　190p　19cm
◇初恋50年（歴史をつくる人々9）　三島海雲　ダイヤモンド社　1967
◇私の履歴書　第29集　日本経済新聞社編　日本経済新聞社　1967　342p　19cm
◇現代財界家系譜　第2巻　現代名士家系譜刊行会　1969
◇財界人思想全集　第7　ダイヤモンド社　1970
◇三島海雲翁をしのぶ―生誕百年記念　〔カルピス食品工業〕　1977.7　466p　図・肖像15枚　22cm
◇私の履歴書　経済人　10　日本経済新聞社編　日本経済新聞社　1980.10　457p　22cm
◇独歩吟　宮崎市定著　岩波書店　1986.4　389p　19cm
◇幹部の責任（徳間文庫）　伊藤肇著　徳間書店　1987.3　248p　15cm
◇巨富を築いた36人の男たち　鳥羽欽一郎著　実業之日本社　1989.11　206p　19cm
◇食を創造した男たち―日本人の食生活を変えた五つの食品と五人の創業者　島野盛郎著　ダイヤモンド社　1995.10　210p　19cm
◇海渡ものがたり―「民際人」16の肖像　神山典士著　（京都）淡交社　1997.6　237p　19cm

水上　達三
みずかみ　たつぞう

明治36（1903）年10月15日～平成元（1989）年6月16日

＊＊＊

三井物産社長・会長, 日本貿易会会長　囲山梨県韮崎市　学東京商科大学（現・一橋大学）〔昭和3年〕卒

歴昭和3年三井物産に入社。北京支店長代理などを歴任。戦後、三井物産解散にともない第一物産

創立。34年三井物産大合同の立て役者として活躍。36年社長、44年会長、46年より相談役。47年日本貿易会会長、60年名誉会長に就任。"ハヤブサの達"と呼ばれた敏腕の商社マン。著書に「貿易立国論」など。　賞 藍綬褒章〔昭和38年〕、ペルー国グランクルス勲章〔昭和43年〕、紺綬褒章〔昭和50年〕、勲一等瑞宝章〔昭和52年〕

【伝記・評伝】
◇現代財界家系譜　第1巻　現代名士家系譜刊行会　1968
◇財界—日本の人脈　読売新聞社　1972
◇私の履歴書　第49集　日本経済新聞社　1973　304p　19cm
◇回顧録—三井物産株式会社　日本経営史研究所編　三井物産　1976.1　468p　22cm
◇私の履歴書　経済人　15　日本経済新聞社編　日本経済新聞社　1981.1　452p　22cm
◇聞き書き　静かなタフネス10の人生　城山三郎著　文芸春秋　1986.6　234p　19cm
◇私の商社昭和史（私の昭和史シリーズ）　水上達三著　東洋経済新報社　1987.3　252p　19cm
◇トップの人生哲学（BIGMANビジネスブックス）　ビッグマン編集部編　世界文化社　1987.11　218p　19cm
◇静かなタフネス10の人生（文春文庫）　城山三郎著　文芸春秋　1990.6　265p　15cm
◇私の履歴書—昭和の経営者群像〈2〉　日本経済新聞社編　日本経済新聞社　1992.9　294p　19cm

水野　健次郎 (みずの　けんじろう)

大正2(1913)年10月7日～平成11(1999)年4月15日

＊＊＊

ミズノ社長・会長　身 大阪・船場　学 大阪帝国大学理学部化学科〔昭和11年〕卒

歴 大日本電線を経て、昭和17年父・利八が創立した美津濃（現・ミズノ）取締役尼崎工場長として入社、22年副社長、44年社長、63年会長に就任。技術系経営者として、カーボンファイバーを野球バット、スキー、テニスラケットにいち早く採用するなど、スポーツ用品の改良、機能向上に貢献。同社を世界最大級のスポーツ用品メーカーに育て上げた。また私財を投じて水野国際スポーツ交流財団を設立、アマチュアスポーツの振興にも尽力。IOCからスポーツ産業界では初のオリンピック・オーダー賞を受賞した。全国運動用品商工団体連合会会長など多数の役職も務めた。
賞 紺綬褒章〔昭和51年〕、藍綬褒章〔昭和53年〕、レジオン・ド・ヌール勲章（フランス）〔昭和59年〕、台湾体育協進会栄誉章〔昭和59年〕、シャモニー市名誉市民章（スイス）〔昭和59年〕、オリンピック・オーダー賞〔昭和60年〕、勲三等瑞宝章〔昭和61年〕、紺綬褒章〔平成3年〕

【伝記・評伝】
◇全人間への旅—私の履歴書　水野健次郎著　日本経済新聞社　1990.9　321p　19cm

水野　成夫 (みずの　しげお)

明治32(1899)年11月13日～昭和47(1972)年5月4日

＊＊＊

フジテレビ社長、サンケイ新聞社長、国策パルプ社長・会長、社会運動家、翻訳家　生 静岡県小笠郡佐倉村（現・浜岡町）　学 東京帝国大学法学部仏法学科〔大正13年〕卒

歴 大学を出た翌大正14年、日本共産党に入党して一時は中央委員も務め、昭和2年には党を代表して中国で武漢政府の樹立を指導。翌年帰国直後、3.15事件の大検挙で検挙されたが、獄中で転向し解党派として党を除名され、出獄後の5年に南喜一らと日本共産党労働者派を組織した。だが党内外の強い批判で7年に同派が消滅すると社会運動からは手を引いて翻訳家（フランス文学）に転身、アナトール・フランスの「神々は渇く」「舞姫タイス」、アンドレ・モーロアの「英国史」などの訳書が人気を呼ぶ。そして15年には南らと大日本再生紙株式会社を設立して実業家に転身し、20年に同社を吸収合併して発足した国策パルプの常務となり、専務、副社長を経て、31年社長に就任。35年会長。また31年文化放送、32年フジテレビ、33年産経新聞の各社長を兼任し、今日のフジ・サンケイグループの基礎をつくり上げた。財界人としても数々の要職も務め、池田内閣時代には小林中、永野重雄、桜田武とともに"財界四天王"と呼ばれた。

【伝記・評伝】
◇昭和怪物伝　大宅壮一著　角川書店　1957　290p　19cm
◇永福柳軒という男　虚説・水野成夫伝　岡本功司著　同盟通信社　1962　264p　19cm

◇人間水野成夫　松浦行真著, 水野成夫伝記編集室編　産経新聞　1973.5　405p　22cm
◇作品水野成夫　水野成夫伝記編集室編　産経新聞　1973.5　432p　19cm
◇偲ぶ水野成夫　水野成夫伝記編集室編　産経新聞　1973.5　19cm
◇ビジュアル版・人間昭和史〈4〉　財界の指導者　講談社　1987.2　255p　21cm
◇総理を操った男たち―戦後財界戦国史（講談社文庫）　田原総一朗著　講談社　1989.6　226p　15cm
◇「男の生き方」40選〈上〉　城山三郎編　文芸春秋　1991.4　357p　19cm
◇ドキュメント産経新聞私史―広告マンOBが綴る水野‐鹿内ファミリーの実像　高山尚武著　青木書店　1993.3　262p　19cm
◇前田・水野・鹿内とサンケイ　菅本進著　東洋書院　1996.12　394p　21cm

水野　利八 (みずの　りはち)

明治17(1884)年5月15日～昭和45(1970)年3月9日

＊＊＊

ミズノ社長・会長（創業者）　生 岐阜県大垣市　学 興文小高等科〔明治28年〕中退
歴 9歳で父と死別し、大阪、京都で丁稚奉公をする。明治36年京都の三高野球クラブの試合を見て野球にとりつかれ、39年大阪で水野兄弟商会を設立、野球用品の製造販売などを始める。特に野球ボールの改良に情熱を傾け、大正5年全国統一の標準球を完成させた。また実業団や旧制中学校の野球大会を主催した。昭和17年社名を美津濃（現・ミズノ）として社長に就任、44年会長。46年野球殿堂入り。

【伝記・評伝】
◇大阪産業をになう人々　大阪府工業協会　1956
◇スポーツは陸から海から大空へ―水野利八物語　美津濃　1973　341,93p　肖像　27cm
◇スポーツは陸から海から大空へ―水野利八物語　編集委員会編　ベースボール・マガジン社　1974　398p　肖像　19cm
◇夢にかける―6人の社長の創業物語（こども伝記まんが〈2〉）　久保田千太郎, 今道英治著　小学館　1990.10　176p　21cm

御手洗　毅 (みたらい　たけし)

明治34(1901)年3月11日～昭和59(1984)年10月12日

＊＊＊

キヤノン社長・会長（創業者）　生 大分県　学 北海道帝国大学医学部〔昭和3年〕卒　医学博士
歴 北海道帝大医学部産婦人科教室に勤務していたが、昭和12年にキヤノンの前身・精機光学工業の設立に参画、17年から32年間社長をつとめた。49年に会長。この間日本写真機工業会の創設を提唱して、29年から2年間初代会長。その後も2回会長を務めた。　賞 藍綬褒章〔昭和37年〕, 総理大臣賞〔昭和39年〕, 勲二等瑞宝章〔昭和46年〕, 毎日経済人賞（第2回）〔昭和55年〕

【伝記・評伝】
◇財界人の横顔　古田保　岩崎書店　1954
◇若き日の社長　現代事業家の人間形成　海藤守著　徳間書店　1962　329p　18cm
◇現代財界家系譜　第2巻　現代名士家系譜刊行会　1969
◇夢が駆けぬけた―御手洗毅とキヤノン　加藤勝美著　現代創造社　1983.1　334p　19cm
◇都ぞ弥生の　御手法豊子著　御手法豊子　1985
◇BDS　Cプログラミング　御手洗毅著　工学図書　1986.6　264p　21cm
◇決断力―そのとき、昭和の経営者たちは〈上〉　日本工業新聞社編　日本工業新聞社, 扶桑社〔発売〕　2001.3　493p　19cm
◇明日を創った企業家の言葉―先駆者の行動と発想に学ぶ　中江克己著　太陽企画出版　2001.12　246p　19cm

三井　八郎右衛門 (みつい　はちろうえもん)(14代)

天保8(1837)年12月～明治27(1894)年2月8日

＊＊＊

三井銀行総長　三井総領家第9代当主　生 京都・油小路夷川　本名＝三井高朗　通称＝次郎右衛門
歴 三井総領家（北家）第8代当主・高福の長男。早くから家業を見習い江戸店を任された。明治5年銀行視察のため渡米。帰国後の6年第一国立銀行、7年三井組為替銀行、8年三井銀行、9年三井物産とつぎつぎ設立し、頭取および総裁となった。12年家督を相続して14代八郎右衛門を襲名。以来

三井の近代化をはかり三井財閥の基礎を固めた。18年家督を弟の高棟にゆずった。
【伝記・評伝】
◇三井事業史　本篇第2巻（三井文庫）　三井文庫編　三井文庫　1980.9　769,16p　23cm
◇三井家文化人名録　三井文庫編　三井文庫　2002.3　250p　21cm

三井　八郎右衛門（15代）　みつい　はちろうえもん

安政4（1857）年1月14日～昭和23（1948）年2月9日

＊＊＊

三井財閥総帥　三井総領家第10代当主　⊞京都　本名＝三井高棟
㾇三井総領家（北家）第8代当主・高福の八男。明治5年アメリカへ留学し、7年帰国。18年家督を相続し15代八郎右衛門を襲名。26年最高統轄機関として三井家同族会議を設立し議長となる。29年男爵位を受爵。42年三井合名会社を設立し社長に就任。昭和8年辞任し、家督を嗣子高公にゆずり引退した。この間、三井総領家当主として三井同族11家をとりまとめるとともに、三井財閥の総帥として、大番頭益田孝、団琢磨らと名コンビをくみ、同財閥の発展を推進した。
【伝記・評伝】
◇三井事業史　本篇第2巻（三井文庫）　三井文庫編　三井文庫　1980.9　769,16p　23cm
◇三井八郎右衛門高棟伝　三井八郎右衛門高棟伝編纂委員会編　三井文庫　1988.3　1043p　図版12枚　24cm
◇財界人物我観（経済人叢書）　福沢桃介著　図書出版社　1990.3　177p　19cm
◇三井家文化人名録　三井文庫編　三井文庫　2002.3　250p　21cm

湊　守篤　みなと　もりあつ

明治41（1908）年11月9日～昭和47（1972）年8月21日

＊＊＊

日興リサーチセンター社長　⊞中国・長春　㊐東京帝国大学経済学部〔昭和6年〕卒
㾇東大では大内兵衛教授にマルクス経済学を学び、卒業後は日本興業銀行に入社、戦後一時復興金融金庫に出向して融資第一部長、石炭融資部長などを務め、戦後の日本経済復興に尽力。昭和36年、常務のとき興銀を退社して日興証券に副社長として入社、39年社長に就任したが、45年には日興リサーチセンター社長に転じた。この間、財界にあっては経済同友会副幹事として木川田一隆代表幹事に協力、42年には首相の諮問機関である経済審議会の企画小委員会代表として「経済社会発展計画」をまとめている。その一方では財界エコノミストとして池田内閣の高度経済成長策に対して「安定成長論」「自主調整による不況回避」を提唱、高度成長を謳歌する官庁エコノミストや近代経済学者と激しく論争した。第1次オイルショックが発生したのは死去の翌年のこと。
【伝記・評伝】
◇わが半生を語る　湊守篤ほか著　日興証券　1970.7　127p　21cm
◇一語一会—出会いで綴る昭和史　保阪正康著　清流出版　2000.8　446p　19cm

南　喜一　みなみ　きいち

明治26（1893）年2月19日～昭和45（1970）年1月30日

＊＊＊

日本国策パルプ工業会長，社会運動家　⊞石川県石川郡三馬村（現・金沢市）　㊐早稲田大学理工科〔大正6年〕卒
㾇大正12年、関東大震災直後の亀戸事件で実弟の吉村光治が官憲に虐殺されたのを機に共産党に入党、中央委員にまでなって共同印刷、星製薬、日本楽器などの労働争議を指導、一躍花形闘士となる。また昭和3年の3.15事件では水野成夫らとともに入獄した。そして2年後には共産党から離党。戦争中の15年には実業界に乗り出して盟友の水野とともに故紙再生の会社を設立、終戦直後の20年秋、同社を吸収合併した国策パルプが発足すると同社の常務に迎えられ、副社長、副会長を経て38年に会長となった。その他ヤクルト会長、日本癌予防協会理事長などをつとめた。尾崎士郎の小説「新・人生劇場」の車嘉七のモデルでもある。　㊝藍綬褒章〔昭和40年〕
【伝記・評伝】
◇遠き跫音　尾崎士郎著　中央公論社　1964
◇炎の人生　ガマ将軍南喜一　岡本功司著　永田書房　1968　244p　19cm
◇蟇将軍南喜一　岡本功司著　永田書房　1971　377p　19cm

◇蕃将軍南喜一　岡本功司著　南喜一追想録刊行会　1971　392p　22cm
◇追想南喜一　南喜一追想録刊行会　1971　344p　図24p　肖像　22cm
◇ガマの闘争　南喜一著　蒼洋社　1980.9　309p　19cm
◇ガマの聖談―南喜一の風流夜話（FUKUROU BOOKS）　南喜一著　白帝社　1990.12　259p　18cm
◇混乱時代の経営者の活路　三鬼陽之助著　講談社　1993.10　261p　19cm

南　俊二（みなみ　しゅんじ）

明治15（1882）年9月28日～昭和36（1961）年12月29日

＊＊＊

大阪造船所社長　生 大阪府　学 大阪高商（現・大阪市立大学）〔明治36年〕卒
歴 日下部商店（のちの安宅商会）に入社。明治42年南商店を設立、大豆・米穀・肥料貿易で蓄財したが、商品や株の思惑投機で失敗を重ねる。昭和に入ると製鉄業、砂金鉱業、セメント業など製造部門に方向転換し、昭和11年大阪造船所を設立。戦後は第2次計画造船で同社を再建、30年オリンピック・チャレンジャー号船団を30億円で買収して南氷洋漁業権を確保するなど、億万長者の一人に数えられた。合理的節倹主義の経営方針で有名。他に日本造船工業常任理事などを務めた。

【伝記・評伝】
◇南俊二の追想　経済サロン出版部編　南俊二の追想編集委員会　1966.1　522p　22cm

三野　定（みの　さだむ）

大正7（1918）年6月29日～平成13（2001）年11月29日

＊＊＊

住友建設会長, 建設省近畿地方建設局長　生 福岡県福岡市　学 九州帝国大学工学部土木工学科〔昭和16年〕卒
歴 建設省道路局高速道路課長、企画課長ののち道路公団東名高速道路部長を経て、昭和41年建設省近畿地方建設局（現・国土交通省近畿地方整備局）局長、43年道路公団常任参与、45年理事。51年住友建設副社長、59年副会長、平成2年会長、のち相談役。国際建設技術協会理事、国際道路連盟理事なども務めた。　賞 勲三等瑞宝章〔平成2年〕, 国際道路連盟（IRF）マン・オブ・ザ・イヤー賞〔平成3年〕

【伝記・評伝】
◇海の彼方の道づくり　三野定著　〔三野定〕　1988.6　196p　22cm

三野村　利左衛門（みのむら　りざえもん）

文政4（1821）年11月10日～明治10（1877）年2月21日

＊＊＊

明治初期の三井家のリーダー・改革者　生 信濃国（長野県）　前名＝美濃川利入
歴 出羽（山形県）出生の説もあり、幼少年期については不詳。江戸で住み込み奉公、旗本の雇い仲間（ちゅうげん）などを経て、25歳頃砂糖菓子商紀ノ国屋のむこ養子となる。慶応2年43歳で三井江戸店に通勤支配格として迎えられ、三井家の"三"をとり三野村利左衛門と改名。当主・三井高福に信任される。井上馨、大久保利通など時の政府要人に近づき、絶えず情報を収集して、運営を誤らず、三井銀行、三井物産を創設し、また三井組ハウスの建設などに活躍して三井財閥の基礎を固めた。

【伝記・評伝】
◇商海英傑伝　瀬川光行　大倉書店, 冨山房書店　1893
◇帝国実業家立志編　梅原忠造　求光閣　1894
◇実業家偉人伝　活動野史　四書房　1901
◇財界物故傑物伝　実業之世界社　1936
◇日本実業家列伝　木村毅　実業之日本社　1953
◇近代日本人物経済史　日本経済史研究会　東洋経済新報社　1955
◇政商　楫西光速　筑摩書房　1963
◇三井家の人びと―現代に生きる平家物語　小島直記　光文社　1963
◇日本財界人物列伝　第1巻　青潮出版編　青潮出版　1963　1171p　図版　26cm
◇近代日本の政商　土屋喬雄　経済往来社　1968
◇三野村利左衛門伝　三野村清一郎著　三野村合名会社　1969　251p　図版　19cm
◇財界人思想全集　第3　ダイヤモンド社　1970
◇財界人100年の顔―日本経済を築いた人びと　ダイヤモンド社　1971

- ◇三野村利左衛門―三井近代化の演出者　伊藤喬著　一光社　1973　261p　図　肖像　19cm
- ◇乱世の知恵者―三井財閥創設者・三野村利左衛門　広瀬仁紀著　講談社　1981.7　226p　20cm
- ◇小島直記伝記文学全集〈第2巻〉　人間の椅子　小島直記著　中央公論社　1986.11　496p　19cm
- ◇小島直記伝記文学全集〈第3巻〉　日本さらりーまん外史　小島直記著　中央公論社　1986.12　414p　19cm
- ◇逃げない男たち―志に生きる歴史群像〈下〉　林左馬衛，中薗英助，今川徳三，古川薫，杉浦明平，栗原隆一，邦光史郎著　旺文社　1987.3　325p　19cm
- ◇小栗上野介の生涯―「兵庫商社」を創った最後の幕臣　坂本藤良著　講談社　1987.9　482p　19cm
- ◇山本七平の「企業家の思想」―〔録音資料〕12　三野村利左衛門―経営のための情報収集と組織づくり柔軟発想3(PHPビジネスカセット)　山本七平著　PHP研究所　1987.10　録音カセット1巻　15cm
- ◇三野村利左衛門伝　〔4版〕　三野村清一郎著　三野村合名会社　1987.11　253p　19cm
- ◇乱世の知恵者―三井財閥創設者・三野村利左衛門(時代小説文庫)　広瀬仁紀著　富士見書房　1988.5　290p　15cm
- ◇三越物語―劇的百貨店，その危機と再生　梅本浩志著　ティビーエス・ブリタニカ　1988.7　273p　19cm
- ◇転換期の戦略〈5〉　維新前夜・動乱と変革の時代　尾崎秀樹，徳永真一郎，光瀬龍，高野澄，藤田公道，左方郁子，小堺昭三著　経済界　1988.9　254p　19cm
- ◇代表的日本人―自己実現に成功した43人　竹内均著　同文書院　1990.1　403p　19cm
- ◇大人学・小人学(だいじんがく・しょうじんがく)―「大気力」で生きた男の器量と値打ち　邑井操著　大和出版　1990.6　245p　19cm
- ◇時代小説大全集〈5〉人物日本史　明治・大正(新潮文庫)　新潮社編　新潮社　1991.9　620p　15cm
- ◇会社のルーツおもしろ物語―あの企業の創業期はこうだった!(PHPビジネスライブラリー〈A-342〉)　邦光史郎著　PHP研究所　1992.8　285p　18cm
- ◇政商伝　三好徹著　講談社　1993.1　251p　19cm
- ◇本物の魅力―自分を生かしきった男だけが「人生の醍醐味」を味わうことができる!　邑井操著　大和出版　1993.7　245p　19cm
- ◇日本を造った男たち―財界創始者列伝　竹内均著　同文書院　1993.11　254p　19cm
- ◇政商伝(講談社文庫)　三好徹著　講談社　1996.3　287p　15cm
- ◇日本大変―三野村利左衛門伝　高橋義夫著　ダイヤモンド社　1997.5　414p　20cm
- ◇金融危機に生かす10の鉄則―ビジネスマンへの新・発想　山田智彦著　青春出版社　1998.10　221p　19cm

御法川　直三郎（みのりかわ　なおさぶろう）

安政3(1856)年7月13日～昭和5(1930)年9月11日

＊＊＊

御法川式製糸機発明者　⊞出羽秋田(秋田県)
歴　西ケ原蚕病試験場で蚕病を研究，のち製糸機の改良につとめ，明治37年に発明した御法川式多条繰糸機が片倉製糸紡績で採用，実用化となった。

【伝記・評伝】
- ◇御法川直三郎翁自伝　丹羽四郎　同刊行会　1933　125,10,10p　22cm
- ◇御法川直三郎翁とその事績　丹羽四郎編　御法川直三郎翁伝記刊行会　1960　228p　図版　22cm
- ◇日本経済の建設者―あの時この人　中村隆英　日本経済新聞社　1973　262p　19cm

三村　起一（みむら　きいち）

明治20(1887)年8月15日～昭和47(1972)年1月28日

＊＊＊

住友鉱業初代社長，石油開発公団初代総裁
⊞東京・銀座尾張町　旧姓(名)＝山口　号＝祖山
学　東京帝国大学法科大学独法科〔大正3年〕卒
歴　大正3年住友総本店入社，住友伸銅所勤務，8～10年欧米出張，昭和6年住友伸銅鋼管取締役，7年住友別子鉱山常務，専務を経て，16年住友鉱業初代社長，同年住友本社理事。この間住友化学，

住友機械製作などの役員兼務。21年公職追放前に住友系その他の役職一切を辞任。21年鴨川加工、28年日本冶金工業各社長、30年石油資源開発初代社長。以後北スマトラ石油開発協力初代会長、石油鉱業連盟会長、石油開発公団初代総裁を歴任。また産業災害防止対策審議会会長、中央労働災害防止協会会長、日経連理事、経団連常任理事などを務めた。労務管理、工場安全運動などの草分け的存在で、著書に「住友工場協議会十年の足跡」がある。

【伝記・評伝】
◇産業戦士の心構へ　三村起一著　冨士書店　1944　309p　19cm
◇私の履歴書　第17集　日本経済新聞社編　日本経済新聞社　1962　379p　19cm
◇身辺二話　三村起一著　三村起一　1962.11　258p　18cm
◇財界人思想全集　第5　ダイヤモンド社　1970
◇私の履歴書　経済人　6　日本経済新聞社編　日本経済新聞社　1980.8　482p　22cm

三村　君平 (みむら　くんぺい)

安政2(1856)年12月7日～大正9(1920)年1月6日

＊＊＊

第119国立銀行創業者, 三菱合資会社銀行部（現・三菱銀行）銀行部長　生 大分県北海部郡臼杵　歴 臼杵藩士牧田弥三郎の次男で、同藩士三村左司馬の養嗣子となる。郷里で銀行業を創立することを決心し、明治11年旧藩主稲葉家などの支援を受け、第119国立銀行を設立。支配人として本店を東京に、支店を臼杵に置き業務を開始。外国銀行との取引を開始するなどの積極的な経営で、東京在留の外国人から預金を受けた日本最初の銀行。西南戦争の余波を受け不振に陥り、廃業を決したが、22年岩崎家が買収、三村は支配人として留任。26年、第119国立銀行営業期限満了時に三菱相互会社銀行部と改称、副部長として参画。明治43年銀行部長となり、大正2年まで在職。　賞 紺綬褒章〔大正8年〕, 従六位〔大正9年〕

【伝記・評伝】
◇財界之人百人論　矢野滄浪　時事評論社　1915
◇財界物故傑物伝　実業之世界社　1936
◇三村君平―三菱を支えた臼杵藩士　吉田稔著　〔吉田稔〕　1992.3　154p　21cm

宮岡　公夫 (みやおか　きみお)

大正11(1922)年12月8日～平成10(1998)年1月25日

＊＊＊

日本郵船社長・会長　生 東京都港区赤坂　学 東京帝国大学法学部〔昭和23年〕卒

歴 昭和23年日本郵船入社。49年取締役、51年常務、55年専務、58年副社長、59年6月社長を歴任し、平成元年会長。7年相談役に退く。この間、日本船主協会会長なども務めた。また、昭和60年12月には総合物流経営会議を発足させるなど、海運不況の中で生き残りに尽力。

【伝記・評伝】
◇社長の挑戦―トップ28人のリーダーシップに学ぶ　小川益宏著　実業之日本社　1990.1　270p　19cm
◇人間賛歌―宮岡公夫の人生　宮岡公夫追悼文集刊行委員会　宮岡公夫追悼文集刊行委員会　1998.12　562p　21cm

宮崎　輝 (みやざき　かがやき)

明治42(1909)年4月19日～平成4(1992)年4月17日

＊＊＊

旭化成工業社長・会長, 旭リサーチセンター社長, 日本化学繊維協会会長　生 長崎県南高来郡吾妻町　学 東京帝国大学法学部〔昭和9年〕卒

歴 昭和9年旭ベンベルグ絹糸入社。社名を18年日窒化学工業、21年旭化成工業と改称し、22年旭化成工業常務、33年専務を経て、36年社長に就任。60年会長。また日本化学繊維協会会長を3度務め、40年代には日米繊維交渉の日本側代表としても活躍。56年臨調行政監理委員、平成元年新行革審委員を歴任。　賞 藍綬褒章〔昭和46年〕, 勲一等瑞宝章〔昭和57年〕, 延岡市名誉市民〔昭和63年〕, 経済界大賞（第16回）〔平成2年〕, アイルランド・リメリック大学名誉法学博士号〔平成4年〕

【伝記・評伝】
◇宮崎輝―評伝(評伝シリーズ　7)　大野誠治著　国際商業出版　1977.8　302p　20cm
◇私の座右の銘　松下幸之助監修　ロングセラーズ　1986.5　222p　19cm

◇成功する経営・失敗する経営　三鬼陽之助著　PHP研究所　1986.6　221p　19cm
◇活力の構造〈戦略篇〉　柳田邦男著　講談社　1986.11　362p　19cm
◇私の履歴書―経済人〈22〉　日本経済新聞社編　日本経済新聞社　1987.1　489p　21cm
◇宮崎輝の「逆転の経営」（トップ経営者シリーズ）　上之郷利昭著　講談社　1987.7　252p　19cm
◇経営者人間学―リーダーはいかにして創られるか　野田正彰著　ダイヤモンド社　1988.1　262p　19cm
◇繁栄の群像―戦後経済の奇跡をなしとげた経営者たち　板橋守邦著　有楽出版社, 実業之日本社〔発売〕　1988.6　253p　19cm
◇ぼくの取材手帖とっておきの話　上之郷利昭著　潮出版社　1988.7　222p　19cm
◇21世紀をめざす統率学―日本企業再構築のリーダーシップ　山田正喜子著　世界文化社　1989.3　270p　19cm
◇独創力着眼力がつく―しなやかな発想、成功者の方法（RYU　BUSINESS〈3031〉）　多湖輝ほか著　経済界　1989.10　216p　18cm
◇トップが明かす強者の「戦略構築」　梶原一明著　大陸書房　1989.12　246p　19cm
◇活力の構造〈戦略篇〉（講談社文庫）　柳田邦男著　講談社　1990.2　396p　15cm
◇宮崎輝の取締役はこう勉強せよ！(知的生きかた文庫)　宮崎輝談, 大野誠治構成　三笠書房　1991.2　269p　15cm
◇私はこんな男を取締役にする！　大野誠治著　中経出版　1991.4　245p　19cm
◇宮崎輝の取締役はこう勉強せよ！―役員になる人、なれない人　能力づくり、腹づくりのために〔新装版〕　宮崎輝談, 大野誠治構成　中経出版　1992.5　254p　19cm
◇私の履歴書―昭和の経営者群像〈6〉　日本経済新聞社編　日本経済新聞社　1992.10　294p　19cm
◇経営の鬼　宮崎輝の遺言　大野誠治著　にっかん書房, 日刊工業新聞社〔発売〕　1992.11　246p　19cm
◇史上空前の繁栄をもたらした人びと―昭和後期の企業家21人の生きざま（HOREI　BOOKS）　新井喜美夫著　総合法令　1993.12　183p　18cm

◇宮崎輝追想録　宮崎輝追想録編纂委員会編　旭化成工業　1994.4　405p　22cm
◇決断力〈中〉―そのとき、昭和の経営者たちは　日本工業新聞社編　日本工業新聞社, 扶桑社〔発売〕　2001.11　485p　19cm

---

みやじま　せいじろう
宮島　清次郎

明治12（1879）年1月20日～昭和38（1963）年9月6日

＊＊＊

日清紡績社長・会長，日本工業倶楽部理事長
囲 栃木県佐野市　旧姓（名）＝小林　学 東京帝国大学法科政治学科〔明治39年〕卒
歴 住友別子鉱業所、東京紡績を経て、大正3年日清紡績（現・日清紡）に移り、8年社長に就任。堅実経営で10大紡績の最優秀会社に引き上げた。昭和15年会長。その間、国策パルプ工業社長などを兼ね、水野成夫、南喜一などを育てる。戦後、公職追放、解除後の23年日本工業倶楽部理事長に就任。また、吉田内閣時代には日本銀行政策委員となり、財界の"一言居士"として知られた。

【伝記・評伝】
◇日本財界人物列伝　第2巻　青潮出版編　青潮出版　1964　1175p　図版13枚　27cm
◇宮島清次郎翁伝　宮島清次郎翁伝刊行会編　宮島清次郎翁伝刊行会　1965.11　589,8,7p　22cm
◇財界人思想全集　第10　ダイヤモンド社　1971
◇財界人100年の顔―日本経済を築いた人びと　ダイヤモンド社　1971
◇師弟―教育は出会いだ（講談社文庫）　佐高信著　講談社　1988.11　266p　15cm
◇史上空前の繁栄をもたらした人びと―昭和後期の企業家21人の生きざま（HOREI　BOOKS）　新井喜美夫著　総合法令　1993.12　183p　18cm
◇昭和をつくった明治人〈上〉　塩田潮著　文芸春秋　1995.4　398p　19cm

宮武 徳次郎
みやたけ とくじろう

明治39(1906)年1月3日～平成元(1989)年8月23日

＊＊＊

大日本製薬社長・会長　⊞香川県高松市　学高松高商〔昭和3年〕卒

歴昭和3年大日本製薬入社。22年取締役、24年常務、25年専務を経て、31年社長に就任。56年会長、60年取締役相談役のち相談役。同社では西ドイツで開発されたサリドマイド剤を33年から発売、半年後に販売を停止したが、以後被害児家族からの告訴で長い裁判となった(サリドマイド事件)。　賞勲三等瑞宝章〔昭和52年〕

【伝記・評伝】
◇大阪産業をになう人々　大阪府工業協会　1956
◇現代財界家系譜　第2巻　現代名士家系譜刊行会　1969

三好 武夫
みよし たけお

明治40(1907)年2月27日～昭和61(1986)年5月26日

＊＊＊

安田火災海上保険社長・会長　⊞愛媛県松山市　学東京帝国大学法学部〔昭和5年〕卒

歴昭和5年東京火災保険(現・安田火災海上保険)に入社。31年取締役、33年常務を経て、38年社長に就任、55年7月まで17年間ワンマン体制を築く。この間他社に先がけて自動車保険に力を入れ、同社を東京海上に次ぐ業界第2位に押しあげる。退任後会長に就任。　賞藍綬褒章〔昭和45年〕、サンフランシスコ・デ・アシス大十字章〔昭和48年〕、勲二等瑞宝章〔昭和52年〕

【伝記・評伝】
◇三好武夫追悼録　安田火災海上保険三好武夫追悼録刊行委員会編　安田火災海上保険三好武夫追悼録刊行委員会　1987.5　416p　22cm

【む】

向井 忠晴
むかい ただはる

明治18(1885)年1月26日～昭和57(1982)年12月19日

＊＊＊

三井物産会長,ゼネラル石油顧問,蔵相　⊞東京　学東京高商(現・一橋大学)〔明治37年〕卒

歴明治37年三井物産に入社、昭和9年常務取締役、14年から会長、16年には三井財閥を統轄する三井総元方の理事長に就任、同財閥の大番頭として手腕を発揮した。20年貿易庁長官、27年日本工業倶楽部専務理事、第4次吉田内閣の蔵相に就任。その後は政財界から全て引退した。　賞勲二等旭日重光章〔昭和39年〕、勲一等旭日大綬章〔昭和45年〕

【伝記・評伝】
◇愛媛の先覚者たち―明治100年　愛媛県教育委員会　1968
◇追想録向井忠晴　向井忠晴追想録編纂委員会　1986.1　462p　22cm
◇私の三井昭和史(私の昭和史シリーズ)　江戸英雄著　東洋経済新報社　1986.6　255p　19cm

務台 光雄
むたい みつお

明治29(1896)年6月6日～平成3(1991)年4月30日

＊＊＊

読売新聞社長・会長　⊞長野県松本市　学早稲田大学専門部政治経済科〔大正7年〕卒

歴紡績会社を経て、大正12年報知新聞入社。昭和4年正力松太郎に請われて読売新聞の販売部長となる。以降"販売の鬼"として部数拡張、広告収入増大に生命を賭ける。28年専務、40年副社長、45年社長、56年会長、58年名誉会長に就任。その他読売大阪本社、読売テレビ各会長など数多くの役職を務めた。　賞勲二等旭日重光章〔昭和43年〕、勲一等瑞宝章〔昭和49年〕、新聞文化賞〔昭和55年〕、イタリア功労勲章コメンダトーレ章〔昭和61年〕、マスコミ功労者顕彰(広告功労者部門,新聞人部門)〔平成8年〕

【伝記・評伝】
◇闘魂の人―人間務台と読売新聞　松本一朗著　大自然出版　1973　398p　図　肖像　22cm
◇事件記者30年　萩原幸男著　図書出版社　1991.11　270p　19cm
◇二人の販売の神様―務台光雄と神谷正太郎　長尾遼著　読売プロジェクト, 星雲社〔発売〕　1993.1　208p　19cm
◇新聞の鬼たち―小説務台光雄（光文社文庫）　大下英治著　光文社　1995.9　360p　15cm
◇読売外伝―わが心の秘録　為郷恒淳著　アクトビューロー, 文園社〔発売〕　1997.7　235p　21cm
◇人生の師―読売新聞務台光雄先生　心泉著　心泉社　2000.5　247p　19cm
◇蘖・男の一生――一発屋人生物語　日高宗敏著　心泉社　2000.10　303p　19cm

武藤　糸治（むとう　いとじ）

明治36（1903）年5月1日～昭和45（1970）年12月23日

＊＊＊

鐘紡社長・会長　⑮兵庫県神戸市　⑳慶応義塾普通部中退, ファンレー塾（英）卒
㉓昭和4年英国留学から帰国後、鐘淵紡績（のちの鐘紡、現・カネボウ）に入り、戦後の22年社長に就任、関西財界の重鎮となった。35年会長にタナ上げされたが、翌36年社長に戻って43年会長、45年相談役となる。自由経済を主張、紡績界にあって化粧品や食品などの多角経営を推進した異色経営者。アイディアにすぐれ、39年の定年制廃止など従業員の待遇改善に努めた。

【伝記・評伝】
◇財界の顔　池田さぶろ　講談社　1952
◇糸ぐるま随筆　武藤糸治著　四季社　1953.9　314p　19cm
◇財界人の横顔　古田保　岩崎書店　1954
◇大阪産業をになう人々　大阪府工業協会　1956
◇武藤山治伝　武藤糸治伝（日本財界人物伝全集）　筒井芳太郎著　東洋書館　1957　277p　図版　19cm
◇針の孔　続糸ぐるま随筆　武藤糸治著　四季社　1957.3　300p　19cm
◇財界の第一線1958年　人物展望社　1958
◇歴史をつくる人々　第5　武藤糸治　ダイヤモンド社編　ダイヤモンド社　1964　172p　図版　18cm
◇万事人間本位―鐘淵紡績社長武藤糸治　ダイヤモンド社編　ダイヤモンド社　1964.11　172p　17cm
◇現代財界家系譜　第1巻　現代名士家系譜刊行会　1968

武藤　山治（むとう　さんじ）

慶応3（1867）年3月1日～昭和9（1934）年3月10日

＊＊＊

鐘淵紡績社長, 衆議院議員　⑮尾張国海部郡鍋田村（愛知県）　旧姓（名）=佐久間　⑳慶応義塾卒
㉓美濃国（岐阜県）の豪農・佐久間国三郎の長男に生まれ、のち武藤家の養子となる。19歳で渡米、カリフォルニア州のパシフィック大で学ぶ。明治20年帰国し、ジャパンガゼット新聞社に勤務する傍ら、日本で最初の広告取次業をはじめ、「博聞雑誌」を刊行。26年中上川彦次郎の誘いで三井銀行入り。27年鐘淵紡績（のちの鐘紡、現・カネボウ）に移り、兵庫工場支配人、本社支配人、41年専務を経て、大正10年社長。鐘紡を大阪紡、三重紡、富士紡とならぶ4大紡の一つに成長させた。12年実業同志会を創立、会長となり、13年以降衆議院議員当選3回。昭和7年政界を引退、時事新報社長に。9年同紙の連載「番町会を暴く」で帝人事件火つけ役ともなるが、同年鎌倉で狙撃され死亡した。著書に「紡績大合同論」など多数。

【伝記・評伝】
◇財界之人百人論　矢野滄浪　時事評論社　1915
◇通俗政治経済問答　武藤山治　実業同志会　1925
◇続経済小言　武藤山治　改造社　1931
◇武藤山治百話　武藤山治　講談社　1933
◇思ふまゝ　武藤山治　ダイヤモンド社　1933
◇私の身の上話　武藤山治　武藤金太　1934
◇武藤山治身の上話　武藤金太　ダイヤモンド社　1934
◇財界物故傑物伝　実業之世界社　1936
◇日本実業家列伝　木村毅　実業之日本社　1953
◇続　財界回顧―故人今人（三笠文庫）　池田成彬著, 柳沢健編　三笠書房　1953　217p　16cm
◇産業史の人々　楫西光速著　東大出版会　1954

- ◇日本経済を育てた人々　高橋弥次郎　関西経済連合会　1955
- ◇近代日本経済史　日本経済史研究会　東洋経済新報社　1955
- ◇武藤山治　武藤糸治伝（日本財界人物伝全集）筒井芳太郎著　東洋書館　1957　277p　図版　19cm
- ◇思い出の財界人〔2版〕　下田将美　実業之日本社　1960
- ◇日本人物史大系　第7巻　近代　第3　井上清編　朝倉書店　1960　357p　22cm
- ◇武藤山治（一業一人伝）　有竹修二著　時事通信社　1962　216p　図版　18cm
- ◇武藤山治全集　1-8，増補　武藤山治　新樹社　1963-1966　9冊
- ◇現代日本思想大系　11　筑摩書房　1963
- ◇日本財界人物列伝　第1巻　青潮出版編　青潮出版　1963　1171p　図版　26cm
- ◇武藤山治（人物叢書）　入交好脩著　吉川弘文館　1964　275p　図版　18cm
- ◇財界人思想全集　第1，4，5　ダイヤモンド社　1969
- ◇財界人100年の顔—日本経済を築いた人びと　ダイヤモンド社　1971
- ◇関西財界外史　関西経済連合会　1976
- ◇近代社会の成立と展開　野村隆夫編　日本経済評論社　1986.10　258p　21cm
- ◇小島直記伝記文学全集〈第3巻〉　日本さらりーまん外史　小島直記著　中央公論社　1986.12　414p　19cm
- ◇武藤山治〔新装版〕（人物叢書）　入交好脩著　吉川弘文館　1987.2　275p　19cm
- ◇失言恐慌—ドキュメント・東京渡辺銀行の崩壊（TOMOGRAPHY BOOKS）　佐高信著　駸々堂出版　1987.6　250p　19cm
- ◇私の身の上話　武藤山治著　国民会館　1988.9　434p　図版40p　22cm
- ◇武藤山治・全人像　筑道行寛著　行研　1989.2　267p　19cm
- ◇スキな人キライな奴　小島直記著　新潮社　1991.4　244p　19cm
- ◇武藤山治の経営革新—現場主義的経営の形成（国民会館叢書　9）　桑原哲也著　国民会館　1994.5　46p　22cm
- ◇武藤山治の思想と実践（国民会館叢書　8）　植松忠博述　国民会館　1994.5　57p　22cm
- ◇実業家の文章—日本経済の基盤を築いた、十二人の偉大な実業家。　鈴木治雄著　ごま書房　1998.7　262p　19cm
- ◇私の身の上話—武藤山治（人物で読む日本経済史　第4巻）　武藤山治著　ゆまに書房　1998.9　347p　22cm
- ◇恐慌を生き抜いた男—評伝・武藤山治　沢野広史著　新潮社　1998.12　303p　21cm

村井　吉兵衛
（むらい　きちべえ）

文久4（1864）年1月22日～大正15（1926）年1月2日

＊＊＊

村井商店創業者　国京都

歴9歳で叔父の煙草商・村井吉兵衛の養子となり、家督を相続。外国煙草の製法を学び、明治23年日本初の両切り紙巻き煙草「サンライス」を製造発売し、村井兄弟商会を設立。翌年美人画のカードなどを入れて販売したところ、爆発的に売れ、一挙に洋式タバコが普及した。さらに「ヒーロー」「ヴァージン」などの新製品を出し、岩谷松平の岩谷商店「天狗煙草」と激しいシェア争いを展開、世間の注目を浴びた。37年煙草専売法実施を機に政府に売却し、東京に村井銀行を設立。鉱山、石油、製糖、製粉などの諸事業に関係し、京都財界でも活躍した。

【伝記・評伝】
- ◇当代の実業家—人物の解剖　実業之日本社　1903
- ◇人物評論—朝野の五大閥　鵜崎熊吉　東亜堂書房　1912
- ◇財界物故傑物伝　実業之世界社　1936
- ◇たばこ王村井吉兵衛—たばこ民営の実態　大渓元千代著　世界文庫　1964
- ◇NHK　歴史への招待〈第23巻〉江戸城総攻め（新コンパクト・シリーズ〈054〉）　日本放送協会編　日本放送出版協会　1989.8　227p　18cm
- ◇黄金伝説—「近代成金たちの夢の跡」探訪記　荒俣宏著，高橋昇写真　集英社　1990.4　253p　21cm
- ◇黄金伝説（集英社文庫—荒俣宏コレクション）　荒俣宏著　集英社　1994.4　331p　15cm
- ◇ライバル日本史〈3〉　NHK取材班編　角川書店　1995.2　216p　19cm

◇ライバル日本史〈1〉宿敵（角川文庫）　NHK取材班編　角川書店　1996.9　304p　15cm

村井　勉
むらい　つとむ
大正7(1918)年3月31日～

＊＊＊

JR西日本会長，アサヒビール社長・会長　生京都府　身福岡県北九州市小倉　学東京商科大学（現・一橋大学）〔昭和17年〕卒

歴昭和17年住友銀行に入り四条支店長、業務第二、業務第一の各部長、総務部長を経て、45年取締役、48年常務、55年専務、56年副頭取。この間、51～55年東洋工業副社長を務め、再建を行なう。57年朝日麦酒（アサヒビール）立て直しのため、社長に就任。61年3月会長、平成4年9月取締役相談役兼名誉会長、のち名誉顧問となる。この間、昭和62年4月西日本旅客鉄道会長に就任、平成4年6月取締役名誉会長。8年6月日本バレーボール協会会長に就任。　賞経済界大賞敢闘賞〔昭和58年〕、財界経営者賞〔昭和62年〕、企業広報功労者賞〔昭和63年〕、勲二等旭日重光章〔昭和63年〕

【伝記・評伝】
◇大才（ダイサイ）は縁を生かす―ヒューマニケーションの時代　竹内伶著　MG出版　1987.7　238p　19cm
◇私が選んだ経営者30人　決断と信念―その時、バックボーンはなんだったのか　海藤守著　日新報道　1987.8　205p　19cm
◇社長の筆相学―この筆相があなたを変える（致知選書）　森岡恒舟著　竹井出版　1987.12　235p　19cm
◇最高意思決定者　真鍋繁樹著　サンマーク出版　1988.12　228p　19cm
◇21世紀をめざす統率学―日本企業再構築のリーダーシップ　山田正喜子著　世界文化社　1989.3　270p　19cm
◇トップが明かす強者の「戦略構築」　梶原一明著　大陸書房　1989.12　246p　19cm
◇ザ・トップス―21世紀をリードする経営トップのエクセレント・ライフ〈PART1〉　大塚英樹著　日刊スポーツ出版社　1990.1　238p　19cm
◇トップに学ぶ経営と健康管理　松木康夫著　にっかん書房，日刊工業新聞社〔発売〕　1990.6　161p　19cm
◇強者の「戦略構築」〈PART　2〉　梶原一明著　大陸書房　1990.7　237p　19cm
◇逃げない経営者たち―日本のエクセレントリーダー30人　佐高信著　潮出版社　1990.11　249p　19cm
◇トップの肖像〈2〉　神戸新聞経済部編　（神戸）神戸新聞総合出版センター　1994.7　322p　19cm
◇村井勉の辞めるヤツは教育しない―わが体験的組織活性のノウハウ　村井勉談，大野誠治講成　中経出版　1996.4　253p　19cm
◇アサヒビールの奇跡―ここまで企業は変われる（講談社プラスアルファ文庫）　石山順也著　講談社　1999.8　353p　15cm
◇今に生きる―JR西日本名誉会長村井勉聞書　岩尾清治著　（福岡）西日本新聞社　2001.11　234p　19cm

村岡　嘉六
むらおか　かろく
明治17(1884)年6月16日～昭和51(1976)年8月4日

＊＊＊

大隈鉄工所社長・会長　生佐賀県

歴大隈麺機商会（のちの大隈鉄工所、現・オークマ）に入り、大正7年株式会社大隈鉄工所に改組の時取締役に就任。昭和20年大隈興業（株）と改称、21年社長となった。23年会長、のち相談役。また日経連常任理事、名古屋商工会議所副会頭、愛知県公安委員長などを務め、晩年中部生産性本部名誉会長。

【伝記・評伝】
◇村岡語録―村岡嘉六氏の遺されたもの　村岡嘉六著，中部産業連盟編　中部産業連盟　1979.3　144p　21cm

村瀬　直養
むらせ　なおかい
明治23(1890)年10月12日～昭和43(1968)年8月8日

＊＊＊

商工組合中央金庫理事長，法制局長官，貴族院議員（勅選）　生栃木県宇都宮　学東京帝国大学法科大学独法科〔大正3年〕卒

歴大正3年農商務省入省。法制局書記官、昭和8年商工省商務局長、11年特許局長官、商工次官を

歴任し、14年退官。15年第2次近衛文麿内閣法制局長官となり、第3次近衛内閣にも留任。16～21年勅選貴族院議員。20年再び鈴木貫太郎内閣の法制局長官となり、敗戦後の東久邇捻彦内閣でも留任。21年弁護士登録。22年公職追放、解除後の28～33年商工中金理事長を務めた。36年日本電子計算機社長。
【伝記・評伝】
◇村瀬さんの想い出　村瀬直養氏追悼録編纂委員会編　村瀬直養氏追悼録刊行会　1970　732p　図　肖像　22cm

村田　省蔵 (むらた　しょうぞう)
明治11（1878）年9月6日～昭和32（1957）年3月15日

＊＊＊

大阪商船社長，日本国際貿易振興協会会長，逓信相，鉄道相　囲 東京　学 東京高商（現・一橋大学）〔明治33年〕卒
歴 大阪商船に入社、大正6年には専務となり、昭和9年から14年まで社長を務めたあと貴族院議員に勅選される。この間、日中戦争が始まると、海運自治連盟を結成して理事長に就任。その後、第2次、第3次近衛内閣の逓信相や鉄道相を務め、戦争中はフィリピン派遣軍最高顧問、駐比大使を歴任する。戦後は戦犯容疑で拘置されたが、22年には釈放され、26年には追放も解除されたあと、「日比友の会」を組織して29年の日比賠償会議の全権委員を務め、また同年から日本国際貿易振興協会会長として日中国交回復にも尽力、31年の国慶節には北京で毛沢東らと会見している。
【伝記・評伝】
◇財界の顔　池田さぶろ　講談社　1952
◇秘書官の頃　斎藤明著　斎藤明　1955　141p　19cm
◇追想録村田省蔵　大阪商船編　大阪商船株式会社　1959　531p　図版10枚　22cm
◇思い出の財界人　〔2版〕　下田将美　実業之日本社　1960
◇日本財界人物列伝　第1巻　青潮出版編　青潮出版　1963　1171p　図版　26cm
◇比島日記―村田省蔵遺稿（明治百年史叢書）　村田省蔵著，福島慎太郎編　原書房　1969　723p　図版　22cm
◇財界人思想全集　第10　ダイヤモンド社　1971

◇日中かけ橋の一記録―村田省蔵先生の偉業　大阪商船三井船舶編　大阪商船三井船舶　1972.11　97p　21cm

村山　祐太郎 (むらやま　ゆうたろう)
明治38（1905）年9月10日～平成2（1990）年9月15日

＊＊＊

鈴木金属工業社長・会長，カナモジカイ理事
囲 山形県
歴 昭和13年鈴木金属工業を設立し、専務。22年社長、53年会長、60年名誉顧問相談役。東京・日本橋で自転車商をしていた昭和5年、銀座の額縁屋のウインドーでカナモジで書かれた説明をみて財団法人「カナモジカイ」に入会、カナモジ運動を続けている。著書に「ピアノ線ヲタズネテ」など。　賞 紺綬褒章〔昭和30年〕、藍綬褒章〔昭和51年〕、勲四等瑞宝章〔昭和62年〕
【伝記・評伝】
◇ピアノ線ヲタズネテ―ヨーロッパーアメリカ見聞記　村山祐太郎著　日本経済新聞社　1957.9　308p　図版　19cm
◇ピアノ線ヲタズネテ―フタタビアメリカ大陸エ　村山祐太郎著　日本経済新聞社　1962.1　166p　図版　19cm
◇ピアノ線の人―村山祐太郎の生き方　野村三三著　にっかん書房　1979.1　267,8p　19cm
◇ピアノ線の人―村山祐太郎伝　〔改訂第2版〕　野村三三著　にっかん書房　1980.7　270,8p　19cm
◇私の青少年時代―天童の小学生、中学生のみなさんへ贈る手紙　村山祐太郎著　村山祐太郎　1985.5　1冊　21cm
◇天真のふたり―熊谷守一と村山祐太郎の世界　熊谷守一書画集合本　田口栄一著　ゆりあ，星雲社〔発売〕　1990.7　114p　21cm

村山　龍平 (むらやま　りょうへい)
嘉永3（1850）年4月3日～昭和8（1933）年11月24日

＊＊＊

朝日新聞社社長（創業者），衆議院議員，貴族院議員（勅選）　囲 伊勢国田丸（三重県）　号＝香雪

歴 国学者の子に生まれ、大阪で西洋雑貨店を経営していたが、明治12年に大阪朝日新聞の創業に際して社主となり、14年からは上野理一との共同経営で社長に。21年には星亨の「めざまし新聞」を買収して「東京朝日新聞」を創刊、長谷川如是閑らを招いてその個性を発揮させ、政論紙からニュース本位の新聞に脱皮。また販売網の整備に努めた。31年東西朝日を経営上合併してから上野と交代で朝日新聞社長に就任。大正7年の米騒動関係の白虹筆禍事件で社長を一時退任したが、翌8年株式会社に改組、以後没年まで社長を務めた。明治24年から衆議院議員に当選3回、昭和5年には貴族院議員に勅選されている。

【伝記・評伝】
◇財界物故傑物伝　実業之世界社　1936
◇村山龍平伝　朝日新聞社　1953
◇日本経済を育てた人々　高橋弥次郎　関西経済連合会　1955
◇日本財界人物列伝　第1巻　青潮出版　1963
◇20世紀を動かした人々　15マスメディアの先駆者　講談社　1963

【も】

茂木　啓三郎
もぎ　けいざぶろう

明治32(1899)年8月5日〜平成5(1993)年8月16日

＊＊＊

キッコーマン社長・会長　生 千葉県旭市　旧姓(名)＝飯田勝次　学 東京商科大学本科(現・一橋大学)〔大正15年〕卒

歴 昭和4年先代茂木啓三郎の養子となり、10年襲名。17年野田醤油取締役、22年常務を経て、37年社長に就任。39年キッコーマン醤油、55年キッコーマンと改称。49年会長に退き、55年取締役相談役、57年相談役、60年退任。　賞 発明実施賞〔昭和34年,39年〕、藍綬褒章〔昭和41年〕、紺綬褒章〔昭和51,57年〕、勲三等旭日中綬章〔昭和45年〕、勲二等瑞宝章〔昭和50年〕、経済界大賞(寿賞,第9回)〔昭和58年〕、野田市名誉市民〔昭和59年〕、ミルウォーキースクールオブエンジニアリング名誉工学博士〔昭和59年〕、旭市名誉市民〔昭和62年〕

【伝記・評伝】
◇現代財界家系譜　第1巻　現代名士家系譜刊行会　1968
◇私の履歴書　第43集　日本経済新聞社　1971　285p　19cm
◇経営のこころ　第7集　日刊工業新聞社　1973
◇産業魂―茂木啓三郎の人と経営　対談:吉村昭　日本能率協会　1976　197p　19cm
◇私の履歴書　経済人　14　日本経済新聞社編　日本経済新聞社　1980.12　464p　22cm
◇社長の筆相学―この筆相があなたを変える(致知選書)　森岡恒舟著　竹井出版　1987.12　235p　19cm
◇繁栄の群像―戦後経済の奇跡をなしとげた経営者たち　板橋守邦著　有楽出版社,実業之日本社〔発売〕　1988.6　253p　19cm
◇『照千一隅』茂木啓三郎翁遺稿集　キッコーマン茂木啓三郎翁遺稿集編集委員会編　キッコーマン　1995.7　320p　図版8枚　22cm

茂木　惣兵衛
もぎ　そうべえ

明治26(1893)年3月24日〜昭和10(1935)年4月16日

＊＊＊

茂木銀行頭取,茂木合名会社社長　生 神奈川県横浜市　学 八高〔大正元年〕中退

歴 父・2代惣兵衛は二大生糸売込商の一人で、茂木銀行など生糸金融機関を設立。大正元年父の死で八高を中退して家督を相続し、茂木銀行頭取、茂木合名会社社長に就任する。第二銀行、第七十四銀行、横浜貯蓄銀行などの取締役、横浜船渠、横浜生糸、帝国撚糸織物などの監査役も務める。7年の米騒動では救済事業に献身した。9年恐慌で茂木家が破産する。12年渡米し、13年ヨーロッパ諸国を歩き、ロンドン大学日本人学生会を組織。また第12回から14回のILO総会に労働者側代表を補佐する。その後も日本海員組合代表代理として国際労働組合会議に出席する。昭和8年帰国し東京政治経済研究所所員となり、第5回太平洋会議に出席した。

【伝記・評伝】
◇歴史を創る人々　茂木惣兵衛の死　嘉治隆一著　大八洲出版　1948
◇横浜商人とその時代(有隣新書〈50〉)　横浜開港資料館編　(横浜)有隣堂　1994.7　228p　18cm

望月　軍四郎（もちづき　ぐんしろう）

明治12(1879)年8月15日～昭和15(1940)年2月1日

＊＊＊

日清生命社長　生 静岡県

歴 高小2年まで学び、15歳で村上太三郎の入丸商店に入り、株式界に入った。日糖事件で活躍、明治43年独立しサシ丸望月商店を開業。大正8年望月商事社長に就任し、11年株式界を引退。13年田口銀行を買収、頭取となったが、金融恐慌後撤退。昭和4年日清生命社長に就任、5年京浜電車会長。他に赤司初太郎と共同で東邦炭礦、台湾パルプ工業など多くの会社の要職をつとめた。教育関係に熱心で、慶応義塾ほかに多額の寄付を行った篤志家でもあり、日満文化学会、大宮工業商業学校を創立した。武者小路実篤「望月軍四郎」がある。

【伝記・評伝】

◇望月軍四郎　武者小路実篤　誠徳社　1942

◇日本財界人物列伝　第1巻　青潮出版編　青潮出版　1963　1171p　図版　26cm

本山　彦一（もとやま　ひこいち）

嘉永6(1853)年8月10日～昭和7(1932)年12月30日

＊＊＊

毎日新聞社社長　生 肥後国熊本城下東子飼（熊本県熊本市）　学 三叉学舎

歴 三叉学舎で洋学を学んだあと福沢諭吉に師事。25歳で書いた「條約改正論」が外字新聞にも転載されて認められた。兵庫県勧業課長、神戸師範学校長を経て、明治15年大阪新報に入社。時事新報で会計局長まで務めた後、大阪の藤田組支配人となったが、22年大阪毎日新聞の創刊で相談役として迎えられ、36年社長に就任。以後経営合理化の一方、不偏不党、読みやすさ、実益中心などの編集方針を立て、大衆紙としての毎日新聞を方向づける。その後44年には東京日日新聞を買収して東京進出を果たし、死去するまで30年近くも社長の座にあった。この間、昭和5年には勅選貴族院議員に選ばれている。

【伝記・評伝】

◇稿本　本山彦一翁伝　大阪毎日新聞社編　大阪毎日新聞社　1929

◇財界物故傑物伝　実業之世界社　1936

◇松陰・本山彦一翁　故本山社長伝記編纂委員会　大阪毎日新聞社　1937

◇日本経済を育てた人々　高橋弥次郎　関西経済連合会　1955

◇日本財界人物列伝　第1巻　青潮出版編　青潮出版　1963　1171p　図版　26cm

◇財界人思想全集　第7　ダイヤモンド社　1970

森　薫（もり　かおる）

明治37(1904)年4月24日～昭和61(1986)年9月18日

＊＊＊

阪急電鉄社長　生 大阪府吹田市　学 京都帝国大学工学部電気工学科〔昭和3年〕卒

歴 阪急に入社後、小林一三に見い出されて秘書となり、やがて経営全般に参画、昭和21年取締役、24年常務、26年専務、34年副社長を経て、44年社長。阪急コンツェルンの総帥、関西経済界の重鎮として知られ、阪急電鉄会長をはじめ、取締役や監査役に名を連ねている会社は20余社に及んだ。プロ野球「阪急ブレーブス」のオーナーもつとめた。　賞 藍綬褒章〔昭和42年〕, 勲一等瑞宝章〔昭和49年〕

【伝記・評伝】

◇友情の円陣―野球部キャプテンの日記（青春ライブラリー〈12〉）　森薫著　労働旬報社　1987.2　197p　19cm

◇森薫氏の追想　森薫氏追想録編纂委員会　1988.9　455p　22cm

森　恪（もり　かく）

明治15(1882)年12月28日～昭和7(1932)年12月11日

＊＊＊

満州採炭社長, 衆議院議員, 政友会幹事長, 内閣書記官長　生 大阪府　学 東京商工中〔明治34年〕卒

歴 中学を出て三井物産上海支店に見習生で入り、後に天津支店長となるが、その間、商権拡張に大陸を奔走、さらに上海印刷、満州採炭の社長兼務などを経て大正9年に三井物産を退社、政界に入る。以来政友会代議士として当選5回、近衛文麿らと憲法研究会を組織する一方、軍部と結んで政友会、ひいては政界右傾化のけん引車となった。

この間、昭和2年田中義一内閣の外務政務次官、4年政友会幹事長、6年犬養内閣の書記官長などを歴任。また晩年は国際連盟脱退論の中心に立ち、大東亜共栄圏構想の先駆者でもあった。

【伝記・評伝】
◇森恪―東亜新体制の先駆　山浦貫一　同伝記編纂会　1941
◇森恪　山浦貫一　高山書院　1943
◇近代日本人物政治史　日本近代史研究会　東洋経済新報社　1955
◇日本人物史大系　第7巻　近代　第3　井上清編　朝倉書店　1960　357p　22cm
◇洋上の点―森恪という存在　小島直記著　中央公論社　1978.4　413p　20cm
◇森恪（明治百年史叢書　294）　山浦貫一編　原書房　1982.11　1冊　22cm
◇洋上の点―情報戦略家森恪の半生（中公文庫）　小島直記著　中央公論社　1982.11　396p　16cm
◇列伝・日本近代史―伊達宗城から岸信介まで（朝日選書）　楠精一郎著　朝日新聞社　2000.5　307,17p　19cm

森　広蔵
もり　こうぞう

明治6（1873）年2月24日～昭和19（1944）年1月12日

＊＊＊

安田銀行副頭取　国鳥取県　号＝蕪園　学東京高等商業学校〔明治30年〕卒

歴奥田義人の玄関番をしながら高商を卒業、横浜正金銀行に入り、上海、ロンドン各支店副支配人、神戸支店支配人を経て、大正9年本店支配人、11年取締役、12年辞任。台湾銀行副頭取ののち、14年頭取となったが、金融恐慌により昭和2年辞任。4年高橋是清の勧めで安田に入り、安田保善社理事、安田銀行副頭取、15年安田保善社総務理事、安田ビル会長を務め安田財閥の大番頭となった。また日本銀行参与、東京銀行集会所会長、東京手形交換所理事長、日本経済聯盟会常務理事などを歴任。蕪園と号し俳句を趣味とした。

【伝記・評伝】
◇日本財界人物列伝　第2巻　青潮出版編　青潮出版　1964　1175p　図版13枚　27cm
◇昭和金融恐慌秘話（朝日文庫）　大阪朝日新聞経済部編　朝日新聞社　1999.3　237p　15cm

森　暁
もり　さとる

明治40（1907）年6月19日～昭和57（1982）年2月12日

＊＊＊

昭和電工社長，衆議院議員　国千葉県　学京都帝国大学文学部〔昭和9年〕卒

歴森コンツェルンの創業者・森矗昶の長男で、昭和電工などの社長や千葉工大理事長などを務めた。昭和21年から2期千葉県から衆議院議員に当選、自由党、民自党に所属。その後、29年日本冶金社長、33年昭和火薬社長、35年ナスステンレス社長、36年日本精線社長を歴任。　賞藍綬褒章〔昭和40年〕

【伝記・評伝】
◇財界の顔　池田さぶろ　講談社　1952
◇財界人の横顔　古田保　岩崎書店　1954
◇財界の第一線1958年　人物展望社　1958
◇現代財界家系譜　第1巻　現代名士家系譜刊行会　1968
◇道を拓く―森暁の人と事業　今野良一　今野良一　1983　246p　20cm
◇四海兄弟―森家の人びと　森矗昶、暁伝刊行会　1988.12　183p　27cm

森　泰吉郎
もり　たいきちろう

明治37（1904）年3月1日～平成5（1993）年1月30日

＊＊＊

森ビル社長（創業者）　国東京都港区南佐久間町（現・西新橋）　学東京商科大学本科（現・一橋大学）〔昭和3年〕卒

歴大倉高商などの講師を経て、昭和7～21年京都高等蚕糸専門学校教授。その後、横浜市立経済専門学校、横浜市立大学各教授を経て、29年商学部長。34年森ビルを創業し社長に就任。虎ノ門、新橋を中心に数多くのビルを持ち、"貸しビル王"の異名をとる。平成3年、4年米国経済誌「フォーブス」の世界長者番付で1位。著書に「日本蚕糸業発達史」「貿易商社の在外支店経営について」など。

【伝記・評伝】
◇「森ビル」不沈経営のすべて―不動産の雄に今こそ学ぶ　大学教授から不動産へ、世界一の大

富豪になった森泰吉郎の実像　小沼啓二著　中経出版　1992.9　219p　19cm
◇私の履歴書　森泰吉郎著　日本経済新聞社　1993.2　179p　20cm

森　矗昶
もり　のぶてる

明治17（1884）年10月21日～昭和16（1941）年3月1日

＊＊＊

森コンツェルン創始者，昭和電工社長，衆議院議員（政友会）　㊷千葉県勝浦市　㊻高津高小〔明治33年〕卒

㊺高等小学校卒業後、ヨード工場の見習い工となる。明治41年総房水産を設立し、ヨード生産を始める。大正11年森興業設立。15年日本沃度（ヨード）（のち日本電気工業と改称）を設立。さらに昭和3年昭和肥料、14年昭和電工などを設立し、20数社にまたがる森コンツェルンを形成。国産法による硫安の企業化、わが国初のアルミニウムの国産化の事業に成功した。この間、大正3年～昭和7年衆議院議員に当選4回。

【伝記・評伝】
◇日本実業家列伝　木村毅　実業之日本社　1953
◇白い石炭—森矗昶の人とその事業　木村毅著　四季社　1953　320p　図版　19cm
◇森矗昶伝（日本財界人物伝全集第18巻）　石川悌次郎　東洋書館　1954
◇近代日本人物経済史　日本経済史研究会　東洋経済新報社　1955
◇森矗昶所論集　昭和電工編　昭和電工　1959.10
◇日本財界人物列伝　第2巻　青潮出版編　青潮出版　1964　1175p　図版13枚　27cm
◇財界人100年の顔—日本経済を築いた人びと　ダイヤモンド社　1971
◇日本のリーダー　8　第二アートセンター編　ティビーエス・ブリタニカ　1983.3　291p　20cm
◇ビジュアル版・人間昭和史〈4〉　財界の指導者　講談社　1987.2　255p　21cm
◇四海兄弟—森家の人びと　森矗昶、暁伝刊行会　1988.12　183p　27cm
◇不滅の実業家森矗昶　昭和電工編　昭和電工　1989.10
◇代表的日本人—自己実現に成功した43人　竹内均著　同文書院　1990.1　403p　19cm

◇日本史の社会集団〈6〉　ブルジョワジーの群像　安藤良雄著　小学館　1990.3　509p　15cm
◇光芒の人—千葉県人物事典〈2　政治編〉　石井暉二著　ぎょうせい　1990.4　321p　21cm
◇日本を造った男たち—財界創始者列伝　竹内均著　同文書院　1993.11　254p　19cm
◇実業家の文章—日本経済の基盤を築いた、十二人の偉大な実業家。　鈴木治雄著　ごま書房　1998.7　262p　19cm
◇ケースブック　日本の企業家活動　宇田川勝編　有斐閣　1999.3　318p　21cm

森下　博
もりした　ひろし

明治2（1869）年11月3日～昭和18（1943）年3月20日

＊＊＊

森下仁丹社長（創業者）　㊷広島県福山市
㊺9歳から見習奉公に出され、13歳で家督（宮司）を相続、15歳で大阪に出て商業を見習い、明治26年薬種商森下南陽堂を開業。28年香袋「金鵄麝香」、次いで梅毒薬「毒滅」、内服美容剤「肉体美白丸」など製造発売。38年懐中薬「仁丹」を発売、大々的な広告宣伝により莫大な利益を上げた。昭和11年森下仁丹株式会社を設立、社長。この間大正3年宮内省御用、8年大阪府実業家功労者として宮中に召され、これを記念して天皇記念財団を設立、育英事業に尽した。　㊳緑綬褒章〔大正9年〕，紺綬褒章〔昭和6年〕，日本広告大賞（第2回）〔昭和13年〕

【伝記・評伝】
◇日本経済を育てた人々　高橋弥次郎　関西経済連合会　1955
◇日本財界人物列伝　第1巻　青潮出版編　青潮出版　1963　1171p　図版　26cm

盛田　昭夫
もりた　あきお

大正10（1921）年1月26日～平成11（1999）年10月3日

＊＊＊

ソニー社長・会長（創業者）　㊷愛知県常滑市
㊻大阪帝国大学理学部物理学科〔昭和19年〕卒
㊺生家は酒屋ながら、好きな物理があきらめ切れず、東京工業大学講師を経て、海軍航空技術廠光熱兵器部にいた頃知り合った井深大とともに、

昭和21年東京通信工業（現・ソニー）を設立、常務となる。34年副社長、46年社長に就任。51年会長。テープレコーダー、トランジスタラジオ、ヘッドホンステレオの代名詞となったウォークマンなど数多くのヒット商品を世に出し、ソニーを世界的企業に発展させた。平成5年5月外資企業支援会社、対日投資サポートサービス会長。世界のセールスマンといわれ、ニューヨーク証券取引所諮問委員会委員も務めた。昭和57年日本で初めて英国のアルバート勲章を受章。61年〜平成4年経団連副会長、5年日米経済協議会会長を務めた。同年11月脳内出血で倒れ、財界活動から退く。6年11月ソニー会長を退任、ファウンダー・名誉会長。一方、昭和41年には「学歴無用論」を出版。他に「メイド・イン・ジャパン」、石原慎太郎との共著「『NO』と言える日本」を出版し話題となった。

賞 国際マーケティング賞〔昭和44年〕、藍綬褒章〔昭和51年〕、アルバート勲章〔昭和57年〕、国際エミー賞（特別貢献賞）〔昭和57年〕、ウイリアムズ大学名誉博士号（米国）〔昭和57年〕、企業広報賞（経営者賞、第3回）〔昭和62年〕、西ドイツ功労十字章〔昭和62年〕、常滑市名誉市民〔昭和62年〕、有功勲章第一級ナイト・コマンダーズ・クロス章、経済界大賞（第14回、昭和63年度）、南十字星ブラジル国家勲章コメンタドール章〔平成元年〕、勲一等瑞宝章〔平成3年〕、IEEE栄誉賞〔平成3年〕、英国生産技術学会国際金メダル〔平成3年〕、大英勲章第二位〔平成4年〕、ベルギー・レオポルド勲章コマンドール章〔平成5年〕、IEEEファウンダーズ賞〔平成6年〕、ジャパン・ソサエティー賞〔平成7年〕、サン・ジョルディ十字勲章〔平成8年〕、レジオン・ド・ヌール勲章〔平成10年〕、毎日経済人賞（特別賞、第20回）〔平成12年〕、ペンシルベニア大学名誉法学博士号（米国）、イリノイ大学工学博士号（米国）

【伝記・評伝】
◇実業界の巨頭（ビジュアル版・人間昭和史〈5〉）　大来佐武郎, 扇谷正造, 草柳大蔵監修　講談社　1986.6　255p　21cm
◇盛田良子・経営者の「素顔」対談〈3〉　豊かな感受性こそリーダーの条件　盛田良子著　講談社　1986.7　278p　19cm
◇各界首脳と語る　愛知和男著　不昧堂出版　1986.11　341p　19cm
◇会社の勇気—イノベーションを求めて（講談社ビジネス）　ソニー広報室編　講談社　1986.11　318p　19cm
◇創業社長の"名語録"にみる商売感覚—一言、自らを鼓舞し事業を創る　青野豊作著　日新報道　1986.12　194p　19cm
◇MADE IN JAPAN—わが体験的国際戦略　盛田昭夫, 下村満子, エドウィン・M.ラインゴールド著, 下村満子訳　朝日新聞社　1987.1　366p　19cm
◇混迷日本の先を読む—サバイバル・ウォーズに向けて　田原総一朗著　プレジデント社　1987.6　278p　19cm
◇新・企業論—ソニーの変身にみる会社の生き残り戦略　梶原一明著　光文社　1987.6　213p　19cm
◇日本の教育に直言する—続・やさぐれ祭主の一刀両断　辻本源治郎著　21世紀書院　1987.8　246p　19cm
◇劇画メイド・イン・ジャパン　さいとう・たかを著, 盛田昭夫ほか原作　朝日新聞社　1987.9　266p　20cm
◇競争の原理（致知選書）　堺屋太一, 渡部昇一著　竹井出版　1987.10　219p　19cm
◇先見力で明日を読め（昭和の名語録）　堺屋太一ほか著　経済界　1987.11　266p　19cm
◇下村満子の気になる男たち　下村満子編　朝日新聞社　1987.12　235p　19cm
◇経営者人間学—リーダーはいかにして創られるか　野田正彰著　ダイヤモンド社　1988.1　262p　19cm
◇屈託なく生きる　城山三郎著　講談社　1988.1　323p　19cm
◇盛田昭夫の国際感覚を盗め—町工場から〈世界のソニー〉へ飛躍した秘密（カッパ・ブックス）　小林吉弥著　光文社　1988.6　195p　18cm
◇ソニー（企業コミック）　猿田美佐子作, 安田タツ夫画　世界文化社　1988.6　209p　21cm
◇英語とつきあう私の方法—あなたの英語を必ず上達させるヒント集（知的生きかた文庫）　西山千開き手　三笠書房　1988.6　264p　15cm
◇ソニーまでも金融機関をもってしまった！—銀行・証券を脅かす新盟主たち　千葉明著　かんき出版　1988.9　218p　19cm
◇世界を開くキイパースン—日本の要人12人との対話（EYE OPENER SERIES）　竹村健一著　太陽企画出版　1988.11　253p　19cm
◇スーパービッグの「人を動かす」極意—ケチな奴の説教は誰も聞かない（NESCO

BOOKS〈B-18〉）　小林吉弥著　ネスコ, 文芸春秋〔発売〕　1989.2　286p　18cm
◇トップが明かす強者の「戦略構築」　梶原一明著　大陸書房　1989.12　246p　19cm
◇代表的日本人―自己実現に成功した43人　竹内均著　同文書院　1990.1　403p　19cm
◇MADE IN JAPAN（メイド・イン・ジャパン）―わが体験的国際戦略（朝日文庫）　盛田昭夫, ラインゴールド, エドウィン著, 下村満子著・訳　朝日新聞社　1990.1　534p　15cm
◇父が息子に残せる言葉―政財界22人の「私を育てた父の一言」　石山順也著　日本文芸社　1990.1　236p　19cm
◇日本は悪くない―アメリカの日本叩きは「敗者の喧噪」だ　トッテン, ビル著, 高橋呉郎訳　ごま書房　1990.6　213p　19cm
◇未来型経営の発想法―次の時代を生きぬくためのマネジメント本音情報集　竹村健一未来経営研究会編　竹村健一未来経営研究会, 太陽企画出版〔発売〕　1990.10　261p　19cm
◇ソニー・驚異の独創力の秘密―盛田昭夫語録で解き明かす"ひとり勝ち"の理由（KOU BUSINESS）　国友隆一著　こう書房　1990.10　222p　19cm
◇ソニー盛田昭夫の経営哲学　宗重博之著　ぱる出版　1991.1　206p　19cm
◇盛田昭夫の自分をもっと大きく生かせ―自分の"夢"を実現する男の勉強術・仕事術!　竹村健一著　三笠書房　1991.3　246p　19cm
◇経営の神髄　第4巻　世界を制した帝王学　盛田昭夫　針木康雄著　講談社　1991.7　227p　19cm
◇この経営者の急所を語る―三鬼陽之助の財界人備忘録　三鬼陽之助　第一企画出版　1991.7　256p　19cm
◇屈託なく生きる（講談社文庫）　城山三郎著　講談社　1992.2　292p　15cm
◇自分の時間を持ちなさい―「生産人間」から「生活遊民」へ（REFRESH SERIES）　竹村健一著　太陽企画出版　1992.6　222p　19cm
◇私の心をつかんだ大物たち―一流人間生き方学　竹村健一著　太陽企画出版　1992.8　212p　19cm
◇ソニー会長盛田昭夫の自分をもっと大きく生かせ!（知的生きかた文庫）　竹村健一著　三笠書房　1993.2　260p　15cm

◇新　私の心をつかんだ大物たち―一流人間に学ぶ気配りのすすめ　山口比呂志, 竹村健一著　太陽企画出版　1993.9　205p　19cm
◇日本を造った男たち―財界創始者列伝　竹内均著　同文書院　1993.11　254p　19cm
◇経営者の人間探究―企業トップはいかにして創られたか　野田正彰著　プレジデント社　1994.5　268p　19cm
◇盛田昭夫語録―世界が舞台の永遠青年　ソニー・マガジンズ　1996.5　221p　19cm
◇ソニー―盛田昭夫（世界を変えた6人の企業家〈5〉）　マーシャル, デーヴィッド文, 常盤新平訳　岩崎書店　1997.4　63p　26cm
◇ソニー・勝利の法則―小説「井深大と盛田昭夫」（光文社文庫）　大下英治著　光文社　1998.11　367p　15cm
◇盛田昭夫語録（小学館文庫）　盛田昭夫研究会編　小学館　1999.3　253p　15cm
◇『「NO」と言える日本』への反論　古館真著　明窓出版　1999.4　219p　19cm
◇大事なことはすべて盛田昭夫が教えてくれた―ともに泣き, ともに笑った三十四年の回顧録　黒木靖夫著　ベストセラーズ　1999.12　238p　19cm
◇井深大・盛田昭夫　日本人への遺産―「井深・盛田最後の対談」から, 我々はなにを学ぶべきか　幼児開発協会編著　ロングセラーズ　2000.3　296p　18cm
◇決断の経営史―戦後日本の礎を築いた男たち　梶原一明著　経済界　2000.4　222p　19cm
◇盛田昭夫・佐治敬三　本当はどこが凄いのか!!―これまで未公開の新事実で迫る偉大な起業家の実像と遺訓　黒木靖夫, 野村正樹著　三推社, 講談社〔発売〕　2000.10　263p　19cm
◇つきあい好きが道を開く―元気の出る交友録（日経ビジネス人文庫）　樋口広太郎著　日本経済新聞社　2000.11　201p　15cm
◇アメリカが見つかりましたか―戦後篇　阿川尚之著　都市出版　2001.1　325p　19cm
◇コ・ファウンダーズ―井深大さんと盛田昭夫さん　若尾正昭著　総合法令出版　2001.2　239p　19cm
◇盛田昭夫（講談社学習コミック―アトムポケット人物館〈8〉）　氷室勲作, 中島健志画, 黒木靖夫監修　講談社　2001.2　159p　19cm
◇ソニーが挑んだ復讐戦―日本再建の軌跡　郡山史郎著　プラネット出版　2001.3　269p　19cm

もりなか　　　　　　　　　　　　　　　　　　　　　　　　日本の実業家

◇決断力―そのとき、昭和の経営者たちは〈上〉　日本工業新聞社編　日本工業新聞社,扶桑社〔発売〕　2001.3　493p　19cm
◇日本の企業家群像　佐々木聡編　丸善　2001.3　292p　19cm
◇ソニー自叙伝(ワック文庫)　ソニー広報部著,ワック編集部編　ワック　2001.7　557p　18cm
◇人生、オンリーワンがいちばん―デフレ時代をたくましく生き抜く法　竹村健一著　太陽企画出版　2001.7　205p　19cm
◇井深さんの夢を叶えてあげた―ついに明かされた『ソニー』モノづくりの秘訣　木原信敏著　経済界　2001.9　237p　19cm
◇日本のこころ〈風の巻〉―「私の好きな人」　長部日出雄,谷沢永一,杉本苑子,赤坂憲雄,桶谷秀昭ほか著　講談社　2001.10　291p　19cm
◇ソニーはどうして成功したか―井深、盛田の起業家精神　埒野堯著　ロングセラーズ　2001.11　249p　19cm
◇明日を創った企業家の言葉―先駆者の行動と発想に学ぶ　中江克己著　太陽企画出版　2001.12　246p　19cm
◇ソニー―ドリーム・キッズの伝説(文春文庫)　ネイスン,ジョン著,山崎淳訳　文芸春秋　2002.3　504p　15cm
◇盛田昭夫・竹下登・フルシチョフ―指導者達の素顔　清宮龍著　善本社　2002.3　275p　19cm

森永　太一郎 (もりなが　たいちろう)

慶応元(1865)年6月17日～昭和12(1937)年1月24日

＊＊＊

森永製菓社長(創業者)　囲肥前国西松浦郡伊万里町(佐賀県伊万里市)　幼名＝伊左衛門
歴陶器問屋の長男に生まれるが、家運が傾き奉公に出る。明治21年渡米し、ブルーニング工場で製菓技術を学び、またキリスト教信仰を得る。32年帰国後、東京・赤坂に日本最初の洋菓子店・森永西洋菓子製造所(44年森永製菓と改称)を設立。大正3年"森永ミルクキャラメル"ポケット用サック入りを発売し好評を博す。また積極的な広告を展開、"エンゼル・マーク"の森永の名は広く浸透した。"信仰第一"の創業精神を守り通し、昭和10年社長辞任後は全国の教会・学校などをまわり、講演活動に励んだ。　　賞紺綬褒章〔昭和4年〕

【伝記・評伝】
◇キャラメル王―森永太一郎伝　山本清月著　関谷書店　1937　297p　19cm
◇事業はこうして生れた　創業者を語る　実業之日本社編　実業之日本社　1954　264p　19cm
◇四人の財界人　河野重吉著　ダイヤモンド社　1956　182p　18cm
◇パイオニアの歩み　森永太一郎,松崎半三郎著　森永製菓　1958.4　202p　18cm
◇太一郎物語　森永太一郎という男　北川晃二著　オリオン社　1963　295p　図版　19cm
◇日本財界人物列伝　第1巻　青潮出版編　青潮出版　1963　1171p　図版　26cm
◇財界人思想全集　第10　ダイヤモンド社　1971
◇大人学・小人学(だいじんがく・しょうじんがく)―「大気力」で生きた男の器量と値打ち　邑井操著　大和出版　1990.6　245p　19cm
◇本物の魅力―自分を生かしきった男だけが「人生の醍醐味」を味わうことができる!　邑井操著　大和出版　1993.7　245p　19cm
◇菓子づくりに愛をこめて―お菓子の王さま・森永太一郎(PHP愛と希望のノンフィクション)　若山三郎作,木川秀雄絵　PHP研究所　1994.12　167p　21cm
◇菓商―小説森永太一郎(徳間文庫　わ-6-1)　若山三郎著　徳間書店　1997.2　286p　16cm
◇ケースブック　日本の企業家活動　宇田川勝編　有斐閣　1999.3　318p　21cm
◇20世紀日本の経済人〈2〉(日経ビジネス人文庫)　日本経済新聞社編　日本経済新聞社　2001.2　380p　15cm
◇知ってためになるキリスト教ものしり人物伝　高田文彦著　健友館　2001.4　135p　18cm

森永　貞一郎 (もりなが　ていいちろう)

明治43(1910)年9月9日～昭和61(1986)年5月30日

＊＊＊

日本銀行総裁,東京証券取引所理事長,大蔵事務次官　囲宮崎県小林市　学東京帝国大学法学部法律学科〔昭和7年〕卒
歴昭和7年大蔵省入省、主に理財畑を歩み、22年大臣官房長、28年主計局長、32年事務次官を経て、34年6月退官。その後、35年中小企業金融公庫総裁、37年日本輸出入銀行総裁、42年東京証券取引所理事長をつとめたのち、第1次石油ショッ

クで混乱した日本経済のかじ取り役として、49年12月第23代日本銀行総裁に就任。5年間の在任中、2度の石油ショックに対して11回に及ぶ公定歩合の変動で対応、安定成長の基礎を築いた。54年に退任後は、皇室参与、財政制度審議会会長などを歴任。　賞　財界賞〔昭和55年〕，勲一等旭日大綬章〔昭和55年〕，西ドイツ功労勲章大功労十字星付大綬章〔昭和55年〕

【伝記・評伝】
◇大蔵省証券局　栗林良光著　講談社　1988.5　376p　19cm
◇素顔の日銀総裁たち―カラムコラム　藤原作弥著　日本経済新聞社　1991.3　320p　19cm
◇金利を動かす男たち―日本経済と日銀総裁　塩田潮編著　かんき出版　1992.12　254p　19cm
◇貞ちゃんがくれたもの―追想・森永貞一郎　浜野立子，YTY企画・編集　YTY企画　1994.6　281p　20cm
◇宮崎の偉人　佐藤一一著　（宮崎）鉱脈社　1999.1　214p　21cm

森村　勇 (もりむら いさむ)

明治30(1897)年5月30日～昭和55(1980)年3月23日

＊＊＊

全日空社長，日本特殊陶業社長・会長　身　東京　学　高千穂高商卒
歴　高商卒業後米国ハーバード大学、英国に留学。大正11年帰国し、富士瓦斯紡績に勤務。のち森村銀行、森村商事、東京護謨工業などの役職を歴任。昭和30年日本特殊陶業会長より社長に就任。のち再び会長。同時に日本航空常務などを歴任、42～44年全日空の社長をつとめた。名古屋を中心とした森村コンツェルンの代表。

【伝記・評伝】
◇森村勇　共同通信社編　日本特殊陶業　1981.5　397p　22cm

森村　市左衛門 (6代) (もりむら いちざえもん)

天保10(1839)年10月28日～大正8(1919)年9月11日

＊＊＊

森村組創業者，日本陶器創業者，男爵　生　江戸・京橋白魚河岸　幼名＝市太郎
歴　生家は代々江戸・京橋白魚河岸に住む土佐藩の用達商。13歳で呉服商店員となるが、安政元年の江戸大火、翌年の安政大地震で2度家を失ない、夜店で煙草入れを商う。慶応年間幕府雇人のフランス人について武器の製造法を学び、戊辰戦争の際は板垣退助の命により土佐藩の兵器・食糧の用達を引き受ける。また横浜で生糸、羽二重などを外人商社と取引し、巨利を得た。明治9年弟の森村豊とともに貿易会社・森村組を設立、工芸・雑貨の対米貿易に従事。日露戦争後、取扱い商品を拡大し、本格的な商社へと成長させた。特に主力商品であった陶磁器の製造を直接手がけ、37年愛知県鷹羽村則武（現・名古屋市）に日本陶磁会社（のちのノリタケカンパニー）を設立。大正2年には白色硬質陶磁器のディナーセットを完成させ、"ノリタケチャイナ"のブランド名で世界に知れ渡った。その後、森村銀行頭取、日本銀行監事、甲武鉄道相談役などを歴任した。また、社会文化事業にも熱心で、34年に（財）森村豊明会を設立し、北里研究所、日本女子大学、森村学園、修養団など多くの団体に物心両面の貢献をした。大正4年男爵。

【伝記・評伝】
◇当代の実業家―人物の解剖　実業之日本社　1903
◇財界之人百人論　矢野滄浪　時事評論社　1915
◇独立自営　森村市左衛門著，井上泰岳編　実業之日本社　1915
◇森村翁言行録　若宮卯之助　ダイヤモンド社　1930
◇財界物故傑物伝　実業之世界社　1936
◇財界人思想全集　第8　財界人の人生観・成功観　小島直記編・解説　ダイヤモンド社　1969　454p　22cm
◇独立自営　森村市左衛門著，井上泰岳編　ダイヤモンド社　1978.1　452p　23cm
◇日本の企業家と社会文化事業―大正期のフィランソロピー　川添登，山岡義典編著　東洋経済新報社　1987.6　233,9p　21cm

- ◇人物に学ぶ明治の企業事始め　森友幸照著　つくばね舎, 地歴社〔発売〕　1995.8　210p　21cm
- ◇哲学を始める年齢　小島直記著　実業之日本社　1995.12　215p　21cm
- ◇森村市左衛門の無欲の生涯　砂川幸雄著　草思社　1998.4　278p　19cm
- ◇儲けんと思わば天に貸せ―森村市左衛門の経営哲学　森村市左衛門著, 森村豊明会編集・解説　社会思想社　1999.6　254p　20cm
- ◇日本経済の礎を創った男たちの言葉―21世紀に活かす企業の理念・戦略・戦術　森友幸照著　すばる舎　1999.11　229p　19cm
- ◇日本経営理念史〔新装復刻版〕　土屋喬雄著　(柏)麗沢大学出版会　2002.2　650p　23×16cm

森村　市左衛門(7代)　もりむら　いちざえもん

明治6(1873)年～昭和37(1962)年7月5日

＊＊＊

森村産業会長, 森村学園創始者, 日本ゴルフ協会初代会長　身 東京　幼名=開作　学 慶応義塾　歴 父の跡を継いで早くから実業界で活躍。森村産業会長を始め、富士電力会長、横浜正金銀行取締役、第一生命取締役、富士繊維工業取締役などを歴任。また日本人による初のゴルフクラブである東京ゴルフクラブ創設に参画、日本ゴルフ協会に会長職がおかれると初代会長に選ばれ、ゴルフ界の国際交流を推進した。森村学園の創始者でもある。

【伝記・評伝】
- ◇財界之人百人論　矢野滄浪　時事評論社　1915
- ◇日本の経営者精神　土屋喬雄　経済往来社　1959
- ◇産業フロンティア物語―陶磁器〈日本陶器〉　ダイヤモンド社　1966
- ◇土と炎　岡戸武平　日本交通文化協会　1968
- ◇財界人思想全集　第1　ダイヤモンド社　1969
- ◇財界人思想全集　第8　ダイヤモンド社　1969

諸井　貫一　もろい　かんいち

明治29(1896)年1月11日～昭和43(1968)年5月21日

＊＊＊

秩父セメント社長　生 埼玉県本庄市　学 東京帝国大学経済学科〔大正10年〕卒, 東京帝国大学大学院経済学研究科修了

歴 大正10年大学院を出て東京帝大の工学部と経済学部の講師となり、工業経済論を講義していたが、渋沢栄一から事業家となるよう強くすすめられ、14年父・諸井恒平が創業社長をしていた秩父セメントに入社。支配人、取締役、常務を経て、昭和23年社長になってから20年間在任し、秩父セメントを中堅ながら収益力の高い優良会社に育て上げた。この間、秩父鉄道、埼玉銀行の各会長を兼任。また、経営実践に裏づけられた大学の講義は昭和15年まで続行。酒もタバコもやらぬ温厚な人柄で、戦後は経済同友会、日経連、経団連の創設に参画し、日経連では代表常任理事を務めるなど、戦後の財界再建に貢献。一方、産業教育振興中央会長、文部省中央教育審議会委員などを歴任、教育振興にも尽力した。

【伝記・評伝】
- ◇日本政経人評伝　第1集　都新聞社　1950
- ◇財界の顔　池田さぶろ　講談社　1952
- ◇財界の第一線1958年　人物展望社　1958
- ◇私の履歴書　第12集　日本経済新聞社編　日本経済新聞社　1961　391p　19cm
- ◇財界回想録　下巻　日本工業倶楽部　1967
- ◇現代財界家系譜　第1巻　現代名士家系譜刊行会　1968
- ◇諸井貫一記念文集　土屋喬雄監修　秩父セメント　1969　2冊　22cm
- ◇諸井貫一追想文集　土屋喬雄著　秩父セメント　1969　555p　図版　22cm
- ◇財界人思想全集　第7　ダイヤモンド社　1970
- ◇財界―日本の人脈　読売新聞社　1972
- ◇私の履歴書　経済人　5　日本経済新聞社編　日本経済新聞社　1980.8　482p　22cm
- ◇人物セメント史話　第1集　セメント新聞社編　セメント新聞社　1981.9　276p　22cm

諸井 恒平（もろい つねへい）

文久2(1862)年5月26日～昭和16(1941)年2月14日

＊＊＊

秩父セメント社長（創業者）　生 武蔵国（埼玉県）
歴 家業の養蚕に従事、明治15年分家独立。20年上京、日本煉瓦製造会社を設立し、専務取締役。東京毛織、武相水電、北陸水電を経営、30年には秩父鉄道創設に参画。大正12年秩父セメントを設立、社長となり、大震災後セメント需要激増の好運に恵まれ、後発ながら大手5社に食い込んで発展した。

【伝記・評伝】
◇諸井会長と大友社長　諸井大友記念出版委員会編　諸井大友記念出版委員会　1950
◇日本財界人物列伝　第1巻　青潮出版編　青潮出版　1963　1171p　図版　26cm

【や】

八木 靖浩（やぎ やすひろ）

大正9(1920)年2月15日～平成7(1995)年2月15日

＊＊＊

川崎製鉄社長・会長　生 京都府船井郡八木町
学 東京帝国大学第一工学部冶金学科〔昭和18年〕卒
歴 昭和18年川崎重工業入社。25年分離した川崎製鉄に移り、46年取締役水島製鉄所副所長、49年常務・技術本部長・ツバロンプロジェクト協力本部長、52年専務、54年副社長を経て、57年社長に就任。平成2年会長、7年相談役。　賞 藍綬褒章〔昭和57年〕、ブラジル南十字星国家大勲章〔昭和60年〕、毎日工業技術賞〔昭和61年〕、カイール子爵賞（ブラジル）

【伝記・評伝】
◇ハイテク時代を勝ち抜く―技術系社長の読みと戦略　通商産業省技術審査委員会, 工業技術院技術調査課編　日刊工業新聞社　1987.8　266p　19cm
◇社長の挑戦―トップ28人のリーダーシップに学ぶ　小川益宏著　実業之日本社　1990.1　270p　19cm
◇追想八木靖浩　八木恭子（制作：(株)川鉄コミュニケーションズ）　1997　365p　22cm

八木 与三郎（やぎ よさぶろう）

元治2(1865)年1月7日～昭和10(1935)年12月23日

＊＊＊

八木商店社長　生 京都市上京区
歴 米穀商八木重助の三男。心学塾で漢籍を学び、大阪に出て叔父先代藤本清兵衛経営の玄米問屋に住み込み、10年後支配人となる。明治26年29歳の時、藤本家の後援で独立し、綿糸商八木商店を開業。国内だけでなく、清、韓国への輸出綿糸総額の過半は一時期同店が占めた。大正7年株式会社八木商店とする。また、同業扶助の目的をもって大阪綿糸商組合を設立、組合長を20余年つとめる。ほかに大阪商業会議所議員も数回つとめる。浪速紡績専務取締役、愛媛紡績、東成土地建物相談役なども兼任した。　賞 紺綬褒章〔大正9年〕

【伝記・評伝】
◇財界物故傑物伝　実業之世界社　1936
◇八木与三郎伝　八木幸吉著　便利堂　1951

安居 喜造（やすい きぞう）

明治32(1899)年12月2日～昭和58(1983)年9月30日

＊＊＊

東レ会長, 日本国有鉄道監査委員長　生 滋賀県
学 東京商科大学（現・一橋大学）〔大正15年〕卒
歴 大正15年三井銀行に入り、昭和26年取締役、29年常務、32年専務を経て、34年副社長。36年三井石油化学工業の社長に就任。39年東洋レーヨン（現・東レ）に転じて副社長、46年会長、53年相談役、55年退任。ほかに、経団連副会長、日経連常任理事なども務めた。また国鉄（現・JR）監査委員長を3期9年間をつとめ、国鉄再建のため尽力した。　賞 ユーゴスラビア綬付ユーゴ旗勲章〔昭和53年〕、勲一等瑞宝章〔昭和54年〕

【伝記・評伝】
◇安居喜造回想録　安居喜造回想録編集世話人会編　安居喜造回想録編集世話人会　1985.9　411p　22cm

安井　正義
やすい　まさよし

明治37(1904)年4月5日～平成2(1990)年8月23日

＊＊＊

ブラザー工業社長・会長　囲愛知県名古屋市　学名古屋市白鳥実業補習校卒
歴小学校を卒業すると同時に家業に従事。大正14年安井ミシン兄弟商会としてスタート。昭和9年日本ミシン製造を創立、37年ブラザー工業に社名変更。50年社長を退き会長、54年相談役となる。著書に「ミシン概要」など。　賞発明実施賞〔昭和29年〕、黄綬褒章〔昭和34年〕、藍綬褒章〔昭和44年〕、勲二等瑞宝章〔昭和50年〕

【伝記・評伝】
◇財界の第一線1958年　人物展望社　1958
◇築き上げた道程　和田宏著　中部経済新聞社　1963　285p　図版　19cm
◇無言の信念—ブラザー工業社長安井正義　ダイヤモンド社　1965　169p　18cm
◇歴史をつくる人々　第10　安井正義　ダイヤモンド社編　ダイヤモンド社　1965　169p　図版　18cm
◇現代財界家系譜　第2巻　現代名士家系譜刊行会　1969
◇私の履歴書　経済人　18　日本経済新聞社編　日本経済新聞社　1981.2　455p　22cm
◇巨富を築いた36人の男たち　鳥羽欽一郎著　実業之日本社　1989.11　206p　19cm

安川　敬一郎
やすかわ　けいいちろう

嘉永2(1849)年4月17日～昭和9(1934)年11月30日

＊＊＊

安川財閥創業者,明治鉱業創業者,男爵,貴族院議員　囲筑前国戸畑(福岡県北九州市)　旧姓(名)＝徳永　号＝撫松　学慶応義塾中退
歴元治元年黒田藩士の徳永家より安川家の養子となる。京都、静岡、東京へ留学後、明治7年帰郷、石炭販売業を営んでいるうちに新炭鉱の権利を得、22年赤池炭鉱を経営。26年若松築港会社社長。41年明治鉱業を設立し社長に就任。他方で39年大阪織物、42年明治紡績、大正4年安川電機製作所、6年九州製鋼、9年黒崎窯業と、安川財閥と呼ばれる諸会社を設立した。この間筑豊工業組合、若松石炭商組合の各組合長を歴任。同じ炭鉱業の貝島、麻生家とともに"筑豊御三家"と呼ばれた。また明治40年明治専門学校(現・九州工業大学)を創立し、教育事業にも力を尽した。大正9年男爵、13年貴族院議員となる。　賞勲三等瑞宝章

【伝記・評伝】
◇撫松余韻—安川撫松遺稿　安川撫松　松本健次郎　1935
◇財界物故傑物伝　実業之世界社　1936
◇日本財界人物列伝　第1巻　青潮出版編　青潮出版　1963　1171p　図版　26cm
◇日本経済の建設者—あの時この人　中村隆英　日本経済新聞社　1973

安川　第五郎
やすかわ　だいごろう

明治19(1886)年6月2日～昭和51(1976)年6月25日

＊＊＊

安川電機製作所社長(創業者),九州電力会長　囲福岡県北九州市　学東京帝国大学工科大学電気工学科〔明治45年〕卒
歴明治45年日立製作所入社。大正2年渡米してウェスチングハウス社で技術を学び、帰国。4年父・敬一郎の出資により兄・清三郎とともに安川電機製作所(現・安川電機)を創立。昭和11年清三郎の死去に伴い社長に就任。安川・松本系企業の中心人物となる。17年電気機械統制会会長に就任、政府・軍と業界との調整役を務める。戦後、公職追放、24年安川電機取締役会長に復帰するが、26年以後は財界人として活動し、日本銀行政策委員、31年日本原子力研究所初代理事長、32年日本原子力発電社長、35年九州電力会長、九州山口経済連合会会長などを歴任。また東京オリンピック組織委員会会長をつとめた。
賞緑綬褒章〔昭和15年〕、藍綬褒章〔昭和35年〕、勲二等旭日重光章〔昭和39年〕、勲一等旭日大綬章〔昭和45年〕

【伝記・評伝】
◇回顧六十年　安川第五郎述, 河野幸之助, 若林利代編　万朝報社出版部　1952　190p　図版　19cm
◇安川第五郎―第三の火　河野幸之助　日本時報社　1957
◇現代人物史伝　安川第五郎　河野幸之助著　日本時報社出版部　1957　237p　図版　19cm
◇私の履歴書　第8集　日本経済新聞社　1959
◇歴史をつくる人々　第7　安川第五郎　ダイヤモンド社編　ダイヤモンド社　1965　170p　図版　18cm
◇聖火は消えて　安川第五郎　ダイヤモンド社　1967
◇現代財界家系譜　第1巻　現代名士家系譜刊行会　1968
◇わが回想録　安川第五郎著　百泉書房　1970　253p　図版15枚　22cm
◇財界人思想全集　第10　ダイヤモンド社　1971
◇経営のこころ　第6集　日刊工業新聞社　1973
◇安川第五郎伝　安川第五郎伝刊行会編　安川第五郎伝刊行会　1977.6　2冊　21cm
◇私の履歴書　経済人　3　日本経済新聞社編　日本経済新聞社　1980.7　477p　22cm
◇統率力（リーダーシップ）が組織を燃やす（昭和の名語録）　山本七平ほか著　経済界　1987.11　284p　19cm
◇私の履歴書―昭和の経営者群像〈9〉　日本経済新聞社編　日本経済新聞社　1992.11　288p　19cm

安川　寛（やすかわ　ひろし）

明治36（1903）年1月12日～平成11（1999）年2月18日

＊＊＊

安川電機製作所社長・会長, 北九州商工会議所会頭　生 東京　学 東京帝国大学工学部機械工学科〔昭和2年〕卒, 東京帝国大学大学院〔昭和9年〕修了　工学博士
歴 東京大学講師、東大航空研究所嘱託を経て、昭和11年安川電機製作所取締役となり、19年社長、47年会長に就任。60年名誉会長。平成3年9月安川電機と社名を変更。また昭和46年～平成4年北九州商工会議所会頭（のち名誉会頭）、昭和62年12月福岡大学理事長、平成4年12月エフエム九州社長、日本電機工業会会長、経団連常任理事なども務めた。　賞 藍綬褒章〔昭和39年〕, 勲二等瑞宝章〔昭和48年〕

【伝記・評伝】
◇ふるさとへ帰る　安川寛　安川広報企画　1988.3　238p　22cm
◇道草人生　安川寛聞書, 島村史孝著　西日本新聞社　1989.1　234p　20cm

安川　雄之助（やすかわ　ゆうのすけ）

明治3（1870）年4月4日～昭和19（1944）年2月13日

＊＊＊

東洋レーヨン会長, 三井物産筆頭常務　生 京都府　学 大阪商業学校〔明治23年〕卒
歴 明治22年三井物産に入社。37年天津支店長、43年満州営業部長、大正元年大連支店長。3年本店営業部長となり、第1次大戦の好況時に腕を振るい"カミソリ安"といわれた。7年取締役、常務、13年筆頭常務、三井合名理事、東洋拓殖会社総裁などを歴任。一方東洋レーヨンの設立を指導、15年会長。昭和6年ドル買事件後、財閥批判の嵐の中、池田成彬による三井財閥の方向転換で9年物産を退陣、11年東レ会長辞任。その後企画院調査委員会委員、海外拓殖会委員などを務めた。

【伝記・評伝】
◇日本財界人物列伝　第2巻　青潮出版編　青潮出版　1964　1175p　図版13枚　27cm
◇財界人思想全集　第4　ダイヤモンド社　1969
◇企業経営の歴史的研究　中川敬一郎編　岩波書店　1990.11　432p　21cm
◇三井物産筆頭常務―安川雄之助の生涯　安川雄之助著　東洋経済新報社　1996.12　304p　20cm

安田　善次郎（やすだ　ぜんじろう）（初代）

天保9（1838）年10月9日～大正10（1921）年9月28日

＊＊＊

安田財閥創始者, 安田銀行創業者　生 越中国富山（富山県富山市）　幼名＝岩次郎
歴 20歳で江戸に出、丁稚奉公の末、元治元（1864）年両替商安田屋を日本橋人形町に開くのに成功。慶応2年安田商店と改称。維新直後、太政官札（不換紙幣）の取引などで大きな利益を手中にし、明

治13年には安田銀行(のちの富士銀行)を設立。15年新設の日本銀行理事に就任。日本銀行を背景に両銀行の経営を発展させた。ついで地方国立銀行の合併につとめ、全国的な系列銀行網を持つようになった。さらに26年帝国海上保険(のちの安田火災保険)を設立、27年には共済生命保険(のちの安田生命保険)を設立して保険業でも最大の先駆者となり、一代で安田財閥を築きあげた。晩年、日比谷公会堂、東大安田講堂をはじめ、公共事業に多くの寄付をしたが、大正10年大磯の別荘で国粋主義者朝日平吾に刺殺された。

【伝記・評伝】
◇帝国実業家立志編　梅原忠造　求光閣　1894
◇実業家偉人伝　活動野史　四書房　1901
◇富之礎　安田善次郎　昭文堂　1911
◇富の活動　安田善次郎述　大学館　1911.12　181p　22cm
◇人物評論―朝野の五大閥　鵜崎熊吉　東亜堂書房　1912
◇克己実話　安田善次郎著,立石駒吉編　二松堂書店　1912.3
◇現代富豪論　山路弥吉(愛山)　中央書院　1914
◇意志の力　安田善次郎著　実業之日本社　1916.4
◇安田善次郎伝　矢野文雄　安田保善社　1925　31,574,28p　23cm
◇銀行王安田善次郎　坂井又蔵著　喜文堂書房　1925.9
◇安田善次郎全伝　伝記編纂所編　伝記編纂所　1927.8
◇松翁茶会記　安田善次郎著　川崎清男　1927.9
◇財界物故傑物伝　実業之世界社　1936
◇初代安田善次郎伝―近世商傑伝　寺島柾史　帝国興信所　1938
◇近世商傑伝　初代安田善次郎伝　寺島柾史著　帝国興信所　1938.5
◇松翁清話　安田同人会編　安田同人会　1943.3
◇日本実業家列伝　木村毅　実業之日本社　1953
◇人間安田善次郎　織田誠夫著　経済展望社　1954　2版　318p　図版　19cm
◇近代日本人物経済史　日本経済史研究会　東洋経済新報社　1955
◇四人の財界人　河野重吉著　ダイヤモンド社　1956　182p　18cm
◇松翁安田善次郎伝　安田学園松翁研究会編　安田学園　1958　435p　図版　19cm
◇慈烏夜啼　川崎清男著　「慈烏夜啼」刊行会　1959.4
◇日本財界人物列伝　第1巻　青潮出版編　青潮出版　1963　1171p　図版　26cm
◇政商から財閥へ(グリーンベルト・シリーズ)　楫西光速著　筑摩書房　1964　234p　18cm
◇松翁安田善次郎　安田学園松翁研究会編　安田学園　1967　212p　図版　18cm
◇明治百年　文化功労者記念講演集　第1輯　福沢諭吉を語る〔ほか〕　高橋誠一郎　尾崎行雄記念財団　1968　324p　19cm
◇野性的人間の経済史―安田善次郎から松永安左衛門まで　城山三郎　番町書房　1969
◇財界人思想全集　第8　財界人の人生観・成功観　小島直記編・解説　ダイヤモンド社　1969　454p　22cm
◇財界人100年の顔―日本経済を築いた人びと　ダイヤモンド社　1971
◇安田保善社とその関連事業史　安田不動産　1974
◇人物・日本資本主義　3　大島清,加藤俊彦,大内力　東京大学出版会　1976
◇安田善次郎翁とわが社の歴史―脈々と生きつづける創業者の精神(専業職員研修課程テキスト)　安田生命保険教育部編　安田生命保険　1977.2
◇克己実話(明治経営名著集完全復刻版)　安田善次郎著　ダイヤモンド社　1978.1　239p　23cm
◇安田善次郎伝(中公文庫)　矢野竜渓著　中央公論社　1979.7　333p　15cm
◇松翁安田善次郎　安田学園松翁研究会編　安田学園　1982.4
◇安田善次郎物語―富山が生んだ偉人　安田生命保険相互会社編　安田生命保険相互会社　1982.11　129p　18cm
◇ある先駆者の軌跡　安田善次郎の鉄道事業　伊東東作著　鉄道資料調査会　1983.2　313p　22cm
◇金のすべてを知りつくした男―安田善次郎の成功哲学(PHPビジネスライブラリー)　青野豊作著　PHP研究所　1983.9　238p　18cm
◇智略の行程・炎の男たち・安田　旺文社編　旺文社　1985.4　246p　22cm
◇財界人の人間修養学　竹井博友編著　竹井出版　1986.7　301p　19cm

◇安田財閥(日本財閥経営史)　由井常彦編　日本経済新聞社　1986.8　481,15p　21cm
◇日本の企業家と社会文化事業―大正期のフィランソロピー　川添登, 山岡義典編著　東洋経済新報社　1987.6　233,9p　21cm
◇逆境を拓く―苦難をバネにした先達の生きざま　宮本惇夫著, 川鉄商事広報室　産業能率大学出版部　1987.6　228p　19cm
◇気で生きた人々〈上〉　河野十全著　真理生活研究所人間社, 青葉出版〔発売〕　1988.10　240p　19cm
◇巨富を築いた36人の男たち　鳥羽欽一郎著　実業之日本社　1989.11　206p　19cm
◇代表的日本人―自己実現に成功した43人　竹内均著　同文書院　1990.1　403p　19cm
◇日本史の社会集団〈6〉　ブルジョワジーの群像　安藤良雄著　小学館　1990.3　509p　15cm
◇財界人物我観(経済人叢書)　福沢桃介著　図書出版社　1990.3　177p　19cm
◇日本の近代化と経営理念　浅野俊光著　日本経済評論社　1991.11　306p　21cm
◇新・財界人列伝―光と影　厚田昌範著　読売新聞社　1992.1　254p　19cm
◇創業者を読む　2　富の活動　安田善次郎述　大和出版　1992.5
◇富の活動(創業者を読む〈2〉安田善次郎)　安田善次郎著　大和出版　1992.5　232p　19cm
◇企業立国・日本の創業者たち―大転換期のリーダーシップ　加来耕三著　日本実業出版社　1992.5　262p　19cm
◇会社のルーツおもしろ物語―あの企業の創業期はこうだった!(PHPビジネスライブラリー〈A-342〉)　邦光史郎著　PHP研究所　1992.8　285p　18cm
◇日本を造った男たち―財界創始者列伝　竹内均著　同文書院　1993.11　254p　19cm
◇剛腕の経営学(徳間文庫)　邦光史郎著　徳間書店　1993.11　310p　15cm
◇人物に学ぶ明治の企業事始め　森友幸照著　つくばね舎, 地歴社〔発売〕　1995.8　210p　21cm
◇安田善次郎伝(人物で読む日本経済史　第10巻)〔矢野文雄著〕　ゆまに書房　1998.12　574,28p　22cm
◇ケースブック　日本の企業家活動　宇田川勝編　有斐閣　1999.3　318p　21cm
◇人間の運命　小島直記著　致知出版社　1999.6　271p　19cm
◇日本経済の礎を創った男たちの言葉―21世紀に活かす企業の理念・戦略・戦術　森友幸照著　すばる舎　1999.11　229p　19cm
◇意志の力　〔新版〕　安田善次郎著　安田生命保険　2000.1
◇安田一金融財閥最後の総長―私を捨て公に生きた生涯　山本祐輔著　出版文化社　2000.4　262p　19cm
◇日本創業者列伝―企業立国を築いた男たち(人物文庫)　加来耕三著　学陽書房　2000.8　362p　15cm
◇20世紀　日本の経済人(日経ビジネス人文庫)　日本経済新聞社編　日本経済新聞社　2000.11　449p　15cm
◇人生の師―混迷する時代に「勇気」と「誇り」と「優しさ」をあたえてくれる先哲先人の教え　岬龍一郎著　勁文社　2001.7　238p　19cm
◇安田善次郎翁の人物・業績および思想(由井常彦講演録)　安田清交倶楽部編　安田清交倶楽部　2002.1　310p

やすだ　はじめ
安田　一
明治40(1907)年4月14日～平成3(1991)年3月26日

＊＊＊

安田保善社総長, 安田生命保険会長, 安田銀行頭取　生 東京　学 東京帝国大学文学部支那文学科〔昭和7年〕卒

歴 旧安田財閥の安田家3代当主。2代善次郎急逝のあとを受け、昭和11年、29歳で安田保善社総長に就任。以後安田銀行会長、安田生命会長など、安田グループの要職を歴任。20年財閥解体、21年に公職追放となるが、日本貯蓄銀行(のちの協和銀行)会長を経て、28年安田生命会長、安田火災海上相談役に復帰。経団連顧問もつとめた。
賞 藍綬褒章, ダンネブログ勲章(デンマーク), 勲二等瑞宝章〔昭和52年〕

【伝記・評伝】
◇頭角の現わし方―世に出た人間の研究(PHPビジネスライブラリー〈A-332〉)　藤田忠司著　PHP研究所　1992.3　222p　18cm
◇安田一金融財閥最後の総長―私を捨て公に生きた生涯　山本祐輔著　出版文化社　2000.4　262p　19cm

柳田　誠二郎
やなぎた　せいじろう
明治26(1893)年9月2日～平成5(1993)年11月18日

＊＊＊

日本航空初代社長, 日本銀行副総裁　　生栃木県足利市　俳号＝静爾楼　　学東京帝国大学法科大学〔大正6年〕卒

歴 大正6年日本銀行に入り、ロンドン代理店監査、神戸支店長、外国為替局長を経て、昭和17年理事。20年横浜正金銀行副頭取、同年日本銀行副総裁となる。21年公職追放で辞任。追放解除後、日本航空設立に伴い26年初代社長に就任。36年相談役。36～44年海外経済協力基金総裁。「静座」を60年以上も続けており、東京静座会を主宰。著書に「中央銀行金融政策論」「岡田式 静座のすすめ」など。　賞藍綬褒章〔昭和36年〕, 勲一等瑞宝章〔昭和41年〕

【伝記・評伝】
◇財界の顔　池田さぶろ　講談社　1952
◇財界人の横顔　古田保　岩崎書店　1954
◇私の履歴書　第20集　日本経済新聞社編　日本経済新聞社　1964　356p　19cm
◇現代財界家系譜　第2巻　現代名士家系譜刊行会　1969
◇岡田式静坐のすすめ　柳田誠二郎著　地湧社　1983.12　100p　20cm
◇岡田式静坐の道　柳田誠二郎著　地湧社　1984.3　110p　20cm

梁瀬　次郎
やなせ　じろう
大正5(1916)年6月28日～

＊＊＊

ヤナセ社長・会長, 日本ゼネラルモーターズ名誉会長, 米国国際自動車ディーラー協会（AIADA）名誉会長　　生東京都千代田区　　学慶応義塾大学経済学科〔昭和14年〕卒

歴 梁瀬自動車に入社、昭和16年取締役となり、20年社長。のち梁瀬と改称し、44年再びヤナセと改称。平成5年会長専任となる。昭和51年から日本自動車輸入組合理事長、日経連常任理事等を歴任。7年米国国際自動車ディーラー協会（AIADA）名誉会長。日本ゼネラルモーターズ名誉会長、ダイムラー・クライスラー日本名誉会長。14年日本自動車殿堂入り。著書に「自動車を斬る」「旅の匂い」「轍」などがある。　賞藍綬褒章〔昭和49年〕, 西ドイツ功労勲章一等功労十字章〔昭和49年〕, 交通文化賞（第33回）〔昭和61年〕, 勲二等瑞宝章〔昭和62年〕, 西ドイツ功労勲章大功賞十字賞〔昭和63年〕, 米国商務省表彰〔平成4年〕

【伝記・評伝】
◇私の七十年　梁瀬次郎著,（株）サンポスト編　ヤナセ創立七十周年記念行事委員会　1985.5　173p　23cm
◇私の履歴書―経済人〈23〉　日本経済新聞社編　日本経済新聞社　1987.2　426p　21cm
◇梁瀬次郎写真帖―我まま気まま見てきたまま　富士フォトサロン　1989.3　95p　22×30cm
◇あごひげ　図書出版社　1990.2　221p　20cm
◇じゃんけんぽん　梁瀬次郎著　図書出版社　1992.3　334p　21cm
◇私の履歴書―昭和の経営者群像〈8〉　日本経済新聞社編　日本経済新聞社　1992.11　298p　19cm
◇アメリカの匂い　梁瀬次郎著　時事通信社　1993.1　260p　19cm
◇旅の匂い―Travel and I　梁瀬次郎著　時事通信社　1993.2　205p　19cm
◇あそびの匂い―Work while you work, play while you play　梁瀬次郎著　時事通信社　1993.10　197p　19cm
◇ひとの匂い　梁瀬次郎著　時事通信社　1994.11　238p　19cm
◇心を創る七つの言葉　梁瀬次郎著　時事通信社　1998.5　206p　18cm
◇13人の危ない男たち―仕事・恋愛・熱き心を語る（小学館文庫）　岸本裕紀子著　小学館　1999.4　222p　15cm

梁瀬　長太郎
やなせ　ちょうたろう
明治12(1879)年12月15日～昭和31(1956)年6月11日

＊＊＊

梁瀬自動車社長（創業者）　　生群馬県　　学東京高商（現・一橋大学）〔明治37年〕卒

歴 明治37年大阪商船に入社。38年三井物産に転じ、さらに大正4年三井物産機械部の組織変更により米国ゼネラル・モーターズ（GM）の輸入販売権を譲り受け、梁瀬商会を設立。9年改組して梁瀬自動車（現・ヤナセ）、梁瀬商事各社長となり、大

正12年の関東大震災を契機に売上げを伸ばした。昭和5年両社合併、14年日本瓦斯自動車設立。15年には日本自動車修理加工工業組合連合会会長を務めた。
【伝記・評伝】
◇日本自動車史と梁瀬長太郎　梁瀬長太郎述, 山崎晃延編　「日本自動車史と梁瀬長太郎」刊行会　1950.5　293,164,5p　19cm
◇福寿草　梁瀬利子　図書出版　1987.9　321p　20cm

矢野　一郎 (やの いちろう)

明治32(1899)年2月7日～平成7(1995)年4月17日

＊＊＊

第一生命保険社長・会長　⑪東京　⑳東京帝国大学農業経済学科〔大正12年〕卒
⑰大正13年三菱銀行に入行。昭和7年第一生命保険に転じ、16年取締役、17年常務、22年社長、34年会長を歴任。45年取締役相談役、52年相談役。生命保険協会会長や日本放送協会経営委員長なども務めた。　⑳藍綬褒章〔昭和33年〕, ワサ勲章(スウェーデン)〔昭和43年〕, 勲二等旭日重光章〔昭和44年〕
【伝記・評伝】
◇財界の顔　池田さぶろ　講談社　1952
◇財界回想録　下巻　日本工業倶楽部　1967
◇現代財界家系譜　第1巻　現代名士家系譜刊行会　1968
◇放送史への証言―放送関係者の聞き取り調査から〈1〉　放送文化基金編　日本放送教育協会　1993.4　200p　19cm

矢野　恒太 (やの つねた)

慶応元(1866)年12月2日～昭和26(1951)年9月23日

＊＊＊

第一生命保険社長・会長(創業者)　⑪岡山県
号＝蒼梧　⑳第三高等中学校卒
⑰学校を出て日本生命の保険医となったが、保険事業に大きな関心を持ち、安田系の共済生命保険の営業担当支配役に。明治28年に渡欧、帰国後、同社支配人となる。33年、農商務省の初代保険課長となり、保険業法を起草した。翌年退官

し、35年に第一生命保険を設立、専務、大正13年社長に就任。昭和13年に会長となるまでは人材育成にも力を尽くし、その最大のスカウト人事が後の社長の石坂泰三。このほか戦前は田園都市・目蒲電鉄の社長も務め、戦時中は東北興業、台湾拓殖の設立委員として活躍した。保険界のみならず、統計、公衆衛生、社会教育など各方面に功績があった。
【伝記・評伝】
◇財界之人百人論　矢野滄浪　時事評論社　1915
◇矢野恒太と第一生命　森田無適　日本評論社　1938
◇日本実業家列伝　木村毅　実業之日本社　1953
◇人使い金使い名人伝〔正〕続　中村竹二著　実業之日本社　1953　2冊　19cm
◇近代日本人物経済史　日本経済史研究会　東洋経済新報社　1955
◇近世岡山県先覚者列伝　吉井親一　同刊行所　1956
◇矢野恒太伝　矢野恒太記念会編　矢野恒太記念会　1957　427,19p　図版　19cm
◇矢野恒太 (一業一人伝)　稲宮又吉著　時事通信社　1962　299p　図版　18cm
◇日本財界人物列伝　第1巻　青潮出版編　青潮出版　1963　1171p　図版　26cm
◇財界人思想全集　第1　ダイヤモンド社　1969
◇財界人100年の顔―日本経済を築いた人びと　ダイヤモンド社　1971
◇矢野恒太　小島直記　矢野恒太記念会　1973
◇矢野恒太伝〔第3版〕　矢野恒太記念会編　矢野恒太記念会　1981.9　461p　図版14枚　19cm
◇20世紀日本の経済人〈2〉(日経ビジネス人文庫)　日本経済新聞社編　日本経済新聞社　2001.2　380p　15cm

八尋　俊邦 (やひろ としくに)

大正4(1915)年2月1日～平成13(2001)年10月27日

＊＊＊

三井物産社長・会長　⑪東京　⑳福岡県久留米市　⑳東京商科大学(現・一橋大学)〔昭和15年〕卒
⑰学生時代は医者志望だったが、昭和15年旧三井物産に入社。ゴムの買い付けを担当し、16～21年ベトナム・サイゴン(現・ホーチミン)勤務。22年解体を経て、24年旧三井の流れを引く第一物産に入社。34年新生三井物産課長となり、46

年化学品総括部長、47年取締役、49年常務、51年専務、52年副社長、54年社長に就任。60年6月会長、平成2年相談役、12年顧問に退いた。この間、昭和51年から3年間イラン化学開発社長も兼ね、イラン・イラク戦争の影響で経営難に陥ったイラン・ジャパン石油化学（IJPC）事業の収拾策を推進。54年からの物産社長在任6年間もIJPCの再構築に取り組み、58年工事を再開したが、会長時代の平成元年同事業の中止を決め、清算した。昭和61年～平成4年経団連副会長、ソ連東欧貿易会（現・ロシア東欧貿易会）会長、日本ポーランド経済委員会委員長、世界平和研究所理事長を歴任。また大の野球好きで日本リトルリーグ野球協会会長を務めた。著書に「ネアカ経営論」や自伝「ネアカのびのび」がある。愛称"ヤッチャン"。

賞 デンマーク国勲一等騎士十字章〔昭和56年〕、ブルガリア国マダルスキー・コニック（マダラの騎士一等勲章）〔昭和60年〕、エンリケ航海王大十字章（ポルトガル）〔昭和61年〕、ポーランド人民共和国功労十字章〔昭和62年〕、勲一等瑞宝章〔昭和62年〕

【伝記・評伝】
◇日本の100人―リーダーたちの素顔　日本経済新聞社編　日本経済新聞社　1986.5　211p　21cm
◇私の座右の銘　松下幸之助監修　ロングセラーズ　1986.5　222p　19cm
◇財界人からの提言　どうする日本経済　長谷川周重著　アイペック　1986.6　275p　19cm
◇財界人の人間修養学　竹井博友編著　竹井出版　1986.7　301p　19cm
◇言葉は心の栄養剤―私を育てた人生の一言　ごま書房　1987.8　213p　19cm
◇夢を拓く　宮崎緑著　講談社　1987.10　239p　19cm
◇経営者人間学―リーダーはいかにして創られるか　野田正彰著　ダイヤモンド社　1988.1　262p　19cm
◇ビジネス戦記　朝日新聞ウィークエンド経済編集部編　角川書店　1988.6　350p　19cm
◇ネアカのびのび　八尋俊邦著　日本経済新聞社　1990.8　220p　21cm
◇経営者の器―あの人あの言葉　池田政次郎著　東洋経済新報社　1993.12　206p　19cm
◇つきあい好きが道を開く―元気の出る交友録（日経ビジネス人文庫）　樋口広太郎著　日本経済新聞社　2000.11　201p　15cm

山岡　孫吉
（やまおか　まごきち）

明治21（1888）年3月22日～昭和37（1962）年3月8日

＊＊＊

ヤンマーディーゼル社長（創業者）　出 滋賀県伊香郡南富永村（現・高月町）　学 高等小学校〔明治33年〕卒

歴 農家に生まれ、高小を出て明治45年大阪で吸入瓦斯発動機販売業を始め、大正6年山岡発動機工作所を設立。9年日本初の農業用石油エンジン（3馬力）の試作品を完成、"トンボ印"と名づけたが、商標侵害が問題となり、トンボの親玉のヤンマにちなみ"ヤンマー"の商標に変更。昭和7年ドイツでディーゼルエンジンを視察研究し、8年には世界初の小型ディーゼルエンジン（3馬力）を完成した。戦後は新設計の船舶用エンジンなどを開発し、27年に社名をヤンマー・ディーゼル株式会社（現・ヤンマー）と改称、亡くなるまで社長を務めた。32年にルドルフ・ディーゼルエンジン発明60年を記念して、ドイツのアウグスブルクにディーゼル記念石庭苑を寄贈している。

賞 ディーゼル金賞牌（ドイツ発明協会）〔昭和30年〕、ドイツ大十字功労勲章〔昭和32年〕

【伝記・評伝】
◇大阪産業をになう人々　大阪府工業協会　1956
◇山岡孫吉伝―三円六十銭から百億長者へ　山岡荘八著　大日本雄弁会講談社　1956　326p　図版　地図　20cm
◇財界の第一線1958年　人物展望社　1958
◇山岡孫吉社長を偲んで　ヤンマーディゼル編　ヤンマーディゼル　1960
◇私の履歴書　第11集　日本経済新聞社編　日本経済新聞社　1960　363p　19cm
◇私の履歴書　経済人　4　日本経済新聞社編　日本経済新聞社　1980.7　480p　22cm
◇エンジン一代―山岡孫吉伝　小島直記著　ダイヤモンド社　1980.8　202p　20cm
◇創業者列伝（小島直記伝記文学全集　第11巻）　小島直記著　中央公論社　1987.11　533p　19cm
◇小島直記伝記文学全集〈第11巻〉　創業者列伝　小島直記著　中央公論社　1987.11　533p　19cm
◇巨富を築いた36人の男たち　鳥羽欽一郎著　実業之日本社　1989.11　206p　19cm

◇現状を打破し思考を現実化せよ!(ナポレオン・ヒルの成功哲学〈日本編 2〉) 田中孝顕著 騎虎書房 1992.9 283p 19cm
◇ナポレオン・ヒルの成功哲学 日本編〈PART2〉(KIKO文庫) 田中孝顕著 騎虎書房 1997.3 270p 15cm
◇蘗・男の一生——一発屋人生物語 日高宗敏著 心泉社 2000.10 303p 19cm

山県 勝見 (やまがた かつみ)
明治35(1902)年2月28日~昭和51(1976)年10月29日

＊＊＊

辰馬海上火災社長, 辰馬汽船社長, 厚相, 参議院議員(自民党)　身 兵庫県西宮　旧姓(名)＝辰馬　学 東京帝国大学法学部〔大正14年〕卒　商学博士　歴 辰馬海上火災に入り、社長となる。次いで辰馬汽船(のちの新日本汽船、現・ナビックスライン)社長、昭和25年船主協会会長。同年兵庫県から第2回参議院議員選に当選、27年吉田茂内閣の国務相、第4、第5次吉田内閣の厚相となった。また山県文庫を創刊、国鉄理事、自民党総務相談役も務めた。　賞 勲一等瑞宝章
【伝記・評伝】
◇財界の第一線1958年　人物展望社　1958
◇風雪10年　山県勝見　海事文化研究所　1959
◇財界回想録　下巻　日本工業倶楽部　1967
◇現代財界家系譜　第1巻　現代名士家系譜刊行会　1968
◇山県勝見追想録　山県勝見追想録編集委員会編　山県勝見追想録編集委員会　1977.10　279p　図版16枚　22cm

山際 正道 (やまぎわ まさみち)
明治34(1901)年6月12日~昭和50(1975)年3月16日

＊＊＊

日本銀行総裁, 大蔵事務次官　生 東京　学 東京帝国大学経済学部〔大正14年〕卒
歴 大正14年大蔵省に入り、銀行局特別銀行課長、大臣官房秘書、文書各課長、銀行局長を経て昭和20年4月鈴木貫太郎内閣の大蔵事務次官となったが、21年公職追放で退官。解除後の25年日本輸出銀行(のちの日本輸出入銀行)専務理事、29年総裁となり31年第20代日本銀行総裁に任命された。池田勇人首相の高度成長時代で、低金利政策の一方、通貨価値の維持に努めるなど多くの業績を残した。39年退任し40年金融制度調査会会長を務めた。
【伝記・評伝】
◇財界人の横顔　古田保　岩崎書店　1954
◇財界回想録　下巻　日本工業倶楽部　1967
◇山際正道　山際正道伝記刊行会　1979.2　752p　22cm

山口 喜三郎 (やまぐち きさぶろう)
明治7(1874)年1月30日~昭和22(1947)年8月16日

＊＊＊

東京芝浦電気初代社長・会長　生 東京府芝(現・東京都港区)　学 進修学舎〔明治23年〕卒, ジョンズ・ホプキンズ大学〔明治35年〕卒
歴 明治23年伊勢の進修学舎(海軍機関学校の予備校)を卒業して古河鉱業本所熔銅所に入り、32年米国留学、帰国後本所熔銅所長。39年日光精銅所長、大正7年古河鉱業常務、9年古河電工を設立、同専務を兼ねた。不況下の積極経営を批判され東京電気に転じ、10年同副社長、昭和2年社長。"マツダランプ"を製造・販売し、"電球王"の異名をとる。12年芝浦製作所会長となり、14年同社を東京電気と合併させ東京芝浦電気(現・東芝)を設立、社長に就任。18年会長、21年辞任した。20年には精密機械統制会会長、軍需省顧問を務めた。
【伝記・評伝】
◇山口喜三郎伝　山口喜三郎伝編纂委員会編　東京芝浦電気株式会社　1950　240p　図版19枚　22cm
◇日本財界人物列伝　第1巻　青潮出版編　青潮出版　1963　1171p　図版　26cm

山崎 種二 (やまざき たねじ)
明治26(1893)年12月8日~昭和58(1983)年8月10日

＊＊＊

山種証券会長　生 群馬県
歴 高小を出て上京、米問屋の小僧からたたき上げて米問屋を開業後、昭和7年に現山種証券前身の永代土地建物を設立したが、独得の鋭い相場

観から"相場の神様""兜町最後の相場師"と呼ばれ、城山三郎の小説「百戦百勝」のモデルにもなった。また積極経営で山種証券を大手の一つに育て上げた。一方、美術品の収集家としても知られ、東京の本社ビル内の山種美術館は日本画コレクションで有名。　賞 紺綬褒章〔昭和7年〕，藍綬褒章〔昭和34年〕，勲三等瑞宝章〔昭和40年〕，勲二等瑞宝章〔昭和49年〕

【伝記・評伝】
◇財界の顔　池田さぶろ　講談社　1952
◇腕一本すね一本　五島慶太・永田雅一・山崎種二・松下幸之助　飛車金八著　鶴書房　1956　261p　19cm
◇現代財界家系譜　第1巻　現代名士家系譜刊行会　1968
◇そろばん　山崎種二著　日本経済新聞社　1972　230p　19cm
◇相場師列伝―株界で生命を燃やす男8人の物語　東洋経済編　東洋経済新報社　1976　308p　19cm
◇そろばん　山崎種二著　日本経済新聞社　1977.7　232p　19cm
◇私の履歴書　経済人　1　日本経済新聞社編　日本経済新聞社　1980.6　477p　22cm
◇相場の偉人・山崎種二伝　筆内幸子著　善本社　1985.8　293p　19cm
◇私の財界昭和史（私の昭和史シリーズ）　三鬼陽之助著　東洋経済新報社　1987.2　272p　19cm
◇闘う男たち―戦後対決史（講談社文庫）　三好徹著　講談社　1987.10　300p　15cm
◇先見力で明日を読め（昭和の名語録）　堺屋太一ほか著　経済界　1987.11　266p　19cm
◇山崎種二―その生涯と事業　尾崎芳雄著　山種グループ記念出版会　1989.7　382p　21cm
◇巨富を築いた36人の男たち　鳥羽欽一郎著　実業之日本社　1989.11　206p　19cm
◇先輩経営者の闘魂訓―覇者に興亡ありて　三鬼陽之助著　広済堂出版　1990.9　303p　19cm
◇「男の生き方」40選〈上〉　城山三郎編　文芸春秋　1991.4　357p　19cm
◇新・財界人列伝―光と影　厚田昌範著　読売新聞社　1992.1　254p　19cm
◇私の履歴書―昭和の経営者群像〈9〉　日本経済新聞社編　日本経済新聞社　1992.11　288p　19cm

◇今昔お金恋しぐれ―文学にみるカネと相場99話　鍋島高明著　市場経済研究所，河出書房新社〔発売〕　2000.5　280p　19cm

山崎　貞一　やまざき　ていいち

明治42（1909）年8月5日～平成10（1998）年11月20日

＊＊＊

TDK社長・会長　生 静岡県　学 東京工業大学電気化学科〔昭和10年〕卒
歴 東京工業大学助手を経て、昭和12年東京電気化学工業（現・TDK）に入社。蒲田工場長、15年常務、22年社長、44年会長を歴任。58年相談役。
賞 電気化学協会賞〔昭和31年〕「フェライト磁心の工業化に対する功績」，紺綬褒章〔昭和35年〕，藍綬褒章〔昭和36年〕，勲二等瑞宝章〔昭和54年〕，秋田県名誉県民〔平成元年〕

【伝記・評伝】
◇仰秀80年―山崎貞一人とその足跡　秋田魁新報社編　秋田魁新報社　1989.8　359p　27cm

山崎　峯次郎　やまざき　みねじろう

明治36（1903）年6月11日～昭和49（1974）年11月4日

＊＊＊

エスビー食品社長・会長（創業者）　生 埼玉県　旧姓（名）＝渋谷　学 金杉村高小〔大正4年〕卒
歴 小学校卒後農業に従事、大正9年上京、ソース屋の店員となった。12年カレー粉製造の研究にかかり、15年東京・浅草に日賀志屋を創業した。昭和5年製造品に「S&B」マークを付け、10年合名会社、15年株式会社に改組、取締役社長となった。一方14年関東カレー工業組合理事長を務め業界を代表。戦後24年エスビー食品と改称して社長、49年会長に就任。またエスビーガーリック工業、エスビースパイス工業各社長も務めた。

【伝記・評伝】
◇財界の第一線1958年　人物展望社　1958
◇現代財界家系譜　第2巻　現代名士家系譜刊行会　1969
◇食を創造した男たち―日本人の食生活を変えた五つの食品と五人の創業者　島野盛郎著　ダイヤモンド社　1995.10　210p　19cm

山下 勇
やました いさむ
明治44(1911)年2月15日～平成6(1994)年5月6日

＊＊＊

三井造船社長・会長, JR東日本会長　囲東京市本郷区湯島天神町　学東京帝国大学工学部機械工学科〔昭和8年〕卒

歴昭和8年三井物産造船部に入社。12年分離独立した玉野造船所(現・三井造船)に。23年造機部長、30年取締役、37年常務、41年専務、43年副社長を経て、45年社長。社長時代に経営多角化を進め同社を総合的な重工・エンジニアリング企業に脱皮させるのに貢献した。54年6月から会長、60年春相談役に退く。会長就任後は財界活動に力を入れ、55年5月から経団連副会長。また60年7月電気通信審議会会長、60年10月には、日本人としては初めて、ISO(国際標準化機構)の次期会長に選出された。62年4月JR東日本会長、平成2年日ソ経済委員会(現・日本ロシア経済委員会)委員長に就任。5年6月JR東日本最高顧問となる。日本規格協会会長、貿易研修センター理事長などを兼任。　賞海事功労者運輸大臣表彰〔昭和37年〕、デンマーク・ダンネブログ勲章〔昭和42年〕、藍綬褒章〔昭和46年〕、交通文化賞〔昭和51年〕、デンマーク・コマンダーロイヤルホーダー勲章〔昭和51年〕、勲一等瑞宝章〔昭和58年〕、スウェーデン・コマンダー勲章〔昭和63年〕、前島賞(第34回)〔平成元年〕、経営科学化有功章(平成4年度)

【伝記・評伝】
◇ハイテク時代を勝ち抜く─技術系社長の読みと戦略　通商産業省技術審査委員会, 工業技術院技術調査課編　日刊工業新聞社　1987.8　266p　19cm
◇こうして円高に勝った　田原総一朗著　中央公論社　1988.5　227p　19cm
◇山下勇の技術と生涯　三井造船　1995.5　215p　20cm

山下 亀三郎
やました かめさぶろう
慶応3(1867)年4月9日～昭和19(1944)年12月13日

＊＊＊

山下汽船創業者　囲愛媛県宇和島喜佐方　学明治法律学校(現・明治大学)中退

歴明治17年に上京後、学生時代の放蕩生活の中で岩崎弥太郎らの豪遊ぶりを知り、実業界入りを志して退学、横浜で船会社向けの石炭販売業を始める。36年には喜佐丸を買って海運業に乗り出し、海軍の仕事を引き受けて折からの日露戦争による軍需景気で大もうけする。その後、何回か破産したが、海軍のバックアップで東南アジアを中心に不定期船を運航し、大正6年山下汽船(現・ナビックスライン)を設立、不定期船王と呼ばれる船成金となった。著書に「沈みつ浮きつ」がある。

【伝記・評伝】
◇沈みつ浮きつ　山下亀三郎著　四季社　1951　336p　図版　19cm
◇続　財界回顧─故人今人(三笠文庫)　池田成彬著, 柳沢健編　三笠書房　1953　217p　16cm
◇人使い金使い名人伝〔正〕続　中村竹二著　実業之日本社　1953　2冊　19cm
◇日本財界人物列伝　第1巻　青潮出版編　青潮出版　1963　1171p　図版　26cm
◇愛媛の先覚者　第5　愛媛県教育委員会　1966　221p　図版　21cm
◇財界人物我観(経済人叢書)　福沢桃介著　図書出版社　1990.3　177p　19cm
◇日本資本主義の群像(現代教養文庫─内橋克人クロニクル・ノンフィクション〈3〉)　内橋克人著　社会思想社　1993.2　209p　15cm
◇山下亀三郎─「沈みつ浮きつ」の生涯　鎌倉啓三著　近代文芸社　1996.3　122p　19cm

山下 静一
やました せいいち
明治42(1909)年1月2日～平成13(2001)年3月25日

＊＊＊

経済同友会副代表幹事・専務理事, 21世紀文化学術財団常務理事, 日本野鳥の会名誉会長　囲北海道札幌市

歴昭和9年中外商業新報(現・日経新聞)に入社、記者を経て、カナダや朝鮮に渡る。20年東久邇内閣発足とともに法制局長官秘書。21年経済同友会の創設に参画、以来、事務局次長、専務理事、副代表幹事を歴任し、同会の番頭役を務める。60年同会副代表幹事・専務理事を退任し、終身幹事となる。61年～平成2年倒産した三光汽船の管財人を務めた。日本経済新聞社社友。著書に「戦後経営者の群像」。

山下 太郎
明治22(1889)年4月24日～昭和42(1967)年6月9日

＊＊＊

アラビア石油創業者　囲東京　身秋田県平鹿郡大森町　学東北帝国大学農科大学（現・北海道大学農学部）〔明治42年〕卒

歴バター、穀物の仲買人、貿易商などを手がけ、満鉄社宅の大量建設を受注。巨額の資産を築き、"満州太郎"の盛名をはせる。戦後、昭和31年日本輸出入石油を設立。33年にはアラビア石油を創立し、クウェート油田の開発に成功。"アラビア太郎"といわれ、日本における海外での自主開発原油第1号という不滅の足跡を残す。

【伝記・評伝】
◇私の歩んだ道　9　産業研究所　1963
◇風雪児・アラビア太郎　髙多清在著　宮川書房　1967　229p　19cm
◇あらびあ　NO86　故山下社長追悼特別号　アラビア石油　1967.6　80p　27cm
◇アラビア太郎　杉森久英著　文芸春秋　1970.12　289p　20cm
◇財界人思想全集　第10　ダイヤモンド社　1971
◇女役座一代―戦後人物誌―北村サヨ伝　三好徹著　読売新聞社　1975　358p　19cm
◇実業界の巨頭（ビジュアル版・人間昭和史〈5〉）　大来佐武郎, 扇谷正造, 草柳大蔵監修　講談社　1986.6　255p　21cm
◇戦後人物誌（文春文庫）　三好徹著　文芸春秋　1986.8　341p　15cm
◇私の財界昭和史（私の昭和史シリーズ）　三鬼陽之助著　東洋経済新報社　1987.2　272p　19cm
◇繁栄の群像―戦後経済の奇跡をなしとげた経営者たち　板橋守邦著　有楽出版社, 実業之日本社〔発売〕　1988.6　253p　19cm
◇経営者の器―あの人あの言葉　池田政次郎著　東洋経済新報社　1993.12　206p　19cm

【伝記・評伝】
◇戦後経営者の群像―私の「経済同友会」史　山下静一著　日本経済新聞社　1992.2　240p　19cm

山下 俊彦
大正8(1919)年7月18日～

＊＊＊

松下電器産業社長　囲大阪府大阪市　学泉尾工窯業科〔昭和12年〕卒

歴昭和13年松下電器産業に入社。23年一時退職、29年再入社。松下電子工業を経て37年ウエスト電気に出向し、常務。40年復帰、冷機事業部長（現・エアコン事業部長）を経て、46年理事。49年取締役となり、52年22人を飛び越して社長に就任。61年2月取締役相談役、平成7年相談役に退き、11年特別顧問。松下国際財団、松下幸之助花の万博記念財団各理事長なども務める。著書に「ぼくでも社長が務まった」がある。　賞経営者賞〔昭和57年〕, 藍綬褒章〔昭和57年〕, パシフィック大学名誉博士〔昭和62年〕, 勲一等瑞宝章〔平成2年〕, オレンジ・ナッソー勲章（オランダ）〔平成7年〕

【伝記・評伝】
◇松下のクールな牽引車　山下俊彦のすべて　飯塚昭男　プレジデント　1981.1～5
◇山下俊彦の挑戦―ニュー松下への一四六〇日　飯塚昭男著　プレジデント社　1981.8　221p　20cm
◇活力の構造〈戦略篇〉　柳田邦男著　講談社　1986.11　362p　19cm
◇ぼくでも社長が務まった　山下俊彦著　東洋経済新報社　1987.6　240p　19cm
◇指導力の構造―経営トップ7人の知恵　山田光行著　日本生産性本部　1987.6　216p　19cm
◇ドキュメント　松下電器"企業革命"（講談社文庫）　塩沢茂著　講談社　1988.3　228p　15cm
◇ぼくの取材手帖とっておきの話　上之郷利昭著　潮出版社　1988.7　222p　19cm
◇復讐する神話―松下幸之助の昭和史　立石泰則著　文芸春秋　1988.12　374p　19cm
◇人間づき合い、こんなに差がつく貸しの作り方借りの返し方―たとえば、江副の誤算は何を教えるか（ベストセラーシリーズ・ワニの本〈698〉）　永川幸樹著　ベストセラーズ　1989.6　246p　18cm
◇「男の生き方」40選〈下〉　城山三郎編　文芸春秋　1991.4　363p　19cm
◇復讐する神話―松下幸之助の昭和史（文春文庫）　立石泰則著　文芸春秋　1992.3　406p　15cm

◇山下俊彦が語る人が育ついい話　山下俊彦談, 高多清在構成　中経出版　1992.8　222p　19cm
◇松下における失敗の研究　河野溥著　エール出版社　1992.8　185p　19cm
◇立命の研究―天命を知った男たち（致知選書）　神渡良平著　致知出版社　1992.12　301p　19cm

山田　晃（やまだ　あきら）

明治17(1884)年11月12日～昭和48(1973)年2月12日

＊＊＊

ダイキン工業創業者　田 山口県厚狭郡船木村松田晃　学 小倉工業学校機械科〔明治40年〕卒　歴 大正8年神戸製鋼所を経て、11年東洋鑢伸銅に入社。13年独立して大阪金属工業所（現・ダイキン）を設立した。

【伝記・評伝】
◇大阪産業をになう人々　大阪府工業協会　1956
◇回顧七十年　山田晃著　ダイキン工業　1963.9　473p　図版15枚　19cm
◇現代財界家系譜　第1巻　現代名士家系譜刊行会　1968
◇山田晃伝　山田晃伝記編集委員会編　ダイキン工業　1975.2　306p　22cm

山田　稔（やまだ　みのる）

大正10(1921)年7月23日～平成7(1995)年5月1日

＊＊＊

ダイキン工業社長・会長　田 福岡県小倉（現・北九州市）　身 兵庫県　学 東京帝国大学工学部航空原動機学科〔昭和19年〕卒　歴 昭和21年大阪金属工業に入社し、33年常務。38年ダイキン工業と改称し、39年専務。副社長を経て、47年社長に就任。平成6年会長。関西経済連合会副会長、関西経済同友会代表幹事、太平洋人材交流センター理事長などを兼任。

【伝記・評伝】
◇男たちの決断〈飛翔編〉（物語　電子工業史）　板井丹後著　電波新聞社　1986.4　386p　21cm
◇財界のミセスたち　上坂冬子著　講談社　1992.3　261p　19cm

◇山田稔追想録　ダイキン工業株式会社山田稔追想録編集委員会編　ダイキン工業　1997.4　544p　図版12枚　22cm

山中　宏（やまなか　ひろし）

大正2(1913)年3月2日～

＊＊＊

明治生命保険社長・会長, 東京証券取引所理事, 経済同友会終身幹事　田 東京都新宿区　学 東京帝国大学経済学部〔昭和9年〕卒　商学博士（中央大学）〔昭和63年〕
歴 昭和9年明治生命保険に入社。33年取締役、38年常務、47年副社長を経て、49年社長に就任。57年会長、平成2年取締役相談役に退く。「欧米各国生保会社の投資情勢」「証券投資の理論と実務」「生命保険金融発展史」など著書多数。63年75歳で商学博士号を取得した。経団連常任理事も務めた。　賞 藍綬褒章〔昭和51年〕, 勲二等旭日重光章〔昭和58年〕

【伝記・評伝】
◇生命保険金融発展史　有斐閣　1966
◇生保金融の窓から　山中宏　産業能率大学出版部　1983　369p　20cm
◇生命保険読本〔第3版〕（読本シリーズ）　山中宏編　東洋経済新報社　1989.6　232p　21cm
◇私の戦時財界日誌―歴史の目撃者の記録　山中宏著　東洋経済新報社　1990.2　328p　19cm
◇金融機関の機能と役割　荒川宜三, 山中宏共著　税務経理協会　1995.4　267p　21cm

山葉　寅楠（やまは　とらくす）

嘉永4(1851)年4月20日～大正5(1916)年8月8日

＊＊＊

日本楽器製造社長（創業者）　田 江戸　身 和歌山県
歴 紀州徳川家の天文方を務める名門藩士の三男。維新後、長崎で時計の修繕法を学ぶ。のち独立し、大阪で時計と医療器具の店を開く。明治20年静岡県浜松でオルガン修理の依頼を受けて、オルガンの国産化を計画。21年日本初の本格的オルガン製造に成功。その後、音楽理論と調律を学んで改良を加え、22年山葉風琴製作所を設立。30年日

本楽器製造株式会社(現・ヤマハ)に改組し社長に就任。32年米国に渡り、ピアノ部品(カメン・モデル)を購入し、33年日本初のピアノを製作。大正2年経営をバトンタッチした。

【伝記・評伝】
◇遠州偉人伝　第1巻　御手洗清　浜松民報社　1962
◇財界人思想全集　第4　ダイヤモンド社　1969
◇洋琴―ピアノものがたり　檜山陸郎著　芸術現代社　1986.8　324p　19cm
◇日本魁物語(徳間文庫)　駒敏郎著　徳間書店　1988.2　286p　15cm

◇日本経済の建設者―あの時この人　中村隆英　日本経済新聞社　1973
◇関西財界外史　関西経済連合会　1976
◇講座・日本技術の社会史〈別巻2〉　人物篇〈近代〉　永原慶二, 山口啓二, 加藤幸三郎, 深谷克己編　日本評論社　1986.12　270p　21cm
◇人物に学ぶ明治の企業事始め　森友幸照著　つくばね舎, 地歴社〔発売〕　1995.8　210p　21cm
◇孤山の片影―山辺丈夫(人物で読む日本経済史　第13巻)〔石川安次郎著〕　ゆまに書房　1998.12　1冊　22cm

山辺　丈夫 (やまべ　たけお)

嘉永4(1851)年12月8日～大正9(1920)年5月14日

＊＊＊

東洋紡績社長　生石見国鹿足郡津和野(島根県)
旧姓(名)=清水

歴 津和野藩士の家に生まれ、同藩士山辺善蔵の養子となる。藩校養老館で学んだのち、明治3年上京し、中村正直、西周、福沢諭吉らに師事。10年ロンドン大学で経済学を学ぶが、渋沢栄一の勧めで紡績業に転じ、キングスカレッジで機械工学を学び紡績工場で研修。13年帰国、15年渋沢らと共に大阪紡績を創立して工務支配人、28年取締役、29年専務を経て、31年社長に就任。のち大阪織布と三重紡績を吸収合併、大正3年東洋紡績(現・東洋紡)と改称し社長、5年相談役。この間明治20年リング紡績機、33年ノースロップ自動機を導入。ほかに大日本紡績連合会の初代委員長も務めた。

【伝記・評伝】
◇山辺丈夫君小伝　庄司乙吉, 宇野米吉　紡織雑誌社　1918
◇孤山の片影　石川安次郎著　石川安次郎　1923　1冊　肖像　22cm
◇財界物故傑物伝　実業之世界社　1936
◇産業史の人々　楫西光速　東京大学出版会　1953
◇近代日本人物経済史　日本経済史研究会　東洋経済新報社　1955
◇日本財界人物列伝　第1巻　青潮出版　1963
◇近代日本を創った100人　上　毎日新聞社　1965
◇財界人思想全集　第10　ダイヤモンド社　1971

山本　条太郎 (やまもと　じょうたろう)

慶応3(1867)年10月11日～昭和11(1936)年3月25日

＊＊＊

三井物産常務, 衆議院議員(政友会), 満鉄総裁, 貴族院議員　生越前国武生町(福井県武生市)
身 東京都(本籍)

歴 小学校卒業後、明治14年三井物産横浜支店に奉公。21年上海支店勤務、34年同支店長、41年本店理事を経て、42年常務取締役。大正3年のシーメンス事件に連座して引退。その後、事業家として再出発、日本水力・日本火薬製造・大同肥料の社長などを務めた。9年以来福井県から衆議院議員当選5回。政友会に属し、臨時政務調査会副会長、13年行政整理特別委員長、昭和2年幹事長を歴任。同年満鉄総裁となり4年まで在任、満州への経済進出を推進した。10年貴族院議員。また、早くから井上馨・団琢磨の茶友として茶事を楽しんだ。

【伝記・評伝】
◇人物評論―朝野の五大閥　鵜崎熊吉　東亜堂書房　1912
◇財界之人百人論　矢野滄浪　時事評論社　1915
◇財界物故傑物伝　実業之世界社　1936
◇山本条太郎翁追憶録　原安三郎等編　原安三郎　1936　761p　23cm
◇山本条太郎論策　一・二　同翁伝記編纂会　1939
◇山本条太郎　山本条太郎翁伝記編纂会　1939.8
◇山本条太郎伝記　同翁伝記編纂会　1943
◇人使い金使い名人伝　〔正〕続　中村竹二著　実業之日本社　1953　2冊　19cm

◇我等の郷土と人物　第1巻　福井県文化誌刊行会　1956
◇日本財界人物列伝　第1巻　青潮出版編　青潮出版　1963　1171p　図版　26cm
◇山本条太郎　原安三郎著　時事通信社　1965　271p　図版　18cm
◇財界人思想全集　第3　ダイヤモンド社　1970
◇財界人100年の顔　日本経済を築いた人びと　ダイヤモンド社　1971
◇山本条太郎　3　伝記（明治百年史叢書）　山本条太郎翁伝記編纂会編　原書房　1982.8　1冊　22cm
◇小島直記伝記文学全集〈第3巻〉　日本さらりーまん外史　小島直記著　中央公論社　1986.12　414p　19cm
◇小島直記伝記文学全集〈第5巻〉　小説　三井物産　小島直記著　中央公論社　1987.2　556p　19cm
◇山本条太郎（経済人叢書）　山本条太郎著　図書出版社　1990.7　437p　19cm
◇清末小説論集（大阪経済大学研究叢書〈第20冊〉）　樽本照雄著　（京都）法律文化社　1992.2　427,39p　21cm

山本　達雄（やまもと　たつお）

安政3（1856）年3月3日～昭和22（1947）年11月12日

＊＊＊

日本銀行総裁, 蔵相, 貴族院議員（勅選）, 男爵　身 大分県　学 慶応義塾中退, 三菱商業学校〔明治13年〕卒

歴 岡山県、大阪の商法講習所で教頭を務める。明治16年郵便汽船三菱会社（現・日本郵船）に入り、郵船元山支店支配人、東京支店副支配人を歴任。23年日本銀行に転じ、26年営業局長、株式局長を経て、31年第5代総裁に就任。36年総裁を辞任し、勅選貴族院議員となる。その後日本勧業銀行総裁をつとめ、44年第2次西園寺公望内閣の蔵相、大正2年山本権兵衛内閣の農商務相、昭和7年斎藤実内閣の内相を歴任。この間、大正2年に政友会に入り、政友本党、民政党の最高幹部を務めた。財界人の政界進出の先駆的存在であった。9年男爵。　賞 正二位勲一等

【伝記・評伝】
◇人物評論—朝野の五大閥　鵜崎熊吉　東亜堂書房　1912
◇現代富豪論　山路弥吉（愛山）　中央書院　1914
◇財界之人百人論　矢野滄浪　時事評論社　1915
◇山本達雄　山本達雄先生伝記編纂会編　山本達雄先生伝記編纂会　1951　610p　図版8枚　22cm
◇日本財界人物列伝　第1巻　青潮出版編　青潮出版　1963　1171p　図版　26cm
◇日本の大蔵大臣　遠藤湘吉, 加藤俊彦, 高橋誠　日本評論社　1964

山本　為三郎（やまもと　ためさぶろう）

明治26（1893）年4月24日～昭和41（1966）年2月4日

＊＊＊

朝日麦酒社長・会長, 東京交響楽団理事長　生 大阪・船場　学 大阪・北野中学校卒

歴 明治45年、中学在学中に家業の山為硝子を継ぐ。中学卒業後、米国に留学。帰国の際、半自動製壜機を輸入し、大正7年、日本製壜を設立して専務に。同社が日本麦酒鉱泉を経て昭和10年大日本麦酒と合併すると常務に就任。大日本麦酒が戦後の集中排除法で24年に日本麦酒（現サッポロビール）と朝日麦酒に分割後は、朝日麦酒の初代社長となる。その後、会長となったが、柳宗悦、浜田庄司らの民芸運動を支援し、日本民芸館の建設に尽力。また東京交響楽団理事長も務め、ハイフェッツ、クライスラー、シャリアピンら一流音楽家の来日演奏会の実現にも尽くした。

【伝記・評伝】
◇財界人の横顔　古田保　岩崎書店　1954
◇大阪の人山本為三郎　佐藤碧子著　アルプス　1962　226p　19cm
◇社内報「アサヒ」山本社長追悼特集　朝日麦酒　1966.5　148p　21cm
◇山本為三郎翁伝　山本為三郎翁伝編纂委員会編　朝日麦酒　1970.4　453p　26cm
◇財界人思想全集　第10　ダイヤモンド社　1971
◇私の履歴書　経済人　2　日本経済新聞社編　日本経済新聞社　1980.6　477p　22cm
◇私の履歴書—昭和の経営者群像〈3〉　日本経済新聞社編　日本経済新聞社　1992.9　278p　19cm
◇アサヒビール大逆転—どん底時代をいかに乗り越えたのか　藤沢摩弥子著　ネスコ, 文芸春秋〔発売〕　1999.1　203p　19cm

山本　庸一
やまもと　よういち

明治42(1909)年1月19日～昭和62(1987)年12月23日

＊＊＊

雪印乳業社長,日本乳製品協会長　生 北海道上川郡清水町　学 中央大学専門部経済学科〔昭和6年〕卒

歴 昭和6年雪印乳業の前身・北海道製酪販売組合連合会(酪連)に入社。営業、管理畑を中心に、人事、生産、経理と各分野をくまなく経験し、48年5月社長に就任。日本乳製品協会長も兼務。

賞 勲二等瑞宝章〔昭和61年〕

【伝記・評伝】

◇不屈の光―山本庸一追想録　(雪印乳業)　1989.11　342p　22cm

【ゆ】

湯浅　佑一
ゆあさ　ゆういち

明治39(1906)年12月17日～平成6(1994)年4月17日

＊＊＊

湯浅電池社長・会長　生 京都府　学 京都帝国大学法学部〔昭和5年〕中退

歴 父の経営する金物問屋湯浅七左衛門商店(のちの湯浅電池、現・ユアサ商事)に入社、取締役、専務を経て、昭和20年社長に就任。58年会長。平成4年10月ユアサコーポレーションに社名変更。封建的商家を改革し湯浅グループを育てた。また関西経済同友会初代代表幹事、関西経営者協会会長などを歴任。湯川記念財団理事長、50年より日本高校野球連盟最高顧問もつとめた。

賞 紺綬褒章〔昭和39年〕,藍綬褒章〔昭和48年〕,勲二等瑞宝章〔昭和53年〕,ヒューマン大賞(第3回)〔昭和62年〕,京都府スポーツ賞特別栄誉賞〔平成元年〕,淡々斎茶道文化賞(第25回)〔平成2年〕

【伝記・評伝】

◇大阪産業をになう人々　大阪府工業協会　1956
◇現代財界家系譜　第1巻　現代名士家系譜刊行会　1968
◇私の履歴書―経済人〈19〉　日本経済新聞社編　日本経済新聞社　1986.11　557p　21cm
◇自由の風―湯浅佑一遺稿集　湯浅佑一著,湯浅佑一遺稿集発行委員会編　湯浅寛文会　1996.4　414p　22cm
◇人あり縁あり―十一人の財界交遊記　吉田伊佐夫著　文芸社　2000.12　252p　19cm

結城　豊太郎
ゆうき　とよたろう

明治10(1877)年5月24日～昭和26(1951)年8月1日

＊＊＊

安田銀行副頭取,日本興業銀行総裁,日本銀行総裁,蔵相　生 山形県東置賜郡赤湯町(現・南陽市)　学 東京帝国大学法科大学政治学科〔明治36年〕卒

歴 明治36年日本銀行に入行。名古屋支店長、大阪支店長、理事などを経て、大正10年請われて安田銀行に副頭取として入行。オーナー家と対立しながらも安田財閥の近代化を進めた。昭和5年日本興業銀行総裁に。"鷹"と呼ばれ、王子製紙合併や電力会社競争の調停に奔走。12年林銑十郎内閣の蔵相もつとめたが、軍財抱合財政といわれた。同年日本銀行総裁となり、19年まで戦時金融政策の元締として活躍した。この間、12年勅選貴族院議員、日本商工会議所会頭、18年内閣顧問なども務めた。

【伝記・評伝】

◇臨雲先生と我が郷土　結城豊太郎先生寿像保存会著　山形県赤湯町公民館　1952
◇日本財界人物列伝　第2巻　青潮出版編　青潮出版　1964　1175p　図版13枚　27cm
◇銀行ノ生命ハ信用ニ在リ―結城豊太郎の生涯　秋田博著　日本放送出版協会　1996.3　490p　19cm

湯川　寛吉
ゆかわ　かんきち

慶応4(1868)年5月24日～昭和6(1931)年8月23日

＊＊＊

住友合資総理事,貴族院議員　生 紀伊国東牟婁郡新宮(和歌山県)　学 帝国大学法科大学独法科〔明治23年〕卒

歴 明治23年逓信省に入り、以後累進して36年大阪管理局長となる。38年鈴木馬左也の懇望によ

り、官を辞して住友に移り、住友本店支配人となる。43年理事となり、総本店支配人、さらに伸銅所支配人を兼ねた。大正4年住友銀行筆頭常務に転じ、銀行業務拡張のため欧米を視察。帰国後、大阪手形交換所委員長、ついで14年住友合資総理事に就任し、関西実業界の重鎮となった。昭和5年実業界を退き、貴族院議員となる。

【伝記・評伝】
◇小島直記伝記文学全集〈第3巻〉 日本さらりーまん外史 小島直記著 中央公論社 1986.12 414p 19cm
◇住友財閥成立史の研究 畠山秀樹著 同文舘出版 1988.1 530p 21cm

【よ】

横河 正三
よこがわ しょうぞう
大正3(1914)年8月31日〜

＊＊＊

横河電機社長・会長 生東京 学慶応義塾大学経済学部〔昭和12年〕卒
歴昭和12年父の創業した横河電機製作所に入社。30年取締役、35年常務、47年副社長を経て、49年社長に就任。57年北辰電機製作所と合併し横河北辰電機社長となり、62年10月横河電機と改称。63年6月会長、平成5年6月取締役名誉会長となる。11年相談役に退く。ほかに横河・ヒューレット・パッカード会長などを兼任。 賞藍綬褒章〔昭和54年〕、勲二等瑞宝章〔昭和59年〕、クルゼーロ・ド・スル章（ブラジル）〔平成2年〕、蘇州市名誉市民（中国）〔平成7年〕

【伝記・評伝】
◇突破口物語—日本的ブレイクスルーの研究 竹内銀平、野島晋著 ダイヤモンド社 1990.10 223p 19cm
◇エクセレント・グローバリゼーション—横河正三が実践する信義の経営 上之郷利昭著 ダイヤモンド社 1990.11 222p 19cm
◇国際事業の企業家精神—先駆者21人のドキュメント 高橋浩夫編著 中央経済社 1993.10 400p 19cm

◇私の履歴書 横河正三 横河正三著 日経事業出版者 1996

横河 民輔
よこがわ たみすけ
元治元(1864)年9月28日〜昭和20(1945)年6月26日

＊＊＊

横河電機製作所創業者、建築家 生播磨国明石（兵庫県） 学帝国大学工科大学造家学科〔明治23年〕卒
歴日本橋に建築事務所を開設、明治25年三井組嘱託、28年正式入社。米国出張で鉄骨建築の実際を学び、35年三井本店の設計に初めて鉄骨を用い、日本鉄骨建築の先駆となった。36年東京帝大講師として建築学科に鉄骨構造の講義を開講。36年三井を辞め横河工務所を開設、40年横河橋梁製作所、大正9年横河電機研究所、さらに横河電気製作所、満州横河橋梁会社なども設立。また尚徳学園理事長、建築協会（現・建築業協会）初代理事長、建築学会会長も務めた。作品はほかに帝国劇場、三越本店、東京銀行集会所、東京証券取引所などがある。一方古陶器の収集家でも有名で横河コレクションは昭和7年帝室博物館に寄贈された。

【伝記・評伝】
◇地震 横河民輔著 金港堂 1891 116p 図版 22cm
◇科学的経営法原理 Taylor, F.W.著, 横河民輔訳 東洋印刷 1912.11
◇是の如く信ず 横河民輔著 北文館 1925.10 104p 17cm
◇横河民輔追想録 横河民輔追想録刊行会編 横河民輔追想録刊行会 1955 100p 21cm
◇計測器ひとすじに—横河電機の50年 横河電機製作所 1965.9 332,66p（図版共） 29cm
◇横河橋梁八十年史 横河橋梁製作所 1987.4 691p 31cm
◇建設業を興した人びと—いま創業の時代に学ぶ 菊岡倶也著 彰国社 1993.1 452p 21cm
◇20世紀日本の経済人〈2〉（日経ビジネス人文庫） 日本経済新聞社編 日本経済新聞社 2001.2 380p 15cm

横山 宗一（よこやま そういち）

大正3(1914)年11月30日～昭和60(1985)年6月18日

＊＊＊

東京銀行頭取・会長　圏東京都　学東京商科大学(現・一橋大学)〔昭和13年〕卒
歴 昭和13年横浜正金銀行(現東京銀行)に入り、外国部次長、ニューヨーク支店長など歴任し、38年取締役。48年頭取、52年会長を経て57年6月から相談役。外国為替の専門家で、著書「貿易と信用状」は各銀行の新人行員の"教科書"となっている。　賞勲二等旭日重光章〔昭和60年〕

【伝記・評伝】
◇横山宗一　随筆と対談　横山澄子編　博栄出版　1986.6

横山 通夫（よこやま みちお）

明治33(1900)年1月25日～昭和58(1983)年5月12日

＊＊＊

中部電力社長, 中部経済連合会会長　圏栃木県　学慶応義塾大学理財科〔大正11年〕卒
歴 中部配電常務から中部電力発足とともに副社長となり、昭和36年から44年まで社長。46年から50年まで中部経済連合会会長を務めたほか、名古屋商工会議所副会頭、日本電気協会会長、電力中央研究所理事長などを歴任した。　賞藍綬褒章〔昭和35年〕, 勲一等瑞宝章〔昭和49年〕

【伝記・評伝】
◇現代人物史伝　第18集　横山通夫　河野幸之助著　日本時報社出版局　1971　302p　19cm
◇私の履歴書　経済人　17　日本経済新聞社編　日本経済新聞社　1981.2　428p　22cm
◇横山通夫を偲ぶ　「横山通夫を偲ぶ」編纂委員会編　中部電力　1989.5　435p　図版16枚　22cm

吉川 泰二郎（よしかわ たいじろう）

嘉永4(1852)年12月29日～明治28(1895)年11月11日

＊＊＊

日本郵船社長, 宮城県師範学校長　圏奈良県
歴 慶応義塾に学び、和歌山の共立学舎で教え、明治5年東奥義塾で英学を講じた。6年文部省に入り、8年愛知県英語学校長、次いで宮城県師範学校長を務めた。実業界に転じ、11年郵便汽船三菱会社に入社。横浜・神戸・東京の各支店長、18年合併で日本郵船となり、大阪支店支配人、19年本店支配人、20年理事、21年副社長を経て、27年社長に就任。日清戦争に際しては兵員の食糧運送に貢献し、また豪州移民に尽力した。　賞従五位勲三等

【伝記・評伝】
◇商海英傑伝　瀬川光行　大倉書店, 冨山房書店　1893
◇財界物故傑物伝　実業之世界社　1936

吉田 忠雄（よしだ ただお）

明治41(1908)年9月19日～平成5(1993)年7月3日

＊＊＊

YKK社長　圏富山県魚津市　学富山県尋常高小〔大正12年〕卒
歴 東京の陶器輸入商・古谷商店に勤めるが同店解散。昭和9年吉田工業の前身、サンエス商会を創業、ファスナーの生産・販売を始め、17年吉田工業所(現・YKK)に改組、社長に就任。日本で最初に米国ジョージア州メーコンに工場進出し、いまやYKKマークで世界のファスナーの4分の1を生産、海外45ケ国に工場を設立。　賞紺綬褒章〔昭和22年〕, 大河内記念賞〔昭和34年〕, 発明協会特賞〔昭和34年〕, 紫綬褒章〔昭和35年〕, 藍綬褒章〔昭和42年〕, 勲二等瑞宝章〔昭和53年〕, 毎日経済人賞〔昭和56年〕, イタリア・コマンダー位メリート勲章〔昭和58年〕, 大英勲章第3位〔昭和58年〕, オーストリア・コマンダーズ十字章〔昭和62年〕, 南十字星ブラジル国家勲章コメンタドール章〔平成元年〕

【伝記・評伝】
◇ファスナーの鬼—私の半生記　吉田忠雄著　吉田工業　1959
◇私の思い出—創業25周年を顧みて　吉田忠雄著　吉田工業　1959
◇現代財界家系譜　第2巻　現代名士家系譜刊行会　1969
◇経営のこころ　第6集　日刊工業新聞社　1973

◇YKKの経営―吉田哲学世界を行く(President books) 岩堀安三著 ダイヤモンドータイム社 1975 252p 18cm
◇折りおりに 吉田忠雄 三村省二, 千広企画隣人出版部 1979.2 348p 図版4枚 19cm
◇善の巡環―世界のファスナー王吉田忠雄伝 山岡荘八著 千広企画出版部 1980.11 295p 19cm
◇私の履歴書 経済人 17 日本経済新聞社編 日本経済新聞社 1981.2 428p 22cm
◇善の巡環―世界のファスナー王吉田忠雄伝 続(YKKブックス) 山岡荘八著 千広企画出版部 1981.4 315p 19cm
◇善之巡環の発想と実践―「なしたもんだ」の経営 千広企画 1982 261p 19cm
◇創る売るその発想 吉田忠雄著 サンケイ出版 1984.5 238p 19cm
◇日本の100人―リーダーたちの素顔 日本経済新聞社編 日本経済新聞社 1986.5 211p 21cm
◇吉田忠雄全集 第1巻-第5巻 吉田工業 1986.9-1988 5冊 22cm
◇仕事儲け人儲け―人間吉田忠雄語録 吉田忠雄著 大和出版 1986.9 238p 19cm
◇創業社長の"名語録"にみる商売感覚――言、自らを鼓舞し事業を創る 青野豊作著 日新報道 1986.12 194p 19cm
◇人生、わが師わが出会い――一流人を創った運命の転機・決断 大和出版 1987.4 221p 19cm
◇繁栄の群像―戦後経済の奇跡をなしとげた経営者たち 板橋守邦著 有楽出版社, 実業之日本社〔発売〕 1988.6 253p 19cm
◇巨富を築いた36人の男たち 鳥羽欽一郎著 実業之日本社 1989.11 206p 19cm
◇この経営者の急所を語る―三鬼陽之助の財界人備忘録 三鬼陽之助著 第一企画出版 1991.7 256p 19cm
◇私の履歴書―昭和の経営者群像〈4〉 日本経済新聞社編 日本経済新聞社 1992.9 296p 19cm
◇経営者の器―あの人あの言葉 池田政次郎著 東洋経済新報社 1993.12 206p 19cm
◇獅子が吼える―YKK創始者吉田忠雄の生涯 木村勝美著 リヨン社, 二見書房〔発売〕 1995.5 285p 19cm

◇明日を創った企業家の言葉―先駆者の行動と発想に学ぶ 中江克己著 太陽企画出版 2001.12 246p 19cm

吉田 秀雄 (よしだ ひでお)

明治36(1903)年11月9日～昭和38(1963)年1月27日

＊＊＊

電通社長　生 福岡県小倉市(現・北九州市)
学 東京帝国大学経済学部〔昭和3年〕卒
歴 日本電報通信社(現・電通)入社。広告取引の近代化を目指し、広告業の地位向上、産業としての基盤確立に努力する。地方部長、取締役、常務を経て、昭和22年社長に就任。電通のほか東京放送、東北放送など12の放送会社の取締役、日本国際広告協会などの役員を兼任。"広告の鬼""天皇""ワンマン"と呼ばれ電通を育て上げた。「仕事は自分から創るべき…」の「電通十則」「鬼十則」の作者でもある。　賞 国際広告功労賞〔昭和36年〕

【伝記・評伝】
◇財界の第一線1958年 人物展望社 1958
◇吉田秀雄伝 広告の中に生きる男 片柳忠男著 オリオン社出版部 1959 475p 図版 22cm
◇若き日の社長 現代事業家の人間形成 海藤守著 徳間書店 1962 329p 18cm
◇広告の鬼 吉田秀雄 片柳忠男著 オリオン社 1963 289p 図版 19cm
◇鬼讃仰 「鬼讃仰」刊行会 1964 424p 26cm
◇日本財界人物列伝 第2巻 青潮出版編 青潮出版 1964 1175p 図版13枚 27cm
◇忘れえぬ広告人―吉田秀雄の足跡 森崎実著 誠文堂新光社 1966 408p 図版 19cm
◇財界人思想全集 第3 ダイヤモンド社 1970
◇この人吉田秀雄―電通創立70周年記念 永井竜男著, 吉田秀雄伝記編集委員会編集 電通 1971 338p 肖像 22cm
◇この人吉田秀雄 永井竜男著 朝日新聞社 1971 297p 20cm
◇言論は日本を動かす 第7巻 言論を演出する 粕谷一希編, 内田健三ほか編 講談社 1985.11 317p 20cm
◇この人 吉田秀雄(文春文庫) 永井龍男著 文芸春秋 1987.1 293p 15cm
◇電通(企業コミック) 日向夏平作, 川手浩次画 世界文化社 1988.3 209p 21cm

◇指導力―俺についてこい（知的生きかた文庫）
　会田雄次ほか著　三笠書房　1989.2　249p
　15cm
◇電通の成功・失敗・弱点―1兆円企業になれた
　秘密と巨大ゆえの弱さと脆さ　藤井剛彦著
　エール出版社　1989.12　177p　19cm
◇史上空前の繁栄をもたらした人びと―昭和後期
　の企業家21人の生きざま（HOREI BOOKS）
　新井喜美夫著　総合法令　1993.12　183p
　18cm
◇櫨の実―思い出に残る人たち　鐘ヶ江達夫著
　画文堂　2001.3　96p　19×17cm
◇電通「鬼十則」―広告の鬼・吉田秀雄からのメ
　ッセージ　植田正也著　日新報道　2001.10
　196p　19cm
◇日本の戦後企業家史―反骨の系譜（有斐閣選書）
　佐々木聡編　有斐閣　2001.12　301p　19cm

吉野　孝一（よしの　こういち）

明治20（1887）年9月18日～昭和49（1974）年2月27日

＊＊＊

日本団体生命保険社長　生 山口県　学 大阪高
工機械科〔明治44年〕卒
歴 大阪高工を卒業、同高助教授を経て日本団体
生命社長、大阪放送取締役などを歴任。同時に大
阪工業会会長、日本工業倶楽部理事などもつとめ
る。　賞 藍綬褒章, 勲三等瑞宝章
【伝記・評伝】
◇財界の顔　池田さぶろ　講談社　1952
◇大阪産業をになう人々　大阪府工業協会　1956
◇財界の第一線1958年　人物展望社　1958

吉野　信次（よしの　しんじ）

明治21（1888）年9月17日～昭和46（1971）年5月9日

＊＊＊

東北振興電力社長, 運輸相, 参議院議員（自民党），
貴族院議員（勅選）　生 宮城県　学 東京帝国大
学法科大学独法科〔大正2年〕卒
歴 農商務省に入り、農商務相秘書官、商工省文
書課長、工務局長を経て、昭和6年商工次官。次
いで特許局長官、東北興業総裁、東北振興電力
社長を歴任。12年第1次近衛文麿内閣商工相とな

り、戦時統制経済への途を開いた。13～21年勅選
貴族院議員。この間、13～16年満州重工業開発副
総裁、のち翼賛政治会常任総務、18年愛知県知事
を務めた。戦後公職追放、解除後の28年宮城地方
区から参議院議員当選、30年第3次鳩山一郎内閣
の運輸相となった。31～40年武蔵大学学長。著書
に「さざなみの記」がある。　賞 勲一等瑞宝章
〔昭和39年〕
【伝記・評伝】
◇青葉集　吉野信次著　相模書房　1937　324p
　20cm
◇おもかじとりかじ―裏からみた日本産業の歩み
　吉野信次著　通商産業研究社　1962.12　437p
　（図版共）　22cm
◇さざなみの記　吉野信次著　市ヶ谷出版社
　1965　216p　図版　19cm
◇吉野信次　有竹修二著　吉野信次追悼録刊行会
　（通商産業調査会内）　1974.6　483p　図　肖
　像　22cm

吉村　万治郎（よしむら　まんじろう）

明治19（1886）年3月22日～昭和44（1969）年5月23日

＊＊＊

古河鉱業社長　生 京都府　旧姓（名）＝木村
学 慶応義塾大学法律科〔明治41年〕卒
歴 吉村ツルの養子となる。慶大卒業後、ドイツ
のハレ大、ベルリン大に留学。大正4年帰国して
古河合名入社、社長古河虎之助の妹鶴と結婚、6
年古河商事の創立で専務、次いで古河鉱業副社
長。昭和3～6年義兄虎之助が古河銀行整理の間、
古河合名代表社員、古河鉱業社長。のち富士電
機製造社長、古河鉱業副社長、古河林業部代表社
員、富士通信機役員などを歴任、古河財閥指導者
として活躍した。
【伝記・評伝】
◇吉村万治郎さんを偲びて　「吉村万治郎さんを
　偲びて」編纂委員会編　「吉村万治郎さんを偲
　びて」編纂委員会　1972.5　249p　22cm

四本 潔
よつもと きよし
明治41(1908)年9月29日～昭和56(1981)年4月14日

＊＊＊

川崎重工業社長・会長　[身] 兵庫県　[学] 京都帝国大学工学部〔昭和7年〕卒

[歴] 昭和7年川崎汽船に入社。24年川崎産業取締役、25年川崎機械工業取締役、28年川崎航空機工業常務、36年専務、39年副社長、41年社長に就任。44年川崎重工業と合併、副社長。同年社長、52年会長。一貫して航空機産業の発展に力を注ぎ、日本航空宇宙工学会会長も務めた。
[賞] 藍綬褒章〔昭和46年〕

【伝記・評伝】
◇現代財界家系譜　第2巻　現代名士家系譜刊行会　1969
◇経営のこころ　第7集　日刊工業新聞社　1973
◇夢を抱き歩んだ男たち―川崎重工業の変貌と挑戦　福島武夫著　丸ノ内出版　1987.3　282p　18cm

米沢 滋
よねざわ しげる
明治44(1911)年2月1日～平成11(1999)年5月2日

＊＊＊

日本電信電話公社総裁　[生] 富山県　[身] 東京　[学] 東京帝国大学工学部電気工学科〔昭和8年〕卒　工学博士

[歴] 電電公社に入り、昭和28年保全局長、31年施設局長、33年電気通信研究所長、35年技師長、37年副総裁などを経て、40年総裁に就任。52年に退官し、未来工学研究所理事長。55年電気通信協会長を兼任。著書に「超短波多重電話」「技術革新と電気通信事業」「対山荘雑記」「想い出すまま」などがある。　[賞] 勲一等瑞宝章〔昭和57年〕

【伝記・評伝】
◇私の履歴書　米沢滋著　日本経済新聞社　1977.3　198p　肖像　20cm
◇電気通信とともに四十四年―米沢滋博士の大いなる足跡　榊原亀之甫著　通信研究会　1977.5　445p　図　肖像　22cm
◇科学技術とともに　米沢滋著　東京出版センター　1989.12　305p　20cm
◇米沢滋追想録　電信電話公社元総裁追悼文集編集委員会編　日本電信電話　2000
◇井伏鱒二全対談〈上巻〉　井伏鱒二ほか著　筑摩書房　2001.3　428p　21cm

米山 梅吉
よねやま うめきち
慶応4(1868)年2月4日～昭和21(1946)年4月28日

＊＊＊

三井信託社長　[生] 東京　旧姓(名)＝和田　[学] ウェスレヤン大学(米国)卒

[歴] 沼津中を中退後、東京英和学校、福音会英和学校に学び、明治20年渡米、28年帰国。日本鉄道を経て、30年三井銀行入社、31年池田成彬らと渡米、英米の銀行で事務を見習い32年帰国。大津、横浜、大阪各支店長などを歴任、42年株式会社改組後常務。大正9年三井合名参与。13年三井信託を設立、社長、14年信託協会会長。昭和7年三井合名理事、9年三井信託会長、三井報恩会理事長。11年いずれも辞任、青山学院緑岡小校長。著書に「提督波理」「飛脚だより」「銀行行余録」、歌集「八十七日」「東また東」「四十雀」などがある。

【伝記・評伝】
◇米山梅吉伝　米山梅吉先生伝記刊行会編　青山学院初等部　1960　617p　図版　22cm
◇日本財界人物列伝　第1巻　青潮出版編　青潮出版　1963　1171p　図版　26cm
◇無我の人米山梅吉　内田稔著　秀建築設計事務所　1985.8　261p　19cm
◇米山梅吉翁―慶応・明治、大正、昭和を生き抜いた日本の偉人　日本の実業家・歌人・漢詩人・俳人・教育者・政治家であり国際的人格者　人物写真集　米山聡執筆・編集, 大川孝昭編集・写真撮影　米山聡　1997.4　229枚　27×37cm
◇社会貢献の先駆者　米山梅吉　戸崎肇著　芙蓉書房出版　2000.3　182p　19cm

【り】

李家 孝（りのいえ たかし）
明治28(1895)年3月25日～昭和53(1978)年2月18日

＊＊＊

三菱鋼材会長,三菱製鋼会長　身横浜市　学東京帝国大学機械科〔大正8年〕卒　歴三菱神戸造船所に入社。昭和18年副社長を経て、25年東日本重工社長、30年三菱製鋼、36年に三菱鋼材の各会長に就任、のち三菱製鋼相談役。ほかに日経連顧問、日本商工会議所副会頭、横浜商工会議所会頭などを歴任。　賞勲三等旭日中綬章

【伝記・評伝】
◇財界の第一線1958年　人物展望社　1958
◇財界回想録　下巻　日本工業倶楽部　1967
◇現代財界家系譜　第1巻　現代名士家系譜刊行会　1968

【わ】

若尾 逸平（わかお いっぺい）
文政3(1821)年12月6日～大正2(1913)年9月7日

＊＊＊

山梨貯蓄銀行創業者,甲府市長,貴族院議員　生甲斐国巨摩郡在家塚村（山梨県）　号＝逸斎　歴19歳で江戸に出て種々の商売を営んだのち、安政6年横浜開港と共に生糸、綿製品、砂糖などの貿易に従事。また若尾式製糸機を発明し、文久2年甲府に小工場を興した。明治10年紙幣乱発による紙幣価値の下落を利用して生糸の買占めで巨利を博し、大地主となった。22年横浜正金銀行取締役となり、26年山梨貯蓄銀行を創立。一方、東京馬車鉄道、東京電灯などの事業に関与し、次第に甲州財閥の中軸としての若尾財閥を形成していった。32年甲府市長、33年貴族院議員をつとめた。　賞緑綬褒章〔明治32年〕

【伝記・評伝】
◇商海英傑伝　瀬川光行　大倉書店,冨山房書店　1893
◇帝国実業家立志編　梅原忠造　求光閣　1894
◇当代の実業家―人物の解剖　実業之日本社　1903
◇人物評論―朝野の五大閥　鵜崎熊吉　東亜堂書房　1912
◇若尾逸平　内藤文治良　1914
◇現代富豪論　山路弥吉（愛山）　中央書院　1914
◇財界物故傑物伝　実業之世界社　1936
◇日本実業家列伝　木村毅　実業之日本社　1953
◇日本財界人物列伝　第1巻　青潮出版編　青潮出版　1963　1171p　図版　26cm
◇若尾逸平伝〔改訂版〕　内藤文治良著　若尾商事　1972　244p　肖像　19cm
◇甲州財閥―日本経済の動脈をにぎる男たち　小泉剛　新人物往来社　1975

若尾 璋八（わかお しょうはち）
明治6(1873)年7月27日～昭和18(1943)年1月10日

＊＊＊

東京電燈社長,衆議院議員（立憲政友会）,貴族院議員（勅選）　身山梨県　旧姓（名）＝広瀬　学東京法学院〔明治26年〕卒　歴卒業後、若尾銀行支配人となる。のち東京電燈に移り、常務、副社長を経て、大正12年社長に就任。昭和5年まで不況期の電力業界の中心となって活躍した。この間、大正6年衆議院に当選、以来3期務め、また昭和2年8月から18年1月まで貴族院議員に在任、犬養内閣の鉄道政務次官を務めた。

【伝記・評伝】
◇日本財界人物列伝　第2巻　青潮出版編　青潮出版　1964　1175p　図版13枚　27cm

若杉 末雪（わかすぎ すえゆき）
明治36(1903)年2月22日～昭和48(1973)年5月10日

＊＊＊

三井物産社長　生長崎県　学長崎高商（現・長崎大学経済学部）〔大正14年〕卒

歴 三井物産に入社し、大正15年ジャワ支店、昭和10年ニューヨーク支店などに勤務。22年GHQの命令で三井物産が解体されたため大洋に転じ、第一物産を経て、36年三井物産（34年旧三井物産系商社の大合同で成立）常務となる。38年北米監督兼ニューヨーク支店長、41年現地法人化に伴い米国三井物産社長、44年本社社長に就任。同年発足の三井石油開発の推進者でもあり、46年イラン石油化学開発を設立。47年日中貿易4条件を受け入れ、対中国貿易に乗り出した。
【伝記・評伝】
◇若杉社長回顧録　私の歩んだ道　三井物産調査部編　三井物産調査部　1973.6　31p　25cm

若林　彊（わかばやし　つとむ）

明治42（1909）年1月14日～昭和58（1983）年10月19日

＊＊＊

東北電力社長・会長, 東北経済連合会会長　出 山形県　学 北海道帝国大学電気科〔昭和7年〕卒
歴 東北電力の青森支店長、副社長を経て、昭和44年社長に就任し、女川原発や新潟LNG（液化天然ガス）基地の建設、東京電力との広域運営を進めた。「電力会社の役割は地域繁栄への奉仕」との経営哲学から公共投資の遅れた東北地方の開発に尽くした。58年6月に社長を退き会長になり、9月には東北経済連合会会長に就任。　賞 河北文化賞〔昭和41年〕, 藍綬褒章〔昭和43年〕, 勲一等瑞宝章〔昭和58年〕
【伝記・評伝】
◇若林彊流芳録　若林彊流芳録編纂委員会編　東北電力　1985.6　525p　図版12枚　22cm

和田　完二（わだ　かんじ）

明治29（1896）年6月12日～昭和43（1968）年8月13日

＊＊＊

丸善石油社長　出 兵庫県豊岡市　学 豊岡中学（旧制・兵庫県）〔大正3年〕卒
歴 中学卒業後、満鉄や軍隊での勤務ののち、昭和5年、丸善石油の前身、丸善礦油に入社。大連支店長を経て上海支店長のとき終戦。21年に引き揚げ後は大陸仲間とヤミ屋をやったが、24年にGHQから石油精製再開の許可が出たのを機に丸善へ復帰する。その後、専務時代に倒れて半身不随となるが、27年に社長に就任。丸善を出光興産と並ぶ民族系大手に育て上げ、積極経営を展開した。35年ごろからの過当競争による市況低落も加わって会社は大幅赤字に転落、38年にはその責任をとって社長を退任している。
【伝記・評伝】
◇大阪産業をになう人々　大阪府工業協会　1956
◇この経営者を見よ　日本財界の主流をゆく人々　会社研究所　ダイヤモンド社　1958
◇財界の第一線1958年　人物展望社　1958
◇今日の言葉　和田完二著　東京書房　1961
◇私の履歴書　第12集　日本経済新聞社編　日本経済新聞社　1961　391p　19cm
◇私の履歴書　経済人　5　日本経済新聞社編　日本経済新聞社　1980.8　482p　22cm

和田　恒輔（わだ　つねすけ）

明治20（1887）年11月3日～昭和54（1979）年12月2日

＊＊＊

富士通社長・会長　出 山口県　学 神戸高商（現・神戸大学）
歴 明治42年古河鉱業に入社、大正12年富士電機製造創立とともに移り、昭和6年取締役、20年社長に就任し、シーメンスとの提携をすすめ多角経営戦略をとる。29年富士通信機製造（現・富士通）社長のち会長。この間28年日本ポリドール（現・ポリドール）取締役、第一原子力産業グループ会長、日本原子力発電取締役、東芝電機取締役、日本原子力産業会議理事を歴任。　賞 藍綬褒章〔昭和33年〕, 功労十字勲章一級（西独より）〔昭和35年〕, 功労大十字勲章（西独より）〔昭和43年〕, ライダー一級勲章（ブルガリア人民共和国より）〔昭和45年〕, 勲二等
【伝記・評伝】
◇財界人の横顔　古田保　岩崎書店　1954
◇財界の第一線1958年　人物展望社　1958
◇現代財界家系譜　第1巻　現代名士家系譜刊行会　1968
◇私の履歴書　第44集　日本経済新聞社　1971　324p　19cm
◇和田恒輔さんを偲ぶ　「和田恒輔さんを偲ぶ」刊行委員会編　「和田恒輔さんを偲ぶ」刊行委員会　1980　364p　22cm

◇私の履歴書　経済人　14　日本経済新聞社編　日本経済新聞社　1980.12　464p　22cm

和田　豊治
わだ　とよじ

文久元(1861)年11月18日〜大正13(1924)年3月4日

＊＊＊

富士瓦斯紡績社長，日本工業倶楽部創設者，貴族院議員(勅選)　囲豊前国下毛郡中津町(大分県)　学慶応義塾〔明治18年〕卒

歴中津藩士の長男に生まれる。明治18年武藤山治と共に渡米し、24年帰国。日本郵船、三井銀行、鐘淵紡績東京本店支配人、三井呉服店を経て、34年富士紡績に迎えられる。専務として社運を挽回し、39年東京瓦斯紡績との合併により富士瓦斯紡績が成立、大正5年社長に就任。6年大橋新太郎らと日本工業倶楽部を設立し、財界の世話役として活躍。鐘紡の武藤山治と並んで紡績業界の巨頭といわれた。11年勅選貴族院議員。

【伝記・評伝】
◇財界之人百人論　矢野滄浪　時事評論社　1915
◇和田豊治伝　喜多貞吉　同編纂所　1926
◇財界物故傑物伝　実業之世界社　1936
◇日本実業家列伝　木村毅　実業之日本社　1953
◇続　財界回顧―故人今人(三笠文庫)　池田成彬著，柳沢健編　三笠書房　1953　217p　16cm
◇思い出の財界人　〔2版〕　下田将美　実業之日本社　1960
◇日本財界人物列伝　第1巻　青潮出版編　青潮出版　1963　1171p　図版　26cm
◇財界人思想全集　第10　ダイヤモンド社　1971
◇実業の系譜　和田豊治日記―大正期の財界世話役　小風秀雅，阿部武司，大豆生田稔，松村敏編　日本経済評論社　1993.8　316p　21cm
◇和田豊治伝(人物で読む日本経済史　第6巻)〔喜田貞吉編〕　ゆまに書房　1998.9　7,851p　22cm

渡辺　義介
わたなべ　ぎすけ

明治21(1888)年4月12日〜昭和31(1956)年1月6日

＊＊＊

八幡製鉄社長　囲新潟県　学東京帝国大学法科大学経済学科〔大正2年〕卒

歴大正4年農商務省に入り、経理部倉庫課長、鉱山部製鉄課長、商工省鉱山局鉱政課長、総務部長などを経て、大正14年八幡製鉄所に入り、昭和9年日本製鉄発足により取締役兼八幡製鉄所長となった。16年鋼材販売社長、日満鉄鋼社長となり、日鉄退社。17年北支那製鉄社長、20年日鉄社長、鉄鋼統制会理事長。戦後追放となり、26年解除、27年八幡製鉄社長就任、同時に日本鉄鋼連盟会長となり、また経団連副会長も務めた。

【伝記・評伝】
◇財界の顔　池田さぶろ　講談社　1952
◇財界人の横顔　古田保　岩崎書店　1954
◇渡辺義介伝　三鬼隆伝(日本財界人物伝全集)　小森田一記著　東洋書館　1954　314p　図版　19cm
◇渡辺義介回想録　渡辺義介回想録編纂委員会編　八幡製鉄株式会社　渡辺義介回想録編纂委員会　1957　812p　22cm
◇日本財界人物列伝　第2巻　青潮出版編　青潮出版　1964　1175p　図版13枚　27cm
◇鉄鋼巨人伝―渡辺義介　鉄鋼新聞社編　工業図書　1966

渡辺　武
わたなべ　たけし

明治39(1906)年2月15日〜

＊＊＊

アジア開発銀行総裁，(財)日本シルバーボランティアズ会長　囲東京　学東京帝国大学法学部政治学科〔昭和5年〕卒

歴昭和5年大蔵省入り。24年大蔵省財務官、27年駐米公使、31年国際通貨基金・世界銀行各理事を経て、41年アジア開発銀行総裁に就任。47年退任。48年日米欧委員会日本委員長。その後東京銀行顧問、各種機関の会長、理事長を歴任し、60年日本で初めての事業である債券格付機関・日本格付研究所の初代社長をつとめた。平成2年損保保険事業総合研究所会長。日本の戦後金融史の上で、常に先駆的役割を果たしてきた。また、海外ボランティア活動にも力を入れ、発展途上国の子どもをフォスター・チャイルド(養い子)にして養育を助ける民間援助団体・日本フォスター・プラン協会では自身もネパールの子の里親となる。著書に「占領下日本財政覚書」「アジア開銀総裁日記」「地球と日本人」「渡辺武日記」など。

賞 勲一等瑞宝章〔昭和51年〕,韓国勲章,インドネシア勲章
【伝記・評伝】
◇現代財界家系譜　第2巻　現代名士家系譜刊行会　1969
◇アジア開銀総裁日記　渡辺武著　日本経済新聞社　1973　264p　図　肖像　20cm
◇私の履歴書　第49集　日本経済新聞社　1973　304p　19cm
◇渡辺武日記―対占領軍交渉秘録　大蔵省財政史室編　東洋経済新報社　1983.3　731p　22cm

渡辺　武次郎 (わたなべ　たけじろう)

明治27(1894)年10月20日～平成9(1997)年12月4日

＊＊＊

三菱地所社長・会長　生 岡山県　学 東京高商(現・一橋大学)〔大正7年〕卒

歴 大正7年三菱合資の地所部に入社し、12年三菱地所の設立と共に移籍。22年取締役、23年常監、24年常務、26年専務、27年社長、44年会長、49年取締役相談役。34年丸ノ内総合改造計画を策定、丸の内ビジネスセンター建設に尽力した。三菱地所の中興の祖といわれる。岡山国際ホテルなど多数の企業の役員を兼務。また、西サモア国名誉総領事、岡山県矢掛町名誉町長も務めた。

賞 藍綬褒章〔昭和35年〕,紺綬褒章〔昭和38年〕,勲二等旭日重光章〔昭和40年〕,勲一等瑞宝章〔昭和48年〕

【伝記・評伝】
◇財界の第一線1958年　人物展望社　1958
◇現代財界家系譜　第2巻　現代名士家系譜刊行会　1969

渡辺　忠雄 (わたなべ　ただお)

明治31(1898)年9月3日～

＊＊＊

三和銀行頭取・会長,よみうりカントリークラブ名誉会長　生 北海道厚岸郡厚岸町　学 東京帝国大学独法科〔大正13年〕卒

歴 大正13年日本銀行入り。文書局長などを経て、昭和20年三和銀行(現・UFJ銀行)に転じて常務となり、22年頭取。35年会長、51年相談役を経て、52年より名誉会長。"ピープルズ・バンク"のスローガンのもとに銀行の大衆化につとめた。

賞 勲一等瑞宝章〔昭和52年〕

【伝記・評伝】
◇大阪産業をになう人々　大阪府工業協会　1956
◇財界の第一線1958年　人物展望社　1958
◇現代財界家系譜　第1巻　現代名士家系譜刊行会　1968
◇百年の想い出　渡辺忠雄著　オーエス出版　1998.9

渡辺　銕蔵 (わたなべ　てつぞう)

明治18(1885)年10月14日～昭和55(1980)年4月5日

＊＊＊

東宝社長・会長,衆議院議員　生 大阪府　学 東京帝国大学政治学科〔明治43年〕卒　法学博士〔大正6年〕

歴 東大経済学部教授を経て、日本商工会議所理事。昭和11年民政党から衆議院議員に当選。軍拡を批判、戦時中は日独伊三国同盟に反対。22年から25年まで東宝社長、会長を務める。社員270人の解雇をめぐり労働争議が泥沼化、武装警官や米軍戦車まで出動した。その後は映倫の委員長、反共の自由アジア協会理事長をつとめた。著書に「自滅の戦い」「反戦反共40年」など。

【伝記・評伝】
◇自滅の戦い　渡辺銕蔵　東京修文館　1947
◇反戦反共40年　渡辺銕蔵著　自由アジア社　1956
◇激動の日本　渡辺銕蔵　自由アジア社　1968
◇自滅の戦い(中公文庫)　渡辺銕蔵著　中央公論社　1988.9　448p　15cm

渡辺　文夫 (わたなべ　ふみお)

大正6(1917)年3月28日～

＊＊＊

東京海上火災保険社長・会長,日本航空会長　生 東京・青山　学 東京帝国大学経済学部〔昭和14年〕卒

歴 渡辺銕蔵の長男。昭和14年東京海上火災保険に入社。戦時中は、海軍主計将校として勤務。その後、自動車業務部長、火災新種業務部長などを

経て、43年取締役、46年常務、50年専務、52年副社長を歴任後、53年社長に就任。59年会長、63年相談役となる。同年日航会長。この間、57年日本損害保険協会会長、日本租税研究会会長などを歴任。税などに詳しい損保業界の理論家経営者。また経済同友会副代表幹事、日経連常任理事、経団連情報・通信委員長、日本工業倶楽部専務理事などに就任。日本コントラクトブリッジ連盟会長、平成元年～11年日本棋院理事長も務めた。
[賞] 藍綬褒章〔昭和56年〕,勲一等瑞宝章〔昭和62年〕
【伝記・評伝】
◇私が選んだ経営者30人　決断と信念—その時、バックボーンはなんだったのか　海藤守著　日新報道　1987.8　205p　19cm
◇逃げない経営者たち—日本のエクセレントリーダー30人　佐高信著　潮出版社　1990.11　249p　19cm
◇私の履歴書—20世紀を歩んで八十年　渡辺文夫　日本経済新聞社　1999.8　154,97p　20cm

渡辺　康（わたなべ　やすし）

大正8（1919）年10月10日～昭和60（1985）年9月25日

＊＊＊

東京銀行頭取　[身] 千葉県　[学] 東京帝国大学法学部〔昭和19年〕卒
[歴] 昭和19年横浜正金銀行（東銀の前身）に入社。33年からメキシコ市駐在、41年からブエノスアイレス支店長。47年取締役、常務、専務、副頭取を経て、57年6月頭取。豪放らい落な性格で行動力に富み、東銀のリーダーとして活躍した。しかし、59年春以来体調を崩し、治療に専念するため、60年9月頭取を辞任。メキシコ駐在時代、累積債務問題の解決に尽力し、59年メキシコ政府から外国人に贈られる最高勲章、アギラ・アステカ勲章を受けた。　[賞] アギラ・アステカ勲章（メキシコ政府）〔昭和59年〕
【伝記・評伝】
◇流れる雲の行くごとく—渡辺康遺稿集　渡辺知子　1986.9　199p　19cm

渡辺　祐策（わたなべ　ゆうさく）

元治元（1864）年6月16日～昭和9（1934）年7月20日

＊＊＊

宇部セメント社長,衆議院議員（政友会）　[生] 長門国厚狭郡宇部村（山口県宇部市）　[学] 協興学舎卒
[歴] 農業に従事、宇部村役場勤務。宇部村会議員や助役を務める。宇部村海岸に一大炭脈を発見、沖ノ山炭鉱、本山炭鉱の経営に成功し、明治30年宇部石炭鉱業組合を結成。以後、経営業務を拡張して宇部電気鉄道、宇部鉄工所各社長となった。45年以来、衆議院議員当選4回、政友会山口県支部長を務める。大正12年宇部セメント社長に就任。ほかに宇部紡績所、宇部窒素工業の創立など関連事業の育成に努め、宇部地域の発展に尽力した。これら企業は昭和17年設立の宇部興産の土台となった。
【伝記・評伝】
◇素行渡辺祐策翁　弓削達勝　同翁記念事業委員会　1936
◇日本財界人物列伝　第2巻　青潮出版編　青潮出版　1964　1175p　図版13枚　27cm

〈編集委員〉
朝倉　孝吉　成蹊大学名誉教授
由井　常彦　明治大学名誉教授・文京学院大学教授
伊牟田敏充　元法政大学経営学部教授
橘川　武郎　東京大学社会科学研究所教授

〈事務局〉
末吉　哲郎　(財)日本経営史研究所理事
並河みつえ

日本の実業家　―近代日本を創った経済人伝記目録

2003年 7月25日　第1刷発行
2003年 9月10日　第2刷発行

編　　者／社団法人日本工業倶楽部 ©
編集協力／財団法人日本経営史研究所 ©
発 行 者／大髙利夫
発　　行／日外アソシエーツ株式会社
　　　　　〒143-8550 東京都大田区大森北1-23-8 第3下川ビル
　　　　　電話(03)3763-5241(代表)　FAX(03)3764-0845
　　　　　URL　http://www.nichigai.co.jp/

　　　　　電算漢字処理／日外アソシエーツ株式会社
　　　　　印刷・製本／株式会社平河工業社

不許複製・禁無断転載　　　　　《中性紙北越クリームハクソウⒶ使用》
(落丁・乱丁本はお取り替えいたします)
ISBN4-8169-1789-6　　　　　　Printed in Japan, 2003